Annual Report on China's Government Budget Reform and Development (2021)

中国政府预算改革发展年度报告 2021

樊丽明　主编

聚焦 新时代国资监管与国企改革

Focus on Reform of State-owned Assets Management System and State-owned Enterprise in the New Era

李齐云　樊丽明　汤玉刚　石绍宾　李一花　著

中国财经出版传媒集团
中国财政经济出版社

图书在版编目（CIP）数据

聚焦新时代国资监管与国企改革/李齐云等著. --
北京：中国财政经济出版社，2022.6
（中国政府预算改革发展年度报告.2021）
ISBN 978-7-5223-1393-1

Ⅰ.①聚… Ⅱ.①李… Ⅲ.①国有资产-监督管理-研究报告-中国-2021 ②国有企业-企业改革-研究报告-中国-2021 Ⅳ.①F123.7 ②F279.241

中国版本图书馆 CIP 数据核字（2022）第 070154 号

责任编辑：闫 娟　　　　责任校对：徐艳丽

聚焦新时代国资监管与国企改革
JUJIAO XINSHIDAI GUOZI JIANGUAN YU GUOQI GAIGE

中国财政经济出版社 出版
URL：http：//ckfz.cfeph.cn
E-mail：cfeph@cfeph.cn

社址：北京市海淀区阜成路甲 28 号 邮政编码：100142
营销中心电话：010-88191537
天猫网店：中国财政经济出版社旗舰店
网址：https：//zgczjjcbs.tmall.com
北京财经印刷厂印刷 各地新华书店经销
成品尺寸：185mm×260mm 16 开 29.25 印张 683 000 字
2022 年 6 月第 1 版 2022 年 6 月北京第 1 次印刷
定价：118.00 元
ISBN 978-7-5223-1393-1
（图书出现印装问题，本社负责调换）
本社质量投诉电话：010-88190744
打击盗版举报热线：010-88191661 QQ：2242791300

序

我国实行社会主义市场经济，坚持公有制经济为主体、多种所有制经济共同发展的基本经济制度。国有经济是国民经济中的主导力量，国有资产和国有企业是中国特色社会主义的重要物质基础和政治基础，是我们党执政兴国的重要支柱和依靠力量。国资国企改革始终是我国社会主义市场经济体制改革的重要内容。党的十八大以来，习近平总书记就国资国企改革发展作出了一系列重要指示，党中央作出了一系列重大决策部署，推动国资国企改革发展发生全局性、历史性重大变化。聚焦我国国资国企改革发展实践，加强理论研究，深化规律性认识，对进一步落实党中央决策部署，推动国资国企高质量发展具有重要意义，也是我们从事相关领域研究和实际工作的同志们的一份责任。

由樊丽明教授带领的山东大学预算研究团队完成的《中国政府预算改革发展年度报告2021：聚焦新时代国资监管与国企改革》（以下简称《报告》），聚焦我国国有资产监督管理和国企改革这一重要领域，系统梳理我国国有资产监管和国有企业改革历程，总结归纳改革成效和经验，积极探索国资监管和国企改革的内在逻辑和规律，努力回答改革中一些理论和现实问题，提出新的看法、见解和建议。这是继《中国政府预算改革发展年度报告2019：聚焦中国人大预算监督改革》和《中国政府预算改革发展年度报告2020：聚焦地方政府债务管理》之后的又一重要研究成果。在我国学界对国有资产管理等理论研究方兴未艾的情况下，《报告》进行了一次积极探索和有益尝试。

一是立足我国国资国企改革发展实践，在理论分析研究、提炼和深化我国国资国企改革发展的规律性认识方面进行了积极探索和有益尝试。《报告》系统梳理我国国有资产管理体制、国有企业制度以及国有企业分类改革等重大改革的历程，积极探索支撑和推进改革的内在逻辑，努力从理论层面深入研究国资国企改革的制度创新。关注加强人大国有资产管理情况监督、完善国有资产管理体制、加强审计监督等重要改革实践和不同层面具有代表性的典型案例，探索内在机理，总结有效做法和成功经验，具有一定的理论意义和实践价值。

二是围绕国资国企在我国经济社会高质量发展中的地位作用，坚持问题导向，在研究提出解决相关突出矛盾和问题的新方法新路径方面进行了积极探索和有益尝试。国资国企作为我国基本经济制度“主心骨”、国民经济的“顶梁柱”，在发挥国有经济主导作用、巩固公有制主体地位，维护我国经济独立和国家安全、保证人民共享发展成果方面具有无可替代的作用，做强做优做大国有资本和国有企业是党中央的要求。《报告》在梳理国资国企管理体制、监管制度、运行机制等方面存在的突出矛盾和问题的基础上，对完善国有资产管理体制、构建新型监管模式、健全中国特色现代国有企业制度、改革国有资本经营预算制度等探索研究提出了一些新的建议，具有一定的研究借鉴和启示作用。

三是紧扣党中央国资国企改革重大决策部署，针对落实国资监管和国企改革发展重点任务，在研究提出具有前瞻性和可落地的工作建议方面进行了积极探索和有益尝试。习近平总书记关于“要完善各类国有资产管理体制，改革国有资本授权经营体制，加快国有经济布局优化、结构调整、战略性重组，促进国有资产保值增值，推动国有资本做强做优做大，有效防止国有资产流失”；“深化国有企业改革，优化国有资本布局结构，增强企业活力、市场竞争力和综合实力，为创建世界一流企业奠定重要基础和有利条件”等重要指示，明确了新时代国资国企改革发展的方向和重点任务，需要我们创造性地做好落实工作。《报告》围绕重点任务，在落实国有资产管理体制由“管企业”向“管资本为主”转变、组建国有资本投资运营公司、完善国有企业法人治理结构和实行职业经理人制度、推进国有企业分类改革以及国有企业混合所有制改革等方面，研究提出了相关意见建议，具有一定的实践参考作用。

《报告》还对国有资产、国有资本、国有资产管理体制等基本概念进行了初步梳理研究，这些探索和尝试都值得肯定。既然是探索和尝试，难免存在一些不够到位的地方。比如在对国有资产管理向国有资产治理拓展的改革实践及发展趋势的把握上，对相关重要改革决策部署的理解上，对构建国有资产治理格局、人大国有资产管理情况监督的定位以及人大国有资产管理情况监督实践总结上，还需要进一步深入研究。

国有资产是全体人民共同的宝贵财富，关系我国国家性质和基本经济制度。我国国有资产种类多、规模大，除了《报告》重点研究的企业国有资产之外，还有金融企业国有资产、行政事业性国有资产、国有自然资源资产等重要类别国有资产。党的十八大以来，习近平总书记多次作出重要指示，亲自谋划和部署国有资产和国有企业改革发展。党中央围绕新时代全面深化改革总体目标，把加强国有资产管理和治理摆在更加突出的位置，在深化国资国企改革、推进节约型机关建设和社会事业发展、推动国有自然资源资产管理体制改革、加强人大国有资产监督职能、实行国有资产国有资源审计全覆盖等方面，作出了一系列重大决策部署，推动各类国有资产管理和治理取得了历史性成就。特别是党中央作出加强人大国有资产监督职能重大决策，制发建立国务院向全国人大常委会报告国有资产管理情况制度的意见，强化人大国有资产监督职责，这是构建国有资产治理格局的重大决策，对推进国有资产治理整体效能具有重大意义。目前，我国国有资产管理和治理进入了一张蓝图统筹擘画的新发展阶段，对从所有者层面、从更高层级，着眼各类国有资产进行整体性系统性规划提出了要求。期待研究团队在此基础上，加强对其他各类国有资产管理和治理的研究，推出更多研究成果。也希望我们广大从事国有资产相关领域研究的高校科研机构及专家学者加强对国有资产和国有资产管理的整体性研究，加强国有资产治理理论研究，多出成果，出好成果，更好服务我国国有资产治理现代化。

是为序。

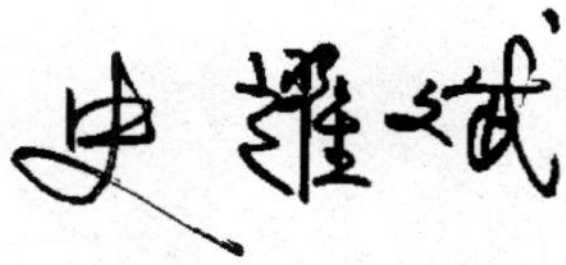

2022 年 3 月 26 日

目　录

上篇　2020 年宏观经济运行与预算执行情况

第一章　2020 年中国宏观经济运行基本情况　3

第一节　疫情冲击下的国际经济环境　3

第二节　2020 年中国宏观经济运行情况　20

第三节　疫情冲击下宏观经济发展新趋势　35

第四节　疫情冲击下的宏观经济政策分析　44

第二章　2020 年政府预算收支状况分析　62

第一节　2020 年中央和地方一般公共预算收支情况　62

第二节　2020 年中央和地方政府性基金预算收支情况　76

第三节　2020 年中央和地方国有资本经营预算收支情况　84

第四节　2020 年中央和地方社会保险基金预算收支情况　93

第五节　2020 年中央和地方四本预算之间的资金划转情况　100

第三章　预算管理监督重点问题分析　103

第一节　进一步深化预算管理制度改革　104

第二节　进一步加强人大预算审查和国有资产监督　111

第三节　《预算法实施条例》的修订　124

下篇　中国国有资产监管与国有企业改革

第四章　中国国有资产管理体制：历史与现实　135

第一节　国有资产管理及管理体制的基本内涵　136

第二节　中国国有资产管理体制的历史演变　181

第三节　中国新型国有资产管理体制　196

第五章 构建全方位国有资产监督体系 **212**
第一节 逐步走深走实的人大国有资产监督 213
第二节 走向法治化专业化的国资委监督 236
第三节 走向全面深化的审计监督 255
第四节 趋于规范的国有企业内部监督 275

第六章 国有资产收入管理 **291**
第一节 国有资产收入管理概述 291
第二节 国有资本经营预算管理 299
第三节 国有土地使用权出让收入管理 309

第七章 中国特色现代国有企业制度构建 **325**
第一节 中国国有企业制度的改革变迁 325
第二节 坚持党对现代国有企业制度建设的领导 340
第三节 国有企业公司（法人）治理的改进完善 351
第四节 职业经理人制度的建立和完善 359

第八章 国有企业改革与创新（1）：分类改革 **365**
第一节 国有企业分类改革的实践探索与理论分析 365
第二节 国有企业分类改革策略（方案）设计 373

第九章 国有企业改革与创新（2）：混合所有制改革 **387**
第一节 混合所有制经济相关理论分析 387
第二节 我国混合所有制改革的必要性与预期效应 391
第三节 推进国有企业混合所有制改革的策略 400

参考文献 **406**

附 录 **409**

后 记 **457**

上篇

2020年宏观经济运行与预算执行情况

第一章
2020 年中国宏观经济运行基本情况

第一节　疫情冲击下的国际经济环境

2020 年注定是非同寻常的一年。这是中国全面建成小康社会的一年，是中国共产党完成第一个百年奋斗目标的一年，也是中国“十三五”规划收官的一年，更是中国“十四五”规划筹划的关键一年。然而，这也是充满崎岖坎坷的一年。

突如其来的新冠肺炎疫情在中国湖北武汉暴发，并迅速在全球蔓延。截至 2020 年 12 月 31 日，全球新冠肺炎疫情累计确诊人数达到 8284 万人，累计死亡人数达到 190 万人，疫情带来了严重的生命财产损失，使全球数百万人陷入极端贫困之中，新冠肺炎疫情已成为2020 年最大的黑天鹅事件。新冠肺炎疫情对全球经济产生了巨大的冲击，造成了全球经济衰退，世界银行曾预计这是自 1939 年第二次世界大战以来最严重的一次全球危机，也是最为严重的一次经济停摆。同时，经济发展的停滞带来了社会的不稳定，新冠肺炎疫情也仿佛是一个催化剂，它加速了社会分裂。并且在可预见的将来，全球经济难以恢复疫情前的状况。

中国是最早暴发疫情的国家，也是最早控制住疫情，并实现复工复产的国家。中国共产党始终坚持人民至上、生命至上的理念，在党和政府的有力领导下，新冠肺炎疫情所带来的阴霾逐渐消散，中国成功取得了新冠肺炎疫情阻击战和经济保卫战这两场战役的胜利。与此同时，世界却迎来了新冠肺炎疫情的“全球化”，疫情在西方世界逐渐蔓延开来。在 2020 年 3 月 11 日世界卫生组织的新闻发布会上，总干事谭德塞宣布“新冠肺炎已构成全球大流行”。2020 年 2 月下旬，疫情从意大利开始扩散，并逐渐蔓延至全欧洲。由于疫情的快速蔓延，欧洲各国开始宣布进入紧急状态，采取封城封国的措施来抵御疫情的传播。经过两个多月的控制，疫情大暴发的态势被遏制住。经济也在疫情管控放松之后，得到一定复苏，新冠肺炎的新增确诊人数呈现下降态势，并且随着欧洲夏季的到来，新冠肺炎疫情得到了很好的控制。但在 2020 年下半年，疫情在欧洲大陆卷土重来，并且严重程度远超 2020 年上半年的疫情大暴发。截至 2020 年 12 月 31 日，欧洲疫情仍不容乐观，疫情远比想象严重。

位于美洲大陆的美国，新冠肺炎疫情在 2020 年 3 月大暴发，确诊病例便开始以惊人的速度增长。时任美国总统的特朗普最初声称，这种新冠肺炎病毒并不会成为一个大问题。然而，随着疫情的扩散，多州政府发布了居家令。2020 年 3 月 13 日，美国总统特朗普在白宫南草坪举行记者会，宣布美国进入应对新冠肺炎紧急状态，但美国政府在实施 46 天抗疫措施后，就宣布重启经济，将抗疫的决定权交由美国各州。5 月，黑人男子乔治・弗洛伊德被一名白人警察在执法时用膝盖压住颈部窒息而死，引发了美国境内的大规模反种族歧视的抗议示威。许多示威者在抗议示威的活动中，不戴口罩不保持社交距离，持续的抗议示威已经影响美国新冠肺炎疫情防控。6 月，美国出现了新冠肺炎疫情的小规模反弹，多州宣布暂停或推迟经济重启计划。随着 2020 年冬季的到来，疫情又一次在美国大暴发。美国因新冠肺炎死亡的人数早已超过了最近五次战争，朝鲜战争、越南战争、伊拉克战争、阿富汗战争和海湾战争中美国死亡人数的总和。

巴西、印度是新兴市场国家的代表，它们分别是热带雨林气候和热带季风气候。新冠肺炎疫情在这两个国家发生大流行，这从另一方面说明了，新冠肺炎疫情在气温高的情况下也能快速传播。截至 2020 年年底，印度和巴西分别成为继美国之后第二大疫情最严重的国家和第三大疫情最严重的国家。

新冠肺炎疫情是自然界给各国政府出的一张没有答案的考卷，各国所采取的应对措施各有不同，基本上为多管齐下，通过采取旅行限制与隔离措施、加强防疫知识宣传、提升医疗防控水平以及调动全社会资源等方式加以应对。英国政府在医疗资源有限的情况下采取了群体免疫的措施，将有限的资源投入最需要的人身上。欧美有些国家寄希望于气温的升高，新冠肺炎疫情会自动消失，因此，并没有过分重视新冠肺炎疫情的大流行。在世界卫生组织公布的每日新增人数中可以看到，新增确诊人数的增长速度确实因为北半球夏季的到来而有所放缓，但新冠肺炎病毒并没有像人们预期的那样自然消失。2020 年秋冬，北半球气温下降，新冠肺炎疫情在欧美显著反弹，新兴市场国家的疫情也逐渐严重，其中美国、欧洲、印度、巴西等地区是疫情的重灾区。截至 2020 年 12 月 31 日，美国新冠肺炎累计确诊病例已达到 1959.4 万人，死亡人数 35.29 万人；欧洲新冠肺炎累计确诊病例已达到 2723.62 万人，死亡人数 58.3 万人；印度新冠肺炎累计确诊病例已达到 1026.66 万人，死亡人数 14.87 万人；巴西新冠肺炎累计确诊病例已达到 767.59 万人，死亡人数 19.49 万人。

由于世界各国新冠肺炎疫情暴发的时点并不同步，中国疫情早于世界疫情，这个疫情暴发与恢复的时间差，为中国带来了疫情之下的发展机遇。中国的国际贸易并未随着国外疫情的暴发而陷入萎缩，反而因为各国陷入疫情困境，无法组织有效生产，拥有了广阔的海外市场。在各国陷入经济停摆状态时，中国正在加紧复工复产为他们提供所急需的疫情物资。在世界银行测算的 2020 年各国对世界经济增长的贡献率中，只有中国的增长贡献率为正，为 8.68%，美国、欧元区、巴西、印度、金砖国家都为负增长率，分别为 -20.95%、-30.92%、-3.14%、-7.67% 和 -3.86%（见图 1-1）。中国的经济复苏通过全球价值链进而推动了一些东亚国家的经济增长。美国在 2020 年下半年则以消费为导向，在住宅建筑和信息技术投资的推动下，经济形势开始好转。而全球的其他地区，由于疫情的反复流行与传播，经济形势仍然不容乐观。

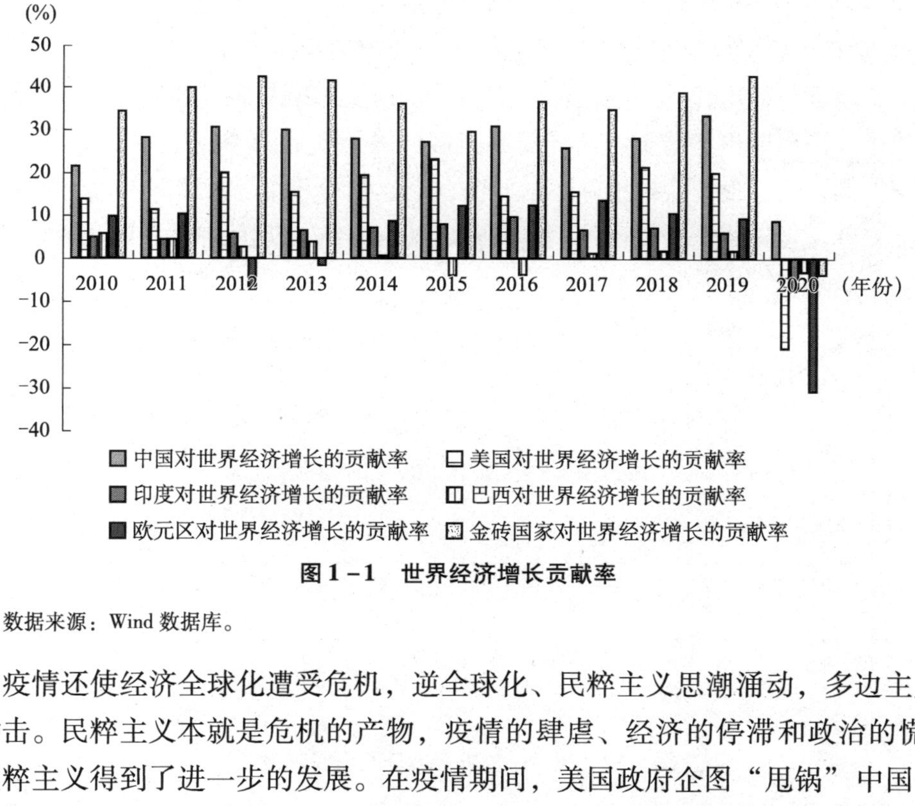

图 1-1 世界经济增长贡献率

数据来源：Wind 数据库。

疫情还使经济全球化遭受危机，逆全球化、民粹主义思潮涌动，多边主义受到冲击。民粹主义本就是危机的产物，疫情的肆虐、经济的停滞和政治的慌乱，让民粹主义得到了进一步的发展。在疫情期间，美国政府企图“甩锅”中国，称新冠肺炎病毒为“中国病毒”，将疫情流行的责任推给中国政府。美国白宫国家经济顾问委员会主席库德洛甚至呼吁，所有在中国的美国企业全部撤离，由美国政府承担全部“搬家费”。2020 年 4 月 7 日，日本经济产业省推出了总额高达 108 万亿日元的抗疫经济救助计划。其中的“改革供应链”项目，提供 2435 亿日元经费，将用于资助日本制造企业将生产线从中国撤回，235 亿日元将用于资助日本公司将生产线迁到其他国家，从而实现供应链多元化布局。

2020 年新冠肺炎疫情，又一次冲击了已在 2008 年金融危机后陷入长期性停滞的世界经济。全球经济贸易体系为此经历了一场自“第二次世界大战”后最大的经济停摆，全球经济形势恶化。

一、全球经济发展速度放缓

2020 年在新冠肺炎疫情的冲击下，全球大部分经济体采取了必要的遏制措施，各国政府关闭了一些涉及大量人群或人际密切接触的服务，例如娱乐、旅游、餐饮、零售等，这在一定程度上引发了产出、支出等的收缩，全球经济实际增速从 2019 年的正增长 2.89%，骤降至 2020 年的负增长 3.12%（见图 1－2）。在 2008 年金融危机之后，世界经济增速触底反弹，但是增速的增长态势并没维持，自 2010 年后全球经济增速长期维持在一个较为稳定的水平，全球经济似乎陷入了一个缺乏新的增长动力的泥潭。全球的疫情发展态势远比想象中的更加严峻，这导致了经济衰退更加严重，经济复苏缓慢。尽管新冠肺炎疫情在 2020 年年中得到一定控制，由于疫情管控措施逐渐放松，企业重新开业，家庭支出得到恢复，经济逐渐复苏，全球经济开始反弹，但是到 2020 年年末出现反弹放缓的现象。

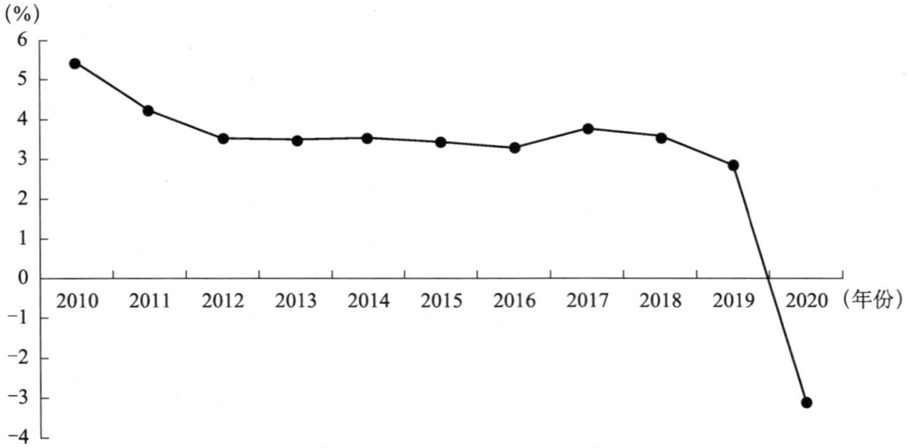

图 1－2　2010—2020 年全球经济实际增速

数据来源：Wind 数据库。

新冠肺炎疫情在全球范围的大流行，让原本增长就已乏力的世界经济更是雪上加霜。美、欧、日等世界主要经济体和俄、印、巴等新兴市场国家都受到了新冠肺炎疫情带来的强烈冲击，经济发展在一定程度上被疫情所制约。欧洲的 GDP

下降幅度远超美国、日本和俄罗斯，这在一定程度上体现出欧洲采取了更加严格的疫情管控措施。

自2019年以来，美国GDP同比增长始终维持在2%左右的水平，2020年第一季度跌至0.63%，随后的三个季度均为负增长，在2020年第二季度甚至跌至－9.08%，最后两个季度虽有所恢复，但始终没有转负为正。欧洲2020年GDP季度同比都落入负区间，其中第二季度跌入该年度最低点－14.7%。截至2020年第四季度，经济发展仍未恢复。受疫情影响，原定于2020年夏季举办的东京奥运会被迫延期一年，日本政府寄希望于奥运经济拉动经济复苏的愿望破灭。日本经济2019年就已经增长乏力，2019年第四季度GDP当季同比增速就已经落入负区间。2020年受疫情的冲击，在第二季度GDP当季同比达到了－10.1%，虽然此后随着疫情发展逐渐得到控制，但是仍未于2020年突破0，达到正区间。新兴市场国家受到疫情的打击尤为严重，他们的卫生系统资源相对发达国家来说不足，俄罗斯2020年第一季度GDP同比变化为1.4%，而随着疫情传播的发展，俄罗斯在3月底为了控制疫情，防止疫情大规模扩散，实施了封城政策，第二季度GDP同比变化降至－7.8%。随着疫情的好转，封城管制逐渐放松，经济有所恢复。但到2020年结束，GDP同比变化仍未回到正区间。据俄罗斯联邦统计局称，2020年GDP下滑与实施抗击新冠肺炎疫情的限制措施以及全球能源需求下滑有关。

经济活动指标暴跌，全球采购经理指数PMI，2020年从2月开始跌入50的荣枯线以下，跌至26.2。随着全球范围内疫情得到有效控制，从7月开始全球采购经理指数PMI指数重新回到50的荣枯线以上。疫情对全球服务业的冲击更甚（见图1－3）。

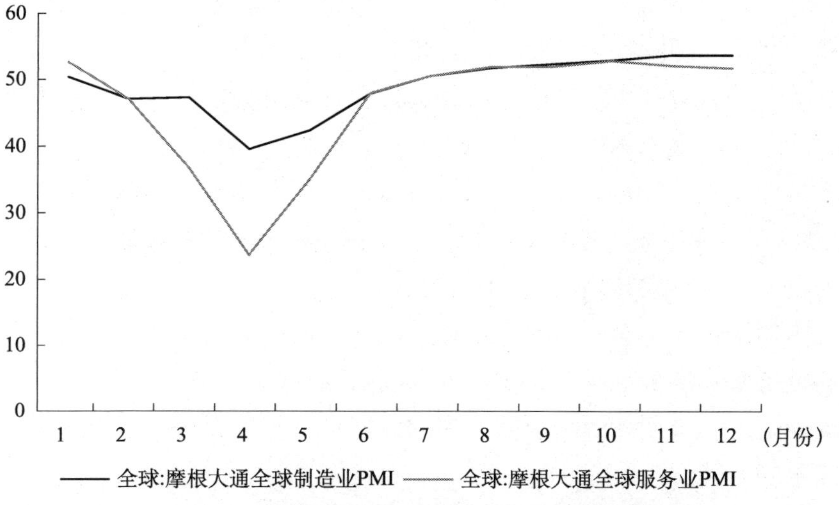

图1－3　2020年摩根大通全球制造业和非制造业PMI指数

数据来源：Wind数据库。

直接和社交距离相关的全球服务业受疫情管制措施的影响更为严重，且全球制造业相对于衰退的服务业来说更加强劲，服务消费开始更多地转向商品消费。全球制造业 PMI 指数和全球服务业 PMI 指数在 2020 年上半年疫情大流行期间跌入萎缩区间，4 月同时跌入 2020 年的指数最低点，下半年才又重新回到 50 以上的繁荣区间。为阻止疫情传播，各国政府采取的紧急疫情防控措施限制了人与人之间的互动交流，需要面对面互动的服务业受到的打击远远超过制造业，全球服务业 PMI 指数的下降幅度超过全球制造业 PMI 指数，在疫情得到有效控制之前，服务业的恢复极为困难。随着疫情管控措施的生效，疫情传播得到遏制，全球服务业开始复苏，但在 2020 年冬季疫情又一次大流行，全球制造业 PMI 指数保持相对平稳的态势，而全球服务业 PMI 指数呈现出略微下降的趋势。

世界主要经济体的制造业与服务业也呈现出制造 PMI 指数要好于服务业 PMI 指数。美国、英国、欧盟、日本以及新兴市场国家俄罗斯，其制造业与服务业 PMI 指数都在新冠肺炎疫情大流行新后呈现出下降趋势，只是下降幅度略有不同，随着各国疫情防控强度的减轻，总体上看呈现出先下降再逐渐复苏的过程。且在上述国家中制造业的复苏状况情况要好于服务业，直至 2020 年年末，美国的制造业和服务业 PMI 指数、英国制造业 PMI 指数和欧盟制造业 PMI 已重新回到扩张区间，而英国和欧洲的 PMI 指数仍处于萎缩区间，日本和俄罗斯的制造业与服务业 PMI 指数均处于萎缩区间，经济形势仍不容乐观。

时代的一粒尘，落在个人头上就是一座山。2020 年新冠肺炎疫情的暴发，世界经济受到冲击，各国民众的生活受到影响，劳动力市场条件严重恶化。疫情管制措施可能会给劳动力市场带来进一步的压力，在疫情期间企业经营困难，工作岗位数量减少。国际货币基金组织指出，女性劳动者，特别是处于非正式部门的女性劳动者受新冠肺炎疫情的影响最为严重。国际劳工组织估计有 42% 的非正式女性劳动者在严重受困的经济部门工作。

全球失业率在 2019 年之前都保持在 6% 以下的水平，2020 年从 2019 年的 5. 372% 激增到 6. 455% （见图 1 -4）。这表明了大规模的裁员现象正在出现，并且对个人收入产生较大冲击。OECD 指出，在一些国家中，新冠肺炎疫情对劳动力市场的影响要远大于全球金融危机暴发后的头几个月。工人是确保国家在封锁之中能够维持基本服务的关键，但是他们除了要承受感染新冠肺炎病毒的风险，还可能遭受更大的失业和收入下降的风险。除此之外，服务业的就业人数在疫情高峰期间急剧下降。

疫情期间美国的情况最为突出，裁员和薪水的减少带来了损失，劳动密集型行业受疫情影响最为严重。美国失业率水平在 2020 年 2 月之前都在一个稳定的

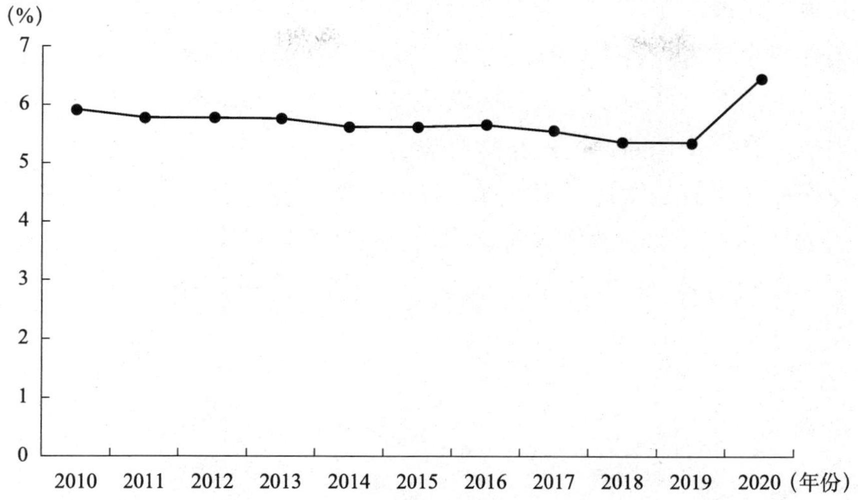

图 1-4　2010—2020 年世界失业率

数据来源：Wind 数据库。

水平上，随着新冠肺炎疫情在美国的发展，3 月美国失业率激增到了 14.8%，这一惊人水平，创造了美国历史上失业率新高，突破了 1929—1933 年经济大萧条以来的最高纪录。随后几个月间，疫情得到一定控制、经济逐渐重新启动，失业率逐渐下降但仍维持在一个较高的水平，2020 年年底美国的失业率仍高于年初，为 6.7%（见图 1-5）。美国非农私人部门劳动者的失业人数，在 2020 年 4 月达到 1916.6 万人，在 2020 年随后的几个月中逐渐下降，2020 年 12 月降至 846 万人，但仍未恢复到疫情之前的水平，美国联邦政府 2020 年紧急失业补偿支出高达 356 亿美元。

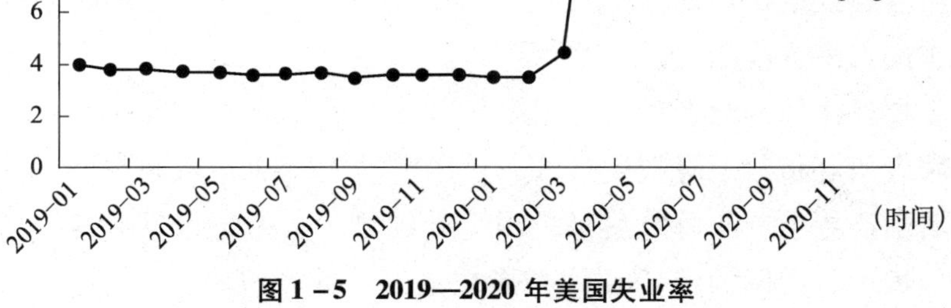

图 1-5　2019—2020 年美国失业率

数据来源：Wind 数据库。

与其他发达经济相比，日本的失业率较为特别。虽有上升但是变动幅度并不如美、英等国家显著。这主要有两方面的原因：一是，日本劳动力市场长期供不应求，劳动力的需求量大于劳动力的供给量；二是，日本存在着企业聘用非正式员工的现象，在疫情期间通过停止聘用非正式员工来避免裁员的发生。因此，日本的失业率相较于其他发达国家，并没有由于疫情急剧上升，始终维持在一个较为稳定的水平上。但这也是日本失业率 11 年来首次上升，这表明了由于受到了新冠肺炎疫情的影响，日本就业环境发生了恶化（见图 1 –6）。

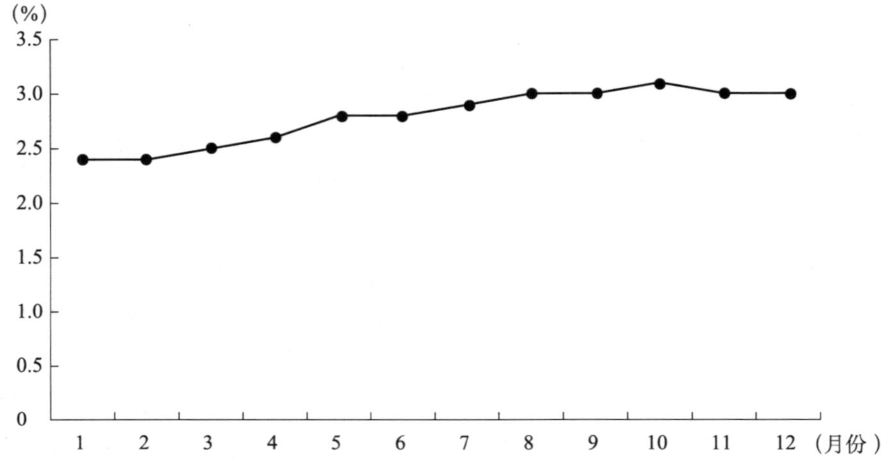

图 1 –6　2020 年日本失业率

数据来源：Wind 数据库。

二、全球消费与投资下降

2010—2019 年世界消费支出一直保持着不断上涨的态势，但 2020 年由于新冠肺炎疫情的冲击，全球经济形势受到影响，支出机会和范围缩小并且经济前景黯淡，全球消费支出在 2020 年下降（见图 1 –7）。各国在疫情大流行期间采取了封城的措施，这导致了消费者难以进行线下的消费，疫情期间消费低迷。除此之外，消费者感到疫情短期内难以平息，预期未来的经济状况可能会恶化，不愿意花费更多的钱来进行消费。

世界主要经济体的消费者信心指数基本都在疫情大暴发期间有所下降，其中美国的消费者信心指数下降幅度最大，英国消费者信心指数较疫情前略微下降。日美消费者信心指数在 4 月之后呈现出上升的趋势，但仍未回到疫情前的水平。在这几个国家中，中国的消费者信心指数最高，并在疫情好转后逐渐恢复（见图 1 –8）。

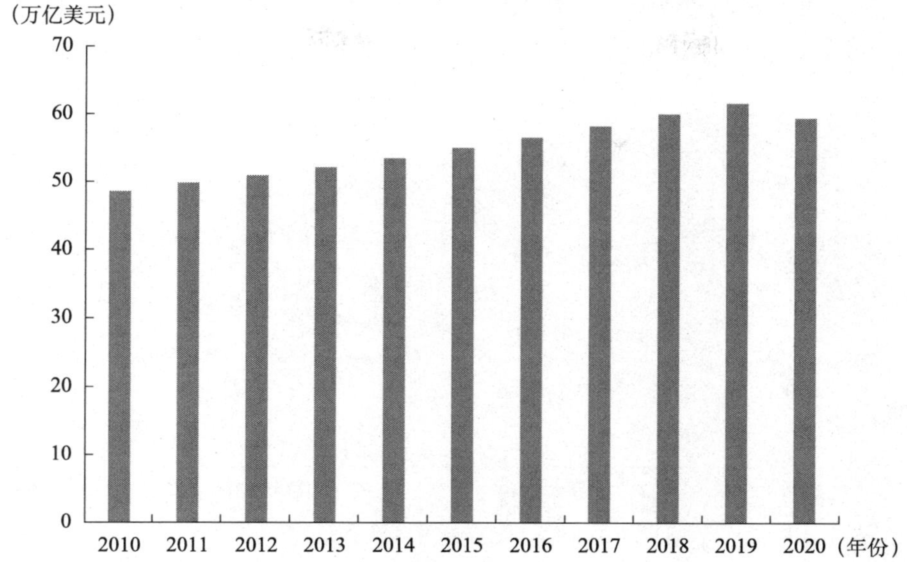

图 1 –7　全球消费支出（2015 年不变价格）

数据来源：世界银行。

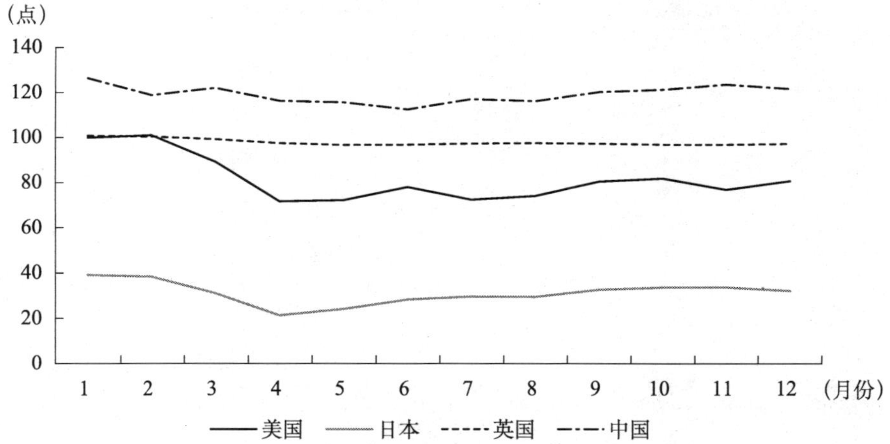

图 1 –8　2020 年主要经济体的消费者信心指数

数据来源：Wind 数据库。

全球外国直接投资（FDI）也在大幅度地下降，2019 年全球 FDI 为 1.5 万亿美元，而 2020 年仅为 9988.9 亿美元（见图 1 –9）。这也在一定程度上可能体现了供应链的变化，疫情期间各国封锁，为减轻对国外产业链的依赖，企业将产业撤回国内，为了降低对国外厂商的依赖性。这在一定程度上表现在外国直接投资中，而在世界主要经济体中，中国的表现是最为亮眼的，只有中国 2020 年的 FDI 超过 2019 年的水平，保持一个正增长。而欧美发达国家包括日本，都呈现出 FDI 负增长的现象。其中，美国的外国直接投资下降最为显著，这可能受特朗普的制造业回流政策的影响（见图 1－10）。

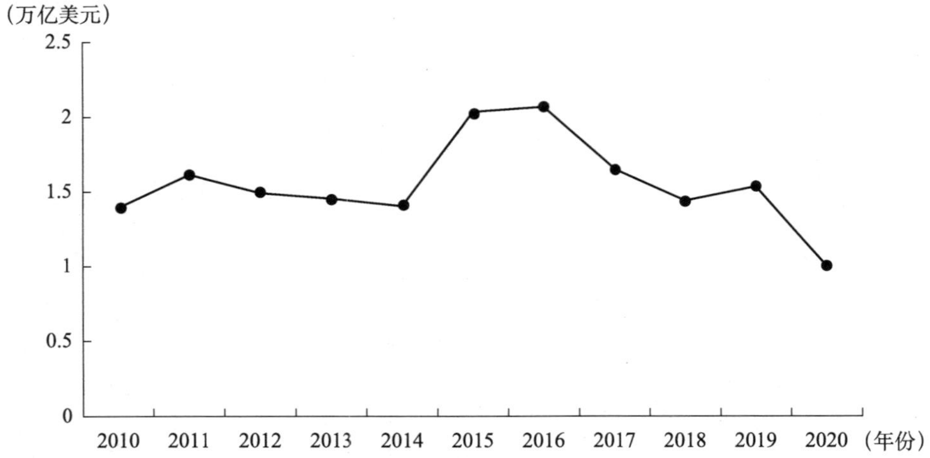

图 1－9　世界外国直接投资量

数据来源：UNCTAD。

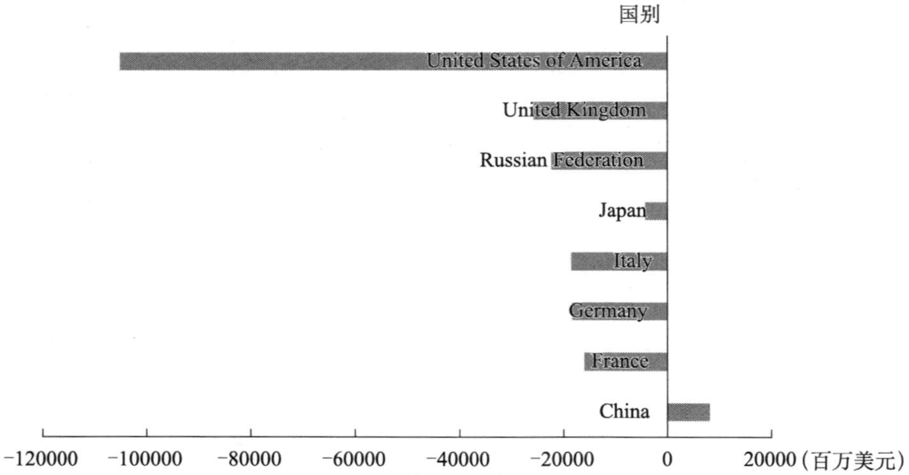

图 1－10　世界主要经济体新增外国直接投资量

数据来源：UNCTAD。

三、全球贸易总量下降

2020 年，新冠肺炎疫情让全球贸易遇冷。为了阻止新冠肺炎疫情的传播，部分国家采取了边境关闭的措施，这导致了全球供应中断。跨国产业链受到打击，其中汽车行业受疫情影响尤为严重，在中国发生疫情期间工厂停工，日本和韩国的汽车制造商由于缺乏必要零部件而不得不暂时关闭工厂。当中国疫情好转逐渐复工复产时，欧美国家受疫情影响不得不停止生产。

在新冠肺炎疫情在全球范围大暴发时，2020 年 4 月 8 日世界贸易组织预计，2020 年全球贸易将出现大崩溃，甚至可能是第二次世界大战后最为严重的一次。但随着防疫封锁的逐渐解除，6 月和 7 月的跨境贸易激增，避免了贸易的更深度下滑。其中中国作出了突出贡献，由于疫情控制较早，经济得以较早恢复，后随着疫情状况的好转，世界贸易逐渐复苏。

世界贸易总量在 2020 年第一季度相较于 2019 年第四季度有所下降，于 2020 年第二季度跌入谷底，在 2020 年第三第四季度逐渐恢复。2020 年新冠肺炎疫情的冲击，导致全球范围内贸易量的下滑，世界主要经济体的对外贸易都呈现出一个先下降后上升的趋势。各国的对外贸易都受到了疫情传播的影响，在 2020 年的第二季度受到的冲击最大（见图 1－11）。

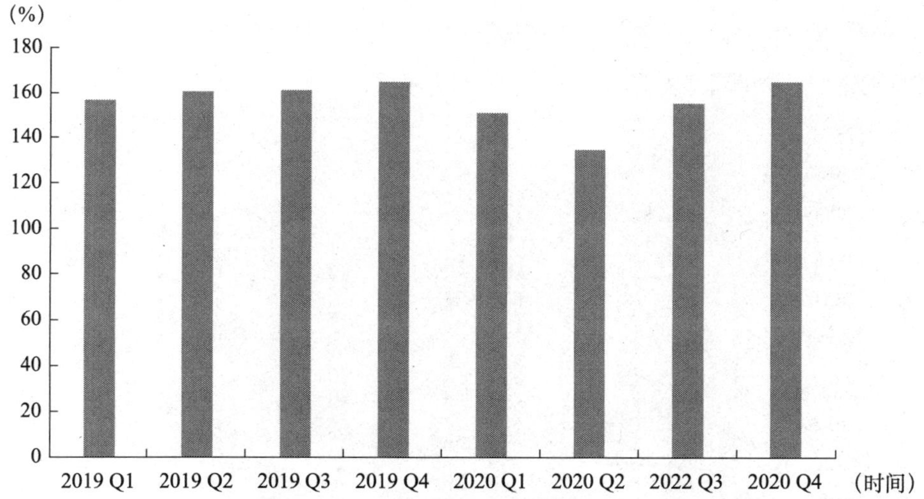

图 1－11　商品进出口数量增长率（2005 年 =100）

数据来源：世界银行。

国际货运和客运的限制是导致国际贸易下降的另一个原因。新冠肺炎疫情的暴发，各国为阻碍疫情传播采取了港口关闭和修订清关程序的措施，这给国际贸易带来了一定障碍。纽约新泽西港和洛杉矶港受疫情冲击影响较大，集装箱吞吐量较疫情前有明显下降。温哥华港口的集装箱吞吐量下降幅度有限，并且随着疫情好转集装箱吞吐量缓慢回升（见图 1－12）。

亚洲、欧洲商品贸易的下降幅度要小于服务贸易的下降幅度，这一现象在亚洲最为显著，2020 年亚洲货物出口金额相较 2019 年减少 93182. 50 百万美元，而亚洲服务出口差额则达到 334904. 70 百万美元，而服务贸易仍处于萧条之中。北美洲情况与亚洲、欧洲相反，其货物出口金额下降幅度超过服务出口金额，2020

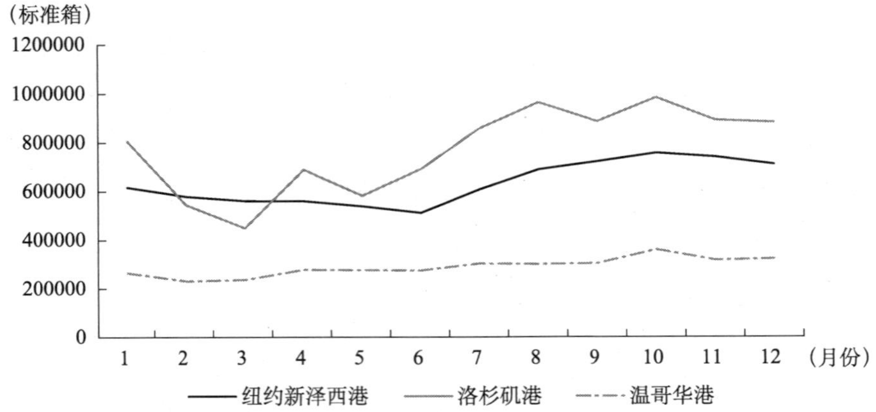

图 1－12　世界主要港口 2020 年集装箱吞吐量

数据来源：Wind 数据库。

年北美洲货物出口金额相较 2019 年减少 310581. 12 百万美元，而北美洲服务出口差额则达到 205222. 59 百万美元（见图 1－13）。

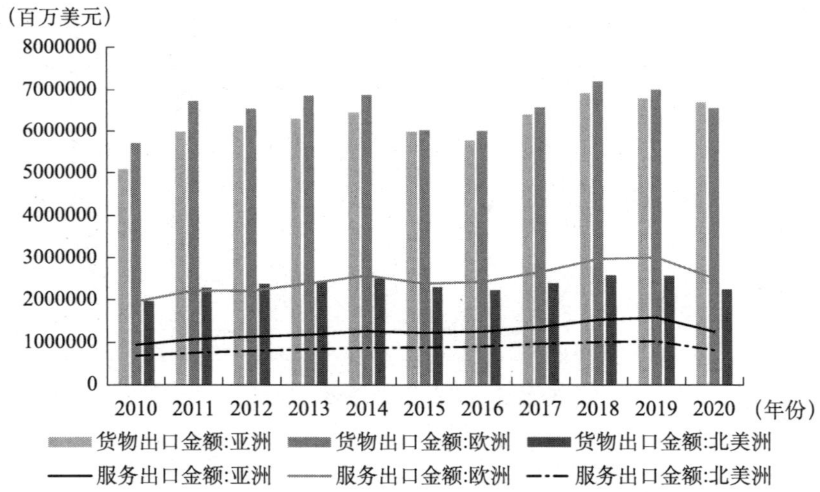

图 1－13　2010—2020 年亚洲、欧洲、北美洲货物和服务出口金额

数据来源：Wind 数据库。

服务贸易下降幅度更大可能的原因是疫情防控措施，限制了旅游业的发展。在疫情暴发前的 2010—2019 年，旅游服务在服务进出口比重中保持一个稳定状态。而疫情大暴发后，旅游业发展受挫，占服务进出口比重急速下降，达到近十年的最低点（见图 1－14）。截至 2020 年年末，疫情仍在世界范围内传播，旅游业目前仍难达到疫情前的水平。在全球疫情好转以及各国放松疫情管制之前，旅游业服务难以恢复。希腊、冰岛、泰国等国家，入境旅游占国内生产总值的 10% 以上，这些地方的经济受疫情影响更大。

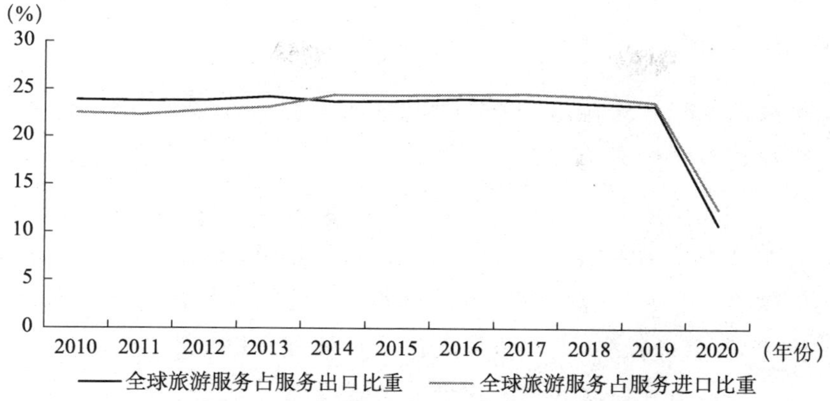

图1－14　全球旅游服务站服务出口、进口比重

数据来源：Wind数据库。

四、大宗商品价格开年走低，后逐渐回升

2020年大宗商品价格指数总体上来看，呈现出一个先下降后上升的趋势。中国的疫情封锁，引发了2020年年初金属和能源价格下降。除此之外还受到国际形势的影响，两个最大石油生产国之间的价格战加剧了大宗商品价格指数下降，并且该指数于4月跌至最低点，到达83.97。后由于疫情和国际经济环境好转，逐渐上升。第三季度，疫情前景不明确，对大宗商品的需求不足，大宗商品价格指数反弹上升速度放缓。第四季度，全球货币宽松政策、世界经济复苏预期、疫苗研发顺利和美国大选尘埃落定，给世界经济打了一针强心剂，大宗商品价格指数稳步上升。世界各国经济逐渐恢复，拉动了大宗商品的需求，大宗商品价格提升，年末超过开年大宗商品的价格指数（见图1－15）。

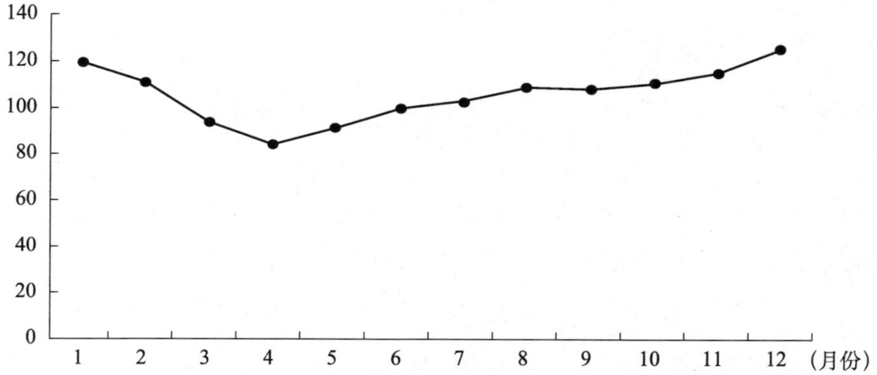

图1－15　2020年大宗商品价格指数

数据来源：国际货币基金组织。

（一）能源价格

开年受疫情影响和沙特与俄罗斯之间的石油贸易价格战的影响，OPEC 一揽子原油价格呈现出一个波动下降的趋势。疫情虽然是本次剧烈下跌的导火线，疫情导致全球石油需求崩溃，但其深层次的原因是供需平衡被打破，疫情期间各国经济停滞，石油需求量大幅下降，而石油仍然保持着之前的产出，并且引发了对储油能力的担忧。在第二季度中，为了平衡由于全球能源需求急剧下降而处于危机中的原油市场，沙特阿拉伯和俄罗斯达成石油减产协议，“历史性”削减石油产量。石油价格在五月份触底后，逐渐波浪式反弹（见图 1－16）。

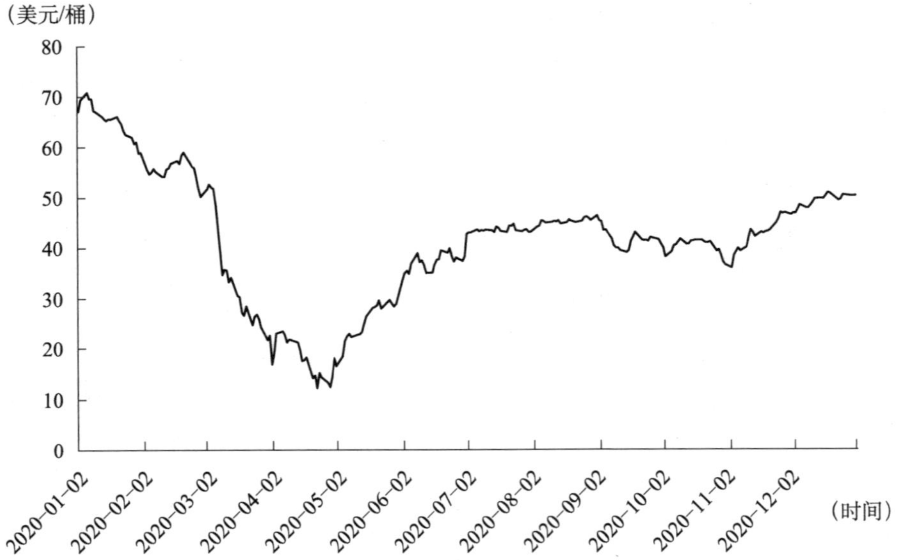

图 1－16 2020 年 OPEC 一揽子原油价格

数据来源：Wind 数据库。

（二）有色金属和铁矿石

同样是受新冠肺炎疫情在全球蔓延的影响，市场恐慌情绪爆发，全球工业活动放缓，国际有色金属和铁矿石价格也大幅下降。第二季度，有色金属和铁矿石价格波动。虽然海外疫情形势依然严峻，但澳大利亚和巴西对中国铁矿石供货顺畅。随后，巴西疫情持续发酵，预期铁矿石供应下降，铁矿石价格强势上升。第三季度，由于中国需求市场恢复、欧美各国出台刺激经济发展政策，有色金属的需求上升，但是有色金属价格上涨趋势放缓（见图 1－17）。铁矿石价格受主产国疫情的影响，市场担忧其供应，价格上升（见图 1－18）。

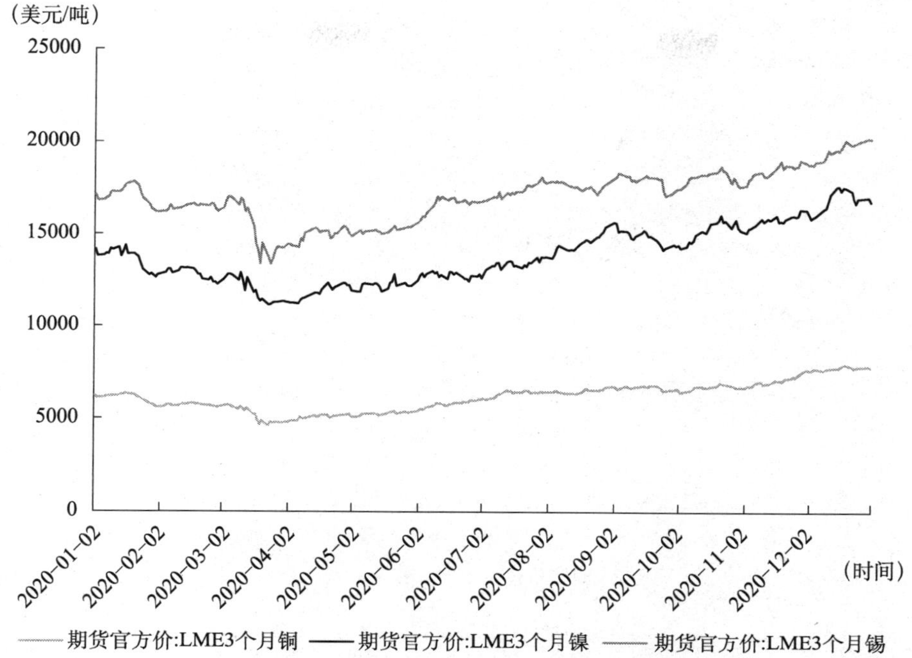

图 1－17　2020 年有色金属期货价

数据来源：Wind 数据库。

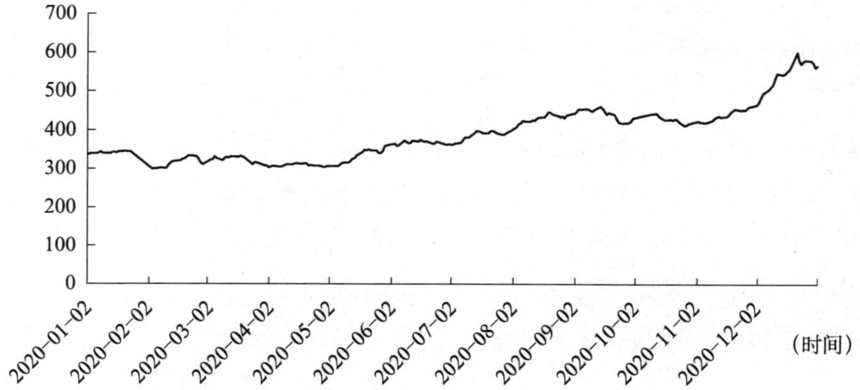

图 1－18　2020 年中国铁矿石价格指数（1994 年 4 月＝100）

数据来源：Wind 数据库。

（三）粮食价格

第一季度，国际大豆价格受新冠肺炎疫情影响，还有国际社会预期美国大豆产量增加，大豆价格下降。由于养殖行业具有一定刚性，玉米的价格在第一季度基本保持稳定。第二季度，大豆和玉米价格保持相对稳定。第三季度，新冠肺炎疫情得到一定控制，大豆玉米总体走强（见图 1－19）。

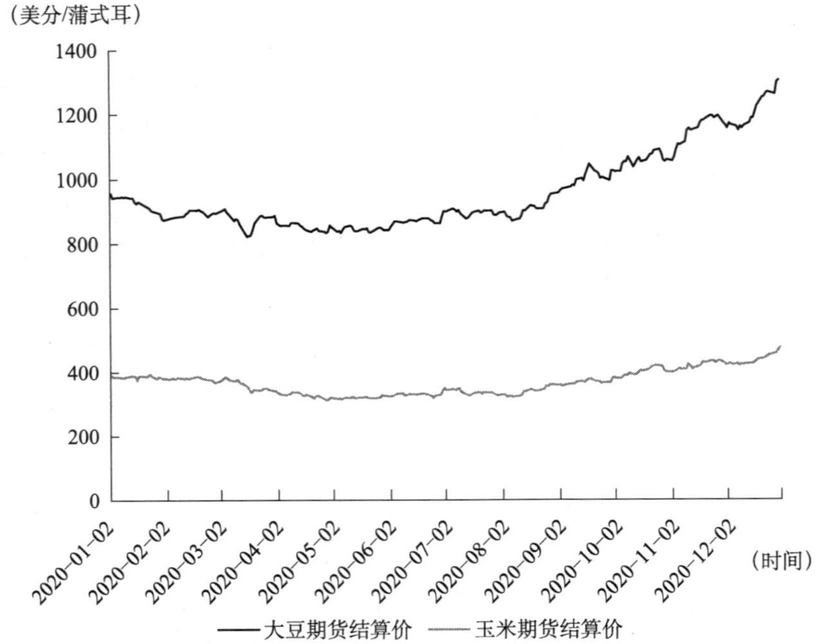

图 1－19　2020 年大豆和玉米的期货结算价

数据来源：Wind 数据库。

五、金融市场动荡开年，平稳落幕

2020 年 2 月 28 日，世界卫生组织把新冠肺炎疫情危险级别调整至“非常高”，受全球新冠肺炎疫情的影响，经济收缩与前景黯淡，股票市场动荡开年。VIX 恐慌指数在 2020 年前两个季度急剧下降，新冠肺炎疫情带来的冲击，影响了投资者的信心，投资者对未来经济形势持悲观态度。后随着全球疫情逐渐得到控制，VIX 指数小幅度波动上升，但直到 2020 年年底，仍未恢复年初水平（见图 1－20）。

美股在 2020 年 3 月内发生了四次熔断，创造了美国历史上的新纪录。全球金融市场在第一季度内动荡不断。同时由于 OPEC 与俄罗斯之间的价格战，导致原油价格暴跌，相关企业受到影响，全球股市暴跌。英国、日本和俄罗斯等主要经济体受疫情影响，股市暴跌。而与其他主要经济体相比，中国由于疫情控制得力，复工复产较快，上证综指波动相对较小，中国股市保持相对的平稳（见图 1－21）。全球股市在 2020 年第二季度呈现出整体波动回升的趋势，欧洲、东亚的疫情在第二季度内得到有效控制，股市状况明显好转。而美国受疫情的影响，在 6 月再次出现了波动下跌，但相较于第一季度下跌，幅度较小。

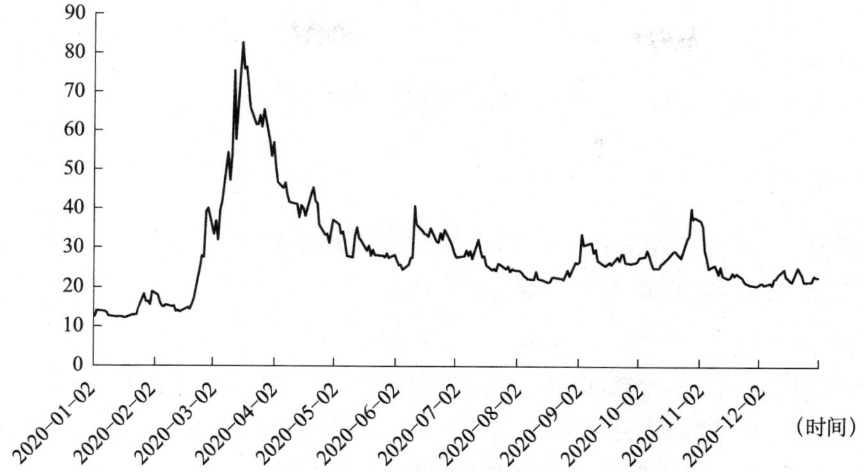

图 1－20　2020 年 VIX 指数期货

数据来源：Wind 数据库。

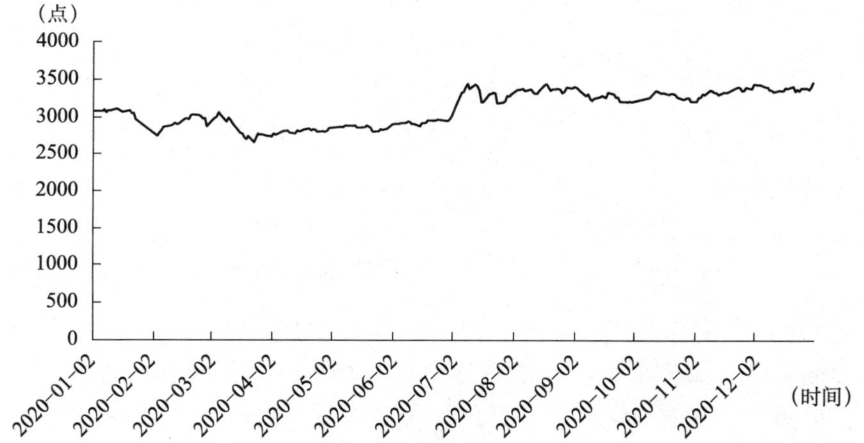

图 1－21　2020 年中国上证综合指数

数据来源：Wind 数据库。

全球各国的中央银行采取积极行动来阻止全球金融陷入危机。大多数国家采取宽松的货币政策，各国货币政策没有收紧的空间，只能继续保持降息，加大量化宽松幅度，金融状况普遍宽松。但是这在一定情况下，掩盖了债务水平的上升。主权国家增加了大规模刺激计划，这让债务负担增加了。根据国际货币基金阻止数据库的最新数据，全球债务在 2020 年上升了 28%，已达到了全球 GDP 的 256%。且政府债务达到全球债务的一半以上，公共债务占 GDP 比重也已达到 99%，其中发达经济体的债务增长相对更为显著。全球债务的累积很大程度上源于 2008 年金融危机和此次新冠肺炎疫情的暴发。

第二节 2020 年中国宏观经济运行情况

2020 年，面对全球疫情风波和复杂严峻的内外部发展环境，中国统筹部署新冠肺炎疫情防控和经济社会发展工作，以“加快形成以国内大循环为主体，国内国际双循环相互促进的新发展格局”为目标，优化产业结构和供应链结构，通过供给侧结构性改革与要素市场化改革提振产能活力，扎实做好“六稳”，全面落实“六保”，在国内新冠肺炎疫情得到较好控制的前提下，全年经济运行基本平稳，全面建成小康社会，实现了党的第一个百年奋斗目标。

一、经济增速由负转正，产业结构优化升级

（一）GDP 运行分析

2020 年我国 GDP 总量为 1015986.2 亿元，这是我国首度突破百万亿元大关。按照可比价格计算，比 2019 年增长了 29471 亿元，同比增长 2.3%（见图 1－22）。其中四个季度的 GDP 分别为 205727 亿元、248985.1 亿元、264976.3 亿元、296297.8 亿元。分季度看，一季度同比下降 5.27%，二季度同比增长 3.1%，三季度同比增长 5.55%，四季度同比增长 5.39%。除了第一季度受疫情影响经济有所下滑以外，二季度以后，经济进入 V 形快速恢复期，增速由负转正，呈现平稳增长的态势。2020 年中国是全球唯一实现经济正增长的主要经济体，经济规模占全球的比重有望提升到 17% 以上，彰显了中国经济强大的活力和韧性①。

从三大需求对国内生产总值的贡献率来看（见图 1－23），受疫情的严重影响，最终消费支出对国内生产总值的贡献率从 58.6% 陡降至－22%，对国内生产总值拉动为－0.5 个百分点，由拉动国内生产总值增长的主导因素暂时变为阻碍因素；而资本形成总额贡献率为 94.1%，同比增长 62.9%，拉动作用为 2.2 个百分点，成为新的主导因素；货物和服务净出口的贡献率为 28%，同比增长 15.4%，拉动作用为 0.7 个百分点，也有一个较大的提升。

① 国家统计局：《中华人民共和国 2020 年国民经济和社会发展统计公报》，2021 年 2 月 18 日。

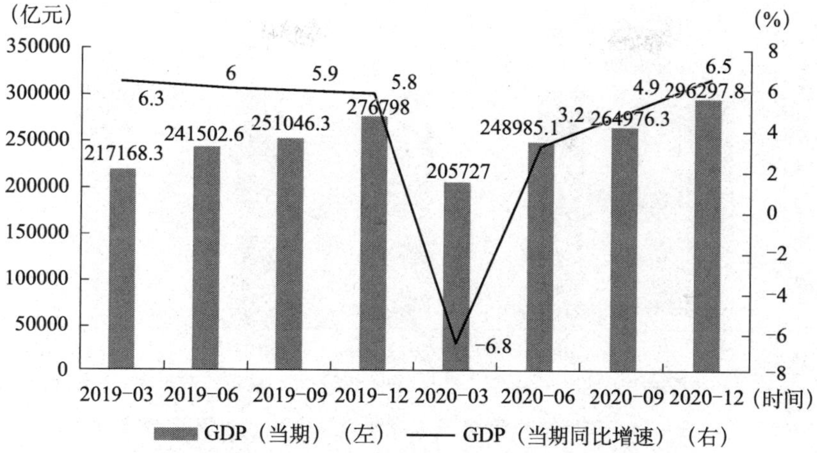

图 1－22　2019—2020 年分季度国内生产总值及同比增速

数据来源：中经网数据库。

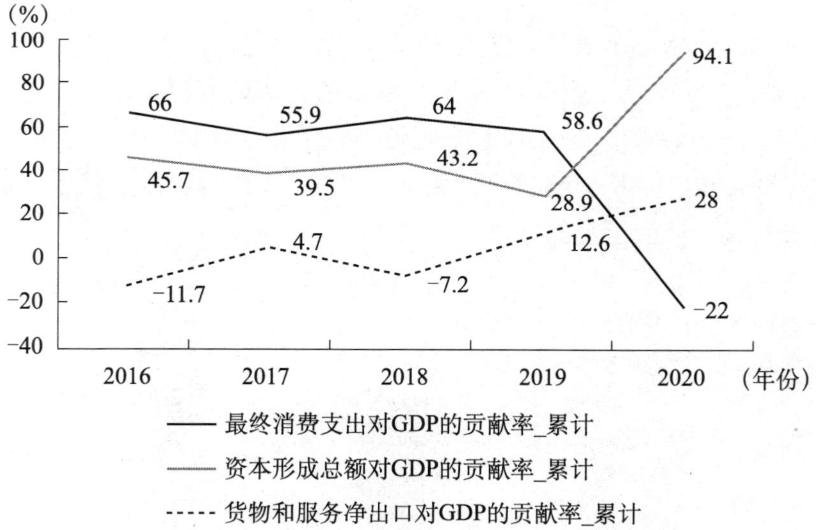

图 1－23　2016—2020 年三大需求对国内生产总值的贡献率

数据来源：中经网数据库。

从三大产业对国内生产总值的贡献率来看（见图 1－24），第一产业累计贡献值为 9.5%，同比增长 5.6%，对国内生产总值增长的拉动为 0.2%；第二产业累计贡献率为 43.3%，同比增长 10.7%，对国内生产总值的拉动为 1%；第三产业累计贡献率为 47.3%，同比下降 16.2%，对国内生产总值的拉动为 1.1%。疫情的暴发主要冲击了第三产业，第三产业累计同比贡献率较上年同期下降，致使第二产业重新成为经济增长的最大动力。但是三大产业中，第三产业对 GDP 的贡献和对 GDP 的拉动作用仍是最大的。

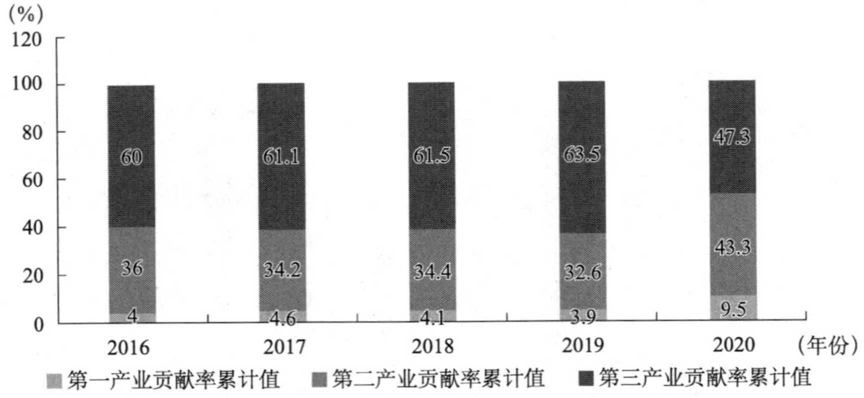

图 1－24　2016—2020 年三大产业对国内生产总值的贡献率

数据来源：中经网数据库。

（二）产业结构分析

从三大产业的增加值看，2020 年第一产业增加值为 77754 亿元，同比增长 3.0%（见图 1－25），是三个产业中增长最快的。可能有以下原因：第一，主要在户外进行生产的农业受疫情的影响比较小；第二，疫情的暴发主要集中在冬季，对农作物种植、生长影响较小。第一产业占 GDP 的比重虽然低，但是对整个国民经济发展、社会稳定的作用非常强。

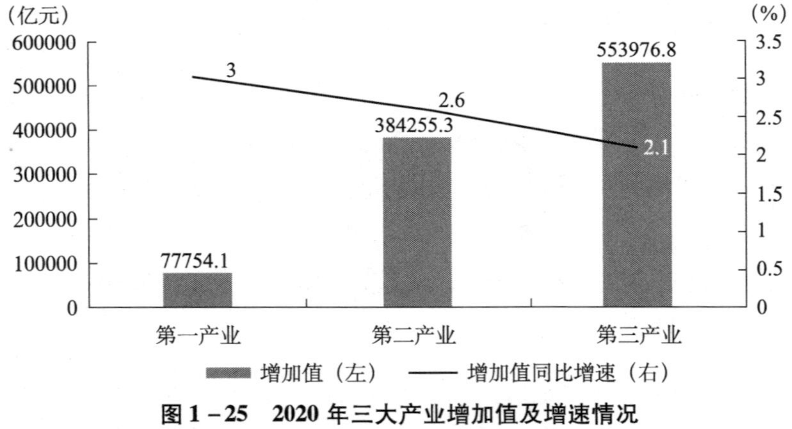

图 1－25　2020 年三大产业增加值及增速情况

数据来源：中经网数据库。

第二产业实现增加值 384255 亿元，同比增长 2.6%。第二产业主要包括工业和建筑业，年初因为疫情的暴发使得工业的复产复工面临困难，但疫情得到有效控制后，大部分企业在第二季度恢复生产，同时海外疫情却没有得到及时控制，部分原属于印度、东南亚的订单转移到我国，使部分出口企业比往年更加繁忙。

2020年全国规模以上工业增加值比上年增长2.8%。分季度看，一季度下降8.4%，二、三、四季度分别增长4.4%、5.8%、7.1%，工业生产呈现逐季稳步回升态势。从全年来看，工业生产总体是稳定发展的。

第三产业增加值累计55.4万亿元，占GDP的比重为54.5%，比上年上升0.2个百分点，连续9年第三产业增加值超过了第二产业。第三产业增加值增速为2.1%，对经济增长的贡献率为48.4%，连续6年成为经济增长最大动能。但第三产业的增速是三大产业中增长最慢的，疫情对第三产业中批发零售、餐饮住宿、交通物流等行业影响比较大，在下半年才得以逐渐恢复，能够正增长实属不易。

从行业角度具体来看，交通运输、仓储和邮政业，批发和零售业，住宿和餐饮业，租赁和商业服务业比其他服务业受疫情影响较大，GDP累计同比增速较上年同期大幅下行（见图1－26）。农林牧渔业、金融业、房地产业受疫情影响较小，行业增加值同比增速与上年相比，成为拉动全年GDP增长的重要动力。

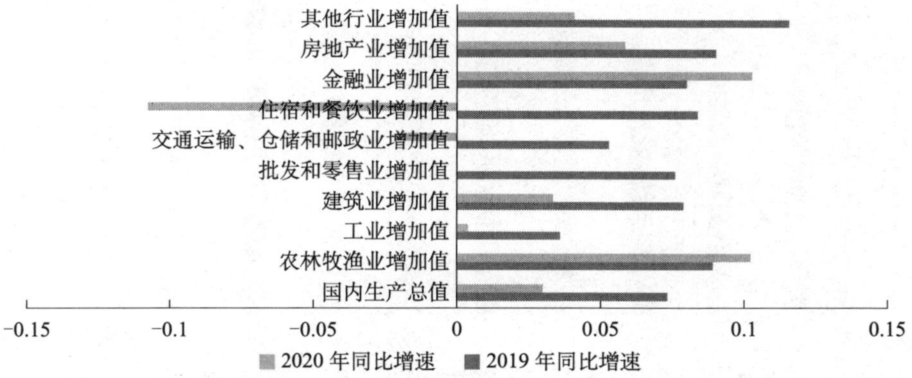

图1－26　分行业增加值同比增速情况

数据来源：国家统计局。

二、社零同比增速波动上升，升级类商品表现亮眼

2020年，我国国内消费稳步复苏，社会消费品零售总额达到391980.6亿元，相比于2019年下降3.9%（见图1－27），降幅较上半年收窄7.5个百分点，最终消费占GDP比重达到54.3%，消费仍然是经济稳定运行的“压舱石”。通过2020年月度社会零售消费品总额（当期）及同比增速（当期）（见图1－28）可以明显看出：从8月开始，我国社会消费品零售总额同比才开始正增长，其中，2020年11月和12月社会消费品零售总额分别为39514.2亿元和40566亿元，同比增长5%和4.6%。

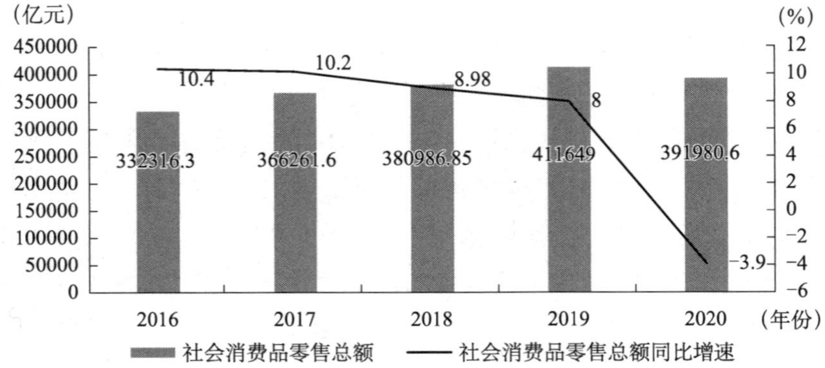

图 1－27　2016—2020 年社会零售消费品总额及同比增速

数据来源：中经网数据库。

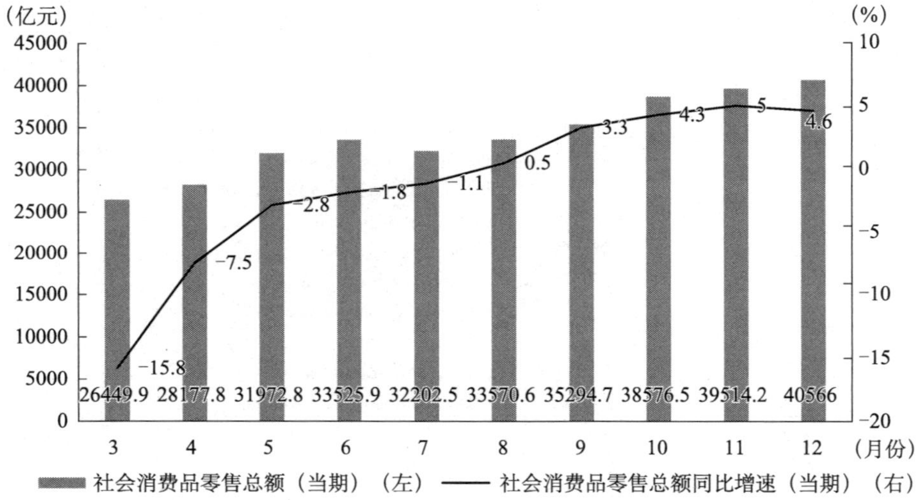

图 1－28　2020 年社会零售消费品总额（当期）及同比增速（当期）

数据来源：中经网数据库。

消费的主要特点包括以下几个方面：第一，汽车类和石油及制品类与 2019 年相比仍是负增速，通信器材、化妆品等升级类商品表现抢眼（见图 1－29）。与 2019 年相比，15 大类全年限额以上单位商品零售额中，八类仍保持正增长，其中，饮料类增长 14.0%，通信器材类增长 12.9%，粮油、食品类零售额比上年增长 9.9%，化妆品类增长 9.5%，中西药品类增长 7.8%，日用品类增长 7.5%，文化办公用品类增长 5.8%，烟酒类增长 5.4%；其余七类呈下降趋势，石油及制品类下降 14.5%，家具类下降 7.0%，服装、鞋帽、针纺织品类下降 6.6%，金银珠宝类下降 4.7%，家用电器和音像器材类下降 3.8%，建筑及装潢材料类下降 2.8%，汽车类下降 1.8%。第二，网络购物、直播带货等新销售模式快速发展，网上零售额同比增长 10.9%（见图 1－30），电商直播超 2400 万场，连续 8 年成为全球第一大网络零售市场。虽然全国网上零售额的增速远高于同期社会消费品零售总额累计增速，但相较于 2019 年同期，其增速显著降低。第三，城乡市场同步恢复，城镇、乡村社会零售消费品总额分别下降 4.0% 和 3.2%（见图 1－31），分别较上半年收窄 7.5 个、7.7 个百分点。其中，农村电商快速发展，农村网络零售额 1.8 万亿元，增长 8.9%。第四，从消费结构来看，2020 年汽车消费在消费品零售总额中占比达 30%（见图 1－32），仍然是消费零售总额的最大构成，此外，石油及制品类和粮食及食品类分别占比 13% 和 12%，是社零的主要构成。

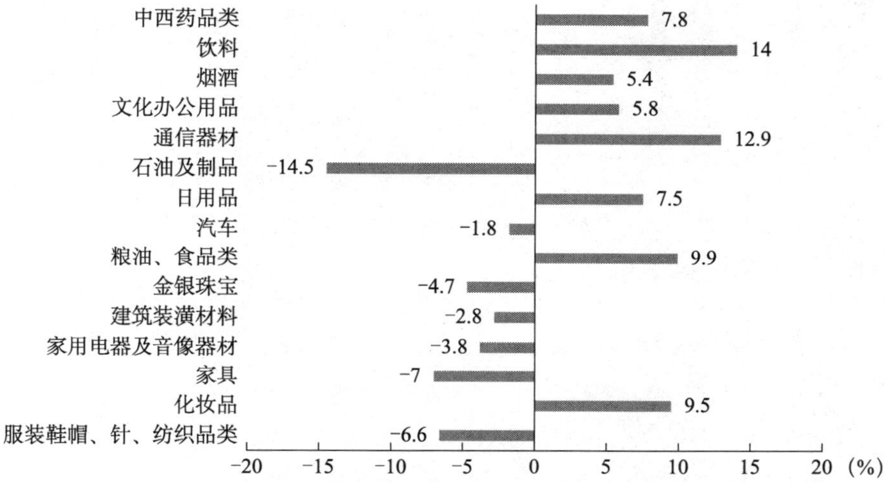

图 1－29　2020 年 15 大类限额以上企业商品零售总额同比增速

数据来源：中经网数据库。

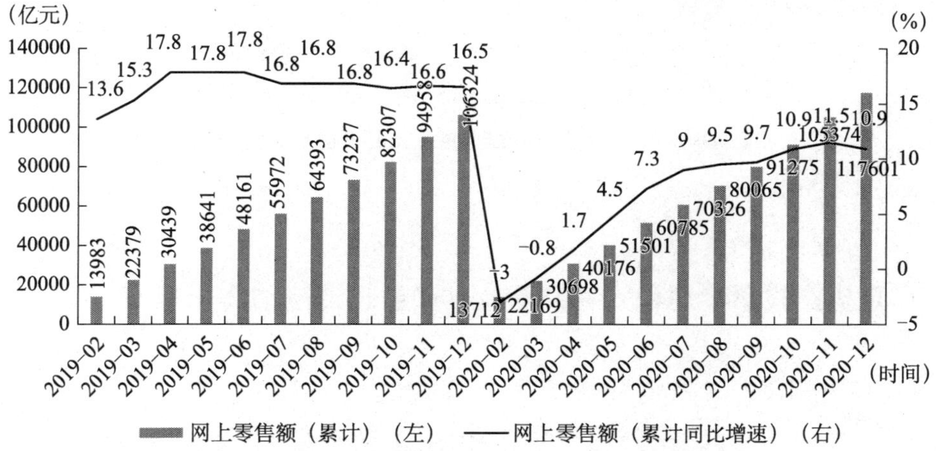

图 1－30　2019—2020 年网上零售额及累计同比增速

数据来源：中经网数据库。

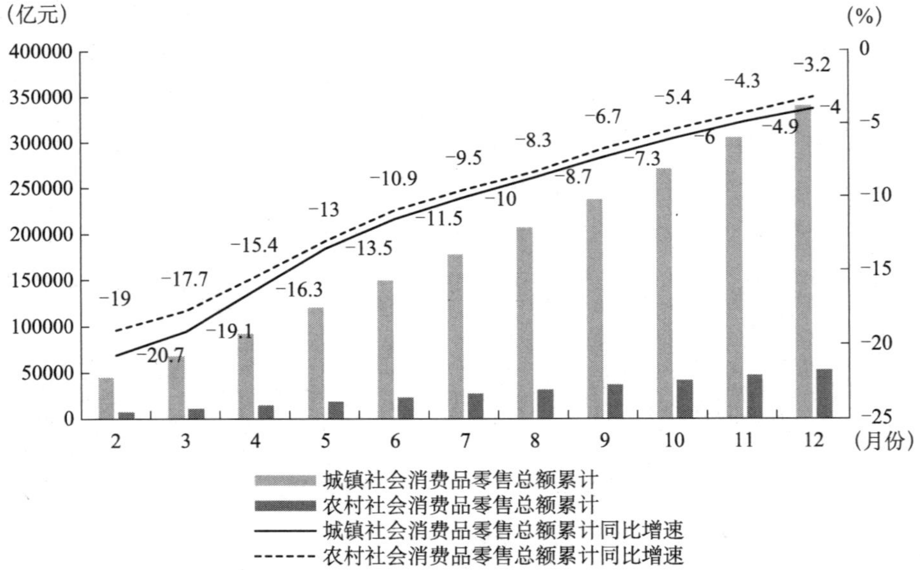

图 1-31　2020 年城乡社会消费品零售总额累计及累计同比增速

数据来源：中经网数据库。

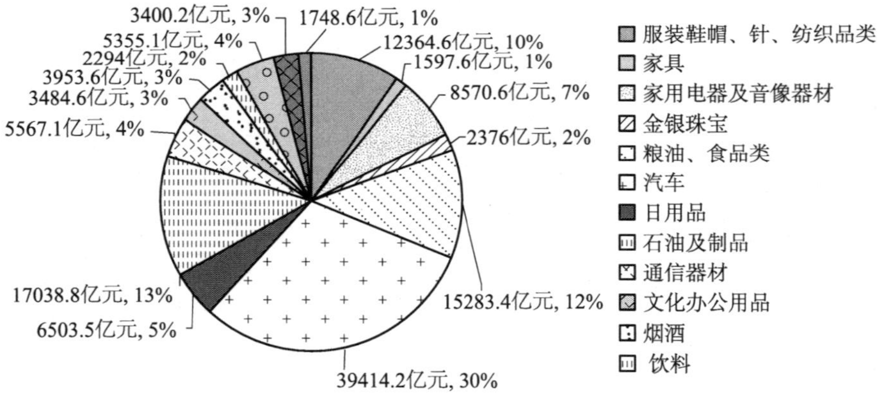

图 1-32　2020 年 15 大类限额以上单位商品零售类总额结构（累计）

数据来源：中经网数据库。

三、固定资产投资增速稳定，高新技术产业投资拉动作用强

2020 年全年全国固定资产投资（不含农户）518907 亿元，比上年增长 2.9%（见图 1-33），民间固定资产投资 289264 亿元，比上年增长 0.97%。2020 年 12 月，固定资产投资环比增长 2.32%。分区域看，东部地区投资比上年增长 3.8%，中部地区投资增长 0.7%，西部地区投资增长 4.4%，东北地区投资

增长4.3%。

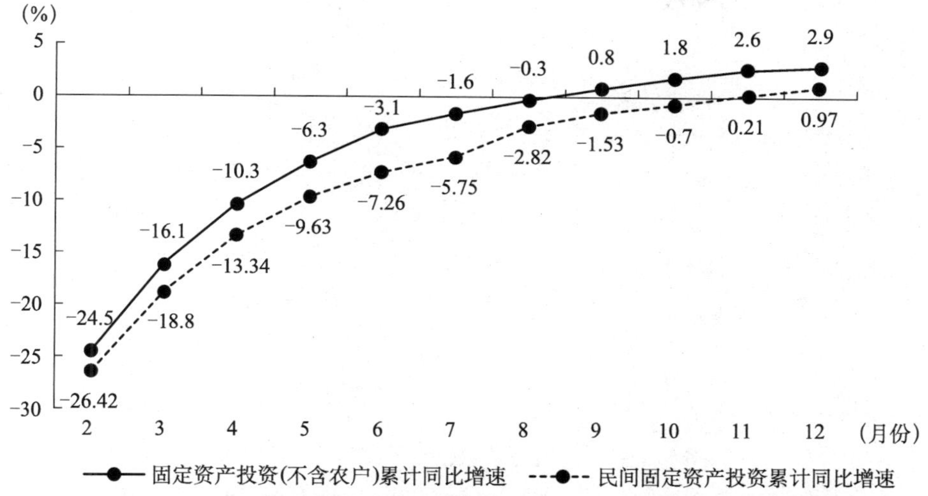

图1－33　2020年固定资产投资和民间固定资产投资完成额累计同比增速

数据来源：中经网数据库。

分产业来看（见图1－34），在固定资产投资（不含农户）中，第一产业投资13302亿元，比上年增长19.5%；第二产业投资149154亿元，增长0.1%；第三产业投资356451亿元，增长3.6%。

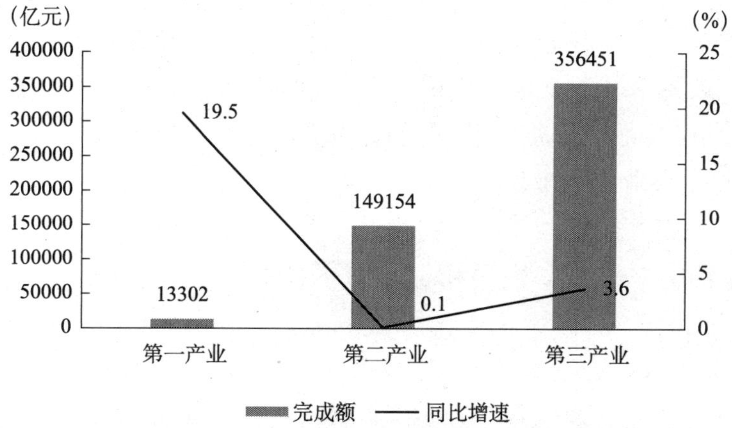

图1－34　2020年三大产业固定资产投资完成额及同比增速

数据来源：中经网数据库。

分行业来看（见图1－35），制造业，交通运输、仓储和邮政业，房地产业，水利、环境和公共设施管理业以及农、林、牧、渔业这五大行业近年来投资额在固定资产投资额中占比约80%。2020年这五大行业固定资产投资完成额累计同比增速呈现平稳上升的趋势，农、林、牧、渔业比上年增长19.1%，制造业比上年下降2.2%，交通运输、仓储和邮政业比上年增长1.4%，房地产业比上年增长 5%，水利、环境和公共设施管理业比上年增长 0.2%。

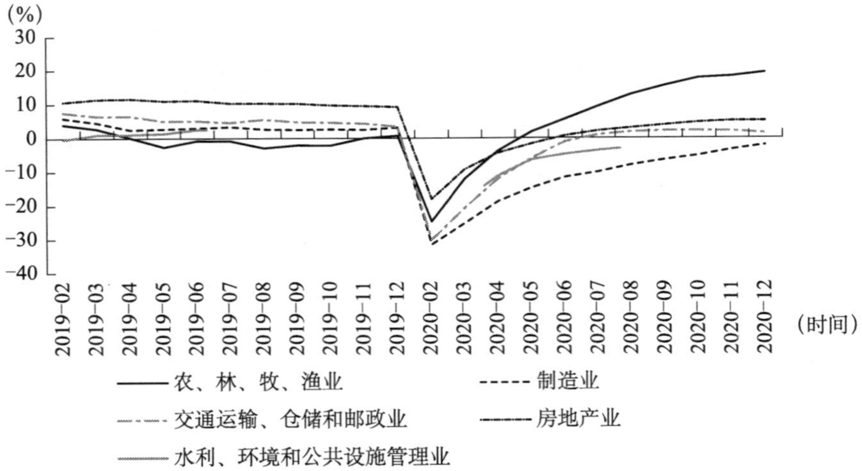

图 1－35　2019—2020 年月度五大行业固定资产投资累计同比增速

数据来源：中经网数据库。

固定资产投资中高新技术产业投资的拉动作用明显，根据国家统计局公布数据，2020 年，高技术产业投资比上年增长 10.6%，增速高于全部投资 7.7 个百分点，拉动全部投资增长 0.8 个百分点。高技术制造业投资增长 11.5%，占全部制造业投资的比重比上年提高 2.8 个百分点。其中，医药制造业投资增长 28.4%，计算机及办公设备制造业投资增长 22.4%，电子及通信设备制造业投资增长 8.2%。高技术服务业投资增长 9.1%，增速比全部服务业投资高 5.5 个百分点。其中，电子商务服务业投资增长 20.2%，信息服务业投资增长 15.2%，科技成果转化服务业投资增长 14.0%。

四、对外贸易稳中提质，规模和份额双创新高

2020 年，我国货物贸易进出口总额 32.16 万亿元人民币，比 2019 年增长 1.9%。其中，出口 17.93 万亿元，增长 4%；进口 14.23 万亿元，下降 0.7%；贸易顺差 3.7 万亿元，增长 27.4%，总体表现超出市场普遍预期。分月来看（见图 1－36），受疫情的冲击，经济短期内受挫，第一季度对外贸易下滑明显，一季度进出口同比下降 6.4%，其中 2 月降幅最大，达到 15.4%。从 3 月开始有回升的迹象，降幅逐步收窄，6 月开始进出口增速连续实现长达 7 个月的正增长。总的来说，我国的经济具有强大的韧性，一方面，较早地控制住了疫情，实现了复产复工，在下半年全球经济重启、外需大幅提升时，因印度、东南亚等国家地区受疫情所累，订单大量转移至我国，形成了出口替代效应；另一方面，国家出

台了跨境电子商务综合试验区、边境经济合作区和跨境经济合作区、举办网上广交会等一系列稳外贸的政策实施，使得外贸形势积极向好，全年进出口、出口总值均创历史新高。根据世界贸易组织（WTO）数据，2020 年中国进出口、出口、进口国际市场份额分别达 13.1%、14.7%、11.5%，均创历史最好纪录，我国成为全球唯一实现货物贸易正增长的主要经济体，货物贸易第一大国地位进一步巩固[①]。

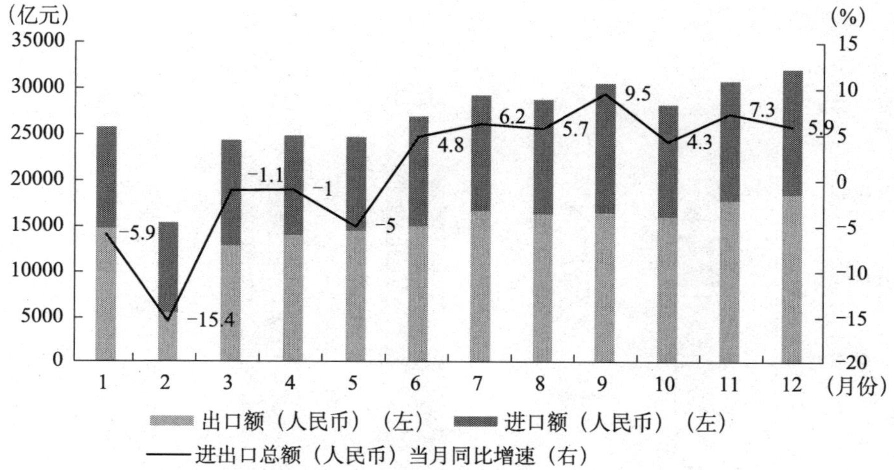

图 1－36　2020 年中国货物当月进出口总额及同比增速

数据来源：中经网数据库。

从贸易出口来看，产品结构进一步优化，根据《中国对外贸易形势报告》（2021 年春季），2020 年中国机电产品出口 10.7 万亿元，增长 6%，比整体出口增速高出 2 个百分点，占出口总值的 59.4%，较上年提升 1.1 个百分点。其中，笔记本电脑、家用电器、集成电路、医疗仪器及器械出口分别增长 20.4%、24.2%、15%、41.5%。高新技术产品出口 5.4 万亿元，增长 6.5%，快于整体出口增速 2.5 个百分点，占整体出口的 29.9%。除此之外，防疫物资出口也是拉动出口增长的有效动力，尽己所能向全球 200 多个国家和地区提供和出口防疫物资，包括口罩在内的纺织品、医疗器械、药品全年合计出口增长 31%，拉动整体出口增长 1.9 个百分点。

从进口来看，我国的主要进口品种为粮食、食品、医药品、钢材、机电、芯片等，高新技术等产品对外依存度依然比较高。根据国家统计局数据显示（见图 1－37）2020 年亚洲各国（地区）仍然是中国最主要的进口来源国，进口总额达

① 中国宏观经济研究院对外经济研究所：《2020 年我国对外贸易回顾及 2021 年展望》，2021 年 4 月 2 日，中华人民共和国国家发展和改革委员会官网。

到 11555.05 亿美元，同比增长 0.8%，日本和韩国是中国第二和第三大贸易伙伴；第二大贸易进口地区为欧洲，进口总额达到 3716.56 亿美元，同比下降 1.4%；第三大贸易地区为北美洲，中美的贸易增长较快，其中，中国对美国出口 4518.12 亿美元，同比增长 7.9%，中国从美国进口 1349.1 亿美元，同比增长 9.8%。

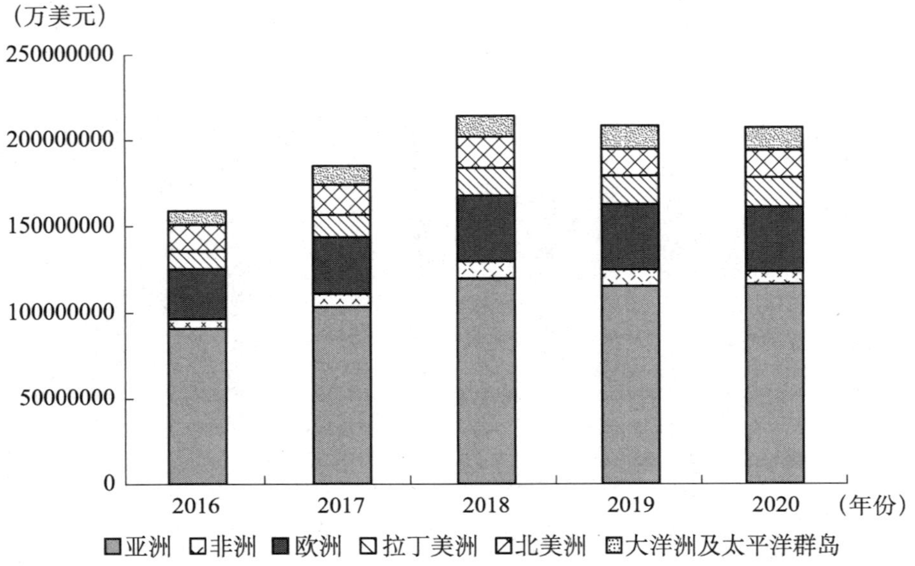

图 1-37　2016—2020 年我国对各大洲国家（地区）进口额

数据来源：国家统计局。

外贸新业态进出口比重也有明显上升，2020 年跨境电商进出口 1.69 万亿元，增长 31.1%，市场采购出口增长 25.2%；中欧班列全年开行 1.24 万列，发送 113.5 万标准箱，同比分别增长50%和56%，综合重箱率达98.4%；全年综合保税区进出口增长 17.4%，自由贸易试验区进出口增长 10.7%，海南自由贸易港免税品进口增长 80.5%。

◇ 专栏 1-1

2020 年稳外贸稳外资的 15 项重要政策

2020 年 8 月 12 日，面对国际疫情持续蔓延，世界经济严重衰退和我国外贸外资形势严峻等局面，国务院办公厅发布了《国务院办公厅关于进一步做好稳外贸稳外资工作的意见国办发〔2020〕28 号》，进一步加强稳外贸稳外资的工作部署，主要有以下 15 项政策。

更好发挥出口信用保险作用。由财政部、商务部、银保监会、中国出口信用保险公司按职责分工负责，在风险可控的前提下，积极保障出运前订单被取消的风险。

支持有条件的地方复制或扩大"信保+担保"的融资模式。各地方人民政府，财政部、商务部、银保监会、中国出口信用保险公司按职责分工负责，鼓励有条件的地方支持政府性融资担保机构参与风险分担。

以多种方式为外贸企业融资提供增信支持。充分发挥国家融资担保基金和地方政府性融资担保机构作用，参与外贸领域融资风险分担，支持、引导各类金融机构加大对小微外贸企业融资支持等。

进一步扩大对中小微外贸企业出口信贷投放。进一步加大对中小微外贸企业的信贷投放，缓解融资难、融资贵问题。

支持贸易新业态发展。包括推动在有条件的地方新增一批市场采购贸易方式试点、充分利用现有渠道支持跨境电商平台、跨境物流发展和海外仓建设、加大对外贸综合服务企业的信用培育力度等。

引导加工贸易梯度转移。鼓励有条件的地方支持加工贸易梯度转移，培育一批东部与中西部、东北地区共建的加工贸易产业园区，完善产业对接机制等。

加大对劳动密集型企业支持力度。对于劳动密集型企业，在落实减税降费、出口信贷、出口信保、稳岗就业、用电用水等各项普惠性政策基础上进一步加大支持力度。

助力大型骨干外贸企业破解难题。梳理大型骨干外贸企业及其核心配套企业需求，建立问题批办制度，推动解决生产经营中遇到的矛盾问题，在进出口各环节予以支持。

拓展对外贸易线上渠道。推进"线上一国一展"，支持中小外贸企业开拓市场，参加线上线下展会，帮助出口企业对接更多海外买家。

进一步提升通关便利化水平。持续优化口岸营商环境，继续巩固压缩货物整体通关时间成效，进一步推动规范和降低进出口环节合规成本，加大对出口企业提供技术贸易措施咨询服务力度等。

其余五项是与稳外资相关的政策，包括提高外籍商务人员来华便利度（分阶段增加国际客运航班总量，适度增加与我主要投资来源地民航班次）、给予重点外资企业金融支持、给予重点外资企业金融支持、鼓励外资更多投向高新技术产业、降低外资研发中心享受优惠政策门槛。

面对世界经济严重衰退和我国外资外贸形势严峻的局面，各部门按职责分工，加强协作、形成合力，各地区结合实际，完善政策的相关配套措施，认真组织实施各项政策，最终才能实现稳住外贸主体，稳住产业链供应链。

资料来源：

1. 国务院办公厅：《国务院办公厅关于进一步做好稳外贸稳外资工作的意见》（国办发〔2020〕28 号），2020 年 8 月 12 日。

2. 新华社：《15 项稳外贸稳外资政策措施进一步稳住产业链供应链》，2020 年 8 月 13 日。

五、总体物价水平保持平稳，各类商品价格有升有落

（一）CPI 变动分析

2020 年，CPI（消费者价格指数）总体上涨 2.5%，涨幅比上年回落 0.4 个百分点。分月来看（见图 1－38），同比增速呈现逐步下降的走势。1 月和 2 月同比分别上涨 5.4% 和 5.2%，可能是受到新冠肺炎疫情暴发和“猪周期”的多种因素叠加影响，猪肉价格上涨带动了 CPI 加速上涨；随着疫情防控在短期内得到控制、形势总体向好，生猪产能恢复，各项保供稳价措施持续发力，CPI 涨幅从 3 月开始回落；6 月、7 月涨幅略有扩大，可能是受到夏季高温、洪涝等极端天气影响；8 月 CPI 继续回落，11 月下降至 0.5%。12 月，受低温天气、需求增加等因素影响，CPI 上涨 0.2%。

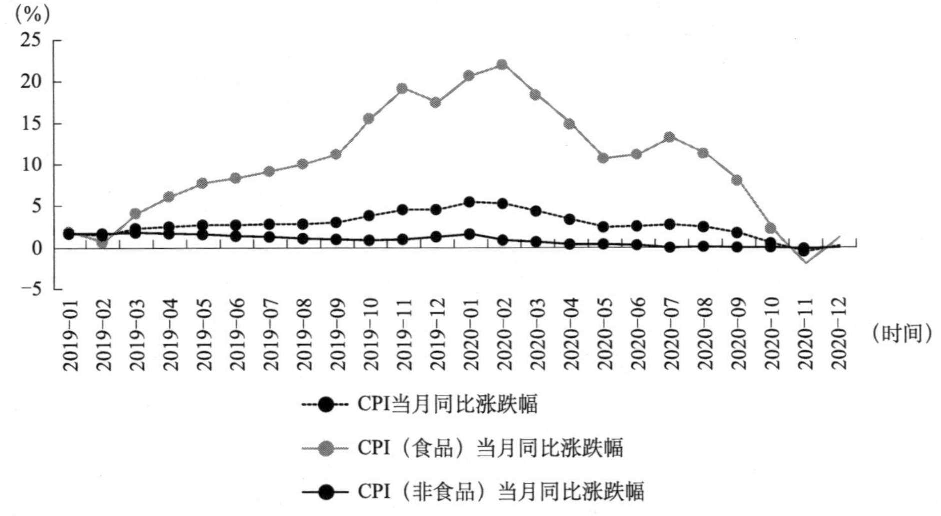

图 1－38　2019—2020 年 CPI 当月同比涨跌幅

数据来源：中经网统计数据库。

按照食品和非食品的类别来分，食品 CPI 价格增长走势是影响 CPI 总体变化的主要原因。2020 年，食品价格上涨 10.6%，涨幅比上年扩大 1.4 个百分点，影响 CPI 上涨约 2.2 个百分点，是推动 CPI 上涨的主要因素。其中（见图 1－39），猪肉价格上涨 49.7%，涨幅比上年扩大 7.2 个百分点，影响 CPI 上涨约 1.6 个百分点，占 CPI 总涨幅的六成多。受到猪肉价格的影响，牛肉和羊肉价格也分别上涨 14.4% 和 8.5%，合计影响 CPI 上涨约 0.11 个百分点。受到夏季多地洪涝灾害的影响，全年鲜菜 CPI 上涨 7.1%。其他食品中，鲜果和鸡蛋价格

分别下降11.1%和10.8%，粮食和食用植物油等价格基本稳定。

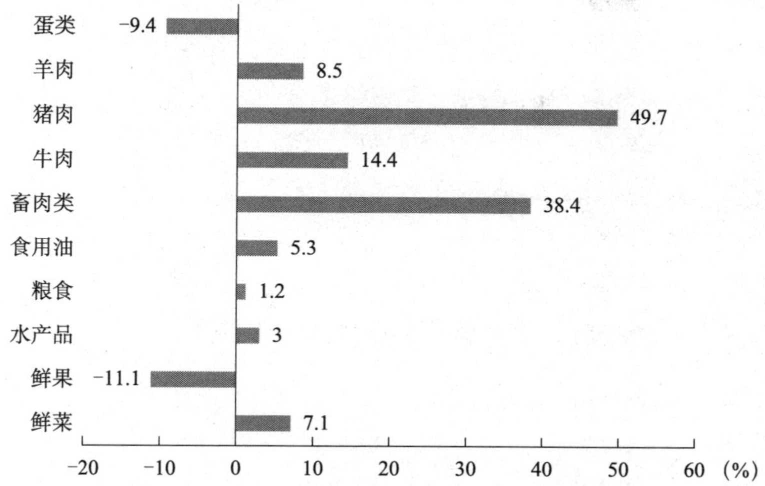

图1-39　2020年各种类食品CPI同比涨跌幅

数据来源：中经网统计数据库。

非食品CPI价格变动总体平稳，2020年，非食品价格上涨0.4%，涨幅比上年回落1.0个百分点，影响CPI上涨约0.28个百分点。家用器具、鞋类和服装价格分别下降1.8%、0.8%和0.1%，（见图1-40），因疫情影响，服务类价格受到抑制，上涨0.6%，涨幅比上年回落1.1个百分点。通信服务和邮递服务分别下降0.3%和0.6%，家庭服务上涨2.7%。可能受到需求偏弱以及国际原油价格走低影响，水、电、燃料和交通工具燃料价格分别下降0.7%和13.8%。

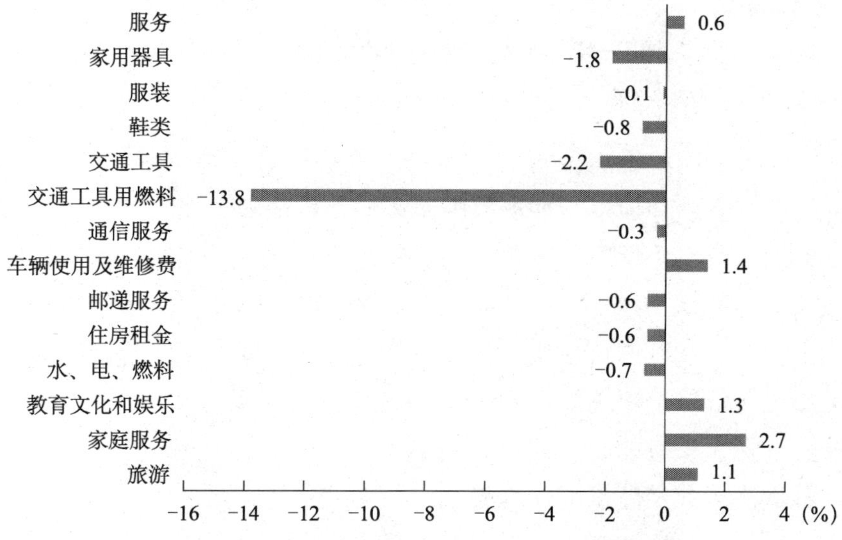

图1-40　2020年各种类非食品CPI同比涨跌幅

数据来源：中经网统计数据库。

（二）PPI 变动分析

2020 年，PPI（生产者价格指数）下降 1.8%，降幅比上年扩大 1.5 个百分点。分月看，整体先降后升，年初受到疫情的影响，工业品需求低迷，到 5 月，PPI 已下降 3.7%；随着疫情形势总体向好，工业生产逐步恢复，基础设施建设和房地产投资发力，国际大宗商品价格波动上行，从 6 月开始，PPI 降幅逐步收窄，到 12 月已收窄至同比下降 0.4%。12 月 PPI 环比上涨 1.1%，为 2017 年 1 月以来最大涨幅；同比下降 0.4%，降幅比 5 月的最低点收窄了 3.3 个百分点（见图 1－41）。从绝对价格看，已大体接近疫情冲击前的水平①。

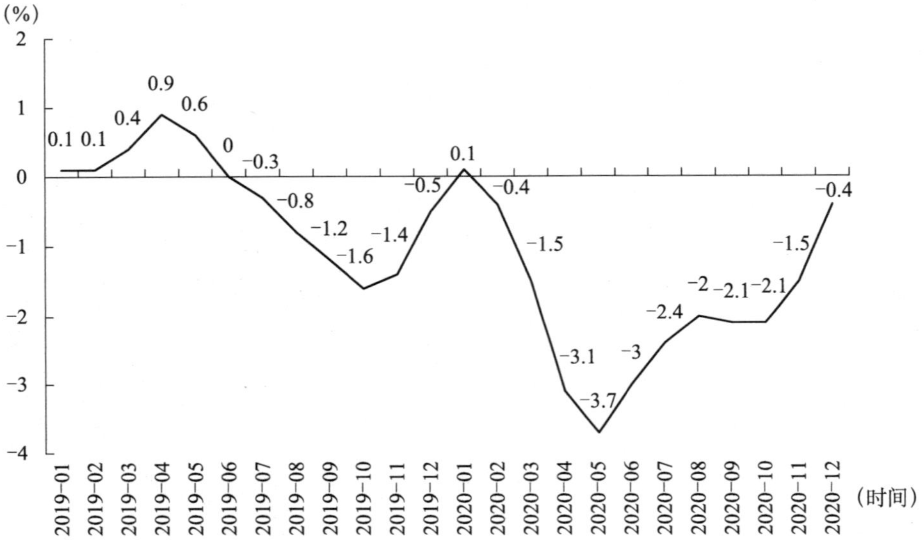

图 1－41　2019—2020 年 PPI 当月同比涨跌幅

数据来源：中经网统计数据库。

石油、煤炭、钢材等能源行业的生产者价格指数下降（见图 1－42），受国际原油价格震荡下跌叠加疫情冲击等因素影响，石油和天然气开采业、石油煤炭及其他燃料加工业、化学原料和化学制品制造业、化学纤维制造业等石油相关行业价格同比下降 27.39%、14.31%、5.81%、13.54%，合计影响 PPI 下降约 1.27 个百分点，占 PPI 总降幅的七成，是影响 PPI 下降的主要原因。黑色金属冶炼和压延加工业价格全年下降 2.06%，影响 PPI 下降约 0.12 个百分点；煤炭开采和洗选业下降 5.45%，影响 PPI 下降约 0.13 个百分点。2016—2020 年能源行业的生产者价格指数整体呈下降趋势。

---

① 王有捐：“2020 年 CPI 逐步回落 PPI 低位回升”，国家统计局网站。

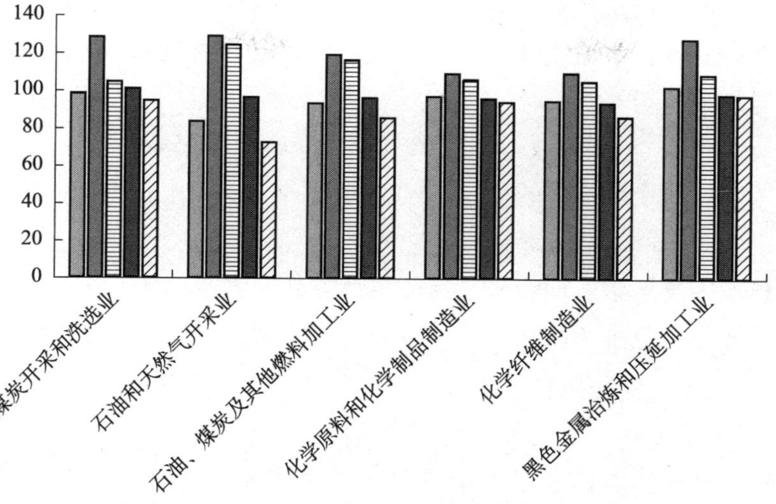

图 1-42　2016—2020 年石油、钢材、煤炭行业 PPI 价格变动（上年 =100）

数据来源：中经网统计数据库。

第三节　疫情冲击下宏观经济发展新趋势

当前，世界面临百年未有之大变局，加之 2020 年新冠肺炎疫情突如其来，给中国经济带来了一定的冲击，但也催生了新的机遇。新冠肺炎疫情的暴发，使国内社会生产、生活、治理发生巨大变化，开创了许多新局面；同时也对国际分工体系产生冲击，促使人们重新思考全球化以及高度分工产业链的利弊，引发各国产业和贸易政策调整。在数字经济的土壤下，要抢抓先机赢得发展，进而在这一轮全球产业链重构中赢得主动权，关键是发展以战略性新兴产业和高新技术产业为代表的新动能。2020 年，新动力、新业态、新模式展现了强大的生命力，为宏观经济带来了新现象、新特征。

数字经济是继农业经济、工业经济之后的主要经济形态，将会为生产方式、生活方式、治理方式带来深刻变革，对世界的经济、政治和科技格局带来深远影响。国家统计局发布的《数字经济及其核心产业统计分类（2021）》将数字经济界定为“以数据资源作为关键生产要素、以现代信息网络作为重要载体、以信息通信技术的有效使用作为效率提升和经济结构优化的重要推动力的一系列经济活动”。数据资源、现代信息网络、信息通信技术三者缺一不可。“十三五”信息规划中指出“十三五”时期是信息通信技术变革实现新突破的发轫阶段，也是数字红利充分释放的扩展阶段。2020 年作为“十三五”时期的收官之年，数字中国建设卓有成效，叠加疫情的冲击影响，数字经济在中国取得了进一步发展，带来了宏观经济的新气象。

一、数字生活：服务经济的新空间

数字技术的发展给人们带来了新的生活方式，教育、娱乐、医疗、体育、出行都发生了变化，数字产品正在各个领域大量出现。

（一）在线教育

疫情期间，远程教育实现“停课不停学、停课不停教”。为阻断疫情向校园蔓延，确保师生生命安全和身体健康，教育部统筹整合国家、有关地方和学校相关教学资源，提供丰富多样、可供选择、覆盖各地的优质网上教学资源，全力保障教师们在网上教、学生们在网上学。

网络技术是实现在线教育最基础的保障。工信部部署阿里巴巴、百度、中国电信、中国移动等企业提供技术保障支持；教育部还协调工信部以及电信运营商，为疫情防控期间线上教学有效开展提供网络带宽、云服务能力、免费手机流量等高质量的服务保障；当前我国行政村的光纤和 4G 的覆盖率都已超过了 98%，但仍然存在一些网络盲区，为解决偏远贫困地区和网络薄弱地区学生的学习问题，中国教育电视台第四频道还通过直播卫星平台向全国用户传授有关课程学习资源。疫情期间的在线教育进一步凸显了教育专网的重要性，让网络覆盖到全国各个地方，通达各级各类学校和农村教学点，为每一个孩子提供平等获取优质教育资源的机会是加快教育专网建设重要和迫切的目标。

在线教育的实现也与网络平台的支撑密不可分。2020 年 2 月 17 日，由教育部整合国家、有关省市和学校优质教学资源开通的国家中小学网络云平台开始运行，免费供各地自主选择使用。除官方平台外，多款 APP 也为“停课不停学、停课不停教”提供了有力保证，钉钉、腾讯会议、雨课堂、学习通等平台成了新的课堂，被联合国有关机构推荐给全球的学生使用。疫情期间，雨课堂用户增长了 2600 万，月均活跃人数超过 3000 万，覆盖超过 6000 个院校机构；学习通疫情期间新增用户 1800 万，活跃人数 1350 万，覆盖 4000 多所学校；而钉钉用户截至 2020 年 3 月 31 日已经突破 3 亿，并支持了全国 14 万所学校、300 万个班级、1.3 亿学生在线上课①。

---

① 王世新：“疫情下的在线教育：中国教育变革播种机”，《中国教育网络》2020 年 8 月 18 日。

丰富的教育资源也是在线教育实现的保障。教育部整合国家、有关省市和学校优质教学资源开通的国家中小学网络云平台能够同时容纳5000万人在线，还提供了海量的学习资源。对于高校学生，教育部面向全国高校免费开放全部优质在线课程和虚拟仿真实验教学资源，CERNET还专门发布了全球学术资源共享服务CARSI，覆盖了国内外34个主要学术资源提供商的19万种期刊、超万种实验视频、1300多万篇学位论文、超3亿项专利、超10亿条数据资源。其中，教育部推动建设的大学生慕课资源以1291门国家精品在线开放课程和401门国家虚拟仿真实验教学项目为引领的4.1万门优质在线课程，为在线教学提供了优质资源和协同教学支持。此外，许多在线教育机构，例如新东方、爱奇艺知识、学而思还上线了一系列的免费课程。

此次疫情倒逼数十万所学校、2.8亿学生、1700万教师进行了超大规模的在线教育。疫情期间，在线教育的蓬勃发展，资本市场首先做出了投票，2020年2月3日，3000多只股票跌停的情况下，只有医疗、口罩、在线教育、在线办公等逆势上涨。未来，在5G技术带来的高通量、低延时万物互联的背景下，线上教学质量水平将会进一步提升，更具真实性、实用性和体验感，也将会包含更广泛的教学内容，真正实现让每一个孩子都能获得平等、优质的教育资源。但是在线教育也存在一些问题，师生互动可能不充分、自律性问题也是在线教育进一步发展的障碍。

（二）数字医疗

电子设备、智能手机的更新换代也许不会影响到人们的身体健康或者是寿命，但医疗技术的创新和升级往往关乎人类的生死存亡，因此，医疗技术的创新升级并不像消费领域那么快速。受新冠肺炎疫情的影响，中国在医疗服务和公共卫生管理中更快地接受着新技术的应用，数字化医疗解决方案在疫情的暴发中找到了发展契机，在线诊疗、人工智能、5G、大数据等都是抗击疫情中的技术焦点，在智能问诊、诊断诊疗、物资调配与无接触服务、药物研发等领域发挥了作用。

在智能问诊方面，5G的快速远程传送技术将疫情的“前线战场”与“大后方”紧密连在一起，打破了医疗资源和医患的空间关系。武汉当地的各家医院可以通过5G技术进行互联，武汉协和医院西院区与北京朝阳医院、北京友谊医院成功对接。除北京外，浙江、江苏、重庆、四川等地也通过5G实现了无障碍的远程会诊。除了5G技术，许多互联网在线平台也提供了远程问诊、在线心理咨询、病情咨询等服务，不仅打破了地理限制，还具有更高的效率和安全性。

在线诊疗效率在数字技术的发展下也得到了进一步提高。拥有计算机视觉技术和机器强大计算能力的医疗影像辅助诊断系统能够对患者肺部 CT 进行全面和快速的判断，提高了诊断效率。疫情期间，多家 AI 医疗企业通过构建医疗影像辅助诊断系统的 AI + CT 模式，帮助医生辨别感染者，提高诊断效率，减少错诊和漏诊率，并且多家 AI 医疗企业还根据疫情需求对辅助诊断产品进行升级，不仅加快了 AI 辅助影像诊断产品获批进程，也加快了 AI 医疗企业商业模式的探索进程。除此之外，AI 技术还深度运用到分析和检测领域，此次引起新冠肺炎的新型冠状病毒，基因序列空间结构复杂，基因组长，依靠 AI 的深度算法，快速确定了病毒基因。

物资调配与无接触服务主要体现在物资供给方和物资需求方之间的物资信息统一、医护工作人员与患者之间的无接触服务两个方面。疫情发生时，各类防护物资供不应求，供需信息不统一导致了一定程度上的物资供应混乱，调配混乱，进而影响到了疫情防控工作的开展，众多科技企业开始开展基于大数据的疫情防控物资数据服务平台，对物资信息进行整合，实现智能匹配医用物资信息的需求，使得物资需求方与物资供应方更加有效的对接。同时，还有智能医疗机器人应用在测温、消毒、送递等基础性工作中，缓解了医护人员不足的困难，还减少了人与人的接触，降低了医护人员感染的风险。

数字技术也加快了药物研发的进程，人工智能具有强大的计算能力和智能数据分析能力，为新药物和新疫苗的研发提供了大量的数据支撑、文献分析支撑和大量计算量支撑，例如阿里云、华为云、中科曙光、腾讯云、上海超算中心等科技公司向科研机构和药企开放 AI 算法和超算支持，加快了药物的研发进程，既提高效率又提高准确性，满足了药物和疫苗的迫切需求。

由于医疗行业对谨慎性和精确性的高要求，医疗行业的数字化进程一直以来还是比较保守的，此次疫情较大范围的数字医疗业务的展开，一方面在用户中形成了较好的感官认知和认可度，还在“提升效率”和“防止交叉感染”等方面成果显著；另一方面，尽管仍然存在医疗信息不畅、资源配置效率低等问题，但也为数字医疗的进一步发展提供了改进方向，有望推动医疗健康行业加速数字化转型。

（三）智能体育

疫情防控的居家要求也给体育行业带来不小的冲击，但也加快了体育行业的数字化转型。体育消费的传统形式正在因为数字化而衍生新的商业模式，面临新的市场机遇。这种影响和变化发生在体育用品制造、体育赛事转播等各方面。

体育用品的制造更注重将“智慧”与“体育”相结合，已经不再是仅仅专注于硬件设备的改造和升级，而是追求硬件与软件结合的综合服务和一站式解决用户运动诉求的更富有科技含量的智能体育设备。无论是直接的硬件设备还是虚拟现实设备，为了更便捷高效地帮助用户参与体育活动，在提高专业水平的基础上，更将精力投入优化专业运动软件系统和服务流程上，以实现在帮助用户锻炼的基础上，通过收集用户特征信息和健康数据，为用户设计和提供更贴合自身需求的运动方案。智能体育设备与游戏、社交等元素相结合，既能照顾到用户的体验感，又不受地点的限制，为用户构建起运动生活场景，实现数字化体育市场价值。

体育赛事的转播媒介有了更多的形式，短视频、自媒体、线上直播等技术手段使得人们看到了更丰富多元的体育世界，也为赛事的市场运营开拓了更广泛的空间，提供了提升赛事收益的新途径。

二、工业互联网：实体经济转型的新方向

工业互联网最早是指借助互联网和软件技术对制造业进行智能化、数字化、联网化改造，以降低成本、提升效率，又称产业互联网、工业物联网等。目前，工业互联网的影响范围已经不局限于制造业，而是遍布农业、服务业、文娱产业等。本部分所指的产业互联网主要是生产方面的，发生在制造业中的产业数字化。疫情发生后，很多企业面临着生产转型困难、招工难等难题，而那些具有较高工业互联网水平的企业却有更明显的灵活性和更强的适应性。

远程办公和监控，助力复产复工。工业互联网利用公有云，能够采取共享经济的模式，从研发、生产、经营、服务等多方面远程为企业提供远程服务和监控功能，能够使企业突破地理限制，实现远程办公和信息共享。在研发阶段，凭借大量线上数据和信息共享的优势可以开展异地协同设计、协同实验，解决了因疫情防控导致员工无法到岗的困难。在生产阶段，利用互联网设备进行远程生产管控、质量监控等，使员工无须到现场也能实现对作业开展、物料调度、质量监控等工作，保障工业生产的正常进行。在经营阶段，通过大量的数据分析可以更好地实现供应管理、销售管理，实现更科学的决策。在产品服务阶段，对产品的运行状况进行监控，在远程也可以实现故障预警、工况检测各方面的功能。

智能制造和生产，实现按需生产和柔性生产。工业互联网能够将产业链全要素链接，使供应、生产、市场等方面信息同步，做好产能优化配置。一方面，工业互联网可以将需求信息和生产决策计划实时同步给原材料供应商、生产车间，将生产结果和配送信息实时同步给物流企业，实现人员、材料、设备的最佳匹配。另一方面，工业互联网可以通过建立云上数字工厂，精准掌控生产线的使用状态，使生产线在不同标准的产品生产中快速切换，实现产品的大规模和定制化

生产，快速适应市场需求，提升企业的柔性生产能力。

智慧仓储，物资调配能力提升。工业互联网能够运用区块链、解析识别等技术掌握物资的位置、种类、数量等信息，追踪物资分配和调配情况，为实时精准调配物资提供信息基础。可以采用电子围栏、智慧叉车、智慧托盘等数字技术进行日常仓库管理，实现货物的精准查询和安全管控。结合地理位置、材料储备量等信息，将物资储备信息与物资需求信息更高效地匹配，提高运输效率。

产业链协同。工业互联网能够通过区块链、物联网、大数据、云计算等技术，建立大宗商品产业链协同服务平台，将设备制造商、供应商、工厂、需求方等全产业链的上下游端连接起来，在这个协同服务平台中，能够同时获得在线仓储、安全交割、商品交易和包括供应链金融在内的综合服务，解决信息不对称、不及时带来的资源适配错位的问题。

◇ 专栏 1－2

中国移动助力企业抗击疫情、精准高效复产

疫情之下，中国移动结合工业企业复工复产所面临的实际问题，利用自身在信息通信及工业互联网方面的技术优势，提供工业疫情智能防控、服务企业员工和物资管理的定位系统、工业机器视觉质检系统、口罩识别检测系统、5G远程操控等多项服务，积极助力工业企业复工复产，大幅提升疫情防控效率。

上线工业疫情智能防控平台，搜集疫情信息，促进健康生产。中国移动基于区域工业云的“工业疫情智能防控系统”为各级政府、园区、企业、个人提供灵活便捷的疫情上报管理、大数据分析及复工上报审批等服务。

工业机器视觉质检系统实现质检智能化，加快复产复工。中国移动利用5G网络，将待检测物品通过超高清工业摄像头拍摄的图片信息上传至云端进行图像识别及分析，实现缺陷实时检测与自动分拣，同时可有效记录待检测物品的瑕疵，为回溯缺陷原因提供数据分析基础。该质检系统相比原人工质检效率提升90%，提高精度，解决人力问题。

5G远程操控助力细分行业在疫情期间安全作业。中国移动推出“设备远程操控服务”，通过设备接入5G网络，实现设备网络化与智能化管控，让企业管理及操作人员在“远端”即可随时监控数据、跟踪设备、预测故障。在疫情期间，避免人员聚集，助力企业解决用工难问题，同时降低作业风险，提高作业效率。

推出“口罩识别检测系统”，通过口罩精准识别，为安全生产保驾护航。“口罩识别检测系统”通过将现场摄像头采集的视频汇总输入本地服务器进行处理，能够实时进行口罩佩戴识别、人员监控、违规行为警报与统计等功能。通过该系统规范员工必须佩戴口罩进入工作区域，实现非接触式筛查，有效避免巡检人员现场接触，降低交叉感染概率。该系统还可对工人是否正确佩戴口罩的情形进行推断识别，并将口罩佩戴检测结果实时展示，及时告警违规行为。

“服务企业员工和物资管理的定位系统”，实现精准定位，优化人力、资源调度。中国移动推出“服务企业员工和物资管理的定位系统”，在疫情期间，助力多家工业企业对多种材料、零件、设备等资产以及厂内人员进行实时跟踪管理，快速调取位置、运动轨迹。同时，通过仓储托盘精准定位，提升物资入库、找货、出库的效率和疫情防控一线物资响应速率，优化资源调度。

在新型冠状病毒肺炎疫情期间，在工业互联网方面有一定技术优势的各大企业积极响应国家关于复工复产的相关政策要求，充分运用工业互联网，在疫情防控和助力企业复工复产方面，取得了显著成效。

资料来源：工业互联网产业联盟：“共战‘疫’，移起行：中国移动助力企业抗击疫情、精准高效复产”，2020 年 3 月 6 日，http：//www. aii-alliance. org/index. php/index/c150/n1469. html。

三、数字治理：科学决策和公共服务高效化的新手段

疫情之下，数字技术的发展也为公共治理描绘了一幅新的蓝图：政府机构积极引入合作伙伴，提高提供公共服务的质量和效率；社会公众通过数字化工具积极参与到公共治理中来。同时，技术的快速发展应该伴随与之匹配的法律规范、社会规范、治理形式，借助数字技术，协同共治、鼓励创新、规范有序的数字经济发展环境也正在加速形成。

建设数字政府，是在数字化的时代背景下政府治理方式的变化，是实现政府治理从被动到主动、从低效到高效、从粗放到精准、从传统框架到灵活机动的转变。最早在 2018 年 8 月，广西发布《广西推进数字政府建设三年行动计划（2018—2020 年）》，就提出了建设数字政府的筹划。截至 2020 年，已有至少九个省级行政区域提出了建设数字政府的目标和方案，也有一些省级行政区域在数字化转型的建设方案中提及了数字政府。在 2020 年之前提出的省份包括：贵州、广西、广东、江苏、浙江等，2020 年，湖北、山西、内蒙古也相继提出了数字政府的建设目标和规划。各省建设数字政府的规划主要包括以下三个方面：第一，政务服务方面，利用数字技术，对外改善公共服务质量和提供效率，探索“不见面审批”“秒批”等创新型政府提供方式，对内实现跨区域、跨部门的协同办公，提高工作效率；第二，公共治理方面，利用大数据技术提升宏观决策水平、经济调控能力、市场监管能力等；第三，政务数据管理方面，利用现代信息网络技术深化政务公开、强化政策解读和舆情引导，提升政府公信力和透明度。此次疫情防控，是对国家治理体系的一次挑战，也是政府治理数字化发展的契机。国

家卫健委分享疑似确诊人员信息，交通部联合移民局、民航、铁路等部门查找同行人员信息，工信部公布疑似或确诊人员信息的行动轨迹，而国家政务平台又将卫健委、移民局、民航、铁路等部门的数据信息打通，实现了全国绝大部分地区“防疫健康码”的互通互认。几乎所有地方政府都通过网站、平台发布疫情防控信息政策和通知公告，多维度公开防疫信息已成为全国普遍做法。广东、福建、江西等地还通过政务平台提供疫情相关咨询查询，北京、上海、广西、海南、重庆、陕西等地还公布了疫情防控投诉举报电话或互联网投诉举报渠道等。

2016 年，国家提出新型智慧城市概念，强调以数据为驱动，以人为本、统筹集约、注重实效。智慧政府实际是以信息技术为主向政治、经济、法律管理制度、实施流程等跨界的开放复杂的大系统。此次疫情中，智慧城市的代表——智慧交通管控发展迅速，主要是在智能交通高清卡口基础上，基于图像识别、远程数据访问等技术对重点地区进出车辆进行防控、检查；通过红外体温监测、人脸识别等技术实时监测流动人群体温，定位并识别疑似感染者。北京清河站使用的由百度开发的 AI 体温监测技术最为典型，具有实时高效、精准可靠、非接触式的优点。除智慧交通外，疫情中还需要对本地居民和流动人口的出行情况进行排查和登记，由社区和担任人员主动联系出行者确认信息，由百度设计的智能外呼平台利用语音识别、语义理解等人工智能技术将采集的语音信息转化为文本保存，大大减少了人力成本和时间成本，提高了信息收集和登记效率，已在北京海淀、上海宝山、浙江温州瑞安市等多地使用。

四、产业链与创新链深度融合：“补链”“稳链”的关键

新一轮的科技革命和产业变革带来了激烈的国际竞争，新冠肺炎疫情的冲击又对全球产业链、供应链带来部分冲击，人们开始审视全球产业链的调整和重构。当疫情在中国暴发时，中国经济的暂时停摆影响了其他国家的供应和生产，而当东北亚、西欧、北美成为疫情的震中时，他们的供应系统又反过来切断了中国的供应，影响了中国的经济恢复。智能化、数字化新技术的发展需要、产业链安全和完整等问题成为各国产业链调整需要考虑的重要因素。面对“断链”和“脱钩”的风险，为应对产业链本土化和区域化的趋势，把握核心技术，打造新型的多维、立体化产业链是“补链”和“稳链”的关键，各地方政府还大力推行产业链链长制。

要将产业链完全迁回一国本土是成本较高的，“补链”和“稳链”需要在关键的领域，在自身周边建立比较完善的产业链，最重要的就是以创新为动力，实

现关键技术领域的国产化替代。第一，新冠肺炎疫情暴发后各国政府鼓励涉及国家安全和基础民生的产业回流，可能使在华生产的中低端产业链进一步外迁；第二，制造业是我国“卡脖子”的重灾区，光刻机、芯片、操作系统等技术都制约着我国制造业的发展，也是产业链“断链”的高风险区；第三，数字技术和人工智能的发展将弥补发达国家人力成本高的劣势，区域间劳动成本变化可能对我国产业链造成冲击。实现关键技术国产化替代和将关键产业留在国内，既是保证产业安全的保证，也是加快高质量发展的需要。2020 年中央经济工作会议提出要增强产业链供应链自主可控能力，针对产业薄弱环节，实施好关键核心技术攻关工程，尽快解决一批“卡脖子”问题，在产业优势领域精耕细作，搞出更多独门绝技。

为了对冲疫情对产业链的冲击、维护全球供应链的安全性和稳定性，提升产业的竞争力，各地在强调运用“以产业链为中心协同各地复工复产”工作机制的同时，多省市“链长”牵头帮助产业链企业应对疫情带来的突发困难，即“链长制”。“链长制”概念最早由湖南省湘潭市在 2018 年 4 月提出，2020 年抗击新冠肺炎疫情期间在全国各地迅速推行。“链长制”就是由各省、市主要领导挂帅，每人负责一条产业链，利用地方最高负责人的综合协调优势，统筹内外部资源，集中力量在产业链的薄弱环节发力，加速构建完整的产业链。链长制主要包括“链长”“链主”两个要素，“链主”是企业，在产业链的各个节点活动，以优胜劣汰为准则引领产业链发展；“链长”是产业链倡导者、维护者、守望者，一般由地方政府的高级管理人员或者行业协会的负责人担任。

2020 年，江西、江苏、山东、黑龙江、河南等省级政府发布了链长制建设的目标和方案，合肥、长春、深圳、包头、苏州、南京、济南等城市也出台了相关的工作方案。例如，2020 年 4 月 28 日，为有效应对新冠肺炎疫情不利影响，稳定产业链供应链，江西出台《关于实施产业链链长制的工作方案》，由 11 位省领导任 14 个重点产业链链长，要求按照“一位省领导、一个牵头部门、一位厅级负责同志、一个工作方案、一套支持政策”工作模式，省级领导直接协调产业链上下游各种矛盾和困难的化解，解决要素保障、企业帮扶等问题，以产业链协同、融合发展、创新提升、集聚集约发展、房地产业建筑业转型升级行动、文旅产业提质增效、商贸物流畅通为重点任务。2020 年 7 月，深圳发布了《深圳市关于推动制造业高质量发展坚定不移打造制造强市的若干措施（征求意见稿）》，提出建设“链长制”的目标，以实体制造业为重点，打造产业链集群和“链主”企业。

在全球产业大发展和国内产业政策调整的大背景下，链长制的提出是区域产业发展和产业结构调整的精准化引导和调控，也是国家强链、补链、稳链的重要途径，对于维护产业链安全、促进产业结构优化升级有重要意义。

第四节　疫情冲击下的宏观经济政策分析

2020 年，面对严峻复杂的国际形势、百年未有的新冠肺炎疫情的冲击，为了做到“六稳”“六保”的基本要求，以保促稳、稳中求进，助力企业纾困、激发市场活力和促进经济平稳复苏，我国政府快速响应实行积极的财政政策、稳健的货币、金融政策以及产业支持政策。其中减税降费、中央财政资金直达机制、银行定向增加贷款、中央银行再贴现、对小微企业实行贷款扶持等政策是应对疫情冲击的宏观政策体系重要组成部分。在政策组合拳出击下，我国国内生产总值增长 2.3%，经济恢复超过预期，宏观经济政策对有效应对疫情冲击具有十分重大的意义。因此，本节将通过梳理 2020 年疫情冲击下的宏观经济政策，分类汇总减税降费政策、重大支出政策、货币政策、金融政策和产业政策并简要将数据和典型性案例相结合，分析上述政策对于纾困企业、抗击疫情、经济高质量发展等短期和长期效果，有助于为未来的宏观调控积累经验。

一、减税降费政策

2020 年，我国全国一般公共预算收入 182895 亿元，同比下降 3.9%。其中，中央一般公共预算收入 82771 亿元，同比下降 7.3%；地方一般公共预算本级收入 100124 亿元，同比下降 0.9%。全国税收收入 154310 亿元，同比下降 2.3%；非税收入 28585 亿元，同比下降 11.7%[①]。一般公共预算收入下降一方面是由于疫情冲击导致我国经济发展受到影响，另一方面是为了应对新冠肺炎疫情严重冲击，我国政府采取积极的财政政策，尤其是减税降费力度空前，出台实施了 7 批 28 项有针对性的减税降费举措，支持为疫情防控保护作出贡献的企业和个人，为受疫情影响较大的行业纾困，支持企业复工复产，全年为企业新增减负超过 2.5 万亿元。

（一）支持物资供应和防护救治的企业和个人

新冠肺炎疫情的突然冲击影响着我国经济社会正常运行和人民群众日常生

① 数据来源：财政部网站。

活，在疫情防控形势严峻的情况下，保证防疫物资正常供应是打好疫情防卫战的重要前提，参加疫情防治工作的医务人员和防疫工作者是重要保障。因此，为了支持和激励疫情防控重点保障物资生产企业生产和供给疫情保障物资，财政部、税务总局发布了一批支持保障物资生产企业、运输防疫物资的企业以及相关个人的减税降费政策①。对于疫情防控重点保障物资生产企业而言，为扩大产能新购置的相关设备允许一次性在企业所得税税前扣除，并且可以申请全额退还增值税增量留抵税额；对于运输防疫物资的企业或者个人而言，其提供公共交通运输服务、生活服务，以及为居民提供必需生活物资快递收派服务取得的收入免征增值税。防疫保障物资除了来源于我国企业生产以外，也有一部分来源于进口，为了疫情防控工作，实行更优惠的进口税收政策②，包括对捐赠用于疫情防控的进口物资，免征进口关税和进口环节增值税、消费税；对卫生健康主管部门组织进口直接用于防控疫情的物资免征关税。

为了嘉奖为疫情防控工作作出杰出贡献的医务人员，对参加疫情防治工作的医务人员和防疫工作者取得的临时性工作补助和奖金免征个人所得税，同时为了鼓励单位发放防护用品，单位发给个人用于预防新型冠状病毒感染的肺炎的药品、医疗用品和防护用品等实物免征个人所得税③。

（二）帮扶纾困企业和支持企业复工复产

由于行业特性，部分行业受新冠肺炎疫情冲击较大，比如交通运输业、餐饮业、住宿、旅游业等，这些行业的相关企业尤其是中小微企业生产经营出现运转困难的问题，而服务业小微企业和个体工商户在繁荣市场、促进就业、维护稳定和促进经济发展方面发挥着重要作用。因此，为了纾解企业困难，推动企业有序复工复产，出台并实施了一系列针对特定行业企业的减税降费政策。比如对于这些受疫情影响较大的困难行业相关企业在2020年度发生的亏损由5年结转年限延长至8年；针对受疫情影响情况和基金承受能力，免征中小微企业基本养老保险、失业保险、工伤保险三项社会保险单位缴费部分，对于大型企业等其他参保单位可减半征收④。另外，财政部和国家税务总局也出台了《财政部税务总局关

---

① 《财政部 税务总局关于支持新型冠状病毒感染的肺炎疫情防控有关税收政策的公告》（财政部税务总局公告2020年第8号）。

② 《财政部 海关总署 税务总局关于防控新型冠状病毒感染的肺炎疫情进口物资免税政策的公告》（财政部公告2020年第6号）。

③ 《财政部 税务总局关于支持新型冠状病毒感染的肺炎疫情防控有关个人所得税政策的公告》（财政部税务总局公告2020年第10号）。

④ 《人力资源社会保障部 财政部 税务总局关于阶段性减免企业社会保险费的通知》（人社部发〔2020〕11号）。

于支持个体工商户复工复业增值税政策的公告》，对于湖北省小规模纳税人免征增值税，对于其他省份的个体工商户减按 1% 征收率征收增值税。进一步帮扶服务业小微企业和个体工商户缓解房屋租金压力，受疫情影响严重、经营困难的餐饮、住宿、旅游、教育培训、家政、影院剧场、美容美发等行业实施房屋租金减免和财税优惠政策，对服务业小微企业和个体工商户减免租金的出租人，可按现行规定减免当年房产税、城镇土地使用税。另外聚焦支持小微企业和个体工商户发展。对增值税小规模纳税人、个体工商户给予税费优惠，对小型微利企业和个体工商户延缓缴纳 2020 年所得税，延续实施普惠金融有关税收支持政策，增强其抗风险能力，助其渡过难关。

（三）优化纳税缴费服务以配合新冠肺炎疫情防控工作

为了做好新冠肺炎疫情防控工作，加强纳税人、缴费人在纳税缴费期间的安全防护，国家税务总局发布《国家税务总局关于优化纳税缴费服务配合做好新型冠状病毒感染肺炎疫情防控工作的通知》以做好防控疫情时期的纳税配套工作，主要措施有根据疫情需要延长申报纳税期限、积极拓展“非接触式”办税缴费服务和营造安全高效的办税缴费环境。其中延长申报纳税期限在一定程度上减缓了企业的纳税负担，帮扶纳税困难的企业，增加当期企业的现金流。

二、重大支出政策

（一）预算支出政策

2020 年，全国一般公共预算支出 245588 亿元，同比增长 2. 8%。其中，中央一般公共预算本级支出 35096 亿元，同比下降 0. 1%；地方一般公共预算支出 210492 亿元，同比增长 3. 3%。其中主要科目中教育支出、社会保障和就业支出、农林水支出、卫生健康支出等占比较高（见图 1 – 43），这也表明防疫、脱贫攻坚、基层“三保”等重点领域支出得到有力保障。根据不同科目增速显示，卫生健康支出同比增长 15. 2%，其中与疫情防控直接相关的公共卫生支出增长 74. 9%，债务付息支出同比增长 16. 4%，社会保障和就业支出同比增长 10. 9%，而城乡社区支出同比下降 20%，节能环保支出同比下降 14. 1%，不同支出科目增速体现了在极不平凡的 2020 年，在新冠肺炎疫情冲击下，财政支出结构发生变化，政府通过削减常规财政支出比如城乡社区支出以增加债务付息支出、卫生健康支出、社会保障和就业支出等项目，其中 2020 年卫生健康支出呈上升趋势逐渐增加（见图 1 – 44），这体现了 2020 年财政政策的积极性和有为性。

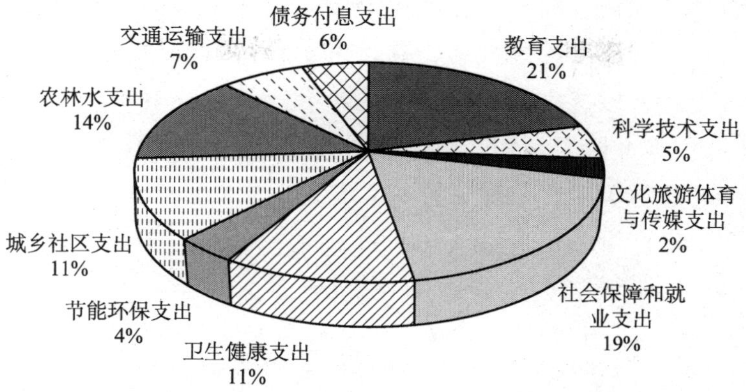

图 1-43　2020 年财政一般公共预算主要支出科目占比

数据来源：财政部、国家税务总局网站。

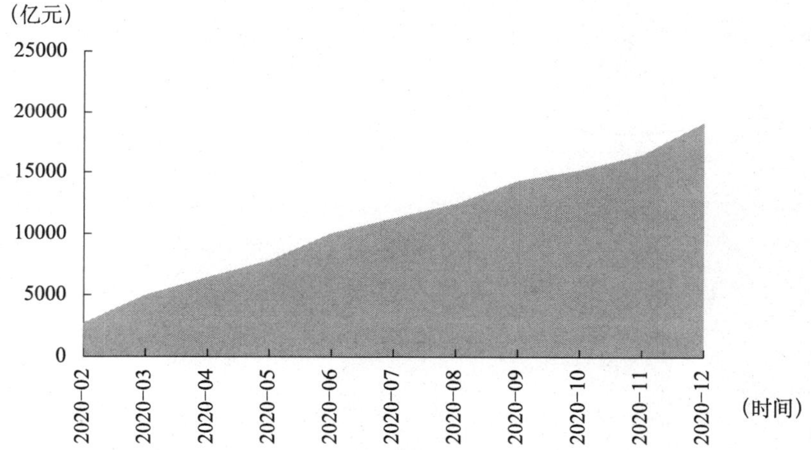

图 1-44　卫生健康支出累计值

数据来源：Wind 数据库。

（二）债务支出政策

1. 政策举措及效果

面对疫情给经济社会发展带来的前所未有的挑战，我国政府加大财政政策支持力度，增加国债、地方债的发债规模，并且提高专项债券可用作项目资本金的比例，除此之外还创新了债券种类，发行 1 万亿元的抗疫特别国债用于地方公共卫生等基础设施建设和抗疫相关支出，并预留部分资金用于地方解决基层特殊困难。2020 年，国债共发行 70855 亿元，较上年同期增加 29292 亿元，地方政府债券共发行 64438 亿元，较去年同期增加 20814 亿元，由图 1-45 中 2009—2020 年国债发行额逐年演变情况可知，2020 年国债发行额达到前所未有的规模，并且国债规模增加速度较快。同样地方政府债券规模大幅增加，而且 2020 年呈现逐月累计增加，但发行速度逐渐放缓，并且由于 6—7 月拟发行抗疫特别国债，地方债发行增速变缓，以抗疫特别国债为主拉动经济复苏（见图 1－46）。进一步分析 2020 年新增地方债券可知，由于债券用途和性质的不同，新增地方债券中主要以新增专项债券为主，一般债券基本不变，专项债券发行规模达到史上最高水平（见图 1－47）。

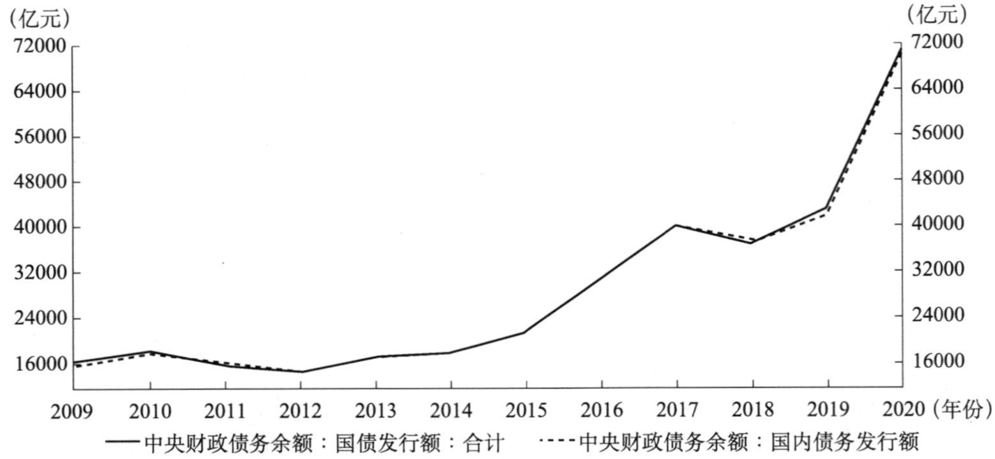

图 1－45　2009—2020 年国债发行额逐年演变情况

数据来源：Wind 数据库。

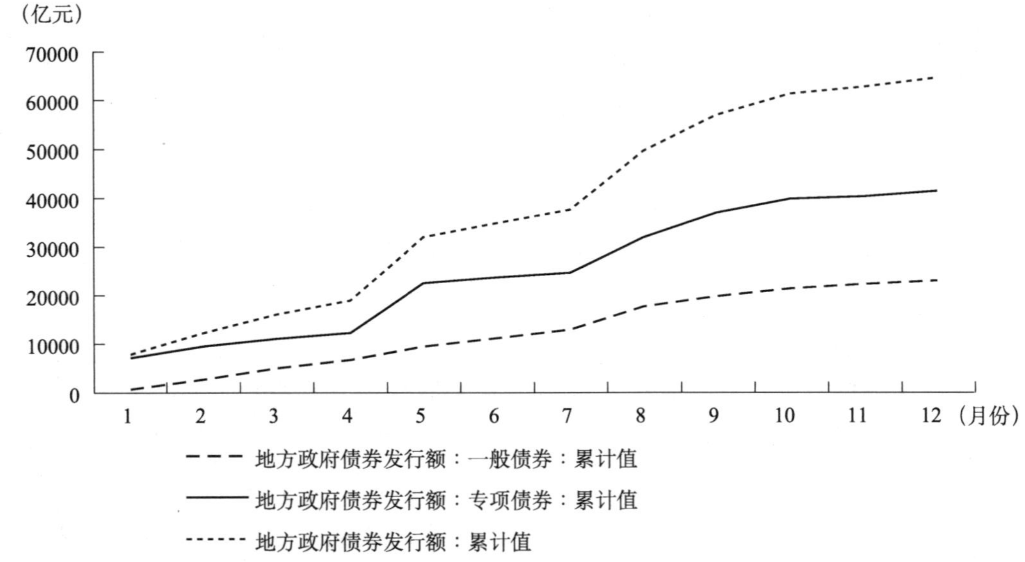

图 1－46　2020 年 1—12 月地方债务累计发行情况

数据来源：Wind 数据库。

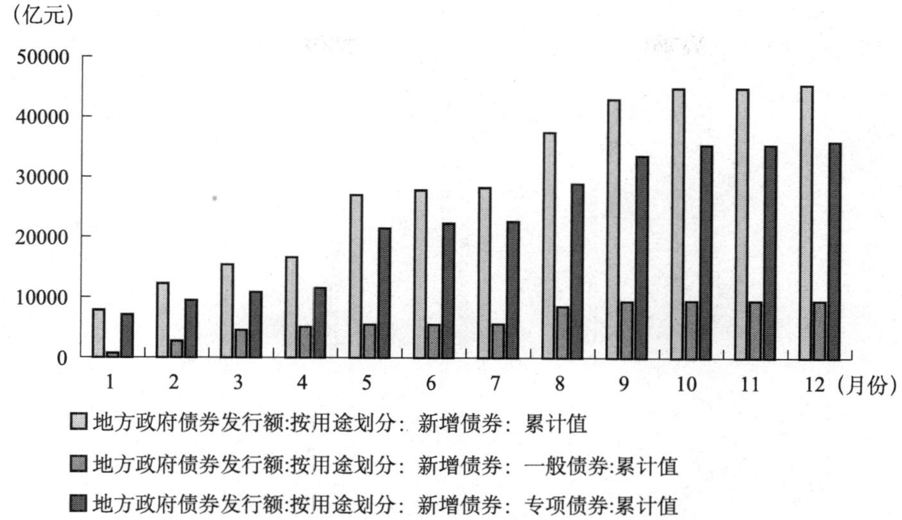

图 1－47　2020 年 1—12 月地方政府新增债券发行额

数据来源：Wind 数据库。

2. 抗疫特别国债发行具体情况

历史上我国曾发行过特别国债，1998 年发行 2700 亿元特别国债，所筹资金全部用于补充四家银行的资本金。2007 年发行 15500 亿元特别国债购买外汇，对冲外汇占款增长，所筹资金作为即将成立的国家外汇投资公司的资本金。此次发行抗疫特别国债主要用于地方公共卫生等基础设施建设和抗疫相关支出，并预留部分资金用于地方解决基层特殊困难。政府工作报告指出，用好抗疫特别国债，加大疫苗、药物和快速检测技术研发投入，增加防疫救治医疗设施，增加移动实验室，强化应急物资保障，强化基层卫生防疫。同时建立特殊转移支付机制，将特别国债资金直达市县基层、直接惠企利民，主要用于保就业、保基本民生、保市场主体，因此，抗疫特别国债主要用于完成“六稳”“六保”的基本任务，推动受疫情影响的经济发展恢复运行。

抗疫特别国债从 6 月中旬开始发行，7 月底前发行完毕，具体发行情况如图 1－48 所示。为保障抗疫特别国债平稳顺利发行，财政部充分考虑现有市场承受能力，按照均衡的原则发行抗疫特别国债，分批次每次 500 万亿元或 700 万亿元发行。根据图 1－49 可知，抗疫特别国债由于支持项目多部分为中长期，因此，多发行期限以 10 年期为主，10 年期国债发行额约占比 68%。抗疫特别国债利息由中央财政全额负担，本金由中央财政偿还 3000 亿元，地方财政偿还 7000 亿元。抗疫特别国债收支纳入政府性基金预算管理。

各地区纷纷落实发行特别国债的工作，并根据要求积极将国债资金用于支持“六稳”“六保”等方面的工作。以新疆维吾尔自治区下达喀什地区为例，该地

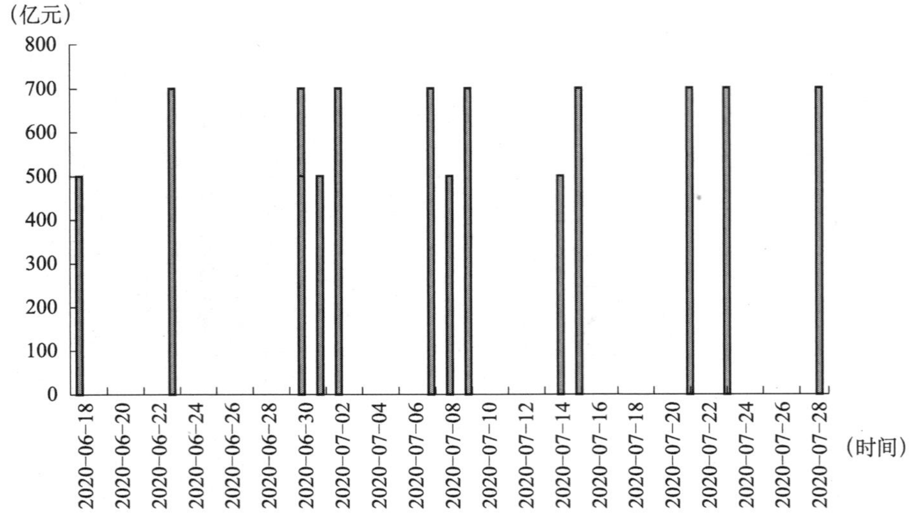

图 1－48　抗疫特别国债发行额情况

数据来源：Wind 数据库，华西证券研究所。

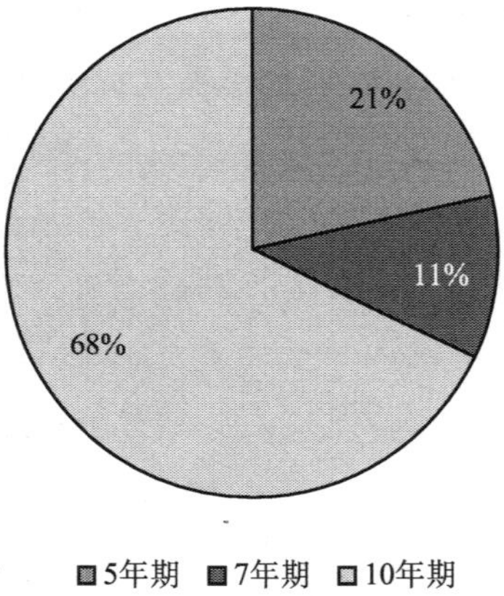

图 1－49　抗疫特别国债期限分布

数据来源：Wind 数据库。

区发行抗疫特别国债资金 8. 14 亿元。为切实发挥抗疫特别国债对冲新冠肺炎疫情影响和保障重大项目建设资金需求的积极作用，喀什地区认真落实抗疫特别国债资金 90% 用于重大基础设施建设、10% 用于抗疫相关支出的使用要求，紧紧聚焦馕产业发展、蔬菜大棚建设以及城市公共服务提升等三个重点方向，梳理确定抗疫特别国债支持项目 24 个、资金规模 7. 326 亿元。其中：支持特色食品产业园建设项目建设 3. 16 亿元，支持蔬菜产业融合示范园建设项目建设 1. 976 亿元，支持停车场、残疾人康复、中水库建设、吐曼河生态旅游产业等喀什市城市公共服务提升项目建设 2. 19 亿元。经统计，抗疫特别国债支持的 24 个重大项目中，已开工建设项目3个，正在挂网招标项目21个，用于重大项目建设的抗疫特别国债资金7.326亿元8月底全部形成支出。喀什地区将特别国债资金用于基础设施建设、民生项目和公共服务项目，充分发挥资金使用效益，拉动经济发展，增加就业岗位，带动市场就业，缓解新冠肺炎疫情对于该地区经济社会发展带来的负向影响。

三、货币政策

（一）政策举措

在新冠肺炎疫情对我国经济社会发展带来前所未有的冲击下，一方面为了扎实做好“六稳”“六保”的基本任务，支持实体经济尤其是为中小微企业纾困，发挥再贷款再贴现政策的带动作用，最终实现脱贫攻坚、防控疫情、复工复产和经济社会平稳发展的多维度目标。另一方面为了加强货币政策逆周期调节，运用总量和结构性政策，保持物价水平基本稳定，保持货币流动性，推动银行系统多渠道获取资本，增加银行系统防范化解金融风险的能力。

中国人民银行继续推进稳健的货币政策，综合采用降低存款准备金率、再贷款再贴现率、中期借贷便利（MLF）、公开市场操作等多种货币政策工具有效应对疫情冲击和完成以上目标。2020年人民银行分三次降低存款准备金率，分别下调了金融机构存款准备金率、普惠金融达标银行准备金率、农业和区域性商业银行准备金率，提供了1.75万亿元长期流动性，增加了金融机构长期稳定资金来源，激励金融机构增加对企业的资金支持力度，同时激励金融机构加大普惠金融力度，支持区域经济复苏。同时，分批次安排再贷款、再贴现额度，再贷款即商业银行向中央银行申请获得再贷款支持以向实体经济提供贷款，再贷款能够形成比一般的公共市场操作更好的结构性调节效果。2020年再贷款、再贴现额度累计达1.8万亿元，这些资金流向全国性和地方性重点企业包括支持抗疫保供、复工复产和中小微企业等，有效地缓解了这些企业资金困难和初期医用物品紧张问题，促进了这些企业生产生活尽快恢复，促进社会就业和经济发展。另外，开展定向中期借贷便利（TMLF）操作，四季度共开展2966亿元，中期借贷便利操作为金融机构支持中小微企业融资提供了长期稳定的资金来源。2020年在多次降低法定准备金率、开展中期借贷便利（MLF）操作和再贷款、再贴现基础上，仍然有其他具体的举措有效实施。一是中国人民银行审时度势开展短期公开市场操作。第一季度共开展了1.7万亿元公开市场短期逆回购操作，有效地应对了冲击并稳定了金融市场发展。随后6月中旬开展14天期的逆回购操作，在开展逆回购的同时，中标利率由2.30%下降至2.20%，随后保持不变，保证了货币市场操作的稳定性，年末同样开展此类逆回购操作，维护年末市场流动性和平稳性。MLF 中标利率随着中标利率变化同样下降，进一步通过 LPR 传导至实体经济，减少实体经济企业融资成本；同时为了推动银行及时补充资本，连续开展央行票据互换（CBS）操作，在第一季度为银行补充 160 亿元资本，随后三季度持续开展 3 次、150 亿元的操作，充分给予中小银行资本补充支持。二是在短期公开市场操作基础上与中长期货币政策工具配套使用，中期开展中期借贷便利和常备借贷便利操作。2020 年累计开展一年期借贷便利操作 51500 亿元，比年初增加 14600 亿元，累计开展常备借贷便利操作 1862 亿元，期末余额为 198 亿元。通过采取中长期的操作，有助于保证中长期流动性合理供给，发挥利率信号作用和引导作用，有助于平稳疫情冲击下的货币市场。

（二）政策实施效果

2020 年稳健的货币政策取得较好的成果，稳健的货币政策是防控疫情、支持企业复工复产、促进货币市场稳定和经济发展等目标实现的强有力资金后盾。这些举措使得 2020 年货币政策目标基本实现，年末广义货币余额为 218.7 万亿元，（M2）同比增长 10.1%，狭义货币供应量（M1）余额为 62.6 万亿元，同比增长 8.6%。2020 年每月货币供给量如图 1－50 所示，每月的基础货币数量和 M2 基本保持不变，货币乘数波动发挥主要作用，为货币政策未来留有扩大货币供给的空间和机会。

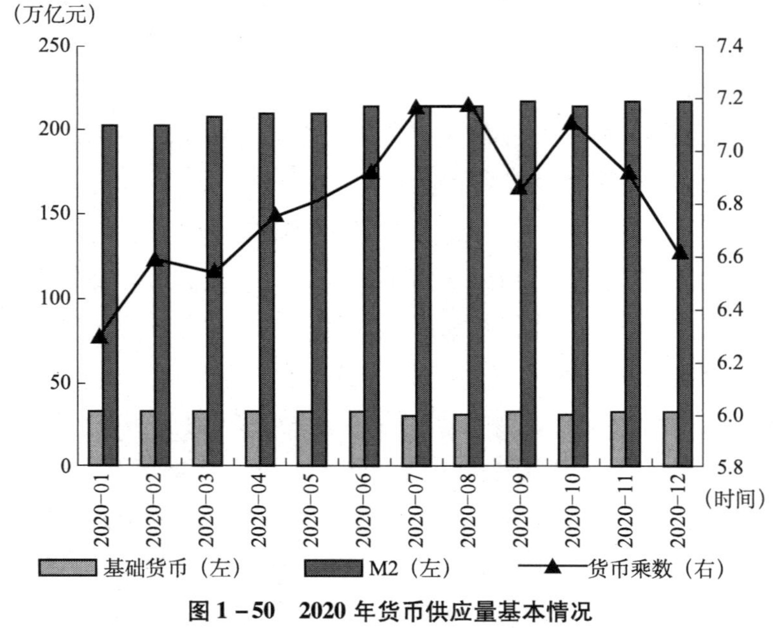

图 1－50 2020 年货币供应量基本情况

资料来源：中国宏观经济与财政政策分析报告、中国人民银行数据库。

社会融资规模存量为 284.83 万亿元，同比增长 13.3%，由图 1－51 和图 1－52 可知，2016—2020 年社会融资规模总体呈现逐年递增的趋势，并且增速在 2017 年以后逐渐增加，2020 年高达 347917.46 亿元，促使实体经济获利 1.5 万亿元，但是如果融资扩张未引起投资有效增加，将引起物价上涨，因此，应警惕未服务实体经济导致价格水平上升的现象。另外 2020 年 12 月企业贷款加权平均利率为 4.61%，低于历史水平，这一系列举措大大降低了企业的融资成本。

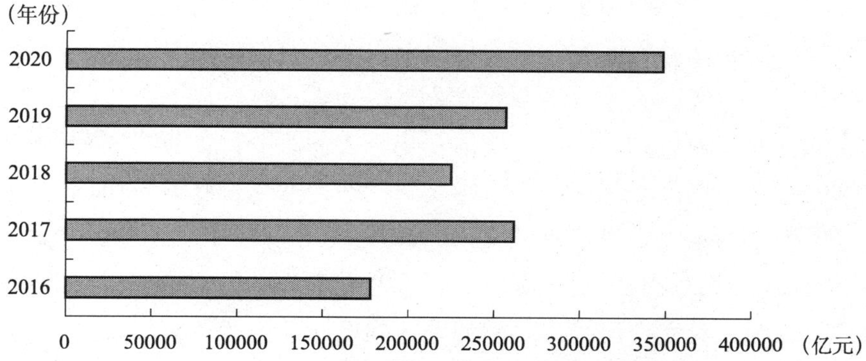

图 1－51　2016—2020 年社会融资规模逐年演变

数据来源：中国国家统计局、EPS 数据库。

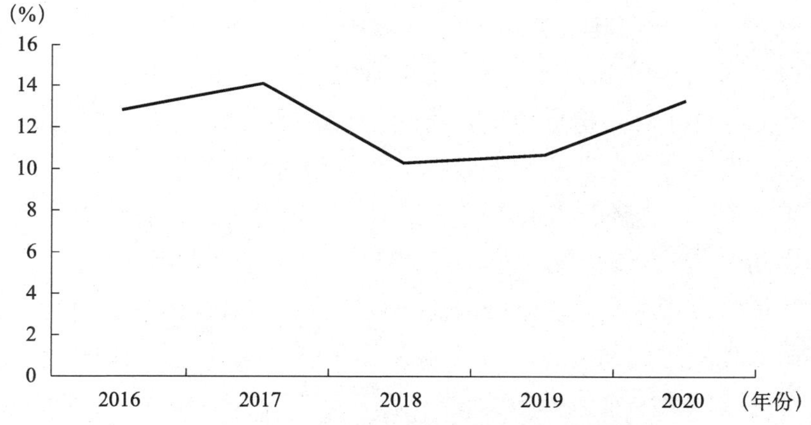

图 1－52　2016—2020 年社会融资规模同比增速

数据来源：中国国家统计局、EPS 数据库。

四、金融政策

（一）政策举措

中国人民银行通过公开市场操作、再贷款、再贴现等多样化具体的货币政策，确保货币资金的流动性，维护金融市场平稳运行，继而通过一系列金融政策将货币政策的目标落到实处，引导金融机构扩大贷款支持企业复工复产，推动实体经济发展。因此，金融支持政策的目标与货币政策目标一致，金融政策的目标及具体举措如下：一是加大疫情防控相关领域的信贷规模，与财政政策和货币政策协调配合共同做好保障疫情防控相应物资供应工作。为了做好金融支持工作，首先识别在疫情期间的重要医疗物资和重要生活物资的供给企业，随后金融机构配合中央财政对这些企业给予财政贴息，提供优惠利率的信贷支持这些重点保障企业，减少这些企业融资成本，给予相关单位和企业卫生防疫、医药用品制造及采购、公共卫生基础设施建设足额的资金支持和满足融资需要。二是强化受疫情影响较大的行业企业信贷支持。受疫情影响较大的行业比如批发零售、住宿、旅游等领域的企业短期内受到冲击陷入困境，一些金融支持政策发布以纾困这些行业企业，以推动其走出困境、复工复产，减少短期冲击对企业进而对就业市场、社会经济发展带来的负向影响。因此，要求金融机构不仅不得盲目对这些企业抽贷、断贷、压贷，对受疫情影响严重的地区到期还款困难的应展期还贷，而且还通过下调贷款利率、增加信用贷款和中长期贷款以给予信贷支持和融资担保支持。三是加大对中小微企业的信贷支持。中小企业在经济发展中发挥着独特的作用，对于促进竞争、吸收过剩劳动力、完善产业链和促进经济发展具有积极作用，截至 2020 年 12 月我国中小微企业占全国企业的 90% 以上，提供城镇就业岗位超过 80%，并且吸收就业较多的行业企业是遭受疫情比较严重的企业，因此，纾困中小企业有助于社会稳定和充分就业。主要的金融政策包括切实落实综合融资成本压降要求，增加制造业中长期贷款投放①；同时发挥“银税互动”助力小微企业复工复产②，根据小微企业贷款需求急、金额小、周转快的特点，银行业金融机构创新“银税互动”信贷产品，推出适合小微企业特点的信用信贷产品，进一步优化信贷审批流程，提高贷款需求响应速度，适当增加信用贷款额度，延长贷款期限，加大对此前在银行业金融机构无贷款记录的“首贷户”的信贷投放力度；另外针对受疫情影响较大的小微企业进行临时性延期还本付息安排③，加大普惠小微信用贷款投放力度④，帮助小微企业缓解资金困难，推动加快恢复正常生产生活秩序。与此同时，金融机构通过票据融资、贷款延期还本付息、展

---

① 《关于进一步强化金融支持防控新型冠状病毒感染肺炎疫情的通知》（银发〔2020〕29 号）。

② 《国家税务总局办公厅 中国银行保险监督管理委员会办公厅关于发挥作用助力小微企业复工复产的通知》（税总办发〔2020〕10 号）。

③ 《银保监会 人民银行 发展改革委 工业和信息化部 财政部关于对中小微企业贷款实施临时性延期还本付息的通知》（银保监发〔2020〕6 号）。

④ 《中国人民银行 银保监会 财政部 发展改革委 工业和信息化部关于加大小微企业信用贷款支持力度的通知》（银发〔2020〕123 号）。

期续贷、承销信用债券、资产证券化、应收账款质押融资等方式，助力度过企业流动性困境，配合做好援企稳企工作。金融基础设施机构通过开辟发行“绿色通道”、简化线上流程等方式，为疫情防控金融债、企业债、地方政府专项债等提供高效支持。

（二）政策实施效果

2020 年，为了响应政策支持实体经济，创新知识产权抵押、供应链金融等一系列金融产品惠及企业，在新增普惠小微企业授信中，首次授信户数占比达到 40% 左右；人民银行创设两项直达实体经济的政策工具普惠小微企业贷款延期还本付息政策和信用贷款支持计划获得较好的效果。截至 2020 年末，全国银行业金融机构共对 7. 3 万亿元贷款本息实施延期，普惠小微企业贷款延期支持工具按月操作，累计向地方法人银行提供激励资金 87 亿元，支持其 6—12 月对普惠小微企业贷款延期本金共计 8737 亿元，加权延期期限为 12. 8 个月，减轻了小微企业阶段性还本付息压力。2020 年，银行业金融机构累计发放普惠小微信用贷款 3. 9 万亿元，和 2019 年相比增加 1. 6 万亿元，普惠小微企业信用贷款支持计划累计向地方法人银行提供优惠资金 1700 亿元，支持其 3—12 月发放小微企业信用贷款共计 4808 亿元，2020 年有 2 万家左右的小微企业获得授信，普惠小微贷款余额 15. 1 万亿元，同比增长 30. 3%。2020 年全年共支持 3228 万户经营主体，比上年增加 524 万户。2020 年 12 月新发放普惠小微贷款利率为 5. 08%，比上年同期下降 0. 8 个百分点，这些举措有效缓解了小微企业融资难问题，不仅促进中小微企业走出疫情冲击的困境，尽快复工复产，而且小微企业市场主体比 2019 年增长接近 20%，极大地促进了中小微企业主体的注册，增加了市场的活力。

五、产业政策

2020 年全球暴发新冠肺炎疫情，我国的传统产业和产业供应链遭受巨大冲击，严重影响了传统产业的生产经营，然而挑战与机遇共存，与此同时孕育发展了数字经济、智能制造、生命健康、新材料等新兴产业。疫情对全球产业链体系也带来重大冲击，我国产业链供应也受到影响，长期以来我国产业链发展水平不高，处于全球价值链中低端，此次疫情冲击使得全球产业链供应链重塑，我国产业链供应链也面临了严峻挑战，一些领域的产业链存在被迫暂停或中断的风险，另外也对芯片、5G、医疗等基础产业链的完备性和技术先进性提出了更高要求。为了纾困传统产业，促进传统产业转型升级，引导鼓励新兴产业发展，支持产业链延链、强链、补链，我国各级政府出台了一系列有针对性的产业政策，这些产业政策为支持我国产业长足发展发挥了不可替代的作用。

（一）政策举措

我国采取一系列行之有效的产业政策，其中包括激励传统产业的转型升级和支持引导新兴产业发展壮大和促进产业链延链、强链、补链等三个方面的政策。

传统企业转型升级主要采取数字化转型实现跨越式发展。数字经济在我国经济发展中越来越占据较为重要的位置，推动数字产业化，加快互联网、大数据、人工智能等与实体经济融合发展也逐渐被提上日程，传统企业通过数字化转型获得较高的价值增值，尤其对于中小企业而言，数字经济扮演着更加重要的角色，2020 年 4 月 9 日，中共中央、国务院发布《关于构建更加完善的要素市场化配置体制机制的意见》，将数据作为与土地、劳动力、资本、技术并列的生产要素，要求“加快培育数据要素市场”。另外，中小企业在我国经济发展中具有举足轻重的位置，50%以上的税收、60%以上的 GDP 以及 80%以上的城镇劳动就业均由民营经济贡献，其中大多数为中小企业。2020 年新冠肺炎疫情冲击下，餐饮、零售、制造等传统行业纷纷受到巨大冲击，中小微企业受到的影响更大，生产经营面临着严重困难。然而值得注意的是，信息技术服务业及金融业的 GDP 同期却分别增长了 13.2%和 6.0%[①]，这两个行业有着非常明显的数字经济特点。此次疫情中，在数字化进程中走在前列的企业和行业缓解了疫情的冲击，进而提升了我国的国民生产总值，巨大的反差充分说明中小微企业数字化转型现在已变得迫在眉睫、刻不容缓。因此，自 2020 年 2 月起，国家发展改革委与中央网信办分别联合印发《关于应对新型冠状病毒肺炎疫情帮助中小企业复工复产共渡难关有关工作的通知》[②]，随后 4 月发布《关于推进“上云用数赋智”行动 培育新经济发展实施方案》，接着又发布了《数字化转型伙伴行动倡议》等[③]，以上政策主要支持中小微企业进行数字化转型，在企业“上云”即实现业务数字化和网络化基础上，以“用数”的方式即实现数据流引领物资流、人才流、技术流、资金流，形成产业链上下游数字化生态体系，在企业生产各个环节提升数字化能

---

① 国家统计局公布数据。

② 工业和信息化部在《关于应对新型冠状病毒肺炎疫情帮助中小企业复工复产共渡难关有关工作的通知》（工信〔2020〕14 号）中指出，大力推广面向中小企业的互联网平台服务，积极推行网上办公、视频会议、远程协作和数字化管理，以此为基础全面提升中小企业管理信息化水平。帮助提供线下服务的企业创新商业模式，拓展线上服务。加快 5G、工业互联网应用部署，推广一批适合中小企业的工业软件应用，支持中小企业提升敏捷制造和精益生产能力。支持产业集群内中小企业以网络化协作弥补单个企业资源和能力不足，通过协同制造平台整合分散的制造能力，实现技术、产能与订单共享。《国家发展改革委办公厅 民政部办公厅关于积极发挥行业协会商会作用支持民营中小企业复工复产的通知》（发改办体改〔2020〕175 号）同样提出创新推广新模式新业态。

③ 《关于支持民营企业加快改革发展与转型升级的实施意见》（发改体改〔2020〕1566 号）。

力。实施方案指出首先应夯实数字化转型技术，探索大数据、人工智能、云计算、数字孪生、5G、物联网和区块链等新一代数字技术应用和集成创新。尤其是集成电路产业和软件产业是信息产业的核心，是引领新一轮科技革命和产业变革的关键力量。因此，2020 年 7 月进一步发布了《新时期促进集成电路产业和软件产业高质量发展的若干政策》① 通过财税政策和金融政策等具体政策支持集成电路产业和软件产业高质量发展。除了在生产方提供政策支持外，2020 年 7 月发改委会同有关部门印发《关于支持新业态新模式健康发展 激活消费市场 带动扩大就业的意见》②，从需求端角度发布给予新业态模式健康发展的支持政策。以激活消费新市场、加快推进产业数字化转型、发展新个体经济、培育发展共享经济新业态等方面明确相关重点任务，全面培育数字经济新模式新业态，结合数字经济创新发展试验区建设，强化政策支撑供给，促进经济高质量发展。

对于新兴产业的引导政策而言，在过去十年里我国早已先后出台了《国务院关于加快培育和发展战略性新兴产业的决定》《“十二五”国家战略性新兴产业发展规划》《“十三五”国家战略性新兴产业发展规划》等指导性文件和规划，指明了新兴产业的发展方向，营造了良好的环境，促进新兴产业发展，在政策的大力支持下，我国新兴产业从无到有、由小变大、逐渐发展起来，虽然涌现了一批有优势的新兴产业企业和新兴产业集群，但新兴产业仍然处于劣势地位。在 2020 年新冠肺炎疫情冲击下，全球产业链受到影响，我国产业链供应链稳定也带来较大挑战，为了维护产业链安全性和稳定性，提升产业链竞争力；在防控疫情常态化下，以新兴产业发展作为“六稳”“六保”工作的重要抓手，培育壮大新的增长点，弥补过去新兴产业的不足，促进产业高质量发展，加快构建现代产业体系，2020 年 9 月发改委发布了《关于扩大战略性新兴产业投资培育壮大新增长点增长极的指导意见》，该指导意见重围绕重点产业链、龙头企业、重大投资项目，加强要素保障，促进上下游、产供销、大中小企业协同，加快推动战略性新兴产业高质量发展，培育壮大经济发展新动能。重点支持了信息技术产业、生物产业、高端制造业、新材料产业、能源产业、智能及新能源汽车产业节能环保产业和数字创意产业战略投资。其中信息技术产业包括 5G、基础材料、关键芯片、高端元器件、新型显示器件、关键软件等核心技术建设投资，推进工业互联网、人工智能、物联网、车联网、大数据、云计算、区块链等技术集成创新和融合应用。随后各个新兴产业具体的支持政策相继出台落实培育壮大新增长点的

---

① 《国务院关于印发新时期促进集成电路产业和软件产业高质量发展若干政策的通知》（国发〔2020〕8 号）提出了财税政策、投融资政策、研究开发政策、进出口政策、人才政策、知识产权政策、市场应用政策、国际合作政策。

② 《关于支持新业态新模式健康发展激活消费市场带动扩大就业的意见》（发改高技〔2020〕1157 号）。

目标。以互联网医疗产业为例，2020 年 12 月，国家卫生健康委、国家医保局、国家中医药局联合发布《关于深入推进“互联网＋医疗健康”“五个一”服务行动的通知》① 决定在全行业深化“五个一”服务行动。通知推进“一体化”共享服务，提出“坚持线上线下一体融合、优化智慧医疗服务流程、推动区域信息共享互认”三大内容；推行“一站式”及时结算与落实“互联网＋”支付政策等，这些政策推动了互联网医疗这一新兴产业加速发展。

确保产业链供应链稳定相关政策始于 2020 年 4 月 17 日，中共中央政治局会议提出“六保”的基本任务，强调保居民就业、保基本民生、保市场主体、保粮食能源安全、保产业链供应链稳定和保基层运转。随后，工业和信息化部下发了《关于开展 2020 年中小企业公共服务体系助力复工复产重点服务活动的通知》②，该通知指出通过给予中小企业金融政策等资金支持，推广“龙头＋孵化”等融通发展模式，搭建产业链供需对接平台，开展生产要素供需对接服务，助力产业链固链、补链、强链。此外，在全球化遭遇挑战背景下，全球产业链供应链受疫情影响面临重大冲击，全球的产业链供应链亟待重塑，构建以国内大循环为主体、国内国际双循环相互促进的发展格局，国务院办公厅发布《关于建设第三批大众创业万众创新示范基地的通知》③，指出通过推动特色化、功能化、专业化双创示范基地发展，加快推进创新链与产业链协同提升，促进科技成果转化与应用紧密结合，推动产业链上下游、大中小企业融通创新，保障产业链供应链安全。在中央层面的政策引领下，各省级政府结合自身特色逐步提出具有针对性的政策举措。正如第三节所述，各地普遍采用链长制，例如江西实施“产业链链长制”，由省级领导担任 14 条产业链链长，建立产业链帮扶机制，力保产业链供应链稳定。也有部分省份采取了系统性的政策举措，浙江省发布了《浙江省实施制造业产业基础再造和产业链提升工程行动方案（2020—2025 年）》明确到 2025 年，其数字安防产业链、集成电路产业链、网络通信产业链、智能计算产业链、生物医药产业链等十大标志性产业链年总产值突破 6 万亿元，占浙江省工业总产值的 68% 以上，基本形成与全球先进制造业基地相匹配的产业基础和产业链体系。

（二）政策效果

数字化转型为企业高质量发展扮演着重要角色。在抗击疫情过程中，复工报

---

① 《关于深入推进“互联网＋医疗健康”“五个一”服务行动的通知》（国卫规划发〔2020〕22 号）。

② 2020 年 4 月 9 日工业和信息化部办公厅发布《关于开展 2020 年中小企业公共服务体系助力复工复产重点服务活动的通知工信厅企业函》（〔2020〕72 号）。

③ 2020 年 12 月 24 日 国务院办公厅印发《关于建设第三批大众创业万众创新示范基地的通知》（国办发〔2020〕51 号）。

批、设备消杀、工厂应急排班、复工供应链、出货物流管理等数字化应用，在弥补企业损失、支持企业复工、缓解裁员压力、精准控制库存、保障生产生活等方面发挥了重要作用。根据发改委公布的数据显示，相关技术可为企业提升约60%的作业效率，降低20%的人力成本，提升50%的管理效率。据有关机构测算，在不考虑疫情影响的情况下，数字化转型可使制造业企业成本降低17.6%、营收增加22.6%，使物流服务业成本降低34.2%、营收增加33.6%，使零售业成本降低7.8%、营收增加33.3%。传统产业数字化转型政策短期内达到了政策效果，并且有助于企业抗击疫情，促进企业的复工复产和为经济发展贡献一份力量；在长期内，数字化将普遍应用于这些产业，在长期有利于进一步降低企业成本、增加企业盈利，彻底革新企业生产经营方式，助推企业获得长期的市场竞争能力。

新兴产业伴随着市场需求和政策支持蓬勃发展。以互联网医疗行业为例，短期内政策带动了互联网医疗行业的发展，能够解决新冠肺炎疫情期间的普通就诊问题，社科院公布的数据显示，在疫情严重的2月，参与在线义诊的医生数量高达12775人，累计提供约60万例咨询。长期内促进整个互联网医疗整个行业更进一步发展，改变了人们就医的生活方式，增加了就业机会，促进了互联网医疗企业的长足进步。根据12月25日发布的《2020年中国互联网医疗行业报告》显示，2020年1—11月，我国在线医疗用户活跃度峰值达到6000万，互联网医疗融资近350亿元，已发放互联网药品交易服务牌照992家。而且越来越多的传统药企和医院与互联网平台相互结合、展开多方面的合作，比如京东健康与卓正医疗签订“线上问诊、线下送药”的战略合作协议。二者相互结合既有利于传统医药企业和医院通过搭乘线上医疗服务平台，拓宽了增长空间，而且也有利于互联网能力的医药电商依托药企的丰富产品和医院专业的服务水平，促进其蓬勃发展，两者共同推进了互联网医疗企业的进步。

疫情发生后，各地各部门全力保产业链供应链稳定，打出补链、固链、强链的政策组合拳获得了显著成效。工信部先后梳理131家龙头企业名单，优先保障产业链核心企业恢复生产，带动了上下游60万家中小企业；在一系列“稳投资、稳外贸”政策支持下，核心产业链得以复工复产。据海关总署数据，2020年我国进出口贸易总额达4.65万亿美元，较2019年增长1.5%，贸易顺差达5 350.3亿美元，较2019年增长26.9%。疫情隔离和全球贸易物流封锁背景下我国的全球产业链地位和优势进一步凸显[①]。产业链供应链稳定政策短期内有效实现补链、固链、强链，在长期有利于重构全球价值链，并推动我国产业链在全球产业链中

---

① 邓宇：“全球化重塑背景下我国产业链重构的设想”，《金融市场研究》2021年第7期。

占据优势地位，通过对外加速开发和对内强化科技自主创新、数字化转型和“新基建”等向产业链价值链中高端迈进。

◇ 专栏 1-3

“新基建”政策梳理

新型基础设施的概念和主要内容。新型基础设施是以新发展理念为引领，以技术创新为驱动，以信息网络为基础，面向高质量发展需要，提供数字转型、智能升级、融合创新等服务的基础设施体系①。根据发改委对新型基础设施的解读②，新型基础设施主要包括信息基础设施、融合基础设施和创新基础设施，其中信息基础设施是指基于新一代信息技术演化生成的基础设施，比如，以5G、物联网、工业互联网、卫星互联网为代表的通信网络基础设施，以人工智能、云计算、区块链等为代表的新技术基础设施，以数据中心、智能计算中心为代表的算力基础设施等。融合基础设施是指深度应用互联网、大数据、人工智能等技术，支撑传统基础设施转型升级，进而形成的融合基础设施，比如，智能交通基础设施、智慧能源基础设施等。创新基础设施主要是指支撑科学研究、技术开发、产品研制的具有公益属性的基础设施，比如，重大科技基础设施、科教基础设施、产业技术创新基础设施等。

新型基础设施中央层面政策相对比较密集。在当前新冠肺炎疫情和经济下行压力双重冲击下，新型基础设施建设在短期能够发挥稳定经济发展、带动就业的重要作用，在长期能够激发总需求，促进产业转型升级，也是未来经济高质量发展的新动能。因此，中央和省级政府出台了新型基础设施的相关支持政策。2018 年 12 月中央经济工作会议首次提出“新基建”，随后国务院将“新基建”写入 2019 年政府工作报告，2020 年为了助力疫情防控，促进经济可持续发展，发挥“新基建”对经济的带动作用，中央层面多次在会议上提及“新型基础设施建设”，4 月 20 日发改委明确了新型基础设施建设的主要发展内容。4 月证监会与发改委联合发布了《关于推进基础设施领域不动产投资信托基金(RELTs）试点相关工作的通知》③，该通知指出鼓励包括数据中心类、人工智能、5G、通信铁塔、智慧能源、智慧城市等新型基础设施项目融资。开展基础设施 REITs 试点，盘活存量资产、广泛募集各类资金，可用于新的补短板和新型基础设施建设，培育新的优质资产并在条件成熟时再进行盘活，从而形成投资内部的良性循环，提升直接融资的比重，降低企业杠杆率。

各省级政府因地制宜推进新型基础设施建设。在中央政府大力号召部署新型基础设施建设下，各省级政府为了更好地响应中央的政策，纷纷针对各地区

---

① 发改委政研室通过梳理中央有关文件、精神和要求对新型基础设施的概念做出的解释。

② 2020 年 4 月 20 日，发改委梳理总结了新型基础设施主要内容。

③《国家发展改革委关于进一步做好基础设施领域不动产投资信托基金（REITs）试点工作的通知》（发改投资〔2021〕958 号），2021 年 7 月 2 日。

经济发展特点出台相关行动方案和计划以支持新型基础设施发展。上海市于5月7日发布《上海市推进新型基础设施建设行动方案（2020—2021年）》，该规划指出实施新一代网络基础设施、创新基础设施、融合基础设施、智能化终端基础设施等建设行动，统筹协调、各区市协调发展、资源开放，以达到截至2022年底，全市新型基础设施建设规模和创新能级迈向国际一流水平，高速、泛在、融合、智敏的高水平发展格局基本形成，5G、人工智能、工业互联网、物联网、数字孪生等新技术全面融入城市生产生活，新型基础设施成为上海经济高质量发展和城市高效治理的重要支撑。4月15日吉林省出台《吉林省新基建"761"工程方案》，该方案强调推进5G基础设施、大数据中心等7大新型基础设施建设，提升智能信息网、市政基础设施网等6网，补强社会事业短板。江苏、山东、湖南、广西、广州、重庆等省市分别发布《关于加快新型信息基础设施建设扩大信息消费的若干政策举措》《山东省数字基础设施建设指导意见》《湖南省数字经济发展规划》《广西基础设施补短板"五网"建设三年大会战总体方案（2020—2022年）》等推进新型基础设施建设的规划或方案。各地也纷纷将方案落到实处，湖南省2020年首批105个省重点建设项目清单总投资额近万亿元，广东省2020年共安排重点项目1230个，总投资5.9万亿元，多集中于城际轨道和5G通信[①]。中央和各地的新基建政策极大地促进了新型基础设施的发展，有助于稳定经济增长，在推动经济高质量发展和促进经济转型升级中扮演重要角色，不仅有助于有效应对新冠肺炎疫情的冲击，更有效推动各行业技术创新，促进新业态、新模式的发展，拉动新一轮经济增长的动能和培育新一轮经济增长点。

---

① 赛迪政策法规研究所、产业政策研究所"新基建"政策白皮书。

第二章

2020 年政府预算收支状况分析

第一节 2020 年中央和地方一般公共预算收支情况

一、2020 年中央一般公共预算收支情况

（一）2020 年中央一般公共预算收入情况分析

2020 年中央一般公共预算收入 82770.72 亿元，为预算数的 100%。与 2019 年相比，下降 7.32%。2020 年，中央从稳定调节基金、政府性基金预算及国有资本经营预算向一般公共预算调入 8880 亿元，2020 年中央一般公共预算收入总量达 91650.72 亿元。

新冠肺炎疫情的暴发使中央财政收入增长受到较大影响。从中央一般公共预算收入情况看，从 2015—2019 年的上升趋势转为下降趋势，其中，税收收入 79644.23 亿元，下降 1.7%；非税收入 3126.49 亿元，下降 62.3%，非税收入中的国有资源（资产）有偿使用收入达 1282.39 亿元，占非税收入的 41%。非税收入的大幅度下降，根源就在于取消了 2019 年增加的特定金融机构和中央企业上缴利润（国有资本经营收入）。从税收收入来看，2020 年税收收入的构成如图 2-1 所示。其中，主体是国内增值税、企业所得税和国内消费税，三税在税收收入总额中占比分别达到 35.6%、29.2%、15.1%。具体而言，国内增值税与 2019 年相比，降低 9 个百分点，完成预算的 98.8%。2020 年国内消费税与 2019 年相比，降低 4.3 个百分点，完成预算的 96.1%。企业所得税与 2019 年相比，降低 2.2 个百分点，完成预算的 98.3%。与 2019 年相比，个人所得税增长 11.3 个百分点，在中央税收收入中占比 8.71%。2020 年中央税收收入中，车辆购置

税存在小幅增长，增长幅度为0.93个百分点，在中央税收收入中占比为4.43%；关税由于疫情防控的影响，相比2019年有所减少，降低幅度为11.24%，在中央税收收入中占比32.20%。

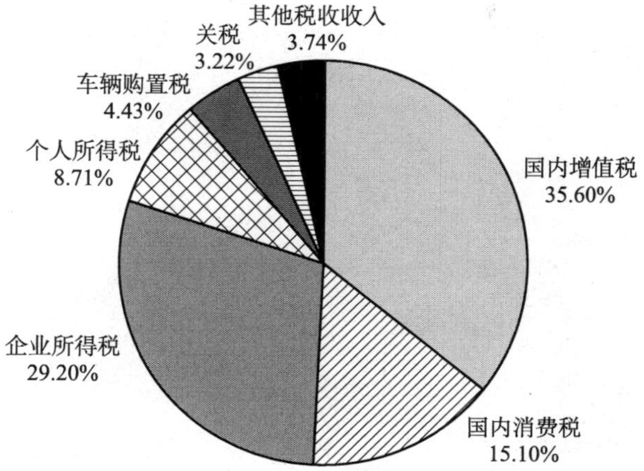

图2-1　2020年中央税收收入构成情况

数据来源：财政部预算司官网。

债务收入方面，2020年中央财政发行国债71782.75亿元，其中内债70907.87亿元，外债874.88亿元。发行的内债包括储蓄国债1769.79亿元、记账式国债69138.08亿元。国债筹资主要用于弥补中央财政赤字和国债到期还本，其中，抗疫特别国债筹资全部用于支持地方基础设施建设和疫情防控。2020年内债的还本数额为30649.69亿元，内债付息5490.11亿元。我国国债实施余额限额管理制度，2020年全国人大批准的国债余额限额为213008.35亿元，2020年年末实际的国债余额为208905.87亿元，数额控制在限额规定之内。

（二）2020年中央一般公共预算支出情况分析

2020年中央一般公共预算支出决算数为118313.5亿元，加上使用以前年度结转资金2703.41亿元，2020年中央一般公共预算实际支出为121016.91亿元。2020年中央本级一般公共预算支出35095.57亿元，与2019年相比减少0.06%，完成预算的100.2%。图2-2为2016—2020年中央一般公共预算支出规模变化情况，从图中可以看出，2016—2020年中央一般公共预算支出规模分别为8.68万亿元、9.49万亿元、10.29万亿元、10.95万亿元、11.83万亿元，支出规模逐年增长，并在2018年突破10万亿元，2020年支出规模达到2016年规模的1.46倍，2016—2020年中央一般公共预算支出平均增长率为7.98%。

从中央一般公共预算支出的结构来看，中央对地方的转移支付是中央一般公

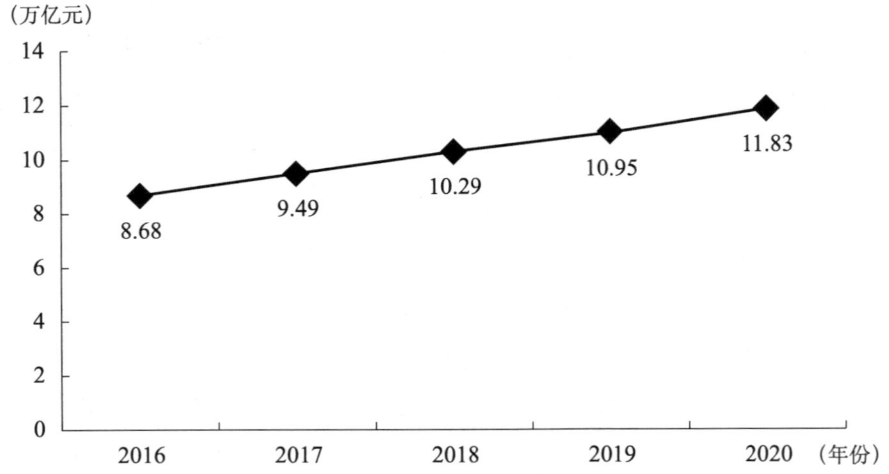

图 2－2　2016—2020 年中央一般公共预算支出规模情况

数据来源：财政部预算司官网。

共预算支出的主要组成部分。2020 年中央对地方的转移支付为 83217.93 亿元，加上使用以前年度结转资金 1158.33 亿元，2020 年中央对地方转移支付实际支出为 84376.26 亿元。从中央对地方转移支付的构成来看，一般性转移支付是主体，占比 83.47%，专项转移支付仅占 16.53%。2020 年中央对地方专项转移支付增幅较大，增长 27%，主要用于重大传染病防控经费、大气污染防治资金、农村综合改革转移支付、土地指标跨省域调剂收入安排的支出、东北振兴专项转移支付等项目。

2020 年中央一般公共预算本级支出 35095.57 亿元，中央一般公共预算本级支出构成项目中，国防安全作为中央政府的单一事权，2020 年中央国防支出 12679.92 亿元，完成预算的 100%，在中央本级支出中的占比为 36.13%；外交支出 514.07 亿元，完成预算的 94.7%，在中央本级支出中的占比为 1.46%；受新冠肺炎疫情影响，2020 年公共安全支出 1835.91 亿元，完成预算的 100.2%，在中央本级支出中的占比为 5.23%；一般公共服务支出 1735.21 亿元，完成预算的 100.8%，在中央本级支出中的占比为 4.94%；关系民生的支出项目中，教育支出 1673.64 亿元，完成预算的 98.5%，在中央本级支出中的占比为 4.77%；科学技术支出 3216.48 亿元，完成预算的 100.6%，在中央本级支出中的占比为 9.16%；社会保障和就业支出 1119.98 亿元，完成预算的 89.5%，在中央本级支出中的占比为 3.19%；交通运输支出 1165.93 亿元，完成预算的 103.3%，在中央本级支出中的占比为 3.32%。债务付息支出 5538.95 亿元，完成预算的 102.6%，相比 2019 年增长了 21.29 个百分点，在中央本级支出中的占比为 15.78%；粮油物资储备支出 1224.57 亿元，完成预算的 100.7%，在中央本级支出中的占比为3.49%；金融支出、住房保障支出、农林水支出和灾害防治及应急管理支出规模分别为639.05亿元、606.58亿元、503.32亿元、429.82亿元，分别完成预算的86.8%、99.1%、111.1%、100.9%，在中央本级支出中的占比分别为1.82%、1.73%、1.43%、1.23%。图2-3为2020年中央一般公共预算本级支出构成情况。

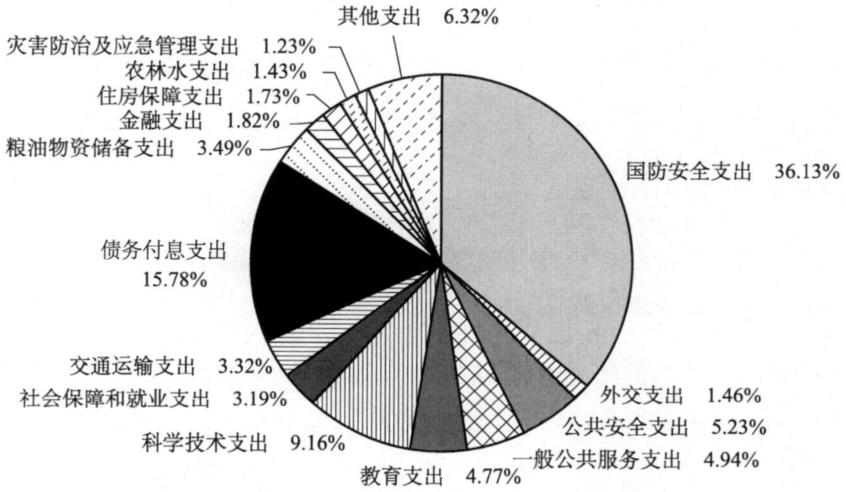

图2-3 2020年中央一般公共预算本级支出构成情况

数据来源：财政部预算司官网。

二、2020年地方一般公共预算收支情况

（一）2020年地方一般公共预算收入情况分析

2020年，地方一般公共预算收入183361.09亿元，为预算数的101.1%。与2019年相比，增长4.5%。其中，地方本级一般公共预算收入为100143.16亿元，中央对地方的转移支付83217.93亿元，加上从预算稳定调节基金调入及使用结转结余的资金17422.37亿元，2020年，地方一般公共预算收入总量为200783.46亿元。图2-4是2016—2020年地方一般公共预算收入规模情况，由图中可以看出，2016—2020年地方一般公共预算收入规模分别为14.66万亿元、15.65万亿元、16.76万亿元、17.54万亿元、18.34万亿元，2020年地方一般公共预算收入规模为2016年规模的1.25倍，2016—2020年地方一般公共预算收入年平均增长率为5.76%。

2020年，地方一般公共预算收入的主要组成部分是地方税收收入和中央对地方的转移支付收入，二者的规模分别为74668.06亿元和83217.93亿元，在地方

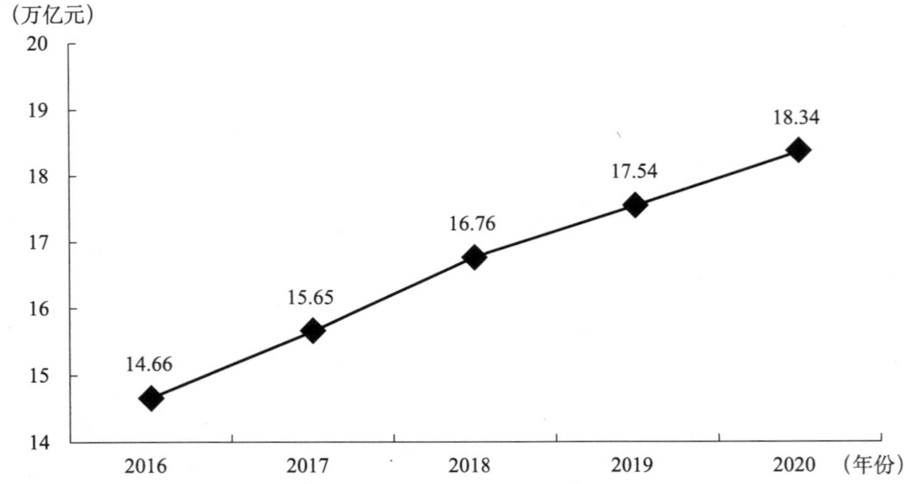

图 2－4　2016—2020 年地方一般公共预算收入规模情况

数据来源：相关年份《中国财政年鉴》及财政部预算司统计数据。

一般公共预算收入中的占比分别为 40. 72%，和 45. 38%，其中税收收入占比略有下降，中央对地方转移支付占比略有上升；2020 年地方实现非税收入 25475. 10 亿元，在地方一般公共预算收入中占比为 13. 89%，占比较 2019 年略有上升。

税收收入作为地方一般公共预算本级收入的重要组成部分，2020 年地方税收收入构成情况如图 2－5 所示，其中，国内增值税和企业所得税是两项重要收入来源，2020 年，地方国内增值税收入为 28438. 10 亿元，完成预算的 99. 0%，在地方税收收入中占比 38. 09%，与 2019 年相比，国内增值税收入下降 8. 8%；受新冠肺炎疫情，以及 2020 年持续推进的减税降费政策影响，地方企业所得税实现收入 13168. 28 亿元，完成预算的 99. 0%，与 2019 年相比，地方企业所得税

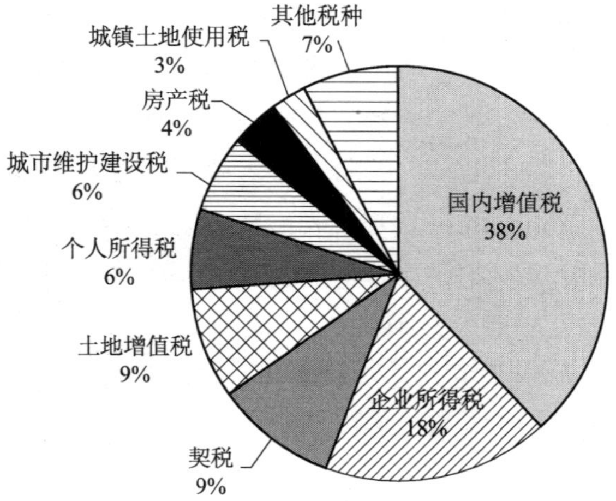

图 2－5　2020 年地方税收收入构成情况

数据来源：财政部预算司官网。

收入下降2.6%，在地方税收收入中占比17.64%；个人所得税实现收入4627.27亿元，完成预算的109.3%，收入规模与2019年相比增长11.4个百分点，在地方税收收入中占比为6.20%。土地增值税和契税是地方税主要税种，2020年二者的收入规模分别为6468.51亿元和7061.02亿元，分别完成预算的104.3%和117.7%，与2019年相比，收入水平分别增长0.1%和13.7%，在地方税收收入中占比分别为8.66%和9.46%。2019年地方税收收入中城市维护建设税、房产税和城镇土地使用税分别实现收入4443.10亿元、2841.76亿元和2058.22亿元，在地方税收收入中占比分别为5.95%、3.81%和2.76%。

债务收入方面，2020年，地方政府一般债券发行额为23033.66亿元，一般债务还本额14513.18亿元，付息支出4285.06亿元。截至2020年末，全国地方政府债务余额256610.77亿元，包括一般债务余额127393.4亿元、专项债务余额129217.37亿元，控制在全国人大批准的债务余额限额288074.3亿元之内。

（二）2020年地方一般公共预算支出情况分析

2020年地方一般公共预算支出为210583.46亿元，为预算数的99.2%。与2019年相比，地方一般公共预算支出规模增长3.4%。图2-6统计了2016—2020年地方一般公共预算支出规模的变化情况，图中显示出2016—2020年地方一般公共预算支出规模分别为16.04万亿元、17.32万亿元、18.82万亿元、20.37万亿元、21.06万亿元，2020年地方一般公共预算支出规模为2016年支出规模的1.31倍，2016—2020年地方一般公共预算支出年均增长率达到7.04%。

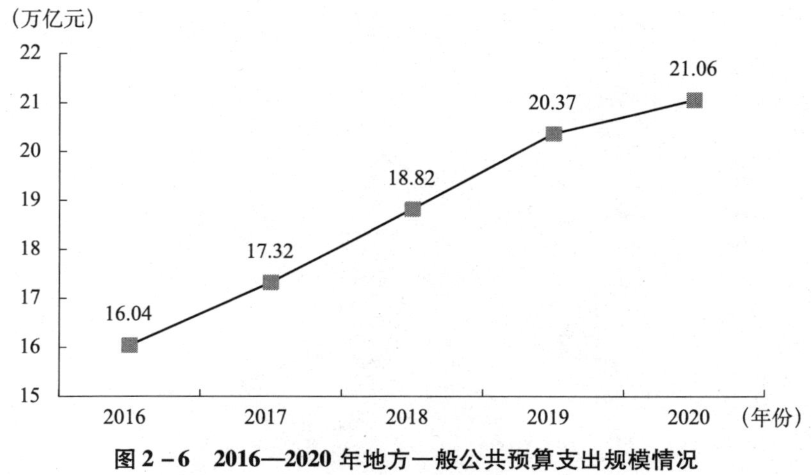

图2-6　2016—2020年地方一般公共预算支出规模情况

数据来源：2017—2019年《中国财政年鉴》及财政部预算司统计数据。

2020年，地方一般公共预算支出中，教育支出、社会保障和就业支出、城乡社区支出和农林水支出是支出规模占比位于前四位的支出项目。具体而言，

2020 年，地方教育支出 34686. 30 亿元，完成预算的 98. 8%，在地方一般公共预算支出中占比为 16. 47%，相较于 2019 年，支出增长 5. 2%。普通教育支出为 27646. 26 亿元，占整个地方教育支出比重为 79. 7%，是财政教育支出中的主要组成部分，我国的普通教育体系是“以县为主”的教育体系，教育支出责任主要落在地方政府身上，因此，教育支出在地方支出构成中所占比重较高。2020 年，地方一般公共预算支出中占比第二位的是社会保障和就业支出，数额为 31448. 53 亿元，完成预算的 101. 7%，在支出总额中占比为 14. 93%，与 2019 年相比，支出增长 11. 7%。2020 年，地方城乡社区支出和农林水支出的规模分别为 19868. 66 亿元、23445. 14 亿元，两项支出在支出总额中占比分别为 9. 44% 和 11. 13%。从上述的统计数据可以看出，2020 年，地方一般公共预算支出情况与我国重视发展教育事业、脱贫攻坚、乡村振兴等重大政策的落实是契合的。同时，民生性支出项目中，节能环保支出为 5989. 14 亿元，与 2019 年相比，支出水平下降 13. 6%，在地方一般公共预算支出中占比为 2. 84%；科学技术支出 5801. 86 亿元，与 2019 年相比下降 2. 6%，在地方一般公共预算支出中占比为 2. 76%；卫生健康支出 18873. 41 亿元，为预算数的 107. 01%，与 2019 年相比，增长 15. 0%，在地方一般公共预算支出中占比 8. 96%；交通运输支出实现 11031. 95 亿元，增长 6. 1 个百分点，在地方一般公共预算支出中占比为 5. 24%；此外，增长较快的支出项目包括债务付息支出 4273. 67 亿元，增长 10. 3 个百分点，在地方一般公共预算支出中占比为 2. 03%；值得注意的是，在新冠肺炎疫情影响下，部分支出项目下降较为明显，主要包括，城乡社区支出 19868. 66 亿元，下降 19. 9%，节能环保支出 5989. 14 亿元，下降 13. 6%。2020 年地方一般公共预算支出构成情况如图 2 – 7 所示。

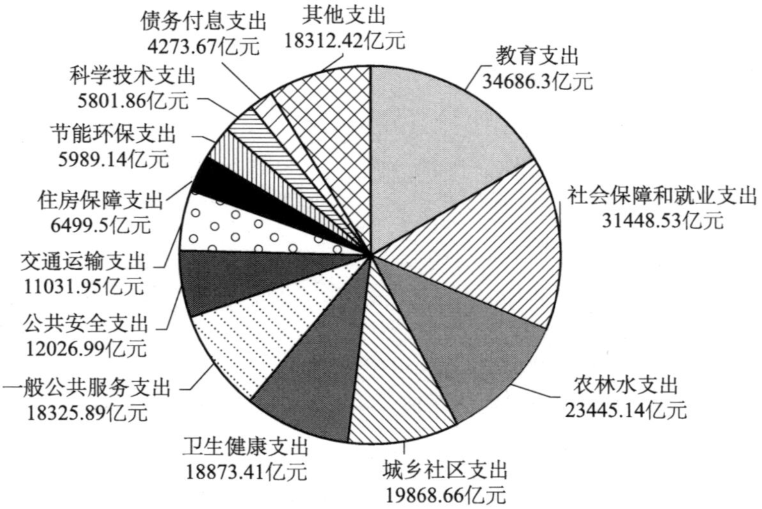

图 2 – 7　2020 年地方一般公共预算支出构成情况

数据来源：财政部预算司官网。

2020年，为积极应对新冠肺炎疫情的重大影响，保障经济社会各项事业平稳运行，同时确保脱贫攻坚任务圆满完成，党中央、国务院就疫情防控期间财政资金运行和管理作了一系列有力部署，相关内容参见专栏2－1、专栏2－2、专栏2－3。

◇ 专栏2－1

《关于新型冠状病毒感染肺炎疫情防控有关经费保障政策的通知》
（财社〔2020〕2号）

各省、自治区、直辖市、计划单列市财政厅（局）、卫生健康委，新疆生产建设兵团财政局、卫生健康委：

为贯彻落实习近平总书记对新型冠状病毒感染肺炎疫情防控工作作出的重要批示精神，按照党中央、国务院决策部署，支持各地更好地做好防控经费保障工作，坚决遏制疫情蔓延势头，现将有关经费保障问题通知如下：

一、落实患者救治费用补助政策。对于确诊患者发生的医疗费用，在基本医保、大病保险、医疗救助等按规定支付后，个人负担部分由财政给予补助。所需资金由地方财政先行支付，中央财政对地方财政按实际发生费用的60%予以补助。

二、对参加防治工作的医务人员和防疫工作者给予临时性工作补助。参照《人力资源社会保障部 财政部关于建立传染病疫情防治人员临时性工作补助的通知》（人社部规〔2016〕4号）有关规定，按照一类补助标准，对于直接接触待排查病例或确诊病例，诊断、治疗、护理、医院感染控制、病例标本采集和病原检测等工作相关人员，中央财政按照每人每天300元予以补助；对于参加疫情防控的其他医务人员和防疫工作者，中央财政按照每人每天200元予以补助。补助资金由地方先行垫付，中央财政与地方据实结算。中央级医疗卫生机构按照属地化管理，中央财政补助资金拨付地方后由地方财政统一分配。

三、医疗卫生机构开展疫情防控工作所需的防护、诊断和治疗专用设备以及快速诊断试剂采购所需经费，由地方财政予以安排，中央财政视情给予补助。中央级医疗卫生机构按照属地化管理，中央财政补助资金拨付地方后由地方财政统一分配。

各级财政部门要会同卫生健康部门尽快按规定落实上述补助政策，务必做好防控经费保障工作，决不能因为费用问题延误救治和疫情防控。同时，要及时对相关支出进行严格审核，报国家卫生健康委和财政部，作为中央财政与地方财政资金结算的依据。

财政部

2020年1月31日

资料来源：财政部官网，http：//sbs. mof. gov. cn/zhengcefabu/202002/t20200211_ 3468083. htm。

◇ 专栏 2-2

《财政部 税务总局关于支持新型冠状病毒感染的肺炎疫情防控有关税收政策的公告》（财政部 税务总局公告 2020 年第 8 号）

为进一步做好新型冠状病毒感染的肺炎疫情防控工作，支持相关企业发展，现就有关税收政策公告如下：

一、对疫情防控重点保障物资生产企业为扩大产能新购置的相关设备，允许一次性计入当期成本费用在企业所得税税前扣除。

二、疫情防控重点保障物资生产企业可以按月向主管税务机关申请全额退还增值税增量留抵税额。

本公告所称增量留抵税额，是指与 2019 年 12 月底相比新增加的期末留抵税额。

本公告第一条、第二条所称疫情防控重点保障物资生产企业名单，由省级及以上发展改革部门、工业和信息化部门确定。

三、对纳税人运输疫情防控重点保障物资取得的收入，免征增值税。

疫情防控重点保障物资的具体范围，由国家发展改革委、工业和信息化部确定。

四、受疫情影响较大的困难行业企业 2020 年度发生的亏损，最长结转年限由 5 年延长至 8 年。

困难行业企业，包括交通运输、餐饮、住宿、旅游（指旅行社及相关服务、游览景区管理两类）四大类，具体判断标准按照现行《国民经济行业分类》执行。困难行业企业 2020 年度主营业务收入须占收入总额（剔除不征税收入和投资收益）的 50% 以上。

五、对纳税人提供公共交通运输服务、生活服务，以及为居民提供必需生活物资快递收派服务取得的收入，免征增值税。

公共交通运输服务的具体范围，按照《营业税改征增值税试点有关事项的规定》（财税〔2016〕36 号印发）执行。

生活服务、快递收派服务的具体范围，按照《销售服务、无形资产、不动产注释》（财税〔2016〕36 号印发）执行。

六、本公告自 2020 年 1 月 1 日起实施，截止日期视疫情情况另行公告。

财政部 国家税务总局

2020 年 2 月 6 日

资料来源：国家税务总局官网，http：//www. chinatax. gov. cn/chinatax/n810341/n810825/c101434/c5143461/content. html。

◇ 专栏2-3

《关于有效应对新冠肺炎疫情影响切实加强地方财政“三保”工作的通知》（财预〔2020〕12号）

各省、自治区、直辖市、计划单列市财政厅（局）：

支持基层政府保基本民生、保工资、保运转，是保障群众切身利益的基本要求，也是推动政府履职和各项政策实施的基础条件。为深入贯彻落实习近平总书记关于统筹推进新冠肺炎疫情防控和经济社会发展工作的重要指示精神，按照党中央、国务院决策部署，有效应对疫情影响，进一步加强地方财政“三保”工作，现就有关事项通知如下：

一、压实“三保”保障责任

严格按照县级为主、省级兜底的原则，将“三保”保障责任落到实处。县级要全面落实好保障责任，牢固树立“三保”与疫情防控及经济恢复并重的政策导向，充分认识巩固基层“三保”在确保社会稳定、维护市场环境、提振市场信心方面的关键作用，坚持“三保”支出在财政支出中的优先顺序，切实保障基本民生、工资发放和机构运转。省级要切实承担起主体责任，进一步加大对基层特别是财政困难县区的财力倾斜，市级要对所属区加大保障支持力度。各地要组织逐县摸排，对“三保”支出预算安排存在缺口的，要及时调整或调剂预算补足。中央财政健全激励约束机制，完善县级基本财力保障机制奖补资金、均衡性转移支付等资金分配办法，对省级调控不力的，按规定扣减后直接下达到县。有关部门要统筹本系统内各项收入和存量资金，按规定确保部门行政事业单位工资发放和正常运转。

二、阶段性提高地方财政资金留用比例

2020年3月1日至6月底，在已核定的各地当年留用比例基础上统一提高5个百分点。期间各地因提高留用比例增加的现金流，应全部通过提高县级财政资金留用比例或增加日常资金调度的方式留给县级使用，不得滞留在省级财政。

三、加快下达转移支付预算

中央财政抓紧下达对地方各项转移支付预算，增强地方基本民生保障能力。地方财政部门要加快开展省以下转移支付资金分配、拨付和使用等工作。按因素法分配的，要根据当期或上年度基础因素计算预拨；按项目法分配的，要切实加快项目审批和资金下达，或采取先预拨后清算的方式下达。承担相关支出责任的地方各级财政接到上级转移支付预算后，要尽快安排形成实际支出和实际工作量。地方各级财政尤其是县级基层财政要用好各项转移支付资金，加大统筹力度，优先用于疫情防控和“三保”支出并确保按时足额兑付，特别是要切实保障基本民生，强化对困难群众的兜底保障。

四、强化地方库款运行监测督导

各级财政部门商同级人民银行扩大分级库款余额等信息共享范围，进一步提高库款监测的时效性。财政部及时向省级财政部门发送关于库款保障水平偏低市县情况的提示函，支持疫情较重地区加强基层财政库款保障能力，确保“三保”支出需要。完善中央财政对重点县区工资保障监测预警机制，扩大监测覆盖面，同时组织各地强化工资支付保障风险评估，健全并落实好应急预案。省级财政部门要加强预研预判，综合施策，强化对县区库款运行监测，重点关注库款持续紧张的县区情况，督促困难县区合理安排支出顺序，指导并支持困难地区做好“三保”工作，坚决兜牢“三保”底线。

五、切实加大财政支出结构调整力度

各级财政部门要认真清理用好结转结余资金，超过年限的以及受疫情影响支出进度的，要收回用于急需领域。允许疫情防控任务较重、“三保”压力较大地区制定更加严格的盘活存量资金措施，报经本级政府同意后，对2019年及以前年度结转结余资金收回集中用于疫情防控和“三保”方面急需支出，待具备条件时另行安排预算。加大暂存暂付性款项清理收回力度，严控新增暂付性支出。各级财政全年“三保”支出预算未按政策足额安排的，除应急救灾外一律要调减其他项目支出。省、市两级财政部门要切实加强对县级财政调整支出结构的监督、指导、督促工作。

六、进一步大力压减一般性支出

各级财政要更加牢固树立“过紧日子”的思想，厉行勤俭节约，大力压减一般性支出和非急需、非刚性支出。可开可不开的会坚决不开、可办可不办的培训坚决不办。可暂缓实施的支出项目资金，要及时缴回财政。可统筹、整合的预算资金，要及时调整支出用途，保障“三保”支出需要，支持疫情防控和复工复产。除疫情防控需要外，各地原则上不再研究出台新的增支政策，必须出台的要充分考虑基层财政可承受能力，合理把握节奏和力度。

财政部将加强疫情防控期间地方“三保”工作的督促指导。各地财政部门要按照本通知要求切实采取措施，抓紧抓实抓细各项贯彻落实工作，牢牢兜住“三保”风险底线。财政部各地监管局要加强疫情期间本地区“三保”工作的监管，及时发现问题及风险隐患并督促整改。

财政部

2020年3月4日

资料来源：财政部官网，http：//yss. mof. gov. cn/zhengceguizhang/202003/t20200304_ 3478171. htm。

三、2020年一般公共预算收支情况差异分析

（一）2020年中央与地方一般公共预算收支情况差异分析

尽管新冠肺炎疫情给财政运行带来的困难和挑战多年未有，但总体来看，中

央和地方预算执行情况较好。2020 年第一季度全国财政收入同比下降 14.3%，是 2009 年以来的首次下降，其中 2 月下降 21.4%、3 月份下降 26.1%，31 个省份中有 30 个收入负增长，收支矛盾异常突出，地方财政运转尤为困难。面对严峻形势，中央要求积极的财政政策要更加积极有为，在全力保障重点领域支出的同时，及时调整完善预算收支安排，加大逆周期调节力度，建立新增财政资金直达机制，挖掘增收节支潜力，保持预算平衡和财政稳定运行。随着疫情防控形势好转和经济逐步恢复，财政运行情况逐季向好，第二季度收入触底回升，降幅收窄至 7.4%，第三季度由负转正，增长 4.7%，第四季度持续向好，增长 5.5%，全年预算目标基本实现。

从 2020 年中央与地方本级一般公共预算收入构成来看，税收收入作为主要组成部分，分别占中央和地方一般公共预算收入的 96.22%，40.72%，其中，中央与地方的国内增值税收入在税收收入总额中的占比分别为 35.60% 和 38.01%，国内增值税是中央与地方税收收入的主要来源。

从 2020 年中央与地方一般公共预算支出构成来看，由于中央地方提供公共服务的职能不同，因此，资金投向不同。2020 年中央本级支出占中央一般公共预算支出比重为 29.66%，其中，国防支出占比最高，占中央本级支出比重为 36.13%，占整个中央一般公共预算支出比重为 10.72%；中央一般公共预算支出中用于对地方的转移支付的资金占比 70.33%，较去年增加 2.41 个百分点；地方一般公共预算支出中，资金主要用于更为具体的民生事务，如 2020 年地方一般公共预算支出中占比最大的前四项的支出，教育、社会保障及就业、城乡社区支出、农林水支出，占地方一般公共预算支出的比重高达 51.97%。

（二）2020 年一般公共预算收支情况区域差异分析

2020 年，地方一般公共预算收支情况在规模上仍呈现出较大的区域差异性。图 2-8、图 2-9 和图 2-10 分别统计了 2020 年我国东部、中部、西部[①]地区一般公共预算本级收入情况、中央对地方转移支付情况和一般公共预算支出情况的占比差异。从统计情况可以看出，2020 年，三大区域的一般公共预算收入支出情况表现出东多西少的总体特征。其中，一般公共预算收入方面，东部地区的收入在地方一般公共预算收入中占比为 60.53%；中西部地区占比分别为 19.92% 和 18.07%。从 2020 年中央对地方转移支付分布看，东部、中部、西部地区获得

① 三大地带划分标准参照国家统计局标准，其中东部地区包含：北京、天津、河北、辽宁、上海、江苏、浙江、福建、山东、广东、海南 11 个省份；中部地区包含：山西、吉林、黑龙江、安徽、江西、河南、湖北、湖南 8 个省份；西部地区包含：内蒙古、广西、重庆、四川、贵州、云南、陕西、甘肃、青海、宁夏、新疆、西藏 12 个省份。

的转移支付占比分别为 22.54%、34.57%、42.89%。可以看出中央通过大规模转移支付对地区间财力进行调节。支出方面，2020 年，东部、中部、西部地区的一般公共预算支出在地方一般公共预算支出中的占比分别为 45.29%、27.37%、27.33%。可以看出，经过转移支付的调解后，东、中、西部地区间的支出差距有了较大程度的缩小。

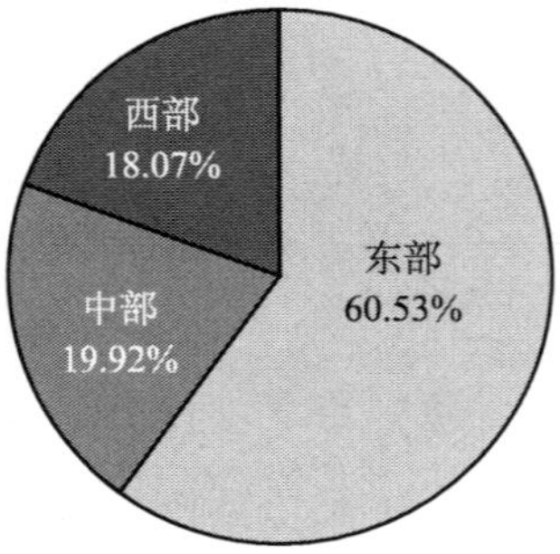

图 2-8　2020 年东中西地区一般公共预算本级收入占比情况

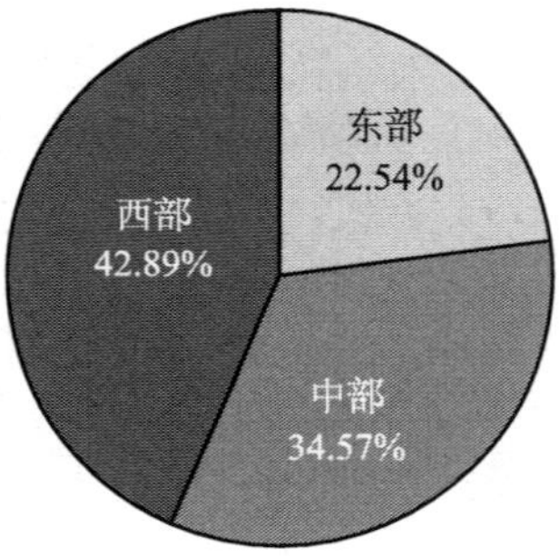

图 2-9　2020 年东中西地区中央对地方转移支付收入占比情况

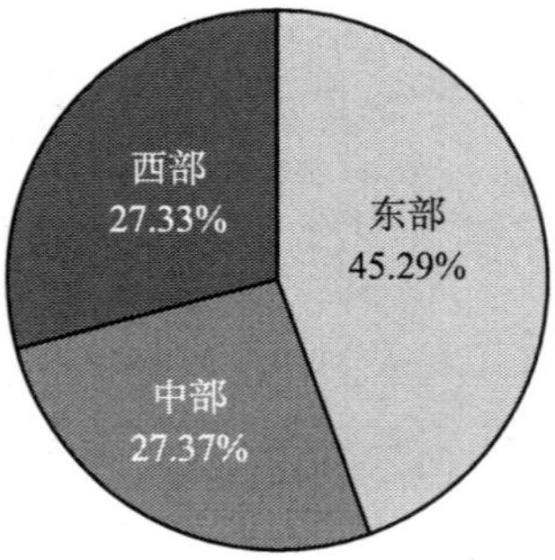

图 2-10　2020 年东中西地区一般公共预算支出占比情况

数据来源：财政部预算司官网、各省财政厅官网数据整理获得。

从 2020 年各省级行政区人均一般公共预算收支情况看，各省级行政区之间存在明显差异。收入方面，除去西藏、青海由于人口原因出现的人均财政收入的高值外，人均财政收入较高的地区主要分布在东部地区——上海、北京、天津等地，人均财政收入最低的地区为广西壮族自治区；支出方面，人均财政支出的高位值分布情况与人均财政收入情况相似，除去西藏、青海地区外，人均财政支出最高的地区依然是上海、北京、天津等地，人均财政支出最低的地区为河南省。图 2－11、图 2－12 分别为各省级行政区人均财政收入和支出的情况。

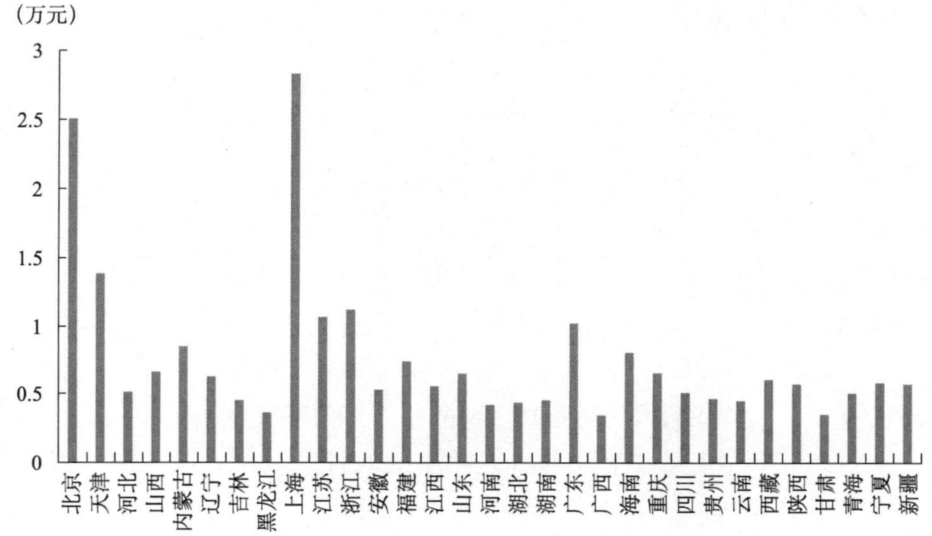

图 2－11　2020 年各省级行政区人均财政收入情况

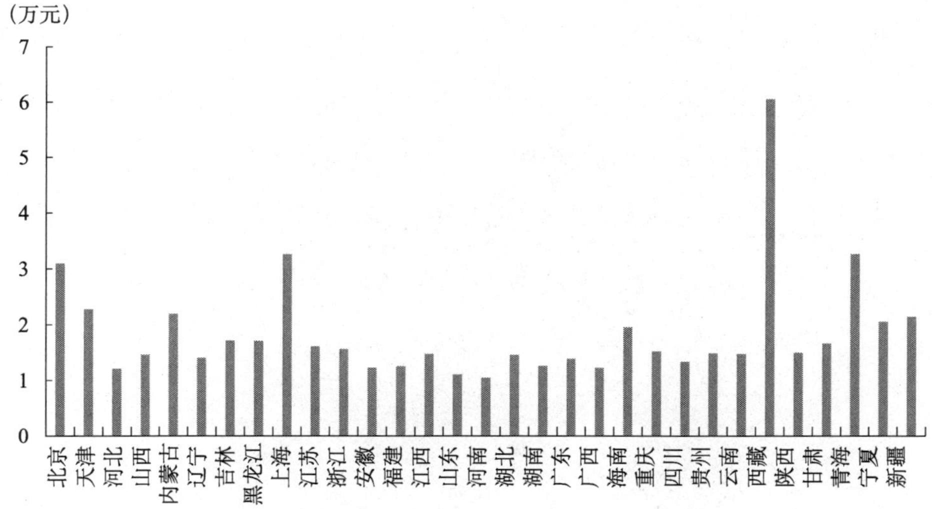

图 2－12　2020 年各省级行政区人均财政支出情况

数据来源：各省财政厅官网数据整理获得。

第二节 2020 年中央和地方政府性基金预算收支情况

一、2020 年中央政府性基金预算收支情况

（一）2020 年中央政府性基金预算收入情况分析

2020 年，中央政府性基金预算收入为 3561.62 亿元，完成预算的 98.6%，与 2019 年相比，收入同比下降 11.8 个百分点。加上抗疫特别国债收入 10000 亿元和 2019 年结转收入 181.55 亿元，2020 年中央政府性基金预算收入总量为 13743.17 亿元。

图 2－13 统计了 2020 年中央政府性基金预算收入的构成情况。可再生能源电价附加收入、中央特别国债经营基金财务收入、铁路建设基金收入、彩票公益金收入和中央水库移民扶持基金收入是中央政府性基金预算收入的主要组成部分。具体而言，2019 年，中央可再生能源电价附加收入 892.39 亿元，完成预算的 101%，收入与 2019 年相比增长 2.8%，在中央政府性基金预算收入中占比 25.06%；中央特别国债经营基金收入 633.35 亿元，完成预算的 100.2%，与

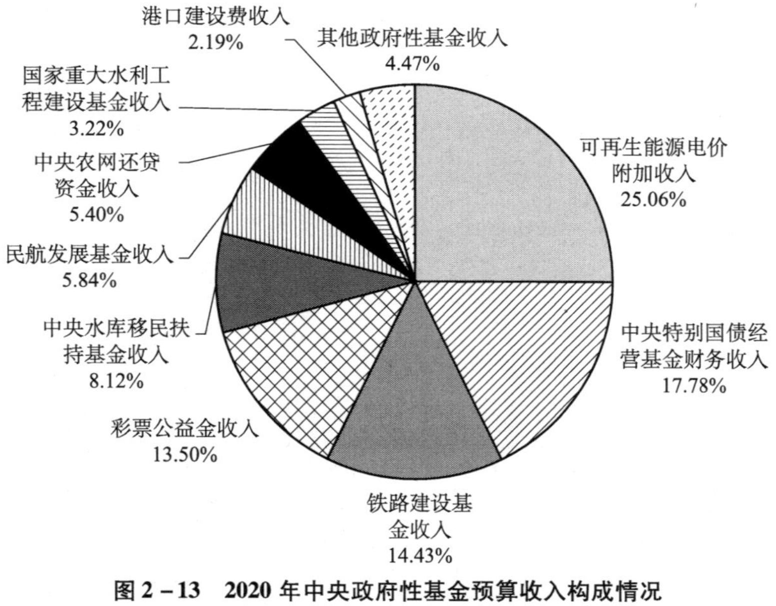

图 2－13 2020 年中央政府性基金预算收入构成情况

数据来源：财政部预算司官网。

2019 年相比，收入水平与上年基本保持一致，在中央政府性基金预算收入中占比达到 17.78%；中央铁路建设基金收入 514.10 亿元，与 2019 年相比减少 5 个百分点，完成预算的 93.3%，在中央政府性基金预算收入中占比为 14.43%；中央彩票公益金收入 480.71 亿元，完成预算的 153.6%，在中央政府性基金预算收入中占比为 13.50%，收入规模与 2019 年相比下降 15.8 个百分点；中央水库移民扶持基金收入 289.18 亿元，与 2019 年相比增加了 4.1 个百分点，完成预算的 106.7%，在中央政府性基金预算收入中占比为 8.12%。2020 年中央政府性基金预算收入中民航发展基金收入、中央农网还贷资金收入、国家重大水利工程建设基金收入和港口建设费收入分别实现收入 208.11 亿元、192.23 亿元、114.61 亿元和 77.83 亿元，在中央政府性基金预算收入中的占比分别为 5.84%、5.40%、3.22% 和 2.19%。

（二）2020 年中央政府性基金预算支出情况分析

2020 年，中央政府性基金预算支出为 10439.87 亿元，完成预算的 96.8%。其中，中央本级支出为 2714.62 亿元，完成预算的 97.6%，在中央政府性基金预算支出中占比 26.0%；中央对地方的转移支付为 7725.25 亿元，完成预算的 96.5%，在中央政府性基金预算支出中占比 74.0%。

2020 年中央政府性基金预算本级支出中，可再生能源电价附加收入安排的支出、中央特别国债经营基金财务支出、铁路建设基金支出、彩票公益金安排的支出是四项主要支出。具体来看，2020 年中央可再生能源电价附加收入安排的支出为 923.6 亿元，完成预算的 100%，在中央本级支出中占比达到 34.02%，支出相比 2019 年增长 18.7 个百分点；中央特别国债经营基金支出 632.92 亿元，完成预算的 100%，在中央本级支出中占比为 23.32%，规模与 2019 年相当；中央铁路建设基金支出为 513.46 亿元，完成预算的 93.2%，在中央本级支出中占比 18.91%，相比 2019 年支出规模下降 7.5 个百分点；中央彩票公益金安排的支出为 298.75 亿元，完成预算的 94.8%，规模占比为 11.01%，与上一年相比，支出规模下降 42.8 个百分点。图 2－14 统计了 2020 年中央政府性基金预算本级支出的构成情况。

二、2020 年地方政府性基金预算收支情况

（一）2020 年地方政府性基金预算收入情况分析

2020 年，地方政府性基金预算收入为 97654.89 亿元，完成预算的 113.8%，与 2019 年相比，收入规模增长 19.8%。2020 年，地方政府性基金预算收入中本

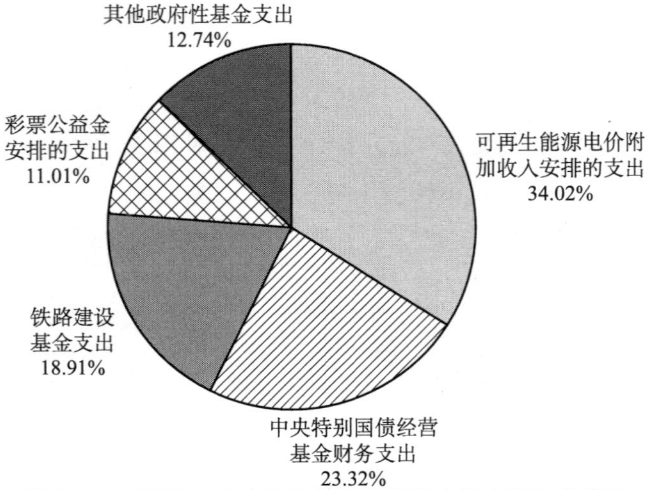

图 2－14　2020 年中央政府性基金预算本级支出构成情况

数据来源：财政部预算司官网。

级收入为 89929. 64 亿元，在地方政府性基金预算收入中占比为 92. 09%；中央对地方的转移支付为 7725. 25 亿元，在地方政府性基金预算收入中占比为 7. 91%。加上 2020 年地方专项债务收入 37500 亿元，2020 年地方政府性基金预算收入总量为 135154. 89 亿元。

图 2－15 是 2020 年地方本级政府性基金预算收入的构成情况。从图中的构成情况来看，国有土地使用权出让金收入是主要组成部分，2020 年实现收入 82098. 02 亿元，完成预算的 119. 8%，在地方政府性基金预算本级收入中占比为 91. 29%，与 2019 年相比，收入规模增长 16. 2%。地方其他政府性基金预算收入占地方本级政府性基金预算收入的 8. 71%。

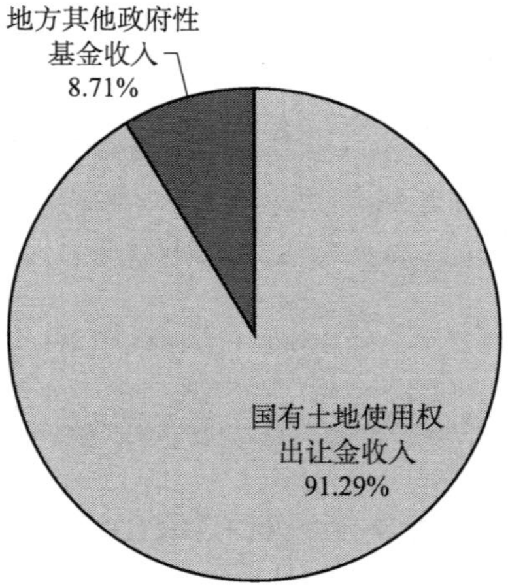

图 2－15　2020 年地方政府性基金预算本级收入构成情况

数据来源：财政部预算司官网。

2020 年，地方政府专项债券发行额为 41404.47 亿元，专项债务还本额为 6614.09 亿元，付息支出 3677.6 亿元。2020 年年末地方政府专项债务实际余额为 129217.37 亿元，地方政府专项债务的余额限额为 145185.08 亿元，实际余额控制在限额之内。

（二）2020 年地方政府性基金预算支出情况分析

2020 年，地方政府性基金预算支出为 115343.36 亿元，完成预算的 93.5%，与 2019 年相比，支出规模上涨 30.3 个百分点。2020 年，地方政府性基金预算支出由 20 项支出构成，其中，国有土地使用权出让金收入安排的支出是支出的最主要项目，该项目支出金额为 74176.43 亿元，在地方政府性基金预算支出中占比达 64.31%。地方其他政府性基金支出项目总额在地方政府性基金预算支出中占比为 35.69%。图 2 – 16 为 2020 年地方政府性基金预算支出构成情况。

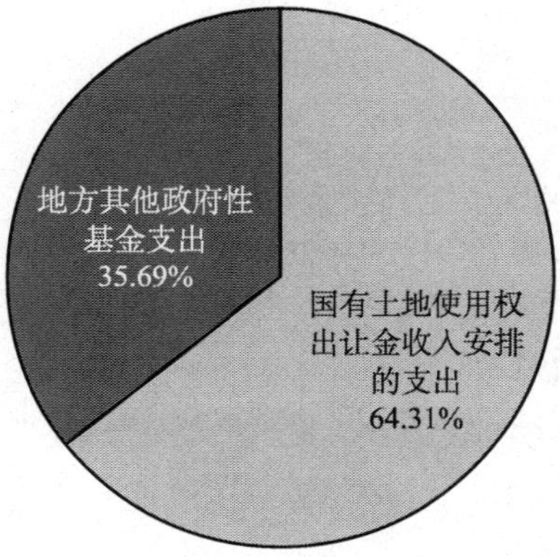

图 2 – 16　2020 年地方政府性基金预算支出构成情况

数据来源：财政部预算司官网。

2020 年 12 月，财政部出台《关于民航发展基金等 3 项政府性基金有关政策的通知》（财税〔2020〕72 号），对民航发展基金、旅游发展基金和水利建设基金征收政策做出调整（见专栏 2 – 4）。

◇ 专栏 2 – 4

《关于民航发展基金等 3 项政府性基金有关政策的通知》
（财税〔2020〕72 号）

水利部、文化和旅游部、中国民用航空局、国家税务总局，各省、自治区、直辖市、计划单列市财政厅（局），新疆生产建设兵团财政局：

现将民航发展基金、旅游发展基金、水利建设基金等 3 项政府性基金有关政策通知如下：

一、自 2021 年 1 月 1 日起继续征收民航发展基金、旅游发展基金、水利建设基金，截止日期另行明确。

二、优化民航发展基金使用方向，将民航发展基金重点投向不具备市场化条件的公共领域，逐步退出竞争性和市场化特征明显的领域；将航空物流体系建设纳入民航发展基金补助范围；不再对通用航空机场建设和运营予以补贴。

三、优化旅游发展基金使用方向，将国家全域旅游示范项目、促进文化和旅游消费项目纳入旅游发展基金补助范围。

四、2020 年 12 月 31 日前已开征地方水利建设基金的省、自治区、直辖市，省级财政部门可提出免征、停征或减征地方水利建设基金的方案，报省级人民政府批准后执行。

五、除本通知规定外，上述 3 项政府性基金的具体征收使用政策按照现行规定执行。

六、请相关部门和地方切实加强有关政府性基金征收和使用管理，按照财政部有关文件规定，及时组织实施政策执行情况年度绩效评价工作，并将评价报告在次年 5 月底前报送财政部。

财政部

2020 年 12 月 31 日

资料来源：《关于民航发展基金等 3 项政府性基金有关政策的通知》（财税〔2020〕72 号），http：//szs. mof. gov. cn/zhengcefabu/202012/t20201231_ 3638821. htm。

三、2020 年政府性基金预算收支情况差异性分析

（一）2020 年中央地方政府性基金预算收支情况差异分析

2020 年，中央与地方的政府性基金收入来源和支出投向都存在较大差异。2020 年，中央政府性基金预算收入中占比最高的是可再生能源电价附加收入，金额为 892. 39 亿元，在中央政府性基金预算收入中占比为 25. 06%；地方政府性基金预算收入中占比最高的是国有土地使用权出让金，金额为 82098. 02 亿元，在地方本级政府性基金预算收入中占比为 91. 29%；2020 年中央本级政府性基金预算支出中占比最高的是可再生能源电价附加收入安排的支出，支出金额为 923. 55 亿元，在中央本级政府性基金预算支出中占比达 34. 02%；地方政府性基金预算支出中占比最高的项目是国有土地使用权出让金收入安排的支出，金额为 74176. 43 亿元，在地方政府性基金预算支出中的占比达 64. 31%。

（二）2020 年政府性基金预算收支情况区域差异分析

2020 年，东部地区、中部地区和西部地区在政府性基金预算收入上存在较

大差异，这种差异整体表现为东部地区政府性基金预算收入最多，中部地区次之，西部地区最少。从地区分布来看，东、中、西地区的占比分别为61.56%、22.05%和16.40%。支出方面，东部、中部和西部的占比分别为57.60%、24.18%和18.04%，同样呈现出东多西少的特点。图2－17和图2－18分别统计了2019年东部、中部、西部地区政府性基金预算收入和政府性基金预算支出的差异情况。

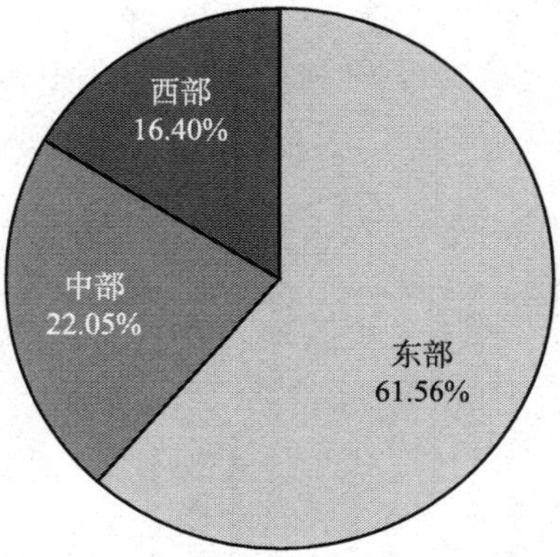

图2－17　2020年东中西地区政府性基金预算收入占比情况

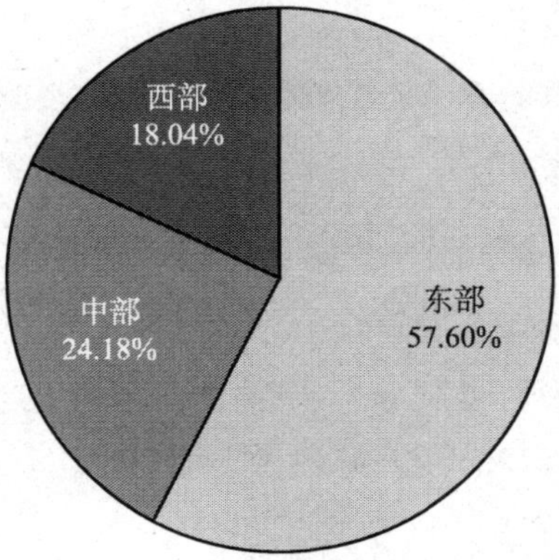

图2－18　2020年东中西地区政府性基金预算支出占比情况

数据来源：财政部预算司官网及各省财政厅官网数据整理获得。

地方政府性基金预算收入的主要支柱是国有土地出让收入。根据中国指数研究院发布的《2020年中国300城市土地市场交易情报》，2020年，全国土地出让金排名前20的城市中，东部地区的城市有14个，其中，上海市以2952.4亿元的总量位居榜首，杭州市、广州市、南京市、北京市进入前五。中西部地区只有武汉市、成都市、重庆市、西安市、郑州市和长春市进入前20位。数据表明，东部地区的土地出让收入在规模上远超中西部地区。从城市土地出让金的交易数据来看，2020年，城市土地出让金呈现出一二线城市土地供求同比上升，出让金总额上升；三四线城市土地供应缩减，出让金下降。

按照专项债券计入政府性基金预算的规定，图 2－19 统计了 2020 年年末各省级行政区政府专项债务余额的情况。从图中可以看出，东部各省级行政区的专项债务余额总量达到 67751.08 亿元，占地方专项债务余额总量的 52.43%；中西部地区的专项债务余额总量分别为 33143.87 亿元、28322.42 亿元，占比分别为 25.65% 和 21.92%。专项债务余额规模排名前三的地区是江苏、山东和广东，余额分别为 10416.87 亿元、9537.08 亿元和 9525.25 亿元。青海、宁夏和西藏专项债务余额规模排名后三位，余额分别为 537.14 亿元、524.38 亿元和 96.91 亿元。

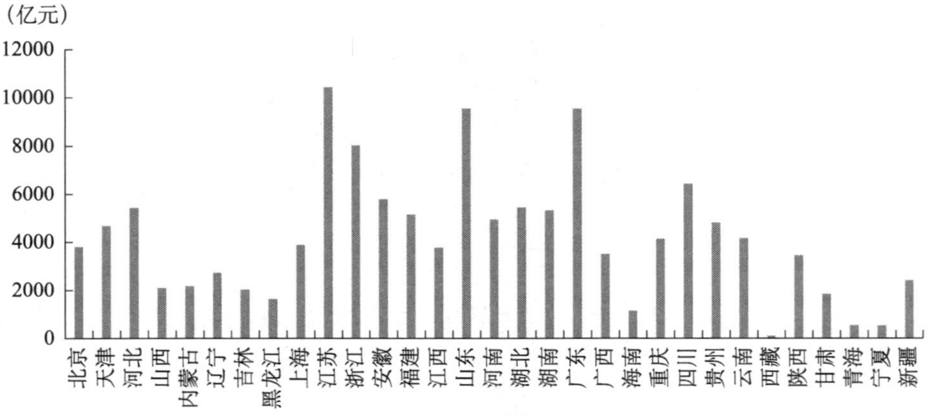

图 2－19　2020 年年末各省级行政区政府专项债务余额情况

数据来源：财政部预算司官网。

专项债券一方面作为地方政府的主要融资手段，承担着为地方经济社会建设筹集资金的任务；另一方面，发行专项债券给地方政府带来的风险不容忽视。2020 年，为进一步使用好专项债券，发挥专项债券的作用，提高资金的使用效益，防范政府债务风险，2020 年 7 月财政部印发了《关于加快地方政府专项债券发行使用有关工作的通知》（见专栏 2－5）。

◇ 专栏 2－5

财政部印发《关于加快地方政府专项债券发行使用有关工作的通知》（财预〔2020〕94 号）

各省、自治区、直辖市、计划单列市财政厅（局），新疆生产建设兵团财政局：

为贯彻落实国务院常务会议部署，用好地方政府专项债券（以下简称专项债券），加强资金和项目对接、提高资金使用效益，做好“六稳”工作、落实“六保”任务，现就加快地方政府专项债券发行使用有关工作通知如下：

一、合理把握专项债券发行节奏。对近期下达及后续拟下达的新增专项债券，与抗疫特别国债、一般债券统筹把握发行节奏，妥善做好稳投资稳增长和维护债券市场稳定工作，确保专项债券有序稳妥发行，力争在10月底前发行完毕。

二、科学合理确定专项债券期限。专项债券期限原则上与项目期限相匹配，并统筹考虑投资者需求、到期债务分布等因素科学确定，降低期限错配风险，防止资金闲置。既要鼓励发行长期专项债券，支持铁路、城际交通、收费公路、水利工程等建设和运营期限较长的重大项目，更好匹配项目资金需求和期限，又要综合评估分年到期专项债券本息、可偿债财力以及融资成本等情况，合理确定专项债券期限，避免人为将偿债责任后移。

三、优化新增专项债券资金投向。坚持专项债券必须用于有一定收益的公益性项目，融资规模与项目收益相平衡。重点用于国务院常务会议确定的交通基础设施、能源项目、农林水利、生态环保项目、民生服务、冷链物流设施、市政和产业园区基础设施等七大领域。积极支持“两新一重”、公共卫生设施建设中符合条件的项目，可根据需要及时用于加强防灾减灾建设。

四、依法合规调整新增专项债券用途。赋予地方一定的自主权，对因准备不足短期内难以建设实施的项目，允许省级政府及时按程序调整用途，优先用于党中央、国务院明确的“两新一重”、城镇老旧小区改造、公共卫生设施建设等领域符合条件的重大项目。确需调整用途的，原则上应当于9月底前完成，合理简化程序，确保年内形成实物工作量。各地涉及依法合规调整专项债券用途的，应当将省级政府批准同意的相关文件按程序报财政部备案，并在地方政府债务管理信息系统全过程登记。

五、严格新增专项债券使用负面清单。严禁将新增专项债券资金用于置换存量债务，决不允许搞形象工程、面子工程。新增专项债券资金依法不得用于经常性支出，严禁用于发放工资、单位运行经费、发放养老金、支付利息等，严禁用于商业化运作的产业项目、企业补贴等。同时，坚持不安排土地储备项目、不安排产业项目、不安排房地产相关项目。

六、加快新增专项债券资金使用进度。抓紧安排已发行未使用的新增专项债券资金投入使用，做好与近期下达批次的新增专项债券资金使用的衔接。要依托地方政府债务管理信息系统，对专项债券发行使用实行穿透式、全过程监控，动态监测地方财政、相关主管部门以及项目单位等各类参与主体，逐个环节跟踪进展，一级抓一级，层层压实相关主体责任，既要督促加快专项债券资金使用进度，尽快形成实物工作量，也要确保项目质量，提高债券资金使用绩效，决不能乱花钱。

七、依法加大专项债券信息公开力度。发挥按中央要求建立的全国统一的地方政府债务信息公开平台（WWW. CELMA. ORG. CN）作用，全面详细公开发行专项债券对应项目信息，加快推进专项债券项目库公开，对组合使用专项债券和市场化融资的项目以及将专项债券作为资本金的项目要单独公开，发挥市场自律约束作用，以公开促规范、以公开防风险。

八、健全通报约谈机制和监督机制。要健全每月定期通报机制，对资金拨付进度快、安排使用合规有效的市县、相关主管部门和项目单位予以表扬，对资金拨付进度慢、安排使用不合规的市县、相关主管部门和项目单位予以通报或约谈，既要防止债券资金滞留国库，也要避免资金拨付后沉淀在项目单位，提高债券资金使用效益，尽快形成对经济的有效拉动。财政部各地监管局要加强属地监督。

特此通知。

财政部

2020 年 7 月 27 日

资料来源：《关于加快地方政府专项债券发行使用有关工作的通知》，http：//www.gov.cn/zhengce/zhengceku/2020－07/29/content_ 5530987.htm。

第三节　2020 年中央和地方国有资本经营预算收支情况

一、2020 年中央国有资本经营预算收支情况

（一）2020 年中央国有资本经营预算收入情况分析

2020 年中央国有资本经营预算收入为 1785.61 亿元，为预算的 105.6%。与 2019 年相比，收入规模增长 9.1 个百分点。加上上年结转收入 144.09 亿元，2020 年中央国有资本经营预算收入总量为 1929.7 亿元。

2020 年，中央国有资本经营预算收入的组成项目有利润收入、股利、股息收入、产权转让收入、清算收入和其他国有资本经营预算收入。其中，利润收入是中央国有资本经营预算收入的主要组成部分，2020 年，中央国有资本经营预算收入中利润收入为 1388.27 亿元，占中央国有资本经营预算收入的 77.75%。股利、股息收入是中央国有资本经营预算收入的另一主要来源，2020 年中央国有资本经营预算收入中股利、股息收入为 331.76 亿元，在中央国有资本经营预算收入中的占比达到 18.58%。2020 年中央国有资本经营预算收入中其他收入总额为 65.58 亿元，在中央国有资本经营预算收入中占比为 3.67%。图 2－20 为 2020 年中央国有资本经营预算收入构成情况。

从中央国有资本经营预算收入中的利润收入项目构成情况看，一方面，国有独资企业税后利润的收取比例分为五类执行：第一类为烟草企业，收取比例

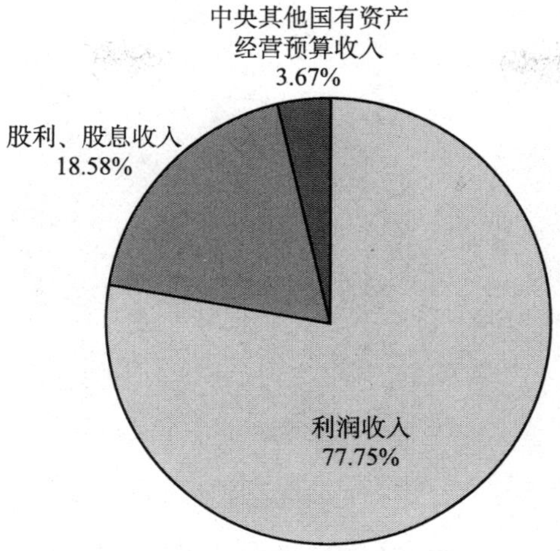

图 2－20　2020 年中央国有资本经营预算收入构成情况

数据来源：财政部预算司官网。

25%，2020 年上交收入 468.90 亿元，比 2019 年增长了 12.19%，为预算的 109%，在整个利润收入中占比 33.78%；第二类为石油石化、电力、电信、煤炭等资源型企业，收取比例 20%，2020 年上交收入 493.27 亿元，为预算的 100.2%，在整个利润收入中占比 35.53%；第三类为钢铁、运输、电子、贸易、施工等一般竞争型企业，收取比例 15%，2020 年上交收入 311.17 亿元，为预算的 102.7%，在整个利润收入中占比 22.41%；第四类为军工企业、转制科研院所、中国邮政集团公司、中国国家铁路集团有限公司、中央文化企业、中央部门所属企业，收取比例 10%，2020 年上交收入 104.94 亿元，为预算的 121.8%，在整个利润收入中占比 7.56%；第五类为政策性企业，为中国储备粮管理集团有限公司，免交当年应交利润。符合小型微型企业规定标准的国有独资企业，应交利润不足 10 万元的，比照第五类政策性企业，免交当年应交利润。另外，新疆生产建设兵团所属企业利润收入 9.99 亿元，在整个利润收入中占比 0.72%（见图 2－21）。

另一方面，烟草企业利润收入、石油石化企业利润收入、电力企业利润收入、电信企业利润收入这四项利润收入在利润收入中的总占比为 65.70%，成为 2020 年中央国有资本经营预算利润收入的主要项目。除上述烟草企业外，石油石化企业利润收入为 156.76 亿元，比 2019 年增长 0.4%，完成预算的 94.3%，在整个利润收入中占比 11.29%；电力企业利润收入为 135.21 亿元，比 2020 年下降 17.7%，完成预算的 103.8%，在整个利润收入中占比 9.74%；电信企业利润收入为 151.24 亿元，比 2020 年下降 13.1%，完成预算的 101.8%，在整个利润收入中占比 10.89%。

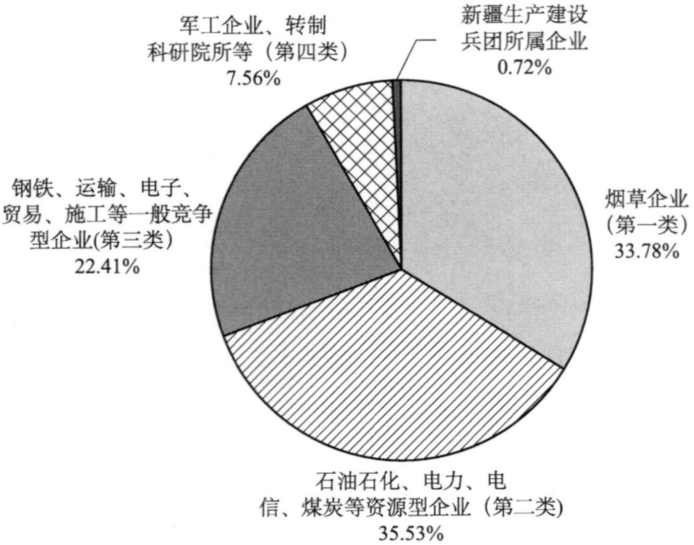

图 2－21　2020 年中央国有资本经营预算利润收入构成情况

数据来源：财政部预算司官网。

（二）2020 年中央国有资本经营预算支出情况分析

2020 年，中央国有资本经营预算支出 939.06 亿元，完成预算的 74.6%，主要是根据改革进展情况，对部分中央企业的注资预算未执行。与 2019 年相比，支出减少了 15.3%。其中，中央本级国有资本经营预算支出为 873.69 亿元，较 2019 年下降 11.4%，完成预算的 73%，在中央国有资本经营预算支出中占比 93.04%；中央对地方的转移支付为 65.37 亿元，完成预算的 107.9%，规模为 2019 年的 53.47%，在中央国有资本经营预算支出中的占比为 6.96%。2020 年，中央国有资本经营预算调出资金 577.5 亿元，中央国有资本经营预算结转下年支出 413.14 亿元。

图 2－22 统计了 2020 年中央本级国有资本经营预算支出构成情况。从图中可看出，2020 年中央本级国有资本经营预算支出主要用于国有企业资本金注入、解决历史遗留问题及改革成本支出、金融国有资本经营预算支出这三项事务。其中，用于国有企业资本金注入的资金为 463.27 亿元，占中央本级国有资本经营预算支出的 53.02%，资金主要用于国有经济结构调整支出；用于解决历史遗留问题及改革的支出为 144.45 亿元，占中央本级国有资本经营预算支出的 16.53%，资金主要用于“三供一业”移交补助支出；用于金融国有资本经营预算支出为 140.00 亿元，占中央本级国有资本经营预算支出的 16.02%。此外，用于国有企业政策性补贴支出为 113.59 亿元，占中央本级国有资本经营

预算支出的13%。

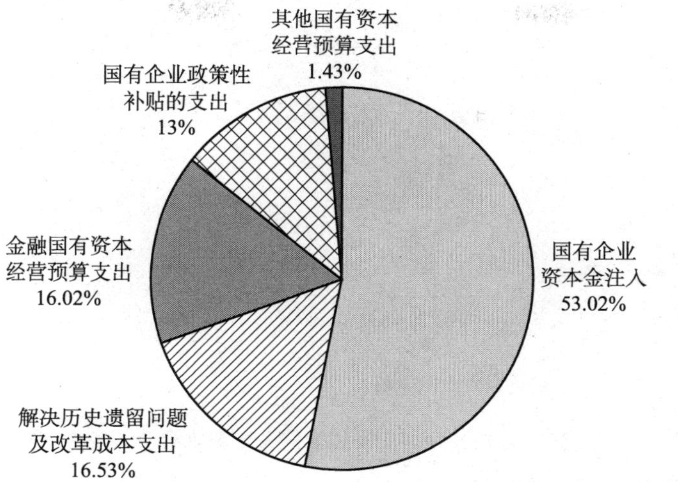

图2－22　2020年中央本级国有资本经营预算支出构成情况

数据来源：财政部预算司官网。

二、2020年地方国有资本经营预算收支情况

（一）2020年地方国有资本经营预算收入情况分析

2020年，地方国有资本经营预算收入3054.31亿元，完成预算的152.2%，与2019年相比，收入规模增长24.3%。其中，地方本级国有资本经营预算收入为2988.94亿元，完成预算的153.5%，占地方国有资本经营预算收入的97.86%，与2019年相比，地方本级国有资本经营预算收入增长28.0%。中央对地方的转移支付收入为65.37亿元，占地方国有资本经营预算收入的2.14%。

2020年，地方国有资本经营预算本级收入由五项收入构成，其中，利润收入1651.31亿元，完成预算140.0%，在地方国有资本经营预算本级收入中的比重占到55.25%。2020年的利润收入水平是2019年水平的132.5%；产权转让收入685.17亿元，完成预算的232.5%，在地方国有资本经营预算本级收入中占比为22.92%。股利、股息收入、清算收入和其他国有资本经营预算收入金额分别为314.63亿元、32.06亿元和305.77亿元，在地方国有资本经营预算本级收入中占比分别为10.53%、1.07%和10.23%。2020年地方国有资本经营预算本级收入构成情况如图2－23所示。

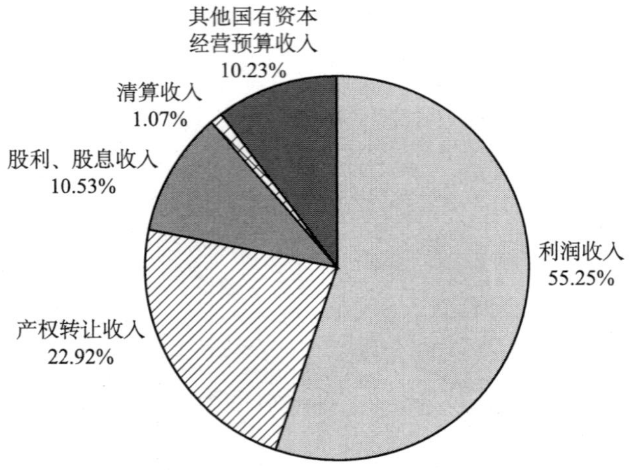

图 2－23　2020 年地方国有资本经营预算本级收入构成情况

数据来源：财政部预算司官网。

与中央国有资本经营预算中的利润收入来源不同，2020 年，地方利润收入主要源于其他国有资本经营预算企业利润收入、投资服务企业利润收入和纺织轻工企业利润收入，三项分别实现收入 681. 43 亿元、259. 88 亿元和 243. 81 亿元，在利润收入总额中的占比分别为 41. 27%、15. 74%、14. 76%。机械企业利润收入和建筑施工企业利润收入分别实现收入 63. 45 亿元和 69. 93 亿元，在利润收入总额中占比分别为 3. 84% 和 4. 23%。其他利润收入在利润总额中占比为 20. 16%。2020 年地方国有资本经营预算中利润收入构成情况如图 2－24 所示。

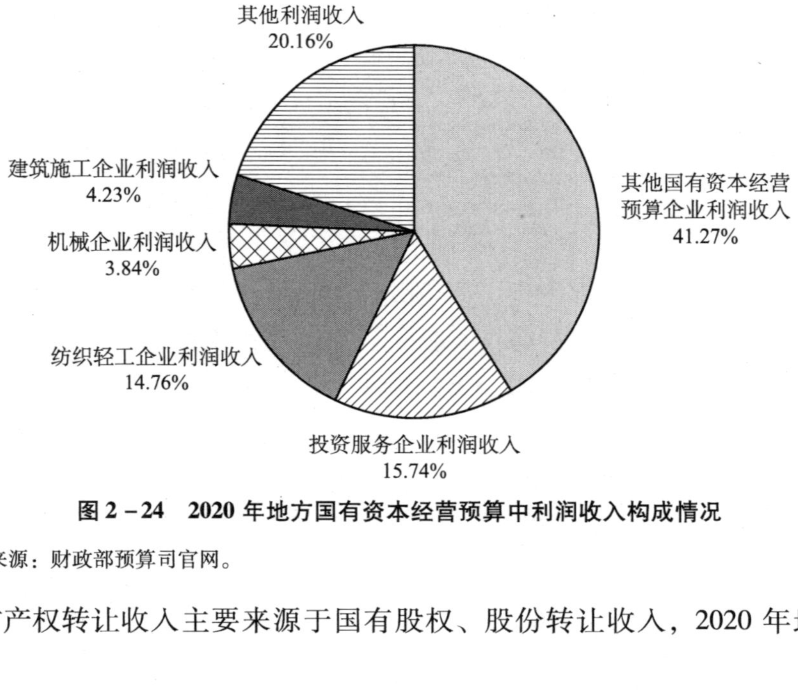

图 2－24　2020 年地方国有资本经营预算中利润收入构成情况

数据来源：财政部预算司官网。

地方产权转让收入主要来源于国有股权、股份转让收入，2020 年地方国有股权、股份转让收入489.71亿元，占地方产权转让收入的71.47%。股利、股息收入主要来源于国有控股公司股利、股息收入，2020年地方实现国有控股公司股利、股息收入149.67亿元，国有控股公司股利、股息收入占股利、股息总收入的47.57%。

（二）2020年地方国有资本经营预算支出情况分析

2020年，地方国有资本经营预算支出1682.52亿元，完成预算的118.7%，与2019年相比，支出增长28.5个百分点。2020年，地方国有资本经营预算调出资金1339.42亿元，结转下年支出32.37亿元。

2020年，地方国有资本经营预算支出由解决历史遗留问题及改革成本支出、国有企业资本金注入、国有企业政策性补贴、金融企业国有资本经营预算支出和其他国有资本经营预算支出组成。其中，占比最高的支出项目是国有企业资本金注入，在地方国有资本经营预算支出中占比达到55.68%，金额为936.90亿元，完成预算的124.7%，与2019年相比，支出金额增长25.1个百分点。该项目主要用于国有经济结构调整、公益设施投资、支持科技进步等事项。地方国有资本经营预算支出中用于解决历史遗留问题及改革的成本支出为154.19亿元，占比9.16%，主要用于“三供一业”移交补助支出、国有企业退休人员社会化管理补助支出、国有企业改革成本支出等事务。国有企业政策性补贴支出、金融企业国有资本经营预算支出和其他国有资本经营预算支出的规模分别为117.93亿元、16.60亿元和456.90亿元，在地方国有资本经营预算支出中的占比分别为7.01%、0.99%和27.16%。图2－25为2020年地方国有资本经营预算支出的构成情况。

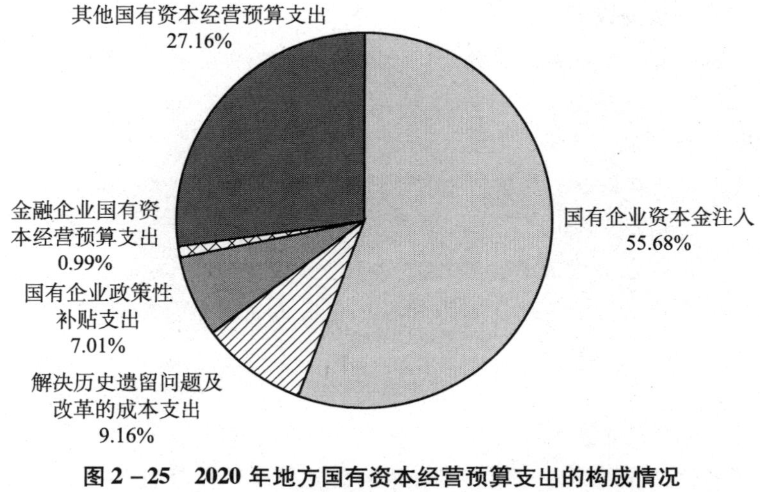

图2－25　2020年地方国有资本经营预算支出的构成情况

数据来源：财政部预算司官网。

◇ 专栏2-6

国企改革三年行动怎么干
——聚焦八项重点 推进高质量发展

2020年10月12日，国新办举行国务院政策例行吹风会，介绍实施国企改革三年行动、推进国有企业改革发展有关情况，并答记者问。国务院国资委副主任翁杰明表示，国企改革三年行动是今后三年对于国企改革“1+N”政策体系和顶层设计的具体施工图，是可衡量、可考核的，一定要落实。

聚焦八方面重点任务

近年来，国企改革“1+N”政策落实落地，重要领域和关键环节取得重大进展，企业发展质量效益明显提升。

翁杰明说，国企改革三年行动聚焦八方面重点任务：完善中国特色现代企业制度，坚持“两个一以贯之”，形成科学有效的公司治理机制；推进国有资本布局优化和结构调整，聚焦主责主业，发展实体经济，推动高质量发展，提升国有资本配置效率；积极稳妥推进混合所有制改革，促进各类所有制企业取长补短、共同发展；要激发国有企业的活力，健全市场化经营机制，加大正向激励力度；形成以管资本为主的国有资产监管体制，着力从监管理念、监管重点、监管方式、监管导向等多方位实现转变，进一步提高国资监管的系统性、针对性、有效性；推动国有企业公平参与市场竞争，强化国有企业的市场主体地位，营造公开、公平、公正的市场环境；推动一系列国企改革专项行动落实落地；加强国有企业党的领导党的建设，推动党建工作与企业的生产经营深度融合。

翁杰明说，希望通过实施国企改革三年行动，在形成更加成熟、更加定型的中国特色现代企业制度和以管资本为主的国资监管体制上取得明显成效，在提高国有企业活力和效率上取得明显成效。

混改将向纵深推进

近年来，国资央企积极稳妥推动混合所有制改革，不断拓宽混改领域和范围，着力“以混促改”转换经营机制。2013年以来，中央企业累计实施混改4000多项，引入各类社会资本超过1.5万亿元。实践表明，通过混改，切实推动了企业经营机制的转换，也提升了国有资本的影响力、带动力。

“我们将结合国企改革三年行动，以坚持党的领导为根本原则，以避免国有资产流失为工作底线，以激发活力、提高效率为具体路径，按照‘宜独则独、宜控则控、宜参则参’的要求，积极稳妥地推进混合所有制改革。”翁杰明表示。

具体说来，下一步推进央企混改有以下几方面的考虑：分层分类推动改革，聚焦到国有资本投资公司、运营公司所出资企业和商业一类子企业；深度转换经营机制，支持和鼓励国有企业集团对相对控股的混合所有制企业，实施更加市场化的差异化管控；在产业链、供应链上，与民营企业、中小企业不断深化合作，形成相互融合、共同发展的局面；始终坚持党的领导，做到混改进行到哪里，党的建设就要覆盖到哪里。

引导国企发挥更大作用

当前，我国正在加快形成以国内大循环为主体、国内国际双循环相互促进的新发展格局。央企在发展战略、经营方面会如何调整？在回答经济日报记者提问时，国务院国资委秘书长彭华岗表示，“十四五”期间，国资委将着力引领国有企业特别是中央企业在新发展阶段继续成为国民经济和社会发展的基础支撑力量，引领行业高质量发展的关键核心力量，维护产业链、供应链安全稳定的重要保障力量，在形成以国内大循环为主体、国内国际双循环相互促进的新发展格局中，发挥更大作用。

首先，在重要行业和关键领域发挥保障作用。着力强化国有资本在维护国家安全和产业基础的支撑能力，提升国防军工、能源资源、粮食、战略性网络基础设施等领域的保障水平，夯实国民经济和社会发展根基，维护国家战略安全和人民幸福安康。

其次，在优化和稳定产业链、供应链中发挥骨干作用。着力补齐产业链的短板环节、缺失环节，构建完整的国内生产供应体系，增强关键要素的供给能力、重点难点突破能力、应急物资保障能力，巩固好产业链的完整性。落实“工业强基工程”，着力构建以国有骨干企业为核心，其他所有制企业为上下游、共同发展的产业生态系统和世界级的产业集群。

再次，在科技创新中发挥引领作用。发挥国资国企在新型举国体制当中的重要作用，加大力度引导国有企业尽快攻克一批关键核心技术。

最后，继续在高水平对外开放中发挥主力军作用。推进“一带一路”高质量发展，强化国内发展与“一带一路”建设的相互支撑，发展全球伙伴关系，构建安全可控、多元多样，优质高效、自主开放的资源调度网络。

资料来源：“国企改革三年行动怎么干——聚焦八项重点 推进高质量发展”，《经济日报》2020 年 10 月 14 日。

三、2020 年国有资本经营预算收支情况差异性分析

（一）2020 年中央地方国有资本经营预算收支情况差异分析

从 2020 年中央与地方的国有资本经营预算收支情况可以看出，二者有明显的差别。一是中央与地方的利润收入来源不同，中央利润收入主要源于烟草、石油石化、电力、电信行业的企业利润；地方利润收入主要源于投资服务企业利润收入、纺织轻工企业利润收入和其他国有资本经营预算企业利润收入。二是从国有资本经营预算支出方面来看，中央与地方的资金投向存在差异，虽然两者国有

资本经营预算支出的主要项目均为国有企业资本金注入，但是除该项目之外，解决历史遗留问题及改革的成本支出、国有企业政策性补贴支出、金融企业国有资本经营预算支出三项支出在国有资本经营预算支出的占比，中央高于地方。

（二）2020 年国有资本经营预算收支的区域差异分析

国有资本经营预算收支在东部、中部和西部地区间呈现出差异。2020 年，各省级行政区国有资本经营预算收入的数据显示，东部、中部和西部的国有资本经营预算收入的规模分别为 1042.50 亿元、532.12 亿元和 961.79 亿元，在地方国有资本经营预算收入中的占比分别为 41.10%、20.98% 及 37.92%①。数据显示出国有资本经营预算收入在区域分布上表现出东部最多，西部次之，中部最少，其中东部地区的收入规模在地方国有资本经营预算收入中的占比超过 40%，同时，东部地区占比水平约为中部地区的 1.96 倍，约为西部地区占比水平的 1.08 倍。

2020 年，各省级行政区国有资本经营预算支出的数据显示，东部、中部和西部地区的国有资本支出规模分别为 604.84 亿元、357.86 亿元和 527.74 亿元，在地方国有资本经营预算支出中的占比分别为 40.58%、24.01% 和 35.41%。与国有资本经营预算收入的区域差异特点相似，国有资本经营预算支出规模和占比在地区分布上同样呈现东部最多，西部次之，中部最少。从占比情况看，东部地区分别是中部、西部的 1.69 倍和 1.15 倍。图 2－26 和图 2－27 分别为 2020 年国有资本经营预算收入与国有资本经营预算支出的区域差异情况。

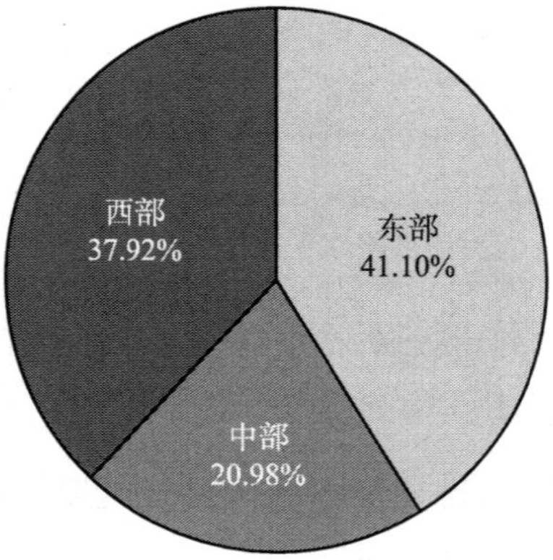

图 2－26 2020 年东中西地区国有资本经营预算收入占比情况

① 东部、中部和西部各地区国有资本经营预算收入规模及占比根据各省预算执行情况计算得出。辽宁省和西藏自治区数据来源于省级人民政府官网。大部分地区采用全省、市、自治区国有资本经营预算收支的决算数据，北京市、辽宁省、海南省和安徽省由于缺少全省（市）国有资本经营预算收支的决算数据，故采用全省、全市以及省级的国有资本经营预算执行情况数据替代。

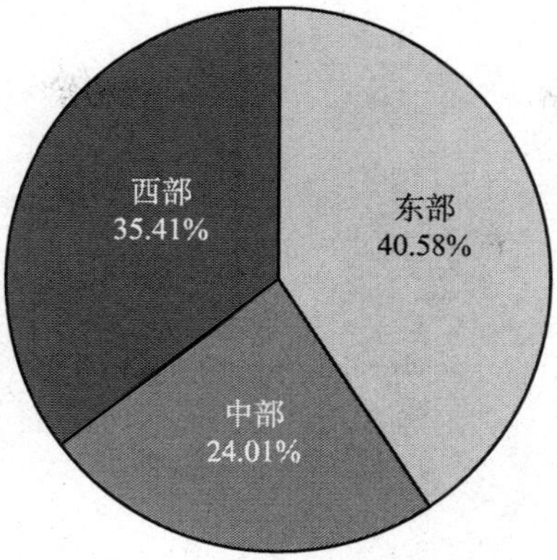

图 2-27　2020 年东中西地区国有资本经营预算支出占比情况

数据来源：各省财政厅官网数据整理获得。

第四节　2020 年中央和地方社会保险基金预算收支情况

一、2020 年中央社会保险基金预算收支情况

（一）2020 年中央社会保险基金预算收入情况分析

2020 年，中央社会保险基金预算收入 708.07 亿元，完成预算的 51.1%，与 2019 年相比，收入增长 1.6 个百分点。其中，保险费收入 360.59 亿元，比上年下降 0.5%，完成预算的 48.6%，在中央社会保险基金预算收入的占比为 51.45%；财政补贴收入 332.97 亿元，比上年增长 4.3%，完成预算的 52.8%，在中央社会保险基金预算收入的占比为 47.50%；利息收入及委托投资收益合计 7.35 亿元，在中央社会保险基金预算收入的占比为 1.05%。2020 年中央社会保险基金收入构成情况如图 2-28 所示。加上地方上缴的中央调剂基金收入 7379.55 亿元和调入资金 500 亿元，2020 年中央社会保险基金收入总量为 8587.62 亿元[①]。

① 2020 年中央社会保险基金收入总量 = 中央社会保险基金预算收入 + 中央调剂基金收入 - 中央单位上缴的中央调剂基金 + 调入资金，其中，中央调剂基金收入 = 中央单位上缴的中央调剂基金 + 地方上缴的中央调剂基金收入。2020 年中央社会保险基金预算收入 708.07 亿元，中央单位上缴的中央调剂基金 18.68 亿元，地方上缴的中央调剂基金收入 7379.55 亿元，调入资金 500.00 亿元，根据上述计算公式，2020 年中央调剂基金总额为 7398.23 亿元。中央社会保险基金收入总量为 8587.62 亿元，即 708.07 + （18.68 + 7379.55） - 18.68 + 500.00 = 8587.62。因此，2020 年中央社会保险基金收入总量在数量上等于中央社会保险基金预算收入、地方上缴的中央调剂基金收入与调入资金之和。

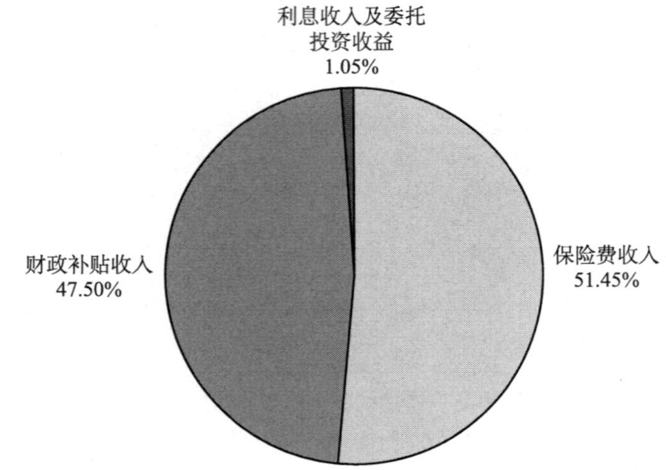

图 2－28　2020 年中央社会保险基金收入构成情况

数据来源：财政部预算司官网。

2020 年，中央社会保险基金收入由七大险种构成。其中，企业职工基本养老保险基金收入和机关事业单位基本养老保险基金收入是两大主要险种收入，企业职工基本养老保险基金收入 316.79 亿元，在中央社会保险基金预算收入的占比为 44.74%；机关事业单位基本养老保险基金收入 314.44 亿元，在中央社会保险基金预算收入的占比为 44.41%。城乡居民基本养老保险基金收入、职工基本医疗保险基金收入、城乡居民基本医疗保险基金收入、工伤保险基金收入、失业保险基金收入这五项险种收入总额在中央社会保险基金预算收入的占比为 10.85%。图 2－29 是 2020 年中央社会保险基金收入按险种划分构成情况。

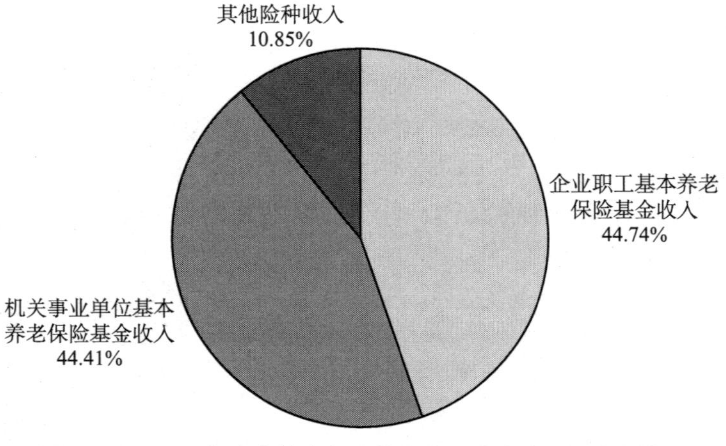

图 2－29　2020 年中央社会保险基金收入按险种划分构成情况

数据来源：财政部预算司官网。

（二）2020 年中央社会保险基金预算支出情况分析

2020 年，中央社会保险基金预算支出为 707.13 亿元，完成预算的 50.2%，与 2019 年相比，支出增长 6.6 个百分点。加上 2020 年中央调剂基金支出的 7399.72 亿元，再扣除安排给中央单位的中央调剂基金 29.67 亿元，再加上补助下级支出 500.00 亿元，2020 年中央社会保险基金预算支出总量为 8577.18 亿元。

从中央社会保险基金预算支出的不同险种构成来看，与中央社会保险基金预算收入情况类似，2020 年，企业职工基本养老保险基金支出和机关事业单位基本养老保险支出是两项占比最高的支出项目。其中，企业职工基本养老保险基金支出为 337.32 亿元，在中央社会保险基金支出中的占比为 47.70%；机关事业单位基本养老保险支出为 307.83 亿元，在中央社会保险基金支出中的占比为 43.53%。城乡居民基本养老保险基金支出、职工基本医疗保险基金支出、城乡居民基本医疗保险基金支出、工伤保险基金支出和失业保险基金支出这五项支出总额为 61.98 亿元，在中央社会保险基金支出中的占比为 8.77%。图 2－30 是 2020 年中央社会保险基金支出按险种划分构成情况。

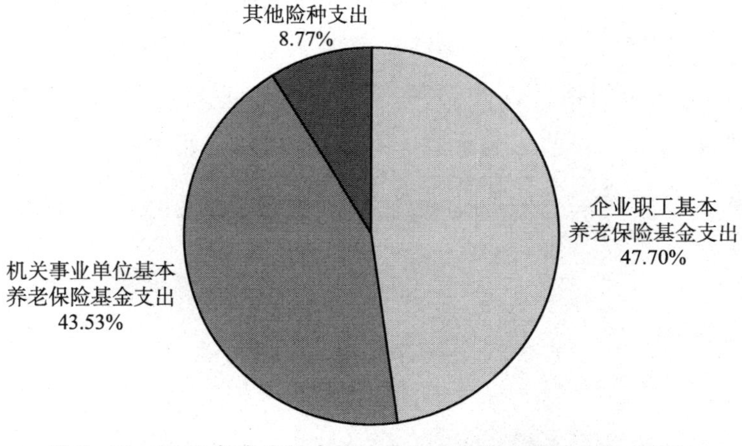

图 2－30　2020 年中央社会保险基金支出按险种划分构成情况

数据来源：财政部预算司官网。

2020 年年末中央社会保险基金收支结余 10.44 亿元，其中，企业职工基本养老保险基金本年收支结余赤字 11.03 亿元，城乡居民基本养老保险基金本年收支结余 1.28 亿元，机关事业单位基本养老保险基金本年收支结余 6.61 亿元，职工基本医疗保险基金本年收支结余 13.46 亿元，城乡居民基本医疗保险基金本年收支结余 2.65 亿元，工伤保险基金本年收支结余赤字 1 亿元，失业保险基金本年收支结余赤字 1.53 亿元。2020 年，中央社会保险基金年末滚存结余 377.40 亿元，其中，企业职工基本养老保险基金年末滚存结余 180.44 亿元，城乡居民基本养老保险基金年末滚存结余 7.09 亿元，机关事业单位基本养老保险基金本年收支结余 97.1 亿元，职工基本医疗保险基金年末滚存结余 61.88 亿元，城乡居民基本医疗保险基金年末滚存结余 14.26 亿元，工伤保险基金年末滚存结余 5.06 亿元，失业保险基金年末滚存结余 11.57 亿元。

二、2020 年地方社会保险基金预算收支情况

（一）2020 年地方社会保险基金预算收入情况分析

2020 年，地方社会保险基金预算收入 75155.43 亿元，完成预算的 99.0%，收入规模比 2019 年下降 8.9 个百分点。其中，保险费收入 48864.06 亿元，完成预算的 94.6%，收入规模与 2019 年相比，下降 18.1%，在地方社会保险基金预算收入中占比为 66.64%；财政补贴收入 20682.55 亿元，完成预算的 98.5%，与 2019 年相比，规模增长 10.1%，在地方社会保险基金预算收入中占比为 28.21%；2020 年地方社会保险基金预算收入中，利息收入和委托投资收益分别为 2160.63 亿元、1619.28 亿元，二者收入之和在地方社会保险基金预算收入中占比为 5.15%。2020 年地方社会保险基金收入构成情况如图 2－31 所示。加上安排给地方的中央调剂基金收入 7370.05 亿元①和上级补助收入 500 亿元，2020 年地方社会保险基金预算收入总量为 83025.48 亿元，比上年下降 6.4%。

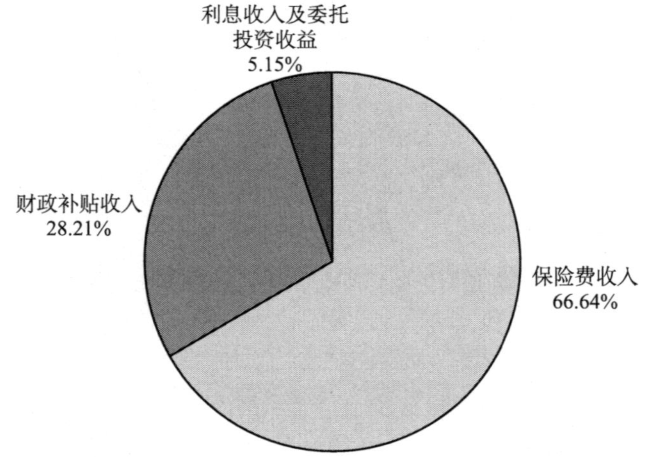

图 2－31　2020 年地方社会保险基金收入构成情况

数据来源：财政部预算司官网。

① 2020 年中央调剂基金共 7398.23 亿元，包含中央单位上缴的中央调剂基金 18.68 亿元和地方上缴的中央调剂基金收入 7379.55 亿元。7399.72 亿元的中央调剂基金被安排用于地方社会保险支出 7370.05 亿元，安排用于中央社会保险支出 29.67 亿元。

2020年，地方社会保险基金预算收入中企业职工基本养老保险基金收入、职工基本医疗保险基金收入和机关事业单位基本养老保险基金收入是最主要的三项收入项目。其中，企业职工基本养老保险基金收入30389.66亿元，完成预算的91.7%，与2019年相比，规模下降19.7个百分点，在地方社会保险基金预算收入中占比40.44%；职工基本医疗保险基金收入15593.63亿元，完成预算的108.2%，与2019年相比，规模增长0.1个百分点，在地方社会保险基金预算收入中占比为20.75%；机关事业单位基本养老保险基金收入13612.53亿元，完成预算的101.8%，与2019年相比，规模下降3.8个百分点，在地方社会保险基金预算收入中占比为18.11%。城乡居民基本养老保险基金收入、城乡居民基本医疗保险基金收入、工伤保险基金收入和失业保险基金收入这四项险种收入总和在地方社会保险基金预算收入中的占比为20.70%。图2－32为2020年地方社会保险基金预算收入按险种划分构成情况。

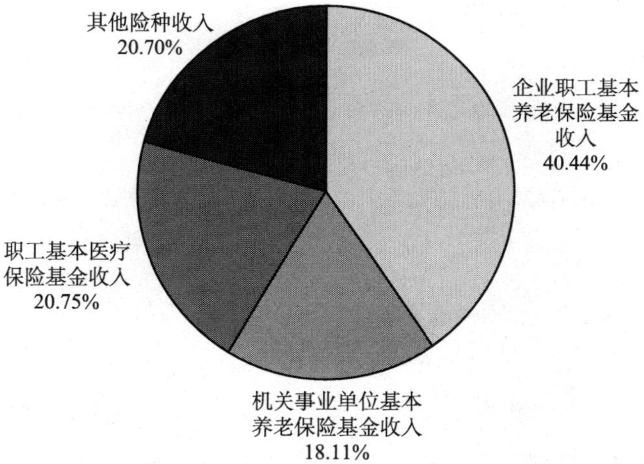

图2－32　2020年地方社会保险基金收入按险种划分构成情况

数据来源：财政部预算司官网。

（二）2020年地方社会保险基金预算支出情况分析

2020年，地方社会保险基金预算支出77665.04亿元，完成预算的96.0%，与2019年相比，支出规模增幅为4.8%。加上地方上缴的中央调剂基金支出7379.55亿元，2020年地方社会保险基金预算支出总量为85044.59亿元。

从地方社会保险基金预算支出构成来看，企业职工基本养老保险基金支出占比最高，在地方社会保险基金预算支出中的占比为48.11%，金额为37363.50亿元，完成预算的98.5%，支出水平是2019年支出水平的108.6%；机关事业单位基本养老保险基金支出、职工基本医疗保险基金支出和城乡居民基本医疗保险基金支出分别为 13040. 74 亿元、12693. 56 亿元和 8264. 53 亿元，在地方社会保险基金支出中的占比分别为 16. 79%，16. 34% 和 10. 64%。城乡居民基本养老保险基金支出、工伤保险基金支出和失业保险基金支出的规模较小，三项支出总额为 6302. 71 亿元，占地方社会保险基金预算支出的 8. 12%。图 2 - 33 为 2020 年地方社会保险基金预算支出按险种划分构成情况。

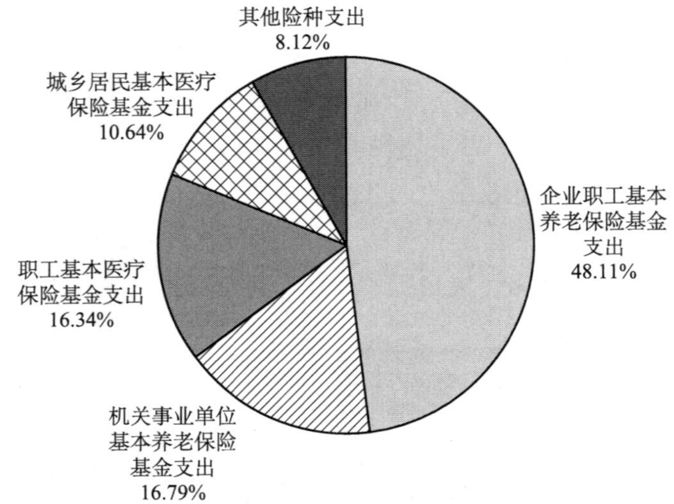

图 2 - 33　2020 年地方社会保险基金预算支出按险种划分构成情况

数据来源：财政部预算司官网。

2020 年年末地方社会保险基金收支结余赤字 2019. 11 亿元，其中，企业职工基本养老保险基金本年收支结余赤字 6483. 34 亿元，城乡居民基本养老保险基金本年收支结余 1552. 00 亿元，机关事业单位基本养老保险基金本年收支结余 571. 79 亿元，职工基本医疗保险基金本年收支结余 2900. 07 亿元，城乡居民基本医疗保险基金本年收支结余 919. 59 亿元，工伤保险基金本年收支结余赤字 324. 04 亿元，失业保险基金本年收支结余赤字 1155. 18 亿元。2020 年，地方社会保险基金年末滚存结余 94159. 24 亿元，其中，企业职工基本养老保险基金年末滚存结余 44807. 86 亿元，城乡居民基本养老保险基金年末滚存结余 9829. 79 亿元，机关事业单位基本养老保险基金年末滚存结余 3446. 77 亿元，职工基本医疗保险基金年末滚存结余 25167. 61 亿元，城乡居民基本医疗保险基金年末滚存结余 6120. 85 亿元，工伤保险基金年末滚存结余 1444. 48 亿元，失业保险基金年末滚存结余 3341. 88 亿元。

三、2020 年社会保险基金预算收支情况差异性分析

由于现行社会保障的支出责任主要由地方承担，因此，以 2020 年社会保险基

金收支数据来看，社会保险基金收支表现出显著的区域差异。2020 年，东部地区的社会保险基金收入为 39408.88 亿元，在地方社会保险基金收入中的占比达到 51.48%；中部地区社会保险基金收入为 18481.07 亿元，占比 24.14%①。西部地区社会保险基金收入为 18659.73 亿元，占比 24.38%。从不同地区数据可以看出，东部地区的社会保险基金预算收入相当于中部和西部收入水平的 2.13 倍和 2.11 倍。

2020 年，地方社会保险基金支出同样呈现东多、中西部少的特征。从社会保险基金支出的具体情况来看，2020 年，东部地区社会保险基金支出 41295.24 亿元，在地方社会保险基金支出中占比 52.83%；中部地区社会保险基金支出 18594.17 亿元，在地方社会保险基金支出中占比 23.79%；西部地区社会保险基金支出 18275.99 亿元，在地方社会保险基金支出中占比 23.38%。东部地区社会保险基金预算的支出规模约为中部和西部地区的 2.22 倍和 2.26 倍。图 2－34 和图 2－35 分别为社会保险基金预算收入与支出的区域差异情况。

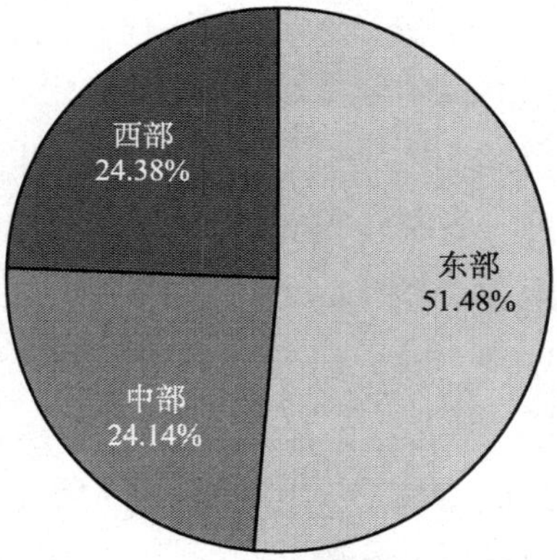

图 2－34　2020 年东中西地区社会保险基金预算收入占比情况

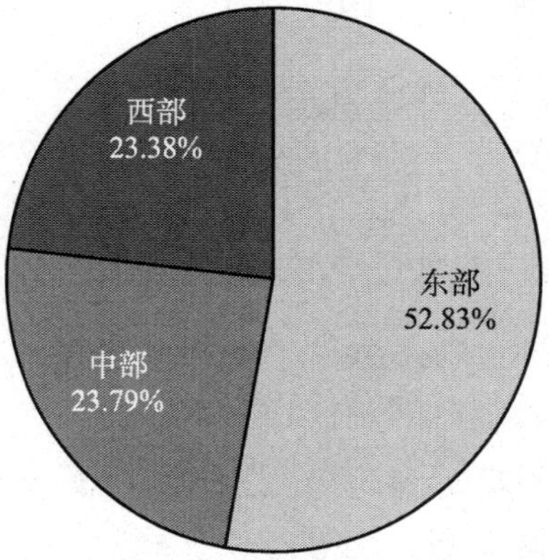

图 2－35　2020 年东中西地区社会保险基金预算支出占比情况

数据来源：各省财政厅官网数据整理获得。

① 东部、中部和西部各地区社会保险基金预算收支规模及占比根据各省决算数据得出，但因安徽省、江西省缺少 2020 年全省社会保险基金决算数据，故采用两省 2020 年社会保险基金预算的执行结果数据代替。

第五节 2020 年中央和地方四本预算之间的资金划转情况

一、四本预算之间的资金划转关系相关规定

我国 2014 年新修订的《预算法》第五条规定预算包括一般公共预算、政府性基金预算、国有资本经营预算、社会保险基金预算。一般公共预算、政府性基金预算、国有资本经营预算、社会保险基金预算应当保持完整、独立。政府性基金预算、国有资本经营预算、社会保险基金预算应当与一般公共预算相衔接。

《预算法》对四本预算之间的资金划转有明确的相关规定。《预算法》第十条规定国有资本经营预算是对国有资本收益作出支出安排的收支预算。国有资本经营预算应当按照收支平衡的原则编制，不列赤字，并安排资金调入一般公共预算。第七十二条规定各部门、各单位的预算支出应当按照预算科目执行。严格控制不同预算科目、预算级次或者项目间的预算资金的调剂，确需调剂使用的，按照国务院财政部门的规定办理。除此以外，《预算法》还对预算资金调整的责任追究作出了规定，《预算法》第九十二条规定违反法律、法规规定使用预算预备费、预算周转金、预算稳定调节基金、超收收入的情况，对负有直接责任的主管人员和其他直接责任人员追究行政责任。

除《预算法》的相关规定外，国务院于 2015 年 6 月出台了《推进财政资金统筹使用方案》（国发〔2015〕35 号，以下简称《方案》），《方案》对以下内容作出规定：第一，推进政府预算体系的统筹协调。加大政府性基金预算转列一般公共预算的力度，完善政府预算体系，对政府性基金预算中未列入政府性基金目录清单的收入项目，除国务院批准的个别事项外，三年内逐步调整转列一般公共预算，并统筹使用。暂时保留在政府性基金预算管理的资金，与一般公共预算投向类似的，应调入一般公共预算统筹使用，或制定统一的资金管理办法，实行统一的资金分配方式。对政府性基金预算结转资金规模超过该项基金当年收入 30% 的部分，应补充预算稳定调节基金统筹使用。同时，《方案》指出要推进国有资本经营预算与一般公共预算的统筹协调。加大国有资本经营预算调入一般公共预算的力度，2016 年的调入比例达到 19%，并逐年提高调入比例。除调入一般公共预算外，国有资本经营预算支出范围限定用于解决国有企业历史遗留问题及相关改革成本支出、对国有企业的资本金注入及国有企业政策性补贴等方面。一般

公共预算安排用于这方面的资金将逐步退出。第二，推进跨年度预算的统筹协调，建立跨年度预算平衡机制。一般公共预算的结余资金，应当补充预算稳定调节基金。一般公共预算执行中如出现超收，超收收入用于冲减赤字、化解政府债务或补充预算稳定调节基金；如出现短收，通过调入预算稳定调节基金或其他预算资金、削减支出等方式弥补，如仍难以平衡，省级以上政府可以在报同级人大或其常委会批准后增列赤字实现平衡，市、县级政府可以向上级政府申请临时救助，并在下一年度预算中予以弥补。

2018 年 3 月，财政部出台《预算稳定调节基金管理暂行办法》（财预〔2018〕35 号，以下简称《办法》)，对规范预算稳定调节基金的设置、补充和动用作出规定。对预算稳定调节基金的设置及补充，《办法》第四条规定一般公共预算的超收收入，除用于冲减赤字外，应当用于设置或补充预算稳定调节基金。第五条规定一般公共预算的结余资金应当用于设置或补充预算稳定调节基金。一般公共预算按照权责发生制核算的资金，不作为结余。一般公共预算连续结转两年仍未用完的资金，应当作为结余资金补充预算稳定调节基金。第六条规定政府性基金预算结转资金规模超过该项基金当年收入 30% 的部分，应当补充预算稳定调节基金。政府性基金预算连续结转两年仍未用完的资金，应当作为结余资金，可以调入一般公共预算，并应当用于补充预算稳定调节基金。对预算稳定调节基金的动用，《办法》第八条规定编制一般公共预算草案时，可以动用预算稳定调节基金，弥补一般公共预算出现的收支缺口，动用的资金应当编入一般公共预算收入。第九条规定一般公共预算执行中，因短收、增支等导致收支缺口，确需通过动用预算稳定调节基金实现平衡的，各级财政部门应当具体编制本级预算的调整方案，按照预算法规定的程序执行。

2020 年 8 月，国务院公布修订后的《中华人民共和国预算法实施条例》（国令第 729 号，以下简称《条例》)，自 2020 年 10 月 1 日起施行。《条例》第三条规定社会保险基金预算应当在精算平衡的基础上实现可持续运行，一般公共预算可以根据需要和财力适当安排资金补充社会保险基金预算。第四十九条规定经本级政府批准，各级政府财政部门可以设置预算周转金，额度不得超过本级一般公共预算支出总额的 1%。年度终了时，各级政府财政部门可以将预算周转金收回并用于补充预算稳定调节基金。第七十八条规定省、自治区、直辖市政府依照预算法规定增列的赤字，可以通过在国务院下达的本地区政府债务限额内发行地方政府一般债券予以平衡。设区的市、自治州以下各级一般公共预算年度执行中出现短收的，应当通过调入预算稳定调节基金或者其他预算资金、减少支出等方式实现收支平衡；采取上述措施仍不能实现收支平衡的，可以通过申请上级政府临时救助平衡当年预算，并在下一年度预算中安排资金归还。各级一般公共预算年度执行中厉行节约、节约开支，造成本级预算支出实际执行数小于预算总支出的，不属于预算调整的情形。各级政府性基金预算年度执行中有超收收入的，应当在下一年度安排使用并优先用于偿还相应的专项债务；出现短收的，应当通过减少支出实现收支平衡。国务院另有规定的除外。各级国有资本经营预算年度执行中有超收收入的，应当在下一年度安排使用；出现短收的，应当通过减少支出实现收支平衡。国务院另有规定的除外。

《国务院关于进一步深化预算管理制度改革的意见》（国发〔2021〕5 号）第十六条规定强化预算对执行的控制，规范预算调剂行为。

通过上述内容可以看出，目前，由四本预算构成的全口径政府预算体系，以一般公共预算为中心，实现了四本预算资金间的统筹，覆盖全部政府收支，促进现代预算管理制度的建立。

二、2020 年四本预算之间的资金划转情况

2020 年，中央一般公共预算收入中，中央财政调入资金 8880 亿元，包含从预算稳定调节基金中调入的 5300 亿元，从中央政府性基金收入中调入的 3002. 50 亿元以及从中央国有资本经营预算中调入的 577. 50 亿元。同时，从 2020 年中央一般公共预算收入支出的情况来看，中央一般公共预算收入超收 0. 72 亿元，支出结余 1136. 5 亿元，二者相抵后合计 1137. 22 亿元，按照《预算法》规定，这些资金将用于补充中央预算稳定调节基金。此外，2020 年中央政府性基金预算收入大于支出 300. 8 亿元，单项政府性基金结转资金超过其当年收入 30% 的部分共 60. 64 亿元，全部补充预算稳定调节基金，其余 240. 16 亿元继续结转下年使用。

2020 年，预算稳定调节基金及结转结余资金中共有 17422. 37 亿元被调入地方一般公共预算收入中。2020 年地方政府性基金收入大于支出的 19811. 53 亿元资金，主要被用于调入一般公共预算资金和结转下年支出。2020 年地方国有资本经营预算调出资金 1339. 42 亿元。

2020 年中央社会保险基金预算收入中源于财政补贴收入 332. 97 亿元，2020 年地方社会保险基金预算收入中源于财政补贴收入 20682. 55 亿元。同时，中央调剂基金收入 7398. 23 亿元，包含中央单位上缴的中央调剂基金 18. 68 亿元和地方上缴的中央调剂基金收入 7379. 55 亿元。支出方面，中央调剂基金中 29. 67 亿元被安排给中央单位，安排给地方的中央调剂基金支出为 7370. 05 亿元。

第三章

预算管理监督重点问题分析

党的十八大以来，党中央对深化财政改革、建立现代财政制度作出了一系列重大决策部署。党的十八届三中全会决定指出，“财政是国家治理的基础和重要支柱，科学的财税体制是优化资源配置、维护市场统一、促进社会公平、实现国家长治久安的制度保障”，并就改进预算管理制度、完善税收制度及建立事权和支出责任相适应的制度等作出具体部署。党的十九大报告指出，“加快建立现代财政制度，建立权责清晰、财力协调、区域均衡的中央和地方财政关系。建立全面规范透明、标准科学、约束有力的预算制度，全面实施绩效管理”。党的十九届四中全会决定进一步指出，“完善标准科学、规范透明、约束有力的预算制度”“优化政府间事权和财权划分，建立权责清晰、财力协调、区域均衡的中央和地方财政关系，形成稳定的各级政府事权、支出责任和财力相适应的制度”。围绕全面实施预算绩效管理、防范化解地方政府隐性债务风险等，中央出台一系列重要文件，明确要加快建成全方位、全过程、全覆盖的预算绩效管理体系，要从严整治举债乱象，坚决遏制隐性债务增量、妥善化解隐性债务存量。党的十九届五中全会、“十四五”规划和2035年远景目标纲要对建立现代财税金融体制、深化预算管理制度改革作出部署。

近两年来，深化预算管理制度和监督改革步伐明显加快。2021年4月13日，国务院《关于进一步深化预算管理制度改革的意见》（以下简称《意见》）（国发〔2021〕5号）颁布实施。2020年12月和2021年4月，十三届全国人大常委会先后审议通过并颁布实施了《全国人大常委会关于加强国有资产管理情况监督的决定》和修订后的《全国人大常委会关于加强中央预算审查监督的决定》。7月21日，中共中央办公厅印发了《关于加强地方人大对政府债务审查监督的意见》。同时，《中华人民共和国预算法实施条例》已于2020年10月1日正式实施。本章将围绕进一步深化预算管理制度改革、加强人大预算审查和国资监督、预算法实施条例三个方面进行分析探讨。

第一节 进一步深化预算管理制度改革

国务院《关于进一步深化预算管理制度改革的意见》（国发〔2021〕5 号）（以下简称《意见》）于 2021 年 4 月 13 日发布。《意见》强调深化预算管理制度改革，加强财政资源统筹，增强对党和国家重大战略部署和重大任务的保障能力。在当前财政收支矛盾尖锐、处于紧平衡的情况下，深化预算管理制度改革，做好财政资源统筹，不仅是当前行政事业单位过紧日子的需要，也是我国财政实现高质量发展、不断提升财政治理效能的核心要义。

一、《意见》出台的背景和必要性①

预算体现国家的战略和政策，反映政府的活动范围和方向，是推进国家治理体系和治理能力现代化的重要支撑，是宏观调控的重要手段。党中央、国务院高度重视预算管理工作。党的十九届五中全会对建立现代财税金融体制、深化预算管理制度改革作出部署。习近平总书记强调，财政是国家治理的基础和重要支柱，科学的财税体制是优化资源配置、维护市场统一、促进社会公平、实现国家长治久安的制度保障。党的十八大以来，按照党中央、国务院决策部署和预算法规定，财政部会同有关部门和地方积极改进预算管理制度，大力推进中期财政规划、预算公开、地方政府债务管理、预算绩效管理等一系列重大改革举措落地实施，为建立现代预算制度提供了基础条件。当前和今后一个时期，财政处于紧平衡状态，收支矛盾较为突出，加之随着改革的逐步深入，预算管理中一些深层次问题逐步暴露出来，如预算统筹力度不足、政府过紧日子意识尚未牢固树立、预算约束不够有力、资源配置使用效率有待提高等，影响了财政资源统筹和可持续性，迫切需要通过进一步深化预算管理制度改革，规范管理、提高效率、挖掘潜力、释放活力。结合当前和今后一个时期财政形势，为解决预算管理中存在的突出问题，国务院印发《意见》，在前期一系列改革举措的基础上，立足于推进国家治理体系和治理能力现代化，全面贯彻党的十九大和历次全会精神，更加注重加强预算管理制度改革顶层设计和预算管理各项制度的系统集成、协同高效，力

① “财政部有关负责人就进一步深化预算管理制度改革有关问题答记者问”，http：//yss. mof. gov. cn/gongzuodongtai/202104/t20210413_ 3685606. htm。

争通过深化改革更好地将制度优势转化为治理效能，逐步建立现代预算制度体系框架，更好发挥财政在国家治理中的基础和重要支柱作用，为全面建设社会主义现代化国家提供坚实保障。

二、进一步深化预算管理制度改革的基本原则

进一步深化预算管理制度改革主要遵循以下原则：一是坚持党的全面领导。将坚持和加强党的全面领导贯穿预算管理制度改革全过程。坚持以人民为中心，兜牢基本民生底线。坚持系统观念，加强财政资源统筹，集中力量办大事，坚决落实政府过紧日子要求，强化预算对落实党和国家重大政策的保障能力，实现有限公共资源与政策目标有效匹配。二是坚持预算法定。增强法治观念，强化纪律意识，严肃财经纪律，更加注重强化约束，着力提升制度执行力，维护法律的权威性和制度的刚性约束力。明确地方和部门的主体责任，切实强化预算约束，加强对权力运行的制约和监督。三是坚持目标引领。按照建立现代财税体制的要求，坚持目标导向和问题导向相结合，完善管理手段，创新管理技术，破除管理瓶颈，推进预算和绩效管理一体化，以信息化推进预算管理现代化，加强预算管理各项制度的系统集成、协同高效，提高预算管理规范化、科学化、标准化水平和预算透明度。四是坚持底线思维。把防风险摆在更加突出的位置，统筹发展和安全、当前和长远，杜绝脱离实际的过高承诺，形成稳定合理的社会预期。加强政府债务和中长期支出事项管理，牢牢守住不发生系统性风险的底线。

三、《意见》的主要创新之处

《意见》立足于前期改革措施奠定的基础，将有关改革成果制度化，提出加大预算收入统筹力度，增强财政保障能力等 6 个方面 24 条具体改革措施，从 5 个方面实现预算管理制度的重点突破。

一是加强重大决策部署财力保障。各级预算安排要将落实党中央、国务院重大决策部署作为首要任务。完善预算决策机制和程序，各级预算、决算草案应当按程序报本级党委和政府审议，各部门预算草案应当报本部门党组（党委）审议。

二是加强财政资源统筹。加大收入统筹力度，盘活存量，充分挖掘释放各种闲置资源潜力。加强政府性资源统筹管理，将依托行政权力、国有资源（资产）获取的收入以及特许经营权拍卖收入等按规定全面纳入预算。强化部门和单位收入统筹管理，要求部门和单位依法依规将取得的包括事业收入、事业单位经营收

入等非财政拨款收入在内的各类收入纳入部门或单位预算，未纳入预算的收入不得安排支出。

三是规范预算支出管理。合理安排支出预算规模，充分发挥财政政策逆周期调节作用。优化财政支出结构，坚持“三保”支出在财政支出中的优先顺序。推进支出标准体系建设，将支出标准作为预算编制的基本依据。不折不扣落实过紧日子要求，严控一般性支出。完善财政资金直达机制，确保资金直达使用单位、直接惠企利民。

四是加强预算控制约束和风险防控。实施项目全生命周期管理，预算支出全部以项目形式纳入预算项目库，未入库项目一律不得安排预算。强化中期财政规划对年度预算的约束。加强财政运行风险防控，加强重大政策、重大政府投资项目等财政承受能力评估。健全地方政府依法适度举债机制，坚决遏制隐性债务增量，稳妥化解隐性债务存量。

五是提高预算管理信息化水平。将制度规范与信息系统建设紧密结合，以省级财政为主体建设覆盖本地区的预算管理一体化系统并与中央财政对接，动态反映各级预算安排和执行情况。建立完善全覆盖、全链条的转移支付资金监控机制。积极推动跨部门基础信息共享共用。

◇ 专栏3－1

做好财政资源统筹 深化预算制度改革（节选）

为做好财政资源统筹，应该重点从加强财政收支的流量与存量等不同形态资源的统筹、进一步推进国有资产的共享共用、增强中期财政规划对年度预算的约束等方面入手。

进一步扩大预算管理范围，实现对公共收入的全口径预算管理。从预算收入情况来看，近年来，一些单位和部门除了财政拨款收入之外，还形成了一些依法依规获取的自有收入。尽管这些收入不是纯粹的财政资金，但多是行政事业单位依据公共权力或者公共资源获取，按照相关要求，应该将这些收入全部纳入预算管理。

积极运用零基预算理念编制预算，打破支出固化格局。由于财政支出结构固化导致资金沉淀，年度预算中能够灵活调整的预算支出只是预算总额的一部分，预算支出安排只能按照“基数＋增长”进行，这会极大地制约预算管理调整的灵活性。此次国务院发布的意见强调要积极运用“零基预算”理念，根据经济社会发展需要，对各种类型的支出进行灵活调整。应该看到，近年来，随着数字经济的发展，实体经济运行发生了很大变化，经济运行的成本构成发生调整。在这种情况下，预算支出更要根据实际情况进行相应调整，以不断提高财政支出的效益。为此，需要通过加强和实现全方位、全过程、全覆盖的“三全”预算绩效管理体系，倒逼各部门提高站位，改变“一亩三分地”观念，根据系统和全局发展的需要，更加高效地配置财政资源。

在盘活财政资源存量等方面，也要强调充分运用支出效果，比如通过以奖代补等做法鼓励各地区、各部门积极探索公物仓等类似做法，形成深化预算管理、统筹财政资源“比学赶超”的良好氛围，充分挖潜统筹财政资源的潜力和“红利”。

加强财政资源统筹，还需要按照中期财政规划管理的需要，强化中期财政规划对年度预算的约束。中期财政规划管理，是系统观念在财政管理中的具体应用，对于加强预算管理的前瞻性、全局性、战略性和整体性十分重要。一方面，按照中期财政规划管理要求，加强财政资源统筹，既要关注单项预算支出的全生命周期成本、关注即期财政支出对未来年度的财政支出影响，也要加强预算支出的项目库建设和前期储备，做到科学论证、择优支出，防止仓促上马。另一方面，要加强中期财政规划与年度预算的衔接，增强规划的约束性。

资料来源：白彦锋：“做好财政资源统筹　深化预算制度改革”，《中国财经报》2021 年 5 月 11 日。

四、进一步深化预算管理制度改革的重要方面

（一）增强预算控制力和约束力 推进财政支出标准化

为有效解决当前仍存在的预算控制偏软、约束力不强等问题，《意见》提出了多项改革举措。

加强各级政府预算衔接。上级政府应当依法依规提前下达转移支付和新增地方政府债务限额预计数，增强地方预算编制的完整性、主动性。下级政府应当严格按照提前下达数如实编制预算，既不得虚列收支、增加规模，也不得少列收支、脱离监督。

实施项目全生命周期管理。将项目作为部门和单位预算管理的基本单元，预算支出全部以项目形式纳入预算项目库，实施项目全生命周期管理，未纳入预算项目库的项目一律不得安排预算。实行项目标准化分类，规范立项依据、实施期限、支出标准、预算需求等要素。建立健全项目入库评审机制和项目滚动管理机制。做实做细项目储备，纳入预算项目库的项目应当按规定完成可行性研究论证、制订具体实施计划等各项前期工作，做到预算一经批准即可实施，并按照轻重缓急等排序，突出保障重点。推进运用成本效益分析等方法研究开展事前绩效评估。

推进支出标准体系建设。建立国家基础标准和地方标准相结合的基本公共服务保障标准体系。各地区要围绕“三保”等基本需要研究制定县级标准。根据支出政策、项目要素及成本、财力水平等，建立不同行业、不同地区、分类分档

的预算项目支出标准体系。根据经济社会发展、物价变动和财力变化等动态调整支出标准。加强对项目执行情况的分析和结果运用，将科学合理的实际执行情况作为制定和调整标准的依据。加快推进项目要素、项目文本、绩效指标等标准化规范化。将支出标准作为预算编制的基本依据，不得超标准编制预算。

推动预算绩效管理提质增效。将落实党中央、国务院重大决策部署作为预算绩效管理重点，加强财政政策评估评价和重点领域预算绩效管理，分类明确转移支付绩效管理重点，强化引导约束。加强对政府和社会资本合作、政府购买服务等项目以及国有资本资产使用绩效管理。加强绩效评价结果应用，将绩效评价结果与完善政策、调整预算安排有机衔接。加大绩效信息公开力度。

强化预算对执行的控制。对预算指标实行统一规范的核算管理，精准反映预算指标变化，实现预算指标对执行的有效控制。坚持先有预算后有支出，严禁超预算、无预算安排支出或开展政府采购。严禁出台溯及以前年度的增支政策，新的增支政策原则上通过以后年度预算安排支出。规范预算调剂行为。规范按权责发生制列支事项，市县级财政国库集中支付结余不再按权责发生制列支。加强对政府投资基金设立和出资的预算约束。加强国有资本管理与监督。

（二）适应现代财税体制需要 构建现代财政国库管理制度

为适应建立现代财税体制的新需要，《意见》围绕现代财政国库管理“控制、运营、报告”三大功能，系统地提出了优化国库集中收付管理的有关要求，主要包括：对政府全部收入和支出实行国库集中收付管理。完善国库集中支付控制体系和集中校验机制，实行全流程电子支付，优化预算支出审核流程，全面提升资金支付效率。根据预算收入进度和资金调度需要等，合理安排国债、地方政府债券的发行规模和节奏，节省资金成本。优化国债品种期限结构，发挥国债收益率曲线定价基准作用。完善财政收支和国库现金流量预测体系，建立健全库款风险预警机制，统筹协调国库库款管理、政府债券发行与国库现金运作。建立完善权责发生制政府综合财务报告制度，全面客观地反映政府资产负债与财政可持续性情况。

同时，《意见》还对拓展政府采购政策功能提出要求，明确要建立政府采购需求标准体系，鼓励相关部门结合部门和行业特点提出政府采购相关政策需求，推动在政府采购需求标准中嵌入支持创新、绿色发展等政策要求。细化政府采购预算编制，建立支持中小企业发展等政策落实的预算编制和资金支付控制机制。

（三）加强风险防控 增强财政可持续性

当前，基层财政运行、地方政府债务、社会保障、金融等领域风险防控压力不断加大，《意见》明确要统筹发展和安全，将防控风险、增强财政可持续性摆在更加突出位置。其中主要包括：

加强跨年度预算平衡。加强中期财政规划管理，强化中期财政规划对年度预算的约束。对各类合规确定的中长期支出事项和跨年度项目，要根据项目预算管理等要求，将全生命周期内对财政支出的影响纳入中期财政规划，实现中长期支出事项“显性化”。地方政府举借债务应当严格落实偿债资金来源，科学测算评估预期偿债收入，合理制订偿债计划，并在中期财政规划中如实反映。

健全地方政府依法适度举债机制。健全地方政府债务限额确定机制。完善专项债券管理机制，专项债券必须用于有一定收益的公益性建设项目，建立健全专项债券项目全生命周期收支平衡机制，实现融资规模与项目收益相平衡，专项债券项目对应的政府性基金收入、专项收入应当及时足额缴入国库，保障专项债券到期本息偿付。完善以债务率为主的政府债务风险评估指标体系，建立健全政府债务与项目资产、收益相对应的制度，综合评估政府偿债能力。加强风险评估预警结果应用，有效前移风险防控关口。依法落实到期法定债券偿还责任。健全地方政府债务信息公开及债券信息披露机制，发挥全国统一的地方政府债务信息公开平台作用，全面覆盖债券参与主体和机构，打通地方政府债券管理全链条，促进形成市场化融资自律约束机制。

防范化解地方政府隐性债务风险。把防范化解地方政府隐性债务风险作为重要的政治纪律和政治规矩，坚决遏制隐性债务增量，妥善处置和化解隐性债务存量。完善常态化监控机制，进一步加强日常监督管理，决不允许新增隐性债务上新项目、铺新摊子。严禁地方政府以企业债务形式增加隐性债务，严禁地方政府通过金融机构违规融资或变相举债。清理规范地方融资平台公司，剥离其政府融资职能，对失去清偿能力的要依法实施破产重整或清算，坚决防止风险累积形成系统性风险。加强督查审计问责，严格落实政府举债终身问责制和债务问题倒查机制。

防范化解财政运行风险隐患。推进养老保险全国统筹，坚持精算平衡，防范待遇支付风险。各地区出台涉及增加财政支出的重大政策或实施重大政府投资项目前，要按规定进行财政承受能力评估，未通过评估的不得安排预算。规范政府和社会资本合作项目管理。各部门出台政策时要考虑地方财政承受能力。除党中央、国务院统一要求以及共同事权地方应负担部分外，上级政府及其部门不得出台要求下级配套或变相配套的政策。客观评估政府中长期支出事项对财政可持续性的影响。

（四）提高信息化水平 强化预算改革技术支撑

全面深化预算管理制度改革必须有先进的信息技术支撑。为进一步将制度规范与信息系统建设紧密结合，《意见》提出，一方面，要实现中央和地方财政系统信息贯通。用信息化手段支撑中央和地方预算管理，规范各级预算管理工作流程等，统一数据标准，推动数据共享。以省级财政为主体加快建设覆盖本地区的预算管理一体化系统并与中央财政对接，动态反映各级预算安排和执行情况，力争到 2022 年底全面运行。中央部门根据国家政务信息化建设进展同步推进相关信息系统建设。建立完善全覆盖、全链条的转移支付资金监控机制，实时记录和动态反映转移支付资金分配、拨付、使用情况。另一方面，要推进部门间预算信息互联共享。预算管理一体化系统集中反映单位基础信息和会计核算、资产管理、账户管理等预算信息，实现财政部门与主管部门共享共用。积极推动财政与组织、人力资源和社会保障、税务、人民银行、审计、公安、市场监管等部门实现基础信息按规定共享共用。落实部门和单位财务管理主体责任，强化部门对所属单位预算执行的监控管理职责。

按照《意见》要求，财政部将推动各地加快推广实施预算管理一体化系统，提高各地预算管理一体化系统建设水平。同时，根据国家政务信息化建设进展，研究推进中央预算管理一体化系统建设。

◇ 专栏3-2

专家解读《国务院关于进一步深化预算管理制度改革的意见》

中国社会科学院财经战略研究院副院长、研究员杨志勇表示，在当前新发展阶段，贯彻新发展理念、构建新发展格局，对预算管理制度提出了更高的要求。《意见》的出台将更好地指引预算管理工作，推动预算管理制度进一步完善。特别是，在财政紧平衡状况下，通过改善预算管理，向预算管理要财力，有助于更好地发挥财政在国家治理中的基础和重要支柱作用，更好地服务党和国家事业大局。

北京大学经济学院财政学系主任刘怡认为，《意见》提出加强党的领导、统筹财政资源、支出标准建设、上下级预算衔接、资产负债管理、信息化管理等多方面举措，对深化预算管理制度改革的部署全面、立体、系统，思路和提法新颖。随着改革措施的逐步落实，将推动我国预算管理水平再上新台阶。

白景明认为，支出标准是预算编制和预算执行的基本依据，标准科学与否决定着预算是否合理可行、约束有力。《意见》强调加快建立支出标准体系建设，有助于加强预算控制，增强预算的约束力。

刘怡认为，各级预算草案报本级党委和政府审议，强调党委、政府的领导，要求加强支出标准建设、按标准支出。这些措施均突出了预算刚性，是财政紧平衡状态下减少无效低效资金的必要之举。

杨志勇表示，国库管理内容范围较广，《意见》的上述规定均是建立和完善现代财政国库管理制度的重要内容。财政国库管理专业性强，未来应加强相关技术攻关，为国库管理运作提供必要的支持。

白景明提出，国库管理要充分发挥国债收益率曲线的定价基准作用，优化国债品种及其期限结构，这对于能否有效防控财政风险是非常重要的参考。

杨志勇表示，地方政府举债必须树立强烈的风险意识。地方政府可以举债，但必须在规定的限额之内按照法定程序进行，以体现适度举债、依法举债的要求。同时，债务限额的确定需要考虑债务限额与偿债资金来源的匹配性。《意见》提出，打通地方政府债券管理全链条，促进形成市场化融资自律约束机制。由此看来，通过市场化方式推进地方债发行的方向已经非常明确。"值得注意的是，《意见》直面隐性债务问题，并提出务实对策，即从源头抓起，厘清国有企业、金融机构、地方政府之间的责任，这是规范市场和政府关系的重要一环。"杨志勇强调。

关于防范化解财政运行风险隐患，杨志勇指出，《意见》要求，加强养老、医疗、失业、工伤等社保基金管理，促进收支基本平衡，这与社会保障支出内在的增长趋势是一致的。《意见》还要求，各地区出台涉及增加财政支出的重大政策、实施重大政府投资项目前，按规定进行财政承受能力评估，这是聚焦财政支出重点、从支出端防范财政风险的必要之举。同时，财政运行风险不仅表现在短期，还要重视中长期风险。《意见》要求，加强政府中长期支出事项管理，客观评估对财政可持续性的影响，就是从防范化解财政运行风险的中长期视角出发。

杨志勇表示，上述要求和措施有助于促进预算管理信息化水平不断提高，提升预算管理的现代化水平。实现中央和地方财政系统信息贯通并力争在2022年底全面运行，意味着全国财政系统信息贯通的进程在加快，动态反映各级预算安排和执行情况成为可能。转移支付资金监控机制也将依托信息化建立和完善，实现资金分配、拨付、使用全过程实时记录和动态反映。推进部门间预算信息互联共享将进一步提高预算信息的利用水平，从而改进预算管理。

资料来源："专家解读《国务院关于进一步深化预算管理制度改革的意见》"，《中国财经报》2021年4月15日。

第二节　进一步加强人大预算审查和国有资产监督

一、加强人大预算审查和国有资产监督的背景与意义

（一）主要背景

党的十八大以来，党中央把加强人大预算决算审查监督、国有资产监督职

能，作为坚持和完善人民代表大会制度、完善国家监督体系、推进国家治理体系和治理能力现代化的一个重要抓手，作出一系列重要决策部署。党的十八大提出“加强对政府全口径预算决算的审查和监督”。党的十八届三中全会提出“加强人大预算决算审查监督、国有资产监督职能”。党的十九届三中全会提出“加强人大对预算决算、国有资产管理等的监督职能”。党的十九届四中全会提出“支持和保证人大及其常委会依法行使职权，健全人大对一府一委两院监督制度”。党的十九届五中全会提出“有效发挥法治固根本、稳预期、利长远的保障作用”。

2014 年，全国人大常委会通过修改《预算法》的决定；2015 年，改进审计查出突出问题整改情况向全国人大常委会报告机制；2016 年，建立预算审查前听取人大代表和社会各界意见建议机制；2017 年，建立国务院向全国人大常委会报告国有资产管理情况制度；2018 年，推进人大预算审查监督重点向支出预算和政策拓展等。其中，党中央出台《关于建立国务院向全国人大常委会报告国有资产管理情况制度的意见》和《关于人大预算审查监督重点向支出预算和政策拓展的指导意见》，赋予了人大监督新职责，对人大监督提出了新要求，推动人大监督制度不断深化拓展。适应新时代、新发展阶段的新形势新任务新要求，修订加强中央预算审查监督的决定、制定加强国有资产管理情况监督的决定（以下简称“两个决定”）是十分必要的。

（二）重要意义

将人大预算审查监督、国有资产管理情况监督有关改革举措、成功经验做法上升为法律规定，对进一步贯彻落实党中央改革部署，推进依法行政、依法理财，更好发挥人民代表大会制度的根本政治制度作用，具有重要意义。

一是修订制定两个“决定”，使党的主张通过法定程序成为国家意志。党中央提出，人大预算审查监督重点要向支出预算和政策拓展，进行全口径审查、全过程监管，让支出预算和政策更好体现和落实党中央决策部署。党中央提出，建立国务院向全国人大常委会报告国有资产管理情况制度，实现人大国有资产监督制度化规范化，全面贯彻党的理论和路线方针政策，使国有资产更好服务发展、造福人民。通过修订制定两个“决定”，将党中央的重要部署上升为法律规定，将“党言党语”转化为“法言法语”。

二是修订制定两个“决定”，进一步巩固改革成果，依法推进改革深化。在系统总结党的十八大以来全国人大和地方人大经验做法基础上，将开展全口径审查、全过程监管，加强“事前”“事中”“事后”审查监督，开展专题审议、预算联网监督等成熟的做法，上升为法律规定；将通过综合报告和专项报告相结合方式听取政府报告国有资产管理情况，建立监督调研、报告审议、督促整改反馈

"闭环"工作机制等成熟的做法，上升为法律规定。这样既有利于不断巩固改革成果，实现改革的系统集成、协同高效，又有利于根据法律规定进一步推进改革深化。

三是修订制定两个"决定"，推进人大预算审查监督、国有资产管理情况监督法律制度与时俱进、健全完善。财政是国家治理的基础和重要支柱，预算是财政的核心内容和主要载体。国有资产是全体人民共同的宝贵财富，在推动经济社会发展、保障和改善民生中发挥着重要作用。这次修订制定两个"决定"坚持问题导向，针对人大预算审查监督深度需要拓展、手段和能力需要加强、预算约束力需要强化等问题，针对企业国有资产法滞后于实践需要、金融国有资本和行政事业性国有资产管理立法空白、人大对各类国有资产监督的法律不健全等问题，进行重点研究、听取意见建议、提出措施办法，并作出相应规定。着力补短板、强弱项，加快建立健全更为完善的人大预算审查监督、国有资产管理情况监督法律制度，更好满足人大依法监督的需要，推动更好发挥财政预算在实现高质量发展、解决社会主要矛盾中的重要作用，不断推进国有资产治理体系和治理能力现代化。

二、关于加强中央预算审查监督的决定①

2021年4月29日，《全国人民代表大会常务委员会关于加强中央预算审查监督的决定》（以下简称《决定》）正式修订，这是自1999年《决定》实施以来的首次修订，意在强化对中央预算审查监督，管好政府的"钱袋子"。

时隔21年，全国人大常委会为何修订《决定》？修订后的《决定》又有何亮点？政府花钱必须先有预算，法律赋予各级人大及其常委会审查批准预算、决算和监督预算执行职权。近年经济下行压力较大，财政收支矛盾日渐突出，如何花好巨额财政资金十分重要。中央要求强化人大预算决算审查监督职能，发文指导人大预算审查监督重点向支出预算和政策拓展。正是在这一新形势下，1999年的《决定》有必要做出修订。修订后的《决定》共有12条内容，分别对全口径审查和全过程监管、预算编制监督、预算初步审查、预算执行监督、预算调整审查、决算审查等作出规定。其中明确了80多项具体审查监督要点，比如重点审查监督财政政策的合理性、可行性、可持续性情况等。

具体而言，按照党中央对加强人大预算决算审查监督职能提出的新要求，《决定》新增了4条内容。分别是：加强全口径审查和全过程监管，加强预算绩

① 主要借鉴史耀斌："十三届全国人大常委会专题讲座第二十五讲"，中国人大网，2021年8月20日。

效审查监督，加强审计查出突出问题整改情况监督，更好发挥全国人大代表作用。其中，人大对政府预算开展全口径审查、全过程监管是党中央关于人大预算审查监督重点拓展改革提出的明确要求。这个要求贯穿修订《决定》全文，目的是要充分发挥全国人大及其常委会的监督作用，保障党中央重大方针政策和决策部署在政府预算编制、预算执行中得到更好贯彻落实。为与预算法相衔接、避免重复，删去了 3 条内容、合并了 1 条内容。分别是：原《决定》关于代表大会会议审查预算、关于预算超收收入使用的 2 条内容，因在预算法中已有具体规定，不再重复；因预算外收入从 2011 年已经取消，原预算外收入规定自然失效；将预算调整、预算调剂 2 条关联内容合并为 1 条。

这次修订重点突出了十个方面内容：

一是加强全口径审查和全过程监管。贯彻落实党中央部署要求，《决定》将全口径审查和全过程监管作为第一条，并分 7 款对审查监督内容作了具体规定，进一步明确了审查监督的重点，拓展了审查监督的广度和深度。这 7 款内容分别是：加强财政政策审查监督，加强一般公共预算审查监督，加强政府债务审查监督，加强政府性基金预算审查监督，加强国有资本经营预算审查监督，加强社会保险基金预算审查监督，进一步推进预算决算公开。

二是加强中央预算编制的监督工作。为夯实预算审查监督的工作基础，《决定》第二条对一般公共预算、政府性基金预算、国有资本经营预算、社会保险基金预算“四本预算”草案的编制和列示作出具体规定，体现进一步向“事前”审查延伸和拓展的要求。

三是加强和改善中央预算的初步审查工作。为更好发挥专门委员会作用，提升审查监督的针对性和实效性，《决定》第三条进一步健全完善了预算初步审查的程序和机制。全国人大常委会预算工委要开展前期沟通调研、充分听取意见建议、提出分析报告；完善全国人大财经委预算初步审查的程序和内容，开展专题审议；有关专门委员会就联系部门的部门预算、相关领域专项资金和政策开展专项审查。

四是加强中央预算执行的监督工作。为切实解决中央预算执行监督存在信息不对称、监督手段有限等问题，《决定》第四条明确了国务院有关部门提供预算执行相关政策制度和数据信息的时间频度与方式方法，为常态化监督中央预算执行情况筑牢基础。规定利用现代信息技术开展预算联网监督，提高预算审查监督效能。

五是加强中央预算调整方案的审查工作。为强化预算严肃性，《决定》第五条进一步明确预算执行中必须作出预算调整的情形，健全出台重要财税政策和预算重要变化情况的通报机制。明确预算执行中出台重要财政收支政策或者预算收支结构发生重要变化的情况，财政部应及时向全国人大常委会预算工委通报，必要时向全国人大常委会报告。

六是加强中央决算的审查工作。按照全口径支出决算审查和细化透明的要求，《决定》第六条对一般公共决算支出、政府性基金决算支出、国有资本经营决算支出、社会保险基金决算支出的编报，作了具体规定。

七是加强预算绩效的审查监督工作。为贯彻落实党中央关于全面实施预算绩效管理的改革要求，《决定》第七条对预算绩效审查监督作出规定。明确各部门、各单位应当全面实施预算绩效管理，加强绩效评价结果运用。将重要绩效评价结果与决算草案同步报送全国人大常委会审查。必要时，召开预算绩效听证会。

八是加强审计监督和审计查出问题整改情况的监督工作。为更好发挥审计监督作用，形成监督工作合力，《决定》第八条对加强审计监督、第九条对加强审计查出问题整改情况监督分别作出规定。审计工作报告应全面客观反映审计查出的问题，揭示问题产生原因，提出改进工作建议。审计查出的问题要依法处理，强化责任追究，完善审计查出问题整改工作机制。全国人大常委会每年定期听取和审议国务院关于审计查出问题整改情况的报告，开展跟踪监督。

九是依法执行备案制度、强化预算法律责任。为进一步贯彻实施预算法，《决定》第十条对依法执行备案制度、审查监督发现问题处理等作出规定。对预算审查监督发现的问题，区分及时研究处理、依法追究法律责任、需要给予政务处分等不同情况，作出规定。

十是更好发挥全国人大代表作用。为充分发挥人大代表的主体作用，《决定》第十一条规定，国务院财政等部门应认真听取代表意见建议，主动回应代表关切。全国人大常委会有关工作机构应加强与全国人大代表的沟通联系。健全预算审查联系代表工作机制。

◇ 专栏 3－3

时隔 21 年全国人大修订这个文件，强化中央财政预算监管（节选）

中央财经大学预算管理研究所所长李燕认为，这次《决定》修订的首要亮点，就是凸显了党的领导、依法治国及国家治理现代化的要求。党的十八大以来，党对预算改革及人大预算监督工作提出了许多新的要求，近些年也推出不少新的改革具体举措，比如建立政府向人大常委会报告国有资产管理情况制度等，这些举措写入了此次《决定》中。李燕表示，这次修订将近些年来人大有关预算审查监督的改革举措、成功经验和有效做法上升为法律规定，同时取消一些已不适应的相关条文，如“加强对预算外资金的监督”。同时很好地衔接了预算法、监督法中有关预算审查监督的条文，以及预算法实施条例、国务院关于进一步深化预算管理制度改革的意见的相关内容，有利于在深化预算改革的进程中协同发力，取得更好的改革成效。

上海财经大学邓淑莲教授认为，修订后的《决定》使人大对预决算的审查监督的组织机制和工作内容更为明确，体现了我国立法机构适应现代预算制度要求和我国实际的审查监督工作特点。邓淑莲表示，修订后《决定》亮点之一，就是强调对中央政府预算的全口径审查。全口径预算管理是新修订《预算法》的亮点之一，也是现代公共预算的重要原则。现实中政府是否按照《预算法》的全口径要求编制和执行预算必然成为人大预算审查监督的重要内容。《决定》对此进行了比较详细的规定，从而为人大的审查监督工作提供了明确的指南。

李燕认为，相较于 1999 年的《决定》，此次修订站位更高视野更广，表现在监督链条更加完整、监督覆盖面更为广泛，监督内容更为细化，监督方式更加多元化。这凸显了人大对预算的全过程全方位的监督。比如增加的“全口径审查和全过程监管”要求体现了中央对人大全口径审查和全过程监管以及预算审查监督重点向支出预算和政策拓展的总体要求，增加的“预算绩效审查监督”将人大监督的视野由花钱的合规延伸到花钱的效果，“审计查出问题整改情况监督”则将以前提出的“加强审计”延伸至审计查出问题的整改。

广州市天河区人大常委会副主任林志云认为，修订后的《决定》是进一步深化预算管理制度改革的又一重磅法规。比如《决定》在编制预算、制定政策、推进改革过程中，要求认真听取全国人大代表意见建议，主动回应全国人大代表关切。我们当地也是如此做。这有利于人大代表有效审查监督好政府的“钱袋子”。

李燕表示，修订后的《决定》提出依法执行备案制度、强化预算法律责任的要求。使通过人大的监督，严肃《预算法》中的规定的法律责任更有抓手，法定约束力更强。

全国人大常委会预算工作委员会主任史耀斌近日公开表示，修订后的《决定》按照坚持改革与法治相统一、相促进的原则，将人大预算审查监督有关改革举措、成功经验和有效做法上升为法律规定，对进一步贯彻落实党中央改革部署，全面贯彻实施预算法，更好发挥人民代表大会制度的国家根本政治制度作用，对进一步推进依法行政、依法理财，加快建立现代财政制度，具有重要意义。

资料来源：第一财经（节选）2021 年 4 月 30 日，作者：陈益刊 。

三、关于制定加强国有资产管理情况监督的决定

2017 年 12 月，党中央印发《关于建立国务院向全国人大常委会报告国有资产管理情况制度的意见》。经过三年多的努力，县级以上地方都已建立和实施国

有资产管理情况报告制度，初步摸清了国有资产家底，人大国有资产监督职能显著加强，监督工作实现良好开局。为进一步健全国有资产管理情况监督法律制度，在总结实践经验基础上，2020 年 12 月，制定《全国人大常委会关于加强国有资产管理情况监督的决定》。

制定《决定》工作遵循的基本原则：一是坚持党的领导。健全国有资产监督法律制度，使党的主张通过法定程序成为国家意志。二是坚持依法监督。按照宪法和法律规定，准确把握人大国有资产监督是对政府国有资产管理情况的监督、而不是管理国有资产的定位。三是坚持实事求是。强化目标导向和问题导向，围绕国有资产管理情况报告制度细化拓展具体措施，使规定要求可行管用，增强人大国有资产监督刚性，使监督真正"长出牙齿"。

《决定》共九条，近 3000 字，分为四个部分。第一部分是总体要求，主要规定人大国有资产管理情况监督的对象、原则、方式方法等；第二部分是报告和审议工作，主要规定国务院报告的内容、重点、方式和全国人大常委会审议的程序、重点、相关工作等；第三部分是健全工作机制，主要规定建立健全整改与问责机制、与预算审查监督衔接机制、公开透明机制、信息共享机制等；第四部分规定地方人大常委会参照建立健全国有资产管理情况监督制度。

主要内容有以下十个方面：

一是明确人大监督基本方式。《决定》规定，全国人大常委会把每年听取和审议国务院关于国有资产管理情况的报告，作为履行国有资产监督职责的基本方式。全国人大常委会通过制定国有资产监督工作五年规划，对届内监督工作作出统筹安排；通过制订年度监督工作计划具体实施。预算工委承担人大国有资产监督具体工作，协助财经委等有关专门委员会承担初步审议相关工作。

二是规范报告的重点内容。按照综合报告与专项报告相结合的方式，国务院向全国人大常委会报告年度国有资产管理情况。综合报告要全面准确反映各类国有资产和管理的基本情况；专项报告要根据各类国有资产性质和管理目标，分别报告各类国有资产管理工作、成效、问题和改进工作情况。

三是建立健全报表体系、管理评价指标体系。为解决国有资产数据不完整不充分、管理情况缺乏量化评价等影响人大监督的基础性工作问题，规定企业国有资产（不含金融企业）、金融企业国有资产和行政事业性国有资产报表应当细化到行业，中央国有资产相关报表应当分企业、部门和单位编列；建立健全反映不同类别国有资产特点的评价指标体系，全面客观精准反映管理情况和成效。

四是加强审计监督。为有效发挥审计对人大国有资产监督的支持作用，规定审计部门要落实党中央关于审计全覆盖要求，加强对国有资产、国有资源的审计，并形成专项报告，作为每年审计工作报告的子报告，提交全国人大常委会。

五是强化人大常委会审议前的相关工作。规定开展专题调研时，邀请全国人大代表参加，充分发挥代表作用；专题调研情况向全国人大常委会报告；建立健全管理情况监督评价指标体系，推进人大监督由定性向定量拓展。

六是完善人大审议的重点内容。为进一步提高人大常委会审议质量，《决定》对审议的重点内容作了进一步丰富和规范；按照全覆盖要求，进一步突出对全部国有资产的监督，并明确和完善了对各类国有资产管理情况监督的重点。

七是发挥专题询问等监督方式作用。明确全国人大常委会在任期届满前一年内听取和审议综合报告时，开展专题询问；其他年份也可根据需要开展专题询问。全国人大常委会针对国有资产管理存在的问题，可依法进行质询和特定问题调查，可根据审议和监督情况依法作出决议。

八是推动政府加强整改问责和强化人大跟踪监督。规定国务院建立健全整改与问责机制，推进整改，依法问责，并向全国人大常委会报告整改问责情况。全国人大常委会对突出问题、典型案件建立督办清单制度，由有关专门委员会、预算工委开展跟踪监督具体工作。建立人大国有资产管理情况监督与国家监察监督衔接机制。

九是建立与预算决算审查监督有效衔接机制。规定要健全国有资本经营预算管理制度，强化国有资本经营预算对国有资本的总体布局、投资运作、收益管理等的统筹约束和支撑保障作用。同时，还对健全资产管理和预算管理相衔接的工作机制作了规定。

十是建立信息共享机制、推进公开透明。规定国务院有关部门建立全口径国有资产信息共享平台，并通过预算联网监督系统向预算工委报送相关数据信息。预算工委汇总相关信息向有关专门委员会通报、向全国人大常委会报告。全国人大常委会办事机构将国有资产监督工作五年规划、国有资产管理情况报告及人大审议意见等，向全国人大代表通报并向社会公布；除依法不予公开内容外，国务院及其部门按规定及时公开国家、部门、单位国有资产报表，接受社会监督。

四、关于加强地方人大对政府债务审查监督的意见①

2021 年 7 月 21 日，中共中央办公厅印发了《关于加强地方人大对政府债务审查监督的意见》（以下简称《意见》）。《意见》针对地方政府债务管理中的信息不完整不透明、风险评估较困难等问题，地方人大审查监督政府债务的内容和

① 主要借鉴“全国人大常委会预算工委负责人就《意见》有关情况回答记者提问”，新华网，2021 年 7 月 21 日，http：//www. xinhuanet. com/2021 －07/21/c_ 1127679918. htm。

重点不明确、程序不规范、手段方法不丰富等问题，提出了明确而有针对性的要求。

（一）总体要求

《意见》提出，要高度重视政府债务风险防范化解工作，依法推动政府严格规范债务管理，建立健全向人大报告政府债务机制，明确人大审查监督的程序和方法，深入开展全过程监管，强化违法违规举债责任追究。一是坚持党中央集中统一领导，确保政府债务资金安排和使用更好体现和落实党中央决策部署。二是坚持依法审查监督，根据预算法、监督法等法律规定，严格依照法定职责、限于法定范围、遵守法定程序，开展政府债务审查监督。三是坚持聚焦重点问题，针对政府债务管理中的突出问题和监督中的薄弱环节，完善制度机制和程序方法。四是坚持全过程监管，硬化预算约束，强化预算执行，防止政府在法定限额之外违法违规或变相举借债务。

（二）政府预算决算编制方面

地方各级人大及其常委会要积极推动政府在预算草案、预算调整方案和决算草案中，及时、完整、真实编制政府债务，完善并细化相关报告的内容。在上一年度政府债务执行和决算情况表中，应当反映一般债务和专项债务的限额和余额、债务年限、还本付息等情况，反映本级政府债券项目实施情况。在本年度政府债务预算收支安排情况表中，应当反映政府债务限额和预计余额情况，反映本级政府一般债务和专项债务的限额和预计余额、年度新增债务、债券项目安排等情况。对投资规模较大和对本地区有重要影响的重大建设项目，应当提供项目投资规模、资金来源及构成情况表。在政府债务指标情况表中，应当反映债务率、偿债资金保障倍数、利息支出率等债务风险评估指标情况。政府因举借债务而提请本级人大常委会审查批准的预算调整方案，应当反映政府债务限额和余额、新增债务规模和限额分配等情况。《意见》还明确，政府预算草案中要细化专项债务表的编报，反映上一年度本级政府专项债券收入、支出、还本付息及专项收入情况，反映本级项目的负债规模、期限、利率、还本付息等情况。预算安排的项目，应当按项目编制收支预算总体平衡方案和分年平衡方案。

（三）政府债务限额的审查监督方面

地方政府债务限额是地方政府可以依法举借债务的总规模，是防范重大风险的主要控制指标。《意见》要求，地方各级政府应当在上级政府下达的债务限额之内，依据本地区经济发展和财政收入情况，统筹考虑政府存量债务水平，在保持财政可持续发展前提下，科学编制本级政府和下级政府债务限额分配方案。地方各级人大及其常委会在上级政府下达的债务限额内，按照正向激励原则，统筹平衡各级综合财力，通过债务率、偿债资金保障倍数、利息支出率等指标，衡量和评价政府债务风险，对本级政府和本级政府对下分配的新增政府债务限额总规模的合理性作出评价。

（四）加强专项债务的审查监督方面

重点审查本级政府新增专项债务规模是否控制在上级政府下达的债务限额内，是否用于有一定收益的公益性项目，债务资金投向是否符合相关政策规定；审查项目的方向和用途、收益测算、还款资金来源、最终偿债责任等内容；审查项目平衡方案是否根据项目建设运营周期、资金需求、项目对应的政府性基金收入和专项收入等因素，经过合理测算确定。

（五）规范审查监督政府债务的程序方面

地方各级人大及其常委会围绕政府预算草案、预算调整方案、决算草案的审查批准和预算执行监督，规范工作程序，完善工作机制，开展全过程监管。地方各级人大及其常委会要依法审查政府债务。地方各级人大财政经济委员会或预算委员会等有关专门委员会在对政府预算草案初步方案、预算调整初步方案、决算草案进行初步审查或对政府债务开展专题审议时，政府相关部门负责人应当按有关规定到会听取意见、回答询问。地方各级人大常委会预算工作委员会等工作机构应当加强对政府债务的调查研究，提出有针对性建议。预算草案、预算调整方案、决算草案经本级人大或其常委会审查批准后，本级人大常委会按规定及时将关于预算的决议、预算调整的决议、决算的决议及相应的审查结果报告和有关审议意见等，送本级政府研究处理。地方各级政府及其财政等部门要认真研究，并在规定期限内向本级人大常委会报告研究处理情况。

（六）对地方政府债务风险管控的监督方面

一要加强监督问责。加强对以政府投资基金、政府和社会资本合作（PPP）、政府购买服务等名义变相举债行为的监督；严格对下一级人大及其常委会违法担保、承诺等行为的监督；加强对违法违规建设项目和使用债务资金的监督；加强对政府通过地方国有企业变相融资行为的监督。二要监督政府建立完善债务风险评估预警和应急处置机制。重点监督政府是否定期分析评估债务风险并进行警示、举借债务是否考虑未来偿债压力、是否按规定对出现的风险及时启动应急处置措施等。三是推动政府债务信息公开透明。推动政府建立统一的政府债务信息披露机制，明确披露责任，规范披露内容、时间节点和渠道等。

（七）对地方各级党委、人大及其常委会、政府的要求

《意见》明确要求，地方各级党委要高度重视政府债务风险防范化解工作，加强组织领导，把握工作方向，支持和保障人大及其常委会依法加强对政府债务的审查监督，确保党中央有关决策部署落实落地，坚决守住不发生系统性区域性风险的底线。地方各级人大及其常委会要依法扎实做好政府债务审查监督工作，增强责任感使命感，将党中央关于加强人大对政府债务审查监督的决策部署落实到预算决算审查、预算执行监督和审计查出问题整改跟踪监督等各项工作中。重大事项按规定及时向本级党委请示报告。地方各级政府要依法接受本级人大及其常委会的监督，加快建立健全政府债务管理制度，不断完善和细化预算草案、预算调整方案、决算草案和报告中有关政府债务的内容。《意见》还对加强协调配合、综合运用监督方式方法等提出明确要求。

◇ 专栏3－4

31个省份审计揭露地方债痼疾（节选）

一、隐性债务审计问题

问题一：隐性债务监测平台数据不准确

河南：安阳等3个市本级和清丰等8个县隐性债务监测平台数据不精准，主要是在填报过程中交叉重复填报事项，错误录入金额或未及时更新偿还信息，涉及26笔、金额2.99亿元。

山西：防范化解地方政府债务和隐性债务风险仍有短板。截至2020年底，清徐、阳曲等3个县未将21个PPP项目101.73亿元财政支出责任纳入财政中长期规划。

问题二：隐性债务化解任务未完成

山西：临县、小店2个县23.03亿元的当年政府隐性债务化解任务未完成。

问题三：部分融资平台负债率偏高

陕西：对5个市13个省级以上开发区（新区）25家融资平台和金融类公司2020年度资产负债损益情况开展了专项审计调查。发现的主要问题是：部分公司资产负债率偏高；19家公司未按合同约定用途使用融资资金；1家公司对外投资形成损失风险0.98亿元；7家公司60个项目未及时办理竣工财务决算。

问题四：违规挪用资金化债

天津：某区挪用市财政专项资金3亿元，用于化解企业债务。

青海：青海对省级政府基金审计调查发现，基金公司违规从事禁止项业务。1家基金公司以投资的方式给1家国有企业借款3亿元，用于偿还该企业

到期的中期票据本息债务。

二、法定政府债务审计

问题一：个别县还本付息资金超过当年可支配财力

甘肃：个别县的偿债压力较大，还本付息资金超过当年可支配财力。

问题二：专项债项目收益率低

江苏：部分专项债券项目实际收益小于预期收益，未达到资金平衡方案要求。审计抽查2019年以来989个项目发现，有147个项目2020年实际收益小于资金平衡方案明确的预期收益，涉及债券资金346.12亿元。

湖北：组织对20个市县2018—2020年专项债券资金管理使用情况进行了审计。4个项目实际收益率低、难以还本付息。

问题三：违规用于支付工资、涉企补贴、差旅费、办公经费及购买理财

山东：4市20县将29.04亿元债券资金出借给乡镇、企业等周转使用，有的用于购买理财产品或其他项目建设等。

湖北：组织对20个市县2018—2020年专项债券资金管理使用情况进行了审计。3个市县将335.65万元项目资金用于人员和办公经费支出。

河南：郑州等2个市本级和夏邑等3个县将4.37亿元债券资金用于支付涉企财政补贴、棚户区拆迁补偿等于债券项目无关的支出，涉及14个项目。

广东：有1个市的2个区将专项债券资金用于偿还政府购买服务金、发放人员工资等支出，涉及金额5.41亿元。

海南：5个市县将436.86万元债券资金用于建设单位管理费、薪资福利及差旅费等经常性支出。

问题四：债券资金使用不规范

湖北：12个市县未按规定程序报省财政审批，将50个专项债项目资金35.76亿元自行调整用于其他建设项目。

江苏：少数市县债券资金管理使用不规范。有2个市县违规改变债券资金用途，用于其他项目支出，涉及资金1454.27万元。

贵州：15个县违规将专项债券资金12.41亿元用于非债券项目建设等。

重庆：在财政风险防控方面，部分区县新增债券资金管理不到位，存在违规改变债券资金用途或使用不及时等问题。

问题五：专项债资金闲置

湖北：组织对20个市县2018—2020年专项债券资金管理使用情况进行了审计。20个市县三年共获得新增专项债券资金499.23亿元，已拨付使用427.44亿元，实施土地储备和基础设施建设等项目394个，完成投资645.72亿元。审计发现的问题主要有，专项债券资金申报和项目建设进度不匹配，44.38亿元未及时使用，增加利息负担1.66亿元。其中：

8个市县的20个土地收储、棚户区改造等专项债券项目没有启动，14.13亿元资金长期闲置，最长达823天，闲置资金背负利息6896.55万元；

4个市县的17个专项债券项目资金19.81亿元，资金到位一年后才开工建

设，多背负利息6778.07万元，增加了建设成本；

10个市县18个专项债券项目获取资金17.28亿元，当年仅使用6.85亿元，结转10.43亿元，当年未使用的资金背负利息2875.4万元。

江苏：部分专项债券资金使用进度慢，影响资金效益发挥。一是部分债券资金结存在财政部门。截至2020年底，有10个市县44.62亿元结存在当地财政部门1年以上。

二是部分债券资金结存在项目单位。至2020年底，省本级和29个市县因61个项目未开工，导致当年债券资金结存73.42亿元；省本级和9个市县25个项目以前年度债券资金结存19.23亿元。

三是项目建成后债券资金结余形成沉淀。2个市本级19个项目已完工结算，但有1.5亿元债券资金仍结余沉淀在项目单位。

河南：一是郑州等3个市本级和上蔡等25个县84.82亿元债券资金滞留国库超过90天，涉及134个项目，滞留时间最长达448天。

二是18个市本级和鄢陵等122个县349.48亿元债券资金滞留项目单位超过180天，涉及572个项目。其中，由于项目前期准备工作不充分、项目审批手续办理迟缓等原因，驻马店等3个市本级和巩义等14个县共28个政府债券建设项目长期未开工，18.16亿元债券资金滞留在项目单位，滞留时间最长达455天。

甘肃：专项债券资金仍存在重发行轻管理的问题，由于部分项目进展缓慢，4个市和1个县闲置专项债券资金7.94亿元。

贵州：截至2021年4月底，13个项目20.40亿元专项债券资金由于项目调整、推进缓慢等超过8个月未投入项目建设，占债券到位资金的94.53%。

安徽：因项目前期准备不充分、规划调整等，截至审计日，6个市、2个县尚有26个2020年新增专项债券资金项目支出进度低于50%，其中13个项目安排专项债券资金14.44亿元，仅支出5338万元，单项支出进度均低于10%。

北京：政府债券资金长期闲置问题仍然突出。截至2020年10月末，8个区有14个项目、109.12亿元债券资金在主管部门或项目单位闲置一年以上，个别资金闲置超过3年。

广东：组织对汕头、河源、中山、阳江4个市2020年度专项债券资金管理使用情况进行审计。有3个市因项目储备质量不高、前期准备工作不充分等原因，导致闲置债券资金22.57亿元，其中有1个市的2.72亿元闲置时间超过2年。

山东：2020年7月至12月，对市县政府专项债券管理使用情况进行了审计，共抽审单位771个、项目1277个，涉及资金1453.45亿元。发现的主要问题：

一是部分项目进展缓慢或无法实施。15市67县261个项目由于前期论证不充分、规划设计和方案制订不合理等，未按期开工建设，有的项目进度较慢或者无法实施，304.21亿元债券资金存在不同程度闲置问题。

二是部分项目资金拨付不及时。3市30县未按规定时间拨付债券资金134.54亿元。2市6县13个项目未及时办理竣工决算等，3.51亿元资金闲置在项目单位。2市23县56个项目未按合同约定进度支付工程款，造成28.32亿元资金滞留。

上海：抽查发现，由于资金使用计划与工程进度不匹配、项目不具备开工条件但当年仍发行了债券等原因，部分政府债券资金闲置在区级财政部门及项目单位，涉及项目201个、金额264.97亿元。

山西：截至2021年3月底，省本级及分配尧都、文水等13个市县32个项目18.53亿元的债券资金未使用；分配忻州、清徐等28个市县47个项目32.54亿元的债券资金首次支出日期距离发行日期间隔3个月以上。

海南：4个市县债券资金10.17亿元长期闲置，最长时间超过一年。

辽宁：部分政府债券资金使用效益不高，抽查2019年和2020年新增政府债券安排的45个项目，至2021年4月底，有3个项目还未开工，11个项目累计完成投资不足30%，涉及债券资金16.67亿元。

广西：部分专项债券项目建设进度缓慢。2个项目逾期1年未能开工建设，涉及专项债券资金9000万元；1县1799.39万元专项债券资金闲置1年未使用。

四川：由于项目准备不充分或停止实施等原因，新增债券资金有62.63亿元闲置超过1年。

资料来源：《21世纪经济报道》，2021年9月9日，作者：杨志锦。

第三节 《预算法实施条例》的修订

在时隔25年之后，《预算法实施条例》（以下简称“新条例”）得到了全面修订并颁布实施。新条例的出台不仅具有坚实的上位法依据，也有力地推进了我国预算法治建设步入新阶段。在弥补1995年《预算法实施条例》（以下简称“旧条例”）的缺点与不足的基础上，新条例的修订及时反思了预算改革的教训，总结了预算改革的经验，对推进现代国家治理具有深远的进步意义。

一、《预算法实施条例》的出台背景

2015年修正的《预算法》施行以来，我国相继推出了一系列深化财政改革和规范预算管理的新制度新机制，财政管理更加规范透明，财政体制更加科学合理。

一是大力推进预算管理制度改革。完善政府预算体系，一般公共预算、政府性基金预算、国有资本经营预算、社会保险基金预算等四本预算相互衔接。积极推进预决算公开，各级政府和部门预决算按照要求已基本公开。改进年度预算控制方式，预算审核重点由平衡状态、赤字规模向支出预算和政策拓展。建立跨年度预算平衡机制，实行中期财政规划管理，增强财政科学配置公共资源的能力。树立过紧日子思想，从严控制一般性支出。

二是建立规范的地方政府举债融资机制。依法赋予地方政府适度举债权限，对债务实行限额管理和预算管理。建立终身问责、倒查责任的问责机制，有效防范化解财政风险。

三是改革和完善转移支付制度。调整优化转移支付分类，厘清各项转移支付的功能定位，加强转移支付管理，更好地与财政事权和支出责任划分改革相衔接。

四是全面实施预算绩效管理。构建全方位、全过程、全覆盖的预算绩效管理体系，推动提升政府效能。

五是强化预算执行管理。政府收入和支出实行国库集中收付管理。大力清理和规范财政专户，建立起财政专户管理长效机制。中央国库现金管理操作实现常态化，地方国库现金管理稳步开展。

六是决算编制和权责发生制政府综合财务报告编制有新进展。财政总决算和部门决算体系更加完善，内容更加丰富。权责发生制政府综合财务报告制度改革工作稳步推进，政府会计准则制度不断健全。财政改革发展的进一步推进，改革举措的细化落实，为修订预算法实施条例提供了丰富的实践经验，也提供了必要的现实条件。

二、《预算法实施条例》的主要内容[①]

主要包括以下七个方面：

（一）进一步明确政府预算收支范围和编制内容，政府预算体系更加清晰完整。条例根据预算法的授权，规定一般公共预算、政府性基金预算、国有资本经营预算和社会保险基金预算等四本预算的收支范围和编制内容。对预算法关于一般公共预算收入中各项收入概念作出解释。对政府性基金预算、国有资本经营预算、社会保险基金预算收支范围作出规定，对四本预算的衔接作出规定，一般公

① 主要参考刘昆："认真学习贯彻预算法实施条例 加快建立现代财政制度"，《经济日报》2020 年 8 月 21 日。

共预算可以根据需要和财力适当安排资金补充社会保险基金预算，国有资本经营预算可以向一般公共预算调出资金。条例还对四本预算具体的编制内容作出详细规定。上述规定有利于进一步提高政府预算编制的规范性和科学性，增进政府预算体系内各本预算之间的有效衔接。

（二）进一步规范部门预算管理，提高预算编制的完整性。条例严格贯彻预算法确立的政府的全部收入和支出都应当纳入预算的全口径预算管理的基本理念，规定各部门预算应当反映一般公共预算、政府性基金预算和国有资本经营预算安排给各部门及其所属各单位的所有预算资金，在规范部门预算财政拨款收支的同时，进一步做实"一个部门一本预算"的管理要求，有利于进一步提高部门预算编制的完整性。条例同时规定，部门预算支出包括基本支出和项目支出，各部门及其所属单位的本级预算拨款收入和其所对应的支出，应当在部门预算中单独反映。

（三）进一步加强地方政府债务管理，防范债务风险。条例对预算法关于政府债务管理规定予以细化和明确。要求建立健全地方政府债务风险评估指标体系，组织评估地方政府债务风险状况，对债务高风险地区提出预警，并监督化解债务风险。对于外国政府和国际经济组织贷款，国务院可以转贷给省、自治区、直辖市政府。省、自治区、直辖市政府负有直接偿还责任的，应当纳入本级预算管理。省、自治区、直辖市政府可以将国务院转贷的外国政府和国际经济组织贷款再转贷给下级政府。上述规定有利于建立规范的地方政府举债融资机制，进一步加强地方政府债务管理，加强各方面对地方政府债务的监督，切实防范和化解债务风险，促进经济社会事业持续健康发展。

（四）进一步规范预算执行，强化全流程管理。根据预算法的有关规定和预算管理的需要，条例修改完善了财政部门和各部门、各单位在预算执行中的主要职责规定，进一步厘清财政部门和预算单位的职责分工，强化各部门、各单位的部门预算执行主体地位。充实组织预算收入和预算资金拨付有关规定，将预算法关于国家实行国库集中收缴和集中支付制度落到实处。为细化预算法关于特定专用资金可以依照国务院的规定设立财政专户的要求，条例明确了特定专用资金的范围，规定开设、变更财政专户和撤销财政专户的管理程序，要求财政专户资金由本级政府财政部门管理，并在预算执行情况、决算和政府综合财务报告中单独反映，这些规定巩固了财政专户清理成果，使财政专户管理步入规范化、法治化轨道。

（五）进一步完善转移支付制度，规范政府间财政关系。条例进一步细化了预算法关于专项转移支付定期评估和退出机制的内容，进一步充实和完善转移支付管理的具体内容。严格规范转移支付资金拨付，加强转移支付资金的归口管理，明确财政转移支付预算下达和资金拨付应当由财政部门办理，其他部门和单位不得对下级政府部门和单位下达转移支付预算或者拨付转移支付资金，全面提高转移支付管理的规范性和有效性。同时，条例规定县级以上各级政府应当按照本年度转移支付预计执行数的一定比例将下一年度转移支付预计数提前下达至下一级政府，并分别明确了一般性转移支付和专项转移支付的提前下达比例。

（六）进一步深化预算绩效管理，提高资金使用效益。条例遵循预算法关于各级预算应当讲求绩效的原则，在预算法关于绩效目标管理、支出绩效评价结果、开展绩效评价规定的基础上，进一步明确绩效评价的概念，规定绩效评价结果作为改进管理和编制以后年度预算的依据，财政部门组织和指导预算资金绩效监控、绩效评价，各部门各单位实施绩效监控，定期向本级政府财政部门报送预算绩效评价报告。条例关于预算绩效管理的规定，进一步构建了全方位预算绩效管理格局，建立了预算编制、执行和决算全过程的绩效管理链条，有利于进一步节约支出、应对当前财政收支缺口，使财政资金分配更加突出重点、提质增效，切实提高资金使用效益。

（七）进一步加大预算信息公开力度，增强预算透明度。秉承预算法关于预算公开的基本理念，条例坚持以公开为常态、不公开为例外，一般性转移支付向社会公开应当细化到地区，专项转移支付向社会公开应当细化到地区和项目。政府债务、机关运行经费、政府采购、财政专户资金等情况，按照有关规定向社会公开。部门预算、决算应当公开基本支出和项目支出，支出按其功能分类应当公开到项；按其经济性质分类，基本支出应当公开到款。条例对部门预算公开提出细化要求的同时，进一步落实和推进各部门所属单位的预算公开工作，对各部门所属单位预决算公开的时限、细化程度也提出了具体要求，有利于进一步增强部门及其所属单位的预算透明度，大力促进透明政府、廉洁政府建设。

三、《预算法实施条例》修订的难点

（一）“精算平衡”的理解与贯彻

新条例在第三条中将“精算平衡”作为社会保险基金预算实施的基本原则，一般公共预算可以适当补充社会保险基金预算。精算是一个会计学的概念。精算平衡是预算平衡在社会保险基金预算实施中的微观基础，而预算平衡是精算平衡必须遵循的宏观目标。正如胡明（2015）指出，“精算平衡”和“预算平衡”处于复杂的法律逻辑关系之中。精算系社会保险的决策工具，目的在于将对社会保险长期收支关系的测算结果演变成法律，而预算系社会保险的实施工具，应当在充分考虑到精算结果的基础上编制短期内的基金收支状况，并接受代议机关和参保人的民主监督。娄宇（2018）指出，从预算实践来看，社会保险基金预算资金缺口正呈逐渐扩大之势。因而，精算平衡这一基础型要求仅仅是理念层次的。这也意味着，若完全以精算平衡作为社会保险基金预算的实施依据，那么必须实现社会保险基金预算与另外三本预算之间的联动。在此意义上，新条例为“精算平衡”的严格执行留下了敞口，即“一般公共预算可以根据需要和财力适当安排资金补充社会保险基金预算”，那么精算平衡的实施效能则有待于进一步观察。

在预算治理实践中，社会保险基金预算的精算平衡至少面临三个层面的现实难题。第一，社会保险基金缴纳的历史与现实问题。所谓历史问题，在于社会保险基金预算的历史实施过程曾运行过“双轨制”乃至“多轨制”而产生的并轨问题。并轨之前，不同群体的社会保险基金缴纳的情形是不同的，而享受的相应待遇也具有较大差异。作为历史遗留问题，社会保险基金不同群体并轨的历史问题必须首先解决。除此之外，现实问题在于社会保险基金预算存在着代际不公平问题。2017 年国务院印发的《划转部分国有资本充实社保基金实施方案》指出，划转部分国有资本，基本目标是弥补因实施视同缴费年限政策形成的企业职工基本养老保险基金缺口。“视同缴费年限”是社会保险基金预算缺口的主要原因之一，造成了代际不公平的现象。因而刘昌平（2017）指出，代际公平是社保制度存在的基础。第二，统筹的层级问题。在中央—地方二元治理格局之下，中央作为“精算平衡”的单独一级，这是毋庸置疑的。然而，在地方层级上，“精算平衡”具体由省、市、县、乡哪一级统筹，则涉及分税制改革的方向。至于是进行一级政府统筹，还是各个层级都进行统筹，新条例也并未明确规定。第三，调剂金制度的设立。在目前的四本预算中，仅有社会保险基金预算将“精算平衡”作为基本原则。根据该原则的要求，建立相应的调剂金制度是必要的。因而新条例明确了社会保险基金预算和一般公共预算的单向补充关系。然而，社会保险基金预算的“资金缺口”依赖一般公共预算的补充和国有资本的划转并非长久之计。在财政“过紧日子”的形势之下，一般公共预算中设立调剂金只会导致社会保险基金预算的缺口转移，加剧财政支出紧张的态势。在此意义上，真正落实“精算平衡”原则的要求，还应将政府性基金预算和国有资本经营预算一并纳入考虑，实现四本账一体化的框架之下解决社会保险基金预算的“灰犀牛”问题。

（二）专项转移支付的评估和退出机制

新条例将“专项转移支付”界定为“上级政府为了实现特定的经济和社会发展目标给予下级政府，并由下级政府按照上级政府规定的用途安排使用的预算资金”。这一规定有助于严格控制专项转移支付的项目数量和资金规模，增强地方政府财政自给能力和财政统筹能力。

与一般性转移支付相比，专项转移支付更能体现中央（上级政府）的政治意愿，因而具有更强的针对性。然而，由于专项转移支付的规模过于庞大，以及附带造成的地方政府“跑部钱进”的机会主义行为，当前的政策取向是缩减转移支付的规模、优化转移支付的结构。这一政策取向得到2014年《预算法》修订的确认。专项转移支付的评估和退出机制，在很大程度上是出于贯彻《预算法》相关要求的必需。根据《预算法》第十六条第三款之规定，专项转移支付须依法设立，用于办理特定事项，且应建立健全专项转移支付定期评估和退出机制。就该机制的实施而言，福建、江苏、安徽、广东等省已经有所举措，颁布了省级财政专项资金管理办法。事实上，专项转移支付的定期评估和退出是两个不同的机制。专项转移支付的退出必然是以专项转移支付的评估为前提，而反之则不然。专项转移支付定期评估之后，相关部门根据评估结果再决定该项支出的后续处理方式。新条例第二十条规定，根据专项转移支付的要求设立的项目，应当进行绩效评价。这意味着，应根据设定的绩效目标，按照规范的程序，对预算资金的投入、使用过程、产出与效果进行系统和客观的评价。在新条例中，绩效评价结果应当按照规定作为改进管理和编制以后年度预算的依据。因而，专项转移支付定期评估、退出和财政资金使用的绩效评价三者之间形成了行政体系内部的财政绩效核查机制。

（三）部门责任的设计与落实

自部门预算改革在2000年开启之后，“部门”业已成为我国预算编制，乃至预算实施的重要载体。新条例合并了旧条例“总则”的第三条和第四条，而直接在新条例第四条中将“部门”界定为“与本级政府财政部门直接发生缴拨款关系的国家机关、军队、政党组织、事业单位、社会团体和其他单位”。由于预算执行涉及多个层级的政府、财政部门和其他部门、单位，因而新条例在“第四章”中专门对财政部门和其他部门、单位的主要职责进行了界定。其中，财政部门承担着预算执行的九项主要职责，其他部门、单位承担着预算执行的四项主要职责。这一部门责任的界定是部门预算改革的直接产物，但从根本上受益于机构改革的“三定”方案和政府间财政事权划分改革。

部门预算改革改变了预算编制的基本组织形式，因而相应的责任形式也应予以改变。在“一个部门、一本预算”的基本要求之下，是部门，而非一级政府，作为承担预算执行任务的主体。部门预算实施的基本方式为：一是依法实施预算；二是执行本级政府的指示和要求，以及本级政府财政部门的部署；三是落实本部门、本单位的职责、任务和事业发展计划；四是制订本部门、本单位的定员、定额标准；五是核实本部门、本单位上一年度预算执行情况和本年度预算收支变化因素。

◇ 专栏3－5

《预算法实施条例》中的三项进步（有删减）

预算准备日程表延长

《条例》第二十二条规定财政部每年6月15日前部署编制下一年度预算草案的具体事项；第二十五条规定县级以上地方各级财政部门于每年6月30日前部署编制本行政区域下一年度预算草案的具体事项，以此作为预算编制的起点。这与1995年制定的旧条例相关规定相比，提前了近5个月。考虑到良好的预算编制、审查和执行都高度依赖一个相对宽松的预算准备日程表，这项“似小实大”的改进对促进预算过程的公共治理可谓意义非凡。

预算准备日程表提前使得各级政府和部门有更多时间改进预算编制质量，进而改进预算审查、执行与评估。由此带来的更好的预算过程和预算文件，可为抑制“文山会海”创造有利条件，并进一步强化和改进预算在公共治理中的核心作用。

延长预算准备日程还具有另一项重要意义：增强预算过程的前瞻性。从2015年开始，中国引入了中期财政规划——国际上通常称为中期支出框架（MTEF），使预算的时间视野从一年扩展到未来3年，由此增强了年度预算体制的有效性。延长预算准备日程亦有此效，因为时间因素总是重要的，至少可以促使预算单位提前进行预算筹划，使预算文件能够更充分更清晰地呈现相关信息，特别是与达成公共支出管理（PEM）三级核心成果相关的信息。三级核心成果分别是财政纪律、配置有效性和运营效率。财政风险控制和透明度也是至关紧要的财政成果。

转移支付的集中化与预见性增强

中国地方政府的财政收入来源中，来自上级政府的转移支付资金占比平均接近40%。因此，下级地方政府通常热切期待能够提前知道上级政府将在何时提供多少转移支付资金，这就是转移支付的预见性。充分的预见性有助于地方政府提前统筹安排来年的预算和相关计划，从而提高预算能力和治理水平。《条例》第四十八条规定：“除据实结算等特殊项目的转移支付外，提前下达的一般性转移支付预计数的比例一般不低于90%；提前下达的专项转移支付预计数的比例一般不低于70%。其中，按照项目法管理分配的专项转移支付，应当一并明确下一年度组织实施的项目。”此项规定，可使地方政府提前预知来自上级政府的绝大部分转移支付。

与预见性至少同等重要的还有转移支付体制的集中化。多年来，“政出多门”与“钱出多门”的支离破碎的纵向转移支付体制，在很大程度上弱化了地方乃至中央政府的治理能力与绩效。《条例》第五十九条的规定可望改变这一局面：“转移支付预算下达和资金拨付应当由财政部门办理，其他部门和单位不得对下级政府部门和单位下达转移支付预算或者拨付转移支付资金。”很明显，该项规定旨在促成一个集中化管理的转移支付体制，使其与相对集权的财政体制相协调，从而扭转“集权化的财政体制、分散化的财政管理”这一由来已久、相互抵触的治理格局。

纳入预算的门槛条件提高

《条例》第四十一条规定：项目支出实行“项目库管理，并建立健全项目入库评审机制和项目滚动管理机制”。据此，一个项目是否被纳入预算以安排资金，必须满足两个门槛条件：首先必须有资格进入支出部门和财政部门的“项目库”中；进入或拟进入项目库的项目，必须通过前期的项目评审，包括采用成本效益分析评估其总效益是否大于总成本，采用最低费用选择法建立重点和优先性排序，以及通过财政投资评审以确保项目有确定的财政资金并且项目成本是适当的。不满足这些门槛条件的项目将不能或很难纳入预算。因此，门槛条件相当于建立一道防火墙机制，用以阻止那些“坏项目”进入项目库和被纳入预算。“坏项目”是指未能通过标准成本效益分析测试和财政投资评审的项目，包括项目投资的配套性支出与资金来源在概算与预算中形成盲点或被低估的项目。

资料来源：王雍君：“《预算法实施条例》中‘似小实大’的三项进步”，《中国税务》2020 年第 9 期。

四、《预算法实施条例》的未来改进①

《条例》规定功能分类预算编制到“项级”科目、经济分类预算编制到“款级”科目，表明透明度有所增进，但仍不充分，因为“项级”和“款级”科目依然缺失诸多重要的细节性信息，导致预算编制“细化”的任务仍难达成。改进方向应是引入详细的规划分类，涵盖规划（如污水治理）、次级规划（如工业污水治理）、活动（如关闭排污源、生态净化与化学处理）、活动的成本等相关信息。这些信息是普通公众也能看懂和理解的唯一类别的预算信息，对建立和强化预算过程的受托责任至关紧要。

部门预算采用“项目预算”和“基本预算”的现行框架基于支出用途，存在两个主要问题：“项目支出”与“基本支出”的分类不满足既无重复、又无遗漏的逻辑标准，与公共支出管理最适当的目的（绩效）间的联系很弱。改进方向应是“资本预算”与“经常预算”的分立与整合，无论一般公共预算、政府性基金预算、社会保险预算还是国有资本经营预算。这样的框架，才能真正有效地引导关注“什么是适当支出组合”这一至关紧要的预算绩效管理问题。

① 王雍君：“《预算法实施条例》中‘似小实大’的三项进步”，《中国税务》2020 年第 9 期。

《条例》对财政专户采纳“有必要即保留”的相对宽松态度，但“必要”的界定和裁决机制并不明确，从而创设了实践中滥设滥用的空间与机会，招致监管盲点与困难并使政府现金余额集中化无法实现。现金余额集中化正是国库单一账户体制的精髓，也是从 2000 年开始中国放弃苏联模式（分散化）国库体制的根本原因。

预算过程的行政裁量权如何被监督与制衡，也是值得思量的大问题。这些裁量权涉及预算过程的各个阶段，涵盖转移支付、政府债务、财政变量（如赤字）的定义与解释、国库管理乃至财政收支的会计计量。

下篇

中国国有资产监管与国有企业改革

第四章

中国国有资产管理体制：历史与现实

国有资产和国有企业是中国特色社会主义的重要政治基础和物质基础，是党执政兴国的重要支柱和依靠力量。更大力度推进国有资产监管制度和国有企业改革，“一盘棋”优化国有资产和国有企业布局，做强做优做大国有资本和国有企业，是坚持和完善社会主义基本经济制度，推动经济高质量发展的重要方面。

党的十八届三中全会提出了国有资产监管制度和国有企业改革的总体思路，2015 年 8 月，中共中央国务院关于深化国有企业改革的指导意见下发，对国有企业改革作出重大战略部署，是新时期深化国有企业改革的思想指南和行动纲领。2020 年 6 月 30 日，中央全面深化改革委员会第十四次会议审议通过了《国企改革三年行动方案（2020—2022 年）》，把党的十九大对国有资产和国有企业改革的要求进一步具体化。在这次会议上，习近平总书记强调指出，胜利完成“十三五”规划主要目标任务、决胜脱贫攻坚、全面建成小康社会，乘势而上开启全面建设社会主义现代化国家新征程，必须发挥好改革的突破和先导作用，依靠改革应对变局、开拓新局，坚持目标引领和问题导向，既善于积势蓄势谋势，又善于识变求变应变，紧紧扭住关键，积极鼓励探索，突出改革实效，推动改革更好服务经济社会发展大局。这次会议特别指出，今后三年是国企改革关键阶段，要坚持和加强党对国有企业的全面领导，坚持和完善基本经济制度，坚持社会主义市场经济改革方向，抓重点、补短板、强弱项，推进国有经济布局优化和结构调整，增强国有经济竞争力、创新力、控制力、影响力、抗风险能力。

近年来，在党中央部署和各级政府领导下，在人民代表大会监督支持下，国有资产和国企系统坚决贯彻党中央国务院决策部署，持续深化国有资产监管制度和国有企业改革，扎实推进国有经济高质量发展，主要经营指标持续向好，成绩显著。2021 年是中国共产党成立 100 周年和我国“十四五”规划的开局之年，深化国有资产监管制度和国有企业改革恰逢重大历史机遇期，同时也遇到世界经济不确定性扩大、新冠肺炎疫情蔓延、实现可持续发展的困难和矛盾增多等多重挑战。必须清醒地看到，在新机遇和新挑战面前，我国国有资产管理和国有企业改革仍面临诸多重点难点问题亟待解决，制约国有经济高质量发展的一些体制机制障碍亟待破除，加快改革的要求更加紧迫，改革任务依然艰巨。

当前，我国已进入全面建设社会主义现代化国家、向第二个百年奋斗目标进军的新阶段，我们必须根据党中央国务院的改革部署，按照“四个全面”战略布局的要求，秉持“坚持目标引领和问题导向，既善于积势蓄势谋势，又善于识变求变应变”的改革探索精神，把握新发展阶段、贯彻新发展理念、构建新发展格局，从理论层面研究探索国资国企改革的制度创新，从实践方面总结梳理改革开放 40 多年来国资国企改革发展历程和经验，以问题剖析和改革难点为抓手，探寻我国国有资产管理和国有企业改革的策略，进而在推进国有资产监管制度创新和国有企业改革、人民代表大会监督及政府政策支持等方面提出前瞻性和可落地的政策建议，具有重大的理论意义和实践价值。《中国政府预算改革发展年度报告 2021：聚焦新时代国资监管与国企改革》，即是以我国国有资产监管和国有企业改革中的重大问题为导向，力图解答改革的热点和解决重点难点问题而作出的尝试和探索。

第一节　国有资产管理及管理体制的基本内涵

一、国有资产

（一）资产与国有资产

关于“资产”，我国财政部 2006 年颁布的《企业会计准则——基本准则》第二十条所下的定义是：“资产是指企业过去的交易或者事项形成的、由企业拥有或者控制的、预期会给企业带来经济利益的资源。”显然，这一定义是针对企业资产而言的，或者说指的是狭义的资产概念。

经济学意义上的资产概念要比会计学意义上的资产概念更广泛一些。将狭义资产的定义加以推广，就可得到广义的资产的定义：“资产”，是指由特定主体拥有或控制的、运用于某种经济社会活动，预期能够带来某种利益的资源。资产还可以界定为各种财产、债权和其他权益的总称。

广义的资产具有两个基本属性：一是资产能够给人们直接或间接地带来某种利益，这种利益既可以是经济利益（可用货币计量），也可以是社会利益或公共利益；二是资产具有某种产权属性，即它是由特定主体拥有或控制的，这种主体既可能是个人，也可能是法人组织；既可能是国家和政府，也可能是特定范围的集团成员。

"国有资产"，是指在法律上由国家代表全体人民拥有所有权的各类资产，是属于国家所有的一切财产和财产权利的总称。国有资产的终极所有权属于全体人民，由国家代理行使终极所有权。广义的国有资产又称国有财产，是指国家通过各种形式投资及其投资收益、拨款、接受馈赠、凭借国家权力取得，或者依据法律认定的各种类型的财产或财产权利。狭义的国有资产又称经营性国有资产，是指投入社会再生产过程中从事生产经营活动并能够获得预期收益的各类资产，存在于各类国有及国家控股、参股的企业中，是国家作为出资者在企业依法拥有的资产及其权益。

国有资产（资本）是资产的一种特定形态，有别于传统的私有资产和私人资本概念，国有资产的核心价值在于它的"公有"属性，其本质特征是要为国家民众的经济安全、经济结构优化和全社会经济的可持续良性发展起主导或控制力的作用，而不仅仅局限于追求利润。

（二）国有资产、国有经济和国有企业

国有资产通常表现为归属国家所有的、物化了的经济资源，国有经济一般是指生产资料归国家所有的一种经济类型。国有经济，又称全民所有制经济，我国宪法第七条规定："国有经济，即社会主义全民所有制经济，是国民经济中的主导力量。国家保障国有经济的巩固和发展。"我国社会主义全民所有制经济，是社会主义公有制经济的最重要的组成部分之一，这是生产资料由全体劳动人民共同占有的所有制形式，并在全社会范围内实现了生产资料的公有化。社会主义全民所有制经济包括矿藏、河流、国有森林、荒地、草原和其他陆海自然资源，还包括全民所有的工厂、农场、商店、铁路、邮电和银行等。可见，全民所有制经济掌握着国民经济的命脉，拥有雄厚的经济实力和先进的技术设备，它与社会化大生产紧密结合在一起，是中国社会主义经济制度的主要经济基础，从而成为国家对国民经济有计划地进行宏观调控的重要条件。所以，全民所有制经济在社会主义经济中居于主导地位，是整个国民经济的领导力量。

关于国有企业，我们可以概括性地定义为：由国家出资设立或国有资产投资举办的、国家对其资本拥有所有权或者控制权的、且由企业法人运用资产从事生产经营性活动的国有经济组织及其从属单位。国有企业有广义和狭义之分，狭义的国有企业是纯粹国有资本的企业，包括国有独资和国有全资企业，其资本里面没有非国有成分，广义的国有企业主要是指国有独资、全资和国有控股企业。

国有资产、国有经济、国有企业相互之间存在着内在和必然的联系。国有资

产是国有经济的物质形态和载体，国有经济则是国有资产的运动形态和表现形式，国有经济与国有资产总是相伴而生、如影随形。同时，国有经济又是社会主义全民所有制经济的基本载体，是公有制经济的主导力量，而国有企业则是国有经济的运营组织和经营单位，是处于微观层面的、人格化了的国有经济，在市场经济条件下又是相对独立的市场主体和经营主体。我国国有资产中占比最大的经营性国有资产，主要分布于国有企业及其从属组织中。“国有企业是中国特色社会主义的重要物质基础和政治基础，是我们党执政兴国的重要支柱和依靠力量。”①

在传统计划经济体制下，我国广泛存在着国营经济和众多国营企业。国营经济本质上其实也是生产资料归国家所有的经济形式，但同时又是由国家直接经营的经济。由此推论，国营企业是指生产资料的所有权属于国家，又由国家直接经营的企业，如国营工厂、国营农场、国营商店、国家银行等。如今，除了极少数特殊和特别重要的企业以外，纯粹的国营经济和国营企业已为数不多。

（三）国有资产的类型

从物质存在形态看，国有资产主要包括三大类：

一是经营性国有资产，《中华人民共和国企业国有资产法》第二条规定，它“是指国家对企业各种形式的出资所形成的权益”。经营性国有资产投入生产经营过程中，按企业经营要求使用，并能为社会提供商品和劳务。通常所说的企业国有资产，一般就是指在国有独资企业、国有控股和参股企业中的经营性国有资产。经营性国有资产地位重要、功能显要、数量庞大、分布广泛，因而是国有资产运作、监管和改革的重点。

二是非经营性国有资产，即行政事业单位的国有资产，是指由国家拨款所形成的，由行政事业单位占用、使用的，依法确认为国家所有的资产。非经营性国有资产一般不被投入生产经营过程中，而是由行政事业单位及社会团体等为完成国家行政任务以及开展业务和社会活动所占有、使用的资产。非经营性国有资产主要用于满足国家管理以及发展科技、教育、文化、卫生等各项社会事业的需要，往往更加关注它所带来的社会效益，如正常有效运转的社会秩序，为社会经济活动以及大众生活提供应当由政府提供或更适合于由政府提供的支持性服务等。

三是资源性国有资产，是指在法律上由国家拥有或控制的具有经济与社会价值的各类国有自然资源，包括国家依法拥有的土地、森林、矿藏、海洋、河流、

① 习近平：“在全国国有企业党的建设工作会议上的讲话”，新华网，2016 年 10 月 11 日。

草原等资源性资产。资源性国有资产以自然资源为主体，经开发、开垦、挖掘和利用而形成国有资产。资源性国有资产具有较强的国家垄断性，我国《宪法》第九条规定："矿藏、水流、森林、山岭、草原、荒地、滩涂等自然资源，都属于国家所有"；第十九条规定："城市的土地属于国家所有。农村和城市郊区的土地，除由法律规定属于国家所有的以外，属集体所有。"我国《矿藏资源法》第三条还特别规定："矿藏资源属于国家所有，由国务院行使国家对矿藏资源的所有权。地表或者地下的矿藏资源的国家所有权，不因其所依附的土地的所有权或者使用权的不同而改变。"

（四）我国国有资产的形成

我国国有资产的形成主要通过以下几个途径：

一是新民主主义时期在中国共产党领导下的革命根据地建立的公营经济，由党政机关和部队经营一些农业、工业和商业，主要从事军工、被服等军需民用物资的生产，用于部队作战需要和根据地建设。这些公营经济的资产，是我国国有资产的萌芽形态，在新中国成立之后自动转化为社会主义性质的国有资产。

二是新中国成立初期通过没收旧中国官僚买办资本和征用、接管帝国主义在华资产而形成的国有资产。国家通过这一途径迅速控制了国民经济命脉，为恢复国民经济、建立社会主义制度以及进行大规模经济建设奠定了基础。

三是通过对民族资本主义工商业进行社会主义改造，赎买民族资本转变来的国有资产。我国到1956年基本上完成了对资本主义工商业的社会主义改造，将其转变为国有企业，成为国有资产的重要组成部分。

四是国家通过大规模投资建设形成的国有资产，包括国家以财政预算拨款、通过政策性银行贷款给建设单位所形成的国有资产，各部门、单位以财政资金的预算外资金、政府性基金进行投资所形成的国有资产，以及国有经济的收益再投资、股权投资等形成的国有资产，也就是根据所有权再生原则增加的国有资产。国家投资是我国国有资产形成的主渠道，构成我国国有资产的主体部分。

五是国家依法认定的国有资产，是指凭借国家权力及法律取得的资产，主要包括法律规定的各类属于国家所有的自然资源、国家执法机关上缴的罚没收入、赃款及赃物的拍卖收入、违法收入等。

六是接受外国政府、企业、其他组织和个人的捐赠、援助、转让所形成的国有资产。这种国有资产的数量不多。

通过上述对国有资产形成途径的分析，有助于了解新中国成立以来我国国有资产的来源渠道以及目前国有资产增量的构成情况，便于进一步加强国有资产的存量与增量调整，优化国有资产结构。

（五）我国国有资产总量与结构状况

1. 国有资产总量状况

（1）企业国有资产（不含金融企业）。

2020 年，中央企业资产总额 94.0 万亿元、负债总额 62.5 万亿元、国有资本权益 19.6 万亿元，平均资产负债率 66.5%。

2020 年，地方国有企业资产总额 174.5 万亿元、负债总额 109.0 万亿元、国有资本权益 56.4 万亿元，平均资产负债率 62.4%。

截至 2020 年底，全国国有企业资产总额 268.5 万亿元、负债总额 171.5 万亿元、国有资本权益 76.0 万亿元，同比分别增长 14.8%、14.5%、17.1%；资产负债率 63.9%，下降 0.1 个百分点；实现营业总收入 63.3 万亿元，与上一年基本持平；利润总额 3.4 万亿元，与上一年相比下降 12.3%。

企业国有资产（不含金融企业）总量状况如图 4－1 所示。

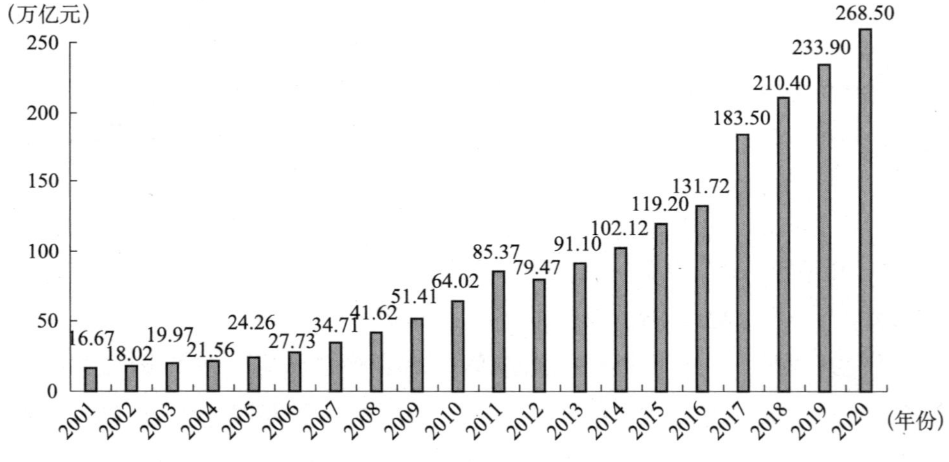

图 4－1　2001—2020 年我国企业国有资产

资料来源：《中国财政年鉴》和财政部网站。

如图 4－1 所示，我国国有企业资产规模从 2001 年的 16.67 万亿元增长到 2020 年的 268.5 万亿元，19 年间增长了 15 倍，增幅迅猛。

（2）金融企业国有资产。

2020 年，中央金融企业资产总额 219.0 万亿元、负债总额 196.2 万亿元，形成国有资产（国有资本及应享有的权益）16.5 万亿元。

2020 年，地方金融企业资产总额 104.2 万亿元、负债总额 92.4 万亿元，形成国有资产 6.2 万亿元。

汇总中央和地方情况，2020 年，全国国有金融企业资产总额 323.2 万亿元、负债总额288.6万亿元，形成国有资产22.7万亿元。

（3）行政事业性国有资产。

2020年，中央行政事业性国有资产总额5.8万亿元、负债总额1.6万亿元、净资产4.2万亿元。其中，行政单位资产总额1.5万亿元，事业单位资产总额4.3万亿元。

2020年，地方行政事业性国有资产总额37.7万亿元、负债总额9.6万亿元、净资产28.1万亿元。其中，行政单位资产总额13.8万亿元，事业单位资产总额23.9万亿元。

汇总中央和地方情况，2020年，全国行政事业性国有资产总额43.5万亿元、负债总额11.2万亿元、净资产32.3万亿元。其中，行政单位资产总额15.3万亿元，事业单位资产总额28.2万亿元。

（4）国有自然资源资产。

截至2020年底，全国国有土地总面积52333.8万公顷（78.50亿亩）。其中，国有建设用地1760.6万公顷（2.64亿亩）、国有耕地1957.2万公顷（2.94亿亩）、国有园地238.7万公顷（3581万亩）、国有林地11284.1万公顷（16.93亿亩）、国有草地19733.4万公顷（29.60亿亩）、国有湿地2182.7万公顷（3.27亿亩）。根据《联合国海洋法公约》有关规定和我国主张，管辖海域面积约300万平方千米。2020年，全国水资源总量31605.2亿立方米。

2. 国有资产结构状况

（1）分类国有资产结构状况。

截至2020年底，全国各类国有资产（不含国有自然资源资产）总额为635.2万亿元。其中：国有企业资产总额268.5万亿元，占比为42.27%；国有金融企业资产总额323.2万亿元，占比为50.88%；行政事业性国有资产总额43.5万亿元，占比为6.85%。在行政事业性国有资产中，行政单位资产总额15.3万亿元，事业单位资产总额28.2万亿元，占国有资产总额的比重分别为2.41%、4.44%。

2020年，全国国有经济和行政事业单位负债总额为471.3万亿元。其中：国有企业负债总额171.5万亿元，占比为36.39%；国有金融企业负债总额288.6万亿元，占比为61.23%；行政事业单位负债总额11.2万亿元，占比为2.38%。

2020年，全国国有企业国有资本权益为76.0万亿元，全国国有金融企业新形成国有资产22.7万亿元，全国行政事业性国有净资产为32.3万亿元。

表4-1是国有资产管理情况报告制度建立后，按照用途和性质划分的国有资产构成情况。首先，全国国有资产总额（不包含金融企业）的占比从2017年的43.23%下降到2020年的42.27%；全国国有金融企业资产总额占比，从2017

年的 56.77% 下降到 2020 年的 50.88%。其次，包含了行政性国有资产、事业性国有资产的非经营性国有资产，从 2017 年的 30 万亿元增长到 2020 年的 37.7 万亿元，负债总额从 2017 年的 9.5 万亿元增长到 2020 年的 10.7 万亿元，在二者的共同作用下，全国行政事业性国有净资产从 2017 年的 20.5 万亿元增长到 2020 年的 32.3 万亿元，历年相比，近三年的增长率分别为 15.12%、14.41% 和 19.63%。再次，资源性国有资产的数据显示，2020 年全国国有土地总面积为 5.23 亿公顷，与上一年相比增长了 3.36%；内水和领海面积在 2017—2019 年的三年间基本维持不变，这符合自然资源实际状况，2020 年公布的我国管辖海域面积约为 300 万平方千米；2020 年全国水资源总量为 31605.2 亿立方米，比 2019 年增长了 8.83%。

表 4-1　　2017—2020 年我国各类国有资产规模变化情况

		2017 年	2018 年	2019 年	2020 年
经营性国有资产	非金融类国有资产总额（万亿元）	183.50	210.40	233.90	268.50
	占比（%）	43.23	44.32	44.37	42.27
	国有金融类资产总额（万亿元）	241.00	264.30	293.20	323.20
	占比（%）	56.77	55.68	55.63	50.88
行政事业性国有资产	行政事业性国有资产总额（万亿元）	30.00	33.50	37.70	43.50
	增长率（%）		11.67	12.54	15.38
	负债总额（万亿元）	9.50	9.90	10.70	11.20
	增长率（%）		4.21	8.08	4.67
	净资产（万亿元）	20.50	23.60	27.00	32.30
	增长率（%）		15.12	14.41	19.63
国有自然资源资产	全国国有土地总面积（亿公顷）	5.05	5.06	5.06	5.23
	增长率（%）		0.10	0.00	3.36
	内水和领海面积（万平方公里）	38.00	38.00	38.00	300.00*
	增长率（%）		0.00	0.00	—
	水资源总量（亿立方米）	—	—	29041.00	31605.20
	增长率（%）			—	8.83

资料来源：财政部网站。
注：* 表示 2020 年为管辖海域面积。

（2）分政府层级的国有资产结构状况。

2020 年，中央企业资产总额 94.0 万亿元，占全国国有企业资产总额的比重为 35.01%；地方国有企业资产总额 174.5 万亿元，占比为 64.99%。负债总额中，中央企业占比为 36.44%，地方国有企业占比为 63.56%。

2020 年，中央金融企业资产总额 219.0 万亿元，占全国国有金融企业资产总额的比重为 67.76%；地方金融企业资产总额 104.2 万亿元，占比为 32.24%。中央金融企业负债总额196.2万亿元，占比为67.98%；地方金融企业负债总额92.4万亿元，占比为32.02%。

2020年，中央行政事业性国有资产总额5.8万亿元，占全国行政事业性国有资产总额的比重为13.33%；地方行政事业性国有资产总额37.7万亿元，占比为86.67%。负债总额中，中央行政事业占比为14.29%，地方行政事业占比为85.71%。

以2020年为例，通过经营性国有资产、非经营性国有资产细分数据的国有资产构成情况来综合分析国有资产层级结构。首先，2020年我国企业国有资产构成（不含金融企业国有资产）中有六成以上为地方所有，由中央所有的不足四成；2020年地方行政事业资产在全国行政事业资产中占绝大多数比重，接近87%，中央行政事业单位资产仅占全国行政事业资产的13.33%。进一步分析发现，中央行政事业单位资产、地方行政事业单位资产均以事业单位资产为主，而非行政单位资产为主。

（六）国家拥有和掌管国有资产的根据

在现代社会，“国有资产”是一个客观存在，不仅在社会主义国家，国有资产占社会总资产的主要部分，即使在许多资本主义国家国有资产也占有很大比例。如上所述，国有经济与国有资产紧密相连、密切相关，因此，探讨国家拥有国有资产的根据，实际上也就是要说明在现代国家国有经济之所以存在的理由。然而，在不同的经济运行模式和社会经济形态下，对于国家拥有国有资产的依据的理论解释却有所不同。

1. 市场经济模式下国家拥有国有资产的根据

众所周知，在市场经济运行模式下，市场与公共部门是资源配置的两种机制和两个系统，它们相互依存、相互补充，一起组成现代经济社会的基本架构。在两种机制中，市场机制在资源配置中起着决定性作用，但这种资源配置的决策是由分散的企业和个人等各个市场主体根据市场价格信息分别独立地做出的，市场价格的形成本身就是这些私人决策综合影响的结果，即这些私人决策间的相互竞争形成市场供求关系，并达成某一均衡价格。

西方主流经济学认为，在完全竞争的市场中，价格是资源配置的指示器，竞争性市场体系是社会资源的配置机制。上述的私人决策与价格信息之间的相互作用能够形成某种均衡，在这种均衡状态下的资源配置便是一种有效率的资源配置；反之，资源配置的非效率状态一定是市场非均衡状态。而市场机制能自动使其趋向均衡状态，此即所谓市场机制“无形之手”的神奇作用。

然而，市场机制有效是附带了许多严格假设条件的，虽然现实中的市场机制在资源配置方面看起来很有效，但这样的市场也并不是万能的。在很多情形下即使按照西方主流经济学的标准，市场机制也并不能完全实现资源的有效配置或合理配置，因为在现实市场经济中，完全竞争性市场所假设的种种严格条件是很难充分满足的。即使满足了完全竞争性市场的假设条件从而市场机制能够实现资源的有效配置，它也不能解决诸如收入和财富分配不公、自发竞争导致的经济波动等问题。特别是 20 世纪二三十年代爆发于西方主要资本主义国家的世界性经济大危机使得越来越多的人认识到市场机制的缺陷和市场失灵问题，而与此次大危机时隔 80 年的美国次贷危机所引发的全球金融危机更进一步加深了人们对市场失灵的认识和警觉。从某种意义上说，自发的市场机制带来的多重市场失灵现象及引发的矛盾冲突，为国有经济的存在和国家拥有国有资产干预经济社会运行提供了较为充分的（但并非必然的）理由。

市场机制运行中出现的市场失灵主要有以下情形：

第一，不能有效提供公共产品和公共服务。

公共产品和公共服务是向整个社会公众提供的，与私人产品和私人服务相比，其本质特征是受益的非排他性和消费的非竞争性。一般来说，以排他性和竞争性为特征的私人产品可以通过交换的方式来决定其消费的主体，并且通过供求双方的力量达成一种均衡价格，因此，市场机制是实现这类产品生产的有效途径。而以非排他性和非竞争性为特征的公共产品，由于提供者难以准确地核算其为每一个公共产品的受益人所提供的利益，无法使每一个受益人公平地负担成本，因而就无法回收成本和获得经济回报，因此，以利润最大化为目标的市场主体是不会提供这类产品的。公共产品的非排他性极易诱导使用者的“免费搭车”行为，而对于“经济人”来说，“免费搭车”的动机是合乎理性的，这将导致市场价格无法引导资源进入公共产品的生产领域，从而使市场机制在这类产品的资源配置和供应中失灵。但是，公共产品和公共服务对消费者和全社会往往又是不可缺少的，并且从社会福利最大化的目标看，公共产品和公共服务应当由全体社会公众所共享，因此，在私人市场不能有效提供公共产品和公共服务时，代表全体社会公众共同利益的国家必须担负起提供公共产品和公共服务的职责。

第二，不能有效解决外部性问题。

在市场经济中，许多经济行为和产品与服务会产生外部性和外部效应，即私人费用与社会费用或私人收益与社会收益产生了非一致性，某人或某经济主体的行为对其他人或其他经济主体产生了有利或有害的影响，却没有获得相应的报酬补偿或没有为之承担相应的成本费用。当正外部效应（外部收益）发生时，产品或服务给所有者以外的其他人带来的利益和好处很难得到应有的效益补偿；当负外部效应（外部成本）发生时，产品或服务给所有者以外的其他人带来了损害但却并未支付相应的成本。无论正外部效应还是负外部效应发生，都意味着成本和收益不对称，其结果会使市场经济远离帕累托效率状态，市场机制就会失灵。在负外部性情形中，由于经济主体实际承担的成本小于其活动的总成本，因而会过量从事产生负外部性的活动，导致由私人决策决定的产出规模大于社会需要的最优规模；相反，在正外部性情形中，由于经济主体给其他人带来的外部收益得不到充分补偿，由私人决策决定的产出规模会小于社会需要的最优规模。显然，这些情况都不是有效的资源配置，不但降低了社会经济效率，还导致成本或报酬负担不合理，从而妨碍社会公平。因此，当存在外部性时，也需要国家代表全体公众出面来纠正市场机制的缺陷。

第三，竞争失灵或垄断。

市场高效是以完全的自由竞争为前提的，但是完全竞争市场的理想状态在现实中并不存在，于是在现实市场的某些领域产生了两种情况：一种是只有一个买者或卖者的市场，这种市场称为垄断市场；另一种是受少数几个相互串通的大厂商控制的市场，这种市场称为寡头市场。在这两种情况下，国家不能通过市场竞争来实现理想目标，因为垄断者可以凭借自身的垄断优势限制产量，抬高价格，获得超过正常利润的高额垄断利润。垄断限制了竞争，阻碍了生产要素的充分流动，扭曲市场机制自发调节经济的作用，造成资源配置的低效率及市场效率的丧失。但是，垄断的形成在市场竞争过程中带有一定的必然性，并且在规模经济性特别显著的行业即符合自然垄断的行业，更是非常容易形成垄断。如果不对垄断加以限制任其扩大，将会导致全社会总福利水平的降低，因此，即使是对自然垄断具有一定合理性的场合和情况，也需要国家以国有经济介入和国有资产干预并辅之以限制产品价格、规定服务质量等规则加以约束和规范，这也就成为国有资产必须存在的一个理由。

第四，信息不完全不充分。

市场机制的有效性取决于完全市场信息的假定，即作为市场主体的所有生产者和消费者对他们所买卖的产品和服务都有完全充分的信息，生产者了解全部生产过程和消费者的需要，消费者知道产品的品种、性能和质量等信息。只有在这样的信息条件假定下，市场主体在追求自己的利益时才不至于决策“失误”。所谓完全竞争市场能实现最有效资源配置的结论，在很大程度上也是建立在这样一个完全信息的假定基础上的。而事实上，市场经济行为主体的独立性和分散性，加上信息量大且复杂，加工、处理信息的成本越来越高，就有可能发生信息失灵及“信息隐瞒”的情况，信息不完全不对称成了现实中的常态。这种情况会导致市场主体决策的盲目性和交易费用大幅上升，并带来逆向选择和道德风险问题，致使其行为偏离了完全竞争的市场均衡结果，市场运行出现扭曲，从而难以实现资源的高效配置。因此，在信息不完全、不确定和不充分的情形下，市场机制出现失灵，也需要国家运用国有资产进行干预。

第五，个人偏好不合理或非理性。

市场机制的作用是建立在私人依据自身偏好进行理性决策的基础上的，因为市场就是按所有个人的偏好来配置资源的，但是如果个人偏好是不合理的甚至是非理性的，则市场机制在资源配置上必然会失灵。个人偏好的不合理主要表现在个人对个别产品和服务的效用评价上，即个人的评价要么低于合理评价要么高于合理评价，这源于个人对产品和服务效用的短视、误判及认识的主观偏差等。比如，对于基础教育，有人对其效用的评价低于合理评价，导致一些学龄儿童弃学务工，基础教育属于优值品；而对于香烟，虽然吸烟有害健康为人所共知，但就是有人给予香烟以很高的效用评价，愿以高价购买，这属于劣值品。显然，在不合理偏好的选择中，产品和服务的市场价格并没有在多大程度上影响某些人的决策，没有起到优化资源配置的作用，这些偏好的不合理和非理性是需要纠正的，但市场机制却难以做到，需要国家进行干预。

第六，存在风险和不确定性。

如果说一些市场失效状态只存在于某些领域、某些部门和某些行业的话，则风险和不确定性对于市场来说，却是无处不在、无时不有的，其中的差别仅是程度的大小和范围的宽窄而已。因为，市场经济是以无数人的自主决策和自发活动为基础的，是通过市场机制的自发作用引导资源配置的，在充分竞争状态下，任何人都无法将自己的主观意愿凌驾于他人和市场之上。这样，对于任何一个市场活动参与者来说，市场活动的结果均存在着风险和不确定性，因此，市场经济就是风险经济。在风险和不确定性存在的状态下，生产者和消费者只能按照不确定的价格行事，而在无法保证市场价格信号始终正确的情况下，就意味着人们是依据错误的价格信号去配置资源的，其结果显然不可能是最佳的。因此，风险与各种不确定性存在，会造成某些类型的投资活动不能达到社会所要求的适宜状态。国家由于掌握多种抵御风险的政策工具，并拥有雄厚的经济实力和国有资产去从事一些投资活动和改进经济结构，因此，能够有效防范和化解各种风险，减少经济运行中的不确定性。

第七，市场体系不完整不健全。

市场体系的完善是一个逐步发育的结果，需要时间和条件，因此，在特定时点上和特殊场合下的市场体系可能并不完整和健全，从而不能有效地配置经济资源。比如在私人投资风险承受能力较弱时，有些风险较大的金融市场，如保险市场中的农业保险、失业保险、灾害保险，信贷市场中的农业信贷、教育信贷、科技研发信贷、中小企业信贷等，可能存在私人供给和市场提供不足；再比如一些交通与通信的基础设施、大型重化工业等，因投资额巨大、回收周期长、注重社会效益而经济效益较低等原因，私人投资的资本实力不足以投向这些产业领域，或者私人投资的意愿不强。此外，市场互补性要求各市场平衡协调发展，这在市场体系发育过程中，意味着投资一个行业或产业必须要有对其他相关行业或产业的投资来配合，即多个行业和产业协调投资才能有效，这对于分散的、势单力薄的私人投资而言形成了较大的限制，如果没有国家介入，仅凭私人投资很难形成健全合理的市场体系。

第八，收入分配不公平。

市场经济条件下，市场主要介入的是初次分配领域，而初次分配是按照各经济主体的生产要素（包括劳动、资本和土地等）多少和贡献大小来分配收入的。由于各主体拥有的生产要素和体力、智力、天赋等在质和量上存在很大差别，生产要素进入市场竞争的环境条件和人们进入竞争的实力、能力亦有不同，按市场规则进行分配必然会形成收入分配差距。在竞争不充分和收入分配机制不健全时，某些经济主体会取得不正当的高额收入。这些初次分配中的差距如果不加以干预，又会成为收入分配差距进一步扩大的原因，不仅与公平目标相抵触，还会导致诸如贫困、富裕阶层的挥霍浪费、社会冲突等诸多不良的社会后果，甚至引发尖锐的社会矛盾，最终直接威胁到市场机制本身的存在。所以说，没有分配上的公平，经济的高效率发展也就不可能长久地维持下去。因此，在市场经济背景下，国家运用国有经济力量和再分配政策来提高收入分配公平程度，是弥补市场缺陷的必要举措。

第九，宏观经济波动失调。

在自由放任的市场经济中，自发的竞争不可避免地会导致各个商品与要素市场的供求失衡，进而导致社会总供求的长期失衡和宏观经济波动，出现高失业、高通货膨胀和周期性的经济萧条与危机等多种严重问题，其结果必然是破坏正常市场秩序，市场机制自身难以正常运行。自市场经济产生二三百年以来，各个市场经济国家都出现经济周期性波动特征，并反复经历着“繁荣—衰退—萧条—复苏”的循环，这反映了市场机制的自发作用难以保证社会资源的有效配置和整个经济的协调运行，同时也以充分的事实证明，为了防止宏观经济失调和消除经济危机的破坏，需要有国家宏观经济政策和公共经济活动的干预。因此，通过非市场的资源配置系统——国有经济的力量对市场机制活动进行干预，就成为一种必然的选择。

2. 社会主义基本经济制度下国家掌管国有资产的根据

我国实行“以公有制为主体，多种所有制经济共同发展”的基本经济制度，坚持走有中国特色的社会主义道路，国有经济和国有企业的存在、国家掌管国有资产与社会主义经济制度有着内在的和必然的联系。

第一，社会主义经济制度的基本特征是建立生产资料公有制，国有经济和国有资产是公有制的最高形式和集中体现。

实现生产资料公有制，是社会主义经济制度的基本特征和基本要求。我国《宪法》第六条规定，“中华人民共和国的社会主义经济制度的基础是生产资料的社会主义公有制，即全民所有制和劳动群众集体所有制”。第七条明确指出，“国有经济，即社会主义全民所有制经济，是国民经济中的主导力量。国家保障国有经济的巩固和发展”。国有经济是国家所有制的集中体现和物化形态，也是公有制的最高形式，它最能反映重要生产资料全民所有全民共享的公有属性。据此，国有资产不仅具有资产的一般性，还具有社会主义基本经济制度的规定性。

我国实行“以公有制为主体，多种所有制经济共同发展”的基本经济制度。自改革开放以来，非公有制经济成分有了长足发展，在国民经济中的比重显著提升，但公有制经济的主体地位没有改变，国有经济在国民经济中的主导地位也没有改变，国有经济和国有资产依然是我国社会主义制度强大的物质基础，是整个国民经济的命脉所系，是建成小康社会和建设社会主义现代化国家的基本依靠和保障。没有国有经济和国有资产，生产资料公有制就没有根基，社会主义经济制度就不复存在，社会主义性质就会改变。

第二，社会主义制度的建立和完善必须坚持党的领导，国有经济和国有资产是党执政的重要基础。

坚持中国共产党领导，是坚持、发展和完善我国社会主义制度的政治基础和核心力量，国有经济（主要是国有企业）和国有资产则是党执政兴国的重要支柱和依靠力量，是中国特色社会主义的重要物质基础，是建成社会主义现代化强国的坚实保障。

自新中国成立以来，经过 70 多年的经营和积累，我国国有资产实力雄厚，规模达到数百万亿元之巨，国有经济和国有资产为国家富强、社会发展、科技进步、国防建设和民生改善做出了历史性贡献，功勋卓著，彪炳史册。可以说，如果没有国有经济发展壮大，没有国有资产增值积累扩大，就没有我国的经济独立和国家安全，就没有人民生活的不断改善，就没有我国今天在世界上的地位和话语权，也就没有了党领导人民坚持社会主义道路，建设现代化国家，实现中华民族伟大复兴的“本钱”和经济依托。

第三，社会主义制度的本质特征是实现人民幸福共同富裕，国有经济代表人民利益，国有资产是实现目标的经济依靠和工具。

共同富裕是社会主义制度的最终目标，这要求国有经济在生产力发展和经济发展过程中不断增加社会财富、壮大社会主义经济基础，让人民共享发展成果。

国有经济和国有资产是经济社会发展的物质基础和主导力量，是建成社会主义现代化国家的基本依靠和保障。国有经济和国有资产属于全民所有，是不断改善民生、保障共同富裕、维护社会公平的重要力量和经济支撑，在实现经济发展的同时，又能兼顾社会公共目标，促进社会和谐发展和发展成果由人民共享。因此，国家拥有并管理和运用好国有资产，是维护广大人民群众根本利益的客观需要和必然要求。

第四，体现和发挥社会主义制度优越性，要依仗国有经济和国有资产的地位和作用。

中国坚持走社会主义道路，是历史的选择、人民的选择。只有建立了社会主义基本制度，才能确保中国真正走上独立自主的发展道路，才能为人民当家作主提供真正的可能。如果放弃走社会主义道路，选择走资本主义道路，最终难免被拖入国内富人独裁、金融寡头控制、政治局势动荡、国家分裂或内乱的陷阱，在国际上则难逃被外国资本控制、沦为发达国家经济附庸的厄运。但也要看到，中国确立社会主义制度伊始，作为后发国家，与先发国家之间存在着巨大的经济与技术差距，面临着尽快实现工业化、缩小与先发国家差距的任务。但与先发国家的经济发展所呈现的以自发市场机制为主导的自然历史过程不同的是，后发国家的经济发展和赶超需要国家强有力的第一推动，舍此则既无机会也无可能。而事实充分证明，社会主义国家制度能卓有成效地保证这一点，正是社会主义制度在国家动员能力方面的巨大优势，使得国家通过建立生产资料公有制和国有经济，动员和调动全社会资源和财富，形成了巨额雄厚的国有资产，在很短的时间里建立了独立的、比较完整的工业体系和国民经济体系，这也为改革开放后我国经济的腾飞奠定了必要的产业基础。巨额国有资产的形成，既彰显了社会主义制度的巨大优越性，也为充分发挥社会主义制度优越性筑牢了经济基础，提供了物质保障。国家通过掌管和运用国有资产，主导国民经济命脉和关键领域，保证国家安全，实施经济社会发展战略，完善国家治理，提高人民生活水平和获得感幸福感，实现建设社会主义现代化国家的宏伟目标。

第五，社会主义基本经济制度决定了国有经济布局的战略性调整，须有国家掌控国有经济和运用国有资产才能实现。

国有经济布局的战略性调整和结构优化，是实现经济社会高质量可持续发展的关键和重中之重。我国的基本经济制度决定了国有经济布局的战略性调整必须巩固和发展公有制经济，做强做优做大国有企业，增强国有经济的控制力、影响力和带动力，发挥国有经济的主导和指导作用。国有经济布局的调整和优化，要通过国家制定经济社会发展战略目标和规划，并通过国有资产存量调整和增量调节来实现。国有资产自它形成之日，就担负起了国民经济布局和结构调整的责任，特别是改革开放40多年来，在国有经济实力增强、国有企业做大做强、国有资产规模扩大的同时，还有力地推进了我国工业化进程和产业结构演变，由一个传统的农业国发展为工业国和创新型国家。如今，我国经济已由高速增长阶段转向高质量发展阶段，正处在转变发展方式、优化经济结构、转换增长动力的攻关期，建设现代化经济体系是跨越关口的迫切要求和发展战略目标，加快建设制造强国，推动互联网、大数据、人工智能和实体经济深度融合，促进我国产业迈向全球产业链价值链中高端，培养若干世界级先进制造业群体。改革开放40多年来，我国工业化进程的演进和产业结构的升级进程，如我国移动通信业、新能源新材料业、航空航天事业等，是以国有经济和国有资产为支柱发展起来的。国家掌控国有经济和运用国有资产，经过战略性调整，国有资本和资产向关系国家安全和国民经济命脉的重要行业和关键领域集中，向技术先进、结构合理、机制灵活、前瞻性战略性的大公司大企业集团集中，向有核心竞争力、市场竞争力强的优势行业集中，国有经济布局大为改善和优化，国有资本和资产的功能不断放大，这大大强化了国有经济的控制力、带动力和主导作用，也相辅相成地推进了非国有经济的发展，促进了整个国民经济健康运行、富有效率。

二、国有资产管理

国有资产管理是一个庞大而又复杂的系统工程，包括了许多的管理内容，其中，产权管理是核心，清产核资是基础，投资管理是关键，保值增值是目标，国有资本经营预算管理是制度规范，收益管理是权益保障。多项管理内容构成了国有资产管理的完整体系。

（一）国有资产产权管理

产权管理是国有资产管理的核心。明晰产权、改革产权制度、理顺产权关系、确立国家作为国有资产终极所有者的权益和企业的法人财产权，是健全完善国有资产管理制度和建立现代企业制度的基本前提，也是从事一切国有资产管理工作的起点。国有资产管理机构对国有资产的管理在很大程度上就是对国有资产的产权进行管理，主要包括产权界定、产权登记、产权转让与交易的管理等。

1. 产权概述

（1）产权属性与功能。

所谓产权，是财产所有权以及与财产所有权有关的各项权能的总和。与财产所有权有关的权能包括对财产的经营权、占有权、使用权、收益权、处置权等权利。其中，所有权是最根本的权利，它的性质决定着产权性质。概言之，产权是以财产所有权为核心的财产权利的总称。财产是产权的客体，产权则是财产主体的权利。

产权具有内在的属性，主要是：①排他性，其实质是产权主体的对外排斥性或对特定权利的垄断性；②有限性，即任何产权既同别的产权之间有着明晰的界限，而且其自身权能的限度或界区和利益的数量或界区都是有限的；③可交易性，即产权在不同主体之间可转手或让渡，既可以是包括全部权能在内的整体产权转让，也可以是保留所有权而将其他权能让渡出去的部分转让；④可分解性，是指对特定财产的一组权利，可以分解开来归不同主体，既包括产权权能的可分解性，又包括产权利益的可分解性；⑤行为性，是指产权主体在财产权利的界区内有权作出的行为，产权是行为性的权利，产权规则或产权制度则是产权主体行为的规范。

产权的基本功能有：①界定功能，通过设定和明晰产权，就可以确定和分清不同产权之间的权利与利益的界限，从而使人们的经济交往环境具有了确定性；②激励功能，激励源于产权的利益动因，而产权恰是利益享有或分配的依据；③约束功能，这是基于产权的有限性，正是因为产权权能和利益都是有限的，拥有或行使产权就意味着有了一种权责关系，对产权主体而言也就形成了一些约束；④资源配置功能，是指产权的制度安排、产权结构和产权交易（产权流动）等都会影响甚至直接决定了资源配置状况及其优化程度；⑤收入分配功能，产权本身包含利益及收益权能，是获得收益的依据，产权在不同主体之间的划分，本身就是一种获得收入手段的分配，产权的界定和明晰有助于收入分配规范化；⑥协调功能，产权一旦确定必然以此为依据来协调处理各经济主体之间的经济和利益关系。

（2）产权关系。

所谓产权关系，是产权主体之间在财产占有、使用、收益、处置中发生的各种关系的总和。由于产权不仅包括财产所有权，还包括财产所有权派生的其他权能，因此，凡是财产所有者与其他权能行使者之间在财产的占有、使用、收益、处置中发生的关系，都是产权关系。所以，产权关系都是围绕着财产的权能形成的。

产权关系是在社会经济运行中由法律界定和法律维护的经济当事人对财产的权利关系，是经济关系在法律上的反映。由于产权关系产生于社会经济运行过程中，社会经济运行中经济当事人之间的关系又极其复杂，如果经济当事人之间的权益关系缺乏界定和协调，商业信用关系就难以形成，各经济主体的正当权益得不到有效保护，经济活动就不能正常有序地进行，全社会经济活力的充分发挥就不能实现。因此，依法合理界定和维护产权关系，协调处理好各经济当事人之间的财产和利益关系，对促进经济社会健康有序良性发展具有重要的意义。

（3）产权制度。

所谓产权制度，是制度化了的产权关系，它是根据产权关系的主要特征而确定的产权类型的制度安排。

产权制度有根本制度和具体制度之分。根本产权制度是由产权关系中最主要或最根本的特征所决定的产权类型，它规定着产权的根本性质。产权关系的根本性质由终极所有权性质决定，并且又是以终极所有权主体作为划分产权制度的主要标志，这是因为不同终极所有权主体规定或制约着产权营运的宗旨与方向。具体产权制度是指财产权利在营运过程中的具体状态，主要包括产权主体变动状况、产权结构的组合状况以及产权营运过程中的方式状态等。正是因为产权主体变动、产权组合状况等涉及产权主体之间权、责、利的界定和规范，把这些界定和规范具体化和制度化，就是具体产权制度。相对于根本产权制度，具体产权制度具有灵活性、多样性，在同一种根本产权制度下可以有多种具体产权制度，或者在一种根本产权制度的发展过程中会采取多种具体产权制度。

2. 国有资产产权界定

国有资产产权界定是为了明确国有资产产权及范围，明确各产权主体在国有资产管理方面的权利、责任和义务。产权界定既是国有资产管理的前提，也是开展国有资产的统计与核算、产权登记、产权转让与交易等管理事项的必备前提，还是做到产权明晰化的关键所在。

（1）产权界定与国有资产产权界定的含义。

产权界定，是指国家依法划分财产所有权、经营权和使用权等产权归属，明确各类产权主体行使权利的财产范围及管理权限的一种法律行为。概言之，即遵照一定的法律原则和方法划分财产边界并确定其归属的行为。

产权界定主要包括财产所有权及与财产所有权相关的其他权能的界定。对财产所有权的界定，是为了确定财产所有权的性质和价值量，从法律上确认财产所有权的最终归属，并明晰财产所有者对自己的财产所享有的权利。对非所有人依法享有的与财产所有权相关的其他权能的界定，包括对同一财产的不同经济主体的权、责、利的界定。相对而言，所有权的界定较为简单，而产权关系中的不同经济主体的权、责、利的界定则相当复杂，要在特定的资产经营方式中才能进行。

国有资产产权界定是对应属于国家所有的资产进行所有权确认，即界定属于国家所有的资产范围。

国有资产产权界定属于财产权界定的范畴，同样包括两方面界定的内容：一是国有资产所有权界定，即界定是否属于国家所有的资产；二是与国有资产所有权相关的由国有资产所有权权能分离而产生的其他产权的界定，即界定国有资产各类经营、使用、管辖主体行使资产占有、使用和收益及依法处分权的界限范围和关系。

国有资产产权的明晰界定是维护国有资产权益和全体人民利益的基本要求，是防止国有资产流失的第一道防线，也是保证国有资产配置效率的关键。国有资产产权清晰界定有利于深化国有企业改革、建立现代企业制度和保证国有资产产权合理有序地流转，对提高国有资产配置效率和经营效益也具有重要的意义。

（2）国有资产产权界定的标准①。

理论标准。马克思主义基本理论，特别是关于所有制和所有权的基本理论是产权界定的基本理论依据。我国自改革开放以来形成的社会主义市场经济理论、建设有中国特色社会主义理论、两权分离理论、产权理论等，是进行产权界定的直接理论依据。现代企业制度理论明确了"产权关系明晰"是现代企业制度的首要特征，也为国有资产产权界定规定了一条理论标准。

法律标准。所有权是由法律保护的所有权人依法享有的权利。对所有权的界定，在各国的法律中都有所规定。在我国的宪法、民法典和经济法及其他法律法规中，凡是有关所有权的规定，均确立了相关的法律依据。如《中华人民共和国民法典》第二百四十条规定："所有权人对自己的不动产或者动产，依法享有占有、使用、收益和处分的权利。"第二百四十六条规定："法律规定属于国家所有的财产，属于国家所有即全民所有。"第二百六十五条规定："集体所有的财产受法律保护，禁止任何组织或者个人侵占、哄抢、私分、破坏。"第二百六十七条规定："私人的合法财产受法律保护，禁止任何组织或者个人侵占、哄抢、破坏。"

政策标准。凡是由政府制定的与所有权、经营权有关并且适用于现有社会经济条件和环境的政策，均可以作为产权界定的依据，均应视为产权界定的基本遵循。如原国家国有资产管理局、财政部、国家工商行政管理局联合发布的《企业国有资产所有权界定暂行规定》、原国家国有资产管理局制定的《国有资产产权界定和产权纠纷处理暂行办法》《中共中央国务院关于完善产权保护制度依法保护产权的意见》、国务院颁发的《企业国有资产监督管理暂行条例》《国务院办公厅关于加强和改进企业国有资产监督防止国有资产流失的意见》等，都应遵照执行。

事实标准。在进行产权界定和纠纷调处时，还应遵循以事实为依据、以法律为准绳的原则。由于国有资产的形成渠道较多、形成原因比较复杂，企业资产的转移变动也较多且频繁，有必要追溯历史考察现状，按照实事求是的精神对资产

① 此处参考了刘玉平：《国有资产管理》，中国人民大学出版社 2012 年版第 68 页的部分内容。

进行产权界定。

（3）国有资产产权界定的方式方法。

国有资产产权界定的核心是对国有资产所有权的界定。国有资产所有权界定的一个重要原则就是“投资者拥有所有权”，亦即“谁投资、谁所有、谁受益”的原则。根据此项原则，产权界定过程中需要对资产的来源进行查定，以判断国有资产所有权归属。国有资产产权界定的方法就是要通过适当的方式和途径获得国有资产形成来源的有关资料。

国有资产形成的来源可分为国家原始投资形成的资产、国家原始投资增值而形成的资产、国家优惠政策所形成的资产。

国家原始投资一般是由政府的某一部门或某一国有企业、事业单位向拟建的企业、单位进行的投资。进行产权界定时，需要对接受投资的单位的有关账目和原始凭证进行清查，清查期为接受投资单位开办之日起至规定的清查时点。根据清查结果编制“国家原始投资查定明细表”，确定国家投资总额。

国家原始投资增值是接受国家投资的企业的经营积累。由于经营积累来自企业的生产经营活动，所以，对国家原始投资增值的查定需要清查接受投资单位的财会账目和原始凭证，编制“企业历年利润及利润分配明细表”，并汇总国家原始投资增值的总额。

国家优惠政策所形成的资产，主要是指享受国家减税免税、税前还贷和以税还贷等政策而形成的资产。资产核定时，需要查阅企业历年经营的积累情况，编制“企业历年经营积累明细表”，计算出企业自开办之日起至规定的清查时点止国家优惠政策形成的资产总额。

将上述三项国有资产进行汇总，编制所有权界定情况简表，报国有资产管理部门审核认定。

（4）国有资产产权界定的组织实施。

根据国家有关规定，国有资产产权界定由各级国有资产管理部门组织实施。

省级以上国有资产管理部门成立产权界定和产权纠纷调处委员会，负责产权界定和产权纠纷处理等事宜。全国性的产权界定工作，可结合清产核资，逐步进行。

经常性的产权界定遵循以下程序进行：①全民单位的各项资产及对外投资，由全民单位首先进行清理和界定，其上级主管部门负责督促和检查。必要时也可以由上级主管部门或国有资产管理部门直接进行清理和界定。②全民单位经清理、界定已清楚属于国有资产的部分，按财务隶属关系报同级国有资产管理部门认定。③经认定的国有资产，须按规定办理产权登记等有关手续。④占有国有资产的其他单位的产权界定，可以参照上述程序办理。

3. 国有资产产权登记

在对国有资产进行了产权归属的界定之后，还必须通过法律程序使国有资产所涉及的各个主体之间的产权关系确立下来，这就要进行产权登记。产权界定是产权登记的前提，产权登记则是产权界定的延续，使产权界定结果得到法律认可和保护。

国有资产产权登记，是指国有资产管理部门代表政府对占有国有资产的各类企业、单位的资产、负债、所有者权益等产权状况进行登记，依法确认产权归属关系的行为。国有资产产权登记具有法律效力。

（1）国有资产产权登记的作用。

一是强化国家所有权监管职能。通过开展国有资产产权登记，能够摸清国有资产的总量以及占有、使用国有资产的企业和单位的数量，为强化国家对国有资产的所有权，促进国有资产产权管理权责的落实，加强国有资产产权管理奠定基础。

二是为政府的宏观经济决策提供重要依据。国有资产产权登记的汇总数据，可以从企业组织形式、行业类别、产权经营层次、行政管理层次、区域层次等，分析国有资产的分布、增减、结构变化和发展趋势，从而为政府的国有经济战略调整和宏观经济调控提供重要参考依据。

三是防范国有资产流失。对国有资产进行产权登记的过程，也是政府对企业经营状况实施监督的过程。国有资产产权登记表记载着企业所有者权益、资产、负债等多项指标，通过这些信息能够反映企业的资产实力、获利能力、偿债能力和经营风险，也使国有资产管理部门能够清楚地掌握国有资产的占有状况、收益状况、处置状况、使用状况等，有利于对企业经营状况进行客观分析和评价，及早发现产权管理中存在的问题，实施恰当的监管措施堵塞国有资产流失的渠道，解决可能造成的经济隐患。

四是促进现代企业制度建立。现代企业制度要求产权清晰，国有资产产权登记从法律上确认了企业资产的归属关系，维护了国家作为资产所有者的合法权益，同时也明确了企业的法人财产权和企业作为占有、使用国有资产的主体的合法权益，以及所承担的国有资产保值增值责任，从而促进了国有企业产权关系的明晰化，为建立现代企业制度创造了条件。

（2）国有资产产权登记的内容。

根据国务院《企业国有资产产权登记管理办法》和国务院国资委《国家出资企业产权登记管理暂行办法》的规定，产权登记按照国有资产的产权所处状况可分为占有产权登记、变动产权登记、注销产权登记以及产权登记年度检查。

占有产权登记主要包括：出资人名称、住所、出资金额及法定代表人；企业名称、住所及法定代表人；企业的资产、负债及所有者权益；企业实收资本、国有资本及权益；企业投资情况；国有资产管理部门规定的其他事项。需要办理占有产权登记的企业包括两类：已取得法人资格的国家出资企业，申请取得法人资格的国家出资企业。

变动产权登记是当企业国有资产产权发生变动的情形时办理的登记。当企业发生诸如企业名称改变、企业组织形式及级次发生变动、企业国有资产额发生增减变动、企业国有资产出资人发生变动，以及企业国有资产产权发生变动的其他情形时，企业应当向产权登记机关申办变动产权登记。变动产权登记主要包括：产权变动前的一般情况；企业发生变动的有关事项，包括企业实收资本、国家资本及权益、国有法人资本及应享有的权益的变动情况等；企业国有产权变动的原因及变动的数量；企业变动后出资者的情况；产权登记主管部门对变动的审定和批准。

注销产权登记是当企业发生企业解散、被依法撤销或被依法宣告破产，企业转让全部国有资产产权或改制后不再设置国有股权，以及其他需要注销国有资产产权的情形时，由企业向原产权登记机关申办注销产权的登记事项。企业注销产权登记时，须提交企业国有资产产权登记证、企业国有资产注销产权登记证、批准产权注销行为文件或法院宣告企业破产的裁决书、企业清算报告或资产评估报告的核准或备案文件等产权登记机关所要求的文件和资料。产权登记机关核准企业注销产权登记后，收回产权登记证并注销。

产权登记年度检查作为一项历年开展的登记工作，要求国家出资企业每年都应对本企业及其各级子企业的产权登记情况进行检查，并向产权登记机关报送企业产权登记年度汇总表和汇总分析报告。同时各级产权登记机关每年也应对企业产权登记的情况进行抽查，并将本级政府出资企业产权登记年度汇总表和汇总分析报告逐级上报，最终由国务院国资委完成全国国有资产产权登记年度汇总检查工作。产权登记年度检查的主要内容有：占有国有资产企业的一般事项；本年度与上年度资产、负债和所有者权益等情况；对外投资情况，反映审批情况等。

4. 国有资产产权转让

(1) 国有资产产权转让的原因。

随着市场经济体制的确立和发展，市场交换的范围迅速扩大，国有资产产权作为一种重要的生产要素，也进入市场交换的范围，于是有了国有资产产权转让及交易行为。所谓国有资产产权转让，是指国有资产全部权利中的一组或全部权利组合通过产权的拍卖、兼并等方式在不同主体之间发生产权转移所形成新的产权归属的一种经济行为。

国有资产产权转让主要是以经营性国有资产的产权为对象的交易活动，这种交易活动使得国有资产的产权能够按照资源有效配置的要求进行合理有序的流动，以提高国有资产的运作效率和综合效益。

国有资产产权转让是处理国有资产投资增量有限和存量部分闲置矛盾所产生的必然要求。从构建国有资产经营系统的要求看，一是要确保国有资产的保值与增值；二是要充分发挥国有资产在国民经济中的主导作用，这些都需要加快国有资产的流动和优化配置，因此，也就要求国有资产产权转让和建立国有资产交易市场。

（2）国有资产产权转让的作用。

第一，盘活存量资产，促进国有资产在流动中保值增值。资本的重要特征就在于其具有充分的流动性，并在流动中实现优化组合和价值增长。企业中的国有资产一旦投入社会化大生产中并参与资本循环，就以资本的形态寻求不断增值。对于闲置资产或处于低效率状态的资产而言，若一直处于静止状态，就失去了可能用于其他用途而获得更高收益的机会，这会使得存量资产的使用效率低下，资产的价值不断减少。尤其是国有企业在优化重组及改造改制过程中剥离出大量闲置存量资产，而在发展过程中又会遇到国有资产投资增量有限的情况，由此产生尖锐矛盾。因此，国有资产产权转让能够使得闲置存量资产通过一定的产权转让方式，如出售、租赁、并购、资产互换、甚或企业破产重组与企业兼并等，转移到更能发挥作用的地方，从而达到盘活存量资产、提高资产使用效率和收益、实现保值增值的目的。

第二，改变企业及资产规模不合理状况。长期以来我国国有企业一直存在着不同程度的“大而全、小而全”的问题，国有企业战线过长，国有资产分布过广，行业中的企业过于分散，产业集中度低，缺少国际竞争力强的大企业集团。为此需要通过企业优化重组和行业整合来改善资产分布和产业结构，以资本为纽带实现企业之间的强强联合，促进企业规模不断趋于合理。随着以市场机制为主导的国有资产的产权转让，这种企业之间的并购重组能够加快资本集中和增大产业聚集度，形成能够参与国际竞争的大企业和企业集团。

第三，有利于投资主体多元化改造，完善企业治理结构。为实现国有企业的现代公司制改造，必须打破国有企业产权主体单一的局面，引入多个投资者，国有企业实行的“混改”亦有此意。国有企业的投资主体多元化能够加强企业投资者对管理层的监管，避免出现“所有权虚置”等问题。在投资主体多元化改造的过程中，需要在不影响国有产权主导地位的情况下适当降低国有产权的比重，同时增加其他类型产权的比重，把国有资产配置到更能发挥它的主导作用的地方，这就涉及国有资产产权转让。

第四，有利于国有经济布局和战略性调整。国有经济布局和结构的战略性调整要求国有资本从一些行业中退出，并集中到关系国民经济命脉和国家安全的基础性行业、自然垄断行业等。这个调整过程伴随着国有资产产权在企业之间、行业之间流动，产权流动是产权主体实现产权功能的重要方式，是完整的财产权的体现，其实现形式即产权的转让和交易。我国国有产权流动涉及国有资产的进退，除资源配置功能外，还发挥执行国家的产业政策、实行产业战略布局调整、盘活国有资产、推动国有企业机制转换和政府职能转变等特殊的作用。为了促进经济结构和产业结构的快速调整，需要大力发展产权交易市场和市场中介机构，以促进资产的产权流动。

（3）国有资产产权转让的要求。

国有资产产权转让是为了实现国有资产更为有效的配置，以促进资产经营效率提高和保值增值。要实现这个基本目的，必须明确产权，确保产权转让过程的市场化、规范化，遵循公开、公平、公正的原则，同时还要求促进市场中介机构的发展和完善产权交易市场。

国有资产产权转让需要明确产权。明确产权才能保证在产权转让过程中资产所有者的权益得到保障，避免在产权转让过程中国有资产被低价甚至是无偿转让或被侵占的情况发生，也才能降低产权转让的交易成本。为此，需要进一步完善国有资产出资人制度，加强国有资产监管部门对其管辖的国有资产产权转让的审批和监督，确保国家利益得到维护。

国有资产产权转让需要发挥市场机制作用。多数产权转让需要以公开的市场竞争为基础，采用招投标或竞拍等方式，通过双方自愿达成交易价格，完成产权转让。既要避免政府行政部门的过多干预，又要杜绝私下交易和人情交易。

国有资产产权转让需要加强法制法治。产权转让既是一种经济行为，也是一种法律行为。为保证产权转让依法合规有序进行，需要制定详细的法律规范来约束交易双方的行为，并确定产权转让的具体程序、核准和监督方及交易双方的权益和职责。

国有资产产权转让需要完善的产权交易市场。通过产权交易市场提供交易双方相互沟通、相互竞争的平台，使资产价格得以形成，也使“有偿转让、自愿互利、公平竞争”原则得到体现。因此，需要建立全国统一、开放的产权交易市场，以利于促进国有资产的产权合理、顺畅、有序转让。

国有资产产权转让需要借助于市场中介机构来完成。市场中介机构包括资产评估事务所、会计事务所、法律事务所等。产权交易中介机构作为连接交易双方的纽带，为产权交易双方提供客观公正的资产评估、清算交易、法律咨询等中介服务，为交易价格的形成、信息传导、降低交易成本发挥重要作用。产权转让过程中需要资产评估事务所、会计事务所等机构对资产的市场价格进行评价以确立转让的底价。产权转让需要严格依法进行，为此需要法律事务所提供相关的法律服务。

国有资产产权转让需要遵循公开、公正、公平原则。产权转让的过程必须是公开、透明的，国有资产产权转让的相关信息（日期、资产数量、转让程序等）应当通过新闻媒体等渠道向社会公布，以便于相关投资者能够积极参与，也便于社会公众监督，防止暗箱操作。公平原则要求产权转让应为各类投资者提供同等的竞争机会，不应因投资者的所有制性质的差异而进行歧视，并且要确保产权转让的过程和结果公平。

（4）国有资产产权转让的方式。

国有资产产权转让大都采取有偿转让的方式，但确有必要时也采用无偿划转的方式。

国有资产产权无偿划转只应发生在国有经济组织和单位内部，一般是指国有资产产权在政府机构、事业单位、国有独资企业或国有独资公司之间的无偿转移。无偿划转要遵循的原则是：符合国家有关法律法规和产业政策的规定；符合国有经济布局和结构调整的需要；有利于优化产业结构和提高国有经济核心竞争力；划转双方协商一致。

国有资产产权有偿转让主要是通过产权交易来实现产权结构的改造和优化，主要的转让方式有：

企业并购，又称兼并收购。企业兼并是指被兼并企业将其企业的资产或股权全部转让给兼并企业，被兼并企业失去法人资格；收购则是收购方出资购买被收购方企业的资产或股权，以获得被收购企业的控制权。企业并购的突出特点是使得产权转让方的产权结构发生重大转变，或法人实体事实上也发生了改变，企业控制权由转让方转向受让方。企业并购采取的主要形式有购买式、控股式、吸收股份式、承担债务式等。企业并购往往是因为产权交易双方为了实现资源的整合，充分利用闲置或利用率不高的资产，迅速扩大优势企业的规模，实现规模经济效益。同一产业内的企业并购也可能是出于扩大市场占有率的目的，而不同行业之间的企业并购，有利于实现并购方的生产经营多元化，从而能够降低经营风险。

企业资产的剥离与分立。剥离是指将公司的部分资产、子公司等出售给其他公司以获得现金或有价证券；分立则是将原有企业分成若干个具有独立法人资格的企业。剥离与分立有利于改善企业的资本结构，促进经营业务和发展战略的调整。

国有资产出售。一般是针对资不抵债、濒临破产的中小企业，以及长期经营不善、连续多年亏损或微利的中小企业，或政府出于优化结构的目的认为需要出售的企业。国有资产出售可以使实物形态的资产变现为现金，并伴随着国有资产从该企业甚至是该行业退出，从而有利于改变国有资产“大而全、小而全”的局面，有利于国有经济布局的调整。对小型企业的整体出售也是国企改革中“抓大放小”这一重要措施的体现。

国有资产租赁经营。这是指企业将其部分设备、生产线、业务甚至是整个企业的经营权出租给承租者，承租者按合同规定取得对企业的经营权和出租资产的使用权，并固定向出租人支付租金的一种信用活动。资产租赁经营不涉及所有权转让，只是经营权的转让。通过租赁可以使企业闲置资产转变为市场资源，有利于盘活存量资产、合理配置资源、减少企业的资金压力、扩大产品市场占有率。

股份制改造。国有企业股份制改造在我国国有企业和国有资产管理体制改革中有着特殊的意义和重要的地位。股份制改造涉及国有资产产权转让和重新组合，方式是引入多个社会投资者，实现企业股权结构多元化，目的是通过股份制改造使国有独资企业向国有控股公司、国有参股公司转变，真正建立起现代企业（公司）制度。

（5）国有资产产权转让中的职责确定。

国有资产产权转让过程中，国有资产监督管理机构和出资企业需要承担各自的职责，以保证国有产权转让能够有序进行。明确界定各自的职责有利于产权转让的程序化和规范化。2016 年 6 月国务院国资委、财政部联合发布《企业国有资产交易监督管理办法》，对国有资产监督管理机构和其所出资的企业的职责作出了相关的规定。

国有资产监督管理机构对企业国有资产产权转让履行的主要监管职责是：①负责审核国家出资企业的产权转让事项，其中，因产权转让致使国家不再拥有所出资企业控股权的，须由国资监管机构报本级人民政府批准；②根据国家有关法律法规，制定企业国有资产交易监管制度和办法；③按照办法规定，审核批准企业产权转让、增资等事项；④省级以上国资监管机构在全国范围选择开展企业国有资产交易业务的产权交易机构，并建立对交易机构的检查评审机制；⑤对企业国有资产交易制度的贯彻落实情况进行监督检查；⑥负责企业国有资产产权转让信息的收集、汇总、分析和上报；⑦履行本级政府赋予的其他监督职责。

当发生国有资产交易时，国资监管机构及其他履行出资人职责的机构对企业国有资产交易履行监管职责，主要包括：①国资监管机构发现转让方或增资企业未执行或违反相关规定、侵害国有权益的，责成其停止交易活动；②国资监管机构及其他履行出资人职责的机构定期对国家出资企业及其控股和实际控制企业的国有资产交易情况进行检查和抽查，重点检查国家法律法规政策和企业内部管理制度的贯彻执行情况；③国资监管机构对产权交易机构开展企业国有资产交易业务的情况进行动态监督等。

所出资企业对企业国有资产产权转让履行的职责主要是：制定其子企业产权转让管理制度，确定审批管理权限，其中，对主业处于关系国家安全、国民经济命脉的重要行业和关键领域，主要承担重大专项任务子企业的产权转让，须由国家出资企业报同级国有资产监管机构批准；按照企业发展战略做好产权转让的可行性研究和方案论证，产权转让涉及职工安置事项的，安置方案应当经职工代表大会或职工大会审议通过，涉及债权债务处置事项的，应当符合国家相关法律法规的规定；产权转让事项经批准后，由转让方委托会计师事务所对转让标的企业进行审计，并委托具有相应资质的评估机构对转让标的进行资产评估，确定产权转让价格；按照要求向产权交易机构提供披露信息内容的纸质文档材料，并对披露内容和所提供材料的真实性、完整性、准确性负责；产权转让的受让方确定后，与受让方签订产权交易合同等。

◇ 专栏4－1

马克思主义关于国有资产管理的相关理论

（一）产权理论

马克思从历史唯物主义出发，把产权看成生产关系的法律表现。在马克思看来，产权问题首先是生产关系的概念，其次才是法律的概念。所有权是经济范畴，产权是法律范畴，产权是财产归谁所有的法律制度，体现的是法律关系。

马克思认为，生产力的发展状况要求与之相适应的生产关系，建立相应的产权制度。如果产权制度与生产力的发展不相适应，就会阻碍生产力的发展。因此，马克思以是否适应生产力的发展作为评价产权制度的唯一标准。

根据马克思的产权理论，任何一种产权制度都是历史的、发展的。从历史角度看，即使是奴隶制度也曾在历史上起过进步作用，推动了生产力的发展和人类文明的进步。资本主义产权制度使得生产力获得飞跃发展，由此创造了人类现代文明社会，但资本主义产权制度也要随着生产力的发展而退出历史舞台。

（二）企业理论

马克思认为，企业是分工和产生技术发展到一定阶段的产物。企业的出现，既与社会分工体系的发展有关，也与单个经营体内形成的分工协作体系有关。劳动资料本身的技术构成，决定了协作的规模和程度，从而决定了企业的规模。

马克思指出，企业的具体生产组织，首先表现为在企业内进行职能分工，使各种操作活动独立化。其次，随着机器的大规模运用，生产组织便要服从机器运行的规律，企业组织形式发生了巨大变化。最后，股份企业的出现，使得组成公司的资本分散化，资本的管理、指挥、监督等职能交给职业经理来执行。由于股份制企业需要专门的经理人员来进行集中管理，最终导致了管理权和所有权之间的分离，企业内部组织形式发生了根本变化。

关于企业的运动形式。马克思认为，资本主义企业是在对剩余价值孜孜不倦的追求中获得生存与发展的。首先，资本是过去劳动的物化，是剩余劳动的积累，因而资本也构成社会财富的一般形式。其次，资本又是自行增殖的价值，是以剩余价值的生产为唯一目的的。对于企业的外部运动，马克思指出，在企业发展的初始阶段，主要是利用内部积累的办法进行扩大再生产，壮大企业规模。资本的集中是企业发展壮大规模的另一条途径。

（三）分配理论

在一定程度上，马克思继承了古典经济学的“生存工资”理论，即工资水平由维持劳动力及其家属最低生存需要所需商品的价值决定的。但他同时又认为，“生存工资”并不完全是由维持劳动力及其家庭生存所需的生活资料量决定的，它还受一个社会“历史的和道德的因素”的决定。短期工资由劳动的供求决定，资本对劳动的需求对短期工资水平起决定作用。通过分析，马克思认为长期工资实际上是由社会经济发展水平、两大阶级间的力量对比、资本主义内部的竞争等因素共同决定的。马克思关于资本主义分配理论的结论是，随着资本积累进行和有机构成提高所产生的相对剩余价值生产，会出现无产阶级贫困化的趋势，这是一种动态的趋势性的分析，而不是短期和静态的分析，短期的分配是由市场供求关系决定的。

从马克思的劳动价值论出发，以索取剩余价值为目的的资本，从保证这个目标实现的资本主义机制看，是绝对不可能在长期排斥劳动的，同时工资作为劳动成本与有效需求组成部分的这种矛盾性，也决定了资本不可能长期使工作份额处于一种下降趋势。虽然从静态看，工资和利润是一种对立关系，但从动态过程看，它们是相互促进的关系，这不仅是因为日益增加的利润需要不断提高的工资来实现，而且工资是再生产劳动力的基本条件，不断提高的劳动力质量是保证技术进步和相对剩余价值生产得以进行的基础条件，所以要扩大剩余价值的生产，就必须不断扩大劳动力需要的范围和数量，从而不断提高他们的工资水平。所以从长期看，资本积累的结果是提高工资，从该过程看，尽管从静态上看会降低利润，但从动态看却又是提高利润的手段。正是这种作用机制，促使资本家阶级不断地将已实现的剩余价值不断转化为新增工资，从而保持了两者间的相对稳定。

资料来源：国务院国有资产监督管理委员会，http：//www. sasac. gov. cn/n4470048/n9369363/n9388852/n9389973/c9403360/content. html。

（二）国有资产基础管理

国有资产管理，实质上是对属于国家的财产实施所有权管理，其基础环节是进行清产核资、产权界定和产权登记、资产评估、资产统计等工作，通过这些基础工作为国有资产管理的有效运行创造条件。有关产权界定和产权登记的问题上一节已经作了叙述，资产评估又涉及特别专业的业务，无须在本报告中详细描述，因此，本节所述国有资产基础管理主要是清产核资和资产统计。

1. 清产核资

（1）清产核资的含义及意义。

清产核资是指国有资产监督管理机构根据国家专项工作要求或者企业特定经济行为需要，按照规定的工作程序、方法和政策，组织企业进行账务清理、财产清查，并依法认定企业的各项资产损溢，从而真实反映企业的资产价值和重新核定企业国有资本金的活动，是一项摸清国有资产“家底”的工作。清产核资的目的，是为加强对国有资产的监督管理，真实反映企业的政策及财务状况，为科学评价和规范考核企业经营绩效及国有资产保值增值提供依据。

清产即清查资产，是指对企业占有的各类资产，包括固定资产、流动资产、长期投资、无形资产、递延资产和其他资产等进行全面清理、核对和查实。

核资即核实资金和核定国有资本金，是指对企业占用的各项资金，包括所有权权益（资本金、资本公积金、盈余公积金、未分配利润等）和负债（短期负债、长期负债）在全面清查、界定、重估的基础上，进行审查、核对和必要的财务处理，以准确核实企业中的全部国有资产价值总量，核定企业的国有资本金。

清产核资的意义在于：有利于解决国有资产管理中存在的一些矛盾和问题，如管理松弛、资产账账不符、账实不符、账外设账、国有资产状况不清，因长期约束机制不健全而出现的一些侵蚀国有资产的现象，对国有资产经营使用的考核办法不严格致使国家资金投入与效益产出出现脱节，资产长期闲置、使用效益低下等；通过清产核资可以准确地掌握国有资产的数量、分布、结构等情况，有利于摸清国情和国力，从而为国家宏观决策、制定产业政策、实现国有经济战略调整提供可靠依据；在清产核资的基础上进一步明确国有资产终极所有权，确立企业法人财产权，真正实现产权清晰，保证国有资产的统一性和完整性，为建立与社会主义市场经济相适应的国有资产管理体制和管理方法奠定了可靠基础。

（2）清产核资的范围和内容。

① 清产核资的范围。各级国有资产监督管理机构对符合下列情形之一的，可以要求企业进行清产核资：企业资产损失和资金挂账超过所有者权益，或者企业会计信息严重失真、账实严重不符的；企业受重大自然灾害或者其他重大、紧急情况等不可抗力因素影响，造成严重资产损失的；企业账务出现严重异常情况，或者国有资产出现重大流失的；其他应当进行清产核资的情形。符合下列情形之一，需要进行清产核资的，由企业提出申请，报同级国有资产监督管理机构批准：企业分立、合并、重组、改制、撤销等经济行为涉及资产或产权结构重大变动情况的；企业会计政策发生重大更改，涉及资产核算方法发生重要变化情况的；国家有关法律法规规定企业特定经济行为必须开展清产核资工作的。

② 清产核资的内容。根据国务院国有资产监督管理委员会 2003 年 9 月发布的《国有企业清产核资办法》的规定，清产核资的内容主要有：账务清理。是指对企业的各种银行账户、会计核算科目、各类库存现金和有价证券等基本财务情况进行全面核对和清理，以及对企业的各项内部资金往来进行全面核对和清理，以保证企业账账相符，账证相符，促进企业账务的全面、准确和真实。资产清查。是指对企业的各项资产进行全面的清理、核对和查实。在资产清查中把实物盘点同核实账务结合起来，把清理资产同核查负债和所有者权益结合起来，重点做好各类应收及预付账款、各项对外投资、账外资产的清理，以及做好企业有关抵押、担保等事项的清理。企业对清查出的各种资产盘盈和盘亏、报废及坏账等损失按照清产核资要求进行分类排队，提出相关处理意见。价值重估。是对企业账面价值和实际价值背离较大的主要固定资产和流动资产按照国家规定方法、标准进行重新估价。企业在以前清产核资中已经进行资产价值重估或者因特定经济行为需要已经进行资产评估的，可以不再进行价值重估。损溢认定。是指国有资产监督管理机构依据国家清产核资政策和有关财务会计制度规定，对企业申报的各项资产损溢和资金挂账进行认证。资金核实。是指国有资产监督管理机构根据企业上报的资产盘盈和资产损失、资金挂账等清产核资工作结果，依据国家清产核资政策和有关财务会计制度规定，组织进行审核并批复准予账务处理，重新核定企业实际占用的国有资本金数额。企业占用的国有资本金数额经重新核定后，应当作为国有资产监督管理机构评价企业经营绩效及考核国有资产保值增值的基数。

2. 国有资产统计

（1）国有资产统计的含义。

国有资产统计也是国有资产管理的一项基础性工作。国有资产统计是指在一定时期内综合反映国家出资企业国有资产的总量、质量、分布、结构及变动和国有资产运营效益等基本情况的基本文件。它包括国有资产统计报表和国有资产经营使用情况的统计分析报告。

为了加强国有资产监管，了解掌握国有资产运营等情况，把国有资产管理工作纳入程序化、规范化、民主化和科学化的轨道，依据《企业国有资产监督管理暂行条例》及国家有关财务会计制度，实行国有资产统计报告制度，建立国有资本金统计报告工作规范。

（2）国有资产统计报告的内容。

根据国务院国资委颁发的《企业国有资产统计报告办法》的规定，国有资产统计报告由企业会计报表和国有资产运营分析报告两部分组成。

企业会计报表按照国家财务会计统一规定由资产负债表、利润及利润分配表、现金流量表、所有者权益变动表、资产减值准备计提情况表及相关附表构成。企业会计报表应当经过中介机构审计。

国有资产营运分析报告是对本地区、本部门或者本企业占用的国有资产及营运情况进行分析说明的文件，具体包括：国有资产总量与分布结构；企业资产质量、财务状况及经营成果分析；国有资产增减变动情况及其原因分析；国有资产保值增值结果及其影响因素分析；其他需说明的事项。

（3）国有资产统计的组织管理。

企业国有资产统计报告工作应当遵循统一规范、分级管理的原则，按照企业的财务关系或者产权关系分别组织实施。

省级国有资产监督管理机构、各有关部门编制本地区、本部门所监管企业的汇总国有资产统计报告，并与所监管企业的分户国有资产统计数据一同报送国务院国资委。

国务院国资委在国有资产统计报告工作中履行以下职责：制定全国企业国有资产统计报告规章、制度和工作规范；统一制定企业国有资产统计报告格式、编报要求和数据处理软件；负责所出资企业国有资产统计报告工作具体组织实施；负责收集、审核和汇总各地区、各有关部门国有资产统计报告，并向国务院报告全国企业国有资产营运情况；组织开展对企业国有资产统计报告质量监控工作，并组织开展企业国有资产统计报告编报质量的抽样核查等。

省级国有资产监督管理机构在企业国有资产统计报告工作中履行下列职责：依据统一的企业国有资产统计报告规章制度和工作规范，负责本地区监管企业国有资产统计报告工作的组织实施和监督检查；指导下一级国有资产监督管理机构开展企业国有资产统计报告工作；负责收集、审核、汇总本地区监管企业国有资产统计报告，并向同级人民政府报告本地区监管企业国有资产营运情况；负责向国务院国资委报送本地区监管企业国有资产统计报告；组织开展对本地区监管企业国有资产统计报告质量的核查工作等。

各有关部门在企业国有资产统计报告工作中履行下列职责：依据统一的企业国有资产统计报告规章制度和工作规范，负责本部门监管企业国有资产统计报告工作的组织实施和监督检查；负责收集、审核、汇总本部门监管企业国有资产统计报告；负责向国务院国资委报送本部门监管企业国有资产统计报告；组织开展对本部门监管企业国有资产报告质量的核查工作等。

省级国有资产监督管理机构和各有关部门应当指定专门机构或者人员具体负责国有资产统计报告工作，并与国务院国资委建立相应工作联系；应当加强对企业国有资产统计报告相关数据资料的管理，做好归档整理、建档建库和保密管理等工作；应当加强对本地区、本部门监管企业国有资产统计报告工作的组织领导，加强督促指导，对企业报送的国有资产统计报告各项内容进行规范性审核。

审核内容主要包括：编制范围是否全面完整；编制方法是否符合国家统一的财务会计制度，是否符合企业国有资产统计报告的编制要求；填报内容是否全面、真实；报表中相关指标之间、表间相关数据之间、分户数据与汇总数据之间、报表数据与计算机录入数据之间是否衔接一致。

（三）国有资产投资管理

国有资产的投资是形成国有资产的起点，又是国有资产管理的关键环节，在经济社会发展中具有举足轻重的作用。国有资产投资涉及资金来源、方向、规模、结构和效益等问题，其管理工作繁重且重要。

1. 国有资产投资的概念及作用

国有资产投资是国家及国有资产经营机构，根据国民经济和社会发展的需要，为了获得预期的经济社会效益，将资金投放和运用于社会再生产领域和社会公共服务领域，形成国有资产的经济活动。在生产领域的投资，是积累性地扩大再生产支出，形成经营性国有资产；在社会公共服务领域的投资，形成非经营性国有资产，是一种社会财富的积累。

国有资产投资的作用表现在：首先，是壮大国有经济、巩固社会主义公有制经济基础的重要途径和手段。国有资产是公有制最重要的物质基础，通过持续不断的国有资产投资，才能保证公有制在国民经济中的主体地位。其次，是促进经济社会发展的有力工具和持久动力。投资是经济发展的第一推动力。由年复一年、不断延续的国有资产投资增量，累积成巨额国有资产存量和国有资本总量，奠定了经济发展的雄厚基础，提供了发展的最强动力源。再次，是调整经济结构、优化资源配置的重要手段。在经济调整中，国家通过国有资产投资，加快薄弱产业发展，克服“瓶颈”约束，优化产业结构，增加社会有效供给，满足社会需求。政府可以投资于那些投资额大、技术要求高、建设周期长、投资效益见效慢、投资收益不高甚至无利可图的重大基础产业、基础设施建设和高风险的高新技术产业等，对全社会资源的优化配置予以决定性的影响。在能源、交通、通信、农业、科技、环保等领域的国有资产投资，优化了总体经济结构。在推进各地区协同发展战略过程中，国有资产投资在地区间的协调分布，改善了地区经济结构，缩小了区域发展差距。最后，是调节经济运行，执行国家宏观经济社会政策的有效工具。国有资产投资是财政政策的重要政策工具，直接贯彻和执行国家宏观经济社会政策，它可以根据经济周期、社会总供求状况、国家宏观管理需要和要实现的发展目标等情况择机施策，增加或减少国有资产投资额，实现经济社会持续稳定发展。

2. 国有资产投资的资金来源和主要领域

(1) 国有资产投资的资金来源。

资金来源是投资的财力保证。国有资产投资的资金来源主要取决于国家经济管理体制，特别是财政管理体制的有关规定。我国国有资产投资的资金来源主要是：

财政预算直接安排的投资资金。每年的财政预算中，国家根据国民经济和社会发展的需要，安排一部分资金进行国有资产投资。这类资金主要用于基本建设拨款和贷款、企业挖潜改造、各项行政、事业费中用于国有资产的支出等。

政府通过借贷方式获得的资金，主要是银行贷款。国有经济单位凭借其信誉，或者以国有资产为抵押、担保，承担还本付息责任，从商业银行和投资银行获得贷款进行投资和生产经营，在贷款偿还后就形成了国有资产。广义的借贷和信用方式还包括了举借内债外债和利用外资等。

国有资产经营收益的再投资。国有资产经营收益主要分为两部分，一是国家凭借国有资产所有权收缴的收益；二是国有资产经营者的留存收益。前者经过财政预算的安排用于再投资，后者由经营者再投资于经营性领域，都会形成新的国有资产。

国有资产产权转让收入。包括国有资产转让、出售、拍卖和兼并等方式获得的收入，这些转让收入的资金被用于国有资产的构建和经营。

自筹资金。这是按照国家财政制度的规定，由各地区、各部门和各单位自己掌握和支配使用的资金。主要有：地方财政自筹资金，包括上年财政结余、财政预备费等地方机动财力；各主管部门的自筹资金；企事业单位的自筹资金，包括企业税后提取的盈余公积金，以及折旧基金、资产处置收益，事业单位的事业性收费、劳务收入、资产处置收入等。

(2) 国有资产投资的主要领域。

国有资产投资于哪些领域，很大程度上是由国家的职能、经济社会发展战略的要求和国有资产的性质决定的。在不同时期、不同经济社会环境下，投资的方向和重点领域有很大不同。根据国有企业改革和国有经济布局调整的总体要求，新发展阶段国有经济要坚持“适度进退”“有所为有所不为”，逐步从一般竞争性领域退出，推进国有资本向关系国家安全和国民经济命脉的重要行业和关键领域（简称重要行业和关键领域）集中。按照“十四五”规划的部署，在“十四五”时期和今后一个较长时期内，国有资产投资的主要领域有以下几个方面：

基础产业。这是指在国民经济中对其他产业的生存和发展具有决定性影响以及带动作用的产业，如能源、原材料、化工等。基础产业因投资额大、建设周期长、技术要求高、资金周转慢、规模效益显著等特点，其发展直接影响到经济运行以及人民生活的各个层次和方面，是关系国计民生的产业，因此仍是国有资产投资的重点。

基础设施。主要是指为经济发展和人民生活服务的各类经济社会设施，主要包括供电、供水、供气、邮电通信、道路、桥梁、港口、机场等。广义的基础设施还包括学校、医院、商业网点、银行、图书馆、文化站等。把基础设施作为国有资产投资的重点，可以更好地满足社会公共需要和人民对美好生活的向往，因此需要国家给予更多投资。

高新技术产业等新兴产业风险投资。在高新技术研发和高新技术产品开发过程中会面临较大的风险，但高新技术的发展对全社会的科技进步和经济发展、对建设创新型国家都具有巨大的推动作用，因此，在高新技术开发之际，采取国有资产投资的方式给予支持是十分必要的。

生态建设和环境保护投资。生态建设和环境保护已被视为“绿色产业”，亦具有明显的公益性质，企业、个人等市场主体往往无力或不愿投资，相当大一部分生态建设项目和环境保护设施的产业投资需要政府来承担。在坚持“五个统筹”和全面落实“五位一体”总体布局的过程中，扩大生态建设和环境保护投资，形成更多“绿色型”国有资产，将发挥其特殊而又重大的作用。

3. 国有资产投资规模和结构

（1）国有资产投资规模。

国有资产投资规模是指在一定时期内国有经济部门、政府行政部门和事业单位在国有资产再生产活动中投入的货币总量，也就是用货币表示的国有资产建设工作量。在国有资产投资管理中，投资规模是一个十分重要的经济变量。一定时期内国有资产投资规模的大小，从长远看，影响到国有经济的积累和发展能力，以及对经济结构的调整能力；在近期，它是社会有效需求的重要组成部分，关系到市场物价的稳定和供求关系的平衡。因而国有资产投资规模对投资结构、效益具有重要影响。由于国有经济在国民经济中的特殊地位，国有资产投资规模对整个国民经济和社会发展具有决定性的作用。

国有资产投资规模还可从两个方面来理解：一是指当年国有资产投资规模，即本年度实际完成的国有资产投资额，它反映本年度用于国有资产投资的人力、物力和财力的数量；二是指在建投资规模，即当年施工的建设项目全部建成交付使用所需要的投资额，其反映一定年份国有资产投资在全国实际铺开的建设战线的规模。

此外，国有资产投资规模可以按不同标准进行分类。按用途分，有经营性国有资产投资规模和非经营性国有资产投资规模；按性质分，有基本建设国有资产投资规模和更新改造国有资产投资规模；按建设时间分，有年度国有资产投资规模和在建国有资产投资规模；按地域分，有境内国有资产投资规模和境外国有资产投资规模等。根据国有资产管理的需要，还可以进行其他分类。

在国有资产投资管理中，合理把握好确定国有资产投资规模的原则是非常重要的。一是必须坚持与国力相适应、量力而行的原则，在安排投资时应当充分考虑经济发展可用于国有资产投资的实际财力，确保预算不留缺口。根据需要和可能，既要积极作为，又要稳妥可行。二是要遵循瞻前顾后、统筹安排的原则，不仅要考虑年度投资规模，还要考虑在建投资规模，因此，应当严格控制新开工投资项目，否则就会造成在建工程的资金迟迟不到位而不能如期建成并发挥效用，新建工程也难以建成。此外，国有资产投资规模还要在财政预算拨款、银行贷款、自筹资金、利用外资、固定资产投资资金和流动资金之间统筹兼顾，合理安排，保证投资的合理规模，落实投资资金来源。三是要合理确定积累率的高低，协调好积累与消费的关系。在国民收入一定的情况下，积累和消费是此消彼长的关系，处理好两者关系从根本上说就是要保持国有资产投资规模在一个合理的范围内。

根据国有资产管理体制和国有资产投资的主要资金来源，调控国有资产投资规模的主要方式有：第一，严格预算管理。财政预算安排的国有资产投资支出是国家一定时期重点建设项目的重要资金来源，必须按照《预算法》的要求，严格预算管理，规范预算收支，硬化预算约束，加强财政监督，合理调控和安排国有资产投资规模。预算批准的国有资产支出，要按照规定及时拨付资金，保证国有资产投资项目建设顺利进行。国有资产支出的追加追减，要按照法定程序报批，维护国家预算执行的严肃性。第二，把控好信贷规模。银行贷款是资金投放的源头，适度把控好银行信贷规模，通过调节资金供应，就能把投资总规模控制在合理的范围之内，有利于合理确定国有资产的投资规模。另外，运用信用杠杆和金融政策工具，通过调整利率来调整国有资产投资规模，也是应当予以重视的、行之有效的调控手段。第三，完善国有资产管理体制，形成国有资产投资的约束机制。通过完善体制、健全投资约束机制，切实解决国有资产投资决策、收益和风险相脱节的问题，从国有经济内部自动产生投资规模约束机制，即国有资产投资的决策者、出资人、经营者要为国有资产活动承担相应经济、法律责任，为维护国有资产安全和提高国有资产投资效益尽职尽责。

（2）国有资产投资结构。

国有资产投资结构是指在一定时期国有资产投资总额中，各个组成部分所占的比例或数量关系。在国有资产投资规模一定的条件下，投资结构是否合理，是国有资产投资效益高低的决定性因素。国有资产投资要达到预期的目的，就要优化投资结构，提高投资效益。

进入新发展阶段，调整和优化国有资产投资结构仍然是一项重要的战略任务。根据资产投资的规律和经济社会高质量发展的客观要求，国有资产投资结构优化的主要方略和途径是：①贯彻国家的产业政策和宏观经济政策。国家产业政策表明了产业发展的政策导向，是优化国有资产投资结构的基本遵循和重要依据。国有资产投资结构必须与国家产业政策相吻合，才能取得最大最优的经济社会和生态效益。按照产业政策和产业发展规划的要求，目前还要持续增加对农业、基础产业、基础设施和高新技术产业的投资，补齐短板，缓解“瓶颈”制约。国有资产投资结构还必须根据宏观经济形势的变化和国家宏观经济政策意图做适用性调整以促进国民经济持续和高质量发展。②增加科技、教育、文化、卫生、生态建设和环境保护、社会保障等社会公共服务领域的投资，提高人民福利水平和幸福感、获得感。③增加更新改造国有资产投入。经过 70 多年的经济建设，我国已经形成了较为完善的国民经济体系和国有体系，国有资产存量规模巨大。在科学技术突飞猛进、世界经济一体化趋势加快、国内外市场竞争更加激烈的情况下，为进一步提高国有经济的竞争力，必须转变传统的经济发展模式，走出一条高质量、内涵式发展的路子，因此，也就要求改变国有资产投资重基本建设、轻技术改造的状况，增加更新改造的国有资产投资。为此，要把技术改造和行业调整，企业结构改组及企业的现代企业制度改造结合起来，制定好更新改造规划及技术政策、装备政策，安排好对全局有重大影响的技术改造项目及重大措施，规定重点行业、企业必须达到的技术水平，大力提升国有企业的技术装备水平，提高国有资产投资效益和经营效益。④固定资产投资与流动资产投资之间保持适当的比例关系。长期以来，固定资产投资一直是我国国有资产投资的重点，流动资产投资时常被忽视，当固定资产投资项目建成后，往往因缺乏流动资产而处于停工待料、开工不足的状态，投资项目也就不能产生应有的效益。由于流动资产严重短缺，使企业生产经营严重依赖于银行信贷资金，又造成国有企业资产负债率偏高，加大了企业经营风险，在一定程度上又会削弱国有企业的竞争力。因此，在进行国有资产投资活动和调整国有资产投资结构过程中，必须处理好固定资产投资与流动资产投资的比例关系，安排固定资产投资时，必须打足流动资产投资额，充分考虑项目建设过程中以及项目建成投产之后能否提供足够的流动资金，保证投资项目如期建成并顺利投产见效。⑤发挥国有资产投资在改善国有经济分布结构、促进区域经济协调发展的重要作用。国有资产投资结构在促进区域经济协调发展中具有特殊地位和重要作用，在国家实施西部大开发、中部崛起、东北振兴的战略中，国有资产投资应向国家重点扶持发展的地区适度倾斜，加强基础设施、基础产业、生态建设和环保产业的投资，培植主导产业和优势产业，提高创新能力和竞争力，并引导社会投资方向，优化地区经济结构，促进区域经济协调发展，缩小地区发展差距，实现共同富裕。

4. 国资监管机构对所出资企业投资的监管

参照国务院国有资产监督管理委员会2017年1月发布的《中央企业投资监督管理办法》（国资委令第34号，以下简称《管理办法》）的有关规定，国资监管机构对所出资企业投资的监管主要涉及以下内容。

（1）国资监管机构监管的宗旨和原则。

《管理办法》所称国家出资企业的投资是指企业在境内从事的固定资产投资与股权投资，重大投资项目是指企业按照本企业章程及投资管理制度规定，由董事会研究决定的投资项目。国家监管机构对所出资企业投资的监管的宗旨是：以国家发展战略和中央企业五年发展规划纲要为引领，以把握投资方向、优化资本布局、严格决策程序、规范资本运作、提高资本回报、维护资本安全为重点，依法建立信息对称、权责对等、运行规范、风险控制有力的投资监督管理体系，推动中央企业强化投资行为的全程全面监管。监管的原则是：服务国家发展战略，体现出资人投资意愿，符合企业发展规划；坚持聚焦主业，大力培育和发展战略性新兴产业，严格控制非主业投资；遵循价值创造理念，严格遵守投资决策程序；提高投资回报水平，防止国有资产流失。

《管理办法》还规定并要求，国家出资企业是投资项目的决策主体、执行主体和责任主体，应当建立投资管理体系，健全投资管理制度，优化投资管理信息系统，科学编制投资计划，制定投资项目负面清单，切实加强项目管理，提高投资风险防控能力，履行投资信息报送义务和配合监督检查义务。

（2）投资监管体系建设。

《管理办法》规定，国家出资企业应根据办法规定，结合本企业实际，建立健全投资管理制度。企业投资管理制度包括的主要内容有：投资应遵循的基本原则；投资管理流程、管理部门及相关职责；投资决策程序、决策机构及其职责；投资项目负面清单制度；投资信息化管理制度；投资风险管控制度；投资项目完成、中止、终止或退出制度；投资项目后评价制度；违规投资责任追究制度；对所属企业投资活动的授权、监督与管理制度等。

国资委和企业应当建立并优化投资管理信息系统。国资委建立中央企业投资管理信息系统，对中央企业年度投资计划、季度及年度投资完成情况、重大投资项目实施情况等投资信息进行监测、分析和管理。企业建立完善本企业投资管理信息系统，加强投资基础信息管理，提升投资管理的信息化水平，通过信息系统对企业年度投资计划执行、投资项目实施等情况进行全面全程的动态监控和管理。

国资委根据国家有关规定和监管要求，建立发布中央企业投资项目负面清单，设定禁止类和特别监管类投资项目，实行分类监管。列入负面清单禁止类的投资项目，中央企业一律不得投资；列入负面清单特别监管类的投资项目，企业应报国资委履行出资人审核把关程序；负面清单之外的投资项目，由企业按照企业发展战略和规划自主决策。

企业应当在国资委发布的企业投资项目负面清单基础上，结合企业实际，制定本企业更为严格、具体的投资项目负面清单。

国资委建立完善投资监管联动机制，发挥战略规划、法律合规、财务监督、产权管理、考核分配、资本运营、干部管理、外派监事会监督、纪检监察、审计巡视等相关监管职能合力，实现对中央企业投资活动过程监管全覆盖，及时发现投资风险，减少投资损失。

（3）投资过程监管。

投资过程监管分为三个阶段：

第一个阶段：事前管理。

企业要按照企业发展战略和规划编制年度投资计划，并与企业年度财务预算相衔接，年度投资规模应与合理的资产负债水平相适应。企业的投资活动应当纳入年度投资计划，未纳入年度投资计划的投资项目原则上不得投资，确需追加投资项目的应调整年度投资计划。

年度投资计划的主要内容有：投资主要方向和目的；投资规模及资产负债率水平；投资结构分析；投资资金来源；重大投资项目情况。

国资委依据企业投资项目负面清单、企业发展战略和规划，从企业投资方向、投资规模、投资结构和投资能力等方面，对企业年度投资计划进行备案管理。进入国资委债务风险管控“特别监管企业”名单的企业，其年度投资计划需经国资委审批后方可实施。列入投资项目负面清单特别监管类的投资项目，企业应在履行完企业内部决策程序后、实施前向国资委报送开展项目投资的报告、企业有关决策文件、投资项目可行性研究报告（尽职调查）等相关文件、投资项目风险防控报告及其他必要的材料。

国资委依据相关法律、法规和国有资产监管规定，从投资项目实施的必要性、对企业经营发展的影响程度、企业投资风险承受能力等方面履行出资人审核把关程序，并对有异议的项目在规定时间内向企业反馈书面意见。国资委认为有必要时，可委托第三方咨询机构对投资项目进行论证。

企业应当根据企业发展战略和规划，按照国资委确认的各企业主业、非主业投资比例及新兴产业投资方向，选择、确定投资项目，做好项目融资、投资、管理、退出全过程的研究论证。对于新投资项目，应当深入进行技术、市场、财务和法律等方面的可行性研究与论证，其中股权投资项目应开展必要的尽职调查，并按要求履行资产评估或估值程序。

企业应当明确投资决策机制，对投资决策实行统一管理，向下授权投资决策的企业管理层级原则上不超过两级。各级投资决策机构对投资项目做出决策，应形成决策文件，所有参与决策的人员均应在决策文件上签字背书，所发表意见应记录存档。

第二个阶段：事中管理。

国资委对企业实施中的重大投资项目进行随机监督检查，重点检查企业重大投资项目决策、执行和效果等情况，对发现的问题向企业进行提示。

企业应当定期对实施、运营中的投资项目进行跟踪分析，针对外部环境和项目本身情况变化，及时进行再决策。如出现影响投资目的实现的重大不利变化时，应当研究启动中止、终止或退出机制。企业因重大投资项目再决策涉及年度投资计划调整的，应当将调整后的年度投资计划报送国资委。

企业应当按照国资委要求，分别于每年一、二、三季度终了次月 10 日前将季度投资完成情况通过中央企业投资管理信息系统报送国资委。季度投资完成情况主要包括固定资产投资、股权投资、重大投资项目完成情况，以及需要报告的其他事项等内容。部分重点行业的中央企业应按要求报送季度投资分析情况。

第三个阶段：事后管理。

企业在年度投资完成后，应当编制年度投资完成情况报告，并于下一年 1 月 31 日前报送国资委。年度投资完成情况报告包括但不限于以下内容：年度投资完成总体情况；年度投资效果分析；重大投资项目进展情况；年度投资后评价工作开展情况；年度投资存在的主要问题及建议。

企业应当每年选择部分已完成的重大投资项目开展后评价，形成后评价专项报告。通过项目后评价，完善企业投资决策机制，提高项目成功率和投资收益，总结投资经验，为后续投资活动提供参考，提高投资管理水平。国资委对企业投资项目后评价工作进行监督和指导，选择部分重大投资项目开展后评价，并向企业通报后评价结果，对项目开展的有益经验进行推广。

企业应当开展重大投资项目专项审计，审计的重点包括重大投资项目决策、投资方向、资金使用、投资收益、投资风险管理等方面。

（4）投资风险管理。

国有资产投资要增强风险防范意识，加强投资风险管理，为此，《管理办法》规定：

企业应当建立投资全过程风险管理体系，将投资风险管理作为企业实施全面风险管理、加强廉洁风险防控的重要内容。强化投资前期风险评估和风控方案制订，做好项目实施过程中的风险监控、预警和处置，防范投资后项目运营、整合风险，做好项目退出的时点与方式安排。

国资委指导督促企业加强投资风险管理，委托第三方咨询机构对中央企业投资风险管理体系进行评价，及时将评价结果反馈企业。相关企业应按照评价结果对存在的问题及时进行整改，健全完善企业投资风险管理体系，提高企业抗风险能力。

企业商业性重大投资项目应当积极引入社会各类投资机构参与。企业股权类重大投资项目在投资决策前应当由独立第三方有资质咨询机构出具投资项目风险评估报告。纳入国资委债务风险管控的企业不得因投资推高企业的负债率水平。

（四）国有资产保值增值管理

国有资产保值增值是国有资产监督管理的基本要求和国有资产运营的基本任务，在资产保值的基础上实现增值是国有资产管理初始的和基本的目标，它自始至终贯穿于国有资产监管的全过程，也内嵌于国有资产经营运作的整个过程之中。正因如此，对于国有资产保值增值来说并无必要、也不需要制定特别的监管制度，它总要体现在国有资产管理运营的方方面面，但又因为它的特殊重要性，又有必要主要从理论方面略加阐释。

1. 国有资产保值增值的含义和意义

（1）国有资产保值增值的含义。

国有资产保值，是指在国有资产的运营过程中，与简单再生产相适应，维持规模不变的国有资产再生产，实现价值补偿与实物补偿的统一，也称为“国有资产保全”。

上述国有资产保值的概念包含了两层含义：第一，国有资产保值的实质是维持国有资产的简单再生产；第二，国有资产保值要求实现价值补偿与实物补偿的统一。从价值补偿角度看，国有资产保值要求对预付价值进行足额补偿，这应作为国有资产保值的基本尺度。企业要通过按期定额计提折旧来确保国有资产价值的完整性，使得国家投入企业的资本在企业经营期间内不发生非正常的损失和流失。从实物补偿的角度看，国有资产保值必须以重置不变的生产能力为前提。资产的重置是在现行市场条件下按现行市场价格来实现的，若非如此，即使实现了对预付价值的足额补偿，也无法维持国有资产的简单再生产。可见，在现行市场条件、投资环境发生变化和通货膨胀重置的情况下，即便按固定资产原值定期足额计提了折旧基金，也已经远低于固定资产的重置成本，是无法如期更新固定资产的。这就说明，仅仅做到原始价值的保值是不能维持简单再生产的，国有资产保值的客观依据和科学尺度只能是规模不变的价值补偿和生产能力维持的统一。

国有资产增值，是指国有资产在社会再生产过程中价值的增加及自身积累进行的扩大再生产。包含的含义有：一是通过时间差价、国内外差价实现其自身溢价；二是通过国有资产的有效运营创造新的价值，即国有资产产生效益；三是通过对资产增值的合理分配，将其中一部分用于积累，进行扩大再生产，实现国有资产价值的增长。而通常所讲的国有资产增值，主要是从第二方面的含义去理解的。

（2）国有资产保值增值的意义。

国有资产保值增值意义重大，主要表现在以下方面：

首先，国有资产保值增值是维护社会简单再生产从而进行扩大再生产的必要条件，也是企业持续发展的前提。实行资产保全概念，有利于维持企业的经营规模和生产能力；有利于企业实物资产的重置与更新，从而提高国有资产经营效益，增加国有资产的积累；有利于保障所有者权益，落实企业的法人财产权和自主经营权，并明确企业经营者的经营责任。在现代企业制度下，资产的所有权和经营权分离之后，所有者和经营者之间的关系是一种委托与代理关系，从形式上看就是所有者之利益、经营者之责任所在，甚至可以说，实现国有资产增值最大化是国有企业财务管理的目标。资产的保值增值直接反映企业的资本规模、生产能力以及企业的经营损益和创利能力，又是各有关方面经济决策的重要依据。实现国有资产保值增值还有利于企业正确计算损益，合理分配利润，避免虚盈实亏、资产流失、侵吞资本的“短期行为”的产生，有利于在维护简单再生产的前提下，保持积累与消费的合理比例。

其次，促进社会稳定和经济发展。这种促进作用表现在：在保值基础上的增值形成国有资产收益，是国家重要的财政收入来源，为国家全面履行职责提供资金保障；保值增值壮大了国有经济实力，巩固壮大了公有制基础，增强了国有资产的控制力，扩大了国有资产在社会资产中的主导地位和控制地位；实现了国有资产保值增值也就意味着实现了全体人民共同财产的保值增值，这对于促进社会稳定和经济发展、提高人民生活水平、满足人民日益增长的对美好生活的需求具有重要意义。

2. 影响国有资产保值增值的因素

国有资产保值增值是国有资产监管中重要而又复杂的问题，尤其是在深化国有企业改革和创建新型国有资产监管体制过程中，影响国有资产保值增值的因素不断增多，概括起来，主要有以下两大因素：

（1）影响国有资产保值增值的环境条件性因素。

通货膨胀因素。在持续性通货膨胀的情况下，以历史成本为基础进行资产价值补偿和实物补偿的方式会造成资产重置成本与历史成本的差异，不仅对资产自身保值不利，同时还可能直接导致企业的虚盈实亏，在利润分配机制不加以调整的情况下，又会导致国有资产的流失。固定资产保值受通货膨胀因素的影响最为突出。

技术进步因素。在技术进步因素影响下，国有资产会出现两种无形损耗：一是资产实物形态的再生产价值下降，从而使原有资产的价值出现相对贬值；二是由于结构更加合理、性能更齐全、技术更加先进的同类设备的出现，使得原有设备显得陈旧落后，从而不仅使原有资产贬值，而且造成原有资产使用价值的降低。在无形损耗发生的情形下，如果把固定资产的折旧年限确定得过长，且按通常的平均年限法来计提折旧的话，就无法实现固定资产的保值。

再生产条件恶化的因素。再生产条件恶化是指由于自然条件、资源条件、技术条件以及社会条件等不同因素引起的维持实物形态的简单再生产费用提高，国有资产重置生产能力投资加大。在此种情况下，必须追加新的货币资金才能实现国有资产保值，否则的话，国有资产简单再生产都无法维持。

供求结构变化因素。如果需求不足、供给过剩，大量产品滞销，会导致资产的闲置，并延缓生产过程中已消耗的生产资料价值的及时足额补偿，意味着资产保值增值能力降低。

（2）影响国有资产保值增值的经营管理性因素。

经营管理体制上的缺陷。经营管理体制上的缺陷会导致产权关系不清、所有权与经营权不分、责任与收益不匹配、企业经营效率低下，影响国有资产的再生产能力，造成国有资产被侵占和流失。

企业经营管理不善。因企业经营管理不善造成的多年亏损、负债经营、资不抵债、资产闲置等，都将直接影响到资产的正常经营和保值增值。

3. 国有资产保值增值的实现途径

第一，在财务制度上逐步实现从历史成本原则向重置成本原则的转变。以重置成本为标准进行资产价值补偿和实物补偿，一方面有利于确保资产自身保值的顺利实现；另一方面有利于准确考核企业的实现利润，从根本上堵塞国有资产流失的缺口。

第二，提高固定资产的折旧率。适当提高固定资产的折旧率，以适应科学技术迅速发展的趋势。但应注意两个问题：一是要兼顾国家财政承受能力；二是考虑折旧增加、成本提高对企业竞争力的影响。

第三，转换企业经营机制，健全资产管理体制。国有资产管理体制的健全，能促进国有资产有效运营，确保国有资产保值增值的顺利实现。

第四，强化国有资产基础管理，杜绝国有资产流失。必须做好产权界定和资产评估工作，通过国有资产的基础管理工作为资产产权管理的有效运行奠定基础。

第五，盘活存量、优化增量，确保国有资产从总体上得到合理的配置。一是尽快建立健全各种闲置资产的调剂市场和企业的产权交易市场，通过企业间的兼并、合并、联营及合资、合作等方式来推动闲置资产的流动，在动态中实现国有资产的优化配置。二是应确立国有资产经营中介机构的增量投资主体地位，由其依据国家的产业政策、市场的价格信号及微观企业的效益状况来对各微观企业实施参资、参股，从而使国有资产增量配置既能体现市场经济的一般规律，又能体现贯彻国家的产业政策，最大限度地达到经济效益与社会效益的统一。

4. 国有资产保值增值监管

对国有资产保值增值应采取的主要监管策略是：

（1）完善国有资产监督制度，依法规范管理。

要认真贯彻执行国家国有资产管理的有关文件精神及政策，建立和完善规章制度，切实采取有效监管措施，做到依法规范管理，使国有资产经营者从思想上重视国有资产管理，掌握国有资产管理的有关政策，合法合规经营国有资产，保证国有资产和财务安全。

（2）完善国有资产出资人制度，处理好国有资产监管和营运的关系。

监管层和营运层明确分工、各负其责；明晰产权，认真履行产权界定和占有使用的登记制度；加强出资人财务监督，完善财务预算和决算管理制度。

（3）加强基础建设，落实责任，确保国有资产安全完整。

通过内部制约机制和外部制约机制相结合，使每一个管理环节都有章可循，发挥制度建设的保障作用。为促进国有资产保值增值的实现，要科学开展国有资产核算工作，结合国有资产管理整体情况，建立健全国有资产监督体系和制度规范，确保国有资产监督的完整性，为国有资产保值增值的实现打下良好的基础。

（4）建立资产监督管理信息系统，完善信息化管理措施。

为防止资产清查的前清后乱，尽快建立和完善国有资产动态管理系统，使国资部门及主管部门能及时、全面地掌握国有资产的总体情况，以利于资产管理的透明化和资源共享。

（5）建立资产经营责任制，健全国有资产保值增值的激励和约束机制。

把国有资产保值增值指标纳入经营者业绩考核的指标体系，对国有资产保值增值实现情况依法依规进行严格的考核和审计，对资产保值增值业绩好的实行奖励，对业绩差的加以处罚，对造成国有资产严重流失的，依法追究相关责任者的管理责任或者法律责任，以维护国有资产权益。

（6）加强对国资经营状况各类报表的经常性及定期检查。

通过对报表指标的分析，综合评价国有资产的运营状况，考核经营者的经营业绩，重点检查和考核国有资产保值增值率及国有资产收益率等指标的变化是否正常，发现问题及时组织重点或者专项检查。开展定期检查的重点是对资产产权登记、产权界定、运营质量以及收益分配等方面的检查，目的是确保国有资产的安全完整。

◇ 专栏 4-2

辽宁省七大举措全力实现国有资产保值增值（节选）

国有企业在我省经济发展中占有重要地位，新常态下，面对国企国资存在的体制机制及产业结构、经济结构等方面的问题，我省大力推进国有企业改革发展，将经营性国有资产纳入集中统一监管体系，修改完善企业负责人业绩考核办法，追究企业违规经营投资责任，出台国资监管权责清单，优化国有资产布局，国有资产保值增值成果频现。

通过资产整合等多种形式，全省地方国有资产 80% 以上集中到工业、交通运输业等行业和领域，形成了一批资产规模和收入规模过百亿元甚至千亿元的重点国有企业，国有资产布局得到优化，国有资产保值增值责任全面落实，有效地防止了国有资产流失和重大风险事件发生。

5 月 8 日，省委十二届二次全会召开，会议强调，推进国有企业改革发展，要整合存量，吸引增量，优化布局，加强监管，实现国有资产保值增值。

我省国有资产规模较大，历史遗留问题较多，国企改革风险与机遇并存。省国资委相关负责人表示，在巨大的考验面前，全省上下同心协力，将通过整合存量、吸引增量，健全监管体系，加强监督力度等七大举措，确保国有资产保值增值目标实现。

（一）实现国有资产保值增值，率先从整合存量、吸引增量，优化国有资本布局，提高国有资产经营效率入手。通过一系列政策措施聚集产业链、价值链，推动国有资本和产业联动发展，促进国有资本集中到优势产业和战略性新兴产业以及公共服务、基础设施和民生保障等领域。此举，将切实发挥国有资本的“撬杠”作用，带动全省产业结构、经济结构的调整优化。

（二）加快组建国有资本投资运营公司，以提高国有资本运行和配置的效率。组建后的投资运营公司将通过股权运作、设立基金等方式，促进国有资本合理流动，实现保值增值。

（三）以管资本为主推进国有资产监管机构职能转变，建立健全国有资产监管制度和基础管理工作体系。制定企业国有资产监督管理条例、省属企业违规经营投资责任暂行办法等制度。同时，夯实清产核资、产权登记、产权交易、资产评估、统计分析等基础管理工作。

（四）加强和改进国有资产监管，强化国有企业章程管理。下一步，我省将依法依规完善出资人监管权力和责任清单，管好国有资本布局、规范资本运作、提高资本回报、维护资本安全。

（五）进一步加强监督，防止国有资产流失。健全监事会督查核查机制、资本安全责任追究机制和重大信息公开机制，强化当期监督和事中监督，对企业重大事项、重大风险和违法违纪行为实行“一事一报告”等制度。

（六）建立健全国有企业考评机制，实行科学化、精细化考核。考评机制根据不同企业的功能界定，突出考核重点，实施分类考核，引导企业落实国有资产经营责任，建立健全有效的激励和约束机制。

（七）强化动态监测与识别预警，有效化解企业债务风险，严控企业安全生产风险等。

资料来源：辽宁省国资委网站，2017 年 10 月 16 日。

三、国有资产管理体制

国有资产管理体制，是关于国有资产管理机构设置、国有资产管理权限划分、管理职责和调控管理方式方法确定等有关制度的总称，是国家经济管理体制的重要组成部分，也是实施国有资产监管的体制载体。国有资产管理体制的内涵，可以概括为以下几个方面：

（一）国有资产管理体制是关于国有资产管理的基本制度体系

建立和完善国有资产管理体制的目的，是形成健全有效的国有资产管理的运行机制。根据国民经济协调、优质、可持续发展的客观要求和加强国有资产管理的需要，正确地划分各级政府和各级、各类国有资产管理机构的职责权限，是国有资产管理体制的核心内容，也是完善国有资产管理体制的主要目标。组织机构的设置，为国有资产管理提供了基本的物质技术基础和手段，它使管理职责权限的划分得以落实。调控方式是国有资产管理体制活的灵魂，它不仅为体制的运行输入动力，而且不断地矫正体制的运行方向，决定着体制运行的效率。可见，国有资产管理体制是由职责权限划分、组织机构设置和调控管理方式等方面的法律、法规和规章制度共同构成的有机整体。

（二）国有资产管理体制是国民经济管理体制的重要组成部分

国民经济管理体制的调控对象，是全社会的所有经济资源及其配置运营过程。而国有资产管理体制调控的对象，则是产权为国家所有的经济资源及其配置运营过程。在我国，国有经济是国民经济的主体和主导力量，国有经济资源是全社会经济资源中最重要、最基础的部分。所以，国有资产管理体制是国民经济管理体制最重要的组成部分。

（三）国有资产管理体制是国民经济管理过程中产权关系的具体表现形式

国有资产管理体制与整个国民经济管理体制一样，运行中都需要规范和协调国民经济发展中涉及的复杂的社会经济关系，其中一些最基本的经济关系，如政府与企业之间的关系，企业（股份制、混合制）内部所有者之间的关系，出资人与代理人之间的关系，所有者与经营者之间的关系，所有者内部各个监管主体之间的关系等，都必须经过国有资产管理体制的规范和协调，才能保证国有经济和经济社会的健康发展。这说明，国有资产管理体制是国民经济管理过程中产权关系的具体表现形式。

（四）国有资产管理体制是国家所有制的具体实现形式

从总体上看，国有资产管理体制是全民所有制生产关系的制度化、规范化和具体化；同时，它又直接与上层建筑相联系，与国家治理体系紧密相连，是一个复杂的社会系统。国有资产管理体制实质上是通过管理制度设计来正确处理国有经济内部各种经济关系，以及国有经济与非国有经济之间各种经济关系的问题，同时涉及国家、地方、政府、国有资产管理机构、各经济主管部门、中介机构、经营单位和职工之间关于国有资产管理中的责、权、利的协调和处理问题，本质上体现了国家作为国有资产终极所有者对国有资产运营全过程的组织、协调、监管的一系列活动。

◇ 专栏4-3

国有资产监督管理释义

国有资产监督管理是指国家权力机构、政府出资人和政府机构以及相关社会主体依法依规对指定的或者所属的国有企业占有使用的国有资产的经营管理实施监督管理活动的总称。

通常意义上讲的管理，包括计划、组织、指挥、协调和控制等项职能。从比较综合的角度看，监督是控制中的一个手段，所以，监督本身也属于管理的一项职能，二者是一种包容关系。而就异质性来看，监督并不是监督主体对监督客体有关行为的一种直接的命令、指挥和安排，它也不存在利用经济手段引导监督客体的行为。监督是通过观察、取证、测定、检查、评价等方式，产生其对监督客体行为的警示、督查、管束及规范的作用，具有约束和预防功能，以及对监督客体现状及趋势的信息预报功能。从作用机理的空间范围来看，监督主体对监督客体的监督主要是从外部实施的，而管理活动往往是内在和贯穿于管理全过程之中的。

科学合理和法治化的监督是确保经济社会有序运行和受监督客体的行为规范有序的重要方式和手段，是经济社会管理体系中的重要环节。在实践中，监督与管理经常结合在一起称为“监管”。

在我国，国有资产监督管理的类型主要有人民代表大会的监管、政府部门的监管、国有资产出资人代表的监管等，也包括社会公众的监督。但归结起来，国有资产监管实质上是由代表全体人民利益的国家，通过行使国有资产终极所有权对国有资产实施的监督和管理。我国国有资产监督管理机构是监管国有资产的专司机构，涉及国有资产管理的各项方针政策由国有资产监督管理机构统一制定，或经它审定同意报国务院批准之后实施。

资料来源：作者编写。

第二节　中国国有资产管理体制的历史演变

我国国有资产管理体制经历了一个特殊而又多变的历史演进过程，逐渐走向成熟，但也还存在着许多有待进一步改革和完善的方面。对我国国有资产管理体制的历史演进过程进行梳理，对体制改革的经验进行总结，这对深入理解当今国有资产管理实际状况，以及未来改革与完善的方向和重点，是十分必要的。

一、计划经济体制下的国有资产管理体制（1950—1977 年）

我国自新中国成立到改革开放以前实行的是计划经济体制，传统计划经济体制时期尽管存在对国有资产的管理，但对国有资产及其管理体制的概念比较淡漠，国有企业称作“全民所有制企业”或“国营企业”，国有资产称为“全民财产”或“国家财产”，其含义是国家是全民财产的所有者，并且直接组织生产经营活动，即所有权与经营权合二为一。

新中国成立后至 1956 年，是国民经济恢复和对资本主义工商业的社会主义改造基本完成的时期，国有资产管理体制的框架开始确立，主要通过没收剥夺旧中国官僚买办资本、敌伪财产和赎买改造民族资本形成的国有资产的所有权、占有权、支配权甚至使用权都集中在整个社会的统一管理者——国家的手中，国有资产投资资金实行统收统支、无偿使用，国家通过政府直接组织整个社会的生产和流通，企业的人财物由政府统一调拨，产供销也由政府统一决策，国营企业没有独立经营的自主权，利润全部上缴国家，亏损由国家承担。与国家赶超战略以及高度集中的计划经济体制相适应，国有资产管理实行高度集中统一的管理体制，这成了当时国有资产管理最显著的特征。但是当时并没有设立专门的国有资产管理机构，国营企业基本上按行政隶属关系实行分级归口的“条条”管理，国有资产管理的主要内容其实放在了对生产资料实行计划调拨和统一分配的实物管理上面。

1956 年，我国对资本主义工商业的社会主义改造基本完成之后进入了大规模经济建设时期，党的第一代领导集体在治国实践中逐渐觉察到按照苏联经验建立起来的高度集中的计划经济体制存在着弊端，开始了对经济管理体制改革的初步探索。1956 年党的八大决定在企业中实行党委领导下的厂长负责制。1957 年党的八届三中全会通过了工业、商业和财政管理体制改革的草案，其基本精神是：适当调整中央与地方、国家与企业之间的关系，把一部分工业管理、商业管理、财政管理的权力下放给地方行政机关和工矿企业，以更好地调动和发挥地方和企业的积极性。

1958—1960 年三年“大跃进”期间，国有资产管理体制改革延续了下放权力的思路和做法，一是把中央各部所属企业中的 88% 下放给地方管理，并扩大地方在物质、资金和人事方面的权力；二是把部分计划管理权限、基建项目审批权限下放给地方管理，实行以地方政府的“块块”管理为主和与中央专业部委的“条条”管理相互结合的条块管理体制，即以地区综合平衡为基础、专业管理部门与地区政府相结合的国有资产管理体制；三是减少政府的指令性计划管理内容，部分地扩大企业的经营自主权，企业可自行决定短期生产计划并拥有招工等权力，国家与企业之间实行全额利润分成制，企业可用留成资金发展生产和发放福利。

1961—1965 年的国民经济调整时期，针对“大跃进”时期经济管理权力过于分散和遭遇三年经济困难的局面，相应进行了一些体制上的调整和改革，以“收权”和“集权”为调整和改革的主线。一是实行重新调整、集中统一原则，中央上收企业管理权；二是上收国有资产管理权以及国有资产投资的审批权，恢复了高度集中统一的国有资产管理体制；三是重视利用税收、上缴利润及价格等经济杠杆调节经济。这次改革使我国国民经济重新纳入协调发展轨道，整个国民经济状况迅速好转。但是，高度的集中统一又使国有资产管理体制重新趋于僵化。

1966—1976 年的“文化大革命”期间，国有资产管理体制几乎成了“大跃进”时期“放权”“分权”模式的翻版，国有资产的投资和运营权限被大幅度下放给地方政府，计划管理权、物资管理权、收益上缴权、招工权等权限也基本归地方掌握，由地方政府代表国家对国有资产进行监督管理。由于当时的动乱形势，国有资产管理也陷于无序和混乱局面，国民经济发展受到了很大的影响。

计划经济体制下的国有资产管理"自上而下"的改革措施都致力于调整和划分中央和地方之间国有资产经营管理权限范围，难免陷入"集权—分权—再集权—再分权"的政策循环之中，并没有触及国有资产管理体制的根本问题——强化国有资产终极所有权与放开国有资产经营使用权的关系协调，因而在今天看来，是带有历史局限性的。

二、改革开放后至确立市场经济体制之前的国有资产管理体制（1978—1991年）

1978年12月，党的十一届三中全会召开，党和国家的工作重点转向了"以经济建设为中心"，从此揭开了经济体制改革的序幕。作为经济体制改革的重要部分，我国国有资产管理体制的改革也随之启动，并不断深入。自实行改革开放到确立市场经济体制为经济体制改革目标的这个时期，国有资产管理体制改革主要是围绕着增强国有企业活力逐渐展开的，而以"放权让利"为核心的第三次大规模放权则成为这个时期改革的起点。

1978—1984年，重点对国有企业实行"放权让利"和扩大企业自主权的改革，主要内容包括：在完成国家计划的前提下，允许企业按照生产建设和市场需要制订补充计划；实行企业基金制度和利润留成制度，企业基金可用于改善职工福利设施、发放奖金和改进生产技术，企业利润留成可建立生产发展基金、职工福利基金和奖励基金；逐步提高固定资产折旧率，折旧基金大部分归企业支配；鼓励企业研发新产品，有关费用可按一定比例从实现利润中留用；企业在劳动用工和干部任免方面有一定的自主权；实行党委领导下的厂长负责制等。1979年7月，国务院下发《关于扩大国营企业经营管理自主权的若干规定》以及其他4个配套文件，从多个方面下放企业生产经营自主权，将国有企业放权让利改革在全国范围内推行。1984年5月，国务院颁发《关于进一步扩大国营工业企业自主权的暂行规定》，规定扩大了企业的生产经营计划权、产品销售权、产品价格权、物资选购权、资金使用权、生产处置权、机构设置权、人事劳动权、工资资金使用权、联合经营权等10项自主权。这是中央政府第一次以列举的方式赋予国有企业自主权，目的是防止一些政府部门私自保留对国有企业过多的控制权①。放权让利对提高国有企业生产积极性起到了积极作用，长期处于短缺的经济状况得到了极大缓解，职工收入也迅速增加。但是，利润留成制的实施，一方面促使企业不断向政府部门要求扩大自主权以实现更多的留存利润，另一方面也诱使企业

---

① 周淑莲："二十年来中国国有企业改革的回顾与展望"，《中国社会科学》1998年第6期。

就留成比例与政府部门讨价还价，甚至诱使了企业夸大成本以隐匿利润，这直接导致了国家财政收入增长缓慢和大量赤字。这也表明，仅仅通过放权让利的方式刺激企业经营的积极性不能真正建立起现代企业制度，也难以从根本上解决好政企不分等国有资产管理体制的深层次问题。

1984 年 10 月，党的十二届三中全会通过了《中共中央关于经济体制改革的决定》，提出社会主义经济是有计划的商品经济，国有企业和国有资产管理体制的改革开始沿着政企分开和所有权与经营权相分离的原则推进，从此进入“两权分离”、推行承包经营责任制改革的阶段。“两权分离”即国家的国有资产所有权与企业的经营自主权分离。承包经营责任制的主要内容是在完成上交国家利润任务和完成技术改造任务后，企业职工的工资总额与经济效益挂钩，以此实现企业的自主经营和自负盈亏。承包经营责任制针对不同企业采取了多种形式，体现了坚持“两权分离”、给予国有资产的使用者充分的经营自主权、逐步确立企业的市场主体地位的改革宗旨。国有资产的产权管理方面，把国有资产的所有权管理职能与政府行政管理职能相分离，于 1988 年 4 月成立国家国有资产管理局，专司国有资产管理职能，其主要任务是对我国境内和境外的全部国有资产（包括固定资产、流动资产和其他国有资产）行使管理职能，重点是管理国家投入各类企业的国有资产。国有资产管理局的成立标志着我国国有资产管理正式步入专业化管理时代。

三、确立市场经济体制后的国有资产管理体制（1992 年至今）

1992 年春，邓小平同志南方谈话对中国的经济体制改革起到了极大的促进作用，1992 年 10 月党的十四大明确提出我国经济体制改革的目标是建立社会主义市场经济体制，至此正式开启了我国市场经济体制改革的序幕。从那时起至今，我国国有企业和国有资产管理体制改革遵循市场经济体制改革的总体要求和进程，又经历了几个阶段。

（一）国有资产管理体制改革初始时期（1992—2002 年）

党的十四大提出我国经济体制改革的目标是建立社会主义市场经济体制，指出国有企业应成为同市场经济相适应的、政企分开的独立的法人实体和市场竞争主体。1993 年 11 月党的十四届三中全会通过了《中共中央关于建立社会主义市场经济体制若干问题的决定》，把党的十四大确定的经济体制改革的目标和原则加以系统化、具体化，并对全面改革经济体制作出总体规划。《决定》指出，社会主义市场经济体制是同社会主义基本制度结合在一起的，建立社会主义市场经济体制，就是要使市场在国家宏观调控下对资源配置起基础性作用。《决定》提出，国有企业改革的目标是建立适应市场经济要求，产权清晰、权责明确、政企分开、管理科学的现代企业制度，要求通过建立现代企业制度，使企业成为自主经营、自负盈亏、自我发展、自我约束的法人实体和市场竞争主体。同时，明确对国有资产实行国家统一所有、政府分级监管、企业自主经营的体制。在政企分开之外，第一次提出“政资分开”和“出资人”的概念，提出政府的社会经济管理职能应与国有资产所有者的职能相分离。从此，国有资产管理体制改革进入了以产权改革为核心，建立现代企业制度的初始阶段。1995 年 10 月党的十四届五中全会提出，按照国家所有、政府分级管理、企业自主经营的原则，建立权责明确的国有资产管理、监督和运营体系，建立和完善产权登记、统计报告和资产评估等国有资产基础管理制度。

1997 年 9 月党的十五大提出“从战略上调整国有经济布局”，国有资产管理体制改革开始进入宏观层面，并由市场压力逼迫的被动调整转向顶层设计的主动调整。1998 年，我国开始实行国有资产的授权经营，将国有资产委托给国有企业集团或资产经营机构，授权其对相关国有企业的资产行使出资人的职责。1999 年 9 月党的十五届四中全会通过了《中共中央关于国有企业改革和发展若干重大问题的决定》（以下简称《决定》），提出国有企业改革和发展的两个主要的阶段性目标（到 2010 年）：一是形成比较合理的国有经济布局和结构；二是建立比较完善的现代企业制度。《决定》强调从战略上调整国有经济布局，提出国有经济在国民经济中的主导作用主要体现在控制力上。国有经济的作用既可以通过国有独资企业来实现，更要发展股份制，国有资本通过股份制吸引和组织更多的社会资本，放大国有资本的功能，提高国有经济的控制力、影响力和带动力。积极推进混合所有制经济发展，同时，国有经济在关系国民经济命脉的重要行业和关键领域要占支配地位。《决定》明确提出国有经济需要控制的行业和领域：涉及国家安全的行业，自然垄断的行业，提供重要公共产品和服务的行业，以及支柱产业和高新技术产业中的重要骨干企业。《决定》还强调国有企业战略性改组，坚持“抓大放小”，在培育实力雄厚、竞争力强的大型企业和企业集团的同时，放开搞活国有中小企业。《决定》认为，建立现代企业制度，是公有制与市场经济相结合的有效途径，是国有企业改革的方向。建立现代企业制度，就是要实现产权清晰、权责明确、政企分开、管理科学，健全决策、执行和监督体系，使企业成为自主经营、自负盈亏的法人实体和市场主体。《决定》特别强调要继续推进政企分开，所谓“政企分开”是指政府对国家出资兴办和拥有股份的企业，通过出资人代表行使所有者职能，按出资额享有资产受益、重大决策和选择经营管理者等权利，对企业的债务承担有限责任，不干预企业日常经营活动。企业依法自主经营，照章纳税，对所有者的净资产承担保值增值责任，不得损害所有者权益。各级党政机关都要同所办的经济实体和直接管理的企业在人财物等方面彻底脱钩。在涉及国有资产管理制度改革问题上，《决定》提出：积极探索国有资产管理的有效形式。要按照“国家所有、分级管理、授权经营、分工监督”的原则，逐步建立国有资产管理、监督、营运体系和机制，建立健全严格的责任制度，保证国有资产保值增值。国务院代表国家统一行使国有资产所有权，中央和地方政府分级管理国有资产，授权大型企业、企业集团和控股公司经营国有资产，确保出资人到位。《决定》还提出要健全和规范监事会制度，过渡到从体制上、机制上加强对国有企业的监督，确保国有资产及其权益不受侵犯。党的十五届四中全会的《决定》，谋略了国有资产管理和国有企业改革的总体设计和总体框架，此后的改革基本上都是按照这个设计推进的，其所制定的十六字原则也成了此后一段时间构建国有资产管理体制的主要依据。

（二）国有资产管理体制改革持续深化时期（2002—2012 年）

在国有企业中实行“政企分开”“两权分离”改革并建立现代企业制度的过程中，曾一度产生了一些理论误区和认识偏差，认为“两权分离”就是所有者应该尽可能少地干预经营者，甚至彻底放弃对企业经营使用的国有资产监管。在这种认识误导下，国有资产所有权被架空，出资人职责虚置，企业内部人控制和国有资产流失现象严重，国有资产所有者权益严重受损，企业长远健康发展也失去基础。现实中，出现了企业都以各自利益为导向的行为格局，国有资产布局分散凌乱、产业结构扭曲非常突出，企业间恶性竞争屡禁不止，企业个体局部利益与国有经济总体目标产生一定矛盾冲突。因此，设立一个权责统一的、集中行使国有资产所有权的出资人机构迫在眉睫。

2002 年 11 月，党的十六大召开标志着我国国有资产管理体制改革进入了新的阶段。十六大报告提出了更加明确的国有资产管理体制的改革方向和基本框架，即“建立中央政府和地方政府分别代表国家履行出资人职责，享有所有者权益，权利、义务和责任相统一，管资产和管人、管事相结合的国有资产管理体制”。同时提出“中央政府和省、市（地）两级地方政府设立国有资产管理机构”[①]。2003 年 10 月，党的十六届三中全会通过的《中共中央关于完善社会主义市场经济体制若干问题的决定》在“完善国有资产管理体制，深化国有企业改革”部分中强调：“建立健全国有资产管理和监督体制，坚持政府公共管理职能和国有资产出资人职能分开。国有资产管理机构对授权监管的国有资产依法履行

① 江泽民：“全面建设小康社会，开创中国特色社会主义事业新局面”，《人民日报》2002 年 11 月 18 日。

出资人职责，维护所有者权益，维护企业作为市场主体依法享有的各项权利，督促企业实现国有资本保值增值，防止国有资产流失。”党的十六届三中全会还提出，大力发展混合所有制经济，实现国有企业投资主体的多元化，使“股份制成为公有制的主要实现形式”。党的十六大及十六届三中全会提出的改革方略揭示了国有资产管理体制改革的核心是理顺产权关系，前提是政府双重职能分离，在此基础上实现政企职责分开、两权分离，落实国有企业的法人财产权。

◇ 专栏4-4

《中共中央关于完善社会主义市场经济体制若干问题的决定》（节选）

三、完善国有资产管理体制，深化国有企业改革

（7）建立健全国有资产管理和监督体制。坚持政府公共管理职能和国有资产出资人职能分开。国有资产管理机构对授权监管的国有资本依法履行出资人职责，维护所有者权益，维护企业作为市场主体依法享有的各项权利，督促企业实现国有资本保值增值，防止国有资产流失。建立国有资本经营预算制度和企业经营业绩考核体系。积极探索国有资产监管和经营的有效形式，完善授权经营制度。建立健全国有金融资产、非经营性资产和自然资源资产等的监管制度。

（8）完善公司法人治理结构。按照现代企业制度要求，规范公司股东会、董事会、监事会和经营管理者的权责，完善企业领导人员的聘任制度。股东会决定董事会和监事会成员，董事会选择经营管理者，经营管理者行使用人权，并形成权力机构、决策机构、监督机构和经营管理者之间的制衡机制。企业党组织要发挥政治核心作用，并适应公司法人治理结构的要求，改进发挥作用的方式，支持股东会、董事会、监事会和经营管理者依法行使职权，参与企业重大问题的决策。要坚持党管干部原则，并同市场化选聘企业经营管理者的机制相结合。中央和地方党委要加强和改进对国有重要骨干企业领导班子的管理。要全心全意依靠职工群众，探索现代企业制度下职工民主管理的有效途径，维护职工合法权益。继续推进企业转换经营机制，深化劳动用工、人事和收入分配制度改革，分流安置富余人员，分离企业办社会职能，创造企业改革发展的良好环境。

（9）加快推进和完善垄断行业改革。对垄断行业要放宽市场准入，引入竞争机制。有条件的企业要积极推行投资主体多元化。继续推进和完善电信、电力、民航等行业的改革重组。加快推进铁道、邮政和城市公用事业等改革，实行政企分开、政资分开、政事分开。对自然垄断业务要进行有效监管。

资料来源：《中共中央关于完善社会主义市场经济体制若干问题的决定》，2003年10月14日中国共产党第十六届中央委员会第三次全体会议通过，人民网，http：//cpc. people. com. cn/GB/64162/64168/64569/65411/4429165. html。

2003 年 3 月，国务院国有资产监督管理委员会（以下简称“国资委”）正式成立，其主要职能和任务是：根据国务院授权，依照《中华人民共和国公司法》等法律和行政法规履行出资人职责，指导推进国有企业改革和重组，监督实现国有企业的保值增值等。

“国资委”的成立标志着我国国有资产管理体制改革进入了一个新的历史阶段，自此，政府与企业由行政隶属关系向产权纽带关系转变。2003 年 5 月由国务院发布并施行的《企业国有资产监督管理暂行条例》（以下简称《暂行条例》）再次确认：“国家实行由国务院和地方人民政府分别代表国家履行出资人职责，享有所有者权益，权利、义务和责任相统一，管资产和管人、管事相结合的国有资产管理体制”，决定国务院，省、自治区、直辖市人民政府，设区的市、自治州级人民政府，分别设立国有资产监督管理机构，该机构根据授权，依法履行出资人职责，依法对企业国有资产进行监督管理，这昭示了新的国有资产管理体制初步建立。《暂行条例》还明确了国有资产监督管理机构的六项主要义务：推进国有资产合理流动和优化配置，推动国有经济布局和结构的调整；保持和提高关系国民经济命脉和国家安全领域国有经济的控制力和竞争力，提高国有经济的整体素质；探索有效的企业国有资产经营体制和方式，加强企业国有资产监督管理工作，促进企业国有资产保值增值，防止企业国有资产流失；指导和促进国有及国有控股企业建立现代企业制度，完善法人治理结构，推进管理现代化；尊重、维护国有及国有控股企业经营自主权，依法维护企业合法权益，促进企业依法经营管理，增强企业竞争力；指导和协调解决国有及国有控股企业改革与发展中的困难和问题。

国有资产管理体制基本框架确立以后，国有资产管理体制改革持续深化。2007 年 9 月，国务院颁布了《关于试行国有资本经营预算的意见》，首次规定了国有资本经营预算的收支范围和编制、审批与执行的相关内容，并确定中央本级国有资本经营预算从 2008 年开始实施，收取实施范围内企业 2007 年实现的国有资本收益。国有资本经营预算，是国家以所有者身份依法取得国有资本收益，并对其所得收益进行分配而发生的各项收支预算。建立国有资本经营预算制度，是要强化国资委的出资人职责及对国有企业的资本化管理，这有利于对国有资产实行资本经营，有利于维护国有资产所有者权益，有利于推动国有经济的战略性调整，促进国有资产在全社会范围内的充分流动和优化组合，最大限度地提高国有资本的运营效率，发挥国有经济的主导作用，同时也有利于国资委“管人、管事、管资产”的职能落实，对于深化国有资产管理体制改革具有重要意义。

2008 年 10 月第十一届全国人民代表大会常务委员会第五次会议通过了《中华人民共和国企业国有资产法》，对国有资产管理体制的内容第一次以法律的形式进行了权威性的确认。法律第八条明确规定："国家建立健全与社会主义市场经济发展要求相适应的国有资产管理与监督体制，建立健全国有资产保值增值考核和责任追究制度，落实国有资产保值增值责任。"法律明确了国有资产出资人的职责和权益，对国家出资企业的活动、管理者的选择与考核，以及国有资本经营预算和国有资产监督等内容作了法律规定。

党的十六大以来出台的一系列重大改革措施以及国资委的成立，使我国国有资产管理体制逐步走向成熟，初步解决了国有企业"出资人缺位"和国有资产多头管理却无人负责的问题，即国有产权主体或代表的缺位问题，并在调整国有经济布局、规范和推动国有企业改革、提高国有企业效益等方面取得了显著的成效。

◇ 专栏4－5

《中华人民共和国企业国有资产法》（节选）

第三条　国有资产属于国家所有即全民所有。国务院代表国家行使国有资产所有权。

第四条　国务院和地方人民政府依照法律、行政法规的规定，分别代表国家对国家出资企业履行出资人职责，享有出资人权益。

国务院确定的关系国民经济命脉和国家安全的大型国家出资企业，重要基础设施和重要自然资源等领域的国家出资企业，由国务院代表国家履行出资人职责。其他的国家出资企业，由地方人民政府代表国家履行出资人职责。

第五条　本法所称国家出资企业，是指国家出资的国有独资企业、国有独资公司，以及国有资本控股公司、国有资本参股公司。

第六条　国务院和地方人民政府应当按照政企分开、社会公共管理职能与国有资产出资人职能分开、不干预企业依法自主经营的原则，依法履行出资人职责。

第七条　国家采取措施，推动国有资本向关系国民经济命脉和国家安全的重要行业和关键领域集中，优化国有经济布局和结构，推进国有企业的改革和发展，提高国有经济的整体素质，增强国有经济的控制力、影响力。

第八条　国家建立健全与社会主义市场经济发展要求相适应的国有资产管理与监督体制，建立健全国有资产保值增值考核和责任追究制度，落实国有资产保值增值责任。

……

第十一条　国务院国有资产监督管理机构和地方人民政府按照国务院的规定设立的国有资产监督管理机构，根据本级人民政府的授权，代表本级人民政府对国家出资企业履行出资人职责。

国务院和地方人民政府根据需要，可以授权其他部门、机构代表本级人民政府对国家出资企业履行出资人职责。……

第十二条　履行出资人职责的机构代表本级人民政府对国家出资企业依法享有资产收益、参与重大决策和选择管理者等出资人权利。

履行出资人职责的机构依照法律、行政法规的规定，制定或者参与制定国家出资企业的章程。

履行出资人职责的机构对法律、行政法规和本级人民政府规定须经本级人民政府批准的履行出资人职责的重大事项，应当报请本级人民政府批准。

第十三条　履行出资人职责的机构委派的股东代表参加国有资本控股公司、国有资本参股公司召开的股东会会议、股东大会会议，应当按照委派机构的指示提出提案、发表意见、行使表决权，并将其履行职责的情况和结果及时报告委派机构。

第十四条　履行出资人职责的机构应当依照法律、行政法规以及企业章程履行出资人职责，保障出资人权益，防止国有资产损失。

履行出资人职责的机构应当维护企业作为市场主体依法享有的权利，除依法履行出资人职责外，不得干预企业经营活动。

第十五条　履行出资人职责的机构对本级人民政府负责，向本级人民政府报告履行出资人职责的情况，接受本级人民政府的监督和考核，对国有资产的保值增值负责。

履行出资人职责的机构应当按照国家有关规定，定期向本级人民政府报告有关国有资产总量、结构、变动、收益等汇总分析的情况。

资料来源：《中华人民共和国企业国有资产法》，中华人民共和国第十一届全国人民代表大会常务委员会第五次会议 2008 年 10 月 28 日通过，人民网。

（三）国有资产管理体制改革全面完善时期（2012 年至今）

2012 年 11 月党的十八大召开以来，以习近平同志为核心的党中央总揽全局、精心谋划、抓紧落实各项改革措施，国有资产管理体制改革进入了新阶段，多项改革措施综合配套密集出台，国有资产管理制度日臻完善。

不可否认，此前的国有资产管理体制改革取得了巨大成绩，但也应看到，虽然在国家层面和地方政府分别设立了国有资产监督管理机构，分别代表国家履行出资人职责，而不再是国家“统一所有”，初步解决了“出资人缺位”和“所有权虚置”问题，但是国有资产管理中存在着的一些深层次问题还没有完全解决。比如，国有资产监督管理机构在管资本的同时，还要管人、管事，管资本的主线未能突出出来，且任命企业经营者的行政色彩依然较重，对企业的行政干预难以避免，政府的社会公共管理职能与国有资产出资人职能没能真正分开；国有企业的市场化改革还没有完全成功，企业还不是真正的市场化法人实体，在从事生产经营活动的同时，还要承担多项社会责任；政出多门、多头多部门插手企业管理现象依然存在，“老板”和“婆婆”相互纠缠、职责不清，企业无所适从；多头管理导致了产权管理虚置问题不能得到根本解决，企业中的所有者代表以何种方式、如何行使好所有者权利，如何协调好所有者代表与经营管理者的关系，以及所有权与经营权的关系，如何在所有者、经营者和职工之间建立有效的制约机制等，均需要在实践中探索、在制度上规范；资本市场发育不足，缺少有效的国有资本运营平台；国有资产分布面过宽、分布战线过长的情况大量存在于一般性竞争行业，配置不尽合理，资产优化重组有待改善，混合所有制改革和产权制度改革有待加速推进；国有经济的竞争力、影响力和带动力不够强，社会效益和经济效率有待提高；中央与地方多级国有资产监督管理机构权限界限划分不够清晰，行使终极所有权的人民代表大会的监督与履行出资人职责的国有资产管理机构监督之间的分工也不够明确清晰，缺乏科学的衔接配合协调机制，等等。

党的十八大以来，党中央从坚持和发展中国特色社会主义全局出发，提出并形成了“四个全面”战略布局。2013 年 11 月党的十八届三中全会通过的《中共中央关于全面深化改革若干重大问题的决定》（以下简称《决定》），部署全面深化经济体制、政治体制、文化体制、社会体制、生态文明体制和党的建设制度改革，总目标是完善和发展中国特色社会主义制度，推进国家治理体系和治理能力现代化。《决定》指出，要紧紧围绕使市场在资源配置中起决定性作用，深化经济体制改革，坚持和完善基本经济制度，加快完善现代市场体系、宏观调控体系、开放型经济体系，加快转变经济发展方式，加快建设创新型国家，推动经济更有效率、更加公平、更可持续发展。《决定》提出要“完善产权保护制度”，明确了物权、债权、股权和知识产权等各类产权是所有制的核心，要建立“归属清晰、权责明确、保护严格、流转顺畅”的现代产权制度，这有利于维护公有财产权、巩固公有制经济的主体地位，有利于各类资本的流动和重组。《决定》提出要推动混合所有制经济发展，“国有资本、集体资本、非公有资本等交叉持股、相互融合的混合所有制经济，是基本经济制度的重要实现形式，有利于国有资本放大功能、保值增值、提高竞争力，有利于各种所有制资本取长补短、相互促进、共同发展”。

关于国有资产监督管理，党的十八届三中全会的《决定》专门提出：“完善国有资产管理体制，以管资本为主加强国有资产监管，改革国有资本授权经营体制，组建若干国有资本运营公司，支持有条件的国有企业改组为国有资本投资公司。”这个决策进一步强调了要以管资本为主加强国有资产监管，通过组建专门的国有资本投资运营公司，从而搭建国有资产监管机构加国有资本投资运营公司的“双层”国有资产监管架构。在这个架构中，国有资产监管机构履行国有资产出资人的职责和权力；而新组建的国有资本投资运营公司，属于国有资产经营人，其主要职责确定为："国有资本投资运营要服务于国家战略目标，更多投向关系国家安全、国民经济命脉的重要行业和关键领域，重点提供公共服务、发展重要前瞻性战略性产业、保护生态环境、支持科技进步、保障国家安全。"

党的十八届三中全会在科学研判的基础上、着眼于实现国家治理体系和治理能力现代化，提出了国资国企改革的总体思路，这对于深化国有企业改革、加强国有资产监管、优化国有资本布局、发挥国有经济主导作用具有重大意义，此后的一系列改革方案和措施的出台，都是在总体思路指引下的进一步深化和具体化。

2015 年 8 月，《中共中央国务院关于深化国有企业改革的指导意见》下发，对国有企业改革作出重大战略部署，是新时期深化国有企业改革的思想指南和行动纲领。当年 9 月，国务院发布《关于国有企业发展混合所有制经济的意见》，其中提到改革的基本出发点和落脚点是"通过深化国有企业混合所有制改革，推动完善现代企业制度，健全企业法人治理结构；提高国有资本配置和运行效率，优化国有经济布局，增强国有经济活力、控制力、影响力和抗风险能力，主动适应和引领经济发展新常态；促进国有企业转换经营机制，放大国有资本功能，实现国有资产保值增值"，并对审计部门要切实加强对国有企业混合所有制改革的监管、加强企业职工内部监督、自觉接受社会监督等作出相关规定。

2015 年 10 月，《国务院关于改革和完善国有资产管理体制的若干意见》（国发〔2015〕63 号，以下简称《意见》）发布，《意见》遵照党的十八届三中全会作出的改革部署，谋划了新型国有资产管理体制的基本架构，并着重从四个"管资本"方面提出了改革和完善国有资产管理体制的指导性意见，即以管资本为主推进国有资产监管机构职能转变，以管资本为主改革国有资本授权经营体制，以管资本为主推动国有资本合理流动优化配置，以管资本为主推进经营性国有资产集中统一监管。《意见》还对国有资产监管重点、监管方式和手段等作出了明确规定，强调国有资产监管"以管资本为主，以资本为纽带，以产权为基础，重点管好国有资本布局、规范资本运作、提高资本回报、维护资本安全"。这个意见首次以国家的政策规范方式明确了国有资产监管机构与国有资本投资、运营公司的关系，决定开展政府直接授权国有资本投资、运营公司履行出资人职责的试点工作，授权投资运营公司作为国有资本市场化运作的专业平台，依法自主开展国有资本运作，对所出资企业行使股东职责，并要按照责权对应原则切实承担起国有资产保值增值责任，这也就为此后多项深化国有企业改革政策的推出作了铺垫和衔接。特别地，《意见》提出要"完善有关法律法规"，健全国有资产监管法律法规体系，"按照立法程序，抓紧推动开展企业国有资产法修订工作，出台相关配套法规，为完善国有资产管理体制夯实法律基础"，这为确立人民代表大会的立法监督地位、加强人民代表大会的国有资产监督职能，以及此后建立政府向人大常委会报告国有资产管理情况的制度做出了制度设计和政策导引的铺垫。

◇ 专栏4-6

《国务院关于改革和完善国有资产管理体制的若干意见》（节选）

二、推进国有资产监管机构职能转变

（三）准确把握国有资产监管机构的职责定位。国有资产监管机构作为政府直属特设机构，根据授权代表本级人民政府对监管企业依法履行出资人职责，科学界定国有资产出资人监管的边界，专司国有资产监管，不行使政府公共管理职能，不干预企业自主经营权。以管资本为主，重点管好国有资本布局、规范资本运作、提高资本回报、维护资本安全，更好服务于国家战略目标，实现保值增值。发挥国有资产监管机构专业化监管优势，逐步推进国有资产出资人监管全覆盖。

（四）进一步明确国有资产监管重点。加强战略规划引领，改进对监管企业主业界定和投资并购的管理方式，遵循市场机制，规范调整存量，科学配置增量，加快优化国有资本布局结构。加强对国有资本运营质量及监管企业财务状况的监测，强化国有产权流转环节监管，加大国有产权进场交易力度。按照国有企业的功能界定和类别实行分类监管。改进考核体系和办法，综合考核资本运营质量、效率和收益，以经济增加值为主，并将转型升级、创新驱动、合规经营、履行社会责任等纳入考核指标体系。着力完善激励约束机制，将国有企业领导人员考核结果与职务任免、薪酬待遇有机结合，严格规范国有企业领导人员薪酬分配。建立健全与劳动力市场基本适应，与企业经济效益、劳动生产率挂钩的工资决定和正常增长机制。推动监管企业不断优化公司法人治理结构，把加强党的领导和完善公司治理统一起来，建立国有企业领导人员分类分层管理制度。强化国有资产监督，加强和改进外派监事会制度，建立健全国有企业违法违规经营责任追究体系、国有企业重大决策失误和失职渎职责任追究倒查机制。

（五）推进国有资产监管机构职能转变。围绕增强监管企业活力和提高效率，聚焦监管内容，该管的要科学管理、决不缺位，不该管的要依法放权、决不越位。将国有资产监管机构行使的投资计划、部分产权管理和重大事项决策等出资人权利，授权国有资本投资、运营公司和其他直接监管的企业行使；将依法应由企业自主经营决策的事项归位于企业；加强对企业集团的整体监管，将延伸到子企业的管理事项原则上归位于一级企业，由一级企业依法依规决策；将国有资产监管机构配合承担的公共管理职能，归位于相关政府部门和单位。

（六）改进国有资产监管方式和手段。大力推进依法监管，着力创新监管方式和手段。按照事前规范制度、事中加强监控、事后强化问责的思路，更多运用法治化、市场化的监管方式，切实减少出资人审批核准事项，改变行政化管理方式。通过"一企一策"制定公司章程、规范董事会运作、严格选派和管理股东代表和董事监事，将国有出资人意志有效体现在公司治理结构中。针对企业不同功能定位，在战略规划制定、资本运作模式、人员选用机制、经营业绩考核等方面，实施更加精准有效的分类监管。调整国有资产监管机构内部组织设置和职能配置，建立监管权力清单和责任清单，优化监管流程，提高监管效率。建立出资人监管信息化工作平台，推进监管工作协同，实现信息共享和动态监管。完善国有资产和国有企业信息公开制度，设立统一的信息公开网络平台，在不涉及国家秘密和企业商业秘密的前提下，依法依规及时准确地披露国有资本整体运营情况、企业国有资产保值增值及经营业绩考核总体情况、国有资产监管制度和监督检查情况，以及国有企业公司治理和管理架构、财务状况、关联交易、企业负责人薪酬等信息，建设阳光国企。

资料来源：《国务院关于改革和完善国有资产管理体制的若干意见》（国发〔2015〕63 号），中华人民共和国中央人民政府网站，http：//www. gov. cn/zhengce/content/2015 – 11/04/content_ 10266. htm。

与上述意见发布同步，国务院办公厅于 2015 年 10 月发布《关于加强和改进企业国有资产监督防止国有资产流失的意见》，要求"实现企业国有资产监督全覆盖"，特别是要"加强对国有企业权力集中、资金密集、资源富集、资产聚集等重点部门、重点岗位和重点决策环节的监督，切实维护国有资产安全"，提出要"建立健全企业国有资产监督法律法规体系，依法依规开展监督工作，完善责任追究制度"，同时着力强化企业内部监督，切实加强企业外部监督，强化国有资产损失和监督工作责任追究，再次强调完善企业国有资产监督法律制度，"按照法定程序修订完善企业国有资产法等法律法规中有关企业国有资产监督的规定，制定出台防止企业国有资产流失条例，将加强企业国有资产监督的职责、程序和有关要求法定化、规范化"。作为执行该意见的配套性文件，国务院国有资产监督管理委员会和财政部于 2016 年 6 月联合下发了《企业国有资产交易监督管理办法》，为规范企业国有资产交易、加强企业国有资产交易监督管理、防止国有资产流失作出了相关规定。

在 2016 年 10 月全国国有企业党建工作会议上，习近平总书记再次充分肯定了国有企业国有资产的重要作用：国有企业是中国特色社会主义的重要物质基础和政治基础，是我们党执政兴国的重要支柱和依靠力量。2017 年 10 月在党的十九大报告中，习近平总书记提出，"要完善各类国有资产管理体制，改革国有资本授权经营体制，加快国有经济布局优化、结构调整、战略性重组，促进国有资产保值增值，推动国有资本做强做优做大，有效防止国有资产流失"。

2020 年 5 月，中共中央国务院下发《关于新时代加快完善社会主义市场经济体制的意见》，强调积极推进国有经济布局优化和结构调整："推动国有资本更多投向关系国计民生的重要领域和关系国家经济命脉、科技、国防、安全等领域，服务国家战略目标，增强国有经济竞争力、创新力、控制力、影响力、抗风险能力，做强做优做大国有资本，有效防止国有资产流失”；强调全面完善产权制度的改革要求：“健全归属清晰、权责明确、保护严格、流转顺畅的现代产权制度，加强产权激励。完善以管资本为主的经营性国有资产产权管理制度，加快转变国资监管机构职能和履职方式”；部署积极稳妥推进国有企业混合所有制改革任务：“按照完善治理、强化激励、突出主业、提高效率要求，推进混合所有制改革，规范有序发展混合所有制经济”等。

2020年6月30日，中央全面深化改革委员会第十四次会议审议通过了《国企改革三年行动方案（2020—2022年）》，把党的十九大对国资国企改革的要求进一步具体化。在这次会议上，习近平总书记强调指出，胜利完成“十三五”规划主要目标任务、决胜脱贫攻坚、全面建成小康社会，乘势而上开启全面建设社会主义现代化国家新征程，必须发挥好改革的突破和先导作用，依靠改革应对变局、开拓新局，坚持目标引领和问题导向，既善于积势蓄势谋势，又善于识变求变应变，紧紧扭住关键，积极鼓励探索，突出改革实效，推动改革更好服务经济社会发展大局。这次会议特别指出，今后三年是国企改革关键阶段，要坚持和加强党对国有企业的全面领导，坚持和完善基本经济制度，坚持社会主义市场经济改革方向，抓重点、补短板、强弱项，推进国有经济布局优化和结构调整，增强国有经济竞争力、创新力、控制力、影响力、抗风险能力。

党的十八大以来，国有资产管理体制改革的重大决策部署陆续出台，改革不断持续深入，概括起来，主要特点和成就集中在以下几个方面：一是坚持和发展中国特色国有资产管理的党的领导制度，把党的政治核心作用始终贯彻于国有资产管理体制改革的全过程；二是着眼于以管资本为主加强国有资产管理，坚持和发展中国特色现代国有资产监管制度，在此基础上优化国有资本布局，积极探索改进国有资产监管模式与完善国有资本运营体制的有效衔接和良性互动；三是着眼于增强国有经济的活力、控制力和影响力，坚持和发展中国特色现代产权制度，在理论与实践的探索中开辟一条中国特色社会主义现代企业制度的建设道路。

回顾和总结党的十八大以来十年的改革历程和经验，总的来说，国有资产管理体制改革和国有企业改革的目标和方向更加清晰，改革力度不断加大，改革措施密集推出，改革动力持续增强，改革成效成就显著。因此，可以说，党的十八大以来的十年，是我国国有资产管理体制全面完善的时期。

习近平总书记多次强调指出：“必须坚持和完善中国特色社会主义制度，不断推进国家治理体系和治理能力现代化。”这是全面深化改革的总目标和行动纲领，重要领域和关键环节的改革都要朝着这个总目标奋进和谋划。对于处在中国特色社会主义新时代的国有资产管理体制改革和国有企业改革而言，也必须按照这样的顶层设计推进实践创新和制度创新，才能行稳致远，取得最优最大实效。

第三节　中国新型国有资产管理体制

一、中国现行国有资产管理体制架构

我国国有资产管理体制历经数十年坚持不懈的改革而逐渐优化和健全，但从总体上看，目前还处在与中国特色社会主义新时代和市场经济体制相适应的国有资产管理体制日臻完善并走向成熟的阶段。科学客观研判我国国有资产管理体制的现状，是进一步深化改革、建立完备成熟的国有资产管理体制的前提。

（一）国有资产管理体制的法律基础

指导我国国有资产管理体制确立的最高法律依据是《中华人民共和国宪法》第七条："国有经济，即社会主义全民所有制经济，是国民经济中的主导力量。国家保障国有经济的巩固和发展。"《中华人民共和国企业国有资产法》第一条即与此相呼应："为了维护国家基本经济制度，巩固和发展国有经济，加强对国有资产的保护，发挥国有经济在国民经济中的主导作用，促进社会主义市场经济发展，制定本法。"因此，我国国有资产管理体制的构建就是在法律精神指导下进行的，具有明确的法律依据。同时，我国国有资产管理体制的改革和优化，也是基于我国经济社会发展背景与条件，特别是国有经济发展的体制环境所发生的变化，为了更好地体现和贯彻上述法律精神所进行的适应性调整与变革。在法律框架下推进国有资产管理体制改革，构建新型国有资产管理体制，对于加强国有资产管理，充分发挥国有资产在国民经济中的主导作用，实现政府职能转变和经济社会发展目标，具有特别重要的意义。

（二）现行国有资产管理体制的基本框架

我国现行国有资产管理体制的基本框架，是在党的十六大设计的社会主义市场经济下新型国有资产管理体制的基础上，又历经 20 年持续性的改进完善而确立起来的。党的十六大勾画的国有资产管理体制的框架是："在坚持国家所有的前提下，充分发挥中央和地方两个积极性。国家要制定法律法规，建立中央政府

和地方政府分别代表国家履行出资人职责，享有所有者权益，权利、义务和责任相统一，管资产和管人、管事相结合的国有资产管理体制。关系国民经济命脉和国家安全的大型国有企业、基础设施和重要自然资源等，由中央政府代表国家履行出资人职责。其他国有资产由地方政府代表国家履行出资人职责。中央政府和省、市（地）两级地方政府设立国有资产管理机构。继续探索有效的国有资产经营体制和方式。各级政府要严格执行国有资产管理法律法规，坚持政企分开，实行所有权和经营权分离，使企业自主经营、自负盈亏，实现国有资产保值增值。"① 可以说，这个体制框架是极具前瞻性的勾画设计，意义重大，以后的改革基本是延续了这个规划的方向和路径。

正如前面对我国国有资产管理体制的历史演变进程所总结的那样，党的十六大及随后成立的"国资委"，标志着我国国有资产管理体制改革进入了一个新的阶段，政府与企业由行政隶属关系向产权纽带关系转变，国有资产管理体制改革初步解决了"出资人缺位"和"所有权虚置"问题，但还有一些深层次的问题尚待破题并予以解决，比如政府的社会公共管理职能与国有资产出资人职能没能真正分开；管资本与管人、管事纠缠在一起，管资本的主线不突出；产权制度改革不深入、不到位；政出多门、多头管理、多部门插手企业管理和经营仍大量存在；"老板"和"婆婆"相互纠缠、出资人身份不明、职责不清；所有者代表与经营管理者的关系、所有权与经营权的关系没有从根本上理顺；人民代表大会监督与国有资产管理机构监督之间的分工和协调关系未能理顺；中央与地方多级国有资产监督管理机构权限划分还有待进一步明确和规范，等等。党的十八大以来的改革，集中向这些方面发力，取得了显著成绩，形成了较为完备的国有资产管理体制的框架。

根据建立新时代中国特色社会主义经济体制的顶层设计和创建新型国有资产管理体制的构想，国有资产管理体制改革的核心是理顺产权关系，前提是实行政府的社会公共管理职能与国有资产管理职能分离，在此基础上实现政资分开、政企分开、国有资产所有权与企业经营权分离，关键是落实国有企业独立的法人财产权。新型国有资产管理体制应在以下方面建立起清晰明确、相互促进、效率极高的新机制，以实现国有资产的高效运营：

从机构设置上，应明确国有资产管理者职能，中介经营者职能和企业法人财产权经营者职能的划分；

从产权关系上，应明确国家所有者，国家授权、委托的产权代表者，企业法人财产权经营者三个产权主体的划分；

---

① 江泽民："全面建设小康社会，开创中国特色社会主义事业新局面"，《人民日报》2002年11月18日。

从投资体制上，应明确国有资产总投资者，国家部分资产的授权委托投资者，国有资产投资的接受者等不同投资主体的划分；

从收益分配上，应明确国有资产收益的总代表，国有资产收益的分代表，国有资产直接收益的企业法人实体等不同受益者的划分。

由此，国有资产管理体制的结构为：政府是国有资产所有者的总代表；企业法人是国有资产经营的基层组织；介于二者之间的是总代表授权委托经营国有资产的职能部门，作为产权管理的中介机构。进而可以明确，新型国有资产管理体制大致可以分为三个层次：

第一层次，中央政府是国有资产所有者的总代表，地方各级人民政府对管辖范围内的国有资产行使所有者权能，各级国有资产监督管理委员会是经国务院及各级政府授权履行出资人职责的特设机构，即国有资产出资人代表。与其他出资人一样，国资委履行资产收益权、重大决策权以及选择经营者的权利，但并不行使政府的社会公共管理职能。

第二层次，各级政府授权、委托的国有资产经营公司，投资公司，跨行业、跨地区的大型企业集团或公司，以产权所有者代表的身份（或国有股股东身份）经营国有资产产权（或股权）。这个层次上的各种经营组织是授权经营国有资本的法人实体，其经营对象是资本化的国有资产即国有资本，而非实物形态的国有资产。

第三层次，国有资产营运企业，即通常所称的国有企业及拥有国有资产份额的股份制企业、联营企业、合资企业、混合所有制企业等。它们都应是独立的企业法人，对投入企业的国有资产负有保值增值的责任，以及按照权责划分的规定上缴资本收益的责任等。

（三）国有资产管理体制中的权责确定和划分

与国有资产管理体制多层次结构以及组织形式相对应，可对国有资产管理体制中的权责作出以下确定和划分。

1. 国有资产所有者代表的地位与职责

中央政府即国务院是国有资产所有者的总代表，即生产资料全民所有制的总代表，国务院可以代表国家统一行使国有资产的所有权。地方各级人民政府对管辖范围内的国有资产行使所有者权能。

在现行体制背景下，为了调动中央和地方两个积极性，更好地巩固和发展国有经济，实行由国务院和地方人民政府分别代表国家履行出资人职责，享有所有者权益。但在发生战争、严重自然灾害或者其他重大、紧急情况时，中央政府可以依法统一调用、处置各类国有资产和各种国有资源。

2. 特设的国有资产监督管理机构及职责

国务院和地方政府分别设立专门的国有资产监督管理机构，即国务院国有资产监督管理委员会和地方国有资产监督管理委员会。各级国有资产监督管理委员会是经国务院及各级政府授权履行出资人职责的直属特设机构，即国有资产出资人代表，同时又是特设的国有资产监管机构，因此，兼有出资人与监管的双重职责。履行出资人的主要职责是依法享有对国有资产的占有、收益、使用和支配权，参与或决定重大决策、重大事项和选择管理者，委派股东代表参加国有资本控股公司、国有资本参股公司召开的股东会会议、股东大会会议，按照国有资产出资人委派机构的指示提出提案、发表意见、行使表决权，并将其履职情况和结果报告委派机构等。履行监督管理职责，是根据国家授权依法对监管企业的资产使用和运营情况实行监管，以管资本为主，专注国有资本的经营方向和国有资产的保值增值。

按照国家的有关规定，各级国有资产监管机构应当严格执行国有资产监管的法律法规，科学界定国有资产出资人监管的边界，专司国有资产监管，不行使政府公共管理职能，不干预企业自主经营权，即实行“政资分开”和“政企分开”。国有资产监管以管资本为主，重点管好国有资本布局、规范资本运作、提高资本回报、维护资本安全，更好服务于国家战略目标，实现保值增值。

为了充分发挥国有资产监管机构专业化监管优势，在各级国有资产监督管理委员会下面设有常设办事机构，其主要职责是贯彻执行上级和同级国有资产监督管理委员会的决议决定，代表其行使日常行政管理职能，组织制定有关法规和制度，负责国有资产管理的基础工作，对产权经营者和企业法人进行监督，推进国有资产出资人监管全覆盖等。

3. 不同层次出资人出资范围及职责

中央与地方在国有资产监管范围上的划分与职责界定，由国务院确定。其中国务院国有资产监督管理委员会受国务院委托代表国家对关系国民经济命脉和国家安全的大型国有及国有控股、国有参股企业，重要基础设施和重要自然资源等领域的国有及国有控股、国有参股企业，履行出资人职责。2003 年国务院国资委成立时，其所监管的国有企业即通常所说的中央企业共 196 家，截至 2021 年 6 月底，经过兼并重组，国务院国资委公布最新中央企业已减少至 96 家。

除中央企业之外的国家出资企业，都由地方人民政府代表国家履行出资人职责。但就地方政府履行出资人职责的国家出资企业来说，又可进一步划分不同层次出资人范围：其中，省、自治区、直辖市人民政府履行出资人职责的国有及国有控股、国有参股企业，由省、自治区、直辖市人民政府确定、公布，并报国务院国有资产监督管理机构备案；其他由设区的市、自治州级人民政府履行出资人职责的国有及国有控股、国有参股企业，由设区的市、自治州级人民政府确定、公布，并报省、自治区、直辖市人民政府国有资产监督管理机构备案。

4. 国有资产授权经营者（公司）的地位及职责

政府授权国有资产监管机构依法对国有资本投资、运营公司（包括一些跨行业、跨地区的大型企业集团或公司）履行出资人职责，并由国有资产监管机构明确对国有资本投资、运营公司授权的内容、范围和方式，依法落实国有资本投资、运营公司董事会职权。被授权的国有资本投资、运营公司依据公司法等相关法律法规，对所出资企业依法行使股东权利，以出资额为限承担有限责任。因此，由政府授权、委托的国有资本投资、运营公司，就成为连接国有资产出资人与所出资企业的中间组织和资本纽带，"一身兼有二任"。它们既是委托的"老板"，对授权范围内的国有资本履行出资人职责，同时又是依法独立开展资本运作的企业法人和市场主体，通过资本市场化运作的专业平台专门从事国有资本运作或经营国有资产产权（或股权），对所出资企业行使股东权利，维护股东权益，按照责权对应原则承担资产保值增值责任。由此可见，国有资本投资、运营公司经营的对象是资本化的国有资产即国有资本，而非实物形态的国有资产。

5. 上下级政府国有资产监管机构职责规定

上级政府国有资产监管机构依法对下级政府国有资产监管工作进行指导和监督，下级政府国有资产监管机构须接受上级政府国有资产监管机构的指导和监督。各级国有资产监管机构对同级人民政府负责，向同级人民代表大会和上级政府国有资产监管机构报告国有资产监管工作情况，并接受人民代表大会及人大常委会的监督问责，接受审计监督和社会监督。

二、国有资产管理体制改革——新型体制架构再造

改革开放以来，特别是党的十八届三中全会以来，我国国有资产管理体制改革稳步推进、重点突破，取得重大进展和成效，正如《国务院关于改革和完善国有资产管理体制的若干意见》所表明："国有资产出资人代表制度基本建立，保值增值责任初步得到落实，国有资产规模、利润水平、竞争能力得到较大提升。"在国有资产管理体制改革的推动下，国有经济已与市场经济深度融合，运行质量和效益明显提升，涌现出一批具有核心竞争力的骨干企业，为推动经济社会发展、保障和改善民生、增强国家综合实力作出了重大贡献，成就显著。

但也必须清醒地看到，现行国有资产管理体制中依然存在一些体制性突出问题亟待解决，如政企不分、政资不分依然存在，国有资产监管还存在越位、缺位、错位现象；国有资产监督机制不健全，国有资产流失、违纪违法问题在一些

领域仍较为突出；国有经济总体布局结构有待进一步优化，国有资本配置效率不高；国有经济创新发展内生动力不足、发展质量效益不优等。面向未来，国有资产管理体制改革肩负的使命和责任更加重大，这就迫切需要加大改革力度，加快改革步伐，强化改革牵引作用。

深入推进国有资产管理体制改革，创新体制新模式、打造体制新架构，对于坚持和完善基本经济制度、坚持走中国特色社会主义道路，对于落实“四个全面”战略布局、实现中华民族伟大复兴中国梦，对于适应经济发展新常态、推动我国经济实现中高速增长和迈向中高端水平，对于破除体制机制弊端、做强做优做大国有企业，都具有十分重要的意义，同时也具有时间上的紧迫性。

（一）创建新型管理体制的总体要求

根据《国务院关于改革和完善国有资产管理体制的若干意见》的精神，创建新型国有资产管理体制的总体要求为：

1. 指导思想

坚持以习近平新时代中国特色社会主义思想为指导，按照党中央、国务院决策部署，坚持和完善社会主义基本经济制度，坚持社会主义市场经济改革方向，尊重市场经济规律，正确处理好政府与市场的关系，以管资本为主加强国有资产监管，改革国有资本授权经营体制，真正确立国有企业的市场主体地位，推进国有资产监管机构职能转变，适应市场化、现代化、国际化新形势和经济发展新常态，不断增强国有经济活力、控制力、影响力和抗风险能力，提高国有资本效率，为促进经济社会持续健康发展、实现中华民族伟大复兴中国梦作出积极贡献。

2. 基本原则

坚持权责明晰。实现政企分开、政资分开、所有权与经营权分离，依法理顺政府与国有企业的出资关系。切实转变政府职能，依法确立国有企业的市场主体地位，以经营机制改革为重点，建立健全现代企业制度。坚持政府公共管理职能与国有资产出资人职能分开，确保国有企业依法自主经营，激发企业活力、创新力和内生动力。

坚持突出重点。按照市场经济规则和现代企业制度要求，以管资本为主，以资本为纽带，以产权为基础，重点管好国有资本布局、规范资本运作、提高资本回报、维护资本安全。以治理体制改革为抓手，注重通过公司法人治理结构依法行使国有股东权利。

坚持放管结合。按照权责明确、监管高效、规范透明的要求，推进国有资产监管机构职能和监管方式转变。该放的依法放开，切实增强企业活力，提高国有资本运营效率；该管的科学管好，严格防止国有资产流失，确保国有资产保值增值。

坚持稳妥有序。处理好改革、发展、稳定的关系，突出改革和完善国有资产管理体制的系统性、协调性，以重点领域为突破口，先行试点，分步实施，统筹谋划，协同推进相关配套改革。

（二）国有资产管理体制总体架构再造的探索

国有资产管理体制的框架及组织形式可以作多重设置。但从管理体制各组织形式的地位、职责、管理职能及管辖范围等方面进行分析和划分，可将国有资产管理体制框架划分为宏观管理体制和微观管理体制两大类，对此进行分析和阐释有助于加深对国有资产管理体制的理解，并根据这个划分的构想塑造新型国有资产管理体制的框架。

1. 国有资产宏观管理体制

按照新型国有资产管理体制基本框架的构想，国有资产宏观管理体制应当包含两大基本的组织形式：

（1）国有资产监督管理委员会。

国家国有资产监督管理委员会是由国务院组建并领导的政府职能部门，向国务院负责并受全国人民代表大会监督，其主要职责是代表国家行使国有资产的最高所有权，依照《宪法》行使国有资产的投资收益权、资产处置权和监督管理权，颁布国有资产管理的法规和条例，起草有关国有资产管理的法律并在提请全国人民代表大会通过后组织实施。各级人民政府成立的国有资产监督管理局代表本级政府行使本地区国有资产所有权，并受同级人民代表大会监督。

（2）国有资产管理的专门机构。

国有资产管理的专门机构是国有资产监督管理委员会（局）的常设办事机构，其主要职责是贯彻执行国有资产监督管理委员会（局）的决议、决定，代表其行使日常行政管理职能，组织制定有关法规、制度，对产权经营者和企业法人进行监督，负责国有资产管理的基础工作，如产权市场、资产评估、清产核资、产权界定、收益分配、产权登记和各种文书工作等。

2. 国有资产微观管理体制

国有资产微观管理体制的基本组织形式是：

（1）国有资产营运机构。

国有资产营运机构，是指由国家独资设立、对国家授权范围内的国有资产具体行使所有者权利、以持股运作方式从事国有资本营运的企业法人或机关法人。

国有资产营运机构的主要职责是以所有者代表身份对国有资产进行产权管

理，主要负责登记、管理企业的存量资产；负责管理国家以资本金投资形式投入企业的国有资产以及所形成的红利；按国家投入资本的比例，负责选派股权代表和监事会成员；负责审核企业的年度财务报告，并向国有资产监督管理委员会和政府财政部门述职。

国有资产营运机构具有以下基本特征：①由国家依法投资设立的法人实体，不兼有行政和行业管理职能；②经国家授权对一定范围内的国有资产具体行使资产受益、重大决策、选择管理者、产权转让等所有者权利；③以持股运作方式从事国有资本运营，通过参股、控股等行为，调整企业的国有资本金的数量或注册资本金的构成，以取得的产权收益改造老企业，投资新建企业，或者兼并、购买其他企业，实现国有资产的优化配置和增值，壮大国有经济实力。

国有资产营运机构的设立，对于塑造国有企业“老板”，解决所有权缺位的问题将起到积极的作用。它作为中介性的组织，在一定程度上遏制了企业乱投资、乱担保，遏制了企业内部人控制和财产非法转移，因此，有助于提高国有企业的财务安全性。

（2）国有资产经营单位。

国有资产经营单位指占有资产，从事生产、流通等经营活动的企业。国有资产经营单位直接占有并运用国有资产从事经营业务活动，是国有资产的实际经营者和使用者。应当指出的是，国有资产经营单位不一定非得是国有独资企业，国家鼓励和支持以参股、入股方式成立或组建股份制企业（公司）、混合所有制企业等，鼓励、支持国有企业的股份制改造与重组。

3. 国有资产宏观管理体制与微观管理体制的协调

国有资产宏观管理体制，从其整体上说，是从社会管理层次上对全部国有资产行使所有权管理的制度体系。无论国有资产监督管理委员会，还是国有资产管理的专门机构，它们作为国有资产所有者的代表，凭借资产的所有权来行使管理职能，这种管理是对全部国有资产经营活动的宏观管理。国有资产所有者代表对国有资产的宏观管理不同于对一般性的经营活动的管理，它是一种具有权威性、行政性特征的管理职能。因此，国有资产的宏观管理体系不是一个资产的“经营总部”，而是通过这样一个宏观体制确立的管理体系，制定相关的法规、制度来管理国有资产。

国有资产宏观管理体制涉及对全部国有资产经营活动的管理。从资产经营角度来看，它所着眼的是国有资产的宏观配置，立足于通过宏观经营政策的制定实现宏观经济产业结构、地区结构、产品结构、组织结构、技术结构等方面的合理化和现代化。它还注重于正确处理国有资产商业性经营目标与非商业性（公益性）经营目标的关系，分别对不同类型的国有企业建立相应的所有权约束机制，以保证最大效益地发挥国有经济在国民经济中的主导作用。

由此看出，国有资产的管理机构本身不是经济实体，不直接从事资产经营，国有资产的经营者应是微观管理体制上的具体组织形式，既可以是企业，也可以是中介性的机构。就后者而言，它是按照“两权分离”和“政企分开”的原则，在政府和一般企业之间建立的资产经营中介机构，如投资公司、控股公司、资产经营公司和企业集团等。这些中介机构，在国有资产管理方面，既是国家行政机关的产权代理机构，又是行使国有资产产权经营管理的经济实体。它们依据国家授权和控股形成的产权关系，按照市场法则，代表国有资产管理机构向所控企业派出产权代表，并参与企业经营决策。如在整体资产的处置中进行资产评估，建立资产交易市场，组织资产公平交易，对企业进行控股和股票的吞吐，进行资产收益的回收和再投资等，都由中介机构直接操作。中介机构对资产进行管理，并直接对国有资产管理机构负责。这样，一方面把过去的由政府行政部门对企业及国有资产经营活动的直接管理，变为国有资产管理机构通过中介机构对国有资产的间接管理；另一方面，通过中介机构的凝聚力作用，增强了企业经营行为的有序性和集团之间的竞争性，使国有资产得到有效管理，实现高效运营。

根据以上对国有资产管理体制的概括性描述可以得知，国有资产的宏观管理体制和微观管理体制在对国有资产的管理层次、管理职责和管理目标等方面均存在着区别。由此可能产生的偏差是：国有资产管理机构在行使其终极所有权约束和产权管理时，把资产的经营性事务也包揽过来，越俎代庖地干预了资产经营单位的具体的经营性活动和业务；或者相反，在强调赋予资产经营单位充分的经营自主权的同时，却放松或放弃了产权约束和产权管理，造成产权虚置、资产流失和产权收益的丧失。这些偏差，都是与未能正确认识和根本理顺国有资产宏观管理体制与微观管理体制的关系直接相关的。在改革和完善国有资产管理体制的过程中，应当注意防止以上两种倾向的发生，随时处理好宏观体制与微观体制协调过程中可能产生的各种矛盾。然而从根本上说，国有资产的宏观管理体制与微观管理体制是一个完整的统一体，在对国有资产实施有效监督，保证国有资产保值增值，维护国有资产权益，充分发挥国有资产在社会经济发展中的骨干作用和总体效益，壮大国有经济实力等方面，其基本目标是完全相同和一致的。

（三）新型体制框架下国有资产管理主体的职责

1. 国有资产监督管理委员会

（1）职责定位。

国有资产监督管理委员会是由政府特设的国有资产监管机构，同时又是专业化的国有资产监管机构。根据授权代表本级人民政府对监管企业依法履行出资人职责，专司国有资产监管，不行使政府公共管理职能，不干预企业自主经营权。国有资产监督管理委员会的监管以管资本为主，重点管好国有资本布局、规范资本运作、提高资本回报、维护资本安全，更好地服务于国家战略目标，实现保值增值。另外，国有资产监督管理委员会还承担“建立国有资本布局和结构调整机制”的职责，根据政府宏观政策和有关管理要求，建立健全国有资本进退机制，制定国有资本投资负面清单，推动国有资本更多投向关系国家安全、国民经济命脉和国计民生的重要行业和关键领域。

（2）主要职责。

作为专业化国有资产监督管理机构，国有资产监督管理委员会承担的主要职责是：根据国务院授权，依照《中华人民共和国公司法》《中华人民共和国企业国有资产法》等法律和行政法规履行出资人职责，指导推进国有企业改革和重组；对所监管企业国有资产的保值增值情况进行监督，加强国有资产的管理工作；推进国有企业的现代企业制度建设，完善公司治理结构；推动国有经济结构和布局的战略性调整等。

另外，国有资产监督管理委员会还承担其他一些监管职责，将在第五章第二节中展开叙述。

（3）职能转变。

围绕增强监管企业活力和提高效率，聚焦监管内容，该管的要科学管理、决不缺位，不该管的要依法放权、决不越位。将国有资产监管机构行使的投资计划、部分产权管理和重大事项决策等出资人权利，授权国有资本投资、运营公司和其他直接监管的企业行使；将依法应由企业自主经营决策的事项归位于企业；加强对企业集团的整体监管，将延伸到子企业的管理事项原则上归位于一级企业，由一级企业①依法依规决策；将国有资产监管机构配合承担的公共管理职能，归位于相关政府部门和单位。

（4）监管方式和手段。

大力推进依法监管，着力创新监管方式和手段。按照事前规范制度、事中加强监控、事后强化问责的思路，更多运用法治化、市场化的监管方式，切实减少出资人审批核准事项，改变行政化管理方式。通过“一企一策”制定公司章程、规范董事会运作、严格选派和管理股东代表和董事监事，将国有出资人意志有效体现在公司治理结构中。针对企业不同功能定位，在战略规划制定、资本运作模式、人员选用机制、经营业绩考核等方面，实施更加精准有效的分类监管。调整国有资产监管机构内部组织设置和职能配置，建立监管权力清单和责任清单，优

① 此处所说的“一级企业”，可视为“国有资本代理人”，行使国有资本代理人的职责。

化监管流程，提高监管效率。建立出资人监管信息化工作平台，推进监管工作协同，实现信息共享和动态监管。完善国有资产和国有企业信息公开制度，设立统一的信息公开网络平台，在不涉及国家秘密和企业商业秘密的前提下，依法依规及时准确地披露国有资本整体运营情况、企业国有资产保值增值及经营业绩考核总体情况、国有资产监管制度和监督检查情况，以及国有企业公司治理和管理架构、财务状况、关联交易、企业负责人薪酬等信息，建设阳光国企。

2. 国有资产营运机构

（1）营运机构的改组组建。

主要通过划拨现有商业类国有企业的国有股权，以及国有资本经营预算注资组建，以提升国有资本运营效率、提高国有资本回报为主要目标，通过股权运作、价值管理、有序进退等方式，促进国有资本合理流动，实现保值增值；或选择具备一定条件的国有独资企业集团改组设立，以服务国家战略、提升产业竞争力为主要目标，在关系国家安全、国民经济命脉的重要行业和关键领域，通过开展投资融资、产业培育和资本整合等，推动产业集聚和转型升级，优化国有资本布局结构。

（2）与监管机构的职责协调。

根据上述关于新型国有资产管理体制的设计构想，国有资本投资、运营公司是专司国有资本营运的机构，它们由国家独资设立，对国家授权范围内的国有资产行使所有权，并主要是以持股运作方式从事国有资本营运的法人组织，还是连接国资委与国有资产出资企业的中介性的组织。从国有资产监管机构与营运机构的关系考察，前者是授权者，后者是被授权者，从上往下的视角看，后者被视为专门从事资本运作的经济组织，属于企业法人；从国有资本营运机构与国有资产出资企业的关系考察，营运机构是“出资人”代表，企业是经营资产的经济组织，从下往上的视角看，国有资本投资、运营公司就是“出资的老板”。因此，国有资本投资、运营公司就有了“授权的老板”和“出资的老板”双重身份。基于这样的双重代理关系，政府可以授权国有资产监管机构依法对国有资本投资、运营公司履行出资人职责，同时必须要明确对国有资本投资、运营公司授权的内容、范围和方式，依法落实国有资本投资、运营公司董事会职权。国有资本投资、运营公司对授权范围内的国有资本要履行好出资人职责，作为国有资本市场化运作的专业平台，依法自主开展国有资本运作，对所出资企业行使股东职责，维护股东合法权益，按照责权对应原则承担起国有资产保值增值责任。

（3）对所出资企业的职责。

在新型体制下，要科学清晰界定国有资本投资、运营公司与所出资企业关系。国有资本投资、运营公司不直接从事某种生产经营业务和活动，也不干预出资企业正常开展的经营业务，而是依据公司法等相关法律法规，对所出资企业依法行使股东权利，并以出资额为限承担有限责任。国有资本投资、运营公司应以财务性持股为主，建立财务管控模式，重点关注国有资本流动和增值状况；或以对战略性核心业务控股为主，建立以战略目标和财务效益为主的管控模式，重点关注所出资企业执行公司战略和资本回报状况。

◇ 专栏4-7

国资委“剧透”国有资本投资公司改革深化路径

2021年7月21日，国务院国资委召开深化国有资本投资公司改革工作推进会，从会上获悉，目前，国资委正在研究制订《关于进一步深化国有资本投资公司改革有关事项的通知》，力图“在投资公司整体改革、管控模式优化、产业结构调整、市场化改革等各个领域取得更大突破。”按照部署，一系列更大力度、更为精准的重点举措将推进，其中包括进一步优化投资结构，确保“十四五”末战略性新兴产业营收占比达到30%—35%；加快推动分层分类混合所有制改革，支持实施差异化管控等。

党的十八届三中全会以来，国资委指导推动了三批19家国有资本投资公司改革试点企业提升效益质量、聚焦主业实业、强化资本运作、推进市场化改革、全面加强党的领导，各项工作取得积极成效。数据显示，2020年19家试点企业营业收入同比增长6.6%、净利润同比增长14.3%，大幅超过央企平均水平。今年上半年，19家试点企业实施混改项目数量在全部中央企业中占比近50%、引入非国有资本金额占比近70%；19家试点企业平均职业经理人数、按照契约化管理的人数、公开招聘人数、员工持股激励人数等约为央企平均值2倍。

党的十九届五中全会再次作出深化国有资本投资公司改革决策部署。按照要求，试点企业要聚焦构建新发展格局，在落实国家创新驱动战略、完善产业链发展和服务实体经济中切实发挥更大作用。

下一步，要聚焦发挥产业引领作用，进一步优化投资体系、加大资本投入，加快培育前瞻性战略性新兴产业；聚焦市场化改革，转机制增活力，加快打造一批更具活力的微观市场主体；聚焦打造一流总部，将战略管控和授权放权落实到位，加快构建符合投资公司特点的管控模式；聚焦提升管理效能，对标世界一流，持续加强关键核心能力建设。

按照部署，国资委将开展专项评估，深入掌握投资公司改革进展情况，根据评估结果对试点企业名单实施调整优化。对于改革成效显著的试点企业，国资委将正式批准转为国有资本投资公司；对改革推进不力、评估不合格的试点企业，予以督促提醒，确实达不到要求的，调出试点范围。

资料来源：经济参考网，2021年7月21日，http：//www. jjckb. cn/2021-07/22/c_ 1310077033. htm。

3. 国有资产经营单位

国有资产经营单位主要是指国有资产所出资的企业。国有资产所出资企业占有并运用国有资产从事经营业务活动，是国有资产的实际经营者和使用者，也是独立的市场竞争主体和法人实体。国有资产出资企业包括了国有独资企业、国有控股企业、国有资产参股入股的股份制企业（公司）、混合所有制企业等多种企业组织。对于国有资产所出资企业中的国有资产监管，国家曾先后出台了多项法律、制度及相关性政策，主要有《中华人民共和国企业国有资产法》《中共中央国务院关于深化国有企业改革的指导意见》《企业国有资产监督管理暂行条例》《关于国有企业功能界定与分类的指导意见》《关于国有企业发展混合所有制经济的意见》《关于深化国有企业改革的指导意见》《国企改革三年行动方案（2020—2022 年）》等。由于国有资产出资企业的国有资产管理涉及大量国有企业改革问题，本书将在国有企业改革的有关章节中专门进行分析。

三、国有资产管理体制改革——监管模式创新

新型国有资产管理体制框架确立之后，创建监管新模式和新方式就是必然的逻辑延伸。

（一）加强治理体系建设，着力创新国资监管模式

通过以管资本为主的管理方式强化对国有资产的监管，是完善国有资产管理体制的方向和重点，是创建监管新模式的主要抓手，也是优化国有资本配置、形成面向创新发展的国有资产管理体制、实现国有经济持续健康发展的必然选择。这对于推进政企分开政资分开、优化国有资本布局、维护国有资产安全、深化国有企业改革和发挥国有经济主导作用，都具有重要意义。创新国有资产监管模式，则是完善国家治理体系、提高国家治理能力的必然要求，需要在改革实践中积极探索有效途径和方式。

国有资本既具有资本的一般属性，也具有不同于其他社会资本的特殊属性，除取得所有权收益和经营性收入之外，还要肩负壮大国有经济、对经济社会全面发展起到引领带动作用和支撑保障作用等政治使命和社会责任。因此，实施国有资产的监管，须突出国有资产所有者权益，促进国有资本合理流动和优化组合，放大国有资本的引领协调和带动功能。

围绕以管资本为主加强国有资产监管，一是要以管资本为主推进国有资产监管机构职能转变。国有资产监管机构依法履行国有资产出资人职责，着力创新监管方式和手段，改变行政化管理方式，从以管企业为主向以管资产为主的转变，

重点管好国有资本布局、规范资本运作、提高资本回报、维护资本安全。二是要以管资本为主改革国有资本授权经营体制。在科学界定国有资本所有权和经营权的边界的前提下，国有资产监管机构依法对国有资本投资公司、运营公司和其他直接监管的企业履行出资人职责，并授权国有资本投资、运营公司对授权范围内的国有资本履行出资人职责。国有资本投资公司、运营公司作为国有资本市场化运作的专业平台，依法自主开展国有资本运作，对所出资企业行使股东职责，按照责权对应原则承担国有资产保值增值责任。国有资产监管机构与国有资本投资公司、运营公司之间，最终建立以资本为纽带的投资关系、以市场化为原则的委托关系、以法律为准绳的监管关系。三是要以管资本为主推动国有资本合理流动优化配置。坚持以市场为导向、以企业为主体，有进有退、有所为有所不为，优化国有资本布局结构，增强国有经济整体功能和效率；围绕服务国家战略，落实国家产业政策和重点产业布局调整总体要求，优化国有资本重点投资方向和领域，推动国有资本向关系国家安全、国民经济命脉和国计民生的重要行业和关键领域、重点基础设施集中，向前瞻性战略性产业集中，向具有核心竞争力的优势企业集中；发挥国有资本投资公司、运营公司的作用，清理退出一批、重组整合一批、创新发展一批国有企业；发挥好国有企业在实施创新驱动发展战略和制造强国战略中的骨干和表率作用，强化企业在技术创新中的主体地位。四是要推进经营型国有资产集中统一监管。将党政机关、事业单位所属企业的国有资本逐步纳入经营性国有资产集中统一监管体系，具备条件的进入国有资本投资公司、运营公司；按照统一制度规范、统一工作体系的原则，制定企业国有资产基础管理条例；建立覆盖全部国有企业、分级管理的国有资本经营预算管理制度，提高国有资本收益上缴公共财政比例，并划转部分国有资本充实社会保障基金。

（二）完善监督机制和方式，牢守国有资产改革发展底线

经过多年的持续改革，我国国有资产监管制度不断改进，监管机构职能逐步转变，监管手段和方式逐渐优化，监管的科学性、针对性、有效性进一步提高，经营性国有资产基本实现了集中统一监管，国有资产保值增值责任全面落实。但也要看到，面对经济体制改革和国资国企改革发展的新形势新要求，目前国有资产管理在体制机制和监管方式上仍然存在一些矛盾和问题，需要通过持续改革加以解决。

——清理调整国资监管事项。进一步转变和优化各级国资监管机构职能配置和组织设置，按照权责统一、应放尽放、能授则授、放开搞活和“管少、管准、管好”的原则简政放权，下放、授权一批监管事项，取消对同一事项的重复审核，将依法应由企业自主经营决策的事项归位于企业，切实维护企业法人财产权

和经营自主权。在将公共管理职能分离出来归位于相关政府部门和单位的基础上，整合监管资源，加强监管协同，优化监管流程，改进监管方式，提高监管效率，不断提高监管效能和服务质量。

——突出国有资产监管重点。以管资产为主，以资本为纽带，以产权为基础，重点管好国有资产布局，规范资本运作，提高资本回报，维护资本安全，防范国有资产流失。一要管好国有资本布局。围绕国家产业政策和重点产业布局调整的总体要求，合理确定国有经济发展战略规划，优化资本布局结构，健全国有资本形态转换、合理流动机制，推动国有资本的产业链纵向整合、业务链横向重组，提升国有资本在关系国家安全领域的保障能力和在关系国民经济命脉与国计民生重要行业的控制力，提高在重点行业和关键领域的带动力、影响力。二要规范国有资本运作。建立健全国有企业财务预算审议、运营状况监测分析和财务决算审核基础管理制度；加强国有资本投资运营平台建设，积极探索投资融资、股权运作、资本整合、价值管理的市场化运作机制与方式，运用新型金融工具和运营手段，盘活国有资本存量、扩大国有资本增量。三要提高国有资本回报。推进经营性国有资产集中统一监管，建立健全国有资本经营目标考核评价体系，完善激励约束机制，落实国有资本保值增值责任。通过产融结合推动重大战略项目落地，完善国有资本投资制度，建立国有企业常态化的资本注入机制。健全国有资本收益管理，提高收益上缴比例。四要维护国有资本安全。完善国有资产监督机制，建立健全监督工作制度，强化国资国企改革发展相关重点领域、关键环节的监管，形成全面覆盖、分工明确、协调配合、制约有力的国有资产监督体系。

——打造多层次、全方位、全覆盖监管体系。要逐步提升对企业重大投融资、产权交易、资产评估等事项监管信息化水平，增强监管的及时性、有效性。推进国有企业审计监督全覆盖，针对企业财务核算不规范、虚盈实亏等问题，加大审计监督力度，对短期行为、道德风险、利益输送等严肃追责问责。完善政府向同级人大常委会报告国有资产管理情况制度，强化人大国有资产监管职能。大力推进“阳光国企”建设，尽快建立统一的信息公开平台，加大企业集团所属权属企业信息公开力度，增强企业向社会提供公共产品、公共服务透明度，引入社会评价制度，并将评级结果纳入企业绩效考核，切实加强社会监督。还要综合运用强化企业内控内审机制建设、加强经济责任审计、追究资产损失和流失责任、披露企业经营信息、研判严防重大风险等多种监督手段，整合监督力量和资源，实现监管全覆盖全流程全方位，增强监督的针对性、实效性。

——优化国有资产监管方式。按照“管好国资、服务国企”的要求，深化依法管理、契约管理、清单管理、协同管理，优化监管方式方法。要坚持权利以出资为限、监管以法定为据、注重事前规范制度、事中加强监控、事后强化问责，更多运用法治化、市场化监管方式，强化依法监管、分类监管和信息化监管。依法监管，就是注重运用法治思维和法治方式行权履职，健全重大决策合法性审查机制，打造国资监管法治机构，制定履职清单、监管权力清单和监管事项清单，规范权力运行。分类监管，就是立足监管的科学性有效性，针对不同类型国企的不同战略定位和发展目标，制定差异化的监管目标、监管重点和监管措施，在战略规划制定、资本运作模式、人员选用机制、任期目标责任、经营业绩考核等方面，实施精准有效的分类监管，因企施策推动国企改革发展。信息化监管，就是要优化监管流程，建立系统科学的结果标准和制度体系，推进信息化与监管的深度融合，运用大数据等新技术，健全产权、投资、财务等监管信息系统，设立统一的信息公开网络平台，及时准确披露国有资本整体运营和监管信息，实现动态监测，消除监管空白点，提升监管效能。据此，要加速完成“国资云”系统与重点监管企业的对接，实现信息数据自动抓取，并选择部分企业试点建立大额资金动态监测系统；推进各级国资监管部门在线监管系统的对接，构建省级乃至全国统一的国资监管信息化平台，推动全国统一的产权管理综合信息系统上线运行。

◇ 专栏4-8

《国务院关于改革和完善国有资产管理体制的若干意见》（节选）

（六）改进国有资产监管方式和手段。大力推进依法监管，着力创新监管方式和手段。按照事前规范制度、事中加强监控、事后强化问责的思路，更多运用法治化、市场化的监管方式，切实减少出资人审批核准事项，改变行政化管理方式。通过“一企一策”制定公司章程、规范董事会运作、严格选派和管理股东代表和董事监事，将国有出资人意志有效体现在公司治理结构中。针对企业不同功能定位，在战略规划制定、资本运作模式、人员选用机制、经营业绩考核等方面，实施更加精准有效的分类监管。调整国有资产监管机构内部组织设置和职能配置，建立监管权力清单和责任清单，优化监管流程，提高监管效率。建立出资人监管信息化工作平台，推进监管工作协同，实现信息共享和动态监管。完善国有资产和国有企业信息公开制度，设立统一的信息公开网络平台，在不涉及国家秘密和企业商业秘密的前提下，依法依规及时准确地披露国有资本整体运营情况、企业国有资产保值增值及经营业绩考核总体情况、国有资产监管制度和监督检查情况，以及国有企业公司治理和管理架构、财务状况、关联交易、企业负责人薪酬等信息，建设阳光国企。

资料来源：《国务院关于改革和完善国有资产管理体制的若干意见》（国发〔2015〕63号），国务院网站，http：//www. gov. cn/zhengce/content/2015-11/04/content_ 10266. htm。

第五章

构建全方位国有资产监督体系

国有资产是全体人民的共同财富，加强国有资产监督，保障国有资产安全，防止国有资产流失，是建设社会主义现代化强国和实现全体人民共同富裕的必然要求，是强化国有资产管理和深化国有企业改革、确保取得应有成效的重要保障。党的十八大以来，为建立适应社会主义市场经济需要的国有资产监督管理体制，进一步搞好国有企业，推动国有经济布局和结构的战略性调整，发展和壮大国有经济，实现国有资产保值增值，国家不断加强对国有资产的保护，通过深化国有资产管理体制改革，改进和健全国有资产监督管理体系，逐渐形成了全方位全过程监管的较为完备的体系，发挥了较好的监管作用，取得了好的监管效果。

为适应新时代新形势新任务的要求，国有资产监管体系建设仍需要持续推进和完善。改革和健全国有资产监督管理体系，必须把制度建设摆在更加突出的位置，努力构建系统完备、科学规范、运行有效的制度体系；必须以国有资产保值增值、防止流失为目标，坚持问题导向，立足体制机制创新，切实强化监督，严格责任追究，形成全面覆盖、分工明确、协同配合、制约有力的国有资产监管体系；必须更充分体现监督的权威性、严肃性、合规性和时效性，保证国有资产健康运营，促进国有企业持续高质量发展。

由于国有资产监督管理的内容广泛且复杂，国有资本涉及的领域广阔，国有资本管理与运营的环节繁多，因此，监管的方式方法是多样化的，监管体系也是复合多元化的。在监管体系中，以所有者（出资人）的监督管理为重点，并采取人大（立法）监督、政府部门监督、企业内部监督和社会监督相结合的全方位的监督方式，以实施对国有资产的管理者及运营主体的有效监察与督促。本章主要就人大监督、国资委监督、审计监督和国有企业内部监督进行分析。

第一节 逐步走深走实的人大国有资产监督

一、全国人大加强国有资产监督的立法进程及实践发展

早在 2008 年 10 月 28 日，由中华人民共和国第十一届全国人民代表大会常务委员会第五次会议通过的《中华人民共和国企业国有资产法》第六十三条明确规定："各级人民代表大会常务委员会通过听取和审议本级人民政府履行出资人职责的情况和国有资产监督管理情况的专项工作报告，组织对本法实施情况的执法检查等，依法行使监督职权。"党的十八大以来，中央高度重视人大国有资产监督工作。党的十八届三中全会提出，加强人大预算决算审查监督、国有资产监督职能，完善国有资产管理体制，以管资本为主加强国有资产监管。由此开启了新时期改进和加强人大国有资产监督立法和实践的新篇章。

（一）全国人大加强国有资产监督的立法进程

2013 年 11 月 12 日，党的十八届三中全会通过《中共中央关于全面深化改革若干重大问题的决定》，明确要求加强人大国有资产监督职能。此后，人大加强国有资产监督的立法工作环环相扣，步步扎实，实现了从党内法规到人大常委会决定的转化，有力地推进了人大国有资产依法监督、正确监督、有效监督的进程，也为制定更高层级的国有资产监督法律制度奠定了基础。

1.《中共中央关于建立国务院向全国人大常委会报告国有资产管理情况制度的意见》

为深入贯彻落实党的十八届三中全会关于加强人大国有资产监督职能的重要改革要求，全国人大常委会预算工委联合财政部、国务院国资委共同承担了"建立国务院向全国人大常委会报告国有资产管理情况的制度"的改革任务。按照相关部署和要求，全国人大常委会预算工委在广泛调查研究和听取意见的基础上，提出了具体意见文本。2017 年 12 月 30 日中共中央正式印发实施《关于建立国务院向全国人大常委会报告国有资产管理情况制度的意见》（以下简称《意见》）[①]。《意见》以邓小平理论、"三个代表"重要思想、科学发展观、习近平新时代中

① 新华社北京 2018 年 1 月 14 日电：《中共中央关于建立国务院向全国人大常委会报告国有资产管理情况制度的意见》。

国特色社会主义思想为指导思想，以坚持党的领导，坚持依法治国，坚持问题导向和坚持稳步推进为基本原则，明确规定，国务院每年向全国人大常委会报告国有资产管理情况，并对报告框架、报告方式[①]、报告重点[②]、审议程序[③]、审议重点[④]和组织保障等提出了明确要求。

国务院向全国人大报告国有资产管理情况具有十分重要的意义。其一，它是全国人大常委会依法履行监督职责的重要手段。“依据宪法和法律，国务院代表国家行使国有资产所有权并负有管理职责，全国人大及其常委会负有国有资产监督职责。”[⑤] 其二，这是改进和加强国有资产管理和人大国有资产监督的现实需要。“在党中央集中统一领导下，国务院向全国人大常委会报告国有资产管理情况工作取得积极进展……全国人大常委会多次就国有资产管理听取国务院专项工作报告，人大国有资产监督职能有所加强……但也要看到，这项工作程序不够规范，内容覆盖不够完整，人大国有资产监督职能发挥还不够充分。”[⑥] 其三，这是党和国家加强国有资产管理和治理的重要基础工作。“建立国务院向全国人大

① 国务院关于国有资产管理情况的年度报告采取综合报告和专项报告相结合的方式。综合报告全面反映各类国有资产基本情况，专项报告分别反映企业国有资产（不含金融企业）、金融企业国有资产、行政事业性国有资产、国有自然资源等国有资产管理情况。参见新华社北京 2018 年 1 月 14 日电：《中共中央关于建立国务院向全国人大常委会报告国有资产管理情况制度的意见》。

② 企业国有资产（不含金融企业）、金融企业国有资产报告重点是：总体资产负债，国有资本投向、布局和风险控制，国有企业改革，国有资产监管，国有资产处置和收益分配，境外投资形成的资产，企业高级管理人员薪酬等情况。行政事业性国有资产报告重点是：资产负债总量，相关管理制度建立和实施，资产配置、使用、处置和效益，推进管理体制机制改革等情况。国有自然资源报告重点是：自然资源总量，优化国土空间开发格局、改善生态环境质量、推进生态文明建设等相关重大制度建设，自然资源保护与利用等情况。参见新华社北京 2018 年 1 月 14 日电：《中共中央关于建立国务院向全国人大常委会报告国有资产管理情况制度的意见》。

③ 国务院的报告应按规定在全国人大常委会会议举行 20 日前提交全国人大有关专门委员会或者全国人大常委会有关工作机构征求意见，在会议举行 10 日前将修改后报告送交全国人大常委会。审议报告时，国务院相关部门负责人到会听取意见、回答询问。审议报告后，全国人大常委会组织将审议意见送国务院研究处理。国务院要坚持问题导向，将审议意见分解细化到相关部门研究处理和整改，要健全问责机制，加大问责力度，对涉嫌违纪违法的依法依规严肃处理，并在 6 个月内向全国人大常委会报告研究处理情况以及存在问题整改和问责情况。参见新华社北京 2018 年 1 月 14 日电：《中共中央关于建立国务院向全国人大常委会报告国有资产管理情况制度的意见》。

④ 全国人大常委会在审议国务院关于国有资产管理情况报告，开展国有资产监督时，应侧重以下方面：（1）贯彻落实党中央有关国有资产重大决策部署和方针政策情况；（2）有关法律实施情况；（3）全国人大常委会有关审议意见和决议落实情况；（4）完善国有资产管理体制，落实党中央有关国有资产和国有企业改革方案情况；（5）国有资本服务国家战略目标，提供公共服务、发展重要前瞻性战略性产业、保护生态环境、支撑科技进步、保障国家安全等情况；（6）国有资本保值增值，防止国有资产流失制度的建立和完善，国有企业兼并重组、破产清算等国有资产处置以及国有资产收益分配情况；（7）推进绿色发展和生态文明建设情况；（8）有关审计查出问题整改情况；（9）其他与国有资产管理有关的重要情况。参见新华社北京 2018 年 1 月 14 日电：《中共中央关于建立国务院向全国人大常委会报告国有资产管理情况制度的意见》。

⑤⑥ 参见新华社北京 2018 年 1 月 14 日电：《中共中央关于建立国务院向全国人大常委会报告国有资产管理情况制度的意见》。

常委会报告国有资产管理情况制度，是党中央加强人大国有资产监督职能的重要决策部署，是党和国家加强国有资产管理和治理的重要基础工作……对于增加国有资产管理公开透明度、提升国有资产管理公信力等具有重要意义。”①

该《意见》是关于人大国有资产监督的具有里程碑意义的党内法规，是党中央关于人大国有资产监督的纲领性制度安排，是有效发挥人民代表大会制度这一根本政治制度作用、加强国有资产管理监督的重大决策部署。它标志着人大国有资产监督职能向制度化、系统化、常态化、实质化开始迈出重要步伐。《意见》对建立国务院向全国人大常委会报告国有资产管理情况制度进行了开创性的系统设计，为实现人大国有资产监督的全口径全覆盖，实现监督的规范化、常态化、系统化和科学化勾勒了制度框架，从而为人大加强国有资产监督职能、人民行使国有资产及其管理的知情权监督权提供了重要遵循。

为认真贯彻落实党中央决策部署，2018 年 9 月全国人大常委会办公厅印发《关于贯彻实施〈中共中央关于建立国务院向全国人大常委会报告国有资产管理情况制度的意见〉的若干意见》，就全国人大把握贯彻实施《意见》的总体要求、制定五年规划和确定年度议题、开展初步审议和监督调研、认真整理《审议意见》、推动常委会《审议意见》的研究处理和存在问题的整改问责、通报和公开、加强和政府部门的沟通协调、加强与地方人大的联系和对地方人大相关工作的业务指导等方面提出明确具体意见，对《意见》落地落实起到了重要的推动作用。

2.《十三届全国人大常委会贯彻落实〈中共中央关于建立国务院向全国人大常委会报告国有资产管理情况制度的意见〉五年规划（2018—2022）》②

十三届全国人大常委会任期的五年是贯彻落实《意见》的第一个五年。为全面落实《意见》要求，稳步有序地推进国有资产管理情况报告和审议监督工作，增强工作的规范性和引导性，特制定专项规划。2019 年 4 月 12 日，十三届全国人大常委会第二十八次委员长会议通过，5 月 22 日正式发布《十三届全国人大常委会贯彻落实〈中共中央关于建立国务院向全国人大常委会报告国有资产管理情况制度的意见〉五年规划（2018—2022）》（以下简称《五年规划》）。

《五年规划》的总体目标是，以习近平新时代中国特色社会主义思想为指导，聚焦对标《意见》提出的各项要求，紧扣“全面规范、公开透明、监督有力”目标，从实际出发，积极稳妥、分类施策、依法有序推进，经过 5 年努力，全面摸清国有资产家底，厘清国有资产管理体制机制，建立健全国有资产管理情况报告和监

① 参见新华社北京 2018 年 1 月 14 日电：《中共中央关于建立国务院向全国人大常委会报告国有资产管理情况制度的意见》。

② 新华社北京 2019 年 5 月 22 日电。详见本书附录。

督制度，为向全国人民交出国有资产“明白账”“放心账”奠定了坚实基础。到2022年，基本建立起报告范围全口径、全覆盖，分类、标准明确规范，报告与报表相辅相成的报告体系；基本建立起符合国有资产类别特点、以联网数据库为依托、以评价指标体系为重点、以常委会审议意见处理和整改问责为重要抓手的人大国有资产监督制度；基本建立起横向协作与纵向联动顺畅有序、规范高效的工作机制。

《五年规划》明确了人大国有资产监督的具体时间表和路线图（见图5－1），就规范报告基本内容、扩大报告范围、完善评价指标体系和夯实报告基础等作出具体规定。为突出监督重点，增强人大监督实效，《五年规划》主要从建立人大国有资产监督评价指标体系、建立与预算决算审查监督有效衔接机制、督促整改问责和加强对地方人大工作指导等方面提出了具体要求。此外，《五年规划》还提出可通过修改完善相关法律、制定全国人大常委会关于加强国有资产管理监督的决定、研究制定行政事业性国有资产管理法和组织开展制定综合性国有资产（资本）管理法的可行性研究等方式，健全国有资产相关法律制度，实现国有资产管理与监督的制度化、法治化。

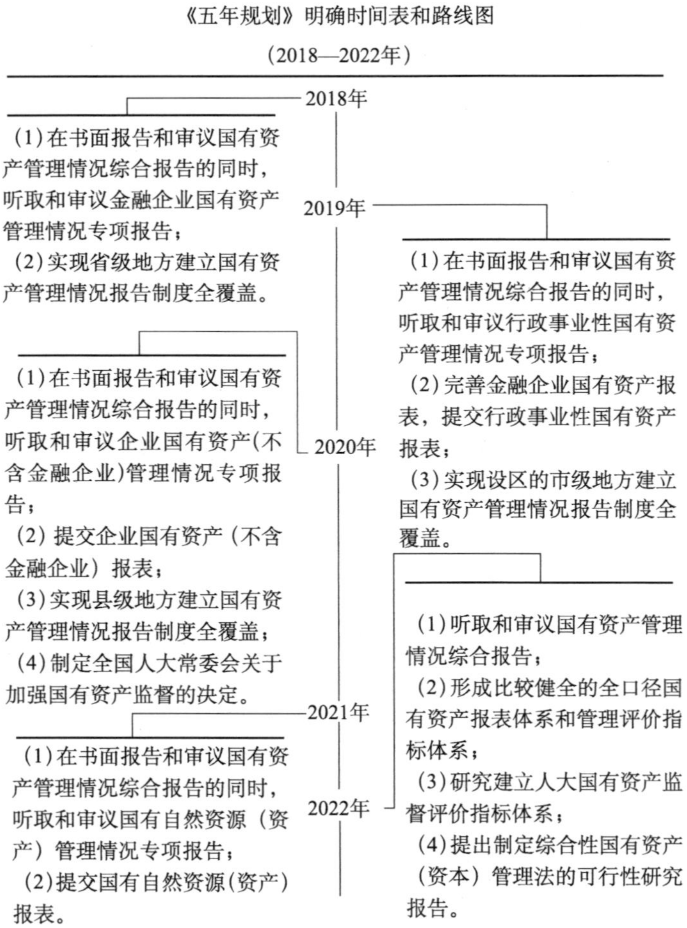

图5－1 《五年规划》明确时间表和路线图（2018—2022年）

3.《全国人民代表大会常务委员会关于加强国有资产管理情况监督的决定》①

为进一步履行好党中央赋予人大的国有资产监督新职责，健全国有资产管理情况报告制度，推动解决国有资产状况不够明晰、管理不够规范透明、效益有待提高等问题，不断增强监督实效，迫切需要进一步健全人大国有资产监督制度，完善监督机制。基于此，2020 年 12 月 26 日，十三届全国人大常委会第二十四次会议通过《全国人民代表大会常务委员会关于加强国有资产管理情况监督的决定》（以下简称《决定》）。从人大立法工作的实际出发，由全国人大常委会制定加强国有资产管理情况监督的决定，是进一步健全国有资产监督法律制度，使党的主张通过法定程序成为国家意志、将党中央的要求转化为法律规范的重要举措，是依法履行人大国有资产监督职能、做到依法监督正确监督的内在要求，也是近几年全国和地方人大国有资产监督实践经验的总结集成，能够为贯彻落实党中央有关决策部署、推进国有资产治理体系和治理能力现代化提供有力的法制保障②。

《决定》紧扣《意见》和《五年规划》精神，对国有资产管理情况的报告方式、报告重点、审议程序和审议重点等内容进一步充实完善，在完善监督机制方面作出新规定，主要从加强整改问责、强化跟踪监督、建立与预算决算审查监督有效衔接机制和强化信息支持四个方面进行探索创新。此外，《决定》要求审计部门按照党中央要求的国有资产、国有资源审计全覆盖，加大审计力度，形成审计情况专项报告向全国人大常委会汇报，以此充分发挥审计监督对人大监督的支持作用，形成监督合力③。

（二）全国人大加强国有资产监督的实践发展

全国人大常委会按照《五年规划》确定的时间表和路线图，稳步开展国有资产监督实践。根据安排，2018—2021 年，全国人大常委会先后听取审议了国有资产管理情况的综合报告④和金融企业国有资产、行政事业性国有资产、企业国有资产（不含金融企业）和自然资源资产管理情况的专项报告⑤，

---

① 《全国人民代表大会常务委员会关于加强国有资产管理情况监督的决定》，第十三届全国人民代表大会常务委员会第二十四次会议通过，中国人大网，2020 年 12 月 26 日。详见本书附录。

② 本部分参考了全国人大常委会预算工作委员会主任史耀斌：“关于《全国人民代表大会常务委员会关于加强国有资产管理情况监督的决定（草案）》的说明——2020 年 12 月 22 日在第十三届全国人民代表大会常务委员会第二十四次会议上”，中国人大网，2020 年 12 月 26 日。

③ 同②。

④ 国有资产管理情况的年度综合报告扼要分类报告了企业国有资产（不含金融企业）、金融企业国有资产、行政事业性国有资产和国有自然资源及其管理情况，以及下一步工作安排。

⑤ 四类国有资产管理情况的专项报告主要从四类国有资产基本情况、管理情况、管理工作成效及下一步工作措施四个方面进行报告。

并形成相应的意见和建议[①]。此外，全国人大常委会预算工委和全国人大财经委组成调研组，通过组织座谈会、实地调研等方式进行专题调研，并形成调研报告[②]。

1. 2018 年：听取和审议金融企业国有资产管理情况的专项报告

金融企业国有资产是推进国家现代化、维护国家金融安全的重要保障，是党和国家事业发展的重要物质基础和政治基础。国有金融企业是服务实体经济、防控金融风险、深化金融改革的重要支柱。中央多次强调要优化金融机构体系[③]，完善国有金融资本管理[④]，以推动金融治理体系和治理能力现代化。2018 年全国人大常委会听取审议国有资产管理情况专项报告，首选金融企业国有资产专项报告[⑤]。这是全国人大常委会贯彻落实中共中央《意见》首次听取和审议国务院关于国有资产管理情况的报告，开创了人大国有资产监督之先河。

我国金融企业国有资产基础相对雄厚，实力日益壮大，资产分布以银行业为主体，主要集中在中央本级，境外金融资产规模稳步增长[⑥]（见表 5－1、表 5－2）。金融企业国有资产管理在实现保值增值[⑦]、国有资本布局优化[⑧]、服务实体经济

① 全国人大常委会在听取审议国有资产管理情况综合报告和专项报告后，形成书面《对＊年度国有资产管理情况综合报告和＊年度##国有资产专项报告的意见和建议》，其主要是对会议上审议综合报告和专项报告的发言情况进行汇总整理。

② 《全国人大常委会预算工委、全国人大财经委关于##国有资产管理情况调研报告》对##国有资产与管理基本情况、管理中存在的问题和改革建议三个部分进行报告。

③ 习近平总书记在第五次全国金融工作会议上强调，要优化金融机构体系，完善现代金融企业制度，完善国有金融资本管理。李克强总理指出，要优化金融机构体系，必须优化金融机构布局，改进金融机构公司治理，要抓紧修改完善金融基础法律，推动国有金融资本管理等方面的立法。引自全国金融工作会议在京召开，中国政府网（www. gov. cn）。

④ 2018 年 6 月 30 日，中共中央、国务院印发了具有里程碑意义的《关于完善国有金融资本管理的指导意见》，是加强国有金融资本管理工作的纲领性文件。引自中共中央国务院关于完善国有金融资本管理的指导意见，中国政府网（www. gov. cn）。

⑤ 2018 年 10 月 24 日，十三届全国人大常委会第六次会议审议国务院关于加强国有资产管理情况的报告，包括书面报告的《国务院关于 2017 年度国有资产管理情况的综合报告》和刘昆部长口头报告的《国务院关于 2017 年度金融企业国有资产的专项报告》，重点听取和审议金融企业国有资产的专项报告，同时听取了全国人大常委会预算工委、全国人大财经委关于金融企业国有资产管理情况调研报告。

⑥ 截至 2017 年末，全国金融企业所投境外机构（含境内企业设立的境外分支机构）资产规模 18.1 万亿元，集团层面享有的权益总额 0.9 万亿元。引自《国务院关于 2017 年度金融企业国有资产的专项报告》，中国人大网（npc. gov. cn）。

⑦ 2017 年，扣除客观因素后，中央国有金融企业平均保值增值率为 110.8%，较好地实现了保值增值目标。引自《国务院关于 2017 年度金融企业国有资产的专项报告》，中国人大网（npc. gov. cn）。

⑧ 2013 年以来，围绕国有资本向重点领域集中、退出低效无效资产和国有金融企业重组等对国有资本整体布局进行一系列良性调整。引自《国务院关于 2017 年度金融企业国有资产的专项报告》，中国人大网（npc. gov. cn）。

能力①和金融风险防控②等方面取得积极成效。但同时金融企业国有资产管理还存在布局不够合理、职责分散、权责不明、机制不科学和法制建设滞后等问题③。对此，全国人大常委会从统筹优化国有金融资本战略布局、落实完善国有金融资本出资人制度、建立激励约束机制和加快法治建设等方面提出意见和建议④。

表 5－1　　中央和地方金融企业集团国有资产情况

	资产总额（万亿元）	占比（%）	国有资产（万亿元）	占比（%）
中央金融企业集团	149.2	69.5	10.2	76.1
地方金融企业集团	65.5	30.5	3.2	23.9
合计	214.7	100	13.4	100

注：数据引自《全国人大常委会预算工委、全国人大财经委关于金融企业国有资产管理情况调研报告》，中国人大网（npc. gov. cn）。

表 5－2　　中央和地方金融企业国有资产分布情况　　单位：%

	中央金融企业		地方金融企业	
	资产总额	国有资产	资产总额	国有资产
1. 银行业	84.8	65.3	89.1	54.2
2. 证券业	0.6	1.8	4.4	12.6
3. 保险业	3.7	3.2	2.8	3.1
4. 其他	10.9	29.7	3.7	30.1
合计	100	100	100	100

注：数据引自《全国人大常委会预算工委、全国人大财经委关于金融企业国有资产管理情况调研报告》，中国人大网（npc. gov. cn）。

2. 2019 年：听取和审议行政事业性国有资产管理情况的专项报告

行政事业性国有资产⑤是国有资产的重要组成部分，是保障行政单位履行公共管理职能和事业单位提供基本公共服务的物质保障。根据安排，2019 年全

---

① 2013 年以来，国有金融机构以供给侧结构性改革为主线，以金融资源和金融工具为依托，主动服务实体经济，加强对国家重大发展战略、重大改革举措的支持。引自《国务院关于 2017 年度金融企业国有资产的专项报告》，中国人大网（npc. gov. cn）。

② 金融机构加强风险防控主要体现在不良贷款率稳中有降、不良资产处置稳步推进和金融机构抗风险能力增强三个方面。引自《国务院关于 2017 年度金融企业国有资产的专项报告》，中国人大网（npc. gov. cn）。

③ 具体内容参见《全国人大常委会预算工委、全国人大财经委关于金融企业国有资产管理情况调研报告》，中国人大网（npc. gov. cn）。

④ 具体内容参见《全国人大常委会预算工委、全国人大财经委关于金融企业国有资产管理情况调研报告》，中国人大网（npc. gov. cn），《对 2017 年度国有资产管理情况综合报告和 2017 年度金融企业国有资产专项报告的意见和建议》，民主法制网（mzfz. gov. cn）。

⑤ 行政事业性国有资产是指由行政事业单位占有使用、在法律上确认国家所有、能以货币计量的各种经济资源的总和。这类资产具有配置领域的非生产性、使用目的的服务性和资金补偿、扩充的非直接性等特点。

国人大常委会听取审议了全国行政事业性国有资产管理情况的专项报告。我国行政事业性国有资产规模逐年壮大①，其单位性质主要是事业单位，地域分布主要集中在地方（见图 5－2），资产构成以流动资产、固定资产、在建工程为主②。

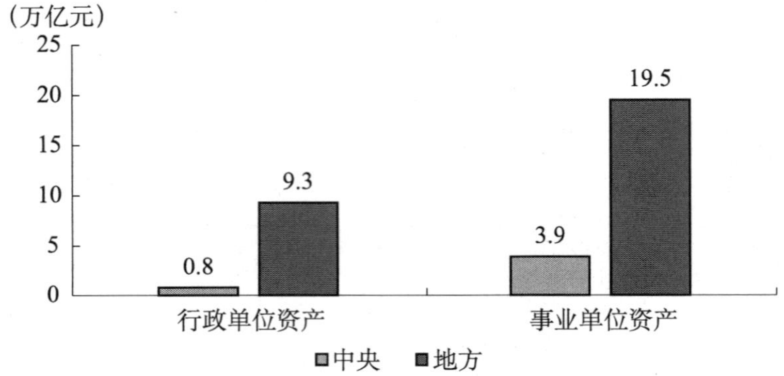

图 5－2　中央和地方行政事业性国有资产基本情况

目前，行政事业性国有资产管理体制为“国家统一所有，政府分级监管，单位占有、使用和支配”，各级财政部门是综合管理者、主管部门是监督管理者、行政事业单位是具体管理者。在一系列措施保障下，行政事业性国有资产管理取得积极成效，主要体现在以下四个方面：一是行政事业性国有资产规模不断壮大。二是行政单位国有资产合理高效保障国家政权运转③。三是事业单位国有资产促进社会事业发展④。四是公共基础设施等行政事业性国有资产支撑提升公共服务水平⑤。全国人大常委会在实地调研中发现，行政事业性国有资产管理在实践工作中仍存在一些问题，主要体现在管理体制机制、基础管理工作、规范过程

---

① 2017 年全国行政事业性单位资产总额 20 万亿元，其中，行政事业资产总额 8. 9 万亿元，事业单位资产总额 21. 1 万亿元。2018 年全国行政事业性国有资产总额 33. 5 万亿元，其中，行政单位资产 10. 1 万亿元，事业单位资产 23. 4 万亿元。引自国务院关于 2017 年度国有资产管理情况的综合报告，国务院国有资产监督管理委员会（sasac. gov. cn），《全国人大常委会预算工作委员会、全国人大财政经济委员会关于行政事业性国有资产管理情况调研报告》，中国人大网（npc. gov. cn）。

② 引自《全国人大常委会预算工作委员会、全国人大财政经济委员会关于行政事业性国有资产管理情况调研报告》，中国人大网（npc. gov. cn）。

③ 坚持厉行节约反对浪费，建设节约型机关。推动建立资产共享公用机制，提高国有资产使用效益；全面取消一般公务用车，推动公务用车集中使用和管理，维护党和政府形象。引自《国务院关于 2018 年度全国行政事业性国有资产管理情况的专项报告》，中国人大网（npc. gov. cn）。

④ 截至 2018 年底，教育办学条件明显改善、卫生健康资产规模增长迅速、文化设施惠民力度加大、科技资源开放共享力度加大等。引自《国务院关于 2018 年度全国行政事业性国有资产管理情况的专项报告》，中国人大网（npc. gov. cn）。

⑤ 公路里程数稳步增长、重大水利基础设施建设成效显著和大量保障性住房投入使用等。引自《国务院关于 2018 年度全国行政事业性国有资产管理情况的专项报告》，中国人大网（npc. gov. cn）。

管理和法制建设等方面[①]。针对上述问题，调研报告和委员审议提出针对性建议：一是完善行政事业性国有资产管理体制机制；二是夯实行政事业性国有资产管理和报告基础；三是提高政府国有资产管理和人大国有资产监督的规范性有效性；四是加强行政事业性国有资产法制建设[②]。

3. 2020年：听取和审议企业国有资产（不含金融企业）管理情况的专项报告

国有企业是推动经济社会发展的重要支柱，是党执政兴国的依靠力量。党的十八大以来，党中央高度重视企业国有资产[③]（不含金融企业）（以下简称“企业国有资产”）管理工作，国务院及其有关部门加快推进国资国企改革，持续改进管理工作，企业国有资产规模逐步扩大[④]。按照工作安排，2020年全国人大常委会听取审议上年度国有资产管理情况的综合报告和《国务院关于2019年度财政部履行出资人职责和资产监管职责企业国有资产管理情况的专项报告》和《国务院关于2019年度国资系统监管企业国有资产管理情况的专项报告》。

全国人大常委会听取审议报告后，结合调研报告，普遍认为国有企业在国务院及其有关部门的全面领导下，国有资产监管体制逐步健全，国资国企改革逐步推进，企业国有资产管理工作富有成效。一是国有企业运行总体良好[⑤]。二是服务经济社会发展发挥重要作用[⑥]。三是供给侧结构性改革取得实效[⑦]。虽然国资国企改革取得明显进展和成效，但仍存在一些突出问题，例如监管体制机制不够

① 参见《全国人大常委会预算工作委员会、全国人大财政经济委员会关于行政事业性国有资产管理情况调研报告》，中国人大网（npc. gov. cn）。

② 参见《全国人大常委会预算工作委员会、全国人大财政经济委员会关于行政事业性国有资产管理情况调研报告》，中国人大网（npc. gov. cn），《对2018年度国有资产管理情况综合报告和2018年度全国行政事业性国有资产管理情况专项报告的意见和建议》，中国人大网（npc. gov. cn）。

③ 企业国有资产是国家对企业各种形式的出资所形成的权益。国有及国有控股企业是企业国有资产运营的主要载体。参见《全国人民代表大会常务委员会预算工作委员会、全国人民代表大会财政经济委员会关于企业国有资产（不含金融企业）管理情况的调研报告》，中国人大网（npc. gov. cn）。

④ 截至2019年底，全国国有企业法人21.7万户，资产总额233.9万亿元，同比增长11.2%；国有资本权益64.9万亿元，增长10.5%。参见《全国人民代表大会常务委员会预算工作委员会、全国人民代表大会财政经济委员会关于企业国有资产（不含金融企业）管理情况的调研报告》，中国人大网（npc. gov. cn）。

⑤ 2019年，全国国有企业实现营业总收入63.5万亿元，利润总额3.9万亿元。资产负债率为64%，同比下降0.2个百分点，债务风险整体可控。参见《全国人民代表大会常务委员会预算工作委员会、全国人民代表大会财政经济委员会关于企业国有资产（不含金融企业）管理情况的调研报告》，中国人大网（npc. gov. cn）。

⑥ 中央企业累计投入各类帮扶资金超过230亿元支持打好三大攻坚战；国有企业带头落实创新驱动发展战略等。参见《全国人民代表大会常务委员会预算工作委员会、全国人民代表大会财政经济委员会关于企业国有资产（不含金融企业）管理情况的调研报告》，中国人大网（npc. gov. cn）。

⑦ 推进中央企业战略性重组和煤炭、煤电、海工装备等领域专业化整合；完成钢煤去产能任务，中央企业累计化解煤炭过剩产能1.14亿吨、钢铁1644万吨等。参见《全国人民代表大会常务委员会预算工作委员会、全国人民代表大会财政经济委员会关于企业国有资产（不含金融企业）管理情况的调研报告》，中国人大网（npc. gov. cn）。

完善、国资国企改革有待深化、国有企业运行效率和质量仍需提高等[①]。针对上述问题，全国人大常委会建议从加快推进企业国有资产集中统一监管和统筹规划，转变国有资产监管职责等方面完善国资监管体制机制；从推进国有资本投资和运营公司改革试点，深化混合所有制改革等方面来加大国资国企改革力度；提高国有企业现代化管理水平可从增强国有企业经营自主权，规范国有企业管理等方面入手；完善国有资本经营预算，完善人大、审计、社会等全方位监督机制等可以推进国有资产治理现代化[②]。

4. 2021 年：听取和审议国有自然资源资产管理情况的专项报告

党的十八大以来，党中央高度重视生态文明建设，将其融入经济建设、政治建设、社会建设各方面和全过程，生态文明建设从认识到实践发生了转折性、全局性变化。自然资源作为国家发展的重要物质基础，在生态文明建设中具有重要的支撑作用。习近平总书记指出，健全国家自然资源资产管理体制是健全自然资源资产产权制度的一项重大改革，也是建立系统完备的生态文明制度体系的内在要求[③]。国有自然资源资产是宪法和法律规定属于国家所有即全体人民所有的各类自然资源[④]。因自然资源种类繁多、管理基础相对薄弱，涉及部门较多、分类标准较为复杂，调查监测难度较大等原因，《五年规划》将听取审议国有自然资源资产管理情况专项报告放在最后一项[⑤]。

2021 年，全国人大常委会听取审议上年度国有自然资源资产管理情况专项报告。报告全方位介绍了国有土地、森林、草原、湿地、矿产等 11 个类别的国有自然资源资产状况，可谓是亮出了自然资源方面国有资产的“家底”[⑥]。通过深化改革和加强管理，国有自然资源资产管理主要取得三大成效。一是国有自然资源资产管理实现重大转变。二是各类自然资源保护状况总体良好。三是节约集

---

① 参见《全国人民代表大会常务委员会预算工作委员会、全国人民代表大会财政经济委员会关于企业国有资产（不含金融企业）管理情况的调研报告》，中国人大网（npc. gov. cn）。

② 参见《全国人民代表大会常务委员会预算工作委员会、全国人民代表大会财政经济委员会关于企业国有资产（不含金融企业）管理情况的调研报告》，中国人大网（npc. gov. cn），对 2019 年度国有资产管理情况综合报告和企业国有资产管理情况 2 个专项报告的意见和建议，中国人大网（npc. gov. cn）。

③ 参见《国务院关于 2020 年度国有自然资源资产管理情况的专项报告》，中国人大网（npc. gov. cn）。

④ 国有自然资源资产主要包括国有土地资源、水资源、矿产资源、国有森林资源、国有草原资源、海域海岛资源等。参见《国务院关于全民所有自然资源资产有偿使用制度改革的指导意见》，政府信息公开专栏（www. gov. cn）。

⑤ 参见《向全国人民交出一份国有自然资源资产的明白账》，中国人大网（npc. gov. cn）。

⑥ 截至 2020 年底，我国国有土地面积为 52333. 8 万公顷，水资源总量为 31605. 2 亿立方米；全国共有自然保护地 9200 个，国家重点保护野生动物 980 种，海洋生物 2 万多种；锰、锂、石墨等战略性矿产储量大幅增长，发现玛湖等 17 个亿吨级大油田和安岳等 21 个千亿立方米级大气田；“十三五”期间累计完成造林 5. 45 亿亩，退耕还林 5438 万亩，森林覆盖率提高到 23. 04%，完成防沙治沙任务超 880 万公顷；南水北调东中线累计调水 400 多亿立方米，直接受益人口达 1. 2 亿人……。参见“十三届全国人大常委会听取审议国有自然资源资产管理情况专项报告，摸清国有自然资源资产家底”，《人民日报》2021 年 12 月 23 日。

约利用水平提高[①]。全国人大常委会调研组在调研过程中发现，国家资源和环境约束趋紧的压力尚未得到根本解决，落实生态文明建设理念、完善管理体制机制、加强基础工作、提升法治水平等方面仍存在诸多问题[②]。基于此，常委会委员认为，一是强化生态文明建设理念落实机制；二是通过进一步理顺集中统一与分级分类相融合的管理体制、完善自然资源资产管理与自然资源监管体制等方面来健全国家自然资源资产管理体制；三是加快推进各项改革，例如深化自然资源资产产权制度改革、推进自然资源资产有偿使用制度改革等；四是不断夯实自然资源资产调查监测、推进自然资源资产负债表编制等基础工作[③]。

至2021年10月，全国人大按照规划如期实现了对四类国有资产（资源）管理监督的全覆盖，在实施国有资产监督方面实现了历史性突破。

二、地方人大加强国有资产监督的案例分析

（一）广东省人大：协同监督扎实监督的实践者

1. 案例基本情况

广东省人大深入贯彻学习习近平总书记关于加强人大国有资产监督工作的重要讲话，认真学习领会中央系列文件精神，认真落实省委工作要求，从建章立制到探索实践，积极创新，统筹部署，稳步推进国有资产监督，为广东省实现“四个走在全国前列”[④] 目标作出积极贡献。

2018年，省人大召开党组会议，听取关于建立省政府向省人大常委会报告国有资产管理情况制度工作汇报，对推动建立全省全口径、全覆盖、全方位的国有资产监管体系，推动全省县级以上地区建立和实施政府向本级人大常委会报告

---

① 参见《全国人民代表大会常务委员会预算工作委员会、全国人民代表大会财政经济委员会、全国人民代表大会环境与资源保护委员会关于2020年度国有自然资源资产管理情况的调研报告》，中国人大网（npc. gov. cn）。

② 参见《全国人民代表大会常务委员会预算工作委员会、全国人民代表大会财政经济委员会、全国人民代表大会环境与资源保护委员会关于2020年度国有自然资源资产管理情况的调研报告》，中国人大网（npc. gov. cn）。

③ 参见《全国人民代表大会常务委员会预算工作委员会、全国人民代表大会财政经济委员会、全国人民代表大会环境与资源保护委员会关于2020年度国有自然资源资产管理情况的调研报告》，中国人大网（npc. gov. cn），《对2020年度国有资产管理情况综合报告和2020年度国有自然资源资产管理情况专项报告的意见和建议》，中国人大网（npc. gov. cn）。

④ 2018年，习近平总书记在参加十三届全国人大一次会议广东代表团审议时，对广东提出“四个走在全国前列”的明确要求，即在构建推动经济高质量发展的体制机制上走在全国前列，在建设现代化经济体系上走在全国前列，在形成全面开放新格局上走在全国前列，在营造共建共治共享社会治理格局上走在全国前列。参见〔四个前列〕为实现“四个走在全国前列”而奋斗（southcn. com）。

国有资产管理情况制度等提出具体要求[①]。同时，通过召开座谈会和推进会，一方面制定目标[②]，认真部署全省各地建立政府向本级人大常委会报告国有资产管理情况制度工作，建立完整、统一的具有广东特色的国有资产监督体系[③]。另一方面选定珠三角九市[④]先行先试，要求率先建立和实施国有资产报告制度，发挥示范和带动作用[⑤]。为推进广东省国有资产管理情况报告制度深入实施，2020年，省人大通过了《关于建立省政府向省人大常委会报告国有资产管理情况制度的意见的实施办法》及《广东省十三届人大常委会贯彻落实〈中共广东省委关于建立省政府向省人大常委会报告国有资产管理情况制度的意见〉五年规划(2018—2022)》。2021 年，省人大表决通过《广东省人民代表大会常务委员会关于加强国有资产管理情况监督的决定》，其对人大履职、国有资产管理情况报告方式及重点、人大审议程序及重点、整改问责等内容进行了规定[⑥]。省人大常委会在推动国有资产监督方面高度重视顶层设计工作，通过出台上述系列文件，为国有资产监督工作迈入制度化、规范化轨道提供有力制度保障。

自 2018 年起，省人大常委会听取审议国有资产管理情况报告成为其一项年度例行性、周期性和经常性工作。2018 年 11 月，省人大常委会听取审议《广东省 2017 年度国有资产管理情况综合报告》和《广东省 2017 年金融类企业国有资产管理情况报告》，这是省政府首次交出国有资产完整账本，也是省人大首次对国有资产全口径全覆盖监督。此后，按照工作安排，省人大常委会在 2019 年、2020 年和 2021 年听取审议上年度国有资产管理情况综合报告的同时，还分别听取审议了行政事业性国有资产、企业国有资产（不含金融企业）和国有自然资源资产管理情况的专项报告。省人大常委会通过听取审议报告，对广东省国有资产及管理情况有了基本了解（见表 5－3）。为更好履行国有资产监督职责，省人大常委会沿用全国人大常委会的做法，每年针对专项报告进行实地调研，了解各类国有资产的基本情况，总结成效，发现问题，并提出相应建议。调研发现，广

---

① 参见李玉妹主持召开广东省人大常委会党组会议，做好巡视整改工作和国有资产监督工作，《南方日报》2018 年 7 月 27 日。

② 2018 年各地级以上市争取建立政府向本级人大常委会报告国有资产管理情况制度，2019 年扩大到有条件的县（市、区），2020 年实现全覆盖。参见“全省建立政府向本级人大常委会报告国有资产管理情况制度座谈会召开，李玉妹强调坚决贯彻落实中央和省委决策部署积极推进建立和实施国有资产报告制度”，《南方日报》2018 年 8 月 1 日。

③ “全省建立政府向本级人大常委会报告国有资产管理情况制度座谈会召开，李玉妹强调坚决贯彻落实中央和省委决策部署积极推进建立和实施国有资产报告制度”，《南方日报》2018 年 8 月 1 日。

④ 珠三角九市主要包括广州、佛山、肇庆、深圳、东莞、惠州、珠海、中山、江门。珠江三角洲城市群_ 百度百科（baidu. com）。

⑤ 张华：“人大如何推进国有资产监督工作”，《人民之声》2020 年第 9 期。

⑥ 文件具体内容参见广东省人民代表大会常务委员会关于加强国有资产管理情况监督的决定，广东人大网广东省人民代表大会常务委员会（rd. gd. cn）。

东省国有资产规模庞大，国有资产管理情况报告制度体系基本建立，工作机制逐步健全，国有资产对公共服务等事业的保障作用更加明显。但是国有资产多头管理、职权分散，资产底数不清、统计制度缺失，资产配置、使用效率不高，国有资产流失等问题依然存在①。鉴于当前存在的问题，省人大提出了完善制度建设、夯实管理机制、优化资产系统、加大改革创新力度等改进意见②。此外，截至2019年底，广东省21个地级市已全部建立国有资产报告制度，其中，东莞、中山两市还率先将镇属国有资产管理情况纳入报告范围③。自2022年起，省人大常委会将创新监督方式，以定性和定量相结合的原则，委托第三方机构研究建立国有资产监督评价指标体系④，实现国资管理的高质量监督。

表5－3　广东省2017—2020年度国有资产管理基本情况　单位：万亿元

年份	金融企业国有资产	行政事业性国有资产	非金融企业国有资产
2017	2.15	2.56	8.27
2018	2.52	2.92	9.69
2019	5.16	3.62	10.82
2020	4.9	4.22	12.17

注：因国有自然资源只统计实物量，暂不统计价值量，且关于自然资源资产公开信息有限，未将其列入表中。数据引自广东要闻，广东省人民政府门户网站（gd. gov. cn）。

2. 案例分析

广东是国有资产大省，管好用好国有资产意义深远，任务繁重。广东省人大常委会近年来致力于“加快形成具有广东特色的人大国有资产监督机制”“建立完整、统一的具有广东特色的国有资产监督体系”，收到了明显成效，创造了广东经验。

第一，以统筹推动机制建设，实现协同监督。广东省人大国有资产监督在省委统一领导下进行，构成了“新发展阶段、新发展理念、新发展格局、高质量发展”大背景下国资国企管理改革、创新发展、监督加强的重要组成部分。从同级党政人大关系看，党委和人大、政府各部门通过建立健全协调机制形成各司其职、齐抓共管的局面。全省国资国企高质量发展会议整体部署新时期国资国企改革发展总体目标和任务要求，为党政和人大监管国资国企提供了统一遵循；省人大常委会与省政府共同部署省政府向人大常委会报告国资管理情况工作，省人大

① 李润芳：“广东国资亮‘家底’：12.98万亿元!”sohu. com，2018年11月27日。

② “全市国有资产总额近5万亿元_第GC01版：广州观察”，《南方日报》2020年10月29日。

③ “广东21个地级以上市全部建立国有资产报告制度”，东方财富网（eastmoney. com）。

④ “省人大常委会聚焦中心工作和民生关切，创新监督方式增强监督实效”，《羊城晚报》2022年1月16日。

与国资管理等部门共同研讨推动国资管理报告制度实施，形成沟通协调机制，合力加强监督；审计机关配合人大国有资产监督，依法推进国有资产管理情况审计全覆盖①，科学编制国有资产管理情况审计专项报告②，加强协调形成监督合力，推动审计整改落地落实③。从省市县三级关系看，省人大常委会对各市县级人大提出明确要求，加强指导督促，密切沟通联系，引导带动各级地方人大在统一部署下从实际出发，创新监督方式，业已形成分级监督的格局。

第二，以监督促进改革管理，实现扎实监督。人大履行国有资产监督职责要依法正确实施，务求实效，就必然通过督促政府国资监管、财政、国有资源等部门深化改革、加强管理、解决难点痛点问题加以实现。广东省各级政府立足“三新一高”要求，将落实人大常委会国资监督审议意见与推进省属企业三年改革行动相结合，大力探索国资管理改革。例如，佛山市“十三五”期间通过抓好稳增长、促改革、调结构、强监管、控风险等工作，国有经济总量不断增加，综合实力不断增强，期末营业总收入达到367.35亿元，五年年均增长34.55%。混合所有制改革是佛山市产权制度改革的重要内容，通过稳妥推进混合所有制改革，混改企业机制活、贡献大，有利于做强做优做大国有资本。相关统计数据显示，2020年约占市属企业总户数5%的13户较具代表性混合所有制企业的营业总收入、利润总额分别占到市属企业的67%和66%④。为了进一步把国资做大做强做优，佛山市将打造重大产业投资平台作为国资系统改革创新的有效途径。配合全市重构优化产业空间发展格局、建设佛北战新产业园的部署，国资系统设立云东海生物港投资开发有限公司，作为云东海生物港的开发及运营服务主体，通过土地一级、二级开发联动，为园区提供基础配套设施建设和招商运营服务，为建设佛北战新产业园奠定基础，借此引进投资规模大、产业层次高、带动能力强的龙头项目，吸引上下游企业集聚发展。该市以国有资本投资运营公司试点为契机，筹建佛山产业投资有限公司和佛山市交通投资集团有限公司，依托国内外多层次

① 省审计厅根据省人大对国有资产管理情况的全口径监督和年度审议重点，进一步明确企业国有资产、金融企业国有资产、行政事业性国有资产以及国有自然资源资产等领域的重点审计内容，在审计立项、审计实施、报告撰写等环节针对国有资产管理审计提出具体要求，分类确定审计重点及思路。参见《加强国有资产管理情况审计监督为人大监督提供服务支撑》，广东省审计厅（gd. gov. cn）。

② 广东省审计厅于2021年向省人大所作的审计工作报告中，首次集中体现省属国有资产审计情况，全面反映国有企业、行政事业性资产、自然资源资产等国有资产审计情况，且编制《广东省审计厅关于2020年国有资产审计情况的专项报告》上报省人大，在地方审计机构首开先河。参见《加强国有资产管理情况审计监督为人大监督提供服务支撑》，广东省审计厅（gd. gov. cn）。

③ 加强人大监督、审计监督、国资监管和内部管理的协同推进，加强与纪检、监察、巡视的信息互通，加大对审计查出突出问题整改工作的监督力度，加强追责问责。配合省人大有关机构开展专题调研和专题询问，进一步深化审计成果运用，加快整改进度，提高整改实效。参见《加强国有资产管理情况审计监督为人大监督提供服务支撑》，广东省审计厅（gd. gov. cn）。

④ 参见“深化国资国企改革，助推佛山高质量发展”，《南方日报》2021年12月24日。

资本市场，综合运用股权、基金、资金等运作方式，推进资源资产化、资产资本化、资本证券化，引导更多社会资本投资佛山市先进制造业、现代服务业等优势主导产业，服务重大招商项目落地。

第三，以创新引领丰富实践，实现多级监督。各级人大在推动建立国有资产管理情况报告制度的过程中，从实际出发，坚持问题导向，积极探索创新，不断丰富实践，扎实推进国有资产管理情况报告制度的建立。省人大积极探索推动国有资产管理情况报告制度向基层进一步延伸，部分地区镇级已建立和实施国有资产报告制度。这标志着广东省人大国有资产监督已实现由省级、市级、县级向镇级纵向贯通，实现多级监督。例如，2019 年，中山市①人大常委会联合市政府，在全省率先建立了镇政府向镇人大报告国有资产管理情况制度，为发挥镇属国有资产效能，完善国家治理体系和治理能力现代化的基层实践提供了可借鉴的实践经验②。2019 年，东莞市人大通过试点先行，率先推动国有资产报告制度向镇一级拓展③。截至 2020 年 12 月底，东莞率先实现了政府向人大报告国有资产管理情况制度在镇街一级的全覆盖。通过推进国有资产管理情况报告制度的建立和实施，镇（街道）属国有资产监管体制机制正在不断完善，镇（街道）属国有资产的管理工作也更趋于规范化、制度化，镇（街道）属国有资产使用和经营效益得到了有效提升④。

（二）青岛市人大：主动监督有效监督的先行者

1. 案例基本情况

为认真贯彻落实党的十八届三中全会提出的“加强人大国有资产监督职能”的要求，青岛市人大常委会于 2014 年 12 月出台《关于建立市政府向市人大常委

① 中山是不设县区的地级市，镇属国有资产在城乡基础设施建设、公共产品与服务、保障基本民生等方面发挥重要作用。参见代表“热”起来　监督“实”起来　政府“动”起来——中山市在全省率先全面建立镇政府向镇人大报告国有资产管理情况制度，广东人大网，广东省人民代表大会常务委员会（gdrd. cn）。

② 例如中山市小榄镇人大通过开展听取审议国有资产管理情况报告，在监督企业转制和收益上缴情况方面效果显著。2019 年，共完成转制、清算企业 70 多家，镇属国有企业全年共累计向镇政府上缴收益 1.84 亿元。参见代表“热”起来　监督“实”起来　政府“动”起来——中山市在全省率先全面建立镇政府向镇人大报告国有资产管理情况制度，广东人大网，广东省人民代表大会常务委员会（gdrd. cn）。

③ 2019 年 4 月，经市委同意，市人大确定将大朗、厚街、道滘 3 个镇作为试点镇。东莞人大推动国有资产管理情况报告制度向基层进一步延伸：32 个镇街实现国有资产管理报告制度全覆盖，东莞人大网（dg. gov. cn）。

④ 截至 2019 年年底，东莞市 32 个镇街国有行政事业性资产和企业性资产两大类总额合计 1957.76 亿元，其中行政事业性资产 1112.38 亿元，企业性资产 845.38 亿元。从公布的情况可以看出，东莞镇街国有资产状况总体优良。同时，镇（街道）属的国有资产实现安全增值。截至 2020 年 11 月，大岭山、东城、沙田、石排、长安、厚街、万江、大朗、企石 9 个镇街经初步统计，开展清产核资工作让所有者权益增加了 49.51 亿元。参见东莞人大推动国有资产管理情况报告制度向基层进一步延伸：32 个镇街实现国有资产管理报告制度全覆盖，东莞人大网（dg. gov. cn）。

会报告国有资产管理情况制度的意见》，按照积极稳妥、先易后难、分步推进的原则，2015—2017 年逐年实现将企业性国有资产、行政事业性国有资产和资源性国有资产管理情况纳入人大常委会报告范围，实现全口径全覆盖监督。2019 年 3 月，根据中央和省政府相关文件精神和有关法律规定①，认真总结青岛市国资实际和管理监督经验，下发《中共青岛市委办公厅关于建立市政府向人大常委会报告国有资产管理情况制度的意见》，进一步规范和指导国资管理监督工作，且探索增加满意度测评手段和建立健全协同监督机制等特色内容。为贯彻全国人大常委会 2020 年 12 月发布的《决定》，2021 年 10 月《青岛市人民代表大会常务委员会关于加强国有资产管理情况监督的决定》，新增了对国企债务、防范和化解重大风险举措、盘活和处置闲置资产、强化境外资产管理等内容，强化了整改问责机制、跟踪监督机制、国资监督与监察监督衔接机制、国资管理与预算管理衔接机制等，进一步夯实了国资监督的制度基础。

青岛市人大为实施政府向人大报告国有资产管理制度做了如下基础性工作：一是划分统计类别，确定报告重点。按照企业不同功能定位，将企业分为制造类、功能类和公益（公共服务）类三类，分类分析报告国有资产占有、处置、收益、分配情况；按照单位性质，将行政事业单位分为行政机关、事业单位（全额管理、差额管理、自收自支事业单位）及其所属企业三类，进行国有资产管理分类分析报告，对于其中的企业参照公共服务类企业要求报告；资源性国有资产监督在报告保护、交易、处置、收益分配的基础上，分类报告土地、森林、矿产、水资源、海域、粮食、公共道路停车场等的使用、处置、收益等管理情况。围绕十八届三中全会提出的“以管资本为主加强国资监管”的总体要求，立足青岛市属国企实际，抓住“经营性国有资产集中监管改革”和“境外企业国有资产监管”等重点领域和关键环节精准发力持续监督，推动市政府出台《关于以管资本为主转变职能，进一步推进市直大企业改革的三十条意见》，取消审批事项，下放企业创新发展权限；下发《关于加强境外资产管理工作的通知》，坚持鼓励企业“走出去”与维护境外国资安全两手抓，支持企业转型升级，加快海外并购和国际化步伐，同时加大国有企业海外资产监管力度②。二是细化统计，摸清家底。根据分类监督要求，一方面，细化国资分类统计、报告口径；另一方面，通过自查与抽查、座谈与走访、常规手段与财务分析“三结合”方式，既用好一般方法，又进行重点调查核实，强化报表汇总分析和问题研判，以全面摸清家

① 中央《意见》和《中共山东省委办公厅关于建立政府向本级人大常委会报告国有资产管理情况制度的通知》。

② 青岛市人大常委会，认真落实国有资产管理报告制度推动国有资产保值增值。

底，找准薄弱环节。三是“三审”结合，精准监督。通过事前的数据抽查、专题调研和报表分析，通过预算工作机构深入细致的预先审查—财经委员会的全面系统的初步审查—人大常委会会议审议、出具审议意见的“三审制”模式，增强了审议意见的针对性和可行性，提高了监督质量和成效。

青岛市在协同监督方面的做法有：一是人大监督与政府监管共同发力，深化改革。在经营性国资监督方面，青岛市人大推动市政府实施《市属经营性国有资产统一监管改革方案》，将党政机关和事业单位的经营性国资通过产权划转、改制退出、关闭注销、委托管理等方式改革管理体制，纳入集中统一监管体系，由市国资委统一履行出资人职责，政企分开、事企分开、管办分开①。市政府落实审议意见，采取措施推进混合所有制改革，激发企业发展的内生动力，优化国有资本布局，将80%以上的国有资产集中到重点行业和关键领域，推动新旧动能转换，支持企业做大做优做强。在行政事业性国有资产方面，督促建立资产共享共用和资产调剂机制，推动资产集约高效利用。通过财政部门主导的资产在行政事业单位间横向调剂和系统内纵向调剂，对国家重大活动购置资产在任务完成后集中管理、调剂使用，以资产流转提高使用效率。青岛市2006年在全国率先建立政府公务仓②，作为市级共享公用资产调剂平台，为市级临时机构及大型活动提供周转资产③。二是人大国资监督与预算审查监督相结合。市人大将国资监督与预决算审查监督紧密衔接，与人大预算联网监督工作相结合，与发现问题整改监督相结合，提高审查监督效率。与对国有资本经营预算决算、部门预算决算审查监督相结合，条件具备时还将与对政府综合财务报告监督工作相结合。三是人大国资监督与审计监督、绩效监督相结合。加强对各类国资的审计监督，审计部门安排年度审计计划，逐步实现对境外国有资产审计全覆盖。必要时市人大常委会还可委托第三方评估机构对国有资产管理情况开展绩效监督④。

青岛市直企业规模效益在全国副省级城市中一直名列前茅，资产总额、营业收入、利润总额三项指标均位居第三，2014—2016年国资保值增值率分别为

---

① 又如，市人防办率先将原监管的人防工程及经营性资产划转给华通公司，后者借鉴国内人防工程综合利用经验，按照市场化运营新思路，打造地下停车场、大数据机房、仓储物流等产业，经济效益和社会效益明显提高。参见，青岛市人大常委会，积极探索注重实效，推动行政事业性国有资产监督工作深入开展。

② 该公务仓先后为奥帆赛、大沽河综合治理、地铁建设、新机场建设、上合组织青岛峰会、人民海军成立70周年等大型活动调剂共享公用资产超过1.2亿元。

③ 国有资产调剂使用的另一类案例是土地资源。青岛市教育局近年将市内5所普通高中和1所艺术学校外迁，本着优化整合相邻教育资源、促进各级各类学校协调发展的原则，原有校舍被统筹调配，用于建设1所全日制孤独症儿童康复学校，扩建2所初中和2所优质职业高中，改善办学条件，促进教育资源公平分配。

④ 参见《中共青岛市委办公厅关于建立市政府向人大常委会报告国有资产管理情况制度的意见》。

103.18%、102.83%和105.60%，2015—2017年实现利润总额分别为170亿元、207亿元和437亿元，国有资产总额分别为1515亿元、1884亿元和2348.65亿元，增幅分别达到22.61%、23.14%和20.4%①。青岛市直企业国际竞争力和影响力也不断增强。海信集团收购东芝电视，海信电视跻身全球前三；青岛啤酒成为全球第五大啤酒酿造商；青岛港建成运营亚洲首个全自动码头，创出世界自动化集装箱码头作业最高效率。双星全球轮胎行业第一个全流程“工业4.0”智能化工厂投入运行，2018年成功并购锦湖轮胎，成为其第一大股东②。

2. 案例分析

青岛市自2014年开始创新性深入实施市级国有资产管理监督，取得了明显成效，创造了主动监督有效监督的良好示范。青岛市人大加强国有资产管理监督具有如下几个特点：

第一，率先启动实施，实现主动监督。青岛市人大常委会在党的十八届三中全会提出人大“要加强国有资产管理监督职能”后，从青岛实际出发，率先于2014年出台了具有明确导向性和可操作性的指导文件，且迅速付诸实施，走在了全国前列。此后，依据上位法，不断总结实践经验，创新监督方式方法，陆续出台了市委和市人大常委会的相关文件，逐步夯实了国资监督的制度基础。

第二，夯实各项基础，实现精准监督。人大国有资产监督的目的是实现国有资产的科学配置，高效使用，防止流失。而要达到这一目的，需要做实做细一系列基础性工作。一方面，在启动报告制度之初即做到强化基础工作，细分统计类别，突出经营性国有资产集中监管和境外国有资产监管等监督重点，事实证明符合本地实际，有利于提高监管成效。另一方面，摸清国资家底的“三结合”工作方式务实扎实，切实有效，“三审结合”的人大审议工作程序清晰，定位精准，保障了人大审议工作质量和人大监督的权威性。

第三，健全协同机制，实现有效监督。青岛市十分注重建立健全协同监督机制。市人大常委会与政府财政、国资、审计、监察等部门在保持监督与被监督关系的同时，在国资监管上也目标一致，同向发力，形成了良性互动的密切关系，保障了国资监管成效。

总之，青岛市人大常委会实施国有资产管理监督“早、准、合”的实践，是确保监督扎实成效的重要经验。

---

① 参见青岛市人大常委会：《认真落实国有资产管理报告制度，推动国有资产保值增值》。

② 参见青岛市人大常委会：《履行法定义务主动接受监督，推动国资管理工作再上新水平——学习贯彻中发〔2017〕33号文件全国座谈会交流材料》。

三、人大加强国有资产管理监督的机理与趋势

（一）人大加强国有资产管理监督的基本机理

回顾党的十八届三中全会尤其是《意见》发布以来人大加强国有资产监督的立法和实践历程，可以看出，各级人大主要围绕“建立政府报告国资管理情况制度—实施人大审议国资管理报告—通报公开相关意见并督促落实整改建议”的主线展开。其基本机理是，以全国人大到县区级人大常委会为主体，以监督系列法律法规和相关会计统计评价制度等为依据，以监督内容全口径全覆盖为基本要求，以系统性监督手段协同发力为保障，监督管理良性互动为关键，形成事前—事中—事后—信息反馈改进完善的闭环管理系统，力求实现国有资产管理的分级监督、依法监督、全面监督、协同监督、有效监督（见图5－3）。

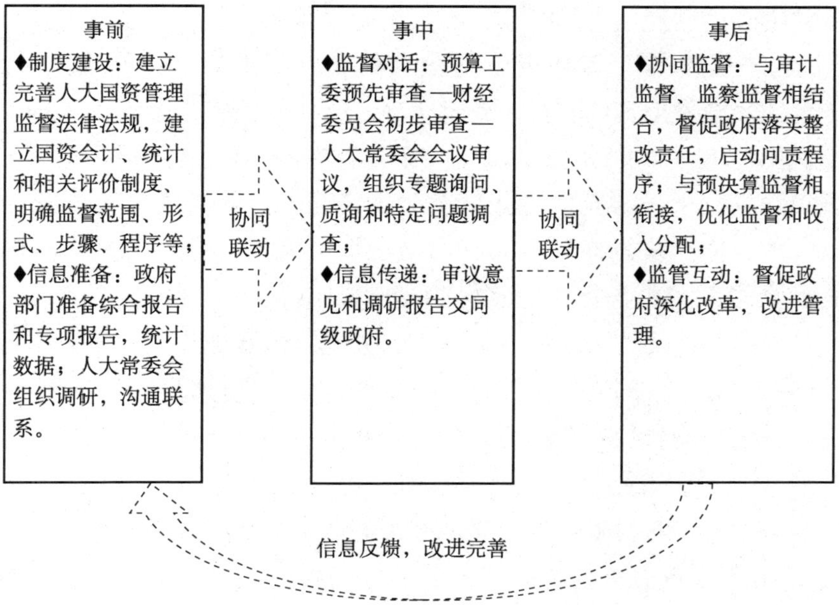

图5－3　人大国有资产管理监督系统

1. 明确主体：分级监督的前提

人大加强国有资产管理监督的过程既是全国人大常委会加强指导推进实施的过程，更是各级人大结合本地实际创造性实施监督的过程。全国人大常委会在组织做好中央政府国有资产管理监督的同时，一直十分重视国有资产监督的上下联系和对地方人大的业务指导，跟踪了解地方建立报告制度和开展报告工作进展情况，督促省级人大上报监督情况，定期汇总上报；建立与地方人大机构的监督信

息互通共享机制，建立相关数据库；建立全国人大与地方人大机关的工作联系机制，沟通解决问题，组织工作培训。各级地方党委发挥统一领导、统筹协调的作用，先后发布意见和决定，明确地方人大常委会国资管理监督的目标任务、工作职责、协同机制和组织领导，大力推进改革进程。自省至县的各级地方人大按照全国人大常委会的总体部署，细化五年规划和年度计划，创造机构、人员、信息、机制等条件，陆续实施各类国有资产监督。各级政府及组成部门依照分工，按时统计，提交报告，接受询问，组织整改。迄今已全面构建起了中央—省级—市级—县级人大国有资产管理监督的分级监督体系，使人大监督成为国资监督的最具权威性的重要方面军。

2. 制度建设：依法监督的基础

人大加强国有资产监督的过程即是逐步建立健全立法体系、实现依法监督规范监督的过程。迄今在国家层面已建立起以三个文件为重要标志的人大国资管理监督法律法规体系。其中，2017 年 12 月颁布的《意见》是新时期人大加强国有资产监督的纲领性法规，为加强监督奠定了制度基础，明确了主攻方向，发出了“进军令”和“任务书”；2019 年 5 月公布的《五年规划》按照《意见》要求，对报告制度的实施做出具体安排，要求明确，操作性强，是落实人大国资管理监督的“路线图”和“时间表”；2020 年 12 月颁布的《决定》则在总结人大国有资产监督实践基础上，将党的主张转化为国家意志，将党的要求转化为法律制度，为人大国有资产监督提供更为有力的法律保障。从中央《意见》到《五年规划》再到全国人大常委会《决定》，用四年时间，以中国速度，实现了人大国有资产监督立法的历史性进步。各级地方人大也结合本地实际，及时出台相关法律法规，确保地方人大国有资产监督工作依法监督正确监督。青岛市人大常委会是启动较早、主动监督的一个典型。党的十八届三中全会提出“加强人大国有资产监督职能”之后，青岛市人大常委会快速回应，于 2014 年 12 月即出台《意见》，开始实施对经营性国有资产和行政事业性国有资产管理监督。这个时间比全国人大 2018 年听取和审议金融国有资产管理报告早了 3 年多。中共中央办公厅《意见》和全国人大常委会《决定》颁布后，各省市自治区党委和人大常委会相继出台《意见》和《决定》，为在全国范围内全面推开国有资产监督奠定了法律制度基础。

3. 内容全口径全覆盖：全面监督的要求

人大加强国有资产监督的过程即是遵循“实事求是、分类施策、先易后难、循序渐进、逐步完善”的原则，稳步推进全口径全覆盖监督的过程。全国人大常委会以《五年规划》形式，不仅根据不同类型资产管理的基础状况，依次安排了全国人大听取审议金融国有资产、行政事业性国有资产、企业国有资产法（不含金融企业）和国有自然资源资产等四类国有资产管理报告和最后一年综合报告的顺序，而且对省、市、县级人大实施国有资产管理监督全覆盖的时间（2018—2020年）做出有序安排。各地人大监督实践证明，这一安排符合实际，切实可行，逐步顺利地实现了全口径全覆盖监督。

人大加强国有资产监督的过程也是逐步夯实基础、突出重点、追求实效的过程。人大国有资产管理情况报告制度建立伊始即高度重视监督质量问题，从《意见》的原则规定到《五年规划》的细化完善，针对不同类别国有资产及其管理特点规定了各自的报告重点，依据监督法律和新形势监督要求规定了人大监督的审议重点，对改进和完善国资会计制度和统计制度、研究建立全口径国有资产报表体系以及建立国有资产管理评价指标体系等基础性工作提出了明确要求，为逐步提高报告质量、确保人大监督效力提供了实施指南。几年来，各项基础性工作不断推进落地。例如，就国务院向人大报告的国有资产管理情况内容而言，几年之间即经历了从比较笼统到比较详细、从数据较少到系列表格、从不谈存在问题及原因分析到必须包括这些内容的转变。又如，在人大国有资产管理监督评价指标体系建设方面，全国人大常委会2018年以来一直着力进行建设，已形成了企业国有资产和行政事业性国有资产的监督评价指标，2021年开展了国有自然资源资产管理人大监督评价指标研究，依托这个评价指标体系形成的包括25项指标的分析材料对常委会审议发挥了重要作用，2022年将要形成包括四类国有资产的系统完整的人大监督评价指标体系①。广东省人大常委会积极创新监督方式，委托第三方研究机构研究建立定性与定量相结合的国有资产监督评价指标体系，计划于2022年起运用有关评价指标开展国有资产管理绩效评价②。

4. 健全机制：协同监督的保障

人大加强国有资产监督的过程即是建立健全多元手段协同监督机制、人大监督与其他国家监督协同发力的过程。首先，人大加强国有资产监督过程中着力健全监督机制，不仅积极探索综合运用执法检查、专题询问、质询和特定问题调查等监督方式，实施预工委预先审查—财经委初步审查—人大常委会会议审议等多个环节，提高事中监督质量，而且特别重视前期介入、监督调研及监督整改等事前事后环节，加强与政府部门联系沟通，座谈收集各方意见，根据报告主题组织专项监督调研，形成调研报告，认真提出审议意见，推动问题整改和问责，务求实效。其次，人大国有资产监督与预决算审查监督有序衔接有效结合。国有资产

① 张天培："十三届全国人大常委会听取审议国有自然资源资产管理情况专项报告，摸清国有自然资源资产家底"，《人民日报》2021年12月23日。

② "紧盯'钱袋子'！广东将委托第三方建立'国有资产监督评价指标体系'"，广东人大网（rd. gd. cn），2022年1月19日。

管理情况报告和审议监督业已成为人大监督的一项例行性、常态化工作，与预决算审查监督密切相关、机制相通、程序相近。几年来，各级人大探索推进国资监督与预决算监督，特别是国有资本经营预决算、部门预决算审查监督有序衔接、有效结合，建立既相互分工又有机衔接、科学高效的监督机制。再次，人大还探索形成国资监督与审计监督、国家监察监督密切配合的协同机制。人大对接审计监督，将国有资产审计结果作为国有资产管理情况报告的重要依据，亦可根据需要要求组织专项审计。人大与国家监察监督配合，落实问题整改问责。国家监督多管齐下，产生协同效应，增强监督效力。

5. *监管同向互动：有效监督的关键*

人大加强国有资产监督的过程即是人大常委会履行监督职责，合力推动政府持续改进国有资产管理的过程。各级人大与政府存在以下三重关系：一是决定和执行的关系。人大作为代表人民行使国家权力的机关，行使立法、监督、重大事项决定、人事任免等国家权力。人大制定的法律、法规，作出的决议和决定，代表着人民的利益和意志，“一府一委两院”对此必须加以执行和实施，实现人民的利益和意志。二是监督与被监督的关系。人大拥有对政府工作的监督权，政府必须依法对人大负责并报告工作，接受人大的监督。人大依照法律规定对政府实施监督，既是对政府的必要制约，也是对政府工作的支持和促进。三是协调一致开展工作的关系。我国的国家机构是一个有机整体。人大与政府虽然职责不同、分工不同，但目标一致，都是反映和实现人民的根本利益和意志，共同建设中国特色社会主义事业。人大通过制定法律、法规和作出决议、决定，统一行使国家权力；在这一前提下合理划分国家的行政权以及监察权、审判权、检察权，政府严格依法行政，加之监察委员会、法院、检察院正确适用法律，使各个国家机关既专司其职又互相配合、协调一致地开展工作①。这三种关系有机结合，构成一个整体发挥作用。具体就国有资产监督而言，各级人大常委会与财政、国资、自然资源管理等政府部门目标一致，旨在优化国有资产配置，促进资产高效使用。为了实现这一目标，各级人大逐步建立健全与同级政府间的信息沟通机制和工作协同机制，建立健全国资监督信息系统，实现信息互联互通共享，及时传送调研报告和审议意见，加强问题整改督办，努力形成管理监督同向发力、良性互动，共同推动国有资产管理水平和绩效螺旋上升的良好态势。

（二）人大加强国有资产管理监督的未来走向

自党的十八届三中全会以来，我国各级人大国有资产监督取得了历史性进

---

① 此处参考了厦门市人大常委会办公厅秘书处课题组，《以习近平总书记关于坚持和完善人民代表大会制度的重要思想为引领　创造性做好新时代地方人大监督工作的若干思考》，xmrd. gov. cn，2021 年 3 月 4 日。

步，收到了初步成效。但也应该看到，国有资产管理还存在一些较为普遍的问题，例如，企业国有资产布局不尽合理，创新动力不够强劲，经营效益不够高，保值增值率不够高；国有金融企业服务实体经济和中小微企业的动力不足，绩效不显，同质化竞争无序竞争依然存在；行政事业性国有资产共享公用不足，使用绩效有待提高；国有自然资源种类繁多，管理基础比较薄弱，亟待规范和加强。上述问题表明，人大进一步改进和加强国有资产管理监督很有必要，也很迫切。

下一步，人大加强国有资产管理监督应坚持目标导向，坚持问题导向，坚持效果导向，重点在于进一步深化细化各类国有资产管理监督，真正实现高质量监督，督促改进国资管理，促进国资保值增值，切实发挥巩固社会主义制度基础、稳定经济社会、确保民生福祉的作用。

1. 在报告规范化常态化的基础上，实现高质量监督

经过几年的共同努力，从全国人大到县级人大均实施了同级政府的国有资产管理报告制度，程序比较规范，但走深走实、提质增效的任务依然繁重。一是加强国有资产管理和监督立法，强化国资管理和监督工作法制保障。二是推动健全报告制度，不断提高报告质量。这就要求国务院有关部门进一步夯实报告基础，规范报告内容，实现更高标准的全口径全覆盖，完善各类国有资产报表体系和管理情况评价指标体系，作为报告的重要部分来提高报告的可读性、可审性。三是提高审议质量，拓展监督的广度深度。要有效发挥监督调研、国资联网监督系统、国有资产管理情况人大监督评价指标体系、有关专门委员会的初步审议等相关工作对常委会审议的支撑和保障作用，提高审议质量。综合运用各种监督方式，不断拓展监督的广度深度。

2. 在全口径全覆盖监督的基础上，实现精准监督

各级人大如何结合本级实际有的放矢，提高监督的针对性和有效性，也值得深入探索。下一步要贯彻落实中共中央和全国人大关于加强人大国有资产监督职能的要求，准确把握人大监督的定位；要坚持目标导向，紧扣党中央和地方同级党委的重大决策任务的贯彻落实情况，紧扣宪法法律的实施情况；坚持问题导向，密切关注国有资产管理中的重大问题和人民群众普遍关心反映强烈的问题，积极回应社会关切，切实改进监督、推动改革、促进发展。

3. 在建立整改落实机制的基础上，实现有效监督

人大国有资产监督的有效性，就近期而言，主要是看对人大常委会提出的审议意见和工作建议的执行效率和实际效果（或简称“执行率”），以及人民群众对人大监督工作开展情况的满意度。就长期而言，还要看监督的科学性，即通过监督，促进建立和完善国资管理体制机制、监督协同机制和监督落实机制等长效

机制，健全决策权、执行权、监督权彼此制约又相互协调的权力运行机制。要进一步增强人大国有资产监督效力，关键在于健全监督协同机制，促进审议意见和调研建议落地落实，切实整改到位。要建立健全整改问责的跟踪监督机制，对突出问题、典型案件建立督办制度，建立人大国有资产监督与国家纪检监察监督的有效衔接机制，推动整改问责。要依法推动审计全覆盖，提高审计报告质量，发挥审计监督对人大国有资产监督的支撑作用。要健全办理情况反馈报告制度，承办机关必须在审议意见规定的时间内向人大常委会提交整改落实情况报告，常委会认为必要时专题听取整改落实情况报告，并再次进行审议。

建议完善满意度测评机制。《监督法》对常委会监督事项是否应当表决、采取何种方式进行表决没有作出明确规定，只是对审议意见的处理作出了原则规定。为了使审议意见建议落到实处，增强被监督单位的落实自觉性和人大监督的有效性，可把"票决制"引入监督程序，对于常委会审议的专项报告和审议意见整改落实情况报告，由全体组成人员按照"满意""基本满意""不满意"进行无记名投票表决，当场统计并宣布测评结果。

4. *在各级人大开展监督的基础上，实现民主监督*

要进一步推进国有资产管理监督的公开透明，接受社会监督。要依法落实国有资产管理和监督工作的报告和相关文件的公开工作，保证人民的知情权、参与权，让人民真正监督。人大代表是党和政府联系群众的桥梁和纽带，要紧紧依靠人大代表，进一步发挥代表的主体作用，通过开展各种活动，广泛听取社情民意，及时发现政府管理国有资产的问题不足，有的放矢地提出意见建议，增强人大监督实效。要逐步建立健全新形势下的学习培训制度，可采取举办培训班、研讨班、法制讲座、参观考察等多种形式，对人大代表进行人民代表大会制度理论、宪法和法律以及与人大监督业务知识的培训，提高其政策法律水平和履职能力。应建立激励约束机制，引导人大代表牢固树立角色意识责任意识，忠诚履行代表职责，减少不尽责不作为现象。

第二节　走向法治化专业化的国资委监督

国有企业属于全民所有，是全面推进社会主义现代化、保障党和国家事业持续发展、实现全体人民共同富裕的重要物质基础和政治基础。改革开放以来，国有企业改革发展取得重大成就，国有资产运行质量和效益明显提升，在国际国内市场竞争中涌现出一批具有核心竞争力的优质企业，为推动经济社会发展、保障和改善民生、增强我国综合国力作出了重大贡献。但当下国有企业仍存在一些亟待解决的矛盾和问题，如企业市场主体地位尚未完全确立、现代企业制度不健全、国有资产监管体制不完善、国有资本运行效率有待提高、企业办社会职能和历史遗留问题还未完全解决等，甚至个别国有企业还存在着内部人控制、利益输送、国有资产流失问题。

国有企业肩负着推动我国经济迈向中高端水平、完善和发展中国特色社会主义制度、实现中华民族伟大复兴中国梦的重大历史使命和责任，同时也面临着日益激烈的国际竞争和转型升级的巨大现实挑战。国资委作为国有企业出资人，通过履行对国有资产的出资人监督职责，可以实现对国有资产的基础性、关键性、有效性的外部监督效能，促进国有资产的保值增值，提升国有资本运行效率，增强国有经济的活力、控制力、影响力和抗风险能力。党的十八届三中全会以来，党中央、国务院先后出台《中共中央、国务院关于深化国有企业改革的指导意见》《国务院关于改革和完善国有资产管理体制的若干意见》《国务院办公厅关于加强和改进企业国有资产监督防止国有资产流失的意见》《国务院办公厅关于转发国务院国资委以管资本为主推进职能转变方案的通知》等文件，逐步建立健全国资监管法律法规，不断完善国有资产监管制度，系统性指导各级国资委对国有资产的监管内容由管企业向管资本转变，以管资本为主推进国有资产监管机构职能转变、改革国有资本授权经营体制等。各级政府国资委对国有资产的监管方式不断优化，国有资产监管手段越发多样化科学化专业化，国有资产监管的科学性针对性有效性不断提高，经营性国有资产实现集中统一监管，国有资产保值增值责任全面落实，这对促进国有资产保值增值、提高国有资本运行效率、实现国有经济的高质量发展具有重要的现实意义。

一、国资委加强国有资产监督的法律依据和政策进程

（一）国资委加强国有资产监督的法律依据

2021 年 1 月起施行的《中华人民共和国民法典》第二百四十六条规定，“法律规定属于国家所有的财产，属于国家所有即全民所有”“国有财产由国务院代表国家行使所有权”；第二百五十七条规定，“国家出资的企业，由国务院、地方人民政府依照法律、行政法规规定分别代表国家履行出资人职责，享有出资人权益”。《中华人民共和国企业国有资产法》第十一条规定，“由国务院国有资产监督管理机构和地方人民政府按照国务院的规定设立的国有资产监督管理机构履行出资人的职能”，国资委“除依法履行出资人职责外，不得干预企业的经营活

动”，同时规定国资委可委派股东代表参加股东大会和股东会议，这使得国资委可以清楚地掌握国有企业的经营等真实情况，从而有利于作出科学合理的决策。

不难发现，《企业国有资产法》明确了国资委为履行出资人资格的机构，同时实行国家管理权和企业经营权分离。具体来讲，我国国有资产的管理权力授权政府及其相应机构代为履行，由国务院和地方人民政府分别代表国家履行出资人职责，享有所有者权益。国务院以及地方人民政府又通过授权委托各级国有资产监督管理机构或其他被授权机构，代表本级人民政府对国家出资企业履行出资人职责，行使股东权利。作为出资人的各级国有资产监督管理机构根据本级人民政府的授权，可以出席国家出资企业的股东会或董事会，对公司的重大问题进行决策，任免或建议任免公司董事、监事等管理人员①。其中，国务院国有资产监督管理委员会是国务院直属的专司国有资产管理的特设机构，其监管范围为中央所属企业（不含金融类企业）的国有资产②；地方所属企业的国有资产，由省、市（地）两级地方政府国有资产管理机构负责监管；其他国有资产按照相关的法律法规进行管理。现实中，多由财政部门作为出资人履行对行政事业性国有资产和金融企业国有资产的管理职能，国资管理部门履行对企业国有资产的出资人管理职能，自然资源等部门履行对自然资源性国有资产的管理职能。

值得说明的是，由于我国国有资产管理机构是国有资产出资人代表，行使国有资产出资人的职责，同时也就具备了国有资产监督的职责，是出资人管理和监督的有机统一。2015 年 10 月《关于加强和改进企业国有资产监督防止国有资产流失的意见》（国办发〔2015〕79 号）提出，“完善国有资产监管机构监督。国有资产监管机构要坚持出资人管理和监督的有机统一，进一步加强出资人监督”。这明确了国有资产管理机构的职责定位就是“出资人管理和监督的有机统一”。

---

① 贺伟跃，于广亮：“《企业国有资产法》确立的国有资产监管体系的理论及现实困境”，《华东经济管理》2010 年第 12 期。

② 根据《国务院关于机构设置的通知》（国发〔2008〕11 号），设立国务院国有资产监督管理委员会（正部级），为国务院直属特设机构。国务院国有资产监督管理委员会党委履行党中央规定的职责。（1）根据国务院授权，依照《中华人民共和国公司法》等法律和行政法规履行出资人职责，监管中央所属企业（不含金融类企业）的国有资产，加强国有资产的管理工作。（2）承担监督所监管企业国有资产保值增值的责任。建立和完善国有资产保值增值指标体系，制订考核标准，通过统计、稽核对所监管企业国有资产的保值增值情况进行监管，负责所监管企业工资分配管理工作，制定所监管企业负责人收入分配政策并组织实施。（3）指导推进国有企业改革和重组，推进国有企业的现代企业制度建设，完善公司治理结构，推动国有经济布局和结构的战略性调整。（4）通过法定程序对所监管企业负责人进行任免、考核并根据其经营业绩进行奖惩，建立符合社会主义市场经济体制和现代企业制度要求的选人、用人机制，完善经营者激励和约束制度。（5）负责组织所监管企业上交国有资本收益，参与制定国有资本经营预算有关管理制度和办法，按照有关规定负责国有资本经营预决算编制和执行等工作。（6）按照出资人职责，负责督促检查所监管企业贯彻落实国家安全生产方针政策及有关法律法规、标准等工作。（7）负责企业国有资产基础管理，起草国有资产管理的法律法规草案，制定有关规章、制度，依法对地方国有资产管理工作进行指导和监督。（8）承办国务院交办的其他事项。

2017 年 4 月《国务院办公厅关于转发国务院国资委以管资本为主推进职能转变方案的通知》（国办发〔2017〕38 号）再次提出“要坚持出资人管理和监督的有机统一”。在此基础上，各级国有资产管理机构本着国家统一所有、分级行使产权，坚持权利、义务、责任相统一的原则，对监管范围内的国有资产实行有效监管。特别地，针对行政事业单位国有资产的管理监督工作，《行政事业性国有资产管理条例》（国令第 738 号）已于 2020 年 12 月 30 日国务院第 120 次常务会议通过并公布，自 2021 年 4 月 1 日起施行①。

（二）国资委加强国有资产监督的政策进程

1.《中共中央、国务院关于深化国有企业改革的指导意见》

2015 年 8 月 24 日，中办、国办印发《中共中央、国务院关于深化国有企业改革的指导意见》（中发〔2015〕22 号）（以下简称《指导意见》）②，《指导意见》包括总体要求、分类推进国有企业改革、完善现代企业制度、完善国有资产管理体制、发展混合所有制经济、强化监督防止国有资产流失、加强和改进党对国有企业的领导、为国有企业改革创造良好环境条件共八节三十条。其中，第四节和第六节是完善国有资产监管体制的指导性规定，为加强国资委对国有资产的监督提供了有力指导，第四节从以管资本为主推进国有资产监管机构职能转变、以管资本为主改革国有资本授权经营体制、以管资本为主推动国有资本合理流动优化配置、以管资本为主推进经营性国有资产集中统一监管四个方面指出了加强国有资产监管的“管资本”方向。例如第十二条指出，“以管资本为主推进国有资产监管机构职能转变。国有资产监管机构要准确把握依法履行出资人职责的定位，科学界定国有资产出资人监管的边界，建立监管权力清单和责任清单，实现以管企业为主向以管资本为主的转变”，“重点管好国有资本布局、规范资本运作、提高资本回报、维护资本安全；不该管的要依法放权、决不越位，将依法应由企业自主经营决策的事项归位于企业，将延伸到子企业的管理事项原则上归位于一级企业，将配合承担的公共管理职能归位于相关政府部门和单位”。

《指导意见》还强调了强化国有资产监督防止国有资产流失的重要性。第二十条至第二十三条分别从强化企业内部监督、建立健全高效协同的外部监督机制、实施信息公开加强社会监督、严格责任追究方面进行了指导性规定。其中，第二十一条指出，“建立健全高效协同的外部监督机制。强化出资人监督，加快国有企业行为规范法律法规制度建设，加强对企业关键业务、改革重点领域、国

① 来源于中国共产党新闻网，http://cpc. people. com. cn/n1/2021/0324/c64387 - 32058954. html。

② 来源于国务院国资委官网，http://www. sasac. gov. cn/n2588035/n2588320/n2588335/c4258101/content. html。

有资本运营重要环节以及境外国有资产的监督”“健全国有资本审计监督体系和制度，实行企业国有资产审计监督全覆盖，建立对企业国有资本的经常性审计制度。整合出资人监管、外派监事会监督和审计、纪检监察、巡视等监督力量，建立监督工作会商机制”。

紧随其后，国务院国资委于当年 9 月发布了《国资委关于贯彻落实〈中共中央国务院关于深化国有企业改革的指导意见〉的通知》，将《指导意见》与党的十八大和十八届三中、四中全会精神紧密结合，同时考虑国务院国资委或不同地区承担的国有企业改革任务和亟待解决的突出矛盾和问题，从思想行动、组织领导、分工落实、督促检查、舆论引导五个方面，扎实推进国企国资改革、加强国有资产监管。

2. 《国务院关于改革和完善国有资产管理体制的若干意见》

虽然我国国有资产管理体制改革稳步推进，国有资产出资人代表制度基本建立，国有资产的规模、利润水平、竞争能力得到提升，但现行国有资产管理体制仍存在政企不分、政资不分问题，国有资产监管的越位、缺位、错位现象未完全消除；国有资产监督机制不健全，国有资产流失、违纪违法问题在一些领域和企业比较突出。为此，在中办、国办印发《中共中央 国务院关于深化国有企业改革的指导意见》的同年 10 月 25 日，国务院随即出台《国务院关于改革和完善国有资产管理体制的若干意见》（国发〔2015〕63 号）。该文件在《指导意见》的基础上，进一步从总体要求、推进国有资产监管机构职能转变、改革国有资本授权经营体制、提高国有资本配置和运营效率、协同推进相关配套改革五个方面，提出了改革完善国有资产管理体制的详细路线图，并从把握国有资产监管机构的职责定位、明确国有资产监管重点、推进国有资产监管机构职能转变、改进国有资产监管方式和手段四方面，提出了推进国有资产监管机构职能转变的具体办法①。

一是准确把握国有资产监管机构的职责定位。国有资产监管机构作为政府直属特设机构，根据授权代表本级人民政府对监管企业依法履行出资人职责，科学界定国有资产出资人监管的边界，专司国有资产监管，不行使政府公共管理职能，不干预企业自主经营权。以管资本为主，重点管好国有资本布局、规范资本运作、提高资本回报、维护资本安全，更好地服务于国家战略目标，实现保值增值。发挥国有资产监管机构专业化监管优势，逐步推进国有资产出资人监管全覆盖。二是明确国有资产监管重点。改进对监管企业主业界定和投资并购的管理方

① 《国务院关于改革和完善国有资产管理体制的若干意见》（国发〔2015〕63 号），中国政府网，http://www.gov.cn/zhengce/zhengceku/2015 -11/04/content_ g10266. htm。

式，遵循市场机制，优化国有资本布局结构。加强对国有资本运营质量及监管企业财务状况的监测，强化国有产权流转环节监管。按照国有企业的功能界定和类别实行分类监管。综合考核资本运营质量、效率和收益，以经济增加值为主，并将转型升级、创新驱动、合规经营、履行社会责任等纳入考核指标体系。推动监管企业不断优化公司法人治理结构，建立国有企业领导人员分类分层管理制度。加强和改进外派监事会制度，建立健全国有企业违法违规经营责任追究体系、国有企业重大决策失误和失职渎职责任追究倒查机制。三是推进国有资产监管机构职能转变。将国有资产监管机构行使的投资计划、部分产权管理和重大事项决策等出资人权利，授权国有资本投资、运营公司和其他直接监管的企业行使；将依法应由企业自主经营决策的事项归位于企业；将延伸到子企业的管理事项原则上归位于一级企业，由一级企业依法依规决策；将国有资产监管机构配合承担的公共管理职能归位于相关政府部门和单位。四是改进国有资产监管方式和手段。按照事前规范制度、事中加强监控、事后强化问责的思路，运用法治化、市场化监管方式，减少出资人审批核准事项。通过“一企一策”制定公司章程、规范董事会运作、严格选派和管理股东代表和董事监事，将国有出资人意志有效体现在公司治理结构中。针对企业不同功能定位，在战略规划制定、资本运作模式、人员选用机制、经营业绩考核等方面实施更精准有效的分类监管。调整国有资产监管机构内部组织设置和职能配置，建立监管权力清单和责任清单。建立出资人监管信息化工作平台，实现信息共享和动态监管。完善国有资产和国有企业信息公开制度等。

3.《国务院办公厅关于加强和改进企业国有资产监督防止国有资产流失的意见》

企业国有资产是全体人民的共同财富，保障国有资产安全、防止国有资产流失，是全面建成小康社会、实现全体人民共同富裕的必然要求。现实中，一些国有企业存在监管不规范、内部人控制严重、缺乏权力制约、腐败频发等问题，企业国有资产的多头监督、重复监督和监督不到位的现象日益突出。为了加强企业国有资产监督、防止国有资产流失，2015 年 10 月 31 日，国办印发《国务院办公厅关于加强和改进企业国有资产监督防止国有资产流失的意见》（国办发〔2015〕79 号）①，该文件旨在从强化企业内部监督、加强企业外部监督、实施信息公开加强社会监督、强化国有资产损失和监督工作责任追究、加强监督制度和能力建设等方面，进一步加强和改进企业国有资产监督，尤其要保证国有资产安全、防止国有资产流失，指出国有资产监管机构要坚持出资人管理和监督的有机统一，进一步加强出资人监督。具体包括加大对国有资产监管制度执行情况的监

① 来源于中国政府网，http://www.gov.cn/zhengce/zhengceku/2015-11/10/content_10282.html。

督力度①，国有资产监管机构设立稽查办公室②，强化出资人对企业重大财务事项的监督③，加强企业境外国有资产监督④。

此外，该文件提出整合出资人监管、外派监事会监督和审计、纪检监察、巡视等企业外部监督力量的设想，通过建立高效顺畅的外部监督协同机制尤其是监督工作会商机制，加强统筹各类外部监督力量以提高企业国有资产的监督效能。特别地，要完善重大违法违纪违规问题线索向纪检监察机关、司法机关移送机制，建立健全监督主体依法提请有关机关配合调查案件的制度措施。

4.《关于以管资本为主加快国有资产监管职能转变的实施意见》

为贯彻党的十九届四中全会关于形成以管资本为主的国有资产监管体制的决策部署，国务院国资委印发《关于以管资本为主加快国有资产监管职能转变的实施意见》（国资发法规〔2019〕114 号），包括以管资本为主转变国有资产监管职能、突出管资本的重要内容、优化管资本的方式手段、强化管资本的支撑保障四个方面十七条，紧紧围绕“管资本”这条主线，从总体要求、重点措施、主要路径、支撑保障四个维度，以管资本为主加快推进国有资产监管职能转变。

首先是以管资本为主转变国有资产监管职能。适应国有资产资本化、国有企业股权多元化的发展阶段和市场化、法治化、国际化发展趋势，针对当前国有资产监管越位、缺位、错位问题，该意见从监管理念、监管重点、监管方式、监管导向对国有资产监管作出全方位的根本性转变：从对企业的直接管理转向强调基于出资关系的监管，从关注企业个体转向注重国有资本整体功能，从行政化管理转向更多运用市场化法治化手段，通过法人治理结构履行出资人职责将监管要求转化为股东意志。

其次是突出管资本的重要内容。按照管资本的内涵要求明确五项重点：一是优化国有资本配置，加强资本布局整体调控，制定投资负面清单；二是增强国有企业活力，发挥国有资本投资、运营公司功能作用，提高国有资本运营效率；三是优化资本收益管理，实行分类差异化考核，促进国有资本保值增值；四是维护国有资本安全，健全覆盖全部业务领域的监督制度，构建业务监督、综合监督、责任追究的监督闭环强化监督协同；五是全面加强党的领导，坚持“两个一以贯之”党建融入管资本全过程。

---

① 包括定期开展对各业务领域制度执行情况的检查以及针对不同时期的重点任务和突出问题不定期开展专项抽查。

② 稽查办公室主要负责分类处置和督办监督工作中发现的需要企业整改的问题，组织开展国有资产重大损失调查等工作。

③ 这主要表现为开展国有资产监管机构向所出资企业依法委派总会计师试点工作。

④ 主要是强化对企业境外投资、运营和产权状况的监督。

再次是优化管资本的方式。把授权与监管相结合、放活与管好相统一，实现监管职能与方式相互融合、相互促进，增强向管资本转变的系统性和有效性①②。

最后是强化管资本的支撑保障。从统一思想认识、加强组织领导、完善制度体系、改进工作作风着手，为形成以管资本为主的国有资产监管体制提供坚实保障。

总体来看，该意见明确了管资本的重点内容和路径方式，有利于深化放管结合、充分激发微观主体活力，为完善国资监管制度体系、全面推进国资国企治理体系和治理能力现代化、加快形成以管资本为主的国有资产监管体制奠定了坚实基础③。

5.《关于进一步推动构建国资监管大格局有关工作的通知》

党的十九届四中全会提出要构建以管资本为主的国有资产监管体制。现实中，虽然国资监管体系改革取得积极进展，但上下级国资委之间的联系不够紧密、指导监督工作机制还不完善、全国国资系统合力有待增强。为了推动构建国资监管大格局、形成国资监管一盘棋，国务院国资委出台《关于进一步推动构建国资监管大格局有关工作的通知》（国资发法规〔2019〕117 号），提出了构建国资监管大格局的总体要求、突出构建国资监管大格局的重点任务、完善构建国资监管大格局的工作机制，要求各级国资委力争用 2—3 年时间推动实现机构职能上下贯通、法规制度协同一致、行权履职规范统一、改革发展统筹有序、党的领导坚强有力、系统合力明显增强，加快形成国有资产监管的全国一盘棋。

该《通知》提出了构建国资监管大格局的十项重点任务，再次强调要统筹推动形成以管资本为主的国有资产监管体制。各级国资委要履行好管资本职能，更多关注国有资本整体的功能和效率；坚持放活与管好相统一，加大授权放权力度，加强事中事后监管；改进监管方式，通过法人治理结构更好体现出资人意志；各级国资委要逐步将委托其他部门监管的企业纳入国资监管体系，充分发挥

---

① 依照《中华人民共和国公司法》《中华人民共和国企业国有资产法》等法律法规和国资委“三定”规定，建立完善权力和责任清单，落实以管资本为主的要求，明确履职重点，厘清职责边界。按照权责法定原则，将不该有的权力拦在清单之外；保证清单内的权力规范运行，督促责任落实到位——节选于《国务院国资委关于以管资本为主加快国有资产监管职能转变的实施意见》（国资发法规〔2019〕114 号）。

② 具体包括以国资委权力责任清单为基础，厘清职责边界；以法人治理结构为载体，规范行权履职；以分类授权放权为手段，激发企业活力；以加强事中事后监管为重点，提高监管效能。依照《中华人民共和国公司法》《中华人民共和国企业国有资产法》等法律法规和国资委“三定”规定，建立完善权力和责任清单，落实以管资本为主的要求，明确履职重点，厘清职责边界。按照权责法定原则，将不该有的权力拦在清单之外；保证清单内的权力规范运行，督促责任落实到位——节选于《国务院国资委关于以管资本为主加快国有资产监管职能转变的实施意见》（国资发法规〔2019〕114 号）。

③ 摘自国务院国有资产监督管理委员会官网，http://www.sasac.gov.cn/n2588030/n2588929/c12857285/content.html。

专业化监管优势；各级国资委要优化调整出资人监督机制，加快构建三位一体的出资人监督工作闭环，加强与审计、纪检监察、巡视等外部监督力量的衔接，提升监督合力。此外，国务院国资委还要统筹建设全国性国资国企在线监管系统。

6. 其他有关国资委加强国有资产监督的文件

一是《国务院办公厅关于转发国务院国资委以管资本为主推进职能转变方案的通知》（国办发〔2017〕38 号）。该文件再次强调坚持出资人管理和监督的有机统一，要求调整、精简、优化监管职能，将强化出资人监管与落实管党治党责任相结合、落实保值增值责任与搞活企业相结合。二是《关于加强中央企业内部控制体系建设与监督工作的实施意见》（国资发监督规〔2019〕101 号），从建立健全内控体系、强化内控体系执行、加强信息化管控、加大企业监督评价力度、加强出资人监督方面发挥内部控制体系对中央企业的强基固本作用，提升中央企业防范化解重大风险能力。三是《关于加强中央企业资金内部控制管理有关事项的通知》（国资发监督〔2021〕19 号），从建立健全资金内控管理体制机制、切实加强资金内控制度建设、持续强化资金内控关键环节监管、加快推进资金内控信息化建设、有效开展境外资金风险管控、认真做好资金内控体系监督评价工作六个方面，指导各中央企业加强企业资金内部控制管理改革工作①。四是《国资监管责任约谈工作规则》（国资发监责规〔2021〕14 号）②，该文件与国务院国资委此前出台的提示函和通报工作规则形成了统一的国有资产监管机制，是完善业务监督、综合监督、责任追究“三位一体”国有资产出资人监督机制、健全以管资本为主的国有资产监管体制、规范开展中央企业责任约谈工作的重要举措③（见表 5－4）。此外，国务院国资委还印发《国务院国资委关于依法行权履责进一步加强法治机构建设的实施意见》（国资发法规〔2010〕191 号）、《关于加强地方国有企业债务风险管控工作的指导意见》（国资发财评规〔2021〕18 号）、《中央企业董事会工作规则（试行）》④ 等文件。

表 5－4　　加强国资委国有资产监督的系列文件⑤

时间	文件名称	主要目标、内容或意义
2008 年 10 月	全国人大《中华人民共和国企业国有资产法》	界定了企业国有资产的范围，明确了企业国有产权的归属，初步建立了中国特色国有资产监管体系。

① 国务院国资委官网，http://www.sasac.gov.cn/n2588030/n2588959/c17713976/content.html。

② 文件明确国务院国资委可针对中央企业发生的重大问题、资产损失或风险隐患及其他造成或可能造成严重不良后果的重大事项，及时开展责任约谈工作，提出监管意见。

③ 国务院国资委官网，http://www.sasac.gov.cn/n2588030/n2588959/c17479433/content.html。

④ 国务院国资委官网，http://www.sasac.gov.cn/n2588030/n16436136/c17776819/content.html。

⑤ 国务院国资委官网，http://www.sasac.gov.cn/n4470048/n10286230/n12924139/index.html。

续表

时间	文件名称	主要目标、内容或意义
2013 年 11 月	《中共中央关于全面深化改革若干重大问题的决定》	完善国有资产管理体制，以管资本为主加强国有资产监管，改革国有资产授权经营体制。
2015 年 8 月	《中共中央、国务院关于深化国有企业改革的指导意见》（中发〔2015〕22 号）	以管资本为主推进国有资产监管机构职能转变、改革国有资本授权经营体制、推进国有资本合理流动优化配置、推进经营性国有资产集中统一监管。
2015 年 10 月	《国务院办公厅关于加强和改进企业国有资产监督防止国有资产流失的意见》（国办发〔2015〕79 号）	从强化企业内部监督、加强企业外部监督、实施信息公开加强社会监督、强化国有资产损失和监督工作责任追究、加强监督制度和能力建设等方面来加强企业国有资产监督、防止国有资产流失。
2015 年 11 月	《国务院关于改革和完善国有资产管理体制的若干意见》（国发〔2015〕63 号）	以管资本为主加强国有资产监管，改革国有资本授权经营体制，确立国有企业的市场主体地位，推进国有资产监管机构职能转变，适应市场化、现代化、国际化新形势和经济发展新常态，增强国有经济活力、控制力、影响力和抗风险能力。
2017 年 4 月	《国务院办公厅关于转发国务院国资委以管资本为主推进职能转变方案的通知》（国办发〔2017〕38 号）	提出了准确定位、依法监管、搞活企业、提高效能、党的领导的基本原则，同时包括调整优化监管职能、改进监管方式手段、切实抓好组织实施等。
2018 年 12 月	《2018 年中央经济工作会议公报》	加快国资国企改革，坚持政企分开、政资分开和公平竞争原则，加快实现从管企业到管资本转变。
2019 年 11 月	国务院国资委《关于进一步推动构建国资监管大格局有关工作的通知》（国资发法规〔2019〕117 号）	各级国资委要力争用 2—3 年时间推动实现机构职能上下贯通、法规制度协同一致、行权履职规范统一、改革发展统筹有序、党的领导坚强有力、系统合力明显增强，加快形成国资监管一盘棋。
2019 年 10 月	国务院国资委《关于加强中央企业内部控制体系建设与监督工作的实施意见》（国资发监督规〔2019〕101 号）	包括建立健全内控体系、强化内控体系执行、加强信息化管控、加大企业监督评价力度、加强出资人监督五个方面，建立出资人监督检查工作机制。
2019 年 11 月	国务院国资委《关于以管资本为主加快国有资产监管职能转变的实施意见》（国资发法规〔2019〕114 号）	包括以管资本为主转变国有资产监管职能、突出管资本的重要内容、优化管资本的方式手段、强化管资本的支撑保障四个方面，从总体要求、重点措施、主要路径、支撑保障四个维度以管资本为主推进国有资产监管职能转变。
2021 年 2 月	国务院国资委《国资监管责任约谈工作规则》（国资发监责规〔2021〕14 号）	制定责任约谈工作规则是落实国企改革三年行动部署，完善业务监督、综合监督、责任追究三位一体监督机制，健全以管资本为主的国有资产监管体制的具体举措。
2021 年 3 月	国务院国资委《关于加强中央企业资金内部控制管理有关事项的通知》（国资发监督〔2021〕19 号）	从建立健全资金内控管理体制机制、加强资金内控制度建设、强化资金内控关键环节监管、推进资金内控信息化建设、开展境外资金风险管控、做好资金内控体系监督评价工作六个方面着手，指导中央企业加强企业资金内部控制管理改革工作。

注：《中华人民共和国企业国有资产法》的意义表述参照贺伟跃和余广亮（2010）。

二、国务院国资委加强国有资产监督的实践发展

（一）2015—2021 年中央企业经济运行情况

2015 年中办、国办发布《中共中央、国务院关于深化国有企业改革的指导意见》（中发〔2015〕22 号）以来，各级国资委在以管资本为主推进国有资产监管机构职能转变、改革国有资本授权经营体制、推进国有资本合理流动优化配置、推进经营性国有资产集中统一监管方面取得重大进展。至 2021 年，国有企业改革基本完成，国有资产管理体制不断完善，国有资产的全方位监管效能持续提升，国有资本的运行效率和质量大幅提高，有效地实现了国有资本的保值增值。中央企业作为全面深化国有企业改革的重点和关键，在改革进程中实现了量的扩张、质的蜕变，促进了国有经济的高质量发展。

以中央企业经济运行情况为例，中央企业经济运行整体呈现出稳中有进、韧性增强的特点，主要表现在：一是规模效益大幅增长：2021 年中央企业实现营业收入 36.3 万亿元，相较于 2015 年营业收入 27.2 万亿元，增长 34.19%；实现利润总额 2.4 万亿元，相较于 2015 年 1.6 万亿元，增长 50%。二是运行效率大幅提升：2021 年中央企业的营业收入利润率 6.8%，全员劳动生产率人均达到 69.4 万元，百元营业收入支付的成本费用为 94 元，比 2020 年分别提升 0.6 个百分点、增长 17.5%、下降 0.9 元；资产负债率继续保持稳定，年末资产负债率 64.9%，实现年初制定的控制在 65% 以下的目标。三是研发投入和投资稳步增长：2021 年中央企业研发经费投入 9045.9 亿元，完成固定资产投资（不包括房地产投资）3.2 万亿元，分别比 2020 年增长 16.1% 和 10.1%。四是税收贡献大幅度提高：2021 年中央企业累计上交税费 2.4 万亿元，比 2020 年增长 20%。此外，中央企业的整体创新能力持续提升，国有资本布局得到进一步优化，新能源汽车、北斗、电子商务、区块链等一批数值协同创新平台落实落地，新能源、5G 应用等战略性新兴产业布局的力度加大①。

（二）以“管资本”为主的国有资产监督体系不断完善

2020 年 10 月，中国共产党第十九届中央委员会第五次全体会议审议通过《中共中央关于制定国民经济和社会发展第十四个五年规划和二〇三五年远景目

① 来源于中国政府网 http://www.gov.cn/和国务院国资委官网 http://www.sasac.gov.cn/，部分数据采取四舍五入计算。

标的建议》，再次明确“健全管资本为主的国有资产监管体制，深化国有资本投资、运营公司改革”。国有资产监管体制是国家治理体系的重要组成部分，改革完善国资监管体制是实现国家治理体系和治理能力现代化的重要内容。“十三五”期间，各级国资委以管资本为主加强国有资产监管，大力转变国有资产监管职能，不断优化国资监管方式，国有资产监管体制改革取得实质性进展，国有资产监管的专业化、体系化、法治化水平得以显著提高。

截至2017年9月，我国国企改革顶层设计基本完成，国有企业监管体系改革的系统性、整体性、协同性不断增强。党中央、国务院出台了《中共中央、国务院关于深化国有企业改革的指导意见》（中发〔2015〕22号），中央部门先后出台了22个配套政策文件，构建了“1+N”改革政策体系，形成了较为完整的国有资产监管的顶层设计和四梁八柱。这些文件在政策取向上相互配合、在实施过程中相互促进、在实际成效上相得益彰，有力地推动了地方各级国资委加强国有资产监管的实践发展。同时，地方国资委、中央企业和各地国有企业始终坚持问题导向，结合不同地方、行业或企业的自身实际情形，也制定了很多加强国有资产监管的实施方案或操作细则，有力地推动了国有资产监管和国有企业改革向纵深全面推进。例如，十项改革试点都取得了重大进展，形成了一批可推广的有益经验，全国国有企业公司制改制面达90%以上，中央企业各级子企业公司制改制面达92%；混合所有制改革稳步推进，超过三分之二的中央企业已经或正在引入各类社会资本推进股权多元化。尤其是，国有资产监管职能进一步向管资本转变，国有资产监督效能不断强化①。整体来看，国资委加强国资监管的主要体现在四个“三”框架，这标志着国有资产监管体制的加速成熟定型。

一是明确国务院国资委的“三位一体”职能定位。“三位一体”是指国务院国资委履行中央企业出资人职责、全国国有资产监管职责和负责中央企业党的建设工作职责。其中，全国国有资产监管职责体现了经营性国有资产集中统一监管和全国“一盘棋”的监管理念；负责中央企业党的建设工作职责体现了坚持党对国有企业的全面领导、加强党的建设的要求，是对《企业国有资产法》和《企业国有资产监督管理暂行条例》中关于国资监管机构职责的深化与完善。“三位一体”的职能定位进一步理顺了政府与国有企业的出资关系，巩固完善了国有资产出资人制度，厘清了出资人代表与监管企业的职责边界，不仅有利于政企分开、政资分开、保障国有企业成为独立市场主体，还有效防止了国有资产流失、促进了国有资产保值增值。

---

① 2017年9月28日国务院新闻办公室举行新闻发布会，国务院国资委主任肖亚庆介绍十八大以来国有企业改革有关情况，国资委官网，http://www.sasac.gov.cn/n2588030/n2588924/c7936035/content.html。

二是实施“三个结合”制度创新。“三个结合”即管资本与管党建相结合、履行出资人职责与履行国资监管职责相结合、党内监督与出资人监督相结合。这是匹配“三位一体”职能定位具体落地的目标任务。“三个结合”进一步强化了国资委履行国资监管和国企党建的主体责任，通过法人治理结构履行出资人职责维护企业法人财产权和经营自主权。实际上，2015 年以来，国资监管系统的确以管资本为主加快推进职能转变，不断优化监管方式和提升监管效能，国资监管的系统性、针对性、有效性得以大幅强化，为做大做优做强国有资本和国有企业、建设世界一流企业营造了良好的制度环境，尤其是在以国资监管改革推进国企改革方面取得了显著成效。

三是确立“三类公司”总体格局。“三类公司”总体格局就是改革国有资本授权经营体制，对国有资本投资公司、国有资本运营公司、产业集团公司实施“一企一策”授权放权。这种做法是在“三位一体”职能定位上的理念创新。在厘清三类国家出资企业的基础上，“三类公司”功能分类更聚焦实体经济发展和主责主业，更符合市场经济规律和企业发展实际。各级国资委通过践行分类监管、分类改革、分类施策、分类考核的授权放权理念，将有效推进国有经济布局优化和结构调整，提高国有资本运营和配置效率，全面推动中央企业进一步履行经济、政治、社会等多方面责任，促进中央企业在实现创新驱动发展、服务国家发展战略、推动经济社会高质量发展中作出更大贡献。

四是突出“三化监管”比较优势。“三化监管”是指国务院国资委实施专业化、体系化、法治化监管，这是由“三位一体”职能定位决定的。其中，专业化体现在监管的针对性、专业性、科学性，涵盖了规划指引、产权管理、财务监管、考核分配、监督追责等各环节，实现了具有出资人特色的全链条、全过程、全方位的国有资产监管，凸显了国务院国资委“政企分开、政资分开”原则，发挥了直属特设机构的独特作用；体系化体现在监管的全面性、系统性、整体性，贯通了出资人职责、国资监管职责、企业党的建设职责，覆盖了国有企业改革发展和党的建设的各方面；法治化则依托国资监管法规制度体系，体现了国有资产监管的合法性、合规性、合理性，实现了依法依规推进国资监管体系和监管能力现代化。国资委的“三化”监管优势形成于实践中并在不断发展，有力推动了国有资本和国有企业做大做优做强，且“三化”监管有效防范化解了重大风险，如国资委监管的中央企业在“十三五”期间实现了债务风险的总体可控①②。

① 全国“两会”前，在国新办举行的国企改革发展情况新闻发布会上，国务院国资委主任郝鹏系统介绍了“十三五”以来国资国企发展改革监管和党的建设工作取得的新成就。节选于《国资监管体制正在加速成熟定型》，人民网—强国论坛，2021 年 3 月 15 日。

② 近年来，中央企业未发生一起债券违约，守住了国有资产安全底线，这是国资委独特监管优势的体现之一。

（三）加强中央企业领导人员的监管实践

党的十八大以来，党中央对党的建设、组织工作和国有企业改革发展提出了一系列新理念新思想新战略，党的十九大和全国组织工作会议、全国国有企业党的建设工作会议对中央企业领导人员管理工作也提出了许多新要求。同时，随着国有资产监管体制的逐步推进，加强中央企业领导人员的监管势在必行，这对于用好用活各方面优秀人才、促进国有资产保值增值、建立中国特色现代国有企业制度具有重大意义。2018 年 5 月 11 日，中央全面深化改革委员会第二次会议审议通过了《中央企业领导人员管理规定》①。《规定》明确了中央企业领导人员管理的基本原则、基本要求和主要内容，覆盖了中央企业领导人员管理的全过程和各环节。《规定》既坚决落实党要管党、全面从严治党方针以及党管干部原则，也注意发挥市场机制的作用，进一步激励中央企业领导人员新时代新担当新作为，完善了有别于党政领导干部、充分体现中央企业特点的领导人员管理制度，是推进中央企业人事制度改革的重要成果，是新时期做好中央企业领导人员管理工作的基本遵循，对加强党对中央企业的全面领导，打造对党忠诚、勇于创新、治企有方、兴企有为、清正廉洁的高素质专业化中央企业领导人员队伍，激发和保护企业家精神，培育具有全球竞争力的世界一流企业具有重要意义。

三、地方政府国资委加强国有资产监督的案例分析

（一）四川省国资委加强国有资产监督案例分析

1. 案例基本情况

近年来，四川省国资委以落实国企改革三年行动为契机，以管资本为主推进国资监管职能转变，强化产权、投资、财务等重点领域和关键环节监管，积极构建四川国资监管云平台，加快推进国有资本投资、运营公司改革，国资监管效能得到进一步提升。截至 2021 年 5 月底，四川省国有企业资产总额 15.1 万亿元，营业总收入 1.1 万亿元，利润总额 714.3 亿元，同比分别增长 16.3%、35.2%、155.6%。

在推动省属监管企业三项制度改革上，四川省国资委主要采取了四项举措，一是推动任期制契约化管理，加快经理层成员任期制和契约化覆盖率；二是完善

① 中共中央办公厅、国务院办公厅印发《规定》，并通知各地区各部门结合实际遵照执行，新华社北京 2018 年 9 月 29 日电。

以绩效管理为核心的全员业绩考核体系和体现岗位价值、业绩贡献的差异化薪酬体系；三是强化考核结果运用，加大“能下、能出、能减”力度；四是进一步实施上市公司股权激励、科技型企业股权和分红激励、超额利润分享和跟投等中长期激励覆盖面。2021 年 11 月，四川省国资委召开省属监管企业三项制度改革推进会，要求三项制度改革任务要在 2021 年底全面完成，其他竞争性企业力争完成 90% 以上改革任务，功能性企业力争完成 80% 以上改革任务①。同时，四川省国资委加快完善中国特色现代企业制度，开展省属企业子企业落实党建入章、党委会前置研究、“一肩挑”工作推进不力问题专项治理，出台企业党委会议事规则、党建工作责任制实施办法等制度 10 余项②；印发全面推进省属企业规范董事会建设实施意见，构建“1 + N”规范董事会制度体系，省属企业集团全部建立董事会，省属企业集团实现外部董事“全覆盖”；推进经理层任期制和契约化管理、市场化选聘；18 户企业开展国有控股上市公司股权激励、超额利润分享等方式的中长期激励③。

在加强国有资产监管方面，四川省国资委的主要举措有：一是以管资本为主推进国资监管职能转变，坚持放活与管好相统一，精简监管事项 35 项，出台权责清单 31 项、授权放权清单 40 项，并率先出台构建四川国资监管大格局协同推进国有企业改革发展指导意见，形成了上下贯通、内外协同的国有资产监管体系。二是聚焦关键领域进行国资监管。强化产权、投资、财务等重点领域和关键环节监管，出台省属企业境外子公司财务负责人委派暂行办法以及省属企业主业管理、商务招待管理和违规经营投资责任追究等办法，在 17 户企业开展大额资金集中监管；率先出台“内控、风险、合规”协同管理指引，健全协同高效的监管机制；强化违规经营投资责任追究，基本形成了业务监督、综合监督、责任追究“三位一体”监督工作闭环。三是转变国资监管方式。通过在 5 家省属企业和 8 家市（州）国资委开展试点，整体推进“三重一大”等在线监管系统建设，加快构建四川国资监管云平台。现已搭建覆盖企业基本信息管理、企业“三重一大”决策运行、大额资金支出动态监测、企业财务、项目投资、产权登记、产权交易、对外合作、企业涉案、业绩考核、企业领导人管理等 30 余个国资监管业务系统，其中产权登记、对外合作、企业涉案业务系统已延伸至市（州），2021

---

① 内容节选于四川省国资委于 2021 年 11 月召开的省属监管企业三项制度改革推进会，四川省国资委，2021 年 11 月 29 日。

② 省属企业集团“党建入章”率 100%。

③ 四川省加大改革攻坚力度 加快推进国企改革三年行动落地落实，四川省国资委，2021 年 9 月 30 日。

年全面建成四川省国资国企在线监管平台①。

值得说明的是，四川国资委在推动国资监管数字化、智能化、信息化方面取得了显著成效。四川省国资委以满足国资监管数字化、动态化、智能化与企业信息化配套需求为导向，以四川省国资监管平台建设工作方案内容为重点，以全面建成覆盖省、市（州）国资委和所监管国有企业的全省国资国企在线监管平台为目标，采取统筹规划、试点先行、整体推进的方式，加快推动市（州）国资委和省属国有企业国资监管信息化平台建设，有效提升国资国企监管效能。四川省国资国企在线监管平台具有以下特点：一是标准统一、口径一致。该平台以国务院国资委统筹规划的国资国企在线监管系统总体架构、技术路线、数据指标和接口规范为基础，结合四川实际，通过《四川省国资监管业务数据指标库》《四川省国资国企在线监管数据采集交换平台方案》《四川省国资监管统一数据采集交换平台接口规范》等规范性文件，确保市（州）国资委、省属国有企业基于统一标准实现与四川省国资委对接。二是试点先行、整体推进。四川省国资委通过选择四川发展、川投集团、能投集团等5家省属企业和成都、泸州、乐山等8市（州）国资委作为试点，开展国有企业组织机构基本信息、“三重一大”决策和运行监管、大额资金动态监测、投资管理、合规管理、国资监管综合监测等重点业务应用建设，并通过统一数据采集交换平台实现与省国资委对接，形成上下联动监管新格局。三是多项支持、多重保障。通过加强技术指导和安全检查，加强了平台支持，省级国资国企在线监管平台已搭建覆盖企业基本信息管理、企业“三重一大”决策运行、大额资金支出动态监测、企业财务、项目投资、产权登记、产权交易、对外合作、企业涉案、业绩考核、企业领导人管理等30余个国资监管业务系统，其中产权登记、对外合作、企业涉案业务系统已延伸至市（州）。平台采用“大平台、大系统、大数据”和支持SAAS化服务的架构体系，为经费预算有限、管控模式相似的市（州）国资委提供快速构建本级国资监管平台的有效途径②。

四川省国资委在国资监管数字化、智能化、信息化方面取得成就的重要标志是四川国资云。2021年4月28日，四川省国资国企推进数字化转型暨国资云发布会正式发布了四川国资云。四川国资云是国内第一个国资企业专属云，由四川能投与四川电信合作建设运营，采用阿里云技术向省内国企提供专属云服务的平台。平台将部署人事管理、外事管理、预算管理、阳光采购、项目管理、工程管

① 《四川省国资委以管资本为主完善监管体制　国资监管效能进一步提升》，四川省国资委，2021年7月6日。

② 《四川省国资委加快推动国资国企在线监管平台建设　积极探索国资监管新模式》，四川省国资委，2021年6月28日。

理等相关应用，通过大数据、AI、区块链等技术，满足国企数字化管理的共性需求，并就能源、旅游、环保、基建、工业制造、投资平台等典型国资行业场景进行深度适配，逐步建成独具特色的国资大脑和国资数字化云生态系统[①]。

2. 案例分析

四川省国资委加强国有资产监督的改革进程呈现以下亮点：

第一，以管资本为主推进国资监管职能转变。在国务院国资委印发《关于进一步推动构建国资监管大格局有关工作的通知》（国资发法规〔2019〕117 号）后，四川省率先出台构建四川国资监管大格局协同推进国有企业改革发展指导意见，在最短时间内形成了上下贯通、内外协同的国有资产监管体系。同时，四川省国资委聚焦关键领域进行监管，如产权、投资、财务等重点领域和关键环节，出台省属企业境外子公司财务负责人委派暂行办法以及省属企业主业管理、商务招待管理和违规经营投资责任追究等办法，在 17 户企业开展大额资金集中监管；尤其是率先出台“内控、风险、合规”协同管理指引，建立健全协同高效的国资监管机制，基本形成了业务监督、综合监督、责任追究“三位一体”监督工作闭环。

第二，广泛应用现代信息技术，构建完善国资在线监管系统。四川省国资委大力推进国资监管的数字化、智能化、信息化，2021 年全面建成四川省国资国企在线监管平台[②]。该平台以国务院国资委统筹规划的国资国企在线监管系统总体架构、技术路线、数据指标和接口规范为基础，具有标准统一、口径一致的特点，实现了市（州）国资委、省属国有企业基于统一标准与四川省国资委对接。目前，省级国资国企在线监管平台已搭建覆盖企业基本信息管理、企业“三重一大”决策运行等 30 余个国资监管业务系统，其中产权登记、对外合作、企业涉案业务系统已延伸至市（州）[③]。四川省资监管信息化的重要标志之一是四川国资云。四川国资云作为国内第一个国资企业专属云，可向省内国企提供专属云服务，借此逐步建成独具特色的国资大脑和国资数字化云生态系统[④]。

（二）上海市国资委加强国有资产监督案例分析

1. 案例基本情况

2021 年，上海市地方国有企业实现营业收入 3.88 万亿元，利润总额 3469.89

---

① “四川发布国内首个国资企业专属云”，四川省国资委，2021 年 4 月 29 日。

② “四川省国资委以管资本为主完善监管体制　国资监管效能进一步提升”，四川省国资委，2021 年 7 月 6 日。

③ “四川省国资委加快推动国资国企在线监管平台建设　积极探索国资监管新模式”，四川省国资委，2021 年 6 月 28 日。

④ “四川发布国内首个国资企业专属云”，四川省国资委，2021 年 4 月 9 日。

亿元，净利润 2766.23 亿元，已交税费总额 2722.24 亿元，年末资产总额达到 25.77 万亿元，居全国前列①。上海市国资委主要从加强集中统一监管、深化混合所有制经济改革、强调激励约束并重三个方面推动构建“1+3+N”国有资本监管架构。

一是加强国有资产集中统一监管，推动经营性国资监管全覆盖。根据上海市政府授权，上海市国资委对市属经营性国资履行出资人职责，将实体、金融、体育等经营性领域国资由市国资委直接监管。目前，直接监管企业的资产、营收、利润占市属经营性国资国企总量均超过90%。打造上海国际、上海国盛、上海国投三个国有资本投资、运营公司，完善“金融+运营+投资”国有资本管理体系，从而构建“1+3+N”国有资本监管架构，推动实体、金融等经营性国资融合发展。二是坚持公众公司导向，深化混合所有制经济改革。以公众公司为发展混合所有制的主要实现形式推动国有企业上市发展。充分利用多地域多层次资本市场，加快推进企业集团整体上市或核心业务资产上市，实现投资主体多元化、经营机制市场化。企业集团整体上市或核心业务资产上市已占到市场竞争类、金融服务类企业总量的2/3，上海地方国有控股上市公司达到86家，总市值2.7万亿元，国有股市值超过1万亿元，成为上海国资国企改革、国资优化布局完善治理、国企健全市场化经营机制的主要引领。目前，上海市国资委系统混合所有制企业资产、收入约占监管企业总数的87%和90%，混合所有制企业已成为上海地方国有企业中最有活力、最有实力、最有发展潜力的部分。三是强调激励约束并重。在市管国有企业任期制契约化管理全覆盖的基础上，按照“成熟一家推进一家”原则，在17家企业集团开展职业经理人改革试点，实现金融服务类全面推进、市场竞争类有条件覆盖、功能保障类与改革配套的工作目标，两年内推进10家上市公司实施股权激励②。

另外，党的十八大尤其是全国国有企业党的建设工作会议召开5年以来，上海国资国企全面贯彻落实国企党建工作会议精神，推动国资国企改革和党的建设同频共振以加强国有企业和国有资产监督。市国资委推进全面从严治党，通过党的领导与公司治理内在贯通、党管干部人才与市场化选人用人内在协同、企业生产经营与党的建设内在融合三大举措，为国资国企改革发展汇聚合力，努力构建推动国资国企改革发展和党的建设相融并进、同向发力的“大格局”。在此过程中，国企党建“百千万”特色工程成效显著。目前，党建入章、党委前置研究讨

① 2022年上海市国资国企改革发展暨党建工作会议。

② 2021年3月30日，国务院国有企业改革领导小组办公室举行媒体通气会，通报区域性国资国企综合改革试验进展成效。上海、浙江、青岛、深圳4个地方国资委负责同志在通气会上分别介绍相关情况并回答了记者提问。上海作为第一批综改试验区，在会上介绍了改革经验。

论、党委书记董事长“一肩挑”等在全部监管企业和 90% 以上二级企业实施完成；改革推进落实情况和工作评价效果已纳入企业综合考核评估体系；设立“容错机制”，在“依法决策实施”“勤勉尽责、未牟取私利”的前提下允许在改革目标与效果间保留空间①。在具体工作机制上，落实抓基层党建、党风廉政建设、意识形态工作责任制，形成以“5 + 2”工作制度为主体的党风廉政建设“四责协同”项目清单，同时推动监管企业开展巡察，构建横向到边、纵向到底的国有资产监督体系。

此外，上海市国资委在将信息化技术应用于加强国有资产监管方面也取得了积极进展和显著成效。2022 年上海市国资国企改革发展暨党建工作会议上线发布“上海国资国企在线监管服务平台”。市国资委聚焦国资监管重点领域和关键环节，有效整合国资监管信息资源，精心打造“一云、两端、重点应用”的一体化国有资产实时在线监管模式，努力实现涉企事项统一登录、统一办理、统一反馈，监管应用统一归集、监管数据统一汇聚、监管结果统一展示，实现国资监管信息的精准高效传递、监管资源有效整合、信息共享和业务协同，实现一网连企业、一屏观企业②。

2. 案例分析

上海市国资委加强国有资产监督的改革进程呈现以下亮点：

第一，以三种方式构建国资监管“一盘棋”大格局③。上海市国资委采取直接监管、委托监管、指导监管三种监管方式，对履行出资人职责的国资采取“直接监管为主、委托监管为辅”的方式，42 家直接监管企业按照市场竞争、金融服务、功能保障三类企业实施分类监管。对科技教育、文化卫生、司法公安等特定领域国资，由市国资委委托相关委办局委托监管，但制度规则统一执行、运营绩效统一评价、改革重组统一谋划。区属国资国企注重加强市区两级联动，实行指导监管，实现监管统一规则、经营统一评价、资源有效联动、功能优势互补。

第二，将混合所有制企业作为加强国资监管的突破口。上海市国资委适应国有资产资本化、国有企业股权多元化的发展阶段，结合本地混合所有制国有企业规模大、潜力足的实际，将混合所有制国有企业改革作为加强全市国有资产和国有企业监管的突破口，这种做法符合上海混合所有制国有企业实力雄厚、发展成

---

① 2021 年 3 月 30 日，国务院国有企业改革领导小组办公室举行媒体通气会，通报区域性国资国企综合改革试验进展成效。上海、浙江、青岛、深圳 4 个地方国资委负责同志在通气会上分别介绍相关情况并回答了记者提问。上海作为第一批综改试验区在会上介绍了改革经验。

② “上海地方国资逾 25 万亿元”，《解放日报》2022 年 2 月 14 日。

③ “上海经验：构建‘1 + 3 + N’国有资本监管架构推动经营性国资融合发展”，新闻中心，2021 年 4 月 2 日。

熟、运营活跃的经济现实，是市国资委深化全市国资国企监管的正确之举，也已被证明行之有效。另外，以公众公司为发展混合所有制的主要实现形式推动国有企业上市发展，可以加快实现监管方式从行政化管理向公司法人治理结构的转变，更多地运用市场化法治化监管手段，通过法人治理结构履行出资人职责将监管要求转化为股东意志，有利于加快实现国有资产监管由"管企业"向"管资本"的根本性转变。这些经验均可为经济发达地区国资管理部门借鉴。

第三，推动国资国企改革和党的建设同频共振。在全面从严治党的政治引领下，上海市国资委将党的建设全面贯通于国有企业的公司治理过程，党的领导与公司治理内在贯通促进了党和国家方针政策、重大决策部署在国有企业贯彻执行，党管干部人才与市场化选人用人内在协同为国资国企改革发展汇聚了多方合力，企业生产经营与党的建设内在融合提高了国有企业的生产经营效益。可见，国资国企改革和党的建设同频共振有效推动了国资国企改革发展和党的建设相融并进、同向发力，促进了国有资产监管体制的进一步优化完善，有利于打造一批世界一流的优质企业，实现国有企业和国有经济的高质量发展。

第三节　走向全面深化的审计监督

国家审计机关自1983年成立以来一直对国有企业开展审计监督。国企审计监督重点经历了严肃财经法纪、资产负债损益审计、经济责任审计、维护国有资产安全四个阶段①。党的十八大以来，为加快构建集中统一全面覆盖权威高效审计监督体系，中央持续改革优化审计机构相关职能。根据十九届三中全会《中共中央关于深化党和国家机构改革的决定》《深化党和国家机构改革方案》和第十三届全国人民代表大会第一次会议《国务院机构改革方案》，国资委的国有企业领导干部经济责任审计和国有重点大型企业监事会的相关职责划入审计机关②。特别地，审计署履行审计"中国人民银行、国家外汇局的财务收支，中央国有企业和金融机构、国务院规定的中央国有资本占控股或主导地位的企业和金融机构

---

① "审计署解读《关于深化国有企业和国有资本审计监督的若干意见》"，中国政府网，http://www.gov.cn/xinwen/2017-04/01/content_5182720.html.

② 2018年9月13日，《中共中央办公厅　国务院办公厅关于调整国务院国有资产监督管理委员会职责机构编制的通知》第一条规定：国务院国有资产监督管理委员会国有企业领导干部经济责任审计职责和国有重点大型企业监事会职责划入审计署，不再保留监督一局（国有企业监事会工作办公室），核减行政编制26名、司局级领导职数3名。不再设立国有重点大型企业监事会和国有重点大型企业监事会主席。来源于中国政府网，http://www.gov.cn/zhengce/2018-11/13/content_5339914.html。

境内外资产、负债和损益”的监督职责①。

习近平总书记在十九届中央纪委四次全会上指出，要完善党和国家监督体系，以党内监督为主，推动包括财会监督、审计监督在内的多项监督有机贯通、相互协调。这对完善党和国家监督体系、实现国家治理体系和治理能力现代化以及建立全面规范透明、标准科学、约束有力的预算制度和保障中央决策部署的贯彻落实具有重大的现实和历史意义②。在新型国有资产监督和管理体制下，审计部门肩负着对国有资产安全和有效性进行监督的职责。审计部门以监督国有资产监督管理委员会的管理绩效为龙头，以经济责任审计为中心，以专项审计和审计调查为主要方式，以抽查社会审计组织质量为补充，向国务院并受国务院委托向全国人大常委会报告审计工作，向国资委通报有关国有企业履行经济责任的情况，提出审计意见建议并向公开审计结果。

一、加强国有资产审计监督的法律依据和政策进程

（一）加强国有资产审计监督的法律依据

《宪法》是我国的根本大法，具有最高的法律地位，是制定其他法律的依据和基础。1982 年 12 月 4 日，第四部《中华人民共和国宪法》在第五届全国人大第五次会议上通过并颁布，对审计体制、基本原则、基本职权、审计长的法律地位和任免事宜等作了具体规定，审计监督制度作为国家一项重要政治制度得以确立。《宪法》规定，国务院和县级以上地方各级人民政府设立审计机关；地方各级审计机关依照法律规定独立行使审计监督权，对本级人民政府和上一级审计机关负责；审计机关在国务院总理领导下，依照法律规定独立行使审计监督权，不受其他行政机关、社会团体和个人的干涉；审计机关对本级各部门和下级政府的财政收支，对国家的财政金融机构和企业事业组织的财务收支进行审计监督；审计长是国务院组成人员，由国务院总理提名，全国人民代表大会或其常务委员会决定，国家主席任免③。

审计监督是对国资管理机构的监督和国有资本进行再监督，作为全方位国资监管体系中的重要组成部分，审计监督发挥着强化国有企业公司治理的功能，不仅可促使国有企业依法运营国有资产，确保国有资产安全完整、防止国有资产流

① 审计署官网，https://www.audit.gov.cn/n10/n14/index.html。

② 王振东：“把财会监督打造成新时代党和国家监督体系中的一把利剑”，《中国财政》2020 年第 11 期。

③ 审计署审计科研所，2019 年 3 月 6 日，审计署官网，https://www.audit.gov.cn/n6/n37/c130302/content.html。

失和保障国有资产保值增值，还能进一步向纵深推进国有企业改革，推动国家重大政策贯彻落实[①]。《企业国有资产法》确立了国有资产监督和管理机构为履行出资人职责的机构，原由各级国资委承担的公共管理和行政监督的职能则由各级人民政府及各级政府审计机关承担。根据《企业国有资产法》第六十四条、六十五条，政府内部对出资人的监督有两个层次：一是《宪法》和《审计法》赋予审计机关对国有企业和国有资本进行审计的法定职责，即国务院和地方人民政府审计机关依据《审计法》，对国有资本经营预算的执行情况和属于审计监督对象的国家出资企业进行审计监督；二是国务院和地方人民政府对履行出资人职责的机构履行职责情况的监督。根据上述规定，本级人民政府及同级政府审计部门可对履行出资人职责的机构履行职责的情况，以及国家出资企业的国资经营情况进行监督，从而把控整个国有资产交易的安全性，防止国有资产流失[②]。2021 年 10 月 23 日，十三届全国人大常委会第三十一次会议修改《中华人民共和国审计法》，新《审计法》将国有资产、资源等纳入审计范围，从法律层面进一步明确了对国有资产、资源的审计监督权，为强化审计监督、完善审计制度提供法治保障[③]。

从审计监督的内容上看，审计监督主要有：一是对国资委的监督，主要对国资委履行资产收益权、重大决策权和选择经营者权利进行监督，重点审计国资委履行出资人职责的情况；二是对重点企业进行监督，推进国有企业审计监督全覆盖，可对重点企业进行直接审计或调查，审计重点是企业负责人与国资委签订的经济责任的履行情况，即经济责任审计；三是依据《审计法》对国有企业经营的合规性进行监督，主要是接受国务院和有关部门委托以及社会举报，查处重大违法违纪问题，特别针对企业财务核算不规范、虚盈实亏等问题加大审计监督力度，对短期行为、道德风险、利益输送等严肃追责问责；四是对社会审计组织的监督。依照《审计法》监督接受委托国有企业财务账目的社会审计组织质量，揭露和查处弄虚作假和舞弊违法行为。可见，审计监督不是单一的财务收支审计，更多的是经济责任审计和绩效审计，也不仅审计单个企业单位，更多的是从总体上就审计的重点和内容开展工作，实现审计全覆盖，且审计监督具有整体性、系统性和宏观性的特点[④]。

---

① 施松青、叶笃银：“对国有资产保值增值若干问题的思考”，《浙江社会科学》1999 年第 3 期。

② 贾玲玲：“防范国有资产流失的法律思考——以《企业国有资产法》为思考”，《法制博览》2017 年第 11 期。

③ 郑茂霞、孙现富：“拧紧国有资产资源审计监督阀门”，《经济日报》2021 年 11 月 8 日。

④ 根据《审计法》及其实施条例，国有企业和国有资本审计的具体对象包括国有独资企业、国有资本占企业资本总额 50% 以上的企业、国有资本占企业资本总额比例不足 50% 但国有资产投资主体实质上拥有控制权的企业、国有企业领导人员履行经济责任情况以及国有资产相关监管机构。审计署官网，https://www.audit.gov.cn/。

（二）加强国有资产审计监督的政策进程

1.《中共中央国务院关于完善审计制度若干重大问题的框架意见》

依据《宪法》《审计法》及其行政条例等法律法规，结合审计部门的职责任务和履职特点，确保审计部门依法独立行使审计监督权，不断创新审计监督体制机制和方式方法，从而不断提升审计监督效能，2015 年 12 月，中办、国办印发《关于完善审计制度若干重大问题的框架意见》《关于实行审计全覆盖的实施意见》等相关配套文件①。《意见》提出了完善审计制度的总体目标是通过健全有利于依法独立行使审计监督权的审计管理体制，建立具有审计职业特点的审计人员管理制度，对公共资金、国有资产、国有资源和领导干部履行经济责任情况实行审计全覆盖，到 2020 年基本形成与国家治理体系和治理能力现代化相适应的审计监督机制，更好地发挥审计在保障国家重大决策部署贯彻落实、维护国家经济安全、推动深化改革、促进依法治国、推进廉政建设中的重要作用。

《关于完善审计制度若干重大问题的框架意见》提出了实行审计全覆盖、强化上级审计机关对下级审计机关的领导、探索省以下地方审计机关人财物管理改革、推进审计职业化建设、加强审计队伍思想和作风建设、建立健全履行法定审计职责保障机制、完善审计结果运用机制、加强对审计机关的监督八项任务。其中，重点任务有三项：一是实行审计全覆盖。通过加强审计资源统筹整合和创新审计技术方法，依法全面履行审计监督职责，对公共资金、国有资产、国有资源和领导干部履行经济责任情况实行审计全覆盖；二是探索省以下地方审计机关人财物管理改革，围绕增强审计监督的整体合力和独立性，从领导干部管理、机构编制和人员管理、经费预算和资产管理、审计项目计划统筹管理、审计结果报告和公告、审计执法责任、审计信息化等方面强化上级审计机关对下级审计机关的领导，强化全国审计工作统筹；三是推进审计职业化建设，建立分类科学、权责一致的审计人员管理制度和职业保障机制②。

2.《中共中央国务院关于实行审计全覆盖的实施意见》

为全面履行审计监督职责，进一步实现对公共资金、国有资产、国有资源和领导干部履行经济责任情况实行审计全覆盖，根据《关于完善审计制度若干重大问题的框架意见》，中办、国办印发《关于实行审计全覆盖的实施意见》（中办发〔2015〕58 号）（以下简称《实施意见》），《实施意见》内容包括实行审计全覆盖的目标要求、对公共资金实行审计全覆盖、对国有资产实行审计全覆盖、对

---

① 新华社北京 2015 年 12 月 8 日电，中国政府网，http://cpc. people. com. cn。

② 中国政府网，http://www. gov. cn/xinwen/2015 - 12/08/content_ 5021377. html。

国有资源实行审计全覆盖、对领导干部履行经济责任情况实行审计全覆盖、加强审计资源统筹整合、创新审计技术方法七个方面。《实施意见》明确提出要对国有资产实行审计全覆盖，审计机关要依法对行政事业单位、国有和国有资本占控股或主导地位的企业（含金融企业）等管理、使用和运营的境内外国有资产进行审计，主要检查国有资产管理、使用和运营过程中遵守国家法律法规情况，贯彻执行国家重大政策措施和宏观调控部署情况，国有资产真实完整和保值增值情况，国有资产重大投资决策及投资绩效情况，资产质量和经营风险管理情况，国有资产管理部门职责履行情况。根据国有资产的规模、管理状况以及管理主体的战略地位等确定重点审计对象。对国有企业资产负债损益情况进行审计，将国有资产管理使用情况作为行政事业单位年度预算执行审计或其他专项审计的内容。

对公共资金、国有资产、国有资源和领导干部履行经济责任情况实行审计全覆盖是党中央、国务院对审计工作的明确要求。审计机关要建立健全与审计全覆盖相适应的工作机制，坚持党政同责、同责同审，在一定周期内对属于审计监督范围的所有管理、分配、使用公共资金、国有资产、国有资源的部门和单位以及党政主要领导干部、国有企事业领导人员履行经济责任情况依法全面审计，实现审计全覆盖，做到应审尽审、凡审必严、严肃问责。对重点部门、单位要每年审计，其他审计对象 1 个周期内至少审计 1 次，对重点地区、部门、单位及关键岗位的领导干部任期内至少审计 1 次，对重大政策措施、重大投资项目、重点专项资金和重大突发事件开展跟踪审计，对问题多、反映大的单位及领导干部要加大审计频次，实现有重点、有步骤、有深度、有成效地全覆盖。

3.《中共中央国务院关于深化国有企业和国有资本审计监督的若干意见》

2017 年 3 月，中办、国办印发《关于深化国有企业和国有资本审计监督的若干意见》（以下简称《若干意见》）[①]，标志着国有企业和国有资本审计监督体系和制度进一步完善。《若干意见》提出深化国有企业和国有资本审计监督的总体思路：在有利于国有资产保值增值、提高国有经济竞争力、放大国有资本功能的前提下，创新审计理念，完善审计监督体制，改进审计方式方法，做到应审尽审、有审必严，推动审计发现的问题整改到位、问责到位，促进党和国家方针政策、重大决策部署在国有企业贯彻执行，促进国有企业深化改革和提高经营管理水平，把国有企业做强做优做大。同时，《若干意见》提出了核心要求：一是对国有企业、国有资本和国有企业领导人员履行经济责任情况实行审计全覆盖，做

① 新华社北京 2017 年 3 月 31 日电，中国政府网，http://www.gov.cn/xinwen/2017-03/31/content_5182496.html。

到应审尽审、有审必严；二是完善审计监督体制机制，改进审计方式方法，推动审计发现的问题整改到位、问责到位；三是充分发挥审计在党和国家监督体系中的作用，促进党和国家方针政策、重大决策部署在国有企业贯彻执行，提高经营管理水平，做强做优做大国有企业。

《若干意见》主要包括三部分内容，一是深化国有企业和国有资本审计监督，坚持依法审计、客观求实、推动发展、统筹安排的原则，依法独立履行审计监督职责，审慎区分无意过失与明知故犯、工作失误与失职渎职、探索实践与以权谋私，着力发现国有企业和国有资本管理运营中存在的普遍性、倾向性、典型性问题，关注体制性障碍和制度性缺陷，反映发展运营中的突出矛盾和风险隐患，提出解决重大问题和推动改革发展的建议，不断增强国有经济活力、控制力、影响力和抗风险能力。二是深化国有企业和国有资本审计监督，要围绕国有企业、国有资本、境外投资及国有企业领导人员履行经济责任情况，应审尽审、有审必严。国有企业主要领导人员要切实履行整改第一责任。国有资产监管等部门对审计发现移送的重大问题要依纪依法依规处理，严肃追责问责，将审计结果及整改情况作为考核、任免、奖惩的重要依据。三是各级国有资产监管机构要依法依规履行监管职责，组织做好对国有企业的内部审计工作。

4. 其他涉及加强国有资产审计监督的文件

此外，中办、国办等出台的文件也有涉及加强国有资产审计监督的内容。如《中共中央、国务院关于深化国有企业改革的指导意见》（中发〔2015〕22 号）提出“健全国有资本审计监督体系和制度，实行企业国有资产审计监督全覆盖，建立对企业国有资本的经常性审计制度”；《国务院办公厅关于加强和改进企业国有资产监督防止国有资产流失的意见》（国办发〔2015〕79 号）提出“完善国有企业审计制度，进一步厘清政府部门公共审计、出资人审计和企业内部审计之间的职责分工，实现企业国有资产审计监督全覆盖”“加大对国有企业领导人员履行经济责任情况的审计力度”等；《关于加强中央企业内部控制体系建设与监督工作的实施意见》（国资发监督规〔2019〕101 号）提出“强化外部审计监督”“充分发挥外部审计的专业性和独立性”；《党政主要领导干部和国有企事业单位主要领导人员经济责任审计规定》（中办发〔2019〕45 号）[①] 是在 2010 年《党政主要领导干部和国有企业领导人员经济责任审计规定》基础上进行的修订[②]，《规定》（中办发〔2019〕45 号）进一步聚焦对领导干部经济责任进行审

① 中国共产党新闻网，http://cpc.people.com.cn/n1/2019/0715/c419242-31235544.html。

② 审计署官网，http://www.gov.cn/zhengce/2019-07/15/content_5409738.htm。

计监督①，修订内容包括：一是强调经济责任审计工作聚焦经济责任；二是坚持党对经济责任审计工作的领导和党管干部原则，以任职期间审计为主；三是明确审计评价内容，对领导干部履行经济责任情况作出客观评价；四是将“直接责任、主管责任、领导责任”三类责任调整为“直接责任、领导责任”两类；五是完善监督纠错机制②。这对于加强领导干部管理监督，促进领导干部履职尽责、担当作为，确保党中央令行禁止具有重要意义（见表5－5）。

表5－5　　加强国有资产审计监督的系列文件

时间	文件名称	涉及加强国有资产审计监督的内容
2014年	《国务院关于加强审计工作的意见》(国发〔2014〕48号)③	创新审计方式，提高审计效率，对中央政策措施落实情况及公共资金、国有资产、国有资源、领导干部经济责任履行情况进行审计，实现审计监督全覆盖。
2015年8月	《中共中央、国务院关于深化国有企业改革的指导意见》(中发〔2015〕22号)	健全国有资本审计监督体系和制度，实行企业国有资产审计监督全覆盖，建立对企业国有资本的经常性审计制度。
2015年10月	《国务院办公厅关于加强和改进企业国有资产监督防止国有资产流失的意见》(国办发〔2015〕79号)	健全国有企业审计监督体系、完善国有企业审计制度，实现企业国有资产审计监督全覆盖；探索建立国有企业经常性审计制度；完善国有企业购买审计服务办法，推动审计监督职业化。
2015年12月	中办、国办《关于完善审计制度若干重大问题的框架意见》	坚持党政同责、同责同审，对公共资金、国有资产、国有资源和领导干部履行经济责任情况实行审计全覆盖。
2015年12月	中办、国办《关于实行审计全覆盖的实施意见》(中办发〔2015〕58号)	依法对行政事业单位、国有和国有资本占控股或主导地位的企业（含金融企业）等管理、使用和运营的境内外国有资产进行审计；同时确定重点审计对象。
2017年3月	《关于深化国有企业和国有资本审计监督的若干意见》	要围绕国有企业、国有资本、境外投资以及国有企业领导人员履行经济责任情况，做到应审尽审、有审必严，标志着国有企业和国有资本审计监督体系和制度进一步完善。
2019年7月	中办、国办印发《党政主要领导干部和国有企事业单位主要领导人员经济责任审计规定》(中办发〔2019〕45号)	聚焦领导干部经济责任，既强化对权力运行的制约和监督，又贯彻“三个区分开来”要求，促进领导干部履职尽责、担当作为，确保党中央令行禁止。

① 本规定所称经济责任，是指领导干部在任职期间，对其管辖范围内贯彻执行党和国家经济方针政策、决策部署，推动经济和社会事业发展，管理公共资金、国有资产、国有资源，防控重大经济风险等有关经济活动应当履行的职责（第三条），新华社北京2019年7月15日电。

② 审计署官网，https://www.audit.gov.cn/n6/n37/c134641/content.html。

③ 《国务院关于加强审计工作的意见》(国发〔2014〕48号)，国家审计署官网，https://www.audit.gov.cn/n6/n36/n10083873/c10086887/content.html。

二、审计署加强国有资产审计监督的实践发展

审计机关成立 30 多年来，在维护国家财政经济秩序、提高财政资金使用效益、促进廉政建设、保障经济社会健康发展等方面发挥了重要作用。党的十八大以来，以习近平同志为核心的党中央从推进国家治理体系和治理能力现代化、健全党和国家监督体系的高度，对加强审计工作、完善审计制度、改革审计管理体制等作出了重大部署。2015 年，中办、国办印发《关于完善审计制度若干重大问题的框架意见》及配套文件，提出要更好发挥审计在党和国家监督体系中的重要作用。2017 年 10 月，党的十九大报告将改革审计管理体制作为“健全党和国家监督体系”的重要内容。2018 年 5 月 23 日，习近平总书记在中央审计委员会第一次会议上发表重要讲话，指出审计监督是党和国家监督体系的重要组成部分。审计监督为促进党中央令行禁止、维护国家经济安全、推动全面深化改革、促进依法治国、推进廉政建设等作出了重要贡献。新时代的审计部门努力构建集中统一、全面覆盖、权威高效的审计监督体系，更好发挥审计在党和国家监督体系中的重要作用①。

不难发现，审计监督是全方位国有资产监管体系的关键要素，而国有资产监管体制是国家治理体系的重要组成部分，改革和完善国资监管体制是实现国家治理体系和治理能力现代化的重要内容。“十三五”期间，各级审计部门不断加强国有资产审计监督力度，持续优化审计监督方式，国有资产的审计监督体制机制改革取得实质性进展，国有资产审计监督的法治化、精细化、体系化显著提高。建立健全国有资产审计监督体系不仅有利于督促国有企业管理层及时准确地披露财务会计信息，避免投资者与管理层间的信息不对称问题，还有利于完善国有企业内部控制评价体系，这对提升国有企业的经营管理水平、确保国有资产增值保值以及实现国有企业的高质量发展具有重要意义。

现实中，审计部门坚决贯彻落实党中央、国务院要求，以维护国有资产安全、促进国有企业科学发展为目标，不断加强对国有企业资金、权力和责任的审计监督，通过对国有企业贯彻落实国家重大政策措施情况的审计，促进政令畅通；通过揭示和反映国有经济运行中的风险隐患，维护国有资产安全；通过从体制机制制度层面揭示问题、分析原因和提出建议，促进深化改革；通过加强对国有资产运营相关权力和责任的监督和制约，促进健全权力制约和监督机制；通过全面监督国有企业财务收支的真实、合法和效益，促进企业经营管理制

---

① 审计署审计科研所，2019 年 3 月 6 日。

度建设；通过揭露重大违纪违法违规问题，促进廉政建设。总体而言，随着国有企业改革和国资监管体系不断完善，审计监督呈现出法治化、精细化、体系化的特点。

（一）优化国有资产审计监督职能进展

党的十九届三中全会提出“要完善坚持党的全面领导的制度，建立健全党对重大工作的领导体制机制，加强党对涉及党和国家事业全局的重大工作的集中统一领导，加强和优化党对深化改革、依法治国、经济、农业农村、纪检监察、组织、宣传思想文化、国家安全、政法、统战、民族宗教、教育、科技、网信、外交、审计等工作的领导”，全会审议通过了《中共中央关于深化党和国家机构改革的决定》和《深化党和国家机构改革方案》，《深化党和国家机构改革方案》在加强党对审计工作的领导和优化审计职责等方面作出具体部署。

一是组建中央审计委员会。为加强党中央对审计工作的领导，构建集中统一、全面覆盖、权威高效的审计监督体系，更好发挥审计监督作用，组建中央审计委员会作为党中央决策议事协调机构。中央审计委员会[①]的主要职责是：研究提出并组织实施在审计领域坚持党的领导、加强党的建设方针政策，审议审计监督重大政策和改革方案，审议年度中央预算执行和其他财政支出情况审计报告，审议决策审计监督其他重大事项等。中央审计委员会办公室设在审计署[②]。2018年5月23日，中央审计委员会第一次会议审议通过《中央审计委员会工作规则》《中央审计委员会办公室工作细则》等文件[③]。二是优化审计署职责。将国家发展和改革委员会的重大项目稽察、财政部的中央预算执行情况和其他财政收支情况的监督检查、国务院国有资产监督管理委员会的国有企业领导干部经济责任审计和国有重点大型企业监事会的职责划入审计署，相应对派出审计监督力量进行整合优化，构建统一高效审计监督体系[④]。此次国务院机构改革扩大了审计署的国企审计监督职权。审计署作为国企独立的外部监督者，从2010年起每年都会对部分中央企业及其控股上市公司进行审计[⑤]。组建中央审计委员会、改革审计

① 中共中央总书记、国家主席、中央军委主席习近平担任中央审计委员会主任。

② 审计署审计科研所，2019年02月27日。

③ 审计署官网，https：//www. audit. gov. cn/n6/n37/c130301/content. html。

④ 2018年3月13日，国务院机构改革方案提出“优化审计署职责，改革审计管理体制，为整合审计监督力量，减少职责交叉分散，避免重复检查和监督盲区，增强监督效能，将国务院国资委的国企领导干部经济责任审计和国有重点大型企业监事会的职责划入审计署，构建统一高效审计监督体系”。审计署官网，https：//www. audit. gov. cn/n6/n37/c130300/content. html。

⑤ 吴秋生、郭檬楠：“国家审计督促国企资产保值增值的功能及其实现路径——基于十九大关于国企与审计管理体制改革要求的研究”，《审计与经济研究》2018年第5期。

管理体制是加强党对审计工作领导的重大举措，目的是构建集中统一、全面覆盖、权威高效的审计监督体系，更好发挥审计在党和国家监督体系中的重要作用。

同时，审计署在完善财政审计组织方式方面做了大量工作，不断探索完善财政审计组织方式，加大审计资源整合力度。从加强顶层设计入手，统筹谋划中央预算执行审计工作，以财政审计总体方案为载体，构建以财政部具体组织中央预算执行审计和发展改革委组织分配中央财政投资审计为引领、以中央部门预算执行审计和地方财政收支审计为两翼、以重点专项资金和重大投资项目审计为支撑的审计组织体系，以审计总体方案为纽带把各方面资源联结起来，加强信息共享，努力打造相互支撑、互为印证的财政审计体系，切实增强财政审计的宏观性和整体性。树立大数据审计理念，提高财政审计质量和效率。针对财政审计数据来源多、数据库复杂、管理层级多、分散性强等特点，运用“总体分析、发现问题、分散核实、系统研究”的信息化审计方式，综合运用多种数据库进行数据挖掘分析，以“高耦合性”的报表填报工具为支撑，精心设计框架结构、字段属性、逻辑控制、表间关联等要素，提高数据处理和汇总的精准度，推动中央本级支出的预算执行数据与国库支付数据贯通、中央对地方转移支付数据与地方财政收支数据贯通，实现中央预算执行审计全覆盖①。

（二）2020 年国有资产审计及其整改情况

2020 年，审计署结合中央部门预算执行审计、经济责任审计、自然资源资产离任（任中）审计、政策跟踪审计等项目，重点审计了企业、金融、行政事业和自然资源 4 类国有资产管理使用情况。

1. 企业国有资产审计及其整改情况

审计署重点审计的 11 户中央企业 2019 年底账面资产总额 20.27 万亿元、负债总额 13.6 万亿元、国有资本权益 4.06 万亿元，国有资本保值增值率介于 103.2%—123.4%。主要问题是：①部分企业会计信息不真实。11 户央企及 236 家所属单位资产不实 389.36 亿元（多计资产 72 亿元、少计资产 317.36 亿元），占资产总额的 0.19%。②存在部分低效无效资产。6 户收到的 16.7 亿元财政补助资金长期闲置；6 户压控存货和应收账款不到位；4 户存在资产损失（风险）58.5 亿元。③国有经济布局和结构调整聚焦主责主业不够。2 户 11 个重大油气项目因论证不充分、未完成招标等进展缓慢，2 户重组调整后仍存在产业布局重

① 发布时间：2019 年 04 月 10 日，审计署审计科研所，https：//www.audit.gov.cn/n6/n37/c131044/content.html。

复、内部无序竞争等问题；3 户科技创新和转型发展不足，如 1 家药企 6 年投入 21.73 亿元研发资金中，有 93% 用于升级产品外观等非新药研发技术。有的偏离主业投资，1 户以产业园区名义投资非主业酒店项目，2 户开展非主业金融投资等。

整改情况如下：已整改 1512.68 亿元，完善制度 125 项，处理处分 275 人。一是部分企业会计信息失真问题。11 户央企调整账目 1445.05 亿元，优化财务管理系统，健全防范惩戒财经领域信息虚假等制度 87 项，处理处分 248 人。二是存在部分低效无效资产问题。6 户央企将长期闲置的补助资金 12.09 亿元归还财政，通过调整投资计划、加快拨付等盘活 4.24 亿元。6 户央企落实压控存货和应收账款工作要求，完善制度 18 项。4 户央企通过调整资产分类、加强不良资产清收等整改资产损失（风险）问题 9.39 亿元，处理处分 24 人。三是国有经济布局和结构调整聚焦主责主业不够问题。2 户央企调整了 11 个项目的投资规模或实施计划等，加快有关工作进度。2 户央企进一步优化产业布局，其中 1 户制订了整合方案。对科技创新和转型发展不足问题，国资委印发指导意见推动企业加大研发投入；3 户央企成立科技创新部或强化创新考核导向，完善科研经费管理等制度 6 项。对投资非主业项目等问题，1 户央企通过调整项目用途等加快剥离非主业项目；2 户央企严格投资方向审查，其中 1 户已停止实施既有非主业项目。

2. 金融企业国有资产审计及其整改情况

审计署审计的 5 户中央金融企业和 2 户地方银行 2019 年底资产总额 39.48 万亿元、负债 36.18 万亿元，净资产收益率介于 10.4%—22.7%。发现的主要问题：①金融资源配置仍有脱实向虚倾向。2 户未按要求对 44.54 万份农险保单降低费率；3 户支持小微和民营企业的相关业务规模萎缩、占比过低或停滞不前。5 户违规为地方政府及（类）融资平台提供融资 580.65 亿元，6 户以信贷、理财等方式违规投入房地产领域 744.68 亿元。②违规开展业务。涵盖存款、信贷、理财、信托、保险等多个业务领域。5 户违规通过产品交叉投资、设置不合理条件等开展理财和信贷业务 6594.93 亿元；4 户通过保费返还等不正当竞争手段开展保险业务等 499.2 亿元。6 户 2807 个采购项目（合同金额 381.49 亿元）未公开招投标或程序不合规。③资产风险管控不严格。7 户会计核算均不够真实和准确，合计多计利润 46.99 亿元；6 户通过降低标准、虚假转让等方式掩盖不良资产 1423.14 亿元；4 户 13 个投资项目形成亏损（浮亏）256.89 亿元。7 户信息系统不同程度存在安全性弱、功能不健全等问题。

整改情况如下：已整改 1.31 万亿元，完善制度 265 项，处理处分 4291 人。一是金融资源配置仍有脱实向虚倾向问题。对未按要求降低农险保单费率问题，2 家金融机构已降低费率并纳入系统刚性管控，其中 1 家退还多收保费 3266.86

万元。对支持小微和民营企业相关业务规模萎缩等问题，3 家金融机构通过宣传教育、纳入年度考核等，引导所属机构加大对中小微企业和民营企业的支持力度。对违规为融资平台提供资金问题，银保监会印发指导意见，5 家金融机构结清或提前收回融资 141.76 亿元，对未偿还部分提出市场化运作或化解方案。对资金违规投入房地产领域问题，5 家金融机构已结清或提前收回资金 290.88 亿元。二是违规开展业务问题。5 家金融机构通过停发新产品、逐步压降存量、清收贷款等整改违规理财和信贷业务 6313.51 亿元。4 家金融机构纠正承保理赔、产品销售等环节存在问题，已整改违规保险业务 417.83 亿元。6 家金融机构通过完善采购制度和业务流程、强化监督检查等整改违规招投标问题 381.5 亿元。三是资产风险管控不严格问题。对 7 家金融机构会计核算不准确、掩盖不良等问题，有 3 家调整账表 76.01 亿元，6 家通过逐笔排查风险、调整贷款分类等整改 1402.72 亿元，并进一步明确风险分类标准、规范分类测评行为。对投资项目亏损等问题，4 家金融机构通过卖出止损、转让股权、债务重组等处置投资项目，处理处分 55 人。对信息系统问题，7 家金融机构健全系统功能，堵塞安全漏洞。

3. 行政事业性国有资产审计及其整改情况

43 个中央部门及所属单位和 4 所高校（以下统称单位）积极推进资产管理与预算管理的有机结合，健全国有资产管理制度，规范国有资产配置、管理和使用。发现的主要问题：①国有资产报告范围不完整。2020 年，财政部报告的 2019 年度国有资产管理情况中，漏报 3 个部门的固定资产等 786.96 亿元和文物文化资产 3062 件。65 家单位 64.45 亿元资产和 264.94 万平方米土地、房产，因未纳入合并报表或未办理产权登记等，造成账实不符。②资产统筹调剂不到位。8 家单位存在房产出租或闲置的同时又租入房产的情况，增加房租等支出 2.25 亿元。69 家单位的 239.12 万平方米房产、土地及价值 7766.5 万元的设备等长期闲置；4 所高校单价超 50 万元的 174 台科研仪器未对外提供服务，也未达到规定使用机时，其中 4 台近 3 年使用机时为零。③违规出租（借）或处置资产。41 家单位未经审批出租出借资产，租金收入 8.2 亿元用于弥补日常经费等；9 家单位自行变卖、报废或转让资产 12.28 亿元；17 家单位无偿或低价出租出借资产；50 家单位资产出租处置收入 8566.4 万元未按规定上缴财政。2 家所属单位未履行报批程序对外投资 1250 万元。

整改情况如下：已整改 169.29 亿元，完善制度 39 项，处理处分 94 人。一是国有资产报告范围不完整问题。财政部组织召开国有资产报告部际协调机制会议，要求有关部门将各类国有资产及时准确入账，目前 136.78 亿元资产已纳入报告范围，涉及的 3062 件文物文化资产也已全部纳入报告范围。62 家单位开展资产清查，通过登记未入账资产、竣工项目转计固定资产、核销已出售资产等整改账实不符问题18.19亿元。二是资产统筹调剂不到位问题。对房产出租或闲置的同时又租入房产问题，财政部要求存在闲置或对外出租情形的，原则上不得申请新增同类资产；有3家单位已完成房产调整，另5家单位正在调整。对资产长期闲置问题，69家单位将闲置资产自用、出租或调剂给其他单位使用等，涉及13.24万平方米房产、土地和3613.81万元设备；4所高校研究建立科研仪器共享制度，建设共享信息系统，加大科研仪器对外开放力度，对闲置设备进行调剂使用。三是违规出租（借）或处置资产问题。39家单位停止出租出借资产，或补办审批手续等；9家单位补办资产处置审批手续，或完善管理制度等。17家单位通过评估后签订出租协议、收取租金、收回资产等整改无偿或低价出租出借资产问题。23家单位已将6951.63万元处置收入上缴财政。对未经批准对外投资问题，2家单位正在推进股权转让和解除代持协议等工作①。

总的来看，审计监督充分发挥了在党和国家监督体系中的重要作用。审计部门坚持“审计监督首先是经济监督”定位，依法履行监督职责，在推动构建集中统一、全面覆盖、权威高效的审计监督体系方面取得新进展，在围绕党和国家中心工作开展审计监督方面取得新成效。一是坚持和加强党中央对审计工作的集中统一领导，把党中央对审计工作集中统一领导的部署要求更加细化、实化、制度化；二是按照“全面覆盖”“权威高效”的要求，聚焦财政财务收支真实合法效益主责主业，做好常态化“经济体检”工作。这对优化国有经济布局和结构调整、加快国有企业科技创新和转型发展、国有资产安全完整和保值增值以及国有经济的高质量发展均具有重要的积极作用。同时需要注意的是，审计部门对国有企业和国有资本审计项目有90%为财务收支审计和经济责任审计，即侧重于对企业的财务规范、经营效益和领导人员经济责任履职情况进行审计，主要聚焦企业财务收支和经营的微观领域，而对于国家各项政策措施落实、企业治理结构、国资委履行监管职能等的关注还有待提高，在国民经济发展和国企国资改革等宏观领域发挥作用或应用成果还有待彰显。

（三）加强涉外国有资产审计监督的实践发展

涉外审计是指审计机关依据法律、法规和政策规定，对涉外领域的国家重大政策措施贯彻落实情况，国有企业和国有金融机构、国务院规定的国有资本占控股或主导地位的企业和金融机构的境外国有资产投资、运营和管理情况，国家驻

① 来源于《国务院关于2020年度中央预算执行和其他财政收支审计查出问题整改情况的报告》——审计长侯凯2021年12月21日在第十三届全国人民代表大会常务委员会第三十二次会议上，2021年12月21日，审计署，https://www.audit.gov.cn/n5/n26/c10180212/content.html。

外非经营性机构的财务收支，国际组织和外国政府援助、贷款项目，对外援助资金和接受委托的国际组织开展相关审计。涉外审计是国家审计监督的重要内容之一，涉外审计监督以促进完善对外开放战略布局、保障国家利益、维护境外国有资产安全为目标，服务国家对外开放和“走出去”战略，在推动我国对外开放、提高利用外资质量、促进维护国家信誉、保障国家经济安全等方面发挥了积极作用①。党的十八大以来，审计署不断拓展涉外审计领域，提升涉外审计质量，审计监督工作取得了较好成效。

一是加强对境外国有资产的审计监督力度。党的十八大以来，审计署在企业、金融、预算执行等项目实施过程中，通过境内境外审计一体化，运用大数据等手段审计中央企业和金融机构的境外资产和运营情况。通过审计揭示有关单位在落实“走出去”战略和中央决策部署、境外投资决策、境外国有资产运营管理、投资绩效和风险防控、境外管理人员遵守法律法规和廉政建设规定等方面的问题，提出了加强境外国有资产管理、完善体制机制等意见建议，维护境外国有资产安全、提高国有资本运营绩效。二是认真履行国外贷援款公证审计职责，高质量完成贷援款公证审计任务。党的十八大以来，审计署组织全国各级审计机关每年审计国外贷援款项目 300 个左右，6 年共出具审计报告 1600 多份，坚持审计公证与审计监督职能并重，坚持审计报告内外合一、如实披露，坚持立足国情与国际惯例相衔接，按时保质完成履约审计任务，切实保证项目的顺利执行。三是创新审计模式，扩大涉外审计覆盖面。涉外审计坚持科技强审理念，探索境内与境外一体化的审计组织模式，推动大数据在涉外审计的运用。通过对境外投资和境外国有资产、国外贷援款项目的数据采集和分析力度，有效运用大数据审计技术，以境内大数据审计带动扩大境外国有资产、国外贷援款项目审计覆盖面。四是圆满完成联合国审计和受托国际组织审计任务，扩大中国审计在国际审计领域的影响力。2013 年和 2014 年，审计署组织审计人员继续开展联合国审计，共派出 52 个审计组近 300 人次，实施了对联合国维和行动等 14 个机构和项目的审计，圆满完成联合国审计任务，赢得了国际社会的高度评价。自 2016 年 1 月起，中国履行国际核聚变能源计划组织财务审计委员会主席职责，审计署接受科技部委托，派员担任主席并牵头对该组织进行审计，审计成效得到该组织理事会和管理层的充分肯定②。

---

① 审计署审计科研所，2019 年 5 月 22 日，审计署官网，https://www. audit. gov. cn/n6/n37/c131574/content. html。

② 审计署审计科研所，2019 年 5 月 22 日，审计署官网，https://www. audit. gov. cn/n6/n37/c131578/content. html。

（四）加强资源环境审计监督的实践发展

党的十八届三中全会提出“对领导干部实行自然资源资产离任审计”。开展自然资源资产离任审计是中央生态文明体制改革的重要内容，以领导干部自然资源资产离任审计试点为载体，承担中央生态文明体制改革任务。通过在全国范围内实施审计试点项目，审计部门探索了领导干部自然资源资产离任审计的组织形式、审计方法、审计内容、审计重点、审计评价等。2017 年 9 月 19 日，中办、国办印发《领导干部自然资源资产离任审计规定（试行）》，标志着这项审计工作由局部试点到全面铺开，逐步走向规范化、制度化、科学化轨道，完成了中央部署的改革任务。审计部门加强资源环境审计监督主要采取以下举措。

一是以查处重大违纪违法问题线索为抓手，服务于党和国家反腐败工作。围绕建设用地审批征收、供应和使用以及矿业权的出让、转让等国有资源领域，以及危害生态安全、破坏人居环境的重大问题，紧盯重点区域、主要矿种、重点资金、重点地块、重点项目和权力运行的关键环节。二是以推动国家重大战略实施为重点，开展重点区域资源环境审计。围绕推动国家重大战略的实施，关注相关生态环保政策贯彻落实情况，促进真正树立绿色发展理念。例如，按照习近平总书记多次强调长江经济带要“共抓大保护、不搞大开发”的要求，从 2017 年 12 月至 2018 年 3 月，审计署组织实施长江经济带生态环境保护审计，揭示破坏性建设活动屡禁不止的增量问题；揭示沿江工业园设置不合理、小水电开发无序、污染防治投资资金绩效不高等问题。三是以专项资金审计为突破口，跟踪监督资源环境领域中央有关政策措施落实效果。围绕国家财政投入去产能、工业企业结构调整、新能源、能源节约、可再生能源利用和资源综合利用等内容，对节能环保、重点流域水污染防治等中央财政预算资金进行审计，反映相关资金所承载的去产能、能源节约、可再生能源利用、资源综合利用、环境保护等政策目标未实现的问题①。

三、地方审计部门加强国有资产审计监督的案例分析

（一）无锡市加强国有资产审计监督案例

1. 案例基本情况

2021 年 1 月，无锡市政府印发《无锡市市级党政机关和事业单位经营性国

① 审计署审计科研所，2019 年 5 月 15 日，审计署官网，https://www.audit.gov.cn/。

有资产集中统一监管改革实施方案》，推进经营性国有资产集中统一监管，完善各类国有资产管理体制。市审计局在市级行政事业单位对外投资情况专项审计调查中提出三点建议：一是相关单位尽快与所办经济实体脱钩；二是财政及相关主管部门应全面梳理分析市级行政事业单位对外投资管理情况，制定可行的对外投资管理责任制；三是加大对各事业单位名下的“僵尸”企业和连续亏损企业的清理力度。市政府采纳建议并出台五项改革举措。一是经营性国有资产纳入集中统一监管范围。市级党政机关、参照公务员法管理的事业单位和全额拨款事业单位的经营性国有资产纳入集中统一监管，差额拨款和自收自支事业单位经营性国有资产待事业单位分类改革完成后逐步纳入集中统一监管。二是分类推进集中统一监管改革。纳入改革范围的经营性国有资产，按照科学分类、厘清功能、综合施策、高效管理的原则，分类处理资产权属关系，实行集中统一监管。三是确定国有资本投资运营公司。无锡市建设发展投资有限公司作为市属国有资本投资运营公司承担投资运营管理职责，市财政局作为职能部门负责对运营公司实施综合监管。四是规范资产处置运营方式。对机关事业单位对外投资企业及持有的上市公司股权实行脱钩划转，对闲置房产土地，采用收储出让、资产收购、委托处置、委托运营四种方式处理。五是规范投资收益管理。运营公司统一运营管理的股权投资，依法享有并收取股权投资收益，股权处置收益、闲置房产土地收益、出租房产收益扣除相关费用后均上缴财政[①]。

同时，为进一步理顺市级党政机关和事业单位经营性与非经营性国有资产的关系，发挥国有资本投资运营公司市场化专业化优势。2021 年，无锡市出台文件明确在市级党政机关和事业单位推行经营性国有资产集中统一监管，以市属国有资本投资运营公司为市场化运作平台。文件以推动国有资产和国有企业改革为核心，明确市级党政机关和事业单位经营性国有资产集中统一监管的五项内容。一是确定无锡市建设发展投资有限公司为市属国有资本投资运营公司，承担集中统一监管范围经营性国有资产的投资运营管理职责。二是统筹两方面改革目标。一方面，促进机关事业单位提高国有资产配置、使用和监管效率；另一方面，依托国有资本市场化平台专业化运作，促进国有资产保值增值。三是明确三个层面盘活原则。按照“明确主体，落实责任”“统一监管，分类处置”“分步实施，稳妥推进”原则推进经营性国有资产集中统一监管。四是覆盖四类具体资产。纳入集中统一监管的资产既包括事业单位股权投资，也结合实际拓展了闲置房产土地、出租房产两类资产，明确其他经营性资产根据实际需要纳入监

① 江苏省无锡市审计局，2021 年 1 月 6 日。

管。五是探索五种资产盘活路径。各类经营性国有资产原则上与原单位脱钩分离[①]。文件将市财政局作为机关事业单位经营性国有资产集中统一监管工作牵头部门，建立健全机关事业单位经营性国有资产集中统一监管体系，机关事业单位作为经营性国有资产集中统一监管工作责任主体，配合运营公司按规定推进相关工作[②]。

无锡市级党政机关和事业单位经营性国有资产集中统一监管改革有序推进。市财政局贯彻落实《中共无锡市委办公室无锡市人民政府办公室关于印发〈无锡市市级党政机关和事业单位经营性国有资产集中统一监管改革实施方案〉的通知》（锡委办发〔2020〕86号）要求，从源头加强市级行政事业单位国有资产管理，以市级党政机关和事业单位经营性资产集中统一监管赋能降本增效，大力盘活市级行政事业单位股权投资、闲置房产土地、出租房产等存量资产，将“沉睡资产”转化为资本资金和发展优势，采取强化国有资产监管，制定集中统一监管清单、统一运作，规范经营性资产盘活途径等三大举措向存量资产要效益，推进国有资产高质量运营发展。2021年8月16日，为进一步推进市党政机关和事业单位经营性国有资产集中统一监管改革工作，无锡市机关管理局召开党政机关和事业单位经营性国有资产集中统一监管改革工作推进会[③④]。

另外，无锡市审计部门在加强国有资产审计监督的典型实践是强化与国资管理部门的协作。2020年10月，无锡市审计局与市国资委就进一步加强市属国有企业内部审计工作签订合作意见建立三项合作机制，在制度建设、业务指导、审计整改、队伍建设等方面打造国有资产和国有企业内部审计工作合力。一是定期会商机制。两部门定期会商年度合作思路和重点，落实《无锡市审计局内部审计指导员制度》，对口处室开展经常性交流，针对市属国有企业内部审计工作中的热点难点开展联合调研。二是项目互补机制。无锡市审计局对市属国有企业主要负责人开展经济责任等审计时，采用“一次进点，多项审计”“嵌入式”等审计

① 股权投资统一由国有资本投资运营公司履行出资人责任，房产土地可根据具体情况通过委托处置、委托运营等方式盘活增效。

② 无锡市财政局官网，http://cz.wuxi.gov.cn/doc/2021/09/29/3434083.shtml。

③ 无锡市机关管理局张牧原副局长、资产管理处、市机关服务中心、无锡市建元资产管理有限公司相关人员参加会议。

④ 根据《无锡市市级党政机关和事业单位经营性国有资产集中统一监管改革实施方案》（锡委办发〔2020〕86号），结合深化事业单位改革实际，按照市财政局要求将本部门符合条件的闲置房产、股权投资、出租房产等经营性资产纳入集中统一监管。市机关管理局认真梳理局机关及下属事业单位的闲置房产及出租房产，核查房屋源头摸清底细共计82套，其中闲置房产19套、出租房产63套。本次先行将权属清晰、价值较高、无历史遗留问题的28套出租房及闲置房移交市属国有资本运营平台“无锡市建元资产管理有限公司”进行集中统一监管。时间：2021年8月25日，无锡市机关事务管理局官网，http://jgglj.wuxi.gov.cn/doc/2021/08/25/3403580.shtml。

方式，最大化审计覆盖面，同步推进市属国有企业内部审计工作质量监督评价。审计中，企业内部审计发现并已整改的问题经评估确认后不在审计报告中反映；未列入审计内容或监管中发现存在的问题，市属国有企业内部审计应审尽审，不缺位、不重复。三是成果共享机制。无锡市审计局及时向市国资委提供最新的审计法律法规及会议文件、审计发现问题等情况。根据工作需要，市国资委向市审计局提供市属国有企业内部审计工作开展及整改情况等资料①。

无锡市审计局与市国资委对国资国企的协同监督还体现在，市审计局自 2015 年以来对近十家市属国有企业开展了经济责任审计或资产负债损益审计，发现地方国有企业大多存在经营性资产长期闲置、不能产生经济效益的问题，增加了企业的资金成本和管理成本，严重制约了企业发展。在揭示出市属国有企业普遍存在闲置性经营资产问题后，市审计局逐一分析经营性资产闲置原因并提出针对性审计建议，如建议商业性经营性资产利用区位优势，加大招租力度；建议其他经营性资产加强与民企合作等。审计部门有关国有企业重大经营管理问题的审计意见引起了国资管理部门和企业经营集团的高度重视，相关部门立即进行整改。经过连续三年的审计督查和敦促整改，一批长期闲置的国企经营性资产被盘活并产生了经济效益②。

2. 案例分析

无锡市审计部门加强国资审计监督呈现如下亮点：

第一，助力提升经营性国有资产监管力度。无锡市政府之所以能在短期内出台《无锡市市级党政机关和事业单位经营性国有资产集中统一监管改革实施方案》，得益于市审计局在市级行政事业单位对外投资情况专项审计调查中提出的三条关键建议——相关单位与所办经济实体脱钩、财政及相关主管部门全面梳理分析市级行政事业单位对外投资管理情况、加大对事业单位名下“僵尸”企业与连续亏损企业的清理力度。无锡市政府正是采纳了市审计局的三项建议，才得以有针对性地提出五项国有资产集中统一监管改革举措，从而全面推进市级经营性国有资产集中统一监管。

第二，形成国有资产审计监督合力。无锡市审计局与市国资委通过建立定期会商、项目互补、成果共享三项合作机制，实现了对国有资产的部门联合监督，审计部门不仅可以在审计重点或项目选择等方面获取国资委的分析研判支持，推动审计监督聚焦国有企业和国有资本管理运营中的普遍性、倾向性、典型性问

① 发布时间：2020 年 10 月 28 日，江苏省无锡市审计局，http://sjj. wuxi. gov. cn/。

② 如某国企集团成立专门的处置机构，制定处置时间表，盘活长期闲置的经营资产，截至 2018 年 10 月底，该企业长期闲置的 15 万平方米商业性经营资产中有 14.3 万平方米的资产已开发经营或正在开发，年收入约 2300 万元。发布时间：2018 年 11 月 5 日，江苏省无锡市审计局，http://sjj. wuxi. gov. cn/。

题，反映发展运营中的突出矛盾和风险隐患；而且实现了审计监督与国资委监督在市属国有企业主要负责人经济责任审计、市属国有企业内部审计工作质量监督评价、企业内部审计发现并已整改问题等方面的相互补充，有效地推动了审计监督的全面覆盖；审计部门还可以从国资委获取更多的市属国有企业内部审计工作开展及其整改情况的信息，国资管理部门和企业经营集团也高度重视审计部门的审计意见建议，从而促进了相关单位提高整改效率、按时完成整改任务，有效地提升了国有资产审计监督效能。

（二）其他地区审计部门加强国有资产审计监督的经验

一是实行国有资产审计全覆盖。2017 年，湖南省湘潭市审计局出台《湘潭市国有资产审计全覆盖工作方案》，明确五年内（2018—2022 年）采取六种方式推进国有资产审计全覆盖。一是有序推进经济责任审计。由审计局每年按照市经济责任审计工作领导小组确定的审计对象，组织实施对市管企业领导人员的经济责任审计；由集团公司组织内审人员或委托社会审计实施对二级及以下公司领导人员的经济责任审计。二是开展企业资产负债审计和财务收支审计。市审计局将依据“统筹安排，突出重点，分类实施，注重实效”原则，将重点国有企业资产负债审计和财务收支审计纳入年度审计计划。三是全面开展行政事业单位国有资产审计。市审计局在同级审、经责审中一并进行审计而不单独立项审计。四是重点抽查审计国有企业或以国有资本投资的重大建设项目的决算情况，对超投资概算规定比例的重大建设项目列入调概审计计划。五是对市委市政府交办的国有企业与国有资本专项审计列入年度计划。六是国家审计计划外的审计对象与投资项目由国有企业组织内部审计和社会审计力量分期分批在五年内实现审计全覆盖，审计局提供业务指导。市审计局重点审计全市 18 家国有和国有资本占控股或主导地位的企业，聚焦审计其财务收支、资产负债损益、国有资本保值增值等。对 4 家投融资集团公司每年审计 1 次，对 4 家竞争类专业集团公司每 5 年至少审计 1 次，对 4 家园区市管企业在每年市本级财政预算执行审计项目中一并安排，对 6 家过渡保留企业委托社会审计，5 年内完成审计一遍，正在组建的集团公司待其正式运营满 1 年后再按其类别进行审计①。

二是加强境外国有资产审计监督。重庆市审计局于 2021 年启动对市属国有重点企业境外投资专项审计调查工作，范围包括重庆 15 户市属国有企业在境外投资及在境外承接工程项目情况。一是聚焦决策和审批环节开展调查。调查国企

---

① 湖南省湘潭市审计局，2017 年 12 月 22 日，审计署官网，https://www.audit.gov.cn/n4/n20/n524/c118267/content.html。

境外投资是否符合国家规定、企业发展方向，是否聚焦主责主业，决策程序是否合法等问题。二是聚焦运营和管理环节开展调查。围绕国有企业对境外投资和工程项目的管控，重点调查国有企业与境外企业、项目组的职责权限划分是否清晰，国有企业派驻境外的董事及经营管理人员是否行使股东权利，国有企业是否掌握境外企业、工程项目的真实财务状况和运营风险等问题。三是聚焦现状和风险开展调查。调查境外投资企业、境外承接工程项目的存量资产底数、利用现状及经营风险情况，揭示境外投资经营和境外国有资产管理中的普遍性、倾向性、典型性问题。四是聚焦企业发展提出建议。根据审计调查结果提出审计建议，完善境外国有资产监管体系、维护境外国有资产安全①。此外，江苏省和青岛市审计局也一直重视境外国有资产审计监督工作，青岛市审计局早在 2017 年就已开展国有企业境外投资绩效情况专项审计调查，重点关注了境外企业投资决策、资金筹集使用、企业财务收支、境外投资项目管控和运营等情况，关注投资收购上市、境外发债、大额资产收购和处置等重大事项②。

三是关注国有资产安全效益，促进国有企业深化改革。2017 年，山东省济南市审计局将国有企业审计作为重点工作，充分了解全市企业经营管理状况，防范国有企业运营和国有资产管理风险，保障国有资产安全完整和保值增值。一是大力推进三项企业审计。以“摸清情况、揭露问题、分析原因、提出建议、规范管理”为目标，首次集中审计济南市 4 个投融资平台资产负债损益情况，对济南市企业资产质量状况开展专项审计调查，对市公交总公司、市能源投资公司 2 个国有企业领导人员进行经济责任审计，有计划、有重点、有步骤地推进国有企业领导人员经济责任审计全覆盖。二是把握审计重点。着力发现国有企业和国有资本管理运营中的普遍性、倾向性、典型性问题，反映发展运营中的突出矛盾和风险隐患，提出解决重大问题和推动改革发展建议，促进党和国家方针政策、重大决策部署在国有企业贯彻执行。三是高度关注审计整改成效。把审计工作向关注整改成效延伸，做好审计发现问题跟踪整改。审计结论出具后将审计整改工作纳入全市政府督查督办平台统一进行管理，通过政府督办、部门联动、审计指导等方式强化整改。通过有效整改保障国有资产安全完整和保值增值，促进国有企业深化改革，做大做优做强国有企业③。

---

① 重庆市审计局，2021 年 4 月 28 日。

② 山东省青岛市审计局，2017 年 12 月 7 日，审计署官网，https://www.audit.gov.cn/n4/n21/c117797/content.html。

③ 山东省济南市审计局，2017 年 4 月 7 日，审计署官网，https://www.audit.gov.cn/n4/n20/n524/c94346/content.html。

第四节 趋于规范的国有企业内部监督

一、国有企业内部监督的基本问题

随着国有经济不断发展壮大，国有企业市场活力普遍增强、效率显著提高，企业国有资产监督工作取得积极进展和明显成效。但与此同时，一些国有企业逐渐暴露出管理不规范、内部人控制严重、企业领导人员权力缺乏制约、腐败案件多有发生等问题，企业国有资产监督工作中多头监督、重复监督和监督不到位的现象也日益突出。为贯彻落实中央关于深化国有企业改革的有关部署，切实加强和改进企业国有资产监督、防止国有资产流失，必须强化企业内部自我监督，多维并举统筹协调多方监督力量，充分发挥好企业内部监督主体的职能和作用，在完善国有资产监管体系和改进国有资产监督工作方面探索一条新路。

（一）国有企业内部监督的内涵及特点

1. 内涵

国有企业内部监督是包括纪律检查委员会、股东大会、董事会、监事会、职工民主监督在内的多个监督主体，配合审计、法律、财务等部门，合理采用不同的手段来进行事前、事中、事后监督，发现问题并及时加以改进，从而保证国有资产安全，促进国有资产保值增值的过程。国有企业内部监督从源头上进行预防和治理，是国有资产监督的“第一道防线”，通过强化内部对权力的制约和监督，使各项权利始终规范运行。

2. 特点

（1）合法性。

在国有企业内部监督体系中，有各种不同的监督主体，自上而下的党内监督依据《中国共产党章程》《中国共产党问责条例》，同级相互监督来源于《公司法》《国有企业监事会暂行条例》，民主监督依据《劳动法》和《工会法》等。国有企业内部监督是法律赋予并保护的职权，对违反公司管理的行为可按照法定范围、方式和程序来追究违法者的责任。

（2）综合性。

国有企业内部监督贯穿于企业活动的全过程，从决策制定、经营投资到采购招标、资金运作都需要进行监督。内部监督也是全方位的，涵盖了企业自上而下的决策层、管理层和执行层多层次内部监督体系，加强了对权属企业的纵向监督和对关键控制活动的专业监督。同时，国有企业内部监督可与法律、财务和审计等多部门协同监督，形成一套系统化、综合性的监督体系。

（3）及时性。

国有企业内部监督主体直接参与企业的经济活动，进行预测、核算、控制与决策，能够较早地发现问题，并提出解决方案，及时发挥监督作用。与政府监督和社会监督相比，企业内部监督的优势就在于能够相对较早地发现问题，实现监督的及时性和有效性。

（4）双重性。

监督工作是经济管理的重要组成部分，监督人员以参与者的身份直接进入经济活动之中进行控制和监督，这是其他监督形式所达不到的。因此，国有企业内部监督人员具有双重身份，既是参与者又是监督者，不仅为本部门的经济事业管理和经济效益提高实行监督，还为保障国有企业的经营自主权和实现国有资产的保值增值进行监督。

（二）国有企业内部监督的目标及意义

1. 目标

以习近平新时代中国特色社会主义思想为指导，坚持和完善基本经济制度，坚持社会主义市场经济改革方向，适应市场化、现代化、国际化新形势，深刻把握全面从严治党和国有企业经营发展规律，以解放和发展社会生产力为标准，以提高国有资本效率、增强国有企业活力为中心，完善产权清晰、权责明确、政企分开、管理科学的现代企业制度，完善国有资产监管体制，切实维护国有资产安全，实现国有资产的保值增值。

健全相关法律法规，优化监管手段和方式，提高监管的科学性、针对性、有效性，实现党内监督与业务监督的有机融合，最大限度地提高监督效率，对企业经营管理全方位监督、全过程监管，打造分工明确、协同配合、制约有力、权威高效的国有企业内部监督平台，充分发挥国有资产监督的“第一道防线”作用，进一步完善国有资产监督体系。

2. 意义

随着我国市场经济的逐步建立和完善，国有企业改革进程也在日益深入，伴随而来的是国有企业为适应市场竞争、追求更大的经济效益而不断壮大的发展规模和不断复杂的业务类型。完善企业内部监督体系，提升监督水平与能力，对促进国有资产保值增值、推动国有资本做强做优做大、有效防止国有资产流失具有十分重大的现实意义。

（1）构建国有企业内部监督体系是坚持和加强党对国有企业全面领导的必然要求。

党的十九届四中全会《决定》[①] 提出："坚持和完善党和国家监督体系，强化对权力运行的制约和监督"，充分体现了党中央将监督工作、反腐败工作纳入国家制度和国家治理体系的战略考量。为贯彻落实"全面从严治党"战略部署，国有企业要全面落实内部监督体系的构建，建立中国特色现代国有企业制度，完善公司治理结构，整合纪委、民主、职能部门等各类监督资源，形成强大的监督合力，为加强党对国有企业的全面领导提供重要保证。

（2）建立国有企业内部监督体系是坚持依法经营、依规治企的必然要求。

强化权力制约，形成相互协调、相互制约、相互监督的权力分割体系，保障国有企业平稳和谐发展。人民群众监督权利，让权力在阳光下运行，把权力关进制度的笼子，有助于国有企业加强反腐倡廉制度建设、压实管党治党责任、细化权利行为规范，各监督主体的监督实绩落到实处。

（3）国有企业内部监督体系的建设是深化国有企业改革、做强做优做大国有企业的必然要求。

全面贯彻落实党中央、国务院对国有企业改革的决策部署，牢固树立新发展理念，不断把国有企业改革引向深入，尽快在国有企业改革重要领域和关键环节取得新成效。国有企业监督制度改革创新要围绕防止国有资产流失来展开，建立健全内部监督体制、机制和制度，加快建立现代企业制度，发挥国有企业各类人才的积极性、主动性、创造性，激发各类要素活力，加强统筹，创新方式，共享资源，提高监督效能。

（三）国有企业内部监督体系

国有企业内部监督主要包括党内监督、民主监督、产权监督和专业监督。四种监督形式在监督主体、监督内容和监督方式等方面存在差异，但其监督目标是一致的，即规范企业国有资产管理，促进企业国有资产健康发展。四种监督形式既相互独立，又相互作用，构成企业内部监督体系，实现对企业国有资产的有效监督。

1. 党内监督

党内监督是指强化党组织对企业领导人员履职行为的监督，发挥基层党组织

---

① 《中共中央关于坚持和完善中国特色社会主义制度　推进国家治理体系和治理能力现代化若干重大问题的决定》，2019 年 10 月 31 日中国共产党第十九届中央委员会第四次全体会议通过。

的战斗堡垒作用和党员的先锋模范作用。在国有企业内部各种监督形式中，党内监督是第一位的。党内监督的权威首先来自于党组织，体现为自上而下的组织监督，这也是最管用、最有效的监督方式。党组织对企业主要负责人和关键岗位领导人员进行监督，重点监督其政治立场、全面从严治党、从严治企、执行党的决议、执行过程符合法律法规、公道正派选人用人、责任担当、廉洁自律等方面的情况，使党员领导干部时刻感受到责任、考验和约束，真正做到忠诚、干净、担当。通过落实党组织在企业党风廉政建设和反腐败工作中的主体责任，健全党组织参与重大决策机制，进一步完善责任清单、问题清单、问责清单，坚持严字当头。抓好党内法规制度的执行，确保全面从严治党各项要求落实落地，使权力运行始终处在有效的监督制约之下。与此同时，企业各级党员领导干部以普通党员身份正常参加所在党支部的组织生活、履行党员义务，保障普通党员的知情权和监督权，从而鼓励和支持普通党员在党内监督中发挥积极作用。

强化纪律监督委员会①（以下简称“纪委”）的专责监督作用。党的十八届三中全会《决定》② 第三十六条指出：“落实党风廉政建设责任制，党委负主体责任，纪委负监督责任”，从而明确了国有企业纪委的定位。纪委是党内监督的专门机关，被赋予具有权威性的监督权力，其在国有企业公司治理体系中充当政府监管在企业内部的执行者、经理人加强内部控制的监督者、大股东实施监督的补充者三重角色③。纪委的监督职能主要来源于《中国共产党章程》的规定，要严格用好问责利器，持续释放“有权必有责、有责要担当”“用权受监督、失责必追究”的强烈信号。

2. 民主监督

民主监督是企业工会、职工代表大会对企业内部各个环节的监督。民主监督的优势在于充分相信群众、依靠群众，把群众力量纳入民主监督渠道，广泛听取群众意见和呼声，还可以依靠自上而下的组织监督权威，形成发现问题及时纠偏的有效机制，最终推动问题解决。工会、职代会依据《工会法》和《劳动法》对企业经营管理等情况进行民主监督。

（1）工会监督。

工会通过直接参与国有企业管理、听取和审议企业负责人的工作报告、民主评议干部、与企业行政举行联席会议的监督方式实现对企业经营方针、重大决策

---

① 纪律监督委员会是国有企业党组织的纪律检察机关。

② 《中共中央关于全面深化改革若干重大问题的决定》，2013 年 11 月 12 日中国共产党第十八届中央委员会第三次全体会议通过。

③ 张晌贤：“论纪委在国有企业公司治理中的三重角色——对中国人寿保险（集团）公司纪检监察工作实践的思考”，《保险研究》2008 年第 11 期。

和执行情况的监督。工会监督能够有组织地增强国有企业重大问题决策的透明度，实现民主决策，防止权力滥用，加强职工群众对企业领导人的监督制约。

（2）职代会监督。

国有企业发展状况及领导干部工作表现和思想作风如何，职工群众最有发言权。通过开展民主、透明的沟通与管理，坚持和完善以职工代表大会为基本形式的企业民主管理制度和企务公开制度，落实企业领导班子和主要负责人向职工代表大会报告履行职责和廉洁从业情况，并由职工代表进行民主评议制度，充分发挥职工群众的民主监督作用。不断完善的企业民主管理制度，在调动职工参与企业管理积极性的同时，增强了民主监督的活力。从监督范围看，将经营投资、采购招标、资金运作等活动纳入民主评价，加强了企业民主监督的力度。从监督途径看，建立职工董事和职工监事制度，充分反映职工的正当诉求，保障了职工的合法权益；企务公开制度的推行，不仅明确了公开内容，规范了公开程序，还提高了权力运行的透明度，做到依法维护职工的知情权、参与权和监督权。

3. 产权监督

产权监督从企业治理结构出发，包括股东会监督、董事会监督、监事会监督，监督的对象主要是经理的经营行为。

（1）股东会（股东大会）。

在企业内部，股东主要通过在股东会上行使投票权，选择董事会成员，向董事会施以影响，实施对经理人员的监督权。在国有控股企业中，股东会是最高权力机关，对企业的日常经营管理具有最高的监督控制权。在企业所有权与经营权分离的状况下，股东会无疑是企业的所有权者，股东借以管理企业确保其投资能够得到顺利的回报。因此，股东会对国有控股企业经营的国有资产的监督是企业内部监督制衡体系首先要面对的问题。股东会监督作用的发挥依赖于法律对股东会的职权和股东会制度全面、完善的规定，规定越明晰，越具有可操作性，股东会的监督制衡功能发挥得越充分越有效。

（2）董事会。

董事会作为企业的最高决策机构，在企业治理结构中起着关键作用。董事会是股东会直接选出来的决策机构，理应维护股东利益，强化董事会规范运作和对经营者的有效监督。董事会内部监督主要表现在董事会对董事个人的监督、董事会对经理层的监督，以及董事义务与责任制度对董事的监督约束等。首先，董事会对董事个人（包括董事长）的监督主要表现为，在依法规范董事会决策程序的前提下，董事会对董事长及董事的选任权和罢免权、对董事长履职行为的监督权、监督和落实董事对董事会决议承担的法定责任、依法审议批准企业年度审计计划和重要审计报告等。董事长要根据董事会的授权行使相应的职权并承担责任。其次，董事会对经理人员的监督。董事会监督董事会决议是否被经理人员贯彻执行以及经理人员是否称职，对经理人员偏离董事会决策目标的行为予以纠正，对经理人员侵犯公司及资产所有者利益的行为通过法律手段加以制裁，对不称职的经理人员予以解聘，实现对经理人员的监督制衡。另外，董事会还要增强运用内部审计规范运营、管控风险的能力。

（3）监事会。

监事会是“三会一层”① 公司治理结构中法定必设和常设的监督机构，由股东以及公司职工选举产生，代表公司对业务活动及董事、高级管理人员施以监督。《公司法》规定了监事会的产生、运行机制，其职能可归纳为检查公司财务，保证会计信息质量；监督董事、高管行为，确保其合法合规；协助股东会会议正常召开以及公司稳定运营的其他职能。监事会在企业内部监督体系中发挥着主导和统领作用，充分利用监督资源和制度保障，认真履行职权使事后监督变为过程监督，可以有效维护国有资产的安全完整和出资人的权益。监事会的设立加强了对权属企业的监督管控。一是在工作制度方面，建立各层级监事会的业务指导、工作交流以及监督检查制度，加强权属企业监事会监督工作的规范性。二是在监督职能方面，将权属企业的财务、董事和高管人员的履职情况作为监督重点，提高监事会监督工作的针对性和有效性。三是在整改落实方面，建立跟踪整改制度，完善专项查办、督办制度，制定责任追究制度，加大监事会监督管控力度。

4. 专业监督

专业监督主要是指审计、法律、财务等职能部门的监督。

（1）内部审计监督。

审计委员会作为隶属于董事会下的主要由独立董事组成的一个专门委员会，是保护股东权益不可或缺的内部审计部门，主要负责公司内部监督和核查工作以及与外部审计的沟通。审计委员会保证审计的独立性，肩负监督财务报告、保证审计质量、评价内部控制三大职责，监察企业的财务风险及经营风险，为董事会提供可靠信息和合理化建议。

（2）法律监督。

发挥企业以总法律顾问制度为核心的法律工作体系在经营管理中的法律审核把关作用，推进企业依法经营、合规管理。通过以总法律顾问为核心的法务队伍加强重大决策前的法律论证和审核把关，将法律事务工作重点由处理经济纠纷为主，扩展延伸到参与企业改制重组、投融资、招标投标等重大决策的法律论证上

① “三会一层”是指股东大会、董事会、监事会和管理层。

来，在法律组织体系建设、规章制度建设、合同管理、法律风险防控、联合重组与管理整合、业务拓展及转型升级的法律保障支持等方面开展工作。

（3）财务监督。

在企业财产所有权与经营权相分离情况下，由董事会向企业委派财务总监参与企业的重大经营决策，组织和监控企业日常财务活动，加强所有权监督、维护企业资产所有权权益。财务总监可进行事前和事后两类监督。事前监督是指财务总监对企业及主要经营项目进行财务风险评估和财务预警分析，介入企业治理，限制经营者的经营行为。事后监督是财务总监从财务角度进行一系列财务指标评价经营者的履约情况并向其委派者报告，若评价中发现失职、违纪等，通过不同强制性程序进行惩罚或裁决。

二、国有企业内部监督的改革历程

立足于国有企业监管模式的改革历程，以国有企业拥有的自我监督权力范围为标准将国有企业内部监督的改革历程分为以下四个阶段[①]。

（一）国有企业内部监督萌芽阶段（1978 年前）

改革开放之前的计划经济时期所有企业均为国有企业，强调统筹兼顾、综合平衡，一切大小事务都由国家（政府）进行周密的计划安排，企业既不能自主经营，又不能自负盈亏。政府通过行政手段和指令性计划直接控制企业行为，每个企业的生产活动都处在国家计划经济部门和有关行政主管机构的管控范围内。

计划经济时期国家对国企运营进行指挥和控制，各级政府通过指挥调度工作获取企业的生产经营情况、主要产品生产情况、完成年度调度计划基本情况等数据，为国务院和地方各级政府及有关经济部门提供决策依据，同时也为企业开辟一条内部监督的渠道，内部人员对企业自身的生产经营活动进行初步检查，但该时期的企业自我监督权力较弱，尚处于萌芽阶段，对企业国有资产内部监督效果甚微。

（二）国有企业内部监督初步探索阶段（1978—2002 年）

从改革开放之初到 2003 年国资委成立之前，国有企业的内部监管模式处在

---

① 该部分主要参考了袁珮在《国有企业改革路径研究》（经济日报出版社出版）一书中的我国国有企业改革历程回顾部分以及刘灿雷、王若兰、王永进："国企监管模式改革的创新驱动效应"，《世界经济》2020 年第 11 期中的国有企业监管模式的改革历程，将国有企业内部监督的改革历程分为四个阶段。

初步探索时期。改革开放初期的放权让利政策扩大了企业自主权，开始成为独立的利益主体，企业内部管理成效显著。《公司法》的通过实施确立了现代企业制度，通过健全企业治理结构，完善企业法人制度，规定公司监事会中的职工代表比例、对有关问题应当听取公司职工的意见和建议以及职工代表的产生方式，切实改善企业治理结构，健全企业内部监督形式。

公司经营管理行为的规范，使得企业内部监督水平得到快速发展，但在国有企业生产运营中依旧面临过多的行政干预，承担了部分不属于企业经营范畴的社会公共管理职能，制约了现代企业管理制度的建立。另外，国资委成立之前国有企业的出资人权力分散在国资局、财政部、国家计委、经贸委和企业工委等多个部门，多个职能部门的监管模式导致国企运营权责分离，管资本与管人管事不统一，由此导致国企决策效率和运营效率低下，制约了国企监督效率的提高，国有资产流失严重。该时期国有企业拥有一定的自我监督权力，但监管职能受到制约，企业权利、义务与责任不统一，未能建立统一有效的内部监督模式。

（三）国有企业内部监督体系形成阶段（2003—2012 年）

从 2003 年国务院国有资产监督管理委员会（以下简称“国资委”）成立至党的十八届三中全会，国有企业内部监督体系逐渐形成。

国资委的成立是我国国有资产管理体制的重大创新，初步分离社会公共管理职能与出资人职能，管资产与管人管事相结合，责任、权利和义务相统一。国资委成立以后，国资委配合国务院法制办起草了《企业国有资产监督管理暂行条例》，对监管机构、监管范畴、法律责任等重要问题都做了明确规定。国资委的主要监管义务是建立现代企业制度，完善法人治理结构，推进管理现代化，维护国有企业的经营自主权，增强企业市场竞争力，企业的自我监督权力进一步提高。2004 年国资委颁布了《中央企业内部审计管理暂行办法》① 要求国有控股企业和国有独资企业在董事会下设立独立的审计委员会，审计委员会对董事会负责，配合监事会的监事审计活动，为董事会提供可靠信息和合理化建议。2009 年出台的《中华人民共和国企业国有资产法》规范和完善了企业国有资产内部监管体制，《公司法》进行了多次修订以及国资委先后发布了包括法律顾问、风险管理、社会责任、人才建设等各种规章和规范性文件②。国资监管的法规体系、

① 2004 年 8 月 30 日起实施。

② 国务院国有资产监督管理委员会令第 6 号《国有企业法律顾问管理办法》；关于印发《中央企业全面风险管理指引》的通知（国资发改革〔2006〕08 号）；关于印发《关于中央企业履行社会责任的指导意见》的通知（国资发研究〔2008〕01 号）；关于印发《企业经营管理人才素质提升工程实施方案》的通知（国资发干〔2011〕143 号）。

组织体系与国有资产经营责任体系的逐步建立健全，从体制机制上推进了政企分开、政资分开和经营权与所有权的分离，国有企业内部各监督主体的职能也因此逐步到位，形成了较为完善的企业内部监督体系。

新的国企监管模式为国有企业内部监督的建立营造了高质量的外部发展环境，现代企业管制制度的完善，企业管理效率和经营自主权的提升，进一步释放了企业内部监督权力，激励企业创新改善内部监管模式。

（四）国有企业内部监督深化阶段（2013 年至今）

从党的十八届三中全会至今，为适应市场化经济改革的新形势，以国资委为主体的国企监管模式开始由管企业管资产向管资本的国资监管模式转变。将依法应由企业自主经营决策的事项归位于企业，将延伸到子企业的管理事项原则上归位于一级企业，将配合承担的公共管理职能归位于相关政府部门和单位，由此进一步扩大了企业自我监督权力范围。

2015 年，国务院发布《关于改革和完善国有资产管理体制的若干意见》提出，要以管资本为主加强和完善国有资产监管，同时强调进一步明确国有资产监管重点，真正确立国有企业的市场主体地位，适应市场化、现代化、国际化新形势和经济发展新常态。国有资产监管的重中之重是国有资产监督，因此，国务院办公厅随后又发布《关于加强和改进企业国有资产监督防止国有资产流失的意见》，为强化企业内部监督指明了方向。牢牢把握以管资本为主加强国有资产监管的总体要求，改进国有资产监管方式；坚持权利以出资为限、监管以法定为据，大力推进依法监管，改进监管方式；注重事前规范制度、事中加强监控、事后强化问责，更多运用法治化、市场化监管方式；注重通过公司治理履行出资人职责，加强公司章程管理，规范董事会运作，严格选派和管理股东代表和董事、监事；完善国有资产监管信息公开制度，设立统一的信息公开网络平台，依法依规、及时准确地披露国有资本整体运营和监管信息。

2019 年 10 月国务院国资委印发《关于加强中央企业内部控制体系建设与监督工作的实施意见》[①] 突出“强监管、严问责”。以监督问责为重要抓手，通过加强出资人和企业监督评价力度，强化整改落实和责任追究工作，形成“以查促改”“以改促建”的动态优化机制，促进中央企业不断完善内部监督体系。监管手段和方式不断优化，监管的科学性、针对性、有效性进一步提高，国有资产保值增值责任全面落实，企业内部监督体系更加健全。

国资委下发的《国企改革三年行动方案（2020—2022 年）》表明这三年是

① 国资发监督规〔2019〕101 号。

国企改革关键阶段，为做强做优做大国有资本和国有企业，坚持和加强党对国有企业的全面领导，坚持和完善基本经济制度，坚持社会主义市场经济改革方向，抓重点、补短板、强弱项，着力从监管理念、监管重点、监管方式、监管导向等多方位实现转变，进一步提高国有企业内部监督的系统性、针对性、有效性。

2022 年是国企改革三年行动的攻坚之年、关键之年，如何确保年底前完成改革目标任务，无疑是央企及地方国企工作的重中之重。在深入实施国企改革三年行动中，不断深化分类监管，破除“一刀切”的惯性，多维度对企业进行科学分类，并探索不同类别业务层面的监管。分类监管的同时进行科学授权放权，坚持授权与监管相结合，强化对授放权的跟踪督导，提高监管精准性，实施差异化管控。“授得准”也要“接得住”，这就需要企业不断完善内部监督体系建设，加强法律、制度和流程体系，发挥好现代公司治理模式高效运转、自我约束的作用，配齐建强各类监督主体，充分发挥各自在内部监管建设中的重要作用。

三、国有企业内部监督的案例分析

（一）葛洲坝集团案例分析

1. 案例基本情况①

中国葛洲坝集团有限公司（以下简称“葛洲坝集团”）是一个有着 50 多年发展历程的国有控股大型企业集团。为构筑企业内部监督体系，保持公司可持续健康发展，葛洲坝集团在总结经验教训的基础上，结合企业实际进行了有益的探索和实践，并取得了较好的效果。

葛洲坝集团内部曾存在着干部职工观念陈旧、规矩意识缺乏、企业基础管理薄弱、人才结构矛盾突出、传统业务占比过大、盈利能力长期低下等问题，部分项目亏损严重，严重影响到企业健康可持续发展。因此，建立规范和全面的内部监督体系就成为企业健康发展的内在需要。葛洲坝集团的内部监督体系是以董监事工作部、风险控制部、审计部、纪检监察部等部门为监督主体，其他业务部门参与协同，且各部门之间形成联动的内部监督模式。该模式创造性地将集团总部监督与子公司的治理结构有机融合，有效地整合了内部的监督资源和管理资源，

① 本案例主要改编自中国葛洲坝集团股份有限公司：“建立国有企业内部监督体系的探索与实践”，《企业管理》，2016 年。

构筑了对子公司纵向到底、横向到边的立体大监督体系。

具体做法如下：第一，完善子企业治理结构，强化规范运作和出资人监督。实行专职董事和专职监事制度，依法参与并规范子企业董事会的决策行为，按照决策、执行和监督三权分立的治理原则建立科学有效的权力制衡体系，各负其责、分权制衡。第二，构建风险管理和内部控制监督体系，强化事前防范和事中控制。公司成立了风险控制部，将风险管理和内部控制监督职能有机结合，持续深入开展年度风险评估，根据风险评估结果制定重大风险控制措施，定期向所属子公司开展风险管理与内部控制监督检查，重点对运营管理的合规性进行总体评价分析，提出整改意见。第三，创新审计管理的体制机制，提高监督效能。公司发布了《审计成果运用管理暂行规定》，建立了监督部门和业务部门审计整改的联动机制，将审计发现的问题分类移交各业务部门和纪检监察部联合督改，审计部组织现场督导和后续跟踪检查，将整改情况纳入年度绩效考核，实现了“查实、督改、追责”的闭环管理。第四，建立强力有效的执纪追责机制，实现监督闭环。公司纪检监察部突出执纪监督问责，出台了《管理禁令》《进一步改进工作作风的规定》以及责任追究办法，涵盖了子企业生产经营各个环节，实现执纪追责不留盲区。第五，建立有效的部门联动机制，形成监督合力。公司审计、纪检、风控、内控及董监事部等监督部门建立了定期联席会议机制，统筹监督计划安排，关键业务共同实施，建立了监督部门与业务部门之间的整改联动机制，实现了发现问题、整改落实及管理提升的良性循环。

葛洲坝集团的内部监督体系实施效果明显，为企业的健康发展助力。监督工作更为深入，监督体系以“问题和风险”为导向，突出对企业决策程序及企业日常管理的监督，查找的问题更为具体，监督措施更为得力。监督效果更为明显，内部监督体系注重部门之间的工作联动，集中了业务部门力量，组建了多方参与、专业互补的监督及整改管理体系，提高了问题查找和整改的专业程度，凸显了内部监督体系下的管理成效。公司管理环境得到净化，通过对一批违纪违规问题进行查处，对相关责任人严厉执纪问责，形成对各级党员干部职工强力威慑，为公司营造了风清气正的管理环境。发挥了监督增值功能，通过审计、纪检、风控等部门对生产经营活动的内部监督检查，及时纠正违规行为，增收节支和减少损失浪费效果明显。

2. 案例分析

葛洲坝集团的内部监督体系以“问题和风险”为导向，突出对企业决策程序及企业日常管理的监督，查找的问题更为具体，监督措施更为得力，充分体现了全面覆盖、分工明确、协同配合、制约有力的国有企业内部监督体系对企业持续健康发展的重要性。

该监督体系有四个方面的特点：一是监督部门权责分明、分权制衡和协同联动相结合，各监督部门相互协作又相互制约，有效整合监督资源，增强监督工作合力，形成内外衔接、上下贯通的国有资产监督格局。二是完善子企业治理结构与加强经营活动监督相结合，实现了对企业经营决策和执行过程的监督，实现企业国有资产监督全覆盖，切实维护国有资产安全。三是监督方式遵循了事前防范、事中监控、事后问责的原则，实现了防范、监控与问责的闭环管理，增强监督的针对性和有效性，正确处理好依法加强监督和增强企业活力的关系。四是将问题发现和改进管理相结合，对违法违规造成国有资产损失以及监督工作中失职渎职的责任主体严格追究责任，实现企业经营管理的标本兼治。

（二）安徽建工案例分析[①]

1. 案例基本情况

安徽建工集团有限公司（以下简称“安徽建工”）是中国企业 500 强，主营业务包括建筑工程及工程技术服务、投资与资产管理、房地产开发经营。建筑施工行业点多面广、人员分散、管理粗放，腐败问题高发多发易发，防止国有资产流失、确保国有资产保值增值使命艰巨、任务繁重。安徽建工通过着力日常监督，强化过程监管等监督防控工作实施，不断加强和改进企业国有资产监督管理，结牢织密监督防控网络。

安徽建工加强日常及过程监管的主要改革措施：

第一，加强纪检审计监督。积极加强效能监察，反腐倡廉教育常抓在手，查处违规违纪不手软，综合施策，强化监督。坚定不移监督执纪问责，对违纪违规问题突出、造成重大国有资产损失的，严肃追究责任人责任，追究党组织的主体责任和纪检机构监督责任。加大对领导人员履行经济责任情况的审计力度，坚持离任必审，强化任中审计，对权力、资金等重点、关键环节和岗位进行专项审计，推动审计监督常态化。

第二，加强职工民主监督。大力推行厂务公开，健全职工代表大会制度，重大事项以及关系职工切身利益的重大问题均提交职代会或职工大会审议通过，使职工群众从源头上参与监督。制定《提案征集处理办法》，对职工代表提案做到件件有回复、事事有落实，充分发挥广大职工的监督作用。

第三，加强外派监事监督。集团对所属子公司实行了外派监事制度，2016 年修订《外派董事、监事管理办法》，进一步明确监事职责定位。外派监事对

---

① 本案例主要改编自国务院国资委改革办编：《国企改革探索与实践——地方国有企业 100 例》，第 79 例，“坚持‘五个着力’强化监管 促进企业持续健康发展”，中国经济出版社 2018 年版。

派驻公司的“三重一大”、财务状况以及经营的合法合规性等进行监督检查，强化与有关专业监督机构的协作，加强当期和事中监督，强化监督成果运用，建立健全核查、移交和整改机制。充分发挥外派监事在公司管控治理、防范风险和国有资产保值增值等方面的作用，促进领导干部转变作风、廉洁从业、规范履职。

第四，加强法律审核监管。进一步推进法务人员在经营管理中的审核作用，落实人员配备，加强合同管理，强化对诉讼案件的统一处理，提升案件的处理效率和效果，推进公司依法经营、合规管理。

2. 案例分析

安徽建工监督工作措施，织牢了监督之网，保障了企业持续稳定健康发展，通过全方位、多层次、立体式的防控监督，企业党的领导更加坚强，全面从严治党更加有力，依法治企得到落实，规范经营成为常态，科学管理日臻完善，企业面貌焕然一新。

总结起来，安徽建工内部监督的特点主要体现在如下三个方面：

其一，始终坚持党的领导。国有企业搞不好、国有资产管不好，根本原因还是企业党的领导不坚强。实践证明，只有坚定不移坚持党的领导，提高党把方向、谋大局、定政策、促改革的能力和定力，确保党始终总揽全局、协调各方，才能取得监督防控工作的最终胜利。安徽建工始终坚持以党章为根本遵循，思想建党和制度治党同向发力，抓住“关键少数”，坚持“三严三实”，严明党的纪律，强化党内监督，坚决纠正各种不正之风，以零容忍态度惩治腐败，党章党规党纪真正挺了起来、立了起来、严了起来。

其二，高度重视依法治企。全面依法治国落实到企业，就必须依法治企依规经营。只有把国家法律法规落实到企业生产经营管理全过程和各方面，阳光运行，透明操作提高全体职工法治素养和道德素质，才能真正在市场竞争中立于不败之地。近年来，安徽建工建立完善了涉及党建、投资、市场营销、项目管理、人力资源、内部招标和财务管理等方面规章制度共460多项，形成了科学有效的制度体系。

其三，坚定不移狠抓整改。巡视巡察工作最重要的是发现问题，最大的成效要体现在整改落实并解决问题上。安徽建工针对省国资委巡视、省审计厅审计反馈问题，结合省国资委十个方面违规行为专项治理，不掩盖、不回避、不推脱，一项一项地把问题改彻底改到位，在整改中解决问题、形成震慑、树立规矩。充分运用内部巡察成果，创造性地提出了“十大廉洁风险防控”，涵盖了安徽建工产业链的全过程，揭示了风险高发易发各环节各领域。

四、国有企业内部监督的未来趋势

惟改革者进，惟创新者强。新时代新形势下，加强对国有企业的监督，对党和国家事业发展意义重大。时值深化国有企业改革的关键时期，必须坚持稳中求进基本工作方针，整合监督资源，合理构建国有企业监督机制。加强国有资本经营管理全链条监管，全面规范管理制度，落实国有资本监管责任，严格执行国有资本监管政策与纪律，建立健全监督长效机制，确保国有资本安全运营，严防国有资产流失，通过加强内部监督推动国资国企系统全面向纵深发展。

（一）完善内部监督体系的整体架构

合理的制度体系是提高内部监督有效性的首要前提，建立涵盖企业各经营环节的内部监督体系，形成自上而下、权责明晰、有效制衡的体系整体架构是内部监督的首要环节。

首先，以制度的形式明确规定各监督主体的职责界限和范围，调整内部监督各主体的职责分配，及时更新监督权力清单，在订货、采购、销售、投资等方面设立环环相扣的监督体系，使监督工作有章可循，在不遗漏任何一个经营环节的同时也应避免重复监督，使监督主体各司其职、各负其责，形成监督闭环。

其次，完善内部专业监督以提高内部监督整体有效性。通过加强内部审计部门与监事会、纪检委的协同监督推进经济监督建设；完善总法律顾问的事前预防、事中控制加强企业重大决策的法律监督作用；推进首席财务官制度提升高级财务管理人员的监督和综合管理能力。

再次，为保障内部监督制度体系的整体衔接，实现监督资源的共享，通过建立监督信息共享平台，将监督信息及时上报，为监督工作提供有效支持。

最后，通过股东会、董事会、监事会等监督部门的联席会议整合监督资源，强化流程管控的刚性约束，通过总体分析提出有效监督意见，充分发挥企业内部监督体系的整体效能，确保内部监督及时、有效。

（二）实行“一企一策”，分类监管

根据国有资本的战略定位和发展目标，结合不同国有企业在经济社会发展中的作用、现状和发展需要，按照国有企业规模和性质的不同进行分类。通过划分类别、界定功能，实行分类改革、分类发展、分类监管、分类定责、分类考核，提高改革的针对性、监管的有效性、考核评价的科学性，探索设计适合各自实际情况的内部监督制度体系，推动国有企业同市场经济深入融合，促进国有企业经

济效益和社会效益有机统一。

首先，从企业规模角度看，规模较大的企业经济业务类型较多且复杂，组织机构较庞杂，监督事项繁杂，需要制定全面系统、自上而下的内部监督制度体系，在现有体系基础上完善内部监督主体和监督环节；中小规模企业经济业务和组织结构较简单，监督事项较少，可在现有体系基础上精简监督机构和监督环节，提高监督效率。

其次，从企业功能性质角度看，将国有企业分为商业类和公益类。商业类国有企业按照市场化要求实行商业化运作，以增强国有经济活力、放大国有资本功能、实现国有资产保值增值为主要目标，应重点加强对集团公司层面、国有资本布局和国有资本运作方式的监督，在企业战略制定、资本运作模式、薪酬分配方式、经营业绩考核等方面进行有效、分类监管，实现企业经济效益和社会效益的有机统一；公益类国有企业发展定位是保障民生、服务社会、提供公共产品和服务，应把成本控制、产品服务质量、营运效率和保障能力作为监督重点，在产品价格、服务效果、成本管理、收入分配等方面实行有效的内部监督。

（三）提高内部监督制度体系的执行效果

完善的内部监督体系与专业的监督人员、规范的监督流程相结合，才能充分发挥内部监督的作用。要根据企业改革发展需要，明确选人用人标准和程序，创新选人用人方式，完善各监督主体的监督流程。

一是强化党组织在企业领导人员选拔任用、培养教育、管理监督中的责任。加强党性教育、法治教育、警示教育，引导国有企业领导人员坚定理想信念，自觉践行“三严三实”要求，正确履职行权，努力构筑企业领导人员不敢腐、不能腐、不想腐的有效机制。进一步明确党组织前置研究讨论的内容和程序，将重大交易、重大资金等决策事项由党组织前置讨论并提出意见，再提交董事会或经理层，充分发挥党组织的把关定向作用。

二是定期举办职工代表大会，切实保障职工董事和职工监事的合法权益，在企业基本建设等方面听取职工意见，并通过公司内网、报刊等多种渠道将职工关心的收入分配、社会保障等内容公之于众，接受职工监督，更好地发挥职工监督积极性。

三是支持董事会依法选择经营管理者、经营管理者依法行使用人权，坚决防止和整治选人用人中的不正之风。加强对国有企业领导人员尤其是主要领导人员的日常监督管理和综合考核评价，及时调整不胜任、不称职的领导人员，切实解决企业领导人员能上不能下的问题。为使董事认真履职，可以在薪酬与业绩挂钩的同时建立外部董事信誉库，记录董事在位期间监督执行情况，为其他企业聘用董事提供参考。对监事会职责出台具体操作办法，设置独立于其他部门的专职监事，从熟悉财务、法律等专业知识的人员中选聘监事会成员，并进行岗前培训和定期考核，保证监事会成员按要求履行监督责任。

四是大力实施人才强企战略，加快建立健全国有企业集聚人才的体制机制。规范操作流程，强化专业检查，健全国有资本审计监督体系和制度，实行企业国有资产审计监督全覆盖，建立对企业国有资本的经常性审计制度。

（四）健全内部监督的保障机制

完善的内部监督制度体系并不能保障各监督主体的监督效果，建立一套健全的保障机制至关重要。

一是健全责任追究机制。建立健全国有企业重大决策失误和失职、渎职责任追究倒查机制，建立和完善重大决策评估、决策事项履职记录、决策过错认定标准等配套制度，严厉查处侵吞、贪污、输送、挥霍国有资产和逃废金融债务的行为。建立健全企业国有资产的监督问责机制，对企业重大违法违纪问题敷衍不追、隐匿不报、查处不力的，严格追究有关人员失职渎职责任，视不同情形给予纪律处分或行政处分，构成犯罪的，由司法机关依法追究刑事责任。

二是健全激励机制。为解决监督人员“干好干坏一个样”的问题，企业必须健全激励机制，完善绩效工资分配标准，对工作突出、监督有效的部门或人员进行物质或精神奖励。例如，将国资委决定外部董事薪酬改为由企业和市场决定，实行与经营业绩挂钩的差异化薪酬分配方法；通过股票期权等对高管人员或核心技术人员实施股权激励。

三是建立容错纠错机制。明确容错环节，探索合理的容错次数，实施严密的容错纠错程序，鼓励监督部门破旧立新，同时也要为监督人员提供申诉的通道，在问责前允许责任人举证解释，消除其后顾之忧，切实保障容错纠错机制的落实。

构建国有企业内部监督体系是国企转型发展中需要解决的一个重大问题，需要结合国家监察体制改革、国有企业改革的要求不断实践探索、总结完善，最终建立起适应企业需要、体现企业特色的监督管理体系。

第六章
国有资产收入管理

国有资产收入管理是国家行使所有者权益的重要内容，能够充分体现国家的所有者地位。加强国有资产收入管理，有利于增强国家对宏观经济的调控能力，也有利于加强国有资产的价值管理。

第一节　国有资产收入管理概述

一、国有资产收入管理的主要内容

所谓国有资产收入，是国家凭借资产所有权所应获得的各种收益的总称。国有资产收入的主要来源包括：从经营性国有资产取得的国有资产经营收益，从非经营性国有资产、资源性国有资产取得的使用收入等。

（一）国有资产经营收益

国有资产经营收益，是指国有企业或经营国有资产的其他企业，在一定时期内利用国有资产从事生产经营活动新创造的、并且已经实现的，可在各利益主体之间进行分配的全部价值，是企业纯收入扣除缴纳的全部流转税后的余额，亦可称作企业利润。

国有企业或经营国有资产的其他企业，利用国有资产从事生产经营活动所创造出的产品，从实物形态上考察，可以是生产资料，也可以是消费资料，但若从价值形态上考察，则表现为 C、V、M 三部分。其中 C 是用于补偿生产过程中消耗掉的生产资料的价值部分，这是对预付价值的补偿，也是维持企业简单再生产的必要扣除。V 是用于补偿生产过程中劳动力消耗的部分，通常以劳动报酬的形式支付给劳动者个人，是维持劳动力再生产的必要扣除。M 是新创造的且归社会支配的剩余价值部分，即是企业的纯收入，是可以在国家、企业及劳动者之间进行分配的价值部分。通常所说的国有资产经营收益就是企业纯收入扣除缴纳流转税后的余额部分。这部分余额按照国有企业和经营国有资产的其他企业的经营形式不同，按照不同时期国家规定的不同分配形式，具体划分为国有企业所得税；国有企业上交的利润；资金占用费、租金、股息、红利；国有企业所得税后留利等各种不同的形式。

（二）国有资产收益

与上面国有资产经营收益有所不同的另一个概念是国有资产收益。若放到国有企业中理解这一概念的话，国有资产收益就是国家凭借其资产所有权应取得的企业缴纳所得税后的收益，即是国有资产经营收益扣除所得税后的余额，故亦称“税后利润”。这部分收益是国家以投资者身份，从国有资产经营收益中应取得的一部分收入，所以，其实质是国有资产投资的回报。它的所有权应完全归国家所有，但国家并不一定要把全部资产收益从企业抽走，可按一定标准抽走一部分作为国家集中性财政的重要来源，也可按规定留给企业一部分（剩余部分按规定留存企业），作为扩大生产经营和改善职工福利的资金来源，但不管是集中还是分散，都不会影响到这部分收益的所有权归属问题。因此，国有企业中国有资产收益的内容应包括两部分：一是上交国家财政集中的国有资产收益，二是留存企业的国有资产收益。国有企业上缴收益是国有资产收益的主要部分，主要包括国有企业应上缴国家的利润、股份有限公司中国家股应分得的股利、有限责任公司中国家作为出资者按出资比例应分取的红利、各级政府授权的投资公司或机构以国有资产投资形成的收益应上缴国家的部分、国有企业产权转让收入、股份有限公司国家股权转让（包括配股权转让）收入、有限责任公司国家出资转让的收入、其他非国有企业占用国有资产应上缴的收益等内容。

根据以上分析，国有资产经营收益和国有资产收益的内涵有所不同。它们的区别，简单讲，国有资产经营收益是流转税后、所得税前利润，国有资产收益则是所得税后利润；国有资产经营收益包括了国有资产收益，国有资产收益是国有资产经营收益的组成部分。

（三）国有资源（资产）有偿使用收入

国有资产（资源）有偿使用收入是指有偿转让国有资源（资产）使用权而取得的收入。

国有资源有偿使用收入，包括土地出让金收入、新增建设用地土地有偿使用费、海域使用金、探矿权和采矿权使用费及价款收入、场地和矿区使用费收入；

社会公共资源有偿使用收入，包括出租汽车经营权、公共交通线路经营权、汽车号牌使用权等有偿出让取得的收入；政府举办的广播电视机构占用国家无线电频率资源取得的广告收入；以及利用其他国有资源取得的收入。

国有资产有偿使用收入，包括国家机关、实行公务员管理的事业单位、代行政府职能的社会团体以及其他组织的固定资产和无形资产出租、出售、出让、转让等取得的收入，世界文化遗产保护范围内实行特许经营项目的有偿出让收入和世界文化遗产的门票收入，利用政府投资建设的城市道路和公共场地设置停车泊位取得的收入，及利用其他国有资产取得的收入。

二、国有资产收入管理的原则

在我国社会主义条件下，国有资产收入管理涉及国家、企业和劳动者个人三者间的经济利益关系，虽然国家与企业、个人之间不存在根本利益上的冲突，但客观上存在着眼前利益与长远利益、局部利益与全局利益等各方面的矛盾关系，这些矛盾如果处理不好，就会影响到国有资产经营者和管理者的积极性，给国有资产的有效运营和继续发展设置障碍。因此，国有资产收入管理的基本任务就是在充分体现国家国有资产所有者权益的前提下和基础上，解决好所有者、经营者，使用者三者之间的经济利益关系。根据改革的要求和国有资产管理的工作实践，国有资产收入管理应遵循以下原则。

（一）坚持国家职能与分配形式相对应的原则

社会主义国家的双重身份和双重职能决定了它一是作为社会管理者，具有社会公共管理一般职能，要凭借国家行政权力向社会成员征税；二是作为国有资产所有者，具有所有者职能，按照“谁投资、谁所有、谁受益”的原则，理应凭借财产所有权获得一部分财产性收入。因此，与双重身份和双重职能相对应，国家采取税与非税的方式参与国有资产（国有企业）收入分配。以国有资产收益分配为例，其体现的是国家的国有资产所有者身份和所有者职能，基本收入形式是企业税后利润，它与对全部生产经营者和社会成员普遍征收的税收是不同的经济范畴，两者不能混淆。只有这样，才能明确国有资产产权关系和收益，处理好与之相关的分配问题。

（二）坚持以国家为主体的分配原则

资产收益的分配权是资产所有权在经济上的最终体现和根本标志。在我国，国有资产的所有权属于国家，因此，国家通过投资形成的国有资产，交给经营者使用所实现的收益，必须以国家为主体进行分配，即要在国家拥有所有权的基础上，由国家根据国有资产经营方式，按照国有资产经营和收益使用的现状及客观要求，规定出具体的形式、办法、比例，以此来分配使用国有资产经营收益，协调国家、企业及劳动者个人的经济利益关系。同时，我国社会主义国家与人民的根本利益是一致的，因此，只有坚持以国家为主体的分配原则，才能体现全民意志，才能最大限度地符合全体人民根本利益。

（三）兼顾国家、企业和劳动者个人三者利益的原则

在社会主义国家，国家既是社会管理者，又是国有资产所有者。作为所有者，国家凭借财产权力，理所当然地取得国有资产收益。而企业，在市场经济条件下，作为独立经营、自负盈亏的商品生产者和市场经营主体，必须从生产经营过程中实现自身的发展。因此，企业应从实现的利润中按一定比例形成一定的企业积累，以便为进一步发展生产，提高经济效益，改善职工福利创造条件。同时，企业的职工作为国有资产的直接使用者和经营收益的直接创造者也应从企业实现利润中获得一定的经济利益，并随着企业生产的发展和经济效益的提高，逐步改善劳动条件和生活福利待遇。因此，国有资产收益的分配必须在坚持以国家为主体的分配原则下，兼顾所有者、经营者、使用者三方利益，只有这样才能调动各方面的积极性，才能有利于生产的继续发展，也才能更好地提升国有资产效益，不断充实和壮大国有资产。

处理好三者利益关系，实质是处理好两大关系：一是国家与企业的分配关系。处理好这一关系的关键，是要合理确定资产收益在国家与企业之间的分配比例。要确保在数量上首先满足国有资产的保值增值，满足国家对国有资产再投资的需要，在此基础上，再将国有资产收益的一部分留给企业自行安排使用。二是企业与劳动者个人的分配关系。处理好这一分配关系，就是要合理确定用于企业扩大再生产的积累基金与用于职工个人和集体消费的消费基金的比例。合理确定积累和消费的比例，实质上是合理调整人民的当前利益和长远利益的关系问题。积累和消费从根本上说是统一的，没有适度的积累，就不能实现社会扩大再生产，人民的消费水平就只能维持在一个不变的甚至下降的水平上；而没有消费水平的不断提高，就不能为社会扩大再生产提供源源不断的内在动力，积累就无法实现，或者使积累偏离了正确的目标。因此，作为企业来讲，既不能片面强调改善职工福利、生活而影响企业的扩大再生产，也不能单纯追求发展生产、扩大经营而忽视职工福利、生活条件的改善。在生产发展和国有资产收益增长的基础上，应不断提高人民群众的收入和福利，充分调动人们的积极性，实现社会主义生产的最终目的，同时，也要保证有适度的积累，因为，只有积累不断增加，才

能实现社会扩大再生产，为不断提高全体人民的收入水平和物质文化生活水平提供物质基础。因此，消费和积累两者比例必须适当，才能全面促进经济发展和社会进步。

三、国有资产收入预算管理现状

（一）国有资产经营收益

根据《政府收支分类科目2021》，我国现行复式预算体系中专门设有国有资本经营收入（科目代码103类，06款），以反映各级人民政府及其部门、机构履行出资人职责的企业上缴的国有资本收益。具体包括利润收入（01项）、股利、股息收入（02项）、产权转让收入（03项）、清算收入（04项）、烟草企业上缴专项收入（07项）[①] 等。

需要指出的是，虽然按照全口径预算管理的要求，国有资本经营收益已经纳入预算管理，但不同行业国有资本收入的预算管理形式略有不同。绝大多数国有企业的利润收入，股利、股息收入，产权转让收入以及清算收入等，均纳入国有资本经营预算管理（详见本章第二节），而国有金融企业上缴的国有资本经营收益绝大部分却列在一般公共预算中的非税收入项下[②]，还没有完全纳入国有资本经营预算，各机构上缴利润的标准也不够明确规范。国有金融资本经营收益预算管理的不规范，影响了国有资本经营预算的完整性，也影响了国有资本经营预算在国有资本战略布局方面作用的有效发挥。

从2016—2020年的数据看，我国一般公共预算收入中的国有资本经营收入呈现波动中增长趋势，2016年为5895.41亿元，2018年降为3574.20亿元，到2019年增长至7720.52亿元，此后受疫情因素影响，2020年又降至1938.85亿元（见图6－1）。

下一步，应进一步完善和规范金融国有资本经营收益预算管理。按照《中央国有资本经营预算管理暂行办法》的要求，将国有金融企业上缴收益全部纳入国有资本经营预算，明确各类国有金融企业上缴收益的标准，细化金融国有资本经营收益预算编制。逐步调整规范国有资本经营预算与一般公共财政预算支出范围的划分，减少交叉、重复安排，将国有资本经营预算真正打造成统筹优化国有资

① 即烟草企业在上缴国有资本收益后，还须向中央财政上缴专项税后利润。自2017年起，烟草企业上缴专项收入由政府性基金预算调整转列一般公共预算管理。

② 其中，利润收入中的中国人民银行上缴收入（01目）、金融企业利润收入（02目），股利、利息收入中的金融业公司股利、股息收入（02目）以及烟草企业上缴专项收入等纳入一般公共管理预算。

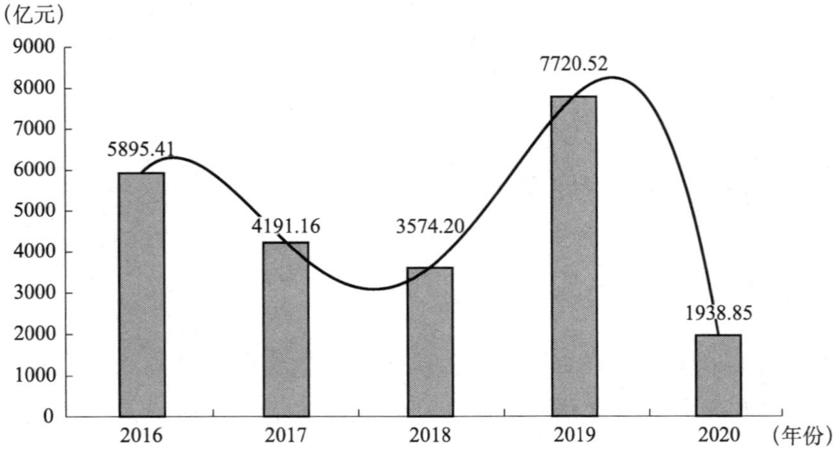

图 6－1　2016—2020 年我国一般公共预算收入中的国有资本经营收入

数据来源：《中国统计年鉴》。

本布局、贯彻落实国家发展战略的重要平台。逐步提高国有资本经营预算调入一般公共预算的比重①。

（二）国有资源（资产）有偿使用收入

国有资源和资产是国民经济与社会发展的物质基础，国有资源和资产有偿使用收入是政府财政收入的重要组成部分。建立与社会主义市场经济体制相适应的国有资源和资产有偿使用制度，全面推进国有资源有度开发、有序利用、有偿使用，是贯彻落实新发展理念、实现经济社会又好又快发展的内在要求，也是推动经济增长方式转变，促进资源节约型社会建设，完善社会主义市场体制的重要举措。

根据现行的复式预算体系，一般公共预算"国有资源（资产）有偿使用收入"（103 类，07 款）下设 22 目，以反映除土地出让金收入之外的大部分国有资源（资产）有偿使用收入，主要包括：海域使用金收入、场地和矿区使用费收入、特种矿产品出售收入、专项储备物资销售收入、非经营性国有资产出租出借及处置收入、出租车经营权有偿出让和转让收入、无居民海岛使用金收入、转让政府还贷道路收费权收入、石油特别收益金专项收入、矿产资源专项收入、航班时刻拍卖和使用费收入、市政公共资源有偿使用收入等。国有土地使用权出让收入则专门纳入政府性基金管理（103 类，01 款，48 项）（详见本章第三节）。

随着我国对国有资源和国有资产管理的不断加强，出于加强和完善国有资本

① 全国人大常委会预算工委、全国人大财经委《关于金融企业国有资产管理情况调研报告》。

收益、实现国有产权收入的应收尽收、防止国有资产收益流失的目的，各地政府创新性地进行了国有资源（资产）有偿使用收入管理方面的改革（见专栏6－1），国有资源（资产）的有偿使用收入规模不断上升，这一点可以从2016—2020年纳入一般公共预算管理的国有资源（资产）有偿使用收入数据中得到印证。从图6－2可以看出，我国国有资源（资产）有偿使用收入整体呈上升趋势，且增速较快，2016年为6926.70亿元，到2020年则增加至9934.33亿元，增额为3007.63亿元，增幅为43.42%。

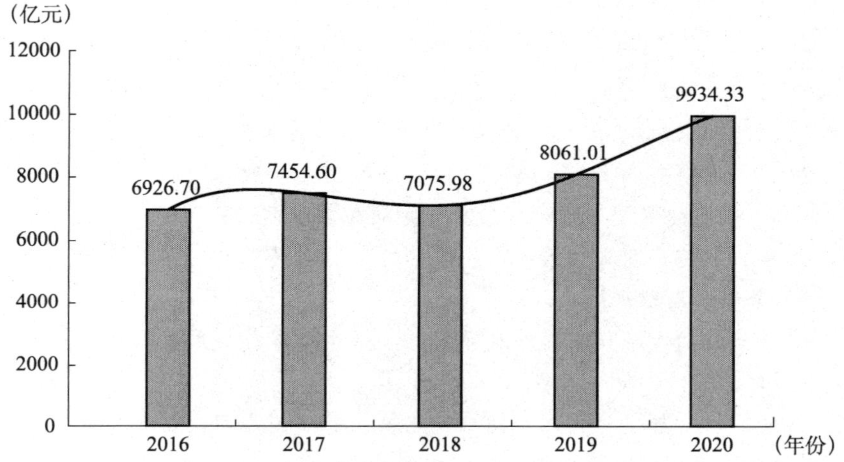

图6－2　2016—2020年纳入一般公共预算管理的国有资源（资产）有偿使用收入情况

数据来源：中国统计年鉴。

◇ 专栏6－1

山东省国有资产资源有偿使用收入管理办法

第一条　为了加强国有资产资源有偿使用收入管理，规范公共财政收入体系建设，促进国有资产合理配置和国有资源有效利用，根据有关法律、法规，结合本省实际，制定本办法。

第二条　本办法适用于本省行政区域内国家机关、事业单位及其他组织（以下统称执收单位）国有资产和国有资源有偿使用收入的征收管理和监督。

执行企业财务会计制度的事业单位，其国有资产和国有资源有偿使用收入管理，不适用本办法。

第三条　国有资产和国有资源有偿使用收入属政府非税收入，实行收支两条线制度，全额纳入财政预算管理。

任何单位不得坐收坐支、截留、挤占、挪用或者擅自减收、免收、缓收国有资产和国有资源有偿使用收入。

第四条　县级以上人民政府应当加强对国有资产和国有资源有偿使用收入

的管理，协调解决有偿使用收入管理中的重大问题，完善有偿使用收入收缴考核激励机制，防止有偿使用收入流失。

第五条　县级以上人民政府财政部门是国有资产和国有资源有偿使用收入征收管理的主管部门。

行政监察、审计等部门应当按照各自职责，做好国有资产和国有资源有偿使用收入征收管理的相关工作。

第六条　国有资产有偿使用收入，是指执收单位将其占有使用的固定资产、流动资产、无形资产，通过处置、租赁、对外合作、对外服务、对外投资和担保等形式取得的收入。

第七条　国有资产有偿使用收入包括下列内容：

（一）资产处置收入。指执收单位按照有关规定，将其占有使用的国有资产（股权）出售、转让、置换、变卖等取得的国有资产转让收入（含股权转让收入）、置换差价收入、报废报损资产残值变价收入、拆迁补偿收入、保险理赔收入以及处置国有资产（股权）取得的其他收入；

（二）资产租赁收入。指执收单位按照有关规定，将其占有使用的国有资产对外租赁所取得的收入；

（三）对外合作、对外服务收入。指执收单位利用其占有使用的国有资产开展对外合作、对外服务取得的收入；

（四）对外投资收入。指执收单位按照有关规定，将其占有使用的国有资产对外投资所取得的利润、股利和利息；

（五）对外担保收入。指执收单位按照有关规定，作为第三方以本单位占有使用的国有资产对外提供担保取得的收入；

（六）利用国有资产取得的其他收入。

第八条　国有资源有偿使用收入，是指执收单位利用各种形态的自然资源、公共资源、政府信誉、信息和技术资源向社会提供公共服务、准公共服务、经营服务以及出租、出让、转让国有资源使用权取得的收入。

第九条　国有资源有偿使用收入包括下列内容：

（一）国有自然资源有偿使用收入，包括：1. 国有土地、海域、矿产资源、内河湖泊、地表水、地下水、地热使用权出租、出让、转让等有偿使用收入；2. 场地、矿区有偿使用收入；3. 河道采砂权有偿使用收入。

（二）公共资源有偿使用收入，包括：1. 世界自然文化遗产、重点文物保护单位和政府投资建设的风景名胜区门票收入，以及开发权、特许经营权等有偿使用收入；2. 出租汽车经营权、公共交通线路经营权、公共空间使用权等有偿出让取得的收入；3. 政府举办的广播电视机构占用国家无线电频率资源取得的广告收入；4. 政府投资建设的各类公共设施的开发权、使用权、冠名权、广告权、特许经营权等对外开展有偿使用取得的收入；5. 政府投资建设的道路、公共场地设置停车泊位取得的收入。

（三）利用政府信誉和政府拥有的信息、技术等资源取得的收入；

（四）利用其他国有资源取得的收入。

第十条 县级以上人民政府应当建立和完善激励机制，鼓励执收单位利用闲置的国有资产和国有资源进行有偿使用，增加有偿使用收入。

执收单位利用国有资源进行有偿使用的，应当坚持合理开发与保护并重，实现国有资源的可持续利用。

资料来源：山东省国有资产资源有偿使用收入管理办法（山东省人民政府令第231号）。

第二节 国有资本经营预算管理

在整个国有资产收入管理中，国有资本经营收益管理是重要的一环。建立国有资本经营预算制度，实行国有资本经营预算管理，是合理划分政府作为社会管理者和资本所有者不同身份、不同职能的必然要求，是规范国家与国有企业分配关系的重要举措，也是完善国有资本收益分享机制的重要制度保证。实行国有资本经营预算制度，对于强化国有资产监督管理，完善国有资本经营收益的收缴和规范收入分配制度，统筹用好国有资本收益，促进国有资本合理配置，深化国有企业改革、提高企业核心竞争力，增强国家宏观调控能力等，具有重要的意义。

一、国有资本经营预算制度的发展与演变

（一）国有资本经营预算制度的确立

国有资本经营预算是指国家以所有者身份依法取得国有资本收益，并对所得收益进行分配而产生的各项收支预算，是政府预算的重要组成部分。

我国国有资本经营预算制度的建立始于20世纪90年代，早在1993年11月党的十四届三中全会通过的《中共中央关于建立社会主义市场经济体制若干问题的决定》中就曾提出“建立政府公共预算和国有资产经营预算”。1994年颁布实行的《中华人民共和国预算法》明确规定，财政预算包括公共财政预算、国有资产预算和社会保障预算三个部分，标志着国有资产经营预算获得正式法律地位。

进入21世纪以后，随着国有资产管理体制改革不断深入，国有资产出资人代表逐步到位，国有资本收益权的行使主体得到明确，国有企业的经济效益明显

改善，加之国有企业改革发展、国有经济布局和结构调整、经济社会全面协调发展等重大战略任务的实施和深化，迫切需要建立和完善具有中国特色的国有资产经营预算制度。2002 年，党的十六大决定对国有资产管理体制进行重大改革。2003 年 3 月国务院国有资产监督管理委员会成立时，明确规定其“对所监管的国有资产进行预算管理，条件成熟时按国家有关预算编制规定，负责所监管企业国有资产经营预算的编制工作”。2003 年 10 月，党的十六届三中全会提出要“建立国有资本经营预算制度”。2006 年 9 月，党的十六届六中全会通过的《中共中央关于构建社会主义和谐社会若干重大问题的决定》再次要求“建立健全国有资本经营预算制度，保障所有者权益”。为了贯彻落实党中央确定的建立国有资本经营预算制度精神，同年 11 月，国务院明确指出要加快建立国有资本经营预算制度，统筹使用好国有资本收益。2007 年 9 月，国务院颁布了《国务院关于试行国有资本经营预算的意见》，首次规定了国有资本经营预算的收支范围和编制、审批与执行的相关内容，并确定中央本级国有资本经营预算从 2008 年开始实施，收取实施范围内企业 2007 年实行的国有资本收益。2008 年 10 月，在经第十一届全国人民代表大会常务委员会第五次会议通过，并于 2009 年 5 月正式实施的《中华人民共和国企业国有资产法》中，将建立国有资本经营预算制度的基本框架纳入其中。至此，我国国有资本经营预算制度有了明确的法律依据和政策规定，标志着我国国有资本经营预算制度框架的确立①。

为进一步完善中央国有资本经营预算制度，2010 年国务院决定，从 2011 年起将 5 个中央部门（单位）和 2 个企业集团所属共 1631 户企业纳入中央国有资本经营预算实施范围，同时适当提高中央企业国有资本收益收取比例，其中资源类中央企业收取比例从 10% 提高到 15%，一般竞争类中央企业收取比例由 5% 提高到 10%，军工科研类中央企业收取 5%。从 2012 年起，将工信部、体育总局所属企业，中央文化企业国有资产监督管理领导小组办公室履行出资人职责的中央文化企业，卫生部、国资委所属部分企业，民航局直属首都机场集团公司，纳入中央国有资本经营预算实施范围。

为进一步加强和规范中央国有资本经营预算管理，优化国有资本配置，2016 年财政部正式印发《中央国有资本经营预算管理暂行办法》。该办法明确了纳入中央国有资本经营预算的实施范围，具体包括：中央部门及其监管（所属）的中央企业，以及直接向财政部报送国有资本经营预算的中央企业。直接向财政部

① 为落实全国人大提出的“2011 年地方试编国有资本经营预算”和“2012 年汇总编制全国国有资本经营预算”要求，进一步推进地方国有资本经营预算工作，完善政府预算管理体系，2010 年 5 月，财政部下发《关于推动地方开展试编国有资本经营预算工作的意见》，目前已经实现了地方国有资本经营预算制度的全覆盖。

报送国有资本经营预算的中央企业包括中国烟草总公司、中国铁路总公司、中国邮政集团公司，国务院及其授权机构代表国家履行出资人职责的国有独资、国有控股、国有参股金融企业（含中国投资有限责任公司）等。根据该办法，中央国有资本经营预算收入主要包括：国有独资企业按照规定应当上交国家的利润；国有控股、参股企业国有股权（股份）获得的股利、股息收入；国有产权（含国有股份）转让收入；国有独资企业清算收入（扣除清算费用），国有控股、参股企业国有股权（股份）分享的公司清算收入（扣除清算费用）；其他国有资本经营收入等。中央国有资本经营预算支出应当服务于国家战略目标，除调入一般公共预算和补充全国社会保障基金外，主要用于以下用途：解决国有企业历史遗留问题及相关改革成本支出；关系国家安全、国民经济命脉的重要行业和关键领域国家资本注入，包括重点提供公共服务、发展重要前瞻性战略性产业、保护生态环境、支持科技进步、保障国家安全，保持国家对金融业控制力，推进国有经济布局和结构战略性调整，解决国有企业发展中的体制性、机制性问题；国有企业政策性补贴等。

（二）国有资本经营预算的特点

国有资本经营预算作为一种新型预算方式，是国家行使财产权利的表现形式，与一般公共预算有所不同，其特点及区别主要是：

从目标上看，国有资本经营预算侧重于追求经济效益最大化，而一般公共预算更侧重于实现社会效益和公共利益最大化。

从收支范围看，国有资本经营预算限于国有资产的经营企业或经营部门，而一般公共预算的收支范围则涉及全社会的所有领域。国有资本收益的使用按照在服从国家财政的统一需要的前提下，一般应用于特定行业和企业的再投资。

从收支形式看，国有资本经营预算收入以上缴利润为主，支出以投资形式为主，而一般公共预算的收入以税收形式为主，支出以无偿拨款为主。

从管理手段看，国有资本经营预算中所有者与经营者之间以产权为纽带，两者之间是法律地位平等的民事契约关系，而一般公共预算中管理者与被管理者之间是行政管辖关系。

二、国有资本经营预算的收入与支出

（一）国有资本经营预算收入

国有资本经营预算收入主要来源于国有资本收益，是国有企业按规定应当上缴国家的利润，也是国有资产收益的主要渠道。中央国有资本经营预算收益的收缴，区别不同行业，分类按照年度净利润的比例上缴。

按照《财政部关于进一步提高中央企业国有资本收益收取比例的通知》（财企〔2014〕59 号）和《财政部关于印发〈中央企业国有资本收益收取管理办法〉的通知》（财资〔2016〕32 号）等规定，目前中央国有资本经营预算实施范围的中央企业税后利润（净利润扣除以前年度未弥补亏损和提取的法定公积金）的收取比例分为五类执行：第一类为烟草企业，收取比例 25%；第二类为石油石化、电力、电信、煤炭等资源型企业，收取比例 20%；第三类为钢铁、运输、电子、贸易、施工等一般竞争型企业，收取比例 15%；第四类为军工企业、转制科研院所、中国邮政集团公司、中国铁路总公司、中央文化企业、中央部门所属企业，收取比例 10%；第五类为政策性企业，免交当年应交利润。符合小型微型企业规定标准的国有独资企业，应交利润不足 10 万元的，比照第五类政策性企业，免交当年应交利润（见专栏 6 – 2）。

◇ 专栏 6 – 2

中央企业应交利润收取比例分类表

第一类			
1	中国烟草总公司		
第二类			
2	中国石油天然气集团公司	9	中国国电集团公司
3	中国石油化工集团公司	10	中国华电集团公司
4	中国海洋石油总公司	11	中国大唐集团公司
5	国家电网公司	12	神华集团有限责任公司
6	中国长江三峡集团公司	13	中国中煤能源集团公司
7	中国电力投资集团公司	14	中国移动通信集团公司
8	中国华能集团公司	15	中国电信集团公司
第三类			
16	中国铝业公司	25	中国外运长航集团有限公司
17	中国有色矿业集团有限公司	26	中国航空集团公司
18	中国黄金集团公司	27	中国南方航空集团公司
19	宝钢集团有限公司	28	中国东方航空集团公司
20	鞍钢集团公司	29	中国民航信息集团公司
21	武汉钢铁（集团）公司	30	中国电子信息产业集团有限公司
22	中国化工集团公司	31	中国华录集团有限公司
23	中国远洋运输（集团）总公司	32	中国普天信息产业集团公司
24	中国海运（集团）总公司	33	中国第一汽车集团公司

34　东风汽车公司
35　中国东方电气集团有限公司
36　哈尔滨电气集团公司
37　中国西电集团公司
38　中国第一重型机械集团公司
39　中国南车集团公司
40　中国北方机车车辆工业集团公司
41　中国铁路通信信号集团公司
42　新兴际华集团有限公司
43　国家开发投资公司
44　中国国新控股有限责任公司
45　中国节能环保集团公司
46　华侨城集团公司
47　中国国旅集团有限公司
48　中国国际工程咨询公司
49　中国恒天集团有限公司
50　中国盐业总公司
51　中国中纺集团公司
52　中国航空油料集团公司
53　中国航空器材集团公司
54　中国工艺（集团）公司
55　中国轻工集团公司
56　中国机械工业集团有限公司
57　中国通用技术（集团）控股有限责任公司
58　中国中化集团公司
59　中粮集团有限公司
60　中国五矿集团公司
61　中国保利集团公司
62　中国铁路物资总公司
63　珠海振戎公司
64　中国诚通控股集团有限公司
65　中国中钢集团公司
66　中国中丝集团公司
67　中国华孚贸易发展集团公司
68　中国医药集团总公司
69　中国中材集团有限公司
70　中国建筑材料集团有限公司
71　中国化学工程集团公司
72　中国交通建设集团有限公司
73　中国建筑工程总公司
74　中国铁路工程总公司
75　中国铁道建筑总公司
76　中国冶金科工集团有限公司
77　中国电力建设集团有限公司
78　中国能源建设集团有限公司
79　华润（集团）有限公司
80　南光（集团）有限公司
81　中国港中旅集团公司
82　招商局集团有限公司
83　中国国际技术智力合作公司
84　中国农业发展集团总公司
85　中国林业集团公司

第四类

86　中国核工业集团公司
87　中国核工业建设集团公司
88　中国航天科技集团公司
89　中国航天科工集团公司
90　中国航空工业集团公司
91　中国船舶工业集团公司
92　中国船舶重工集团公司
93　中国兵器工业集团公司
94　中国兵器装备集团公司
95　中国电子科技集团公司
96　中国煤炭科工集团有限公司
97　机械科学研究总院
98　中国钢研科技集团公司
99　北京有色金属研究总院
100　北京矿冶研究总院
101　中国建筑科学研究院
102　电信科学技术研究院
103　中国建筑设计研究院
104　武汉邮电科学研究院
105　中国汽车技术研究中心
106　中国冶金地质总局
107　中国煤炭地质总局

108 中国邮政集团公司
109 中国电影集团公司
110 黑龙江北大荒农垦集团公司
111 广东省农垦集团公司
112 教育部所属企业
113 贸促会所属企业
114 工业和信息化部所属企业
115 卫生计生委所属企业
116 国资委所属企业
117 体育总局所属企业
118 首都机场集团公司
119 文资办履行出资人职责的中央文化企业
第五类
120 中国储备粮管理总公司
121 中国储备棉管理总公司

资料来源：关于进一步提高中央企业国有资本收益收取比例的通知（财企〔2014〕59 号）。

国有资本经营预算收入的具体形式主要取决于国有资产的运作和经营方式，随着国有资产运作和经营方式的多样化，国有资本经营预算收入的形式也相应多样化。

在我国预算科目中，“国有资本经营预算收入”款下按照收入形式设置主要有三项：①“国有资本投资收益”，它是国有资本经营收入的主要形式，反映使用国有资产的企业上缴的利润、股息、红利及国有资产出租收入等，一般是常年性收入；②“国有企业计划亏损补贴”，反映按规定由预算收入退库安排的国有企业计划亏损补贴；③“产权转让收入”，反映国有资产和股权转让或出售收入，即政府的一种资产转变为另一种资产，一般为一次性收入。

表 6 - 1、图 6 - 3 显示的是 2013—2021 年国有资本经营收入情况。

表 6 - 1　　2013—2021 年国有资本经营预算决算收入　　单位：亿元

项目＼年份	2013	2014	2015	2016	2017	2018	2019	2020	2021
全国国有资本经营收入	1713.4	2007.6	2551.0	2609.0	2580.9	2905.8	3971.8	4774.6	5180
其中：利润收入	1288.1	1700.2	2033.9	1252.7	1823.8	2138.5	2614.8	3039.6	—
中央国有资本经营收入	1058.4	1410.9	1613.1	1430.2	1244.3	1326.4	1636.0	1785.6	2007
上年结转收入	72.0	231.3	144.0	394.5	161.7	113.6	6.7	144.1	—

资料来源：2013—2020 年数据来自根据财政部网站发布历年财政决算数据，2021 年数据来自财政部国库司发布的《2021 年财政收支情况》。

从 2013—2021 年的数据来看（见图 6 - 3），近年来我国国有资本经营预算收入数量规模整体呈上升趋势。我国国有资本经营预算收入从最初的 1713.4 亿元逐渐提升至 2021 年的 5180 亿元，年均增幅达到 15%。

（二）国有资本经营预算支出

《中华人民共和国预算法》第十五条规定，国有资本经营预算支出包括资本

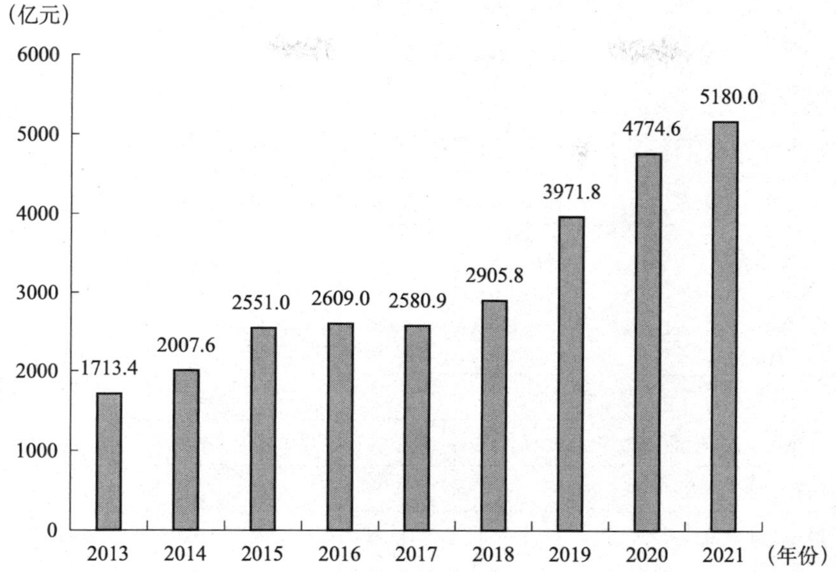

图 6-3　2013—2021 年国有资本经营预算收入总额情况

资料来源：2013—2020 年数据来自根据财政部网站发布历年财政决算数据，2021 年数据来自财政部国库司发布的《2021 年财政收支情况》。

性支出、费用性支出、向一般公共预算调出资金等转移性支出和其他支出。

资本性支出是以注入资本金的形式安排的支出，主要用于国有经济布局和结构调整，国有企业发展以及国家战略、安全需要等方面。费用性支出是用于弥补国有企业改革成本安排的支出。在实际工作中，要求以资本性支出为主、严格控制费用性支出来安排国有资本预算支出，目的在于体现资本预算的特性，充分发挥资本预算在促进国有资本的合理配置、推动国有企业改革和发展的重要作用。向一般公共预算调出资金等转移性支出主要是按照国家要求，调入一般公共预算弥补公共财政收支缺口，重点投向保障房、扶贫、教育等与民生密切相关的领域。其他支出的具体支出范围依据国家宏观经济政策以及不同时期国有企业改革和发展的任务统筹安排确定①。

表 6-2 和图 6-4 说明的是 2016 年以来全国国有资本经营预算支出情况，从中可以看出，全国国有资本经营支出呈稳定上升趋势，其中资本性支出（国有企业资本金注入）是最主要的支出内容，到 2020 年已经占到全部支出的一半以

① 随着我国人口老龄化进程的加快，社会保险基金预算收支缺口加大。中共中央在 2013 年发布的《关于全面深化改革若干重大问题的决定》中首次提出了国有资本经营预算制度和社会保险基金预算制度的衔接问题，2017 年 11 月国务院印发《划转部分国有资本充实社保基金实施方案》，又提出统一划转国有企业股权的 10%，用于弥补企业职工基本养老保险基金缺口，并且将国有股权范围从央企扩展到了省属国企，从上市公司增量划转扩展到了全部国有股存量划转，有效充实了社保基金，为社会保险基金制度的正常运转提供保障。

上。同时也可以发现，国有资本经营预算调出资金规模逐年增大且增速较快，2016 年，调出资金规模只有 551.39 亿元，约为当年全国国有资本经营支出的 1/4，2020 年调出资金规模已达到 1916.92 亿元，约为同期国有资本经营支出的 3/4，为弥补公共预算收支缺口，保障和改善民生发挥了积极的作用。

表 6－2　2016—2020 年全国国有资本经营预算决算支出　单位：亿元

项目 \ 年份	2016	2017	2018	2019	2020
全国国有资本经营支出	2155.49	2015.31	2153.28	2295.41	2556.21
其中：1. 国有资本经营预算补充社保基金支出	59.61	34.86	13.29	0.43	0.21
2. 解决历史遗留问题及改革成本支出	684.91	800.16	662.44	740.01	298.64
3. 国有企业资本金注入	887.04	798.05	932.84	1110.41	1400.17
4. 国有企业政策性补贴	121.98	112.74	121.20	142.00	231.52
国有资本经营预算调出资金	551.39	613.66	884.92	1458.53	1916.92

资料来源：财政部网站发布历年财政决算数据。

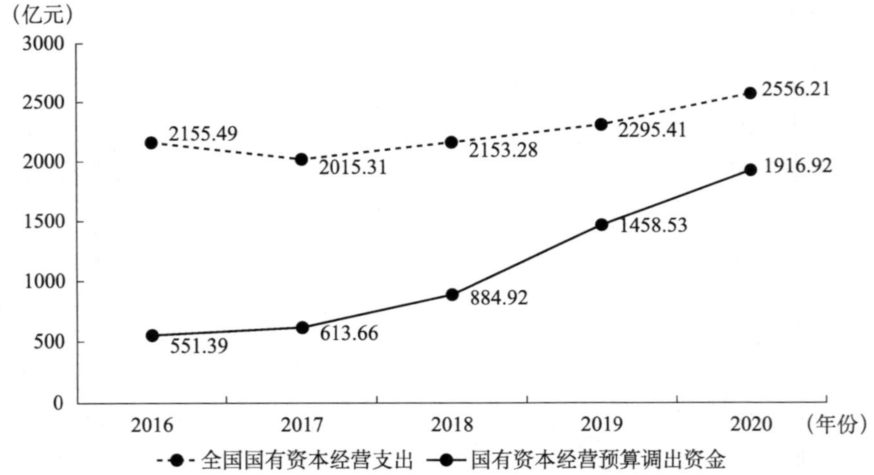

图 6－4　2016—2020 年全国国有资本经营预算支出情况

资料来源：财政部网站发布历年财政决算数据。

三、国有资本经营预算制度的改革前瞻

国有资本经营预算制度建立以来，围绕国有资本经营收益的收缴和规范收入分配制度，充分发挥政府作为社会管理者和资本所有者的不同身份和职能，对增强政府的宏观调控能力，完善国有企业收入分配制度，促进国有资本的合理配

置，推动国有企业的改革和发展等方面发挥了重要的作用①。

下一步，国有资本经营预算应继续坚持“统筹兼顾、适度集中”“相对独立、相互衔接”的原则，不断深化改革，主要改革趋势和方向包括如下三个方面。

（一）加强国有资本经营预算收益上缴管理

国有资本经营预算的收益上缴，要统筹兼顾企业自身积累、自身发展和国有经济结构调整及国民经济宏观调控的需要，适度集中国有资本收益，合理确定预算收支规模。

一方面，应推动实现国有资本经营收益上缴全覆盖。自分税制改革以来，国有资本经营收益上缴制度不断深化、扩围，上缴比例不断提高，但是国有资本收益上缴所覆盖的国有企业范围仍然尚未实现全面覆盖，在未来深化改革中，应建立覆盖全领域、全行业的国有资本经营收益上缴制度。

另一方面，对不同类型国有企业确定不同的国有资本经营收益上缴的比重。要根据我国宏观经济运行，以及不同领域国有企业生产经营的实际状况，建立系统、动态的国有资本收益上缴比例调整机制，充分发挥逆周期调节作用。早在2015年8月24日，中共中央、国务院印发《关于深化国有企业改革的指导意见》（中发〔2015〕22号）明确提出：“根据国有资本的战略定位和发展目标，结合不同国有企业在经济社会发展中的作用、现状和发展需要，将国有企业分为商业类和公益类。”按照这个划分依据，对主业处于充分竞争行业和领域的商业类国有企业，重点考核经营业绩指标、国有资产保值增值和市场竞争能力，可以适当调高现有上缴比例；对主业处于关系国家安全、国民经济命脉的重要行业和关键领域、主要承担重大专项任务的商业类国有企业，可以维持现有上缴比例，更好发挥其稳定国民经济的作用；对自然垄断行业，在考核经营业绩指标和国有资产保值增值情况的同时，加强对服务国家战略、保障国家安全和国民经济运行、发展前瞻性战略性产业以及完成特殊任务的考核，应继续大幅提高上缴比例；对公益类国有企业，重点考核成本控制、产品服务质量、营运效率和保障能力，在建立完善成本监管机制前提下，降低或者维持现有上缴比例。

---

① 以山东省为例，2008—2013年，山东省省级国有资本经营预算收入累计完成55.42亿元，支出完成54.93亿元，其中：安排费用性支出13.97亿元，主要用于弥补丝绸、医药、物资等省属困难企业改制破产费用缺口，支持实施省属企业分离办社会职能，落实职教幼教退休教师待遇补助等；安排资本性支出39.9亿元，用于支持省属企业结构调整、技术创新、人才引进和节能减排等；安排其他支出1.06亿元，有力地推动了山东省省级国有资本布局优化调整和省属企业改革发展。另外，据统计，2010—2013年，市及以下国有资本经营预算收入完成63.67亿元，支出完成60.17亿元，有力地支持了当地国有企业的改革调整和创新发展。

（二）加强国有资本经营预算绩效管理

2018 年 9 月，《中共中央　国务院关于全面实施预算绩效管理的意见》（中发〔2018〕34 号）明确提出，“国有资本经营预算绩效管理，要重点关注贯彻国家战略、收益上缴、支出结构、使用效果等情况”。推进国有资本经营预算支出绩效管理工作，是加强国有资本经营预算管理的重要制度安排，对促进国有资本预算编制的科学合理化、提升国有资本经营预算支出管理水平和经营效率、实现国有经济结构有序调整起到重大意义。

国有资本经营预算绩效管理的重点方向包括两方面：一是对国有资本经营预算支出项目是否必要可行、资金投资方式是否得当、项目预算安排是否合理、预期目标是否能够达成等方面进行论证，能够为国有资本经营预算分配决策提供参考，提高资金决策分配的科学性。二是对国有资本经营预算资金的管理、使用、效益等方面进行综合绩效评价，分析国有资本经营预算推动产业优化升级、国有经济结构调整、技术进步、就业、提高盈利能力等方面的贡献和作用，总结项目经验，能够为预算调整、政策优化提供参考。

（三）完善国有资本经营预算与其他预算之间互相衔接统筹机制

着眼未来发展需要，应加强四本预算之间的衔接，全面提升高质量发展能力，具体到国有资本经营预算而言，需要处理好其与一般公共预算和社会保险基金预算之间的衔接关系。

一是完善国有资本经营预算与一般公共预算之间的衔接。特别是在当前实施大规模减税降费的情况下，全面深化改革的任务十分艰巨，提升国有资本经营预算全面支持减税降费的能力，适当从国有资本经营预算中调入部分资金用于支持一般公共预算，提升国有资本经营预算支持一般公共预算的能力，在一定程度上缓解各级政府的短期财政收支压力，通过中长期政府职能的优化、调整，来从根本上解决一般公共财政预算收支缺口问题。

二是完善国有资本经营预算与社会保险基金预算之间的有机联系。随着老龄化程度的不断加剧，基本养老保险缺口将成为未来国民经济运行中的重要风险问题，划拨国有资本方式将成为弥补基本养老保险缺口的一个重要手段。2017 年 11 月，国务院出台《关于印发划转部分国有资本充实社保基金实施方案的通知》（国发〔2017〕49 号）指出，“随着经济社会发展和人口老龄化加剧，基本养老保险基金支付压力不断加大，为充分体现代际公平和国有企业发展成果全民共享，现决定划转部分国有资本充实社保基金”。从实际运作机制来看，对划入的国有股权，社保基金会等承接主体的收益主要来源于股权分红，其支出统筹考虑基本养老保险基金的支出需要，大多专项用于弥补企业职工基本养老保险基金缺口，不纳入国有资本经营预算管理。

根据《财政部　人力资源社会保障部关于下达2020年弥补企业职工基本养老保险基金缺口专项资金的通知》（财社〔2020〕133号）精神，中央财政从全国社会保障基金调入社会保险基金500亿元，专项用于弥补部分地方企业职工基本养老保险基金缺口，正式将国有资本经营预算与社会保险基金预算有机衔接起来。下一步，应深化国有资本充实社保基金的改革，完善划转方式，明确划转收益管理，密切国有资本经营预算与社会保险基金预算之间的有统筹衔接。

第三节　国有土地使用权出让收入管理

一、国有土地使用权出让制度的确立与演变

（一）土地管理制度改革与国有土地使用权出让制度的确立

1954年至改革开放前，我国一直实行的是“无偿、无限期、无市场”行政划拨土地使用制度。改革开放后，为适应市场经济发展的需要，土地作为生产要素进入市场，土地使用权出让制度开始逐步建立起来。在此过程中，严格限制行政划拨供地、减少协议出让、全面推行招拍挂出让的趋势贯穿了改革的全过程。

1986年出台的《中华人民共和国土地管理法》第二条规定，中华人民共和国实行土地的社会主义公有制，即全民所有制和劳动群众集体所有制；国家为了公共利益的需要，可以依法对集体所有的土地实行征用。同时规定，任何单位和个人不得侵占、买卖、出租或者以其他形式非法转让土地。这意味着，直到1986年，国有土地使用权的出让和转让仍然受到法律限制。自1986年《中华人民共和国土地管理法》出台后，围绕土地是否可以出租、使用权是否可以依法转让、国有土地是否可有偿使用等角度，我国土地管理制度经历了一系列变迁。

改革开放的现实需要促使改革实践走在了法律制度的前面，1987年9月，深圳市首次以协议方式将一块面积逾5000平方米的住宅用地使用权有偿出让，这揭开了我国国有土地有偿出让的序幕。在确保城市土地所有权国家所有制不变的前提下，这一改革实践探索出了土地所有权与使用权相分离的解决方案。紧接

着，1988 年修正的《中华人民共和国土地管理法》对国有土地使用权出让做出了新的规定。一是单位和个人可以以出租的方式转让土地；二是国有土地和集体所有的土地的使用权可以依法转让，土地使用权转让的具体办法由国务院另行规定；三是国家依法实行国有土地有偿使用制度。1988 年土地管理法放松了对土地使用权转让的权限，同时明确了国有土地有偿使用的原则。区别于改革开放前以行政划拨方式无偿使用土地的传统，此举为推动土地要素市场化、适应市场经济发展奠定了制度基础。1990 年 9 月，国务院颁布《中华人民共和国城镇国有土地使用权出让和转让暂行条例》，该条例宣告了我国国有土地使用权出让制度的正式确立。

（二）国有土地使用权出让方式的演变

《中华人民共和国城镇国有土地使用权出让和转让暂行条例》不仅确立了土地使用权出让制度，同时还对出让行为给予界定，即国家以土地所有者的身份将土地使用权在一定年限内让与土地使用者，并由土地使用者向国家支付土地使用权出让金的行为。同年 12 月，司法部规定国有土地使用权出让由土地管理部门负责，土地使用权的转让是土地使用者之间的交易行为，一般可由房地产经营管理部门管理。1992 年《划拨土地使用权管理暂行办法》规定划拨土地使用权，是指土地使用者通过除出让土地使用权以外的其他各种方式依法取得国有土地使用权的方式。同年 12 月，中央政府对城市国有土地使用权出让及转让行为作出规定，提出城市国有土地使用权出让的投放量应当与城市土地资源、经济社会发展和市场需求相适应，土地使用权出让、转让应当与建设项目相结合。城市国有土地使用权出让前应当制定控制性详细规划，保证城市国有土地使用权的出让有规划、有步骤、有计划地进行。

1994 年 7 月 5 日颁布了《城市房地产管理法》，对划拨用地进行更为严格的限制，国家首次从法律层面明确了划拨和出让供地的范围，除国家重点扶持的能源、交通、水利等项目用地可以划拨方式供应外，其他国有土地必须以出让等有偿方式供应。1999 年，国土资源部为进一步推行国有土地使用权招标拍卖出让印发了通知。通知认为，招标、拍卖出让国有土地使用权不仅集中体现了公开、公平、公正的原则，同时可以实现政府按规划统一开发、统一供地，以供应引导和制约需求，实现土地优化配置，是深化土地使用制度改革和健全土地市场的客观要求。因而，通知规定，首先要严格控制建设用地供应总量，盘活现有建设用地，建立良好的土地供求关系；凡有闲置土地可以利用的，一律不得新增建设用地。其次要严格限定行政划拨供地的范围，除按规定可以行政划拨供地的以外，其他建设用地必须以有偿方式提供；要严格限制协议出让国有土地使用权的范围，除划拨土地使用权转让、国有企业改革中处置划拨土地使用权以及特殊用途等用地外，都不得协议出让国有土地使用权。最后要尽快建立健全招标、拍卖出让国有土地使用权制度，实现国有土地使用权出让以协议为主向以招标、拍卖为主的转变。

在1990年宣告土地使用权出让制度确立的十几年里，行政划拨仍是最主要的供地方式，少量的出让供地方式中也是以协议出让为主。为进一步推进土地要素的市场化，2002年国土资源部出台《招标拍卖挂牌出让国有土地使用权规定》，其中要求商业、旅游、娱乐和商品住宅等各类经营性用地，必须以招标、拍卖或者挂牌方式出让。土地行政主管部门应当根据土地估价结果和政府产业政策综合确定标底或者底价，标底与底价的制定应实行集体决策。在招标拍卖挂牌活动结束后，出让人应在10个工作日内将招标拍卖挂牌出让结果在土地有形市场或者指定的场所、媒介公布。不久之后，国土资源部与监察部印发了《严格实行经营性土地使用权招标拍卖挂牌出让》通知以确保该规定全面落实实施；同时开展了对招标拍卖挂牌出让工作的检查，对经营性土地使用权规避招标拍卖挂牌，仍采取协议出让和划拨的要依据有关规定严厉追究主管部门及有关人员的责任。该规定叫停了经营性土地沿用多年的协议出让方式，此后招拍挂出让方式日益扩展，成为近年来影响最大的土地出让方式。

（三）关于国有土地使用权出让用途与出让年限的规定

根据《中华人民共和国城镇国有土地使用权出让和转让暂行条例》（国务院令1990年第55号），土地使用权出让最高年限按下列用途确定：①居住用地七十年；②工业用地五十年；③教育、科技、文化、卫生、体育用地五十年；④商业、旅游、娱乐用地四十年；⑤综合或者其他用地五十年。

需注意的是，土地使用年限是从开发商取得该地块的土地使用证之日开始计算，即从国家首次出让该地块的时间算起。

同时，根据《中华人民共和国城市房地产管理法》（1994年颁布、2007年第一次修正、2009年第二次修正和2019年第三次修正）第二十二条规定，土地使用权出让合同约定的使用年限届满，土地使用者需要继续使用土地的，应当至迟于届满前一年申请续期，除根据社会公共利益需要收回该幅土地的，应当予以批准。经批准准予续期的，应当重新签订土地使用权出让合同，依照规定支付土地使用权出让金。土地使用权出让合同约定的使用年限届满，土地使用者未申请续期或者虽申请续期但依照前款规定未获批准的，土地使用权由国家无偿收回。由此可见，国有土地使用权出让到期之后可以续期，但究竟如何再次支付土地使用权出让金却没有明确的规定。

二、国有土地使用权出让收入管理制度的演变

（一）国有土地使用权出让收入预算管理制度的渐进规范化

我国对土地出让金的收入管理经历了由预算外收入向预算内收入转变，由土地管理部门征管向税务机关征管转变的过程，具体的政策演变过程如下：

1989 年 5 月国务院发布通知，凡进行国有土地使用权有偿出让的地区，其出让收入必须上缴财政。同年 9 月，财政部印发通知，其中写道，国有土地使用权有偿出让收入由财政部门负责征收，土地出让主管部门为缴款人。土地出让主管部门可以从其所获土地使用权出让收入中提取土地出让业务费，最高不得超过 5%。规定了土地出让金的缴款人与征收人。另规定国有土地使用权出让收入与城市土地开发建设费用实行收支两条线方式管理。这样的收支两条线管理具体体现在同年 11 月财政部的文件中——在“1989 年国家预算收入科目”第十二类“其他收入类”中增设“国有土地使用权有偿出让收入”一个“款”级科目。“款”下增设三个“项”级科目，即“国有土地使用权有偿出让收入（中央预算）”“国有土地使用权有偿出让收入（地方预算）”与“国有土地使用权有偿出让收入（地方固定）”。在“1989 年国家预算支出科目”第二十五类“其他支出类”中增设“城市土地开发建设支出”一个“款”级科目。此会计科目在 1992 年有所改动：“1992 年国家预算收入科目”第十二类“其他收入类”中“国有土地使用权有偿出让收入”改为“国有土地使用权有偿使用收入”，将“出让”改为“使用”。该“款”下设四个“项”级科目，即“土地出让金（中央固定）”“土地出让金（地方固定）”“土地收益金或土地增值费（中央固定）”“土地收益金或土地增值费（地方固定）”，原“城市土地开发建设支出”科目不变。

1993 年，针对部分地区土地出让金征收管理工作薄弱，长期委托非财政部门“暂收暂付”，造成大量收入体外循环、出让金收益大量流失的情况，国务院印发通知，规定国有土地使用权有偿使用收入必须按现行财政体制纳入各级财政预算管理；其收入的管理工作由财政部门负责，收入全部缴入国库。同时对补交予以要求并对逾期未交者给予一定的滞纳金惩罚。1995 年 6 月，国务院通知要求将国有土地出让金作为专项基金，实行收入支出两条线管理，专款专用。1996 年规定财政部门在银行设立“土地出让金财政专户”，土地出让金收入及出让过程中收取的定金或预付款直接缴入其中，不得在其他部门滞留。

虽然自国有土地出让制度确立之后，财政部门多次试图将土地出让收入纳入

预算管理，但效果并不理想。直到2007年，财政部、国土资源部、中国人民银行正式印发关于《国有土地使用权出让收支管理办法》的通知，将土地出让收支全额纳入地方政府基金预算管理，这是我国土地出让金预算管理改革的重要一步。办法中规定将土地出让收入全部缴入地方国库，支出一律通过地方政府基金预算从土地出让收入中予以安排，实行彻底的“收支两条线”管理。土地出让收入使用范围包括征地和拆迁补偿支出、土地开发支出、支农支出、城市建设支出以及其他支出。其中特别强调土地出让收入的使用要重点向新农村建设倾斜，逐步提高用于农业土地开发和农村基础设施建设的比重，逐步改善农民的生产、生活条件和居住环境。土地出让收入的使用要确保足额支付征地和拆迁补偿费、补助被征地农民社会保障支出、保持被征地农民原有生活水平补贴支出，严格按照有关规定将被征地农民的社会保障费用纳入征地补偿安置费用，切实保障被征地农民的合法利益。

同时在通知里提到将实行预决算管理，建立健全年度土地出让收支预决算管理制度。编制年度土地出让收支预算要坚持“以收定支、收支平衡”的原则。每年第三季度，有关部门要严格按照财政部门规定编制下一年度土地出让收支预算，并分别纳入政府性基金收支预算，报经同级财政部门按规定程序批准后执行。每年年度终了，有关部门应当严格按照财政部门规定编制土地出让收支决算，并分别纳入政府性基金收支决算，报财政部门审核汇总后，向同级人民政府报告。地方人民政府依法向同级人大报告。对于不及时足额缴纳土地出让收入的，应当按日加收违约金额1‰的违约金，违约金随同土地出让收入一并缴入地方国库。

最近一次的土地出让金征管体制改革发生在2021年5月。为贯彻落实党中央、国务院关于政府非税收入征管职责划转税务部门的有关部署和要求，财政部、自然资源部、税务总局、人民银行联合印发通知，决定将自然资源部门负责征收的国有土地使用权出让收入、矿产资源专项收入、海域使用金、无居民海岛使用金四项政府非税收入统一划转税务部门征收。采用先试点后推广的方式，先在部分省市开展征管职责划转试点，自2022年1月1日起正式开始实施全面的征管划转工作。自然资源部门与使用权人签订出让、划拨等合同后，应当及时向税务部门和财政部门传递相关信息，确保征管信息实时共享。因而，国有土地出让金的预算管理经历了由预算外收入到纳入地方政府性基金、实行“收支两条线”的管理并最终由非税收入划归税务部门征收的过程，逐渐规范、透明化。这标志着土地出让金的预算管理和征管体制都进入了规范化的新时代（见专栏6－3）。

◇ 专栏 6-3

关于将国有土地使用权出让收入、矿产资源专项收入、海域使用金、无居民海岛使用金四项政府非税收入划转税务部门征收有关问题的通知（财综〔2021〕19 号）

为贯彻落实党中央、国务院关于政府非税收入征管职责划转税务部门的有关部署和要求，决定将国有土地使用权出让收入、矿产资源专项收入、海域使用金、无居民海岛使用金四项政府非税收入统一划转税务部门征收。现就平稳有序推进划转工作有关事项通知如下：

一、将由自然资源部门负责征收的国有土地使用权出让收入、矿产资源专项收入、海域使用金、无居民海岛使用金四项政府非税收入（以下简称四项政府非税收入），全部划转给税务部门负责征收。自然资源部（本级）按照规定负责征收的矿产资源专项收入、海域使用金、无居民海岛使用金，同步划转税务部门征收。

二、先试点后推开。自 2021 年 7 月 1 日起，选择在河北、内蒙古、上海、浙江、安徽、青岛、云南省（自治区、直辖市、计划单列市）以省（区、市）为单位开展征管职责划转试点，探索完善征缴流程、职责分工等，为全面推开划转工作积累经验。暂未开展征管划转试点地区要积极做好四项政府非税收入征收划转准备工作，自 2022 年 1 月 1 日起全面实施征管划转工作。

三、四项政府非税收入划转给税务部门征收后，以前年度和今后形成的应缴未缴收入以及按规定分期缴纳的收入，由税务部门负责征缴入库，有关部门应当配合做好相关信息传递和材料交接工作。税务部门应当按照国库集中收缴制度等规定，依法依规开展收入征管工作，确保非税收入及时足额缴入国库。已缴入财政非税专户，但尚未划缴国库的有关资金，由财政部门按非税收入收缴管理制度规定缴入国库。

四、税务部门按照属地原则征收四项政府非税收入。具体征收机关由国家税务总局有关省（自治区、直辖市、计划单列市）税务局按照“便民、高效”原则确定。原由自然资源部（本级）负责征收的矿产资源专项收入、海域使用金、无居民海岛使用金等非税收入，征管职责划转后的具体工作由国家税务总局北京市税务局承担。

五、税务部门应当商财政、自然资源、人民银行等部门逐项确定职责划转后的征缴流程，实现办事缴费“一门、一站、一次”办理，不断提高征管效率，降低征管成本。具体征缴流程可参照本通知附件流程图并结合当地实际研究确定。涉及经费划转的，方案按程序报批。

六、税务部门征收四项政府非税收入应当使用财政部统一监（印）制的非税收入票据，按照税务部门全国统一信息化方式规范管理。

七、资金入库后需要办理退库的，应当按照财政部门有关退库管理规定办理。其中，因缴费人误缴、税务部门误收需要退库的，由缴费人向税务部门申请办理，税务部门经严格审核并商有关财政、自然资源部门复核同意后，按规定办理退付手续；其他情形需要退库的，由缴费人向财政部门和自然资源部门申请办理。人民银行国库管理部门按规定办理退付手续。

八、除本通知规定外，四项政府非税收入的征收范围、对象、标准、减免、分成、使用、管理等政策，继续按照现行规定执行。

九、自然资源部门与使用权人签订出让、划拨等合同后，应当及时向税务部门和财政部门传递相关信息，确保征管信息实时共享。税务部门应会同财政、自然资源、人民银行等部门做好业务衔接和信息互联互通工作，并将计征、缴款等明细信息通过互联互通系统传递给财政、自然资源、人民银行等相关部门，确保征管信息实时共享，账目清晰无误。同时，向财政部门报送征收情况，并附文字说明材料。

资料来源：财政部网站。

（二）国有土地使用权出让收入的用途管理

自1989年以来，土地出让金使用用途经历了由专项用于城市建设到向新农村建设倾斜，加大支农、教育、农田水利与住房保障方面支出的过程，注重城乡均衡发展，使农村亦可共享城市化带来的福利与好处。

1989年5月，国务院规定无论是上缴中央财政还是上缴地方财政的国有土地使用权出让收入，主要用于城市土地开发建设，专款专用。9月，财政部又增加建立城市土地开发建设基金的要求，地方城市土地开发建设基金的安排使用，由各地财政部门根据城市土地开发建设管理部门提出的年度开发建设计划和项目，审核后拨款，并监督使用。后在1994年通过的《中华人民共和国城市房地产管理法》中规定，出让金全部上缴财政，用于城市基础设施建设和土地开发。可见，在此阶段土地出让金收益的用途主要聚焦于城市建设。

而自1994年起，土地出让金的使用方向发生了变化，逐渐向农村方向倾斜。1995年国务院印发通知，规定沿海大中城市土地出让收入的50%、其他地区土地收入的30%都必须纳入地方财政，由各省、自治区和直辖市集中使用，首先用于农业和重点项目建设，其余用于城市建设，不得在财政经常性项目下使用。可见，土地出让金在城乡间的支出顺序发生了变化①。

① 1998年修订的土地管理法也对新增建设用地的土地有偿使用费的使用用途做出规定，百分之三十上缴中央财政，百分之七十留给有关地方人民政府，都专项用于耕地开发。需注意的是，这里的土地有偿使用费不是本节重点研究的国有土地使用权出让收入，两者是不同的概念。

进入 21 世纪，土地出让金在支农与社会保障方面的支出倾向更加明显。在 2004 年财政部与国土资源部印发的通知中规定，将土地出让平均收益的 15% 以上用于农业土地开发。2006 年又增加将土地出让净收益的 5% 左右用于城镇廉租住房建设的要求。同年 12 月，在国务院办公厅《关于规范国有土地使用权出让收支管理的通知》中系统地阐述了规范土地出让收入使用范围，重点向新农村建设倾斜，在支农支出中包括计提农业土地开发资金、补助被征地农民社会保障支出、保持被征地农民原有生活水平补贴支出以及农村基础设施建设支出，逐步提高用于农业土地开发和农村基础设施建设的比重。

2010 年以来，土地出让金支出更加注重住房保障、教育与农田水利方面的投入。在 2010 年《关于保障性安居工程资金使用管理有关问题的通知》里规定，在确保廉租住房保障任务的基础上，可将土地出让净收益的 10% 以上用于公共租赁住房。2011 年 5 月，为切实保障落实保障性安居工程，将土地出让收益的 10% 以上用于保障性安居建设工程。同年 7 月与次年 6 月，为促进农田水利建设，分别规定将土地出让收益的 10% 计提农田水利建设资金[①]。在教育投入方面，2011 年 7 月规定将土地出让收益的 10% 计提教育资金[②]。通过 2010 年、2011 年密集出台的政策中可见政府在支农方向外对住房保障、农田水利与教育投入的增加。

除用于城乡建设与社会保障外，2007 年财政部门开始实行从招拍挂与协议出让土地中所获取的总价款中提取一定比例的资金用于建立国有土地收益基金，主要用于土地收购储备。因而，截至目前出台的政策中，共有六项中央要求地方政府从土地出让金中计提的专项资金，分别是农业土地开发资金、教育基金、新增建设用地有偿使用费、农田水利建设资金、国有土地收益基金、廉租住房保障资金。

因而，土地出让金的使用经历了专项用于城市建设到向农业方面倾斜，注重保障农民的利益，并逐渐增加对教育、农田水利与住房保障方向投入的过程，保障城乡均衡发展。

（三）国有土地使用权出让收入的政府间分配

近 20 年来，国有土地使用权出让收入在中央与地方之间的分配关系经历了从集中走向分散，又由分散走向相对集中的过程，这具体体现在以下法律制度变迁之中。

---

① 《关于从土地出让收益中计提农田水利建设资金有关事项的通知》（财综〔2011〕48 号）。
② 《关于从土地出让收益中计提教育资金有关事项的通知》（财综〔2011〕62 号）。

1989年5月发布的《国务院关于加强国有土地使用权有偿出让收入管理的通知》规定，国有土地使用权有偿出让收入中的40%上交中央财政，60%留归地方财政。1989年9月财政部颁发的《国有土地使用权有偿出让收入管理暂行实施办法》通知将中央的这一比例下降为32%，文件中规定：土地使用权出让收入扣除土地出让业务费（一般不超过土地出让收入的2%）后，全部上缴财政。上缴财政部分，取得收入的城市财政部门先留下20%作为城市土地开发建设费用，其余部分40%上缴中央财政，60%留归取得收入的城市财政部门。地方财政所留土地使用权出让收入，暂时不参加体制分成（省级财政是否参加分成，由地方自行确定，但省级财政分成比例不宜过大）。出让国有土地使用权所取得的外汇收入均应上缴财政，其外汇额度，上缴中央财政60%，留地方财政40%。

虽中央分享的比例较之前有所下降，但地方政府仍有不满，因其在土地开发利用过程中要支付高昂的征地拆迁费和前期土地开发费用，地方政府陷入入不敷出的境况。因而在1990年9月财政部印发的《关于国有土地使用权有偿出让收入上交中央部分有关问题的通知》中将部分土地出让收入返回地方，在1990年和1991年两年内，由地方上交中央国有土地使用权有偿出让收入后，根据不同地区的收入上交情况，进行分批酌情返还。经国务院批准的沿海港口城市的经济技术开发区[①]其上交中央收入的返还比例为95%—99%；对经国务院批准的深圳市、珠海市、汕头市、海南省经济特区，其上交中央收入的返还比例为85%—90%；对其他一般城市，则由地方政府逐项申报具体开发项目所需费用，由中央财政逐笔核定拨给。同时对于地方政府隐瞒收入的情况亦予以相关的惩罚规定：对于不按国务院和财政部文件规定隐瞒上交中央财政收入的，经财政或审计部门查出后，对未按规定上交的收入部分，除令其补交外，中央财政要加收相当于隐瞒收入1倍的罚款。

在中央与地方的博弈中，地方政府负责征地、出让与土地出让金征收的实际工作，掌握着土地出让金的全部信息，造成中央与地方间的信息不对称，使得中央所应分成的出让金很难落实，因而在1992年中央再次作出让步，将中央的分成降至5%。[92]财综字第172号文规定："土地管理部门和房产管理部门应在规定的时间内将出让金（或土地增值费）上缴财政部门，其中出让金总额的5%应上缴中央财政，95%留地方，中央财政不再返还地方。"而对于外汇收入仍按照四六分成在中央与地方之间分配。

---

① 国务院批准的沿海港口城市有：大连、秦皇岛、天津、烟台、青岛、连云港、南通、上海、宁波、福州、广州、湛江。

1994 年分税制改革中，土地出让金的中央地方分配关系进行了更为彻底的改革，中央政府不再参与分成，地方政府获得全部土地出让金收益。至此，土地出让金成为地方政府的独享收入。

然而，进入 21 世纪之后，随着城市化进程的加快以及城乡发展差距的拉大，国有土地使用权出让收入又出现了由区县政府向省级和中央政府集中的趋势。

2004 年在财政部、国土资源部印发的《用于农业土地开发的土地出让金使用管理方法》及《国务院关于将部分土地出让金用于农业土地开发有关问题的通知》中规定土地出让金用于农业土地开发的比例，由各省、自治区、直辖市及计划单列市人民政府根据不同情况，按各市、县不低于土地出让平均纯收益的15%确定。用于农业土地开发的土地出让金主要留在市、县，专款专用。但各地可根据不同情况，将不超过30%的资金集中到省、自治区、直辖市及计划单列市使用。

2012 年财政部、水利部两部委发布《关于中央财政统筹部分从土地出让收益中计提农田水利建设资金有关问题的通知》（财综〔2012〕43 号），落实中央水利工作会议精神，积极化解土地出让收益与农田水利建设投资需求不匹配的区域性矛盾，规定从 2012 年 1 月 1 日起，中央财政按照 20% 比例，统筹各省、自治区、直辖市、计划单列市从土地出让收益中计提的农田水利建设资金。为确保市县农田水利建设资金来源，中央和省（自治区）统筹比例合计不超过 50%，比例超过 50% 的地区，应相应下调省级统筹比例。直辖市统筹比例则不作限定。

总之，1994 年分税制改革后，国有土地使用权出让金收益虽然总体上是区县政府的重要收入来源，但省级政府和中央政府的统筹比例不断有所增长。

三、国有土地使用权出让收入的数量分析

（一）国有土地使用权出让收入的规模及其变化

表 6－3 为 2010—2020 年全国国有土地使用权出让金与全国政府性基金收入决算总数的变化情况。我们发现，国有土地使用权出让金收入无论从绝对量上还是在全国政府性基金收入的占比上来看都呈明显的上升趋势。土地出让金收入占政府性基金收入的比例为 0.76—0.88，说明了国有土地使用权出让金收入在政府性基金中的重要地位，且其重要性逐年上升。

表 6－3　　全国国有土地使用权出让金的规模与比重

年份	国有土地使用权出让金（亿元）	全国政府性基金收入决算数（亿元）	土地出让金收入占政府性基金的比重（%）
2010	28197.70	36785.02	76.66
2011	31140.42	41363.13	75.29
2012	26691.52	37534.90	71.11
2013	39142.03	52268.75	74.89
2014	40479.69	54113.65	74.81
2015	30783.80	42338.14	72.71
2016	35639.69	46643.31	76.41
2017	49997.07	61479.66	81.32
2018	62910.55	75479.07	83.35
2019	70679.31	84517.72	83.63
2020	82158.99	93491.26	87.88

数据来源：《中国财政年鉴》。

（二）不同国有土地使用权出让方式：面积与成交价款

图 6－5 描述了全国范围内协议出让和招拍挂出让两种方式下土地出让面积的变化情况，体现了 2003—2017 年的变化趋势。从图 6－5 中我们可以发现，协议出让的国有建设用地出让面积在 2007 年前较高，但自 2007 起便迅速下降；以招拍挂方式出让的国有建设用地面积自 2003 年起逐年增加，2007 年与协议出让的国有建设用地面积基本持平，至 2013 年达到峰值，随后开始降低。总的来说，招拍挂自 2008 年起成为了国有建设用地出让的主流方式。下面我们再来分析两种出让方式下土地成交价款的情况。

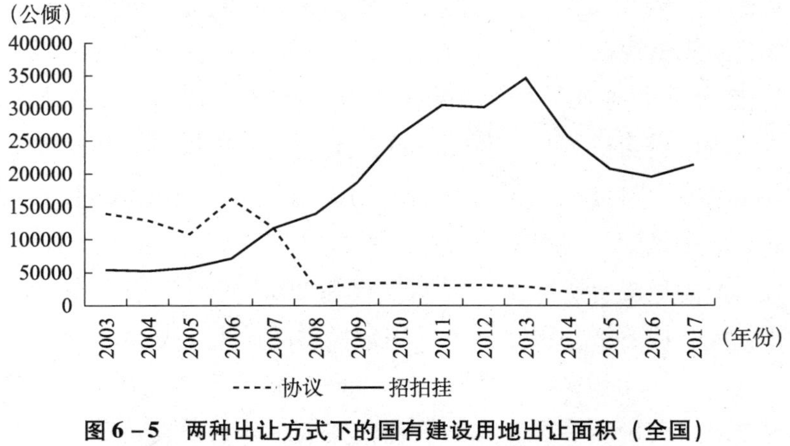

图 6－5　两种出让方式下的国有建设用地出让面积（全国）

数据来源：Wind 数据库。

图 6－6 为全国范围内协议出让和招拍挂出让两种方式下土地出让价款的变化情况，体现了 2003—2017 年的变化趋势。从图 6－6 中可以发现，协议出让的土地成交价款远低于招拍挂出让的土地成交价款，结合图 6－5，我们发现这种情况一方面是与招拍挂方式出让的土地面积逐年上升、协议出让的土地面积较少有关；另一方面，我们从 2003—2007 年的数据可以看出，即使招拍挂方式出让的土地面积低于协议出让的土地面积，其土地成交价款仍然较高，说明招拍挂方式能使政府获得更高的土地收入。

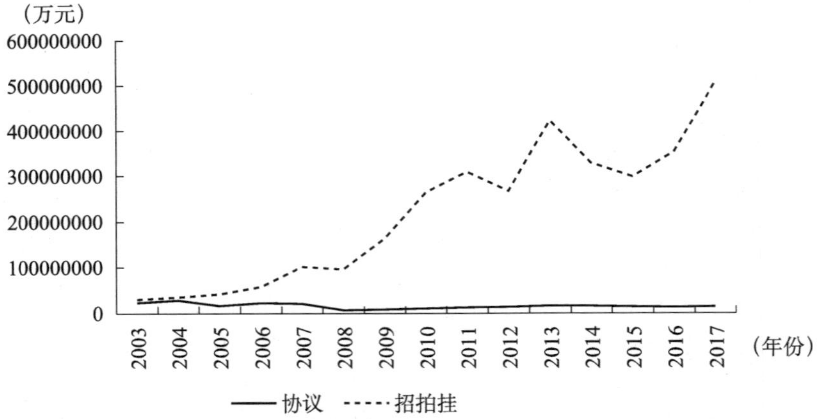

图 6－6　两种出让方式下的国有建设用地成交价款（全国）

数据来源：Wind 数据库。

（三）不同用地类型的出让面积与成交价款

为了分析不同用地类型的土地出让情况，本文选择了 2008—2021 年全国 100 个大中城市的商服用地、工业用地与住宅用地三种主要用地类型，对其出让面积及成交价款进行分析，试比较三者的相对重要性。我们首先分析的是不同用地类型的土地供应面积情况。

图 6－7 展示了全国 100 大中城市在 2008—2021 年住宅用地、商服用地以及工业用地的土地供应面积情况。我们发现，工业用地的供应面积最多，住宅用地次之，商服用地最少，且工业用地与住宅用地出让面积在 2010 年、2011 年大幅上升，商服用地变化则相对平稳。此外，我们从图 6－7 中还可以看出 2013 年后三种类型的用地面积都有所减少，说明中央在 2013 年后对于大中城市的土地供应有所收紧。我们接下来分析三种不同用地类型的土地成交价款情况。

图 6－8 描绘了全国 100 大中城市在 2008—2021 年住宅用地、商服用地以及工业用地的土地成交价款情况。我们发现，住宅用地的成交价款最高，商服用地次之，工业用地最少。通过对比图 6－7 与图 6－8，我们发现虽然工业用地出让

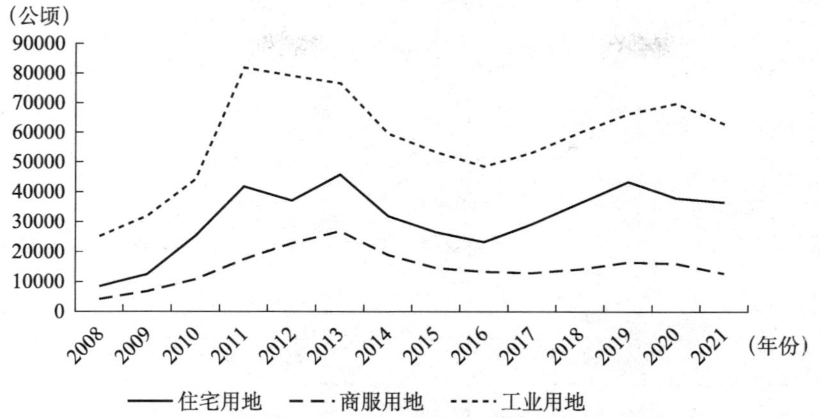

图 6-7　100 大中城市不同用地类型的供应土地占地面积

数据来源：Wind 数据库。

面积最多，但工业用地的成交总价最少，证明其成交均价较低。那么三种用地类型的成交均价具体为何？我们接下来将做进一步分析。

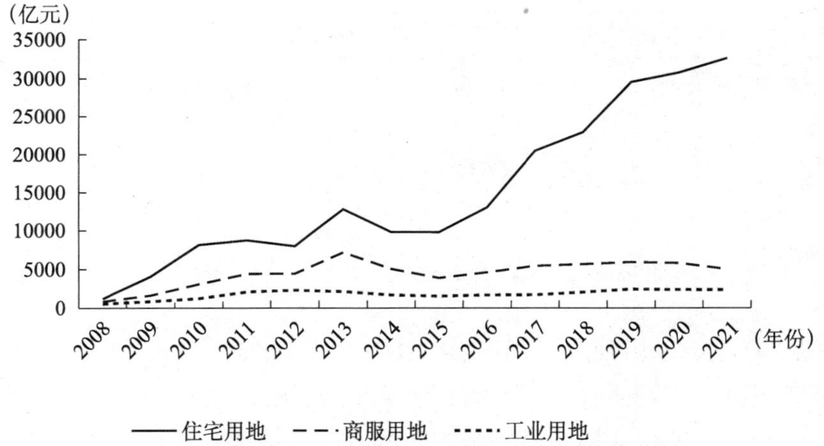

图 6-8　100 大中城市不同用地类型的成交土地总价

数据来源：Wind 数据库。

表 6-4 展示了全国 100 大中城市在 2008—2021 年住宅用地、商服用地以及工业用地的挂牌均价。我们发现，住宅用地的挂牌均价最高且上升趋势明显，商服用地次之，工业用地最少且趋势较为平稳，与图 6-7、图 6-8 的结果保持一致。工业用地出让价格较低的原因主要有两点：第一，在地方政府以地招商引资的发展模式下，土地作为地方招商引资的财政工具，往往会导致工业用地的定价偏低；第二是区位因素，工业用地相对于商住用地而言，往往位于城市的外围或郊区，土地租金自然也就偏低。

表 6-4　　100 大中城市三种用地类型下的供应土地挂牌均价

年份	住宅类用地（元/平方米）	商服用地（元/平方米）	工业用地（元/平方米）
2008	998.46	1079.72	305.51
2009	1418.83	1201.23	291.15
2010	1363.86	1195.10	284.03
2011	808.39	1228.89	299.75
2012	1133.14	1049.48	387.54
2013	1208.40	1164.93	324.49
2014	1402.96	1257.87	261.92
2015	1472.48	1502.00	260.01
2016	2058.46	1579.53	300.87
2017	2914.42	2225.84	261.81
2018	3209.10	2159.57	263.01
2019	3218.66	1907.06	273.19
2020	3873.45	2124.95	272.74
2021	4793.60	2176.61	281.70

数据来源：Wind 数据库。

四、国有土地使用权出让收入管理改革前瞻

（一）国有土地使用权出让收入的发展趋势

如果从 20 世纪末房地产市场改革算起，我国的城市化已经经历了高速发展的 20 多年黄金期，以空间扩张为特征的城市化基本进入尾声，下一步进入了以人为核心的新型城镇化发展阶段。城市化的发展阶段变化决定了国有土地使用权出让金收入预期将由大规模膨胀转向相对平稳，继而走向相对萎缩，该类收入在地方财政收入中的重要性也将会有所下降。考虑到我国住宅用地使用权的出让年限上限为 70 年，商服和工业仓储用地使用权的出让年限上限为 40—50 年，即使土地使用权人在土地使用权期满之后自动续期，并缴纳续期费用，未来 10 年土地出让金收入的增长仍然会受到刚性制约，何况未来土地使用权期满自动续期时如何缴纳费用还是个未知数。城市更新改造可能会使得统计意义上的土地出让金规模趋于增长，但城市更新改造的拆迁补偿成本远远高于建新城或新增土地开发成本，这使政府可以利用的有效财力大幅下降。当然，对土地出让金规模的这一变化趋势也不必过分解读，因为随着城市空间结构趋于稳定，大规模的基础设施建设需求也随之下降，土地出让金收入的衰减与政府资本性公共支出的需求是内

在匹配的。

（二）国有土地使用权出让收入的城乡间均衡配置

长期以来，国有土地使用权出让收入存在“取之于农，用之于城”的问题，这样一种配置格局在城市化的起飞期具有效率上的合理性，但随着城市化进入稳态期，城市化进入以人为核心的内涵式发展期，城乡要均衡发展，城市要带动农村实现共同富裕，土地出让金收入的分配格局也必然需要在城乡之间发生结构性变化。事实上，正如本节前文所述，进入21世纪之后，城市部门国有土地使用权出让收入对应的支出方向越来越向农村倾斜，包括从土地出让收益中计提农田水利建设基金、农村义务教育基金等。2019年一号文件《中共中央、国务院关于坚持农业农村优先发展做好“三农”工作的若干意见》指出调整完善土地出让收入使用范围，提高农业农村投入比例。2020年《关于调整完善土地出让收入使用范围优先支持乡村振兴的意见》中进一步明确提出要按照“取之于农、主要用之于农”的要求，调整土地出让收益城乡分配格局，提高土地出让收入用于农业农村比例，到“十四五”期末，土地出让收益用于农业农村比例达到50%以上。同时，为避免地方政府虚增土地开发成本，降低土地出让纯收益，《意见》规定，若计提数小于土地出让收入8%的，则按不低于土地出让收入8%计提。总之，城市国有土地出让金收入更多向农村倾斜已是不争的事实，这是城乡均衡发展和实现城乡共同富裕的必然要求。当然，随着乡村振兴支持资金的大规模扩张，如何将这类资金配置好、利用好，发挥好财政资金促进农村和农业健康发展的作用，这可能是未来一段时间所不得不面对的新问题。

（三）农村集体经营性建设用地入市交易改革的长期影响

如果是国有土地使用权出让纯收益在农村与城市之间的配置属于二次分配范畴，那么征地农民与地方政府之间的收益分配则属于土地出让金的初次分配范畴。2013年在党的十八届三中全会《中共中央关于全面深化改革若干重大问题的决定》中提出：“在符合规划和用途管制前提下，允许农村集体经营性建设用地出让、租赁、入股，实行与国有土地同等入市，同价同权。”这标志着我国存在已久的农村集体土地征用制度得以松动，农村集体土地入市改革迈出重要一步。2015年2月，全国人大常委会通过决定，授权国务院在北京市大兴区等33个试点县市区行政区域暂时调整实施有关法律规定。试点县市区暂停实施土地管理法、城市房地产管理法的6个条款，按照重大改革于法有据的原则推进农村“三块地”改革试点，即农村土地征收、集体经营性建设用地入市、宅基地制度改革试点。据自然资源部相关统计，截至2018年3月，集体经营性建设用地入市地块 812 宗，面积 1.6 万亩，总价款约 183 亿元。

允许农村集体经济组织在符合土地规划和用途管理的条件下，推动农村集体存量建设用地入市交易有利于盘活农村分散低效的土地，提高土地利用的集约化程度，缓解我国城市建设用地指标紧张的现象与土地市场的供需矛盾。农村集体建设用地直接入市交易省却了地方政府征地这一环节，农民直接与土地使用者签订交易协议，可以将更多的土地增值收益分配给农民，从而获得高于地方政府征地补偿的收益，提高其财产性收入，同时也激励农村集体改善农村公共设施，提高本地土地价值。农村集体经营性建设用地入市交易制度改革从表面上看是影响的地方财政预算，实质上则会对我国的城乡融合发展产生长远的影响。

（四）建设用地指标跨地区交易与区域统筹发展

土地指标是我国土地管理中的定额管理工具，由于其具有典型的行政计划特征，加上各地资源禀赋不同以及区域经济的发展不平衡，所以常常会出现资源错配。经济相对发达的地区和经济发展较快的地区对土地指标的需求量通常比较大，容易出现指标不够用的情况，阻碍该地区经济、社会的发展；而经济不发达地区往往指标有富余，容易出现土地资源粗放利用，造成国家土地资源的浪费现象。允许建设用地指标跨地区交易则同时解决了两方面问题。一方面，建设用地的空间配置效率得以提高；另一方面，发达地区从落后地区购买建设用地指标，实现了地区间财政帮扶和统筹发展。

2019 年出台《土地指标跨省域调剂收入安排的支出管理暂行办法》规定，城乡建设用地增减挂钩节余指标跨省域调剂资金，全部用于巩固脱贫攻坚成果和支持实施乡村振兴战略，优先和重点保障产生节余指标深度贫困地区的安置补偿、拆旧复垦、基础设施和公共服务设施建设、生态修复、耕地保护、高标准农田建设、农业农村发展建设以及购买易地扶贫搬迁服务等。2021 年中共中央办公厅、国务院办公厅印发《建设高标准市场体系行动方案》，对城乡建设用地指标跨区域交易作出了明确要求，要推动经营性土地要素市场化配置，开展土地指标跨区域交易试点：对城乡建设用地增减挂钩节余指标跨省域调剂政策实施评估，探索建立全国性的建设用地指标跨区域交易机制。这一系列的政策举措表明，中央和地方政府将用好建设用地指标跨地区交易这一新型“财政工具”，推动城乡和区域统筹发展。

第七章

中国特色现代国有企业制度构建

国有企业属于全民所有，是推进国家现代化建设、保障人民共同利益的重要力量，是中国特色社会主义的重要政治基础和物质基础，是党执政兴国的重要支柱和依靠力量。在中国特色社会主义进入新时代的历史交汇点上，深入研究国有企业改革的重大问题，深化国有企业改革，做强做优做大国有资产和国有企业，是坚持和完善社会主义基本经济制度，推动经济高质量发展，实现全面建成社会主义现代化国家的客观要求和重大使命。

第一节　中国国有企业制度的改革变迁

国有企业改革是我国经济体制改革的中心环节，改革的成败得失关系到整体经济改革和国民经济的命运。随着改革的不断深入，我国国有企业的管理体制和经营机制发生了深刻变化，国有企业逐步转变成为自主经营、自负盈亏的市场竞争主体和经营主体，激发出强大的企业活力，国有经济布局和结构调整取得重大进展，国有经济效益实现了持续增长。进入中国特色社会主义新时代，国有企业作为推进国家现代化、保障人民共同利益的重要力量，作为党和国家事业发展的重要物质基础和政治基础，将更加持续和高质量发展，发挥更为显著的作用。着重回顾和总结自改革开放以来国有企业发展过程与经验，有助于探寻规律，继续深化国有企业改革。

一、改革开放以来国有企业改革发展

新中国成立后，我国着手恢复国民经济，在很短的时间内确立了社会主义经济制度。国有企业作为共和国长子，对迅速改变我国落后的经济面貌、奠定党和

国家事业发展的物质基础发挥了重要作用。改革开放以来，国有企业改革从最初的放权让利、承包经营责任制，到明确建立现代企业制度，到建立权利、义务和责任相统一，强化出资人职责的国有资产管理体制，经历了机制创新、制度创新和体制创新等阶段。

（一）改革开放至党的十八大：国有企业机制、制度、体制创新

1. 国有企业机制创新探索阶段：探索扩大企业自主经营权的改革（1978—1992 年）

（1）扩大企业自主经营权、放权让利的改革。

1978 年 12 月，党的十一届三中全会召开，吹响了中国经济体制改革的号角，也拉开了国有企业改革的序幕。全会提出“让企业有更多的经营管理自主权，调整国家与企业的责权利关系”，为解决计划经济时期严重的政企不分、以政代企问题，颁布了《关于扩大国营工业企业经营管理自主权的若干规定》《关于国营企业实行利润留成的规定》。1979 年 5 月，国家经委、财政部等 6 个单位联合在北京、天津、上海选择了首都钢铁厂、天津自行车厂、上海柴油机厂等 8 家企业作为扩大自主经营权的试点单位。至 1980 年，试点范围扩大到 6000 多家国有企业，占全国预算内工业企业的 16%、产值的 60%、利润的 70%。此后，随着试点范围不断扩大，制定了相应政策，并通过对企业内部实行“利润留成”“盈亏包干”“以税代利、自负盈亏”等具体措施，以及在全国范围内两次实行“利改税”，扩大企业自主权、对企业放权让利，激发了企业生产积极性和创造性。放权让利的企业改革，虽然只是局部性调整，但是已经触及政企关系不顺这一旧的国有企业的根本性弊端，也意味着高度集中的计划经济体制被逐步打破。然而，这个时期的改革只是探索性的，“放权让利”并没有触动国有企业财产关系和产权制度改革这一根本性问题。

（2）“所有权和经营权适当分开”，探索实行承包制。

1984 年 10 月，党的十二届三中全会通过了《中共中央关于经济体制改革的决定》，提出建设有计划的商品经济，决定全面推进以增强企业活力特别是增强以国有大中型企业为中心、以城市为重点的经济体制改革，正式提出“所有权和经营权可以适当分开”，并重新确立了国有企业改革的目标模式，这就是：要使企业真正成为相对独立的经济实体，成为自主经营、自负盈亏的社会主义商品生产者和经营者，具有自我改造和自我发展的能力，成为具有一定权利和义务的法人。这个决定指出，过去国家对企业管得过多过死的一个主要原因，就是把全民所有同国家机构直接经营企业混为一谈，但是如果全民所有制的各种企业都由国家机构直接经营和管理，那就不可避免地产生严重的主观主义和官僚主义，压抑

企业的生机和活力。因此，在服从国家计划前提下，企业有权选择灵活多样的经营方式，有权安排自己的产销活动，有权拥有和支配自留资金，有权按照规定自行任免、聘用和选举本企业的工作人员，有权自行决定用工办法和工资奖励方式，有权在国家允许的范围内确定本企业产品的价格，等等。这就是当时关于国有企业所有权与经营权适当分离原则的基本思路。于是从1984年开始，国家探索在全民所有制工业企业推行厂长（经理）负责制。1986年12月，国务院发布《关于深化企业改革增强企业活力的若干规定》，提出全民所有制大中型企业要实行多种形式的承包经营责任制这种“两权分离”的经营模式，在该模式下，企业包上缴国家利润，包完成技术改造任务，实行工资总额与经济效益挂钩，不同企业可以根据实际情况，确认其他承包内容。到1987年，全国国有大中型企业普遍实行了承包制，基本原则是“包死基数、确保上缴、超收多留、欠收自补”。1990年，第一轮承包到期的企业90%以上又签订了第二轮承包合同。直到1993年以前，国有企业普遍实行这种承包经营责任制。承包制的实行，从之前的单纯扩大企业自主权的改革，转向了以塑造具有独立经济利益和经营自主权的商品生产者为中心的改革上来，它所实行的两权适当分离，也在一定程度上规范和约束了政府过多干预企业经营的行为，确实调动起了企业和职工的积极性，激发了企业活力，推动了国有经济的发展。

承包制是放权让利的进一步发展，是在政府计划管理和控制的前提下，向国有企业释放更大的自主权。但是，承包制毕竟没有走出“放权”的思路，放权的内容和程度虽然有所改善，但依然掌握在行政主管部门手中，具有很强的主观性和不确定性，承包合同本身的不完备性，也给政府部门不断干预企业发展提供了理由。因此，这一时期的国有企业并不是具有市场主体地位的独立法人，国有企业的活力并没有真正被激发出来，责权不清、产权不明等困扰国有企业的深层次问题依然没有得到有效解决。

2. 国有企业制度创新阶段：进入以产权改革为核心的现代企业制度建设时期（1993—2002年）

（1）明确提出建立现代企业制度。

随着两权分离为基础的承包经营责任制改革的不断深入，国有企业改革进入以现代企业制度为目标的改革。1993年11月，党的十四届三中全会通过的《中共中央关于建立社会主义市场经济体制若干问题的决定》，明确提出要推动国有企业逐步建立产权清晰、权责明确、政企分开、管理科学的现代企业制度，旨在使企业成为自主经营、自负盈亏、自我发展、自我约束的法人实体和市场竞争主体，国企改革进入了以产权改革为核心，建立现代企业制度的新阶段。1994年以后，建立现代企业制度的试点在国有企业中展开。

（2）国有企业组织形态和产权结构发生变化。

1994 年，为了贯彻落实党的十四届三中全会精神，国有企业组织形态和产权结构开始发生重大变化，这主要体现在股份制改革方面。国家经贸委、体改委会同有关部门，选取了 100 家不同类型的国有大中型企业，进行建立现代企业制度的试点。随后，全国各地根据本地区的实际情况，先后选定了 2500 多家国有企业进行试点。这些试点企业在清产核资、明确企业法人财产权基础上，逐步建立了国有资产出资人制度，建立了现代企业制度的领导体制和组织制度框架，初步形成了企业法人治理结构。1997 年，试点企业普遍进行了公司制改造，股份制改革逐步推开。在具备条件的国有大中型企业中，单一投资主体的一般改组为独资公司，多个投资主体的一般改组为有限责任公司或股份制公司，少数成为上市股份有限公司。小型国企中，有的实行承包经营、租赁经营，有的改组为股份合作制，还有的出售给集体或者个人。改制企业绝大多数建立了包括股东会（大会）、董事会、经理层、监事会在内的公司法人治理结构框架。

股份制以及建立现代企业制度的改革是国有企业改革进程中的重要转折，股份制的推行说明开始从所有制的角度来破解国有企业改革的难题，从过去在国家所有的框架下增强企业活力到进行产权改革，从扩权让利到企业法人财产权的正式被确认，以及提出“产权清晰、权责明确、政企分开、管理科学”的方针，都说明我国开始改变仅从经营控制权的角度来进行国有企业改革的思路，开始认识到企业组织形式的多元化对于企业效益提高的重要性。股份制改革在转换企业经营机制和推动企业制度改革方面取得了显著效果：明确界定了国有资产产权；一定程度上实现了企业所有权、法人财产权和经营权的分离；建立了股份公司的法人治理结构。但此时的企业运行机制还不够规范，国有股权不够明确，法人治理结构运作还不够理想。

（3）国有企业布局及结构调整：“抓大放小”。

1997 年党的十五大提出，要把国有企业改革同改组、改造、加强管理结合起来，强调要调整国有经济布局，明确指出国有经济起主导作用主要体现在控制力上。要从战略上调整国有经济布局，抓好大的，放活小的。对关系国民经济命脉的重要行业和关键领域，国有经济必须占支配地位，在其他领域，可以通过资产重组和结构调整，以加强重点，提高国有资产整体质量。要对国有企业实施战略性改组，实行鼓励兼并、规范破产、下岗分流、减员增效和再就业工程，形成企业优胜劣汰的竞争机制。到 2000 年末，国有企业基本实现脱困，企业经营机制得到转变，初步建立了现代企业制度，国资和国企都有所壮大发展，国有企业改革实现了质的飞跃。

在这个国有企业制度创新阶段，按照现代企业制度要求进行国企改革，取得的明显成效主要是：首先，较好地解决了政企不分的问题。国家作为公共事务管理者，面向全社会行使其公共管理职能，不再对企业的具体经营活动进行干预；同时国家作为国有资产所有者，享有国有资产最终所有权，因而只能作为国有资产出资者按照投入企业的资本额享有所有者权益，并对企业债务只负有限责任，而对企业的具体经营活动不能进行直接干预。其次，按照现代企业制度的要求进行国有企业改革，较好地解决了国有企业市场主体地位的确立问题。总之，按照现代企业制度的要求推进国有企业改革，表明我国国有企业改革提升到了一个新的高度。

3. 国有企业体制创新阶段：以持续深化产权制度改革为重点的改革阶段(2003—2012 年)

（1）国有资产管理体制改革深化。

2002 年党的十六大之后，现代企业制度建设继续深入，国有资产管理方式的调整和资本市场的改革使国有企业改革进入了一个新阶段。2003 年 3 月，国务院国资委确立了建立中央政府和地方政府分别代表国家履行出资人职责，享有所有者权益，权利、义务和责任相统一，管资产和管人、管事相结合的国有资产管理体制。国资委的建立和职能行使，解决了长期存在的国有资产出资人缺位和国有资产多头管理的问题，是深层次的经济体制改革。此后党的十六届三中全会也提出，要建立健全国有资产管理和监督体制，深化国有企业改革，明确国资委管辖的国有大型企业要吸引外资和社会资本以实行产权多元化，可以通过上市募集资金，而且鼓励整体上市，使“股份制成为公有制的主要实现形式”，以保持和增强企业的整体实力。2003 年 5 月，《企业国有资产监督管理暂行条例》正式生效，它以法规的形式明确了国有资产管理体制的基本框架和国有资产监督管理的基本制度。2005 年 10 月，《中华人民共和国公司法》专门就国有资产监管机构作出了规定，以法律的形式明确了国有资产监管机构的法律地位。2009 年实行的《中华人民共和国企业国有资产法》，对国有资产管理体制的内容以法律的形式进行了权威性的确认，确立了国有资产监管体制的法律框架。

（2）股份制成为公有制的主要实现形式。

党的十六届三中全会提出，积极推行公有制的多种有效实现形式，大力发展国有资本、集体资本和非公有资本等参股的混合所有制经济，实现投资主体多元化，使股份制成为公有制的主要实现形式。2004 年，国资委作出加快 189 户中央企业股份制改革步伐的决定。2006 年中央经济工作会议提出要大力推进中央企业特别是一般性竞争行业中央企业的股份制改革。截至 2006 年，实行股份制改革的中央企业达到 64.2%，中小企业改制面超过 85%。在这一时期，股份制改革以转换国有企业经营机制为目的，重点完善股份制企业内部股权结构，促进国有资本多元化。截至 2011 年，全国 95% 以上的国有企业基本完成了公司制股份制改革，中央企业的公司制股份制改制面达到了 72%。

与此同时，我国还启动了股权分置改革，以解决我国股份公司内部股权不平等，国有股权流动受限制的问题，完善我国股份制改革发展的市场条件。到 2006 年末，股权分置改革初步完成，资本市场的功能日渐凸显。随着资本市场体制的逐渐完善，为国有企业改革提供了更加广阔的资源配置平台，企业之间的大额换股并购有了可能，这对于国有经济的战略性结构调整，非公资本参与国有企业改制，产业整合以及上市公司做优做强都产生了积极影响，推动国有企业向着纵深发展。

（3）探索公有制的多种实现形式，强调“产权是所有制的核心和主要内容”。

2002 年党的十六大提出，国有企业是我国国民经济的支柱，要深化国有企业改革，进一步探索公有制，特别是公有制的多种有效实现形式，大力推进企业的体制、技术和管理创新。除极少数必须由国家独资经营的企业外，积极推行股份制，发展混合所有制经济。实行投资主体多元化，重要的企业由国家控股。按照现代企业制度的要求，国有大中型企业继续实行规范的公司制改革、规范董事会建设、完善法人治理结构。推进垄断行业改革，积极引入竞争机制，通过市场和政策引导，发展具有国际竞争力的大公司大企业集团。进一步放开搞活国有中小企业。2003 年党的十六届三中全会通过的决定对现代企业制度提出更明确的要求，即“归属清晰、权责明确、保护严格、流转顺畅”，特别指出“产权是所有制的核心和主要内容”，要坚定和大力推进产权制度改革。

（4）推进混合所有制改革。

混合所有制是由多种所有制成分构成、共同经营的所有制形式，包括宏观层面上的国有、集体、民营、外资个体组成的经济，以及微观层面上的上述不同所有制成分组成的交叉、共融的所有制企业。传统的所有制理论认为，所有制由于性质上的本质差别，只可以在生产关系中并存，而难以在企业内部结合。然而，如今对公有制经济的新的解读是“公有制经济不仅包括国有经济和集体经济，还包括混合所有制经济中的国有成分和集体成分”①，这为各种所有制经济以各种形式合作提供了理论支撑。

1997 年 9 月党的十五大首次提出混合所有制经济概念，并且指出股份制是现代企业的一种资本组合形式。判断股份制是公有还是私有，关键是看谁掌握了控制权。因此，发展混合所有制经济，关键看企业资本的控制权掌握在谁的手中，混合所有制只要是国家和集体控股，就有利于巩固和发展社会主义基本经济制

① 张穹：“公有制经济的科学内涵与实践探究”，《行政管理改革》2013 年第 12 期，第 6 页。

度。至此，国有企业混合所有制迎来了改革热潮。

混合所有制的实践成果表明，它能够促进国有经济的快速发展，是国有企业有效运行的重要方式。它不但能够更加有效地发展公有制经济，而且作为股份制的重要组成部分，能够促进企业建立起规范的公司治理框架，完善企业内部公司治理。从组成部分看，混合所有制有利于打破国有资本在一些行业中的垄断，为民间资本增加投资机会，为非公经济拓宽发展渠道，为发展提供公平、有序、良好的环境，也为增加国有企业资本开辟了新的来源渠道。

（二）进入新时代国有企业改革的持续深化

自党的十八大以来，伴随着跨入中国特色社会主义新时代的步伐加快，国有企业改革也加速推进，以习近平同志为核心的党中央全面谋划国有企业改革策略，持续推进国有企业改革和高质量深入。习近平同志强调，国有企业是国民经济的重要支柱，在我们党执政和我国社会主义国家政权的经济基础中也是起支柱作用的，必须搞好；要坚持国有企业在国家发展中的重要地位不动摇，坚持把国有企业搞好、把国有企业做强做优做大不动摇。习近平同志着眼于党和国家发展全局，创造性地提出推进国企改革的一系列新思想、新观点、新论断，用相互贯通的重大理论创新和科学判断，深刻回答了在新的历史条件下国企改革的重大理论和实践问题，形成了内涵丰富、寓意深刻、体系完整的国企改革重要思想，为国企改革深入推进提供了强大思想武器和行动指南，是做好国企改革各项工作的根本遵循。至此，随着我国发展进入新时代，国有企业改革也进入了一个新的历史时期和攻坚期。

1. 继续大力推进国有企业混合所有制改革

我国国有企业虽然自改革开放以来经历了多次不同程度的整合与重组，在推动经济发展的过程中发挥了重要作用。但国有企业在管理体制、运行机制和布局结构等方面还有许多不完善的地方，仍然存在一些亟待解决的突出矛盾和问题。必须破除体制机制弊端、深化国有企业改革，加快产业结构优化升级，建立现代经济体系，提升企业的核心竞争力。

2013 年 11 月，党的十八届三中全会通过的《中共中央关于全面深化改革若干重大问题的决定》提出，混合所有制经济是基本经济制度的重要实现形式，要积极推动混合所有制经济发展，鼓励国有资本、集体资本、非公有资本等交叉持股、相互融合，这既有利于国有资本放大功能、保值增值、提高竞争力，也有利于各种所有制资本取长补短、相互促进、共同发展。

党的十八届三中全会之后，国有企业混合所有制改革从中央到地方、从理论到实践、从政策到执行等方面都在加速推进。2015 年 8 月中共中央国务院发布

《关于深化国有企业改革的指导意见》提出，分类分层推进国有企业混合所有制改革，强调要有效探索主业处于重要行业和关键领域的商业类国有企业混合所有制改革。同年 9 月，国务院发布《关于国有企业发展混合所有制经济的意见》指出："通过深化国有企业混合所有制改革，推动完善现代企业制度，健全企业法人治理结构；提高国有资本配置和运行效率，优化国有经济布局，增强国有经济活力、控制力、影响力和抗风险能力，主动适应和引领经济发展新常态；促进国有企业转换经营机制，放大国有资本功能，实现国有资产保值增值。"

2017 年 10 月，习近平总书记在党的十九大报告中强调，要完善各类国有资产管理体制，改革国有资本授权经营体制，加快国有经济布局优化、结构调整、战略性重组，促进国有资产保值增值，推动国有资本做强做优做大，有效防止国有资产流失。深化国有企业改革，发展混合所有制经济，培育具有全球竞争力的世界一流企业。这是在新的历史起点上，为新时代国有企业改革确立的根本遵循。2020 年 6 月，中央全面深化改革委员会第十四次会议审议通过了《国企改革三年行动方案（2020—2022 年）》，把党的十九大对国资国企改革的要求进一步具体化，指出今后三年是国企改革关键阶段，要坚持和加强党对国有企业的全面领导，坚持和完善基本经济制度，坚持社会主义市场经济改革方向，抓重点、补短板、强弱项，推进国有经济布局优化和结构调整，增强国有经济竞争力、创新力、控制力、影响力、抗风险能力。

国有企业混合所有制改革不是为了混合而混合，而是为了让国有企业在改革中能够增加竞争力和活力，混合的目的是为企业打造一个符合现代企业治理要求的有竞争力和创新力的治理体系。国有企业混合所有制改革是当前我国供给侧结构性改革的重要内容，整个改革过程十分复杂，需要有关部门合理规划、有序推进，在保证国有资产保值增值的情况下，吸引各类社会资本，进行资源优化，不断扩大规模，积极推进产业转型升级，实现资产整合。

2. 坚定做强做优做大国有企业和国有资本

国有企业是我国经济社会发展的主要力量和重要支柱，在我国经济新旧动能转换过程中起着举足轻重的作用，带头进行新旧动能转换，既是国有企业义不容辞的重大政治任务，也是做强做优做大的发展机遇。

做强做优做大国有企业的必要性和重要性在于：第一，国有企业是国民经济和我们党执政的经济基础中的支柱。习近平总书记多次强调，国有企业是国民经济的重要支柱，在我们党执政和我国社会主义国家政权的经济基础中也是起支柱作用的；国有企业是中国特色社会主义的重要物质基础和政治基础，是中国特色社会主义经济的"顶梁柱"，必须搞好。第二，国有企业是强大的国家实体经济。习近平总书记曾指出："国家强大要靠实体经济，不能泡沫化"，"我们要向全社会发出明确信息：搞好经济、搞好企业、搞好国有企业，把实体经济抓上去”。第三，国有企业是保障人民共同利益的重要力量。国有企业和国有资产终极所有权的全民所有的属性，是落实“以人民为中心”和保障人民共同与长远利益的根本保障。第四，国有企业是壮大国家综合实力和参与国际竞争的重要力量。习近平总书记强调国有企业是坚持和发展中国特色社会主义的六种力量：党和国家最可依赖的依靠力量，坚决贯彻执行党中央决策部署的重要力量，贯彻新发展理念、全面深化改革的重要力量，实施“走出去”战略、“一带一路”建设等重大战略的重要力量，壮大综合国力、促进经济社会发展、保障和改善民生的重要力量，我们党赢得具有许多新的历史特点的伟大斗争胜利的重要力量。在党的十九大报告中，习近平总书记又明确提出，要加快国有经济布局优化、结构调整、战略性重组，促进国有资产保值增值，推动国有资本做强做优做大，培育一批具有全球竞争力的世界一流企业。因此，持续深化国有企业改革，优化国有资本布局结构，做强做优做大国有资本，增强企业活力、市场竞争力和综合实力，就为创建世界一流企业奠定了重要基础和有利条件。

做强做优做大国有资本，其重要作用体现在：有利于完善产权制度和要素市场化配置，实现产权有效激励、要素自由流动、价格反应灵活、竞争公平有序、企业优胜劣汰；有利于发展混合所有制经济，放大国有资本功能，提高国有资本竞争力，实现多种所有制经济共同发展，相互促进、共同繁荣；有利于改革国有资本授权经营体制，实现国家所有权机构监管国有资产的对象由实物形态的“企业”向价值形态的“资本”转换，国有资本作为股东，通过公司治理的途径，使国有资本增值。

进入新时代，国有企业改革的重点是加快国有经济布局优化、结构调整、战略性重组，促进国有资产保值增值，推动国有资本做强做优做大。一是放活国有资本，要改革国有资本授权经营体制，科学界定国有资本所有权和经营权边界，调整国资监管机构的权责事项，真正落实企业的法人财产权和经营自主权；二是管好国有资本，要创新监管方式和手段，改变行政化的管理方式，改进考核体系和办法，促进国有资本保值增值，同时坚决防止国有资产流失；三是优化国有资本，坚持进退有序有度，按照国家战略的要求，推动国有资本更多地向关系国家安全、国民经济命脉，以及国计民生的重要行业和关键领域集中，向战略性、前瞻性产业集中，向优势企业集中；四是放大国有资本，推进混合所有制改革，提高国有资本的运行效率和水平，促进各种所有制资本取长补短、相互促进、共同发展；五是健全企业法人治理结构，完善国有企业领导方式，改进激励约束机制。

二、新时期深化国有企业改革的时代要求

自党的十八大以来，以习近平同志为核心的党中央对深化国有企业改革精心谋划，作出了一系列重大部署，推动国有企业完善现代企业制度，发展混合所有制经济，推进国有经济布局结构战略性调整，以管资产为主加强国有资产监管，加强国有企业党的建设，国有企业改革发展不断取得重大进展，运行质量和效益明显提升，为推动经济社会发展、保障和改善民生、开拓国际市场、增强我国综合实力作出了重大贡献。但是国有企业仍然存在着一些亟待解决的突出矛盾和问题，与建立具有中国特色的现代国有企业制度的目标和建设现代化经济体系的要求相比，还有许多需要继续改革和完善的方面。当前，我国进入全面建设社会主义现代化国家的新时代，面对新形势新任务和新使命新要求，国有企业作为经济体制改革的重要环节，也进入了改革的攻坚期和深水区，因此，必须按照“四个全面”战略布局的总体要求，体现中国特色的本质要求，坚持问题导向，坚持建设现代企业制度的方向，把国有企业改革持续推向深入。

（一）深化改革的理论依据

国有企业是特殊的企业组织形式和经营方式，国有企业最本质的特征是其资产的终极所有权属于国家，即由代表全体公众利益的国家履行出资人职责，行使资产的所有权。同时，国有企业又是从事某种生产经营和商务活动的市场主体和竞争主体。

在我国，国有企业和国有资产是经济社会发展的物质基础和主导力量，是整个国民经济的命脉所系，是建成社会主义现代化国家的基本依靠和保障。自新中国成立以来，经过 70 多年的经营和积累，我国国有资产实力雄厚，规模达到数百万亿元之巨，为国家富强和人民幸福作出了巨大贡献。改革开放以来，国有企业改革取得重大进展，总体上已经同市场经济相融合，运行质量和效益明显提升，在市场竞争中涌现出一大批具有核心竞争力的骨干企业，为推动经济社会发展、保障和改善民生、开拓国际市场、增强我国综合实力作出了重大贡献。

但也必须看到，我国国有经济和国有企业发展仍然面临着日益激烈的国际竞争和转型升级的巨大挑战，在推动我国经济保持中高速增长和迈向中高端水平、完善和发展中国特色社会主义制度、实现中华民族伟大复兴中国梦的进程中，国有企业肩负着重大历史使命和责任。

习近平新时代中国特色社会主义思想，为国有企业改革提供了根本理论指引和行动遵循。坚持和发展中国特色社会主义，是习近平新时代中国特色社会主义

思想的核心要义，而巩固和发展公有制经济，推动国有企业改革发展，是坚持和发展中国特色社会主义的必然要求。习近平总书记着眼于党和国家发展全局，全面总结和科学概括改革经验，创造性地提出推进国有经济发展和国有企业改革的一系列新思想、新观点、新论断，用相互贯通的重大理论创新和科学判断，深刻回答了在新的历史条件下国有经济和国有企业的重大理论和实践问题，形成了内涵丰富、寓意深刻、体系完整的国有经济发展和国有企业改革重要思想，为国有企业改革深入推进提供了强大思想武器和行动指南，是做好国有经济发展和国有企业改革各项工作的根本遵循。

习近平总书记强调国有企业是坚持和发展中国特色社会主义的六种力量：党和国家最可依赖的依靠力量，坚决贯彻执行党中央决策部署的重要力量，贯彻新发展理念、全面深化改革的重要力量，实施“走出去”战略、“一带一路”建设的重要力量，壮大综合国力、促进经济社会发展、保障和改善民生的重要力量，我们党赢得具有许多新的历史特点的伟大斗争胜利的重要力量。

在党的十九大报告中习近平总书记明确指出，要培育一批具有全球竞争力的世界一流企业。深化国有企业改革，优化国有资本布局结构，增强企业活力、市场竞争力和综合实力，为创建世界一流企业奠定重要基础和有利条件。据此，要以提高国有企业核心竞争力为目的，推动国有企业优化产业布局，支持创新发展前瞻性战略产业、加快处置低效无效资产，淘汰落后产能，提高国有资本配置效率；要以提升国有企业发展质量效益为目的，着力推进供给侧结构性改革，促进产业优化重组；要以提升国有企业国际竞争力为目的，实施创新驱动发展战略，推动以科技创新为核心的全面创新，推进国有企业实现创新发展。

关于国有资产和国有企业改革发展的主要路径，习近平总书记提出，“要完善各类国有资产管理体制，改革国有资本授权经营体制，加快国有经济布局优化、结构调整、战略性重组，促进国有资产保值增值，推动国有资本做强做优做大，有效防止国有资产流失”。这是正确处理好政府和市场关系的重要指引。政府对国资管理要实现以管企业为主向以管资本为主的转变，重点是优化国资布局、规范国资运行、实现国资增值、确保国资不流失，将依法应由企业自主经营决策的事项归位于企业。

国有企业的发展是中国特色现代国有企业发展道路、理论和制度的有机统一。国有企业的发展，应本着构建中国特色现代国有企业制度，优化国有资本布局结构和发展混合所有经济的发展途径，坚持党的领导，充分发挥党组织的政治核心和领导核心作用，以管资本为主加强国有资产监管，防止国有资产流失，保障国有资产安全的总要求扎实推进。

国有企业改革是经济体制改革的中心环节，保障国有资产安全，是国有企业改革的前提和底线。对于国有资本的管理，侧重于价值形态不断增值，更多依赖的是经济手段和方向引领，推动国有资本更多投向关系国家安全和国民经济命脉的重要行业和关键领域，调节各生产要素，使其配置不断优化，从而保持国有资本做强做优做大。

习近平总书记特别提出："必须坚持和完善中国特色社会主义制度，不断推进国家治理体系和治理能力现代化"。这是全面深化改革的总目标和行动纲领，重要领域和关键环节的改革都要朝着这个总目标奋进和谋划。国有经济发展和国有企业改革按照这样的顶层设计推进实践创新和制度创新，才能行稳致远，取得最优最大实效。

（二）深化改革的必要性

改革开放 40 多年来，国有企业改革发展不断取得重大进展，整体上已经与市场经济相融合，运行质量和效益明显提升，涌现出了一批具有核心竞争力的骨干企业，为推动经济社会发展、保障和改善民生、开拓国际市场、增强我国综合实力作出了重大贡献，成就突出、功勋显著。但是，为了与新时代的要求相适应，为了尽快建立和完善现代企业制度，国有企业改革还有必要进一步深化。

1. 持续深化国有企业改革是历史发展的必然要求

当前我国国有企业的竞争力和影响力有了显著提高，但是保持国有企业健康发展，需要全面持续深化改革。发展过程中必然还会暴露出各式各样的问题，而改革的目的就是解决问题。我国国有企业改革在取得显著成就的同时，也还存在着一些仍需下大力气解决的矛盾和问题，如法人治理结构不健全、监管不到位、科技创新能力不强、企业活力和核心竞争力不足、带动力和引领作用不够突出等。这些问题互相交织、互相影响，复杂性、艰巨性、敏感性前所未有。面对这些问题必须要全面深化改革，直面矛盾问题，知难而进、迎难而上，攻克改革进程中的痼疾顽疾，促进国有企业健康发展。

2. 持续深化国有企业改革是发展中国特色社会主义的必然要求

中国特色社会主义是改革开放以来党的全部理论和实践的主题，公有制为主体、多种所有制经济共同发展的基本经济制度是中国特色社会主义的重要组成部分。持续深化国有企业改革，提高效率、增强活力，发展壮大国有经济，是坚持和完善基本经济制度的根本要求，也是坚持和发展中国特色社会主义的必然要求。党的十八大以来，在习近平同志治国理政新理念新思想新战略的指引下，国有企业改革取得重大进展，国有企业体制机制发生了重大变革，与市场经济的融合更加紧密，规模实力和竞争力进一步增强，国有经济的主导作用得到有效发挥。但也应看到，国有企业在发展过程中仍然存在改革推进不平衡不充分、体制机制不健全、布局结构不合理、发展的质量效益不高、创新发展内生动力不足等问题，必须以更大的决心、更大的力气把国有企业改革发展向前推进，形成更加符合中国特色社会主义新时代要求的现代企业制度和市场化经营机制。

3. 持续深化国有企业改革是实现第二个百年奋斗目标的重大任务

我国已经进入实现全面建设社会主义现代化国家第二个百年奋斗目标的新阶段，在这一新的历史时期，国有企业地位重要、作用关键、不可替代。党的十八大以来，国有企业贯彻新发展理念，围绕统筹推进“五位一体”总体布局、协调推进“四个全面”战略布局，在切实履行政治责任、经济责任和社会责任中，发挥了应有的重要作用。国有企业在关系国家安全和国民经济命脉的重要领域和关键行业取得了一批具有世界先进水平、标志性的重大科技创新成果，承担了一批重大项目的建设，彰显了国之重器的实力和担当。在新时期，国有企业改革发展必须与实现第二个百年奋斗目标同频共振，与人民群众对美好生活的向往同向共进，这是国有企业必须承担的光荣使命和历史责任。

4. 持续深化国有企业改革是推动经济健康发展的客观要求

当前，我国发展呈现新的阶段性特征，经济发展新常态下发展速度、结构、动力呈现新的特点。国有企业是我国先进生产力、国家综合实力和国际竞争力的代表，行业产业的影响力强，在适应把握引领经济发展新常态、推进供给侧结构性改革中发挥着重要带动作用。党的十八大以来，国有企业牢牢把握稳中求进工作总基调，坚持突出主业，大力发展实体经济，落实“三去一降一补”五大任务，深入开展强身健体、提质增效，大力进行重组整合，积极发展战略性新兴产业，化解过剩产能、处置“僵尸企业”，有力地促进了国有经济转型升级，为我国经济持续健康发展作出了积极贡献。在新发展阶段，必须进一步深化国有企业改革，推动国有经济、国有资本和国有企业布局优化、结构调整和战略性重组，实现质量更高、效益更好、结构更优地发展，有效发挥主导和引领作用，推动我国经济实现中高速增长，迈向中高端水平。

（三）深化改革的重要性紧迫性

持续深入推进国有企业改革，对于坚持和完善基本经济制度、坚持走中国特色社会主义道路，对于落实“四个全面”战略布局、实现中华民族伟大复兴的中国梦，对于适应经济发展新常态、推动我国经济实现中高速增长和迈向中高端水平，对于破除体制机制弊端、做强做优做大国有企业，具有十分重要的意义，也具有极端重要性和紧迫性。

1. 深化改革是全面推进经济体制改革的需要

我国的国有企业和国有资产一直以来都是整个社会关注的中心和焦点，这是由国有企业特殊的身份和地位、国有资产巨大的体量和宏大的规模、国资国企显著的影响力和控制力所决定的。因此，国资国企改革成为经济改革的核心环节，并且具有其独特的内容和非凡的重要性。

2016 年 7 月，习近平总书记在全国国有企业改革座谈会上强调指出了国有企业未来改革的首要任务：国有企业是壮大国家综合实力、保障人民共同利益的重要力量；国有企业是整个经济体制改革的中心环节；建立和完善社会主义市场经济体制，基础在于企业，最重要的是在国有企业建立现代企业制度，使国有企业转换经营机制，适应市场经济要求；国资国企改革当前正处于攻坚阶段，切实解决国资国企改革中存在的突出矛盾和问题，不仅关系到国资国企改革的成败，还关系到整个经济体制改革的成败和国家前途。由此可见，推进国资国企改革和发展，是全面推进经济体制改革的迫切需要。

2. 深化改革适应了我国经济进入新常态的需要

当前，我国发展呈现新的阶段性，经济发展新常态下发展速度、方式、结构、动力呈现新的特点。国有资本和国有企业是我国先进生产力、国家综合实力和国际竞争力的代表，国有企业作为我国经济的中坚力量，行业产业的影响力大，引导作用强，在适应把握引领经济发展新常态、推进供给侧结构性改革中发挥着重要带动作用。

我国经济已经彻底摒弃传统的高投入、高消耗的高速增长模式，转向高质量、低消耗发展的新阶段，以“三去一降一补”为重点的供给侧结构性改革，给国有企业既带来发展机遇，也提出高质量发展的更高要求。

供给侧改革将有利于国有企业去产能去僵尸，加快国有企业结构性调整。长期以来，我国国有企业的经济布局有两个明显特征：一是资金主要投资在基础设施建设和大型重工业行业，二是国有企业的大量存量资产沉淀在过剩产业，经济效益差。供给侧结构性改革所推行的“三去一降一补”，为优化国有经济布局提供了良机。反过来，国资国企改革，是实现供给侧改革的重要动力源。无论国资国企改革，还是供给侧改革，改革的目的都是要促进经济高质量发展。

3. 深化改革适应了经济结构调整和产业转型升级的需要

产业结构是经济发展的重要载体，产业结构的优化将保障经济发展可持续、高质量和高效益，因此，产业结构优化特别是由中低端向中高端的转换是实现经济结构优化升级的最终目标。多年来，生产要素的高投入和资源要素的高消耗、人口红利和全球化红利，虽然催生了我国经济的高速增长，但产业结构一直处于全球价值链中低端、附加值和比较收益低的状况未得到根本改观，其重要原因是现代产业体系发展滞后。由于历史原因，大量传统和低端产业广泛存在。在现代企业激励机制尚未完全建立、自主创新动力不足的情况下，以高科技为代表的新兴产业占整体产业体系的份额亟待提高，以实现跨越式发展。而从国际经验来看，产业结构由低端逐渐迈向中高端，既为一国经济的长期增长提供可持续的动力，又为经济增长提供高质量和高收益的保证，同时也是一国国际竞争力的重要标志。在经济新常态下，我国唯有全面实施产业结构转型优化政策，加快构建现代产业体系，才能立于不败之地。

我国国有企业是先进制造业的主力军，也是战略性新兴产业的龙头。在新常态新形势下，通过国资国企改革，促进国有企业率先实现经济增长方式由粗放型向集约型转变，可以大大加快实现整体经济结构调整和产业转型升级的步伐。因此，加快国资国企改革，既适应了我国经济结构调整和产业转型升级的需要，也顺应了经济发展方式转变的趋势。

4. 深化改革是推动传统模式转向创新驱动新模式的需要

增长动力由粗放型要素投入向创新型技术转换，是经济新常态的基本要求。长期以来，我国经济高速增长主要依靠高投入、高能耗、高污染的投资驱动和要素驱动，但是在高速增长的背后，却是经济总量大，但大而不强；经济增速快，但快而不优。长期依靠要素驱动和投资驱动虽然提高了经济增速，但也使我国经济发展形成了速度崇拜和要素依赖的惯性，造成了体制机制上一些不利于创新驱动的制度障碍。随着人口红利和资源红利的逐渐消退，以及要素的规模投入回报逐渐减弱，传统发展模式已难以为继，因此，实现创新驱动发展是新常态经济的必然要求，走低投入、低能耗、低污染和高产出、高效益、高质量的创新驱动型发展道路是国民经济主导力量的国有企业的必然选择。

告别经济旧常态和传统模式，进入经济新常态和新发展模式，关键在于创新。在国资国企改革的过程中充分遵循经济发展规律，转变速度崇拜和要素依赖，突破发展面临的资源约束瓶颈，激发经济增长新动力，焕发创新发展新动能，既是经济新常态的客观要求，也是国有经济的历史使命和责任担当。

5. 深化改革是提高国有经济综合效益和竞争力、影响力、控制力的动力源

改革推动发展，改革是发展的最大动力源，改革释放巨大红利。习近平总书记特别强调要深化国有企业改革，优化国有资本布局结构，增强企业活力、市场竞争力和综合实力，培育一批具有全球竞争力的世界一流企业。遵照改革总体部署，国有经济必须持续不断地推进改革来增强活力、控制力、影响力、抗风险能力。增强国有经济活力是搞好国有企业的本质要求，加强国有资产监管是搞好国有企业的重要保障，二者相向而行，须协同发力。

2020 年 7 月 30 日习近平总书记主持的中央政治局会议强调：坚持以供给侧结构性改革为主线，坚持深化改革开放，牢牢把握扩大内需这个战略基点，大力保护和激发市场主体活力，扎实做好“六稳”工作，全面落实“六保”任务，

推动经济高质量发展，维护社会稳定大局，努力完成全年经济社会发展目标任务。会议部署当前的重点工作之一，是要更大力度地推进改革开放，用深化改革的办法优化营商环境，实施好国有企业改革三年行动方案。国有企业作为最大的市场主体，要充分发挥其市场竞争力和活力，为国民经济整体实现高质量发展打下坚实基础，使其能够持续前行、行稳致远。

第二节 坚持党对现代国有企业制度建设的领导

习近平总书记多次指出，并在庆祝中国共产党成立 100 周年大会上的讲话中再次强调，中国共产党领导是中国特色社会主义最本质的特征，是中国特色社会主义制度的最大优势，是党和国家的根本所在、命脉所在，是全国各族人民的利益所系、命运所系。2016 年 10 月，习近平总书记在全国国有企业党的建设工作会议上明确指出，要加强和完善党对国有企业的领导，加强和改进国有企业党的建设，党对国有企业的领导是政治领导、思想领导、组织领导的有机统一，党组织在国有企业中发挥领导核心和政治核心作用，归结到一点，就是把方向、管大局、保落实。习近平总书记特别强调，坚持党的领导、加强党的建设是国有企业的“根”和“魂”，是我国国有企业的独特优势，必须始终坚持党对国有企业的领导这一重大政治原则，必须始终以建立现代企业制度作为国有企业改革的方向。国有企业的所有权归国家所有，归全民所有，我们党的宗旨是全心全意为人民服务，国有企业的产权属性和党的根本属性都是以人民利益为核心的，因此，坚持党对国有企业的领导体现了国有企业产权属性和党的根本属性的内在统一。

一、加强党对国有企业领导的重大意义

第一，坚持党对国有企业的领导对于坚持和发展中国特色社会主义、巩固党的执政基础和政治地位具有重大意义。中国特色社会主义始终坚持以公有制为主体，强调发挥国有企业的主导作用。国有企业作为生产资料社会主义公有制的物质载体，其发展壮大对于坚持公有制的主体地位以及发挥国有经济的主导作用具有重大意义。国有企业的发展壮大增强了国有经济的生命力，促进了整个国民经济的发展，巩固了中国特色社会主义的物质基础。国有企业在我国国民经济中占有重要比重，肩负着保障国家经济安全和民生福祉的重要使命，作为特殊的市场主体需要参与更高层次和更广领域的竞争，它所承担的经济、政治和社会责任，

以及党的建设在其中的地位作用，一般意义上的企业是无法比拟的。随着国有企业在国民经济中的布局不断变化，新的组织形态和组织形式层出不穷，要适应企业改革发展的新情况新任务，就必须以改革创新精神不断加强党的领导，巩固党的执政组织基础。长期以来，我国国有企业培养了大批优秀的产业工人，成为工人阶级队伍中的中坚力量，也成为党执政兴国的组织基础和中流砥柱。

第二，坚持党对国有企业的领导对于建立现代化的国家治理体系及能力具有重大意义。国有企业是党领导的国家治理体系的重要组成部分，理所当然要坚持党的领导。实践证明，国有企业改革发展进程中的每一个关键环节和重要阶段，都离不开党的领导；国有企业改革发展的每一次突破，都凝聚着党组织和广大党员的智慧和力量。国有企业改革的方向是建立中国特色的现代国有企业制度，是国家治理体系和现代化治理能力在国有企业中的要求和表现，核心就在于党组织是企业法人治理结构的主要组成部分，就在于充分发挥党建工作和公司治理两个优势。只有坚持党的领导，才能建立起中国特色的现代国有企业制度；只有坚持党的领导，才能做好深化改革的顶层设计，稳步推进现代国有企业制度的建立；只有坚持党的领导，才能建立起与我国市场特征、制度环境、文化传统等相适应的现代企业制度。新时期，更要坚守党组织在现代企业治理结构中的法定地位，完善党组织发挥领导作用的体制机制，加强党的建设工作创新，并以党的建设工作成效推动企业改革发展，为国有企业持续健康发展提供根本政治保证。

第三，坚持党对国有企业的领导对于发展壮大国有企业具有重大意义。习近平总书记强调国有企业是党和国家最可信赖的依靠力量，应理直气壮做强做优做大。国有企业做强做优做大受宏观政策和市场环境、企业发展战略、管理体系、技术产品和服务、领导班子和人才队伍等各方面的影响。由于国有企业的特殊性，坚持党的领导、加强党的建设在这些方面能发挥其他形式的企业所不具备的优势。党的路线、方针和政策为国有企业的发展提供了适宜的政策和市场环境，党制定的国家发展战略为国有企业指明了正确的发展方向。党组织领导核心和政治核心作用的发挥有利于国有企业提高自身管理的科学性，提升了管理效率，党管干部、党管人才向国有企业注入了一大批优秀的管理和技术精英，企业内部基层党组织的建立从思想上组织上凝聚了职工群众的力量，整个企业在党的领导下向着同一目标努力。在新时期，国有企业必须牢固树立抓好党建是最大政绩的理念，落实管党治党责任，确保国有企业始终成为党和国家最可信赖的依靠力量。

二、国有企业党的建设的主要目标、总体要求和重点内容

2016 年 10 月，在全国国有企业党的建设工作会议上，习近平总书记发表重

要讲话，以“国有企业还要不要”这一重大问题发问开篇，深刻阐释国有企业要不要加强党的建设、怎样加强党的建设等一系列重大理论和实践问题，为新时代坚持党对国有企业的全面领导、做强做优做大国有企业指明了方向，提供了根本遵循。

（一）国有企业党的建设的主要目标

要通过加强和完善党对国有企业的领导、加强和改进国有企业党的建设，使国有企业成为党和国家最可信赖的依靠力量，成为坚决贯彻执行党中央决策部署的重要力量，成为贯彻新发展理念、全面深化改革的重要力量，成为实施“走出去”战略、“一带一路”建设的重要力量，成为壮大综合国力、促进经济社会发展、保障和改善民生的重要力量，成为我们党赢得具有许多新的历史特点的伟大斗争胜利的重要力量。这既是深化国有企业改革的出发点，同时也是落脚点。

（二）国有企业党的建设的总体要求

新形势下，国有企业坚持党的领导、加强党的建设的总体要求是：坚持党要管党、从严治党，紧紧围绕全面解决党的领导、党的建设弱化、淡化、虚化、边缘化问题，坚持党对国有企业的领导不动摇，发挥企业党组织的领导核心和政治核心作用，并将党的核心作用切实贯穿于国有企业的决策、执行、监督的全过程，真正做到“科学参与决策、带头高效执行、保证有效监督”，保证党和国家方针政策、重大部署在国有企业贯彻执行；坚持服务生产经营不偏离，把提高企业效益、增强企业竞争实力、实现国有资产保值增值作为国有企业党组织工作的出发点和落脚点，以企业改革发展成果检验党组织的工作和战斗力；坚持党组织对国有企业选人用人的领导和把关作用不能变，着力培养一支宏大的高素质企业领导人员队伍；坚持建强国有企业基层党组织不放松，确保企业发展到哪里、党的建设就跟进到哪里、党支部的战斗堡垒作用就体现在哪里，为做强做优做大国有企业提供坚强组织保证。

（三）国有企业党的建设的重点内容

习近平总书记指出，党对国有企业的领导是政治领导、思想领导、组织领导的有机统一。国有企业党组织发挥领导核心和政治核心作用，归结到一点，就是把方向、管大局、保落实。根据这一指示精神，国有企业党的建设的重点内容主要是：

在思想建设方面，国有企业党组织要深入学习习近平新时代中国特色社会主义思想，不断提高思想政治素质、增强党性修养，坚定信念、任事担当，牢记自己的第一职责是为党工作，牢固树立政治意识、大局意识、核心意识、看齐意识，把爱党、忧党、兴党、护党落实到经营管理各项工作中。要把党员日常教育管理的基础性工作抓紧抓好，企业党组织“三会一课”要突出党性锻炼。要把思想政治工作作为企业党组织一项经常性、基础性工作来抓，把解决思想问题同解决实际问题结合起来，既讲道理，又办实事。国有企业领导人员必须做到对党忠诚、勇于创新、治企有方、兴企有为、清正廉洁，面对日趋激烈的国内外市场竞争，要迎难而上、开拓进取，带领广大干部职工开创企业发展新局面。

在组织建设方面，牢牢把握“坚持党对国有企业的领导是重大政治原则，必须一以贯之；建立现代企业制度是国有企业改革的方向，也必须一以贯之”，国有企业党委（党组）要履行主体责任，把党要管党、从严治党落到实处。要把党的领导融入公司治理各环节，把企业党组织内嵌到公司治理结构之中，明确和落实党组织在公司法人治理结构中的法定地位，不断严密党的组织体系，突出党的领导核心和政治核心作用，使党组织发挥作用组织化、制度化、具体化，做到组织落实、干部到位、职责明确、监督严格。要坚持把党管干部原则和发挥市场机制作用结合起来，保证党对干部人事工作的领导权和对主要干部的管理权，把“对党忠诚、勇于创新、治企有方、兴企有为、清洁廉政”的标准落实到国有企业选人用人全过程，建设德才兼备的高素质企业领导人员队伍。

在作风建设方面，密切联系群众已经成为企业党组织加强作风建设的一条重要途径。国有企业员工群众是企业的主体，也是推进企业改革发展的力量源泉。在国有企业中，党组织在动员和组织群众，构建和谐劳动关系、维护企业稳定和构建和谐企业等方面，发挥着其他任何组织无法替代的作用。要扭住作风建设不放松，严格落实中央廉政建设精神，坚决反对“四风”，积极开展形式多样的创先争优活动，使党员干部真正成为职工队伍的主心骨、带头人，党员干部队伍成为企业改革发展最优秀的人力资源。

在反腐倡廉建设方面，始终坚持全面从严治党，持续保持反腐败高压态势，坚定不移推进党风廉政建设和反腐败工作，坚决清除一切损害党的先进性和纯洁性的因素，强化廉政教育、警示教育和理想信念教育，强化企业领导人员履职行权监督，强化对违规经营责任的追究，确保守护好发展好人民的共同财富。

在制度建设方面，围绕从严治党要求，制定完善企业党组工作制度、党组选拔任用干部有关工作细则、加强企业领导班子建设的若干意见、落实“三重一大”决策制度实施办法与细则、党风廉政建设主体责任和监督责任的实施意见、党组成员落实党风廉政建设“一岗双责”若干规定等多项制度，明确党组织抓党建的主体责任。落实企业党建工作制，建立党建工作评议述职制度。

三、探索国有企业党的领导与现代公司治理有机结合的新途径

（一）开创新途径的基本思路

2011 年国务院国资委以 2004 年与中组部共同提出的加强和改进中央企业党建工作做到“五个结合”的思路为基础，在印发的《“十二五”时期加强和改进中央企业党建工作的总体思路和主要措施》中进一步提出了“六个结合”（“完善六个机制”）的思路，即在推进中国特色现代企业制度建设过程中，不断完善党组织参与重大问题决策工作制度与公司法人治理结构运行规则相结合的科学决策机制；党管干部、党管人才原则与企业法人治理结构依法行使用人权和市场化选聘人才相结合的选人用人机制；宣传思想工作与企业文化建设相结合的社会主义核心价值体系培育机制；发挥职工民主管理作用、维护职工合法权益与尊重企业领导人依法行使管理权相结合的利益协调、诉求表达和矛盾调处机制；惩治和预防腐败体系融入企业经营管理体系的反腐倡廉工作机制；开展党内集中教育和主题实践活动与提升创新经常性党建工作相结合的长效机制。这一基本思路系统准确地反映了国有企业如何将党的政治核心作用和领导核心作用与国有企业自身各项日常经营管理工作进行深度融合，是在国有企业坚持和发展党的领导制度应长期坚持的科学思路。

2015 年 6 月，中央深改组第十三次会议审议通过的《关于在深化国有企业改革中坚持党的领导加强党的建设的若干意见》中指出：“把加强党的领导和完善公司治理统一起来，明确国有企业党组织在公司法人治理结构中的法定地位。”在 2016 年 10 月全国国有企业党建工作会议上，习近平总书记强调，必须始终坚持党对国有企业的领导这一重大政治原则，必须始终以建立现代企业制度作为国有企业改革的方向。中国特色现代国有企业制度的“特”就在于把党的领导融入公司治理各环节，把党组织内嵌到公司治理结构之中，明确和落实党组织在公司法人治理结构中的法定地位，做到组织落实、干部到位、职责明确、监督严格。这也是全面深化国有企业改革的总体精神的重要组成部分，从而真正从实质上实现国有企业内部治理结构的科学化、合理化。

◇ 专栏 7－1

中共中央办公厅印发《关于在深化国有企业改革中坚持党的领导加强党的建设的若干意见》

新华社北京 2015 年 9 月 20 日电：近日，中共中央办公厅印发了《关于在深化国有企业改革中坚持党的领导加强党的建设的若干意见》（以下简称《若干意见》），对在深化国有企业改革中坚持党的领导、加强党的建设提出要求、

作出部署。

坚持党的领导，是中国特色社会主义最本质的特征，也是国有企业的独特优势。在协调推进“四个全面”战略布局的伟大进程中，必须毫不动摇坚持党对国有企业的领导，毫不动摇加强国有企业党的建设。出台《若干意见》，对于加强国有企业党的建设，保证国有企业改革发展的社会主义方向，提升国有企业的制度优势和竞争优势，促进国有企业做强做优做大，具有十分重要的战略意义和现实意义。

《若干意见》指出，坚持党的建设与国有企业改革同步谋划，充分发挥党组领导核心作用、党委政治核心作用、基层党组织战斗堡垒作用和党员先锋模范作用；坚持党管干部原则，从严选拔国有企业领导人员，建立适应现代企业制度要求和市场竞争需要的选人用人机制；严格落实国有企业党建工作责任制，切实履行党风廉政建设主体责任和监督责任；把加强党的领导和完善公司治理统一起来，明确国有企业党组织在公司法人治理结构中的法定地位；坚持从严教育管理国有企业领导人员，强化对国有企业领导人员特别是主要领导履职行权的监督；适应国有资本授权经营体制改革需要，加强对国有资本投资、运营公司的领导；把建立党的组织、开展党的工作，作为国有企业推进混合所有制改革的必要前提。

当前，国有企业改革正处于攻坚期和深水区，党的领导只能加强，不能削弱。《若干意见》强调，各地区各有关部门党委（党组）和各国有企业党组（党委）要切实加强对国有企业党建工作的领导和指导，不断完善党委（党组）抓、书记抓、各有关部门抓，一级抓一级、层层抓落实的党建工作格局，确保党的领导、党的建设在国有企业改革中得到充分体现和切实加强。

资料来源：国务院网站，http：//www. gov. cn/zhengce/2015 – 09/20/content_ 2935714. htm。

（二）国有企业公司治理中党的领导作用的主要体现

第一，监督保证党的方针策略和国家政策在企业的贯彻执行，把推进国有企业改革发展稳定的要求落到实处，在思想上、政治上、行动上同党中央保持高度一致，确保企业的社会主义的方向。当企业的具体利益与党和国家的利益不一致或不完全一致时，企业党组织就应该加以引导，以确保党和国家的方针、政策在本企业的贯彻执行。

第二，参与企业重大问题决策，支持股东会、董事会、经理层依法行使职权，形成权力制衡、运转协调、科学民主的决策机制。国有企业的基本任务是生产经营，生产经营活动是由股东会、董事会、经理层按照各自的不同职责共同组织的。虽然国有企业党组织与股东会、董事会、经理层的功能不同，但目标是一致的，都是为了企业的健康发展。

第三，落实党管干部和党管人才原则，建立完善适应现代企业制度要求和市场竞争需要的选人用人机制，党组织从思想、道德素质、管理能力等各方面严格筛选和培养企业干部，建设一支高素质经营管理者队伍和人才队伍。国有企业党组织参与企业发展、重要人事安排、人才工作、与职工利益密切相关的薪酬分配等事项的重大决策，以及与上述内容相关的改革方面的重大决策。

第四，加强对企业领导人员的监督，统筹内部监督资源，认真履行监督职能，建立健全权力运行监督机制，提高监督有效性。与保证监督党和国家的方针政策贯彻执行相联系，国有企业党组织还要发挥对党员领导人员、经营管理人员以及其他人员遵守法纪的监督作用。

第五，全心全意依靠职工群众，领导企业思想政治工作和工会、共青团等群众组织，支持职工代表大会开展工作，坚持用社会主义核心价值体系引领企业文化建设，树立报效国家、造福社会、服务人民、关爱职工的企业形象。对思想政治工作、精神文明奖建设和工会、共青团等群众组织的领导，在国有企业党组织工作中处于特别重要的地位。

◇ 专栏 7－2

中国交通建设集团有限公司——加强党的建设和改善党的领导，党建工作迈向更高台阶

中交集团坚持落实“两个一以贯之”要求，健全党委在公司法人治理结构中的工作机制，把党的领导融入公司治理各个环节，为改革发展提供了坚强的政治保证。通过制定党委常委会议事规则和党委工作规则，党委前置研究重大决策内容得以明晰，与其他治理主体形成联动机制，切实履行好把方向、管大局、保落实职责，突出党委前置把关，中国特色现代国有企业制度在公司形成丰富实践；加强党建机构和人员配备，夯实公司党建基层基础工作；贯彻落实新时代党的组织路线，党管干部更加科学，畅通干部能上能下通道，加大干部交流力度，探索市场化的选人用人机制，重视优秀年轻干部的培养选拔，着力建设忠诚干净担当的高素质干部队伍；以考核落实管党治党责任，修订公司党建工作考核评价办法，将党建考核由软指标变为硬指标。中交集团被中央党的建设工作领导小组确定为国有企业党建工作联系点，标志着党建工作迈上新台阶、步入新起点。

资料来源：国务院国资委改革办 国务院国资委新闻中心编：《改革实践：国资国企改革试点案例集》，机械工业出版社 2019 年 11 月版，第 44—45 页。

（三）国有企业公司治理中加强党的领导作用的举措

明确党的领导在我国国有企业公司治理中的重要法定地位，体现了国有企业产权属性和党组织根本属性的内在统一。在新时期，加强党组织在国有企业公司治理中的领导作用的举措可归纳为以下几个方面：

1. 明确党组织在公司法人治理结构中的法定地位

要将党建工作总体要求纳入国有企业章程，写明企业内部党组织的设置形式、地位作用、职责权限、工作保障等法定事项，明确党组织与“三会一层”的权责边界和运行机制，创新党组织发挥领导核心和政治核心作用的途径和方式，通过法定程序逐步规范党组织在企业决策、执行、监督各环节的权责、工作方式以及与其他治理主体的关系，厘清各治理主体的权责边界。积极探索党组织与公司治理结构相结合的工作机制，推进体制对接、机制对接、制度对接和工作对接，使党组织发挥领导核心和政治核心作用组织化、制度化、具体化。

2. 推进“四个同步”

即在国有企业改革中坚持党的建设同步谋划、党的组织及工作机构同步设置、党组织负责人及党务工作人员同步配备、党的工作同步开展，保证党组织工作机构健全、党务工作者队伍稳定、党组织和党员作用得到有效发挥。在国有企业中成立党的建设制度专项改革小组，研究制定企业党的建设改革任务和制度规划。

3. 坚持和完善“双向进入、交叉任职”的领导体制

符合条件的党组织领导班子成员可以通过法定程序进入董事会、监事会、经理层，董事会、监事会、经理层成员中符合条件的党员可以依照有关规定和程序进入党组织。探索改进完善“双向进入、交叉任职”的领导体制，推行企业内部高级管理层与党组织党员“一肩挑”机制，实行党组（党委）书记、董事长一人担任，推进党组（党委）专职副书记进入董事会。“进入”就要尽责，“任职”就要履职。在董事会选聘经理层成员的程序中，上级党组织及其组织部门、国有资产监管机构党委要发挥确定标准、规范程序、参与考察、推荐人选等作用，并积极探索董事会通过差额方式选聘经理层成员。

4. 规范党组织参与企业决策的流程

党组织对董事会讨论的企业发展战略、员工收入分配、员工制度等重要问题具有把方向、管大局、提意见的权力。在决策程序上，要明确党组织研究讨论是董事会、经理层决策重大问题的前置程序，重大经营管理事项必须经党组织研究讨论后，再由董事会或经理层作出决定。董事会的主要职责是定战略、作决策、防风险，全面依法落实董事会各项法定权利；经理层的主要工作任务是谋经营、抓落实、强管理，开展对标一流企业管理提升行动，推进管理流程再造，优化资源配置，壮大国有企业实力。

5. 党组织具有监督纠错权力和考核评价权力

就监督纠错权力而言，重点关注企业改制重组、产权变更等问题，对于企业出现的重大问题实行追责制度；就考核评价权力而言，应将党的建设考核与经营业绩考核联系起来，建立经常性的监督指导机制。

6. 增强基层党建工作活力

要突出“严”字当头，把党员日常教育管理的基础性工作抓紧抓好，提高党内生活的政治性、原则性、战斗性。企业党组织“三会一课”要突出党性锻炼，并健全民主生活会制度，使之成为团结职工群众的核心、教育党员的学校、攻坚克难的堡垒。要把思想政治工作作为企业党组织一项经常性、基础性工作来抓，把解决思想问题同解决实际问题结合起来。围绕落实从严治党、思想建党、制度治党重大课题，推进党建工作创新，探索加强企业党建的有效途径和方式方法。加强党务干部队伍建设，打造一支热爱党务、熟悉经营、结构合理、精干高效、善抓党建的复合型专兼职党务干部队伍。

◇ 专栏7－3

中核集团——我们这五年：“红色引擎”驱动高质量发展

2021年是全国国有企业党的建设工作会议召开五周年，对新时代中央企业发展具有特殊意义。五年前，习近平总书记亲自出席会议并发表重要讲话，深刻回答了国有企业还要不要加强党的建设、怎样加强党的建设等一系列重大理论和实践问题，为新时代坚持党对国有企业的全面领导、做强做优做大国有企业指明了方向。

五年来，中核集团党组深入学习贯彻习近平总书记在全国国有企业党的建设工作会议上的重要讲话精神，坚决扛起管党治党政治责任，党的建设质量不断提高，企业改革发展取得明显成效。

从即日起，中核集团官微聚焦集团公司各单位五年来最大的变化、最有效的做法以及最明显的亮点，展示各基层党组织坚持党的领导、加强党的建设及取得的一系列变化，特别推出“党委书记谈变化”专栏，本期推出中国原子能、中核工程、海南核电、中核二四。

点燃“红色引擎”，跑出核燃料产业高质量发展“新速度”

中国原子能党委书记、董事长 辛锋

五年来，中国原子能党委以习近平新时代中国特色社会主义思想为指导，深入贯彻全国国企党建工作会精神，坚定不移加强党的建设，筑牢国有企业的“根”和“魂”，公司各项重点任务圆满完成，生产经营业绩逐年攀升，各项经济指标再创历史新高。

一、坚持一条主线，全面加强党的建设与中心深度融合

公司党委不断强化理论武装，将学习贯彻习近平总书记重要讲话和批示指示精神作为“第一议题”重要学习内容，坚持以学促用，形成了涉及公司“十四五”规划、产业开发、安全生产、脱贫攻坚等专题调研报告，为公司改革发展打下了坚实的思想基础。

二、抓好两个落实，全面提升国有企业的政治担当

坚定落实“三新一高”要求，持续深化改革，激发企业活力，“三供一业”分离移交任务圆满完成，荣获国资委管理提升标杆企业称号，加快推动核燃料产业实现“集约型、创新驱动型和适度多元型”的转变，加快推动燃料产业高质量转型升级。坚定落实政治责任和社会责任，统筹推进疫情防控与复工复产“两手抓”，全系统“零感染”，重大项目提前开工，成为全国首批复工达产的央企单位；12个对口帮扶地区全部脱贫摘帽，扶贫案例入选国务院扶贫办《企业扶贫蓝皮书（2020）》，荣获全国优秀奖。

三、用好三个抓手，全面激发基层党组织的活力

创新打造党支部评星定级工作体系并在全集团推广，研究课题荣获中央企业2020年度党建优秀研究成果三等奖。积极探索开展“党建+”模式，在主机清洗重点科研项目中开展“厂院”党建联建，攻克技术难题20余项，创造经济效益5000万元/年。开展党建“1+1”结对共建，推进软弱涣散党支部专项整治，进一步规范了系统内“小远散”单位的党组织建设。

四、提升四种能力，全面推动公司治理效能优化

坚持两个“一以贯之”，提升企业治理能力，实现加强党的领导与完善公司治理的有机统一。坚持党管干部、党管人才，提升人才队伍建设能力，建立“3+10+N”干部人才队伍建设体系，持续深化三项制度改革，大力推行任期制和契约化管理，实行竞聘上岗。坚持树立市场意识，提升市场开拓能力，巩固国内市场，实现产业链延伸；拓展国际市场，作为集团公司对俄合作平台的作用充分发挥。坚持成本领先战略，提升降本增效能力，多渠道分解降本增效任务。

坚持党建引领，推动公司高质量发展

中核工程党委书记、董事长 徐鹏飞

五年来，中核工程坚持以习近平新时代中国特色社会主义思想为指导，全面贯彻落实国有企业党建工作会议精神，旗帜鲜明讲政治，理直气壮抓党建，结合实际抓落实。

聚焦主责主业，推进重大工程建设重任：立足企业自身特点开展党建工作实践和创新，坚持“融入项目抓党建，抓好党建促项目”，打造“华龙一号”“一二三四齐步走”党建管理品牌，在工程项目探索建立“党建促攻关”模式，推动党建与业务深度融合，实现重点工程党的建设和工程建设“双示范”和“双丰收”，将“两个维护”落到实处。

聚焦创新发展，科技创新成绩斐然：对标习近平总书记指示批示精神，强化举措、精准发力，积极策划并推动实施重点科研项目，大力推进主营业务科技创新，问鼎中国工业大奖和中国质量奖，连续三年获得集团公司业绩突出贡献奖，改革发展呈现新局面。

聚焦提质增效，推动党建工作高质量发展：始终把坚持党的领导、加强党的建设贯穿公司改革发展全过程，全面提高党建工作科学化、规范化、专业化水平。深化改革、强基固本，推动党的建设融入公司治理；创新机制、强化激励，建设高素质专业化干部人才队伍；问题导向、强化引领，打造具有中核工程特色的“四位一体”党员教育体系；管党从严、压实责任，建立务实管用的全面从严治党责任体系。

通过五年来的实践和探索，有力推动了党的政治优势、组织优势和群众工作优势转化为创新优势和发展优势，党的领导更加坚强有力、更加有章可循，以高质量党建引领保障高质量发展，为加快建成世界一流的核能工程公司，助力实现集团公司“三位一体”奋斗目标提供坚强保证。

高质量党建引领高质量发展，打造中核集团在海南自贸港的桥头堡

海南核电党委书记、董事长 魏国良

五年前，习近平总书记在国有企业党建工作会议上指出：“坚持党的领导和加强党的建设，是我国国有企业的优良传统，是国有企业的‘根’和‘魂’，是我国国有企业的独特优势。”在全国国有企业党的建设工作会议召开后，如何推进党建深度融入生产，把党建成效转化为公司发展优势，是海南核电认真对待并积极研究解决的重要课题。

五年来，海南核电在习近平总书记在全国国有企业党的建设工作会议讲话精神指引下，在中核集团党组和中国核电党委的统筹部署下，在实践中“蹚出”了一条海核特色的党建深度融入生产经营之路。海南核电坚持树立“党建生产经营一盘棋”的理念，坚持把党的领导融入生产经营各个环节，推进顶层融合，确保公司党建从顶层设计上就纳入企业生产经营的轨道，确保公司党委充分发挥“把方向、管大局、促落实”领导作用。深入开展“党建＋管理”“党建＋安全”“党建＋创新”“党建＋工程”等活动，创新推出带班领导制、党支部厂房责任制和领域负责制等三大管理举措，坚持党建统领改革创新发展全局，将党建引领融入公司治理、融入生产经营。

通过连续几年的三大管理创新实践，机组安全稳定运行，生产管理水平显著提高。1 号、2 号机组保持长期安全稳定运行，2019 年实现机组满功率运行，2020 年达到双机组 WANO 指标百分目标，安全运行水平迈入世界先进行列，二期项目已于 2021 年 3 月 31 日正式开工，小堆于 2021 年 7 月 13 日开工建设。集团在琼战略指导下，结合自贸港建设要求，与政府深度合作，推进清洁能源高新技术产业园建设，目前已被纳入海南省级产业园区，40 余家高新技术企业事业单位形成落地意向，5 个高新技术先导入园项目即将落地建设。

全面提升党建工作质量，推动公司高质量发展

中核二四党委书记、董事长 高宏树

全国国有企业党的建设工作会议召开以来，中核二四公司深入学习贯彻习

近平新时代中国特色社会主义思想，毫不动摇坚持党的领导，持续加强党的建设，以高质量党建推进企业持续高质量发展。

不断推动党建创新，以高质量党建引领高质量发展。中核二四公司贯彻落实全国国有企业党的建设工作会议精神，五年来，在做好党建“规定动作”的同时，结合公司特色和文化沉淀，连续推出党建“十大举措”和“十大着力点”，构建了党建创新举措多项长效运行机制，打造了具有中核二四特色的党建品牌，党的建设全面加强，组织生活更加规范，基层党建工作生机活力进一步焕发，公司各级党组织凝聚力、战斗力不断增强，党员先锋模范作用更加突出，为改革发展提供了全方位保障。

坚决贯彻两个“一以贯之”，开创公司发展新局面。中核二四公司坚持以政治建设为统领，五年来，党委把方向、管大局、促落实的领导作用进一步发挥。不断完善“三重一大”集体决策制度，前置研究讨论“三重一大”事项，切实发挥党委把关定向作用。扎实开展“三严三实”“两学一做”“不忘初心、牢记使命”主题教育和党史学习教育，持之以恒深化理论武装，不断健全中心组学习制度，切实贯彻“第一议题”制度，自觉用习近平新时代中国特色社会主义思想武装头脑、指导实践、推动工作。紧跟集团公司步伐，不断完善现代企业制度，构建了适应市场发展的全方位、全覆盖、立体式的现代企业制度管理体系。实现了党建进章程，明确党组织在公司法人治理结构中的法定地位。

始终坚持改革创新，不断推动公司做优做大。中核二四公司始终坚持改革发展不动摇，推动公司做强做优做大。五年来，公司不断完善党建工作体制和考核体系，优化组织机构，持续深化“三项制度”改革，坚持科技引领发展，加快转型升级，优化调整结构，公司规模不断壮大，实力持续增强，市场影响力显著提升，成功获得建筑工程施工总承包特级资质，获得AA+外部信用评级，获评中核集团“业绩突出贡献奖”，获得了国家优质工程金奖、“国家科学技术进步特等奖”等国家及省部级奖项，主要经济指标始终保持两位数以上的增长，实现了国有资产的保值增值。

资料来源：澎湃在线政务网，2021年10月21日，https：//m. thepaper. cn/baijiahao_ 15014675。

第三节　国有企业公司（法人）治理的改进完善

国有企业改革的目标，是要建立现代企业制度，而现代国有企业制度改革的目标，则是要实现从政府机构附属物向依法自主经营、自负盈亏、自担风险、自我约束、自我发展的独立市场主体的转变，建立起以资本为纽带、以现代企业制度为基础的公司制。因此，在现代国有企业制度建设的过程中，建立有效的公司法人治理结构成为完善现代企业制度的关键。

一、我国国有企业法人治理结构改革的探索

所谓法人治理结构，是指由于所有权、经营权相分离而产生的科学化、规范化的企业组织结构和管理制度。根据《公司法》的规定，法人治理结构是由股东大会、董事会、监事会、经理层构成的企业内部治理架构。其中，股东大会是最高权力机构，由公司股东组成，体现了所有者对公司的最终所有权；董事会由股东大会选举产生，是公司的决策机构，对发展目标和重大经营活动具有决策权，以维护出资人即股东的权益；监事会是公司的监督机构，一般由股东大会选举的监事和职工代表组成，对财务、董事、经理行使监督职责；经理层是公司的执行机构，由董事会聘任，负责公司的日常经营，也是决策的最终执行者。成熟且规范的公司治理结构通常表现为内部职责分工明确、各机构间高效协调配合、不同利益主体间权力相互制衡等。

改革开放以前的传统计划经济时期，我国实行由政府完全掌握企业的剩余索取权和控制权的高度集权制，是用行政管理代替了公司治理。党的十一届三中全会以来，我国国有企业开始迈出改革的步伐，探索两权分离条件下搞好国有企业的多种经营方式，推行股份制试点，并于 1988 年 4 月颁布了《中华人民共和国全民所有制企业法》，施行厂长（经理）负责制。1993 年 11 月召开的党的十四届三中全会提出，国有企业改革的方向是建立“产权清晰、权责明确、政企分开、管理科学”的现代企业制度，提出了“法人财产权”的概念，国有企业由单纯地对行政主管部门负责，转向对出资人、债权人、市场和其他利益相关者负责，“厂长经理负责制”的“一把手”体制向建立符合市场经济体制要求的公司治理结构转变。1999 年 9 月，党的十五届四中全会指出，要对国有大中型企业实行规范的公司制改革，法人治理结构是公司制的核心，标志着国有企业改革进入对法人治理结构改革的新阶段。自此，我国国有企业普遍开展了公司制股份制改革，企业内部逐步建立起“三会一层”的公司治理结构，推动了国有企业现代企业制度的建立。

二、我国国有企业法人治理状况及存在的问题

公司制股份制是现代企业制度有效组织形式，公司治理是公司制股份制的核心。我国国有企业经过 30 多年的改革，绝大多数已经完成了改制，改制后的企

业尤其是上市公司，按照《公司法》等法律法规的要求，建立了公司治理结构。2004年国务院国资委推行了中央企业董事会试点工作，标志着规范的企业公司治理机制的正式运行。

国有企业公司治理机制，尤其是董事会运作机制取得的成效，极大地改善了公司治理状况。一是规范的公司治理的制度体系从无到有，初步形成了权责明确、制衡有效的决策执行机制，使公司治理规范运作有章可循、有法可依。二是建立健全董事选任、评价、问责制度，引入外部董事制度并提高外部董事比例，在决策机构形成一定程度的制衡，并落实董事会业绩考核、薪酬管理和经理层选聘等职权。三是不断完善董事会年度工作报告制度，建立国资委与董事会沟通制度，明确授予董事会在改善发展战略和中长期发展规划、投资计划和年度预算方案等方面的职权，逐步落实对经理层的选聘权、考核权和薪酬决定权等。四是积极探索现代企业制度条件下发挥党组织的领导作用、发挥职工民主管理作用的有效方式和途径，初步厘清董事会、党委会、经理层等方面的职责定位和工作程序，将董事会重大事项决策权与党组织参与重大事项决策有机结合，实现了集体决策和民主决策，党委会、董事会、经理层各负其责、协调运转、有效制衡公司治理机制确立起来。

但也要看到，国有企业公司治理结构逐步完善的过程中，仍然存在一些有待改进的方面，主要必表现在：

一是股权结构仍不尽合理。虽然实行了国有企业公司制股份制改革，强调引入非公有成分，形成混合所有制经济，但缺乏多元的利益主体实现制衡，也还存在着一股独大的问题。根据公司制的特点，股东大会作为公司的最高权力机构，遵循“一股一票”和简单多数通过原则，一股独大的国有股对公司的重要决策和董事会的构成具有绝对的控制权，中小股东没有实权，股东大会也就形同虚设。

二是治理结构内部各机构间权责不明确。一些国有企业内部形式上建立起了“三会一层”的治理结构，但实际上各治理结构之间权力和责任分工不明确，并未建立起既分权又相互制衡的实质性制度，无法真正达到降低代理成本，防范代理风险的目的。

三是职业经理人激励约束不足，内部人控制问题仍未完全克服。国有企业实现所有权与经营权相分离，职业经理人掌管企业的经营权，管理企业的日常运营，实现国有资产的保值增值。然而，我国尚未完全建立起成熟的职业经理人制度，尤其是企业内部对职业经理人的薪酬等激励和约束制度不健全，从而造成职业经理人工作不尽职，以及滥用职权等问题的出现。此外，在一些企业中也存在职业经理人实质上掌握了企业的控制权，内部人控制问题的存在使他们运用权力为取得个人利益而损害整个企业的利益和发展。

四是高级管理层的聘用方式有待改进。由于国有股一股独大问题的存在，国有企业的高管聘用大部分仍由政府有关部门直接任命或行政指派，从市场上通过法定程序聘用情况较少，这在一定程度上违背了公司制规范的治理规则和程序，也削弱了企业内部的公平性及自主性，不利于企业成长和长期发展。

三、经合组织（OECD）的国际性准则及启示[①]

20 世纪 90 年代以来，西方发达国家越来越认识到公司治理对于公司的核心作用，开始探讨是否具有普遍意义的公司治理原则可资借鉴和推广。为了改善其成员国的公司治理，作为世界上最有影响力的国际经济组织之一，经济合作与发展组织在 1998 年成立了一个专门委员会，其任务是根据世界各国公司治理经验和理论成果制定公司治理的国际性准则，于 1999 年出台了《OECD 公司治理原则》，并于 2004 年作了修订。该原则的主要内容包括：①公司治理框架应保护股东权利。②应平等对待所有股东，包括中小股东和外国股东。当权利受到侵害时，所有股东应有机会得到赔偿。③应确认公司利益相关者的合法权利，鼓励公司与他们开展积极的合作。④应确保及时、准确地披露所有与公司有关的实质性事项的信息，包括财务状况、经营状况、所有者结构以及公司治理状况。⑤董事会应确保对公司的战略指导，对管理层的有效控制；董事会应对公司的股东负责。

2008 年全球金融危机发生后，OECD 治理指导委员会还专门研究制定了“公司治理与金融危机的行动计划”，指出金融危机暴露出危机国家的公司治理存在四个领域的缺陷：股东权利缺失、董事会责任和运作不足、内部控制和风险管理失效、薪酬制度错位，并对如何改进这四个缺失方面提出了具体建议。事实上，这四个方面的问题基本概括了公司治理的主要内容。

在此之前，2005 年 5 月，经合组织还曾正式发布了《OECD 国有企业公司治理指南》，其主要内容包括：①确保国有企业具备一个有效而且与私有部门公平的法律监督框架。②国家扮演的是职业化、专业化和透明、高效的所有者角色。③国家和国有企业应确保国有和非国有股东、大股东和小股东享有同等权利。④国有企业不仅要履行对投资者的投资回报责任，还要履行对所有利益相关者的责任。⑤国有企业应该遵循和 OECD 公司治理准则要求一致的有关透明度的高标

---

① 参见罗虎：《中国特色现代国有企业制度创新研究》，社会科学文献出版社 2016 年 12 月版，第 143—145 页。

准。⑥国家应赋予国有企业董事会足够的权力和专业能力去承担他们的核心治理能力。

上述经合组织制定的原则及指引虽然对各成员国来说并不具有法定约束力，但它集中体现了发达市场经济国家的政府在监管国企方面的成功经验以及对现存挑战的应对之策，基本上反映国际上对健全国有公司治理的一些共识，因此，对改善我国国有企业的公司治理也具有重要的参考意义。

四、我国国有企业法人治理结构的改进完善

国有企业法人治理结构是我国国有企业现代企业制度的核心。2017 年国务院办公厅发布的《关于进一步完善国有企业法人治理结构的指导意见》指出，完善国有企业法人治理结构是全面推进依法治企、推进国家治理体系和治理能力现代化的内在要求，是新一轮国有企业改革的重要任务。

（一）改进和完善法人治理结构的总体要求和基本原则

总体要求是：坚持党的领导，加强党的建设，完善体制机制，依法规范权责，进一步健全各司其职、各负其责、协调运转、有效制衡的国有企业法人治理结构，形成股权结构多元、股东行为规范、内部约束有效、运行高效灵活的经营机制。

基本原则是：①坚持深化改革。尊重企业市场主体地位，遵循市场经济规律和企业发展规律，以规范决策机制和完善制衡机制为重点，坚持激励机制与约束机制相结合，体现效率原则与公平原则，充分调动企业家积极性，提升企业的市场化、现代化经营水平。②坚持党的领导。落实全面从严治党战略部署，把加强党的领导和完善公司治理统一起来，明确国有企业党组织在法人治理结构中的法定地位，发挥国有企业党组织的领导核心和政治核心作用，保证党组织把方向、管大局、保落实。坚持党管干部原则与董事会依法选择经营管理者、经营管理者依法行使用人权相结合，积极探索有效实现形式，完善反腐倡廉制度体系。③坚持依法治企。依据《公司法》《企业国有资产法》等法律法规，以公司章程为行为准则，规范权责定位和行权方式；法无授权，任何政府部门和机构不得干预企业正常生产经营活动，实现深化改革与依法治企的有机统一。④坚持权责对等。坚持权利义务责任相统一，规范权力运行、强化权利责任对等，改革国有资本授权经营体制，深化权力运行和监督机制改革，构建符合国情的监管体系，完善履职评价和责任追究机制，对失职、渎职行为严格追责，建立决策、执行和监督环节的终身责任追究制度。

（二）改进和完善法人治理结构的重点

一是完善法人治理结构的法律法规和工作制度。要严格公司法人治理结构事权划分，根据《公司法》和公司章程规定，逐步健全法人治理结构的工作制度，合理界定股东会、董事会和经理层等各治理主体的权责边界，妥善处理在具体事务中出现的交叉、重复和相互扯皮问题。二是规范董事会运作机制，落实董事会职权，推动董事会独立性、明晰性、民主性和专业性，确保董事会科学、迅速地作出决策。杜绝大股东“一股独大”现象，做到真正健全公司治理结构，从而确保内部控制的有效实施。同时，落实董事会的业绩考核等职权，健全董事选任、评价和问责制度。三是明确经理层的权力、义务和责任，从选聘和授权开始，就要明确经理层职责范围，避免经理层对公司董事会决策进行不必要的干涉和影响，防止经营层的“内部人控制”。加强对经理人的绩效评价，建立有关的绩效评价体系，构建对经理层超越职权、滥用职权行为的问责，完善相应的惩罚机制。四是建立职工参与公司治理制度，发挥好公司职工代表和工会在公司治理中的积极作用。

（三）完善法人治理结构的基本途径

按照国有企业改革的基本要求，并从规范的治理结构角度考虑，应主要从以下几个途径完善国有企业法人治理结构：

第一，促使股权结构合理化。产权结构决定公司治理，由此推论，股权结构决定了企业股东大会各出资人的权力分配，合理的股权结构是建立和完善公司法人治理结构的重要基础。为防止“一股独大”的发生，应促使国有企业股权结构的多元化，加大引入非国有资本的力度及份额，除国有资产经营公司或国有资产授权经营实体法人以外，应积极拉动各种机构投资者、个人投资者入股，这可以为建立有效的法人治理机制提供合理的股权结构基础。此外，在实现多元化的过程中，应注意各个方面的投资人股权比例恰当，既不能过分集中以避免一股独大，也不能过于分散造成股东决策不力及内部人控制问题。

第二，明确公司治理结构中各治理主体之间的权责关系。规范的公司治理结构中，股东会、董事会和经理层之间应权责分明，相互制衡。股东会是公司的权力机构，主要依据法律法规和公司章程，通过委派或更换董事，审核批准董事会年度工作报告，批准公司财务预决算、利润分配方案等方式，对董事会以及董事的履职情况进行评价和监督。国有资产的出资人机构根据政府授权和依据股权份额对国家出资企业依法享有股东权利并在股东会中行使相应的职权，主要通过参加股东会议、审核需由股东决定的事项、与其他股东协商作出决议等方式履行股东的职责。股东会与董事会之间是一种信任托管的关系，董事会接受股东会委托经营公司，是公司的法定代表和决策机构，要忠诚地代表股东和出资人的利益，执行股东会决定，接受股东会监督，履行决策把关、内部管理、防范风险等职责。而股东既然把公司交给董事会托管，除股东会审查并判定董事会的决策违反了合规性，以及法律法规或公司章程另有规定外，就不能再去干涉公司的自主经营活动和日常事务。董事会在战略规划、重大经营决策、风险管理、高级人员选聘、业绩考核、薪酬管理、重大财务事项管理等方面具有决定权。董事会聘请并授权经理层负责企业的实际经营，董事会与经理层之间形成委托代理关系，经理人有义务和责任经营好公司的业务，行使好经营管理职责，董事会有权对经理人的经营业绩进行监督，并据此对其进行奖励或予以解聘。

第三，完善对经理层的选聘、授权管理制度和职业经理人的激励约束机制，并加强对经理层的管理和监督。经理层是公司的执行机构，依法由董事会聘任或解聘，接受董事会管理。总经理对董事会负责，依法行使管理生产经营、组织实施董事会决议等职权。董事会要切实行使好对经理层、职业经理人的监督约束职能（有关职业经理人制度的问题将在下一节展开论述）。

第四，建立有效的内外监督机制。从内部监督机制角度来看，股东会、董事会的监督作用仍要强化，实现内部权力的有效制衡，防止内部权力勾结及渎职失职等问题发生。从外部监督机制角度来看，一是要强化公司信息披露制度，通过信息披露实现投资者和债权人的外部监督，保证企业的经营绩效，保护投资者和债权人的利益；二是要建立相关的完备的法律体系，加强国资委等相关政府部门的行政监督，这是对国有企业内部治理监督的强有力的手段。

第五，健全以职工代表大会为基本形式的企业民主管理制度，支持和保证职工代表大会依法行使职权，加强职工民主管理与监督，维护职工合法权益。国有独资、全资公司的董事会、监事会中须有职工董事和职工监事。建立国有企业重大事项信息公开和对外披露制度。

第六，强化责任意识，明确权责边界，建立与治理主体履职相适应的责任追究制度。董事、监事、经理层成员应当遵守法律法规和公司章程，对公司负有忠实义务和勤勉义务；要将其信用记录纳入全国信用信息共享平台，违约失信的按规定在“信用中国”网站公开。董事应当出席董事会会议，对董事会决议承担责任；董事会决议违反法律法规或公司章程、股东会决议，致使公司遭受严重损失的，应依法追究有关董事责任。经理层成员违反法律法规或公司章程，致使公司遭受损失的，应依法追究有关经理层成员责任。执行董事和经理层成员未及时向董事会或国有股东报告重大经营问题和经营风险的，应依法追究相关人员责任。企业党组织成员履职过程中有重大失误和失职、渎职行为的，应按照党组织有关规定严格追究责任。按照“三个区分开来”[①] 的要求，建立必要的改革容错纠错机制，激励企业领导人员干事创业。

◇ 专栏7－4

中国特色现代国有企业制度铺就新兴际华集团有限公司的“新兴之路”

新兴际华集团有限公司（以下简称“新兴际华”）作为规范董事会建设和落实董事会职权试点的中央企业之一，完善以规范高效董事会为核心的现代企业制度，走上了快速发展的“新兴之路”。成为全球最强最大的铸管生产研发基地，国内最大的钢格板和后勤军需品、职业装、职业鞋靴生产研发基地，在2016年世界500强中位列第318位。

一、坚持“一个结合”，完善治理结构

在治理结构上，坚持加强党的领导和完善公司治理有机结合。

一是党组织地位明确化。坚持党对国有企业的领导这一重大政治原则不动摇，不仅在集团公司层面，同时严格要求所属全资及控股企业落实，将党建工作纳入章程，明确和落实党组织在公司法人治理结构中的法定地位。

二是权责范围清单化。从源头梳理经营管理各环节，列出了5方面39大类108项权力和权限清单，在包括董事会、党委会、经理层在内的公司治理各要素之间，做到没有真空地带、没有重叠交叉。实现了“隐蔽的权力公开化、集中的权力分散化”，特别是在用人、花钱的问题上，做到“用人交给市场、花钱交给制度”。

三是外董作用实效化。充分发挥外部董事“经营老师、决策专家、沟通桥梁”作用，有效提升科学决策水平，近三年来董事会批准了78个投资项目，目前有33个项目已完成，30个项目已开工，建成项目项项见效。同时及时中止并退出了16个已批准但不再具备推进条件的项目，没有造成损失。

二、实行“三级共建”，深化三级管控体系

在管控体系上，实行集团、二级板块和三级企业“三级共建”，层层扎根、层层贯彻。

一是治理结构层层规范化。集团公司董事会是董事会建设的核心，重点是抓战略、抓方向、抓程序、抓风险控制，推动公司改革发展；二级集团（公司）董事会是集团董事会职能的纵向延伸，抓战略分解、落实，推动板块的专业化管理、集约化经营和结构调整；三级公司董事会是二级集团（公司）董事会职能的基本支撑，抓重点项目的实施和年度预算的落实，推动本企业进步。四个二级集团董事会共有董事34名，其中有24名外部董事或独立董事，占71%，均外部董事大于内部董事；所属141家三级企业有34家企业设立了董

---

① 即把干部在推进改革中因缺乏经验、先行先试出现的失误和错误，同明知故犯的违纪违法行为区分开来；把上级尚无明确限制的探索性试验中的失误和错误，同上级明令禁止后依然我行我素的违纪违法行为区分开来；把为推动发展的无意过失，同为谋取私利的违纪违法行为区分开来。

事会。

二是业绩考核与薪酬体系层层市场化。将人事权、考核权、薪酬权交给了各级董事会，薪酬执行和兑现情况逐级备案管理，由上级公司董事会统一监督。经营业绩考核结果与薪酬挂钩、与任免挂钩，能高能低、能上能下。凡是业绩考核指标未达70%及格线的企业总经理一律职务归零、一撤到底，从头（工程师或经济师）做起。近年来，各级领导人员中55人因业绩突出得到提拔；33人因业绩不佳被降职或免职。

三是风险管控体系层层精细化。对集团、二级板块、三级企业3个层级开展风险评估，从战略风险、财务风险、市场风险、运营风险、法律风险和廉政风险等6大方面、160项末级风险，按照重要程度和涉及范围由三个层级分别重点掌控，旬跟踪、月提示、季分析、年总结。

三、实现“三个突破”，助力企业改革发展

一是董事会选聘经理层实现新突破。作为董事会职权试点企业，积极落实国资委授予董事会的高管选聘权、业绩考核权、薪酬管理权，采取“党组织推荐、董事会选择，市场化选聘、契约化管理”的办法，完成了集团公司总经理、经理层副职、全部二级公司经理层的市场化选聘工作，包括6名总经理、31名经理层副职；部分三级、四级企业也进行了试点。

二是企业管控模式实现新突破。将资本经营与资产管理经营分开，形成定位清晰且职责明确的“集团公司将定位于战略投资中心，二级公司定位于运营管控中心；三级企业定位于生产经营中心”三级架构，实现向管资本的转型。

三是改革发展目标实现新突破。在不断完善的现代企业制度支撑下，启动新兴际华“第三次创业”，确定了站稳世界500强、提升央企50优、冲刺世界品牌500强，实现“做强做优做大、世界一流强企”的“十三五”发展目标。

资料来源：本书编写组编：《国企改革若干问题研究》，中国经济出版社2019年3月版，第81—83页。

第四节　职业经理人制度的建立和完善

职业经理人制度是现代市场经济的产物，是现代企业制度的主要组成部分，也是中国特色现代国有企业制度的重要特征。职业经理人制度不仅是建立有效国有企业公司治理机制的重要途径，而且还是现代公司治理效应得以实现的人力资源保障和关键。职业经理人制度建设正逐渐成为国有企业改革重点突破的方向之一。

一、职业经理人制度——现代国有企业制度的必要组成

职业经理人是在所有权、法人财产权和经营权分离的企业中履职的职业化企业经营管理专家。作为市场竞争主体的企业，只有由职业化的经理人来从事经营管理，才能实现所有权和经营权的真正分离，才能使企业成为真正的企业，对于国有企业而言也是如此。

职业经理人是指在一个所有权、法人财产权和经营权分离的企业中，拥有专业管理知识和丰富管理经验，掌握企业的经营权，全面负责企业的经营管理，以承担企业资本保值增值为责任，并以薪酬、股票、期权等形式获取报酬的职业化企业管理者。职业经理人的特点是：①专业化。强调职业经理人需具备与所管理企业相关的专业技术和业务能力，同时要求他们必须具备一定的专业化管理能力。②职业化。这是指职业经理人是把管理企业作为长期从事的职业。③市场化。职业经理人作为人力资本能在市场上自由流动，企业和经理人通过市场实现双向选择，此外还体现在经理人薪酬的市场化，即他们的薪酬是其在市场中的价值体现。④核心化。职业经理人一般担任企业中的总经理、副总经理、财务总监等高级管理职位，处于企业管理的核心地位。

职业经理人制度是有关职业经理人认证培养、选聘、激励约束、评价、退出等的法规制度和运作机制，是市场经济规律下的人才流动机制，其激励和约束依赖于完善的法人治理结构、规范的管理机制和健全的市场。党的十八届三中全会的《决定》提出要建立职业经理人制度，主要是针对国有企业和国有控股企业而言的。实施该项制度的重要意义和作用在于：有利于国有企业管理人员摒弃“官本位”观念，建立人员能进能出、能上能下的用人机制；有利于发展混合所有制经济、推进国有企业改革；有利于调动企业家积极性，提高企业管理水平，促进国有资本保值增值。因此，企业经营机制能否真正转换，现代企业制度能否真正发挥其功效，在很大程度上取决于职业经理人制度的建立完善，以及对企业经营者激励约束机制的建立运转，而这些又必须仰赖职业经营者市场的建立和完善。同时，各产权主体对企业经营者的最终约束，就是通过职业经营者市场将产权主体不满意的经营者进行无情地淘汰。

二、职业经理人评价制度和职业经营者市场的构建

我国职业经理人制度起步较晚，职业经理人资质评价制度建设相对滞后，全国统一的资质评价和认证标准尚未形成，职业经营者市场和资质评价能力不健

全，这对建立规范的社会化资质评价制度提出了紧迫要求，也因此成为规范职业经理人人才市场及队伍建设的重点。

职业经理人资质评价制度主要可以概括为“三系统六维度”评价制度[①]。其中“三系统”是指自我评价系统、人才市场评价系统、企业及出资人评价系统。“六维度”是指对职业经理人资质的评价要根据其特征，从其职业经历、业绩、素养、能力、知识与技能、心理适配程度六个维度全面评价职业经理人。在实际评价中，每个维度都可以进一步细分，如职业能力主要衡量职业经理人作为企业的高级管理层应具备的领导能力、组织能力、决策能力等能力。此外，对于职业素养能力、知识技能的评价应采用不同的分级标准和方法，如知识技能类主要采取分级考试的方式，管理能力类主要采用测评的方式，素养类主要采用调查、评估的方式。职业经理人作为掌握企业经营权的高级管理者，承担着企业资产保值增值的责任，所以，对于职业经理人的评价还应与所经营的企业经营业绩指标紧密挂钩。对职业经理人的评价体系还应注重定量与定性相结合，注意应将指标具体化、明确化，避免过于笼统和抽象。

职业经理人市场构建和市场环境的完善对于职业经理人发展也具有重要的意义。职业经理人市场环境可以分为企业制度环境、法律环境、文化环境、信用环境等。从西方发达国家的情况考察，凡是建立了较为完备成熟的职业经理人市场的国家，大多不同程度地对职业经理人和经理权有专门的立法，以创建一个公平公开公正的市场环境，保护职业经理人市场中的人力资本供应者和需求者双方的合法权益，实现职业经理人市场的有序有效运作。

我国国有企业实行所有权与经营权相分离，职业经理人受出资人委托，代理经营企业，掌握实际经营权。由于我国职业经理人制度还不够成熟，加上职业经理人市场的法律环境还不够完备，进而造成道德风险和逆向选择问题的易发。而信用环境的薄弱又会造成国有企业外聘职业经理人受到约束，进而阻碍了国有企业的发展。针对这些问题的存在，破解办法主要是：第一，加强职业经理人法律环境建设，尤其是对职业经理人地位及行为作出明确的法律规范，还要从法治上加大对出资人财产的保护力度；第二，加快建设健全的经理人信用体系，利用互联网等先进技术实现对经理人信息的全覆盖，保证职业经理人生产供求双方的透明化；第三，实行内部培养和外部引进相结合，畅通现有经营管理者与职业经理人身份转换通道，董事会按市场化方式选聘和管理职业经理人，合理增加市场化竞选聘任比例，并加快建立退出机制。第四，促进我国本土猎头公司的健康发展，这对保证经理人市场参与双方的信息对称性、降低道德风险和逆向选择、推

① 参见葛杨等著：《国有企业改革与发展》，经济科学出版社 2020 年 6 月版，第 88—96 页。

进经理人市场的专业化和程序化、满足我国国有企业职业经理人的外部聘用需求的日益扩大，都具有重要的意义。

三、健全职业经理人的激励约束机制

实行职业经理人制度，重要的保障措施是完善相应的激励约束机制。职业经理人激励机制是一种积极的管理手段，旨在促使职业经理积极工作的同时激励职业经理人把股东（企业）的目标作为自己内在的追求。而在对国有企业职业经理人进行激励的同时，还必须对其进行约束以消除或减少其机会主义行为。通过建立有效的激励约束机制对激发职业经理人的积极性、创造性，保障股东利益以及推动企业健康持续发展具有十分重要意义。

职业经理人激励机制主要可以划分为物质激励和非物质激励。在物质激励方面，应注重完善职业经理人的薪酬激励机制，建立与选任方式相匹配、与企业功能性质相适应、与经营业绩相挂钩的差异化薪酬分配制度。要探索完善职业经理人中长期激励机制，着重从完善薪酬结构方面入手，除采用年薪制外，应鼓励采用股票期权、分红权等形式的中长期激励措施，有序实行市场化薪酬，减少职业经理人的短期行为。还应将职业经理人的薪酬与其自身绩效和企业整体绩效挂起钩来，建立效益导向的薪酬调节机制，实现职业经理人个人利益与企业整体利益相一致，促使职业经理人以实现企业整体良好业绩为最终目标，充分激发职业经理人的积极性和创造性。在当前情形下还应将企业负责人完成新旧动能转换任务情况纳入业绩考核体系，并与薪酬挂钩。非物质激励主要包括控制权激励和荣誉激励等。在控制权激励方面，应按照公司治理结构和契约合理设计企业职业经理人的控制权，保证职业经理人在控制权范围内享有充分的权力，以便有效激励职业经理人履行职务、行使职权，但同时也必须给予约束。在声誉激励方面，建立健全职业经理人声誉管理机制，以满足职业经理人的自尊需要，激发职业经理人奋力进取的积极性。

在激励的同时也必须加强对职业经理人的约束机制，以实现激励机制与约束机制的内在统一。职业经理人的约束机制有两大方面，包括内部约束和外部约束。从内部约束方面来看，应切实发挥董事会的监督约束职能，通过在董事会设立的提名委员会、薪酬与考核委员会等专门委员会，履行好董事会选聘、考核、监管、奖惩经理层的权力和责任，推行企业经理层成员任期制和契约化管理，严格职业经理人任期管理和目标考核，对于职业经理人的薪酬水平、绩效考核结果等适当公开，逐步形成符合企业特点的考核评价体系及约束机制；从外部约束方面来看，应健全针对职业经理人责任、权利、义务的法律法规，以及监察审计等监管措施。此外，应积极推进职业经理人市场的发展，建立国有企业经理人市场竞争聘任机制，通过职业经理人市场的竞争机制，选择优秀职业经理人经营和管理国有企业。

◇ 专栏7-5

四川商投集团积极探索职业经理人制度 助推企业高质量发展

实施“双百行动”以来，四川商投集团注重行业对标，大胆探索推进职业经理人制度，积极构建“权责明确、奖惩分明、特点突出、流动有序”的职业经理人“引、管、考、退”全过程管理机制，有效发挥市场化经营机制作用，有力助推了企业高质量发展。在去年保持两位数增长的基础上，四川商投集团今年1—5月各项经营指标均实现大幅增长，其中营业收入187.5亿元，增长64.3%；利润总额9146万元，增长203.2%。

突出授权放活，开展市场化选聘

坚持党管干部原则与董事会依法选聘经营管理者有机结合，出台《集团职业经理人管理办法》，实行分层分类管理，充分授权二级企业董事会根据自身主责主业开展职业经理人选聘，明确了选聘权限、标准、程序等要求。在条件设置上注重市场导向。职业经理人任职资格不受企业内外、级别高低、资历深浅限制。同时，坚持五湖四海选贤任能，采取内部竞聘、公开招聘、市场寻聘、股东推荐等多种方式公开遴选。总经理对经营班子成员具有提名权和建议权。在人选确定上充分授权。由二级企业董事会委托有资格、能力强、口碑好的中介机构对报名人选进行资格审查，避免发生“内定、陪选”等情况。要求审查通过的人选提交经营目标实现方案，在此基础上视情况安排笔试和面试，再综合筛查后，与候选人进行履职谈判。如果候选人为组织任命的干部，则竞聘成功后要放弃原有身份，比如物流股份公司干部竞聘总经理后，就放弃了委管干部身份。在考察任用上把好关口。由二级企业开展组织考察和背景调查，党委会研究提出人选意见，交由董事会聘任。如拟用人选为正职，需事前上报集团审批，拟用人选为副职，需事后上报集团备案。2018年至今，通过市场化选聘二级企业经理层成员37人，市场化率100%，企业人才队伍结构得到进一步优化。

突出刚性约束，规范契约化管理

抓住任期制和契约化管理这个“牛鼻子”，向董事会立下军令状，明确责任制，干得好就激励，干不好就调整。建体系：构建经营、战略、保障与管理考核四位一体的职业经理人绩效考核机制，形成“一主多辅、长板激励、短板约束、红线否决”的考核指标体系。结合二级企业历史业绩、同行业可比企业业绩等，充分论证后合理确定年度和任期考核指标目标值，使其具有较强的挑战性，力争跑赢市场、优于同行。明标准：严格任期制和经营目标责任制，明确职业经理人聘期与董事会任期一致，届满严格考核，到期重聘或解聘。同时，明确并细化岗位职责及分工，“一岗一责一表”建立岗位说明书。定契约：

与职业经理人签订劳动合同、聘任合同、年度和任期经营业绩考核责任书，明确聘任期限、任务目标、权利义务、考核评价、薪酬标准、奖惩措施、续聘和解聘条件等约定。同时，建立任期契约动态调整机制，在任期内发生企业重组、重大战略调整等情况时，同步对任期契约进行合理调整。充分发挥任期制和契约化管理“牵一发而动全身”的效应，有力推动全集团加快经营机制转换。

突出业绩优先，推行差异化薪酬

坚持分板块、分层级、分岗位设计薪酬制度，打破“普惠制”的薪酬分配方式和“一管到底”的薪酬管理模式，突出业绩导向，进一步提高薪酬制度的针对性、适应性和激励性。坚持双对标。对业绩与薪酬进行市场双对标，按照增量业绩贡献决定薪酬分配，重点形成强激励、硬约束机制，薪酬与业绩全面挂钩，业绩升则薪酬升，业绩降则薪酬降。坚持刚性兑付。由二级企业董事会对职业经理人实施年度和任期考核兑现，建立延期支付及追索扣回机制。通过严格经营业绩考核，合理拉开经理层成员薪酬差距，根据考核结果扣减相应绩效薪酬。近三年，通过推行职业经理人制度，同一企业的经理层人员薪酬最高与最低差距达 13 倍。坚持多元激励。丰富职业经理人薪酬结构，鼓励开展超额利润分享、项目跟投等中长期激励，积极探索企业合伙人制度及股权激励。新设混改企业全面试行业绩对赌，由经理层或合伙人对业绩回报进行兜底，既有效激发了经营活力，又确保了国有资产保值增值。

突出结果导向，严格市场化退出

坚持从市场中来、到市场中去，建立完善职业经理人三大退出机制。一是建立责任共担退出机制。制定《二级企业组织绩效考核办法》《二级企业领导人员薪酬管理办法》，建立二级公司董事会成员与经理层成员目标同向、绩效挂钩、责任共担的奖惩机制，对组织绩效考核不合格的二级企业，对其经理团队予以解聘。二是建立履约不力退出机制。对职业经理人实行季度跟踪、年度考核、任期评价，对未完成目标任务进度的给予季度警告，对年度或任期经营指标完成率低于70%的予以解聘，其中对总经理契约完成率低于70%的经理团队予以整体解聘，近3年解聘职业经理人9名。三是建立履职行为评价退出机制。建立健全监督体系，党组织、董事会、监事会等治理主体，以及纪检机构、审计部门等根据职责分工，对职业经理人履职进行监督。强化底线意识，制定履职负面清单，对违反负面清单的情形实行经济惩罚，情形严重的直接予以解聘。

资料来源：四川省政府国有资产监督管理委员会网站，http：//gzw. sc. gov. cn/scsgzw/c100114/2021/6/23/0abc106ef95b481ba224f1a734254dfc. shtml。

第八章

国有企业改革与创新（1）：分类改革

国有企业功能界定与分类改革是新形势下深化国有企业改革的重要内容，是因企施策推进改革的基本前提，对推动完善国有企业法人治理结构、优化国有资本布局、加强国有资产监管具有重要的作用。

2015 年 8 月颁发的《中共中央国务院关于深化国有企业改革的指导意见》明确指出分类推进国有企业改革，提出将国有企业分为商业类和公益类，“通过界定功能、划分类别，实行分类改革、分类发展、分类监管、分类定责、分类考核，推动国有企业同市场经济深入融合，促进国有企业经济效益和社会效益有机统一”。同年 12 月，国资委、财政部、发展改革委联合印发《关于国有企业功能界定与分类的指导意见》，就国有企业分类改革作出具体部署。

第一节　国有企业分类改革的实践探索与理论分析

一、我国国有企业分类改革的历程及探索①

（一）国有企业分类改革的历程

国有企业的分类可以追溯到 1995 年我国实行的“抓大放小”改革，“抓大放小”改革被视为分类改革的前奏。从 1995 年 9 月党的十四届五中全会通过的《中共中央关于制定国民经济和社会发展“九五”计划和 2010 年远景目标的建议》，到 1999 年 9 月党的十五届四中全会通过的《关于国有企业改革和发展若干重大问题的决定》，一直都把“抓大放小”作为国有企业战略性改组的原则。

① 参见葛杨等著：《国有企业改革与发展》，经济科学出版社 2020 年 6 月版，第 52—58 页。

2015 年 9 月，《中共中央国务院关于深化国有企业改革的指导意见》出台，正式启动国有企业的分类改革，并对混合所有制改革、国有企业绩效考核、国有企业薪酬改革等内容作出了分门别类的规范。可见，从“抓大放小”的规模分类，到“分类改革”的属性分类，体现了我们对国有企业改革认识上的突破和深化，也体现了进入新时代国有企业改革的特征。

1995 年党的十四届五中全会的《建议》中对“抓大放小”的表述是，要从整个国民经济着眼，通过存量资产流动和重组，对国有企业实施战略性改组。这种改组要以市场和产业政策为导向，搞好大的、放活小的，把优化国有资产分布结构、企业组织结构同优化投资结构有机地结合起来，择优扶强，优胜劣汰，形成兼并破产、减员增效机制，防止国有资产流失。重点抓好一批大型企业和集团，以资本为纽带，联结和带动一批企业的改组和发展，形成规模经济，充分发挥它们在国民经济中的骨干作用。区别不同情况，采取改组、联合、兼并、股份合作制、租赁、承包经营和出售等形式，加快国有小企业改革步伐。

所谓“抓大放小”，就是把众多国有企业按照规模分为大型国有企业和中小型国有企业两大部分。对大型国有企业要进一步抓好；对中小型国有企业要进一步放活。对于大型国有企业又进一步分为充分竞争领域的国有企业和特殊性、垄断性领域的国有企业。充分竞争领域的国有企业追求商业化目标，特殊性、垄断性领域的国有企业兼顾社会效益和社会目标。可见，在国有企业“抓大放小”改革中已经隐含了商业类和公益类两大类国有企业的划分。当然，尽管隐含了国有企业分类的基本思路，但这只是一种具体操作上的自发性行为，还不是理论上的自觉行为。

“抓大放小”是与国有经济战略调整、国有经济“有所为、有所不为”联系在一起的。不管是“抓大”还是“放小”其目的都是为了国有企业更好地发展。总体上看，“抓大放小”的成效是明显的，主要表现在国有经济总体得到加强，国有经济结构得到改善，国有大中型企业发展态势趋好。

在国有企业“抓大放小”改革的同时，学术界就开始了关于国有企业分类改革的研究。经济学家董辅礽（1995）认为，国有企业在社会主义市场经济的条件下肩负着弥补市场失灵、发展高新技术产业、满足社会公共需求、维护市场公平竞争、保证国家安全等功能，对国有企业改革要充分考虑国有企业履行不同功能的需要，分类实施改革。他将国有企业分为非竞争性企业和竞争性企业，其中非竞争性企业又可以分为自然垄断企业和以社会公益为目标的企业。自然垄断类企业包括供电、供水、供气、电信等，社会公益类企业则包括公共交通、废物处理、文化教育等。这些企业的共同特点是，虽然都有盈利的可能性，但为保证社会的公平和经济的稳定运行，应尽可能地降低供给的价格。杨瑞龙（1998）提出，国有企业改革的市场化目标不利于国有企业特殊功能的发挥，改革应当根据产品的性质和市场化的程度分类推进，因此，国有企业可分为竞争和不完全竞争两类，不完全竞争按照产品性质又可以分为提供公共产品的企业和处于基础产业和支柱产业的企业。张淑敏（2000）认为，依据国有企业规模的大小分类是不合适的，产品的属性才是划分国有企业类别的优良指标。依据产品属性划分可以充分反映生产方式的特点，从而决定政府是否干预以及干预的程度。产品按属性可以分为私人产品和公共产品，私人产品按照需求弹性的大小又可以分为生活必需品和非必需品。另外，由于资源类产品在社会生产中特别重要且数量有限，应当单独划分。对于产品属性不同的国有企业，应实施不同的改革措施。虽然上述学者较早地提出了分类改革的思想，但由于当时国有企业正处于“制度创新”改革阶段，国有企业改革的首要目标是解决经营效率低下问题，分类改革的主张并未受到足够的重视。

2013 年 11 月，党的十八届三中全会通过的《中共中央关于全面深化改革若干重大问题的决定》准确界定了不同国有企业的功能。2015 年 5 月，国务院《关于 2015 年深化经济体制改革重点工作的意见》指出，要进一步完善中央企业分类考核实施细则，健全经营业绩考核与薪酬分配有效衔接的激励约束机制。

党的十八届三中全会之后，国有企业分类改革问题再次成为关注的焦点。黄群慧（2013）认为，国有企业在经营的过程中面临“盈利性企业使命”和“公共性政策使命”冲突，国有企业应根据使命不同划分为“一般商业性企业”“公共政策性企业”和“特定功能性企业”。“一般商业性企业”存在的主要目标是实现国有资产保值增值，“公共政策性企业”的主要功能是弥补市场缺陷，“特定功能性企业”则肩负巩固社会主义基本经济制度和发挥主导作用的重任。高明华（2014）综合目标和经营两个维度将国有企业分为三类，即公共政策性国有企业、“合理”垄断类国有企业和竞争性国有企业。“合理”垄断类国有企业又可划分为自然垄断类企业和稀缺资源垄断类企业。自然垄断类企业具有规模报酬递增的特点，稀缺资源垄断类企业由于产品的数量有限，应当尽可能地抑制消费。中国社会科学院工业经济研究所（2014）在已有研究成果的基础上，根据我国的具体国情，将国有经济的使命划分为“市场经济国家使命”“发展中国家使命”和“转轨经济国家使命”，针对这三种使命，国有经济对应的功能分别是“弥补市场失灵”“实现经济赶超”和“培育市场主体”。根据国有经济的三类功能，可以将国有企业划分为“公共政策性企业”“特定功能性企业”和“一般商业性企业”。中国宏观经济分析与预测课题组（2017）从产品性质和市场竞争两个维度细化了国有企业的分类。按照产品的性质，国有企业可以分为提供公共产品的企业和提供私人产品的企业。提供公共产品的企业又被划分为提供纯公共物品、提供准公共物品和提供公共政策性产品，每种类型的企业管理应有所不同。生产私人产品的企业则按照市场竞争程度可以划分为垄断类国有企业和竞争类国有企业，垄断类国有企业大多处于基础工业领域，而竞争类国有企业的分布则较为广泛。

2015 年 9 月，《中共中央国务院关于深化国有企业改革的指导意见》提出，根据国有资本的战略定位和发展目标，结合不同国有企业在经济社会发展中的作用、现状和发展需要，将国有企业分为商业类和公益类。通过界定功能、划分类别，实行分类改革、分类发展、分类监管、分类定责、分类考核，提高改革的针对性、监管的有效性、考核评价的科学性，推动国有企业同市场经济深入融合，促进国有企业经济效益和社会效益有机统一。该《意见》还确定了不同的改革模式，其中商业类国有企业实行公司制股份制改革，国有资本可以绝对控股、相对控股，也可以参股；而公益类国有企业则一般采取国有独资形式，但在有些领域也允许非国有企业参与。可见，我国国有企业改革经历了放权让利、承包制、租赁制、股份制改造、现代企业制度试点等改革阶段后，逐渐回归到分类改革的思路。

◇ 专栏 8－1

国资委、财政部、发展改革委于2015 年12 月7 日联合印发《关于国有企业功能界定与分类的指导意见》（节选）

……

一、划分类别

立足国有资本的战略定位和发展目标，结合不同国有企业在经济社会发展中的作用、现状和需要，根据主营业务和核心业务范围，将国有企业界定为商业类和公益类。

商业类国有企业以增强国有经济活力、放大国有资本功能、实现国有资产保值增值为主要目标，按照市场化要求实行商业化运作，依法独立自主开展生产经营活动，实现优胜劣汰、有序进退。……

公益类国有企业以保障民生、服务社会、提供公共产品和服务为主要目标，必要的产品或服务价格可以由政府调控；要积极引入市场机制，不断提高公共服务效率和能力。

商业类国有企业和公益类国有企业作为独立的市场主体，经营机制必须适应市场经济要求；作为社会主义市场经济条件下的国有企业，必须自觉服务国家战略，主动履行社会责任。

二、分类施策

（一）分类推进改革

商业类国有企业要按照市场决定资源配置的要求，加大公司制股份制改革力度，加快完善现代企业制度，成为充满生机活力的市场主体。其中，主业处于充分竞争行业和领域的商业类国有企业，原则上都要实行公司制股份制改革，积极引入其他资本实现股权多元化，国有资本可以绝对控股、相对控股或参股，加大改制上市力度，着力推进整体上市。主业处于关系国家安全、国民经济命脉的重要行业和关键领域、主要承担重大专项任务的商业类国有企业，要保持国有资本控股地位，支持非国有资本参股。处于自然垄断行业的商业类国有企业，要以“政企分开、政资分开、特许经营、政府监管”为原则积极推进改革，根据不同行业特点实行网运分开、放开竞争性业务，促进公共资源配置市场化。对需要实行国有全资的企业，要积极引入其他国有资本实行股权多元化。

公益类国有企业可以采取国有独资形式，具备条件的也可以推行投资主体多元化，还可以通过购买服务、特许经营、委托代理等方式，鼓励非国有企业参与经营。

（二）分类促进发展

商业类国有企业要优化资源配置，加大重组整合力度和研发投入，加快科技和管理创新步伐，持续推动转型升级，培育一批具有创新能力和国际竞争力的国有骨干企业。……

公益类国有企业要根据承担的任务和社会发展要求，加大国有资本投入，提高公共服务的质量和效率。严格限定主业范围，加强主业管理，重点在提供公共产品和服务方面作出更大贡献。

（三）分类实施监管

对商业类国有企业要坚持以管资本为主加强国有资产监管，重点管好国有资本布局、提高国有资本回报、规范国有资本运作、维护国有资本安全。建立健全监督体制机制，依法依规实施信息公开，严格责任追究，在改革发展中防止国有资产流失。……

对公益类国有企业，要把提供公共产品、公共服务的质量和效率作为重要监管内容，加大信息公开力度，接受社会监督。

（四）分类定责考核

对商业类国有企业，要根据企业功能定位、发展目标和责任使命，兼顾行业特点和企业经营性质，明确不同企业的经济效益和社会效益指标要求，制定差异化考核标准，建立年度考核和任期考核相结合、结果考核与过程评价相统一、考核结果与奖惩措施相挂钩的考核制度。……

对公益类国有企业，重点考核成本控制、产品质量、服务水平、营运效率和保障能力，根据企业不同特点有区别地考核经营业绩和国有资产保值增值情况，考核中要引入社会评价。

资料来源：《关于国有企业功能界定与分类的指导意见》（中发〔2015〕22 号），中国政府网，http：//www. gov. cn/xinwen/2015 -12/29/content_ 5029253. htm。

（二）国有企业分类改革的方向探索

分类是国有企业改革的一个重大突破，它是整个国有企业改革的前提和基础，深刻影响国有企业改革的全局。按照目前国有企业分类，国有企业被分成商业类和公益类。对国有企业分类，主要目的就是解决国有企业战略定位不准、考核针对性不强也不尽科学的问题。商业类和公益类国有企业的共同点是：国有企业首先是企业，都是独立的市场主体，要融入市场经济，都要遵循市场经济规律和企业发展规律，都要服务于国家的发展战略，要实现经济效益和社会效益的统一。商业类和公益类国有企业的不同特征，尤其表现在发展目标差异上。商业类国有企业按照市场化要求实行商业化运作，以增强国有经济活力、放大国有资本功能、实现国有资产保值增值为主要目标。主业处于关系国家安全、国民经济命脉的重要行业和关键领域、主要承担重大专项任务的商业类国有企业，应实现经济效益、社会效益与安全效益的有机统一。公益类国有企业则以保障民生、服务社会，高效率高质量提供公共产品和服务为主要目标。

按照各种分类原则，如分类推进改革、分类促进发展、分类实施监管、分类定责考核等，并根据不同类型与特点有针对性地推进改革，是国有企业功能界定和分类的重要目的。

对商业类国有企业而言，要按照市场在资源配置中发挥决定性作用的要求，加大公司制股份制改革力度，加快完善现代企业制度，按照市场化要求实行商业化运作，依法独立自主开展生产经营活动，实现优胜劣汰、有序进退。商业类国有企业可以分为三种：一是主业处于充分竞争行业和领域的商业类国有企业，原则上都要实行公司制股份制改革，积极引入其他资本实现股权多元化，国有资本可以绝对控股、相对控股或参股，加大改制上市力度，着力推进整体上市。二是主业处于关系国家安全、国民经济命脉的重要行业和关键领域、主要承担重大专项任务的商业类国有企业，要以保障国家安全和国民经济运行为目标，重点发展前瞻性战略产业，实现经济效益、社会效益与安全效益的有机统一。这类企业要保持国有资本控股地位，支持非国有资本参股。三是处于自然垄断行业的商业类国有企业，要以“政企分开、政资分开、特许经营、政府监管”为原则推进改革，根据不同行业特点实行网运分开、放开竞争性业务，促进公共资源配置市场化。对需要实行国有全资的企业，要积极引入其他国有资本实行股权多元化；对特殊业务和竞争性业务实行业务板块有效分离，独立运作、独立核算。商业类国有企业着重坚持市场化导向，走商业化运营道路，以企业价值最大化为核心目标，不需要过多关注社会目标，其改革有效与否的衡量准绳，主要是市场化原则，应着力“去行政化”，做到与民营企业平等竞争。这既符合经济效率和公平市场竞争的要求，又有助于缓解国有资产管控压力，提升国有资本运营效率，降低制度运行成本。

对于上述第二、第三种国有企业具有的混合特征，既非纯粹的商业竞争类国有企业，也非典型的公益类国有企业，可称为特定功能性国有企业。其“国家使命”在于巩固社会主义基本经济制度或者是在国民经济中发挥主导作用，包括贯彻“走出去”战略、促进经济发展方式转变、保证国家经济安全和主导经济命脉等功能，而这些功能的实现要求以企业自身发展和经营活动盈利为基础。这类企业是近期以及未来一段时期国有企业改革的重点和难点。从远期看，这类国有企业承担的具体“国家使命”功能是动态的，要随着国家的经济发展和国情变化而变化，一方面，其相应的“国家使命”功能可能会完成或者因不必要而被取消，那么这些企业将陆续转换为竞争性的国有企业，国家为其履行“国家使命”功能提供的必要经济资源或政策支持也必须相应取消；另一方面，国家也可以赋予其新的“国家使命”功能，从而提供新的相应的经济资源或政策支持。从当前国有企业整体情况看，伴随社会主义市场经济体制日益完善，这类企业中的一些企业，在将来有转型、升级成为真正具有国际竞争力和影响力的企业引领者的潜质。

公益类国有企业改革的发展方向是加大国有资本投入，提高公共服务质量和效率，支持其在提高公共服务方面作出更大贡献，进一步突出主业，优化公共服务业务资源配置，增强持续经营能力。而公益类企业股权结构，则宜采取国有独资、全资、控股，具备条件的可以推行投资主体多样化，还可以通过购买服务、特许经营、委托代理等方式，鼓励非国有企业参与经营。公益类国有企业数量有限，却是未来国有资产管理的重中之重。改革的方向是“一企一法”“一企一制”。这类企业一般是国有独资企业，每个企业都需要专门的法律法规来规范其行为，要用复杂的治理手段对这些企业各种重要经营活动细节予以明文规范，严格政府预算管理，确保企业活动高效率地追求社会公共利益。

二、呼应新时代要求的国有企业分类改革

在我国经济发展历程中，国有企业发挥了主力军作用，但也要认识到，由于长期以来存在对国有企业战略定位不清、考核针对性不强和不尽科学等缺陷，国有企业改革和发展过程中出现了重复投资、产业重构、布局扭曲、经济效益低等诸多问题，而国有企业功能界定和分类改革就是要解决上述一系列问题，这是新时代深化国有经济改革的逻辑出发点，是国有企业分类施策推进改革的基本前提。因此，对国有企业进行科学合理的功能定位和分类改革具有重

要的意义。

第一，促进国有企业改革。国有经济布局调整和优化一直是我国经济改革的重要目标和重大任务，国有经济布局调整必然涉及具体的企业及具体的业务，然后才能因业因时制定出国有企业改革的对应方式和合理进度。由于我国的国有经济规模巨大，情况错综复杂，众多的国有企业分布在不同的行业领域，并且大多存在混业经营现象，这在一定程度上制约了国有企业分类改革的有效推进。因此，对国有企业实行分类改革，有利于持续推进国有经济布局调整和结构优化，在锚定服务国家战略上更精准发力，推动国有企业改革进一步深化，更好地发挥国有经济的战略支撑作用。

第二，促进国有企业高质量发展。在市场中，基于行业特征、市场结构及企业发展阶段不同，企业家往往会选择不同的管理方式、商业模式、发展战略或进行进一步创新，以促进企业发展。由于国有企业分布行业广、类别多、经营方式多样，就应基于不同国有企业所在的行业、企业自身特征等方面的差异制定差异化的管理和考核机制，督促企业经营管理者善于谋略、精于管理，以实现企业高效益高质量发展，从某种意义上说，这又以国有企业的分类改革作为逻辑起点。因此，深化国有企业分类改革就成为把握新发展阶段、贯彻新发展理念、构建新发展格局，推动国有企业高质量发展的一项基本要求。与国有企业分类改革相伴，完善制度体系，创新工作机制，扎实推动考核分配工作更加精准、更加规范、更有效能，在锚定提质增效上精准发力，可为做强做优做大国有资本和国有企业助推加力。

第三，创造良好的国有企业发展环境。国有企业属于全民所有，社会公众广泛关注。若国有企业经营得好，取得较多利润，往往被批评为垄断，挤占了民营经济的发展空间，“与民争利”；若国有企业经营不佳，又被批评为效率低下。其中的重要原因就在于没有做到科学分类、分类定责、分类考核。对于偏重公益性的国有企业设置过重的效益考核指标，会促使其借助垄断地位去取得经济利润；对于偏重商业性的国有企业设置过高的公共目标指标，则容易造成其生产资源错配，引发低效率问题；对于自然垄断行业，应该实行政企分开、政资分开、特许经营、政府监管为原则的改革，根据不同行业特点实行网运分开、放开竞争性业务，推动公共资源配置市场化，抑制其借助垄断地位获取高额利润，而不应设置过高的经济效益考核指标。因此，在实行国有企业分类改革的同时，采取分类授权、分类定责、分类监管的改革措施，可为不同类型的国有企业发展创造更优的环境，在锚定强化正向激励上精准发力，激发出市场主体的更大活力。

第四，激励国有企业创新发展。国有企业功能界定和分类改革，是国企改革“1 + N”政策体系的重要内容和重要举措，是适应市场化、国际化和新形势的客观需要。通过对不同功能的国有企业分类并分别授权放权、因企施策，可大大提升授权放权的精准性，而坚持权责对等、放管结合、动态调整，定期评估授权放权效果，又能确保各项权利授得出、接得住、行得稳，从而激励不同类型的国有企业根据企业自身特点各显身手、施展才华，在锚定创新驱动发展上精准发力，实现企业强身健体、良性循环和优质发展。

三、国有企业分类改革原则

对我国国有企业的分类，应本着实事求是、科学合理的精神来进行，借鉴国内外已有的研究和经验，基于我国基本国情，分类改革应遵循几项原则：第一，科学合理性。分类要做到科学和合理，有助于促进更好地实施管理和国有企业分类改革、分类发展。第二，可操作性。充分考虑当前国有企业的多元化业务发展等方面的复杂情况，分类尽量不要造成利益调整过大，要有利于改革的顺利推进。第三，前瞻性。要有国有企业改革和发展的清晰愿景和谋划，充分考虑国有企业未来的经营发展和资本布局情况，尽量降低改革的成本。

国内外的研究和实践经验表明，国有企业分类主要从两个维度展开：一是业务属性，二是资本目标。在我国，国有经济布局相对广泛，在一些竞争性领域也需要维持一定数量的国有企业。因此，基于我国的国有资本布局现状及现实要求，按照国有企业的主营业务范围分类，国有企业的业务性质主要分为商业类和公益类两类；按照资本目标分类，主要分为投资回报性、公益性、特定功能性三类。

第二节　国有企业分类改革策略（方案）设计

一、商业类国有企业改革

商业类国有企业以增强国有经济活力、放大国有资本功能、实现国有资产保值增值为主要目标，除此之外，其在服务宏观调控、增加财政收入、增加就业、保持社会稳定等方面也发挥着重要作用。推进商业类国有企业改革；一方面是为了进一步提高国有企业的经营效率；另一方面则是为了培育独立竞争的市场主体，为建立更加完善的社会主义市场经济体制服务。

（一）改革的基本要求及监管措施

推进商业类国有企业的改革，要优化资源配置，加大重组整合力度和研发投入，加快科技和管理创新步伐，持续推动转型升级，培育一批具有创新能力和国际竞争力的国有骨干企业。其中，对主业处于充分竞争行业和领域的商业类国有企业，要支持和鼓励发展有竞争优势的产业，优化国有资本投向，推动国有产权流转，积极引入其他国有资本或各类非国有资本实现股权多元化，及时处置低效、无效及不良资产，放大国有资本功能，提高市场竞争能力，实现国有资产保值增值。对主业处于关系国家安全、国民经济命脉的重要行业和关键领域、主要承担重大专项任务的商业类国有企业，要保持国有资本控股地位，合理确定主业范围，根据不同行业特点，加大国有资本投入，同时支持非国有资本参股，要求在服务国家宏观调控、保障国家安全和国民经济运行、完成特殊任务等方面发挥更大作用。

就监管的要求看，对商业类国有企业要坚持以管资本为主加强国有资产监管，重点管好国有资本布局、提高国有资本回报、规范国有资本运作、维护国有资本安全。建立健全监督体制机制，依法依规实施信息公开，严格责任追究，在改革发展中防止国有资产流失。其中，对主业处于充分竞争行业和领域的商业类国有企业，重点加强对集团公司层面的监管，落实和维护董事会依法行使重大决策、选人用人、薪酬分配等权利，保障经理层经营自主权，积极推行职业经理人制度。对主业处于关系国家安全和国民经济命脉的重要行业和关键领域、主要承担重大专项任务的商业类国有企业，重点加强对国有资本布局的监管，引导企业突出主业，更好服务国家重大战略和宏观调控政策。

（二）实行混合所有制改革

商业类国有企业处于充分竞争行业，对其实施混合所有制改革主要是从企业产权层面引入非公资本。非公资本可以采取出资入股、收购股权、认购可转债、股权置换等方式，参与商业类国有企业的重组或增资扩股过程。商业类国有企业的重组或增资扩股过程应该严格地依法依规、公开公正，以保证股权的价值得到市场的正确评估，防止国有资产流失。非公资本在入股国有企业后，其权益应该得到充分的保护。在董事会中要实现同股同利，各方股东的利益要在企业的决策中得到充分的体现。员工持股是非公资本的一种形式，企业高管持股将增强企业改善管理的动力，企业员工持股将提高员工工作的积极性，这都可以显著提高企业的经营效益。员工持股应该以增资扩股为主要方式，过程应该公开透明，以保护国有资本的利益。

（三）推进股权结构多元化

对于商业类国有企业，股权结构多元化的自由度较高，根据企业分类改革的指导意见，主业处于充分竞争行业和领域的国有企业，原则上都要实行公司制和股份制改革，国有资本可以绝对控股、相对控股，也可以参股。对于财务状况较好的国有企业，国有资本可以维持绝对控股的状态，引入财务投资者，扩大国有资本的支配范围，进一步发展壮大国有商业性企业。对于财务状况不良的国有企业，国家没有必要保持控股地位，而应该尽快引入战略投资者，创造条件使自己变为财务投资者，实现国家资本的自由流动。在引入战略投资者的过程中，企业应该保证程序合规，过程透明，以便国有企业的价值被市场充分发现，防止国有资产流失。战略投资者不限于非公资本，公有资本也可以参与，即企业的股权由国资委转移到国有企业手中。在股权结构多元化的过程中，股东数量增多，与原有股权绝大部分集中在国资委手中相比，股权集中度下降，这有助于提高其他股东监督国有企业运营的积极性，改善企业的经营效率。在股权结构多元化的过程中，也要防止股权过度分散，因为股权过度分散会造成每位股东都倾向于在企业运营中“搭便车”，企业事实上被高管人员控制，即产生“内部人控制问题”。保持相对集中的股权结构，对于商业类国有企业的运营具有重要的意义。

（四）改善公司治理结构

改善商业类国有企业的公司治理结构，主要从两个方面推进：

一是调整董事会股东比例。商业类国有企业可适当提高执行董事的比例，减少非执行董事和独立董事的数量。该类企业考核的主要指标是财务指标，约束性较强。适当提高执行董事的比例，一方面可以增加董事会对企业运转状况的了解；另一方面有助于提高董事会决策的效率。非执行董事和独立董事在董事会中仍然发挥着重要的作用，他们将遏制企业的过度投资行为，保证企业的收益和风险保持平衡。

二是建立有效的高管选聘和激励约束机制。商业类国有企业的高管既可以从内部选拔，也可以从外部市场招聘。内部选拔的高管可以保证企业运营的平稳性，外部招聘的高管可以给企业带来新变化。商业类国有企业应当以外部招聘作为高管选拔的主要方式，以应对激烈竞争的市场。高管的任期可以适当缩短，任期的目标应该明确。董事会制定长期的战略规划，经理层完成短期的经营目标。对于商业类国有企业，应当参照市场标准制定高管的薪酬待遇，并可实行股权激励。高管的薪酬中应该由固定工资和绩效工资两部分组成，两者均衡的构成比例可以取得较好的激励效果。企业高管的薪酬要与财务指标挂钩，并设置较高的股权激励行权标准，以激励高管改善管理。

（五）完善信息披露机制

商业类国有企业处于充分竞争行业，在信息公开方面与普通企业没有区别，主要是向投资者提供经营和财务状况的相关报告，主要包括现金流量表、资产负债表和损益表。由于是国有企业，其对社会公布的信息应该更加丰富，如重要的人事变动、企业负责人的薪酬水平、企业产权的转让情况、企业履行的社会责任等。在商业类国有企业内部，也应该建立完善的信息公布流程，信息的形成、审核及批准都由相关部门负责，在实现国有企业信息及时准确公布的同时，维护企业经营的正当权益。信息披露将商业类国有企业的经营置于公众的监督之下，有助于形成改善经营管理的外部压力。

（六）改进考核评估体系和考核激励措施

对商业类国有企业的考核，应根据企业功能定位、发展目标和责任使命，兼顾行业特点和企业经营性质，明确不同企业的经济效益和社会效益指标要求，制定差异化考核标准。建立考核评估体系首先要确定企业经营的目标。主业处于充分竞争行业和领域的商业类国有企业的主要目标是实现国有资产的保值增值，因此，其考核评估体系应该由财务指标构成，重点考核的是经营业绩和经济效益、资本回报水平、国有资产保值增值、市场竞争能力等。财务指标的选取上应当兼顾长短期，实行年度考核和任期考核相结合、结果考核与过程评价相统一、考核结果与奖惩措施相挂钩的考核制度。财务考核的短期指标主要反映企业资金的流动性，它关系到企业经营的安全性问题；财务考核的长期指标主要反映企业投资的方向，这关系到企业未来盈利的潜力。短期指标应当在评估体系中占据重要的地位，以保证国有资产的安全。长期指标在评估体系中居于次要地位，抑制高管层过度投资的动机。除了财务指标外，在考核体系中还应当包括社会责任指标。作为处于激烈竞争市场上的国有企业，在经营过程中，企业应该为市场提供高质量的商品，并在生产的过程中保护生态环境，实现可持续和永续发展。企业承担一定的社会责任，能够为企业在社会上树立良好的形象，从长远来说有利于企业资产增值。对主业处于关系国家安全、国民经济命脉的重要行业和关键领域、主要承担重大专项任务的商业类国有企业的考核，首先要合理确定经营业绩和国有资产保值增值指标的考核权重，然后着重强调对服务国家战略、保障国家安全和国民经济运行、发展前瞻性战略性产业以及完成特殊任务情况的考核。

在考核激励方面：一是主业处于充分竞争行业和领域的商业类国有企业要努力创造高于社会平均水平的资本回报率，综合效益应优于同行业其他类型企业，重点强化市场化的考核导向，侧重考核经营业绩指标、国有资产保值增值和市场竞争能力，比如年度主要考核企业经济效益、资本运营效率、精益管理水平和价值创造能力等，任期主要考核资本回报水平和可持续发展能力等。二是对科技进步要求高的商业类国有企业，要加强对研发投入强度、科技成果产出和转化等方面的考核。三是鼓励符合条件的企业加快推行职业经理人制度。聚焦关键岗位和核心人才灵活开展股权激励、分红激励、超额利润分享、虚拟股权、跟投等中长期激励，激发企业活力和效率。

◇ 专栏8-2

商业类国有企业改革——上海家化

2011年，上海家化公告，上海联合产权交易所11月7日发布家化集团100%股权转让竞价结果通知，平安信托旗下公司平浦投资为家化集团100%股权受让人。

上海家化作为国内化妆品行业首家上市企业，拥有六神、美加净、佰草集等众多知名的日化品牌，被称为国内日化行业中少有的能与跨国公司开展全方位竞争的本土企业。

作为试点，近五年来已经两次进行股权激励，员工覆盖面达到40%左右。

2010年，我国日化亏损企业77家，亏损额5.12亿元。我国4000家化妆品企业仅仅控制着中国10%的市场，90%的中国市场都被外资控制。

通过股权制度的改革，建立真正意义上的市场化企业，进而能够制定符合市场规则的薪酬体系、股权激励机制和公司发展战略，最终使上海家化成为一家综合时尚产业集团。

资料来源：http：//sike. news. cn/statics/sike/posts/2014/03/217623508. html。

二、公益类国有企业改革

公益类国有企业也可视为公共政策类企业，是带有公共性或公益性、特殊目的的国有企业，它以保障民生、服务社会、提供公共产品和公共服务为主要目标，在经济效益方面维持基本收支平衡和正常运转的基础上，追求社会效益和公共利益最大化。这类企业主要处于供水、供气、供热、公共交通、重要商品和战略物资储备等关系国计民生的基础设施、基础服务行业和领域。公益类国有企业改革主要涉及以下方面：

（一）强化出资人管理，改革内部控制机制

公益类国有企业具有公共性、非营利性和服务性的特征，一般采取国有独资

形式，由作为出资人的政府直接管理。采用国有独资形式的公益类国有企业没有必要设立董事会和监事会，可以实行经理负责制，即由经理全面负责企业的经营和管理，拥有经营自主权、业务指挥权、人事任免权和对员工的奖惩权。经理负责制的优点是架构简单、管理效率高，缺点是容易产生内部人控制，造成运营成本提高。为了降低企业的运营成本，保证公共产品和服务的质量，必须在加强出资人监管的前提下完善企业的内部控制机制。

第一，经营目标限制。严格限定主业范围，加强主业管理，促进公益类国有企业根据承担的任务和社会发展要求开展业务，重点在提供公共产品和服务及提高质量和效率方面作出更大贡献。

第二，授权批准限制。严格限定经理授权批准的范围，划分授权批准的层次，明确授权批准的责任，规定授权批准的程序。

第三，组织规划控制。遵循不相容职务分离原则，保证授权批准职务、业务经办职务、财产保管职务、会计记录职务和审核监督职务的相互独立。

第四，人员聘用限制。公益类国有企业的经理由政府任命，高管可以由经理提名并上报政府确认审核，员工招录则完全市场化。通过完善的内部控制机制，力争实现企业在追求经济利益的同时高效率地追求社会公共利益。

公益类国有企业虽然一般采取国有独资形式，但是在具备条件的某些领域也可以推行投资主体多元化。对政府特许经营业务，允许符合相关资质条件的非公资本投资，实施“混改”，还可以通过购买服务、特许经营、委托代理等方式，鼓励非国有企业参与经营；而对非特许经营业务，则可以向各类资本开放。在投资主体多元化的进程中，要注意保持国有控股地位。国有股权是保持公益类国有企业功能的关键，只有保持国有控股权，才能保证服务社会、保障民生的功能不变。多元化投资的优势在于，一方面进一步扩大了公共产品和服务的供给，降低了政府的财政负担；另一方面由于非公有资本有盈利的动机，对成本和损益较为敏感，会努力降低企业的运营成本。通过购买服务、特许经营、委托代理等方式提供公共产品，虽然可以为政府节约前期投资和企业运营管理的费用，但是由于购买服务的费用一般是公开的、固定的，这就会对服务提供商产生两方面的激励，一方面激励服务提供商尽可能地降低成本；另一方面则激励服务提供商降低产品和服务的质量。从服务社会、保障民生的功能考虑，由政府直接管理具有公共政策性的公益类国有企业仍然是较为理想的选择。

（二）实施有效的行业管理

公益类国有企业的监管与商业类国有企业不同。我国国有企业的监管模式已经由“管资产”转向了“管资本”，即关注的重点由“资产”这种具体实物形态，转移到了“资本”这种货币形态，国资委也将监管目标聚焦在了国有资本的布局和增值方面。监管方式转变的目的在于进一步释放国有企业的活力，推动国有企业向独立的市场主体进一步迈进，以适应建设更成熟的社会主义市场经济体制的要求。但是对于公益类国有企业来说，“管资本”的监管方式并不完全适合。公益类国有企业设立的初衷和存在的价值是为了解决市场失灵问题，向社会公众提供公共产品和服务，不具有获取最大盈利的动机，从而不具备使资本增值的能力。该类企业一般实施预算软约束，由国家单独出资，独立核算，但不自负盈亏，而靠财政维持，亏损由财政弥补。因此，公益类国有企业的监管仍应主要采用“管资本”的方式，即由政府管钱、管事和管人。

政府的监管从内容上看，应当包括提供公共产品和服务的保障能力、价格、质量和效率、成本等，政府对产品和服务直接定价或实行费率管制，确定产品或服务的质量标准，严控企业的生产成本；从方式上看，主要采用完善法律法规的方式实施监督。对公益类国有企业，由于其特有的性质，容易导致信息不对称。在信息不完全对称的情况下，经营者可能利用其掌握信息更充分的条件，与政府在责任目标、经营成本、投资等方面进行博弈，导致服务态度和产品质量下降、资本和设施利用率低、责任目标难以实现。因此，必须加快立法，力争实现“一企一法”，用法律的手段对这类企业的行为给予细致的明文规范，确保企业的行为符合社会公共利益。由于生产公共品存在预算软约束，为了防止由此而产生的道德风险和逆向选择，在公益类国有企业中，需要引入完善的信息公开制度，利用公众监督，解决信息不对称情况下经营者隐瞒实际成本的问题。公益类国有企业的信息公开必须上升到法律层面，因此就必须是强制性的。

（三）建立合理的考核评估体系

要尽快建立注重社会评价的考核体系。公益类国有企业的考核指标，应该紧紧围绕保障民生、服务社会、提供公共产品和服务设置。在考核体系的设计上，应该综合考量产品和服务质量、服务水平、生产成本、价格水平、安全标准和保障能力，其中生产成本是核心指标。对于企业高层的考核制度，不以利润为目标，而是以成本控制水平和公众满意度为目标，并充分注重和引入社会评价。高管的薪酬标准要依据其相关贡献和对应的政府公务员标准同步，对于高管的激励不应主要来自薪酬，而是相关政治地位提升，即高管应享受公务员的待遇与行政级别。在对总经理薪酬的考核体系中，总经理的薪酬由政府部门根据各企业管理的任务轻重和难度系数确定，不与资本保值增值挂钩。总经理的薪酬可以略高于同级别公务人员的工资水平，但不宜采用高度市场化的激励机制，也不宜享受过高的年薪和股权激励。

（四）构建规范合理的政企关系

大多数的公益类国有企业虽然由政府出资并实行独资经营，接受政府全方位的监管，但其毕竟是企业，在完成政府赋予的公共服务职能的前提下，要保持其相对独立的地位。政府与公益类国有企业之间的关系应该由法律法规作出明确的规定，双方要依法依规行事。政府的监管应当做到既不越位，也不缺位。企业的目标和发展方向、企业产品的质量和价格等内容应该由政府确定，以保证公益类国有企业的性质不变。企业的招聘用人、企业内部的分工，企业产品和服务的生产过程等内容，应该由企业独立掌控，以达到控制经营成本的目的。只有建立合理的政企关系，公益类国有企业才能在完成公共服务使命的前提下，维系自身良好的生存和发展。

◇ 专栏8-3

公益类国有企业改革——长春公交集团

（一）长春公交集团基本情况

长春市公交始建于1927年，于2006年8月正式挂牌——长春公共交通（集团）有限责任公司（简称“长春公交集团”）。集团拥有18个分、子公司，其中9个汽车运营公司承担着长春市地面公共交通客运的主要运营工作，是长春公共交通行业的主力军。

（二）公司股权变动情况

2006年之前，长春公交集团为地方政府控股。2006年，在市委、市政府的领导下，集团调整领导班子，实施资产重组，允许经营管理层和部分职工参股，但实际控制人仍为长春市人民政府国有资产监督管理委员会（以下简称长春国资委）。此次资产重组实现了国有企业向股份制经济的过渡，也是我国同类城市公共事业国企改制成功的首例，使得集团由一个老国企变为一个资本多元化的新兴经济体。2017年，由于公交经营的市场化运作与公交的公益性时常发生矛盾，在政府的支持下，集团完成自然人股本回购，变为国有独资企业，正式回归公益。

资料来源：汪伟、石珊：“公益类国有企业混合所有制改革路径探究——以长春公交集团为例”，《会计之友》2021年第18期。

三、特定功能类国有企业改革

特定功能类国有企业是兼具公益性要求和盈利性要求的国有企业，如前所述，它们既非纯粹的商业竞争类国有企业，也非典型的公益类国有企业，而是具有特定功能性或战略保障性的国有企业。这类企业主要是经营涉及国家安全、国民经济命脉的行业领域，需要其发挥服务国家战略、保证国家安全、控制国民经济命脉、推动产业结构转型升级、发展前瞻性战略性产业等功能。由于兼有政策保障功能和商业竞争功能的二元特征和肩负着双重使命，如何在完成国家政策性要求的前提下，实现企业有效率的运营，增强企业的市场竞争力，是这类企业担负的主要任务。

（一）推动混合所有制改革

特定功能类国有企业又可区分为两类：一是主业处于关系国家安全、国民经济命脉的重要行业和关键领域、主要承担重大专项任务的商业类国有企业，也被称为战略竞争类企业；二是处于自然垄断行业的商业类国有企业，又被称为基础资源服务类企业。前一类主要包括航空航天、基础电子、汽车、造船、核工业等，这些要么是战略支柱产业，要么是高技术产业；后一类主要包括石油、天然气、有色金属、煤炭、钢铁、邮政、电信、电网等，这些大多具有自然垄断的特征。推进特定功能类国有企业的混合所有制改革，重点针对的是后一类企业，但在条件许可时，也可以在前一类企业中实行。

对于石油、天然气等自然资源垄断企业，主要是在企业层面推动混改，在保证国有控股的前提下积极引入社会资本投资，投资者的身份可以是自然人，也可以是法人，可以是国内资本，也可以是国外资本。通过在企业层面的混改，可以有效地减轻国有企业中普遍存在的委托代理问题，改善企业的经营效率，提高企业的国际竞争力。自然资源垄断企业在混改中必须保证国有绝对控股地位，这样一方面可以保证国家经济安全，另一方面可以抑制对资源的过度开采，实现可持续利用资源的目标。但在强化环境、质量、安全监管等条件许可时，也允许非国有资本进入，依法依规有序参与开发经营。对于电信、电网、铁路等自然垄断企业，应当在行业和企业两个层面推进混改。在行业层面，国家应该推行“网运分离”，开放下游的服务市场，允许民资、外资进入，对国有企业形成竞争的压力。在企业层面，实行“主辅分离”，放开竞争性业务，国有企业在保证国有控股的前提下，引入投资者，投资者应以国内资本为主，采用法人股的形式。

对电子、汽车、造船等战略支柱产业，可以在行业和企业两个层面混改，推进产业重组整合，努力提高经营效率和活力，实现资源的优化配置，并提高国有资本的控制力。对于核能、航空航天等涉及国家安全的高新技术国有企业，不宜在企业层面实行混改，应该以开放市场为主，从而形成一定的市场竞争压力。国家支持这些战略竞争类企业在服务国家宏观调控、保障国家安全和国民经济运行、完成特殊任务、参与国际竞争等方面发挥更大作用。

（二）推动股权结构多元化

在推动特定功能类国有企业实现股权结构多元化的过程中，首先应实现股东构成的多元化。由于特定功能类国有企业处于关系国家安全、国民经济命脉的重点行业和关键领域，主要承担完成国家重大专项任务，因此，在推动股东构成的多元化的过程中要有所选择。对于石油、天然气、有色金属等自然资源垄断性国有企业，其股东构成中可以有国家股、国有法人股、其他法人股等。国家股的存在主要是为了保证资源的利用符合国家发展的需要，而国有法人股和其他法人股则是为了推动企业经营效益的提高。自然资源的供给对国民经济的运转有重大影响，在价格受到控制的情况下，降低企业的运营成本就成为改善企业经营效率的主要手段。对于电信、电网、铁路等自然垄断企业，其股东的构成应该有国有股、国有法人股、其他法人股、自然人股等。其中，国有法人股应占主要地位，其他法人股和自然人股则应处于从属地位，它们的作用主要是为重要基础设施的建设提供资金，分担投资风险，并监督这些基础设施的运营效率。对电子、汽车、造船等战略支柱类国有企业，股东中可以有国家股、法人股和自然人股等。这类企业的市场竞争程度高，投资风险大，对国民经济增长的拉动作用显著，国有企业股东的多元化可以扩大资金的来源，降低投资的风险，提高资源的利用效率。法人股和自然人股在这类企业中应当处于重要的地位，而国家股则应是参与者的角色。对于核能、航空航天等高新技术国有企业，股东应由国家股和国有法人股所组成。由于该类企业承担着国家重大专项任务，国家股应当占据统治地位。

在明确股东构成的基础上，国有企业还应当调整股权的集中程度。特定功能类国有企业的股权集中度高，并且大部分以国有股的形式存在，容易造成内部人控制的情况。国有企业应当一方面公开出售部分股权，引入战略投资者；另一方面应转变股权的持有方式，将国家股转变为法人股。但被出售的股权和出售的对象不宜过多，以便在保证国有控股权的前提下，既发挥其他股东的监督作用，又防止其他股东在企业管理中“搭便车”。将持股方式从国家股转变为国有法人股，有助于解决国有企业监管缺位问题。保留一定的国家股比例，则有助于监管机构了解并影响企业的决策过程，保证国家战略目标的实现。

（三）完善公司治理结构

良好的公司治理结构是提高企业运营效率的关键。改善特定功能类国有企业的公司治理结构，主要从以下方面着手：

1. 调整董事会的股东构成

董事会的股东可以分为执行董事、非执行董事和独立董事。执行董事由企业管理层担任，非执行董事由企业的各出资方委派，独立董事则由拥有企业管理知识的专家担任。由于国家股、法人股和自然人股之间存在潜在的利益冲突，董事会的股东结构就会影响企业决策的效率。对于石油、天然气、自然资源等自然资源垄断性企业，控制经营成本是改善经营效率的关键。该类企业应当增加非执行董事和独立董事的数量，保证非执行董事和独立董事发挥监督功能，防止企业内部管理人员滥用职权，扩大在职消费范围。对于电信、电网、铁路等自然垄断企业，抑制企业滥用市场地位涨价的冲动，保证权益投资的战略性方向，是该类企业的运营重点。在董事会的构成中，执行董事和独立董事的比例应适当提高，减少非执行董事的比例，防止营利性需求干扰企业的决策过程。独立董事的存在则有助于实现内部监督，控制该类企业的内部运营成本。对于电子、汽车、造船等战略支柱类企业，董事会的构成应当以非执行董事和独立董事为主。对于核能、航空航天等高新技术企业，董事会应以执行董事为主，独立董事为辅，降低非执行董事的比例。

2. 完善“三会”的权力制衡

特定功能类国有企业中普遍成立了董事会、监事会和党委会，以协调“三会”之间的权力关系，构筑分工协作的决策体系，对于改善国有企业的经营效率具有重要意义。董事会受股东大会的委托，负责制定企业的发展规划，管理企业的经营方向，决定企业的重大投资事项，调整企业的组织架构，掌握企业经营最重要的权力。监事会受股东大会的领导，代表股东大会行使监督权。监事会的职能主要体现在“合规性”审查方面，即保证企业的决策和管理运营符合股东大会制定的章程。监事会监督的主要对象是董事会和高级经理层，它有权要求董事和经理纠正违规行为，在必要的情况下，它可以向股东大会提议罢免董事和经理。党委会是我国国有企业中的特殊机构，按照党管干部的原则，党委会负责国有企业主要干部的任免。董事会和党委会应该遵循“双向进入、交叉任职”的原则，保证党委会成员同时也是董事会成员，从而实现在重大问题的决策上，董事会与党委会保持一致。党委会在国有企业中还发挥着政治核心作用，是完成国家战略目标的精神支柱。在明确“三会”权力分工的基础上，保证“三会”权力的正常履行，是改善企业经营的有效举措。

3. 建立有效的高管选聘和激励约束机制

高管的经营行为不仅直接影响企业的短期绩效，而且间接影响企业的长期文化。为特定功能类国有企业选聘高管，可以采用内部选拔和外部招聘的方式。内部选拔的高管，了解企业的运转流程，洞悉权益的积弊，可以迅速采取措施，改善企业的运营。从文化上来说，内部选拔的高管能够较好地传承和发扬企业的精神，强化企业的思维方式和行动模式，进而提高企业的经营效率。外部招聘的高管，拥有专业的管理知识，丰富的管理经验，具备发现问题并解决问题的能力。从文化上来说，外部招聘的高管为企业文化注入了新的要素，提供了不同的解决问题的思路，有可能从根本上改变企业的行为模式。特定功能类国有企业应根据具体经营情况，选择合适的高管聘用方式。对于财务状况较好的国有企业，高管的选聘应当以内部选拔为主，慎用外部招聘。外部招聘有可能造成文化冲突，降低企业的运营效率，破坏企业原有的良好局面。对于财务状况困难的国有企业，高管的选聘则应以外部招聘为主，慎用内部选拔。财务困难说明原有的经营模式存在问题，内部选拔的高管受企业思维惯性的影响，未必能够找出解决问题的有效途径，外部招聘的高管人员则可以为企业解决问题提供新思路和新举措。在确定了企业高管的基础上，对高管的激励和约束则主要依赖薪酬管理。特定功能类国有企业的高管宜采用年薪制，慎用股权激励。年薪的水平应不低于市场相同规模企业的平均水平，应由固定薪酬和绩效薪酬两个部分组成，应适当增加绩效薪酬的比例，以激励高管改善企业的经营管理。对于市场竞争压力较大的电子、汽车、造船等战略支柱类企业，企业的经营业绩与高管的管理水平和努力程度密切相关，高管薪酬中可以包括股权激励，但股权激励的规模不宜过大，并应当设置较高的行权标准，以保证股权激励能够促使高管付出更多的努力。对特定功能类国有企业的高管可以采取行政晋升的奖励方式，但是这种奖励只能是单方面通道，即只能从企业进入政府。

4. 完善信息公开制度

特定功能类国有企业作为全民所有制企业，应当建立完善的信息披露和公开制度，为公众知情权的实现创造条件，接受公众的监督，不断改善自身的经营管理。上市的国有企业，应严格按照《公司法》和《证券法》的要求，披露与投资者利益相关的信息。非上市的国有企业，主营业务影响公众利益的，也要主动公布自己的经营信息和财务信息。企业内部应当建立规范的信息公开流程，确定对外公开信息的形成、审查、批准等部门的职责，细化信息公开的内容、范围、形式、时限和归档要求，在保证公众知情权的同时，维护企业自身的合法权益。

由于特定功能类国有企业处于关系国家安全、国民经济命脉的重要行业和关键领域，企业要特别重视保密审查环节，对信息公开的风险进行评估，避免因不必要的信息公开损害企业的经营，进而损害投资者的利益。自然资源垄断性国有企业公布信息的范围应适当的扩大，除了财务信息外，还应该包括管理结构、经营状况、关联交易、企业负责人的信息等，实现公众对企业的全方位监督。而对于汽车、造船等战略支柱类国有企业和航空航天、核能等战略竞争类国有企业，公布信息的范围应适当缩小，应该仅在法律要求的范围内公布相应的信息，防止信息的泄露阻碍国家战略目标的实现。通过建立完善的信息公开制度，使企业处于市场、舆论和公众的监督之下，对于改善国有企业的治理效果，提高国有企业的经营效率，具有重要的影响和良好的效果。

5. 改革考核评估体系

对企业的考核评估不仅会影响企业的高管薪酬、社会评价和融资能力，而且会影响企业的行为模式。特定功能类国有企业存在的首要目标，是维护国家经济安全稳定、完成重大专项任务，而不是单纯为了国有资本的保值增值。据此，为正确地评估特定功能类国有企业的经营绩效，应当从以下几个方面推动考核评估体系改革：

确定国有企业考核评估的目标。特定功能类国有企业虽然肩负着“公共政策性”和“一般盈利性”双重使命，但是对于不同类型的企业侧重点有所不同。对于石油、天然气、自然资源等自然资源垄断性国有企业，保证自然资源的供给，维护市场经济平稳健康运行，是该类企业的首要目标。对于电信、电网、铁路等自然垄断性国有企业，其承担普遍服务的义务，但也有扩大投资、推动技术进步的需求，该类企业应当在完成服务义务的基础上，谋求适当的利润。对于电子、汽车、造船等战略支柱类国有企业，在保证权益和经营方向的基础上追求盈利是该类企业的主要目标。对于核能、航空航天等高新技术国有企业，完成国家重大专项任务才是该类企业的主要目标。

综合选取盈利性指标和社会责任类指标。在权重分配方面，对于不同类型的特定功能类国有企业应当有所不同。

选取指标应注意指标的反馈价值。有些指标虽然反馈价值高，但是搜集的成本过高。指标选取应当兼顾价值与费用，现有的盈利性和社会责任类指标若能够较好地反映企业的经营绩效，利用现有指标进行加权平均则是一条评估国有企业综合运营绩效的可行途径。

绩效评估要有相应的反馈机制。应当将高管的薪酬或利润上缴的比例与评估的结果挂钩，使绩效评估的结果被管理层重视，切实起到激励约束和提高经营效率的良好效果。

◇ 专栏 8-4

特定功能类国有企业改革：某焦化厂改革实践

某煤气化焦化厂是当地煤气主要供应气源之一，共有员工2000余人，由于历史遗留问题和管理方式的落后，企业在没有发展到大型企业的同时却较早地患上了“大企业病”。一是人员庞大，机构臃肿，管理层次复杂；二是老职工较多，并且思想陈旧，改革观念不强；三是组织结构交叉，岗位设置不合理，管理人员的职责不明确；四是管理层及专业技术岗冗员较多并且老龄化问题严重。

针对上述问题，该焦化厂进行了一系列改革：

……

进行全方位的科学的岗位测评，根据在岗后和机构整合后的岗位设置情况，重新编制了《职位说明书》，明确了各岗位的职责、工作标准及任职资格，并依据岗位合并后的实际情况及用人需求，完成了定岗定编工作。

通过分配制度的改革，打破了就有体系，重新建立了奖惩机制，充分发挥了分配的杠杆作用，使员工的功效和贡献达到了同一，从而使员工的积极性增加，促进了企业管理水平的提高。

……

引进员工竞争机制，完善用人制度改革。厂里制定了《焦化厂竞争上岗实施方案》，引入了员工竞争机制，完善了干部退出机制，进一步实施待岗培训制度，并在全厂副科级岗位、中级职称岗位及机关管理中全面推行竞争上岗。

……

资料来源：郭卫东："自然垄断行业中国有企业的改革研究——以某焦化厂改革实践为例"，《经济研究导刊》2008 年第 9 期。

第九章

国有企业改革与创新（2）：混合所有制改革

在我国，国有企业混合所有制改革（以下简称“混改”），是指将国有企业由国有独资等资本经营形式向国有、集体、非公等不同性质所有者之间或在国有产权内不同投资主体之间持续混合、磨合、融合的变革与改进过程，是国有资本与具有完整市场化特征的外部资本的混合。推进国有企业混改，是我国国企改革的重要突破口和重要任务。党的十八届三中全会《决定》提出，国有资本、集体资本、非公有资本等交叉持股、相互融合的混合所有制经济，是基本经济制度的重要实现形式。

第一节　混合所有制经济相关理论分析

一、混合所有制经济概念界定与特征

（一）混合所有制经济概念界定

混合所有制的最早提法出现在西方国家，主要是指企业产权的混合状态，即多种所有制经济融为一体，形成以股份制为主要形式的混合所有制经济实体。

对于混合所有制经济的含义，可以从两方面理解。从宏观层面来看，混合所有制经济是一个国家在特定社会经济制度下，各种不同所有制经济之间的有机结合，即不同属性的产权部门按照相应的市场机制实现优势互补、交叉融合的一种所有制形式，强调不同的所有制资本或不同所有制的经济形式之间优势互补，体现了所有制结构的开放性和多元性。其中占主体地位的所有制形式，决定了整体所有制结构和社会经济基础的性质。从微观层面来看，混合所有制经济指的是，通过产权结构的调整，由不同所有制性质的产权主体多元投资、交叉渗透、互相

融合而形成的企业，以及由此而衍生的公司治理结构。企业是经济的微观基础，也是资本的具体载体，即在企业内部同时具有公有制的因素和私有制的因素，融合了不同的所有者主体。就二者的关系来看，宏观的混合所有制经济结构是微观个体企业可以采用混合所有制产权结构的前提和制度基础，微观个体企业的混合所有制则是形成混合所有制经济结构的重要方式和必然逻辑。

混合所有制经济的基本产权形式是股份制，股份制是不同的利益主体按照约定的规则自愿组成的一种组织形式。股份制企业不能简单地等同于某一类企业，因为它不仅具有私有属性，而且也具有公有属性。股份制是混合所有制的一种具体表现形式，也是现代企业制度的主要组织形式。所有制与最终的所有权相联系，而股份制是企业的经营权的一种实现形式。相同经营形式的企业可以拥有多种不同属性的所有制成分，同样，同一种所有制的企业也可以由不同的经营形式实现。所有制的形式影响并决定着企业的具体经营形式，而企业的经营形式则反映并服务于特定的所有制形式。因此，混合所有制所包含的含义比股份制更为宽泛，它不仅注重实行股份制后的公司治理机制的形式规范，而且更强调的是多种社会资本的深度融合和强强联合，以实现不同所有制的优势互补和共同发展、共同繁荣。

（二）混合所有制经济的特征①

混合所有制是优化资源配置的有效形式，也是现代市场经济发展的必然要求。混合所有制经济的特征，集中体现在产权主体的开放多元化和公、私经济的深度融合，据此可以说，混合所有制改革的实质是产权制度的改革。

产权主体的开放多元化是指混合所有制经济在符合基本制度的前提下，可以吸收来自不同所有制性质、不同领域的市场参与主体，使得产权主体由单一形式转变为多元化形式。同时，产权主体的具体参与方式也呈多元化，可以通过资本、技术、劳动等有形或无形资产参与合作。由于混合所有制经济具有开放多元化的特征，国家可以充分调动更为广泛的资源实现发展目标，有利于调动各方面的积极性，有利于提升市场的活力和效力。

混合所有制经济下的公、私经济混合，不是简单的资本合作和资本加总，而是在产权融合的基础上，实现体制机制层面上的有机结合。混合所有制经济通过公、私经济在体制机制上的深度融合，将倾向于政府调控力的国有经济与倾向于市场吸引力的私有经济相结合，可以实现公私两方面积极性的有机整合，取得扬长避短的互补效益。既可以保证国家经济政策的基本方向和国有资本的市场影响

① 本小节参考了国务院国资委产权管理局《混合所有制企业国有产权管理问题研究》的相关研究成果。

力，又可以借助国有资本的优势帮助社会资本消除市场的隐性壁垒，提升社会资本的市场参与度，拓宽市场发展空间，提升总体经济绩效，还可以借助非公资本与生俱来的机制灵活的优势促进国有企业提升公司治理的水平，从而比单一经济成分的所有制形式具有更强的活力和竞争力。

二、混合所有制经济的客观必然性

混合所有制经济的产生是社会经济发展到一定阶段的客观产物，有其客观必然性。马克思主义政治经济学认为，社会发展的原动力是生产力的进步，当生产力与生产关系发生矛盾、生产关系束缚生产力发展时，经济基础和上层建筑就或快或慢地发生变化，制度变迁就不可避免。理论和现实均已证明，生产力的发展体现为生产社会化程度和专业化程度的不断提高，对生产组织提出的要求是企业规模的扩大，而企业规模的扩大要求通过积聚社会力量来实现生产要素的组合，以适应和促进生产社会化的要求。生产要素在社会范围内的组合，体现为资本的社会化，而资本不仅来自国家，也来自社会的方方面面，包括个人、集团、外资等，当企业资本由不同性质的资本组成时，企业的产权特征一定是混合所有制。随着生产社会化程度的不断提高，企业产权制度逐渐由单一的所有制向混合所有制转变，混合所有制企业也随之成为现代企业的重要形式。

结合我国现实来看，单一的公有制和私有制均难以在日益复杂的经济系统内实现最佳的效果，越来越多的领域需要二者的有机融合，客观上提出了对混合所有制经济的需求。公有制和私有制的共存和融合符合经济社会发展的客观规律，混合所有制企业的产生具有其内在必然性。

混合所有制经济能够综合公有制和私有制的不同优势。无论是从纯粹的市场经济向混合经济转变，还是从计划经济向混合经济转变，其最终均是将市场与政府有机结合，将二者的优点保留在混合所有制企业内，弥补各自的劣势，实现经济制度安排的改进和优化。从其预期效果来看，就是通过市场机制保持企业运行活力和张力，通过政府调节保证政策方向和弥补市场缺陷，实现经济的长期稳定发展。混合所有制经济一方面把“看得见的手”与“看不见的手”的综合优势结合于企业内部，另一方面又淡化了公有制和私有制之间的对立，将政府目标与市场绩效相结合，扩充了企业的投资主体，充分体现了其在经济安排与经营运作上的优势。因此，混合所有制是顺应多种所有制成分共存和市场经济发展而出现的一种具有生命力的所有制形式，我国混合所有制企业的产生和发展具有历史必然性和逻辑合理性。

三、混合所有制经济的核心问题是产权管理

产权形式可以划分为共有产权、国有产权和私有产权。共有产权指在共同体内的每一个成员都能享有这些权利，但排除了外部成员对共同体内权利的分享。由于每个成员都能分享共同权利，且相关监督乏力，因而共有产权内部的“搭便车”现象难以避免。国有产权指国家拥有的权利，然后再按可接受政治程序来决定可以使用这些权利的群体。因此，国家必须选择代理人来行使权利。作为权利的行使者，代理人对资源的使用与转让以及最后成果的分配，都不具有充分的权能，因而对经济绩效和对其他成员的监督都经常激励不足。同时，国家对代理人进行处罚监察的费用极其昂贵，再加上国家在选择代理人时具有从政治利益而非经济利益考虑的倾向，因而国有产权下的外部性也相对较大，产权实体往往为了追求其政治利益而偏离利润最大化动机。私有产权是把资源的使用与转让以及收入的享用权都界定给了一个特定的个人。私有产权所有者在进行任何一项行动决策时，都会反复和慎重考虑现期成本与未来收益之间的关系，选择能带来最大收益的方案，进而决定使用资源的安排。在共有产权和国有产权下不可避免的诸多外部性，就在私有产权下被内在化，因而产生了对更高效率追求的刺激，但也会因过度逐利导致社会福利的损失。因此，现代产权理论认为，如何在混合所有制经济中进行产权管理，就成为重要的问题。

相关的理论研究对国有产权形成了两种有对立的观点，即“掠夺之手”和“帮助之手”。“掠夺之手”认为国有产权对于公司治理结构以及公司业绩都有消极影响，这是由于，一方面，作为国有股东的政府，既要考虑经济目标，又要权衡政治目标，因而国有产权会产生较强的政府行政干预，扭曲资源的利润最优化配置，降低公司效率；另一方面，根据不完全合约理论，某一缔约方权力越大，其承诺可信度就越低，导致政府和企业之间出现信任困境，损害公司管理层和普通职工的工作积极性。“帮助之手”则认为，国有股权可以帮助企业经营发展，这是由于，一方面混合所有制公司中的政府作为国有股权的代表，发挥着大股东的作用，可以监督公司管理人员，防止内部人控制现象产生。另外，国有股权带来的政府监督，是在公司治理结构不完善、对管理人员缺乏有效外部监管机制情况下的次优选择。另一方面，国有股东的引入可以保护公司的正当权益不受到侵害，这是因为转型经济中的法律法规健全程度不高，公司的国有股东会防止一些不合理的法律纠纷，减少公司的资产损失。客观公正地讲，国有产权的作用并不是绝对的好或坏，而是要根据经济发展的具体情况，通过建立归属清晰，权责明确、保护严格、流转顺畅的现代产权制度，不断调整国有产权的比重和对经济的

控制强度，优化各种所有制经济之间的产权设计安排，以实现国有产权在提升绩效、推动经济发展方面的积极作用。

四、发展混合所有制经济的环境条件

多种所有制经济的并存和发展是混合所有制经济发展的基本条件。在单一所有制经济下，公有制和私有制截然对立、保持封闭，不存在合作与交流，只能存在唯一合法的所有制形式，难以形成混合所有制经济。因此，混合所有制经济的发展必须建立在多种所有制并存的基础之上。多种所有制的并存使得经济活动中已经存在的积极因素获得认同，激发了潜在的经济活力。同时，多种所有制之间的地位和关系也决定了混合所有制经济的发展程度。在混合所有制经济中，占据主导地位的所有制形式决定总体经济性质，影响着社会资源的组织和分配原则及方式；而处于次要地位的所有制形式被给予的地位和认可程度，也决定了其他参与混合所有制经济的深入程度，以及对整个经济发展的贡献程度。

市场经济的发展是混合所有制经济发展的重要条件。市场作为各种经济成分充分发挥作用的舞台和平等竞争的场所，对于混合所有制经济具有重要作用。一方面，混合所有制经济的形成和发展有赖于市场中的私有制经济发展和深入参与；另一方面，只有通过健全的市场经济，生产要素才能实现自由流动和重新组合，发挥混合所有制的优势。因此，形成平等、开放、竞争、有序的市场环境，有利于不同所有制经济之间实现相互投资、相互渗透和相互融合，加速混合所有制经济的形成和发展，并不断创新混合所有制经济的实现形式。

第二节　我国混合所有制改革的必要性与预期效应

一、推进混合所有制改革的必要性[①]

发展混合所有制经济源于时代发展的要求和趋势，源于国有企业改革的需要，源于寻求国家所有制与市场经济相结合的形式和途径，源于创新基本经济制度的实现形式。发展混合所有制经济是国有资产管理体制和国有企业改革的重要

---

① 参见葛杨等著：《国有企业改革与发展》，经济科学出版社 2020 年 6 月版，第 142—148 页；本书编写组编：《国企改革若干问题研究》，中国经济出版社 2019 年 3 月版，第 148 页。

支撑，有利于国有资本放大功能、保值增值，提高影响力、竞争力和活力。

（一）混合所有制经济是基本经济制度实现形式的突破

党的十八届三中全会的《决定》把混合所有制经济作为基本经济制度的重要实现形式，并强调要积极发展混合所有制经济。习近平总书记指出“要积极发展混合所有制经济，强调国有资本、集体资本、非国有资本等交叉持股、相互融合的混合所有制经济，是基本经济制度的重要实现形式，有利于国有资本放大功能、保值增值、提高竞争力。这是新形势下坚持公有制主体地位，增强国有经济活力、控制力、影响力的一个有效途径和必然选择”。混合所有制将公有制和非公有制结合起来，其中国有成分和集体成分属于公有制经济，其他经济成分基本上均属于非公有制经济。发展混合所有制经济，是在新的历史时期探索出的一种适应生产力发展的要求、符合社会主义市场经济发展要求的基本经济制度的实现形式，这是对坚持和完善基本经济制度的认识的进一步深化，丰富了社会主义基本经济制度的内涵，也是对国有经济理论的重大创新和国企改革实践的重大突破。

改革开放以来，我们党一直在探索公有制和基本经济制度的有效实现形式。1997 年党的十五大确立了社会主义初级阶段的基本经济制度，第一次提出混合所有制经济概念，阐释了公有制和混合所有制的关系，提出公有制实现形式可以而且应当多样化，要努力寻找能够极大促进生产力发展的公有制实现形式。股份制是现代企业的一种资本组织形式，有利于所有权和经营权的分离，有利于提高企业和资本的运作效率，不同性质经济形态下的企业都可以采用。1999 年党的十五届四中全会决定指出，国有大中企业尤其是优势企业，宜于实行股份制的，要通过规范上市、中外合资和企业互相参股等形式，改为股份制企业，发展混合所有制经济。2002 年党的十六大报告提出，除极少数必须由国家独资经营的企业外，其他企业积极推行股份制，发展混合所有制经济。2003 年党的十六届三中全会提出，要适应经济市场化不断发展的趋势，进一步增强公有制经济的活力，鼓励发展国有资本、集体资本和非公有资本等参股的混合所有制经济，实现投资主体多元化，使股份制成为公有制的主要实现形式。至此推行的混合所有制改革，主要是通过与民营企业合资、与中外合资企业合作、管理层收购、员工持股、上市证券化等实现投资主体多元化。2007 年党的十七大再次提出，以现代产权制度为基础，发展混合所有制经济。

党的十八届三中全会的《决定》重申，公有制为基础、多种所有制经济共同发展的基本经济制度，是中国特色社会主义制度的主要支柱，也是社会主义市场经济体制的根基。《决定》指出，国有资本、集体资本、非公有资本等交叉持股、相互融合的混合所有制经济，是基本经济制度的重要实现形式，有利于国有资本放大功能、保值增值、提高竞争力，有利于各种所有制资本取长补短、相互促进、共同发展。这是在新形势下探索公有制经济和市场经济相结合有效形式的成果，是社会主义市场经济条件下国有企业改革发展的独特模式和重大创新，成功破解了公有制和市场经济相结合的世界性难题。因此，混合所有制经济作为基本经济制度的重要实现形式这一论断，既与以往论述一脉相承、又结合实际实现了新的突破和发展，是在所有制和基本经济制度理论上的重大创新。根据习近平总书记的指示精神和党的十八届三中全会的《决定》精神和部署，2015 年 9 月，国务院发布《关于国有企业发展混合所有制经济的意见》，要求分类、分层推进国有企业混合所有制改革，并提出了鼓励各类资本参与国有企业混合所有制改革的指导性策略。

◇ 专栏 9－1

《国务院关于国有企业发展混合所有制经济的意见》（节选）

（一）改革出发点和落脚点。国有资本、集体资本、非公有资本等交叉持股、相互融合的混合所有制经济，是基本经济制度的重要实现形式。……当前，应对日益激烈的国际竞争和挑战，推动我国经济保持中高速增长、迈向中高端水平，需要通过深化国有企业混合所有制改革，推动完善现代企业制度，健全企业法人治理结构；提高国有资本配置和运行效率，优化国有经济布局，增强国有经济活力、控制力、影响力和抗风险能力，主动适应和引领经济发展新常态；促进国有企业转换经营机制，放大国有资本功能，实现国有资产保值增值，实现各种所有制资本取长补短、相互促进、共同发展，夯实社会主义基本经济制度的微观基础。

……

四、鼓励各类资本参与国有企业混合所有制改革

（九）鼓励非公有资本参与国有企业混合所有制改革。非公有资本投资主体可通过出资入股、收购股权、认购可转债、股权置换等多种方式，参与国有企业改制重组或国有控股上市公司增资扩股以及企业经营管理。非公有资本投资主体可以货币出资，或以实物、股权、土地使用权等法律法规允许的方式出资。

……

（十）支持集体资本参与国有企业混合所有制改革。明晰集体资产产权，发展股权多元化、经营产业化、管理规范化的经济实体。允许经确权认定的集体资本、资产和其他生产要素作价入股，参与国有企业混合所有制改革。研究制定股份合作经济（企业）管理办法。

（十一）有序吸收外资参与国有企业混合所有制改革。引入外资参与国有企业改制重组、合资合作，鼓励通过海外并购、投融资合作、离岸金融等方式，充分利用国际市场、技术、人才等资源和要素，发展混合所有制经济，深度参与国际竞争和全球产业分工，提高资源全球化配置能力。

……

（十二）推广政府和社会资本合作（PPP）模式。优化政府投资方式，通过投资补助、基金注资、担保补贴、贷款贴息等，优先支持引入社会资本的项目。……鼓励社会资本投资或参股基础设施、公用事业、公共服务等领域项目，使投资者在平等竞争中获取合理收益。

（十三）鼓励国有资本以多种方式入股非国有企业。在公共服务、高新技术、生态环境保护和战略性产业等重点领域，以市场选择为前提，以资本为纽带，充分发挥国有资本投资、运营公司的资本运作平台作用，对发展潜力大、成长性强的非国有企业进行股权投资。鼓励国有企业通过投资入股、联合投资、并购重组等多种方式，与非国有企业进行股权融合、战略合作、资源整合，发展混合所有制经济。支持国有资本与非国有资本共同设立股权投资基金，参与企业改制重组。

（十四）探索完善优先股和国家特殊管理股方式。国有资本参股非国有企业或国有企业引入非国有资本时，允许将部分国有资本转化为优先股。在少数特定领域探索建立国家特殊管理股制度，依照相关法律法规和公司章程规定，行使特定事项否决权，保证国有资本在特定领域的控制力。

资料来源：《国务院关于国有企业发展混合所有制经济的意见》（国发〔2015〕54 号），中国政府网，http://www.gov.cn/zhengce/content/2015-09/24/content_10177.h。

由我国特殊的经济条件所决定，不同所有制经济的并存和混合是一个从宏观到微观的演变过程。在经济转轨初期，对原有公有制特别是国有制进行改革的同时，允许体制外非公有制经济发展，是一项颇为成功的增量改革。非国有经济特别是非公有制经济成分的生成和发展，是混合所有制经济形成的前提条件。在此基础上，才有不同所有制性质和资本在企业中的"混合"，由此使公有制和非公有制的并存由企业外部转到企业内部。混合所有制经济成为基本经济制度的实现形式，社会主义经济性质在微观领域的体现着重在于混合所有制经济中国有经济的控制力。在国民经济的重要领域和关键行业，国有经济通过掌握控股权等形式在企业中把握控制力，充分体现公有制经济的性质。无论是宏观领域坚持公有制为主体、多种所有制经济共同发展，还是微观领域中实现形式的发展，都是坚持和完善基本经济制度。坚持和完善基本经济制度，不仅指所有制结构的完善以及实现多种所有制经济更好地共同发展，而且指在基本经济制度的框架下通过微观制度上的实现，从而使实现形式上更好地符合基本经济制度发展要求。这是对基本经济制度的创新所在。

（二）国有企业混合所有制改革是时代发展的要求和趋势

国有企业改革是我国经济体制改革的主线和中心环节。在改革开放 40 多年的经济增长中，国有企业作出了巨大的贡献。但随着外部经济环境不确定性的加剧和国内经济增速的放缓，国内多数制造业产能过剩、供大于求、市场形势日趋严峻，对国有企业的管控模式和运营水平提出了更高的要求，在此背景下，混合所有制改革应运而生。国有企业改革的目标就是要建立适应市场经济发展要求的国有资产组织形式，实现公有制和市场经济的有效结合，推动我国经济持续健康良性发展。

发展混合所有制经济是新时代深化国有企业改革的必然要求。

第一，发展混合所有制经济有利于调整生产关系、促进生产力发展。混合所有制改革作为体制机制层次上的改革，是基本经济制度的延伸，是生产力和生产关系相互关系的具体体现。体制机制层次上的改革，体现在经济结构与运行机制等具体层次上。从资源配置的角度来看，国有企业混合所有制改革可以实现企业的资源合理分配，进一步完善生产关系，提高生产力。同时，也有助于实现各地区间平衡发展，实现共同富裕的要求。

第二，发展混合所有制经济有利于优化国有资本结构，增强国有经济的活力。国有企业混合所有制改革不仅对于民营资本是利好，而且更加有利于发展国有资本。既有国有资本控股，又有民营资本参股相互融合的混合所有制，一方面，能够壮大国有资本的实力，保持其主导地位；另一方面，能够激发企业的创新力，促进产业结构优化升级、增长动力转换，增强企业的市场活力。发展混合所有制经济可以有效促使多种所有制形式的优势互补，有利于加快培育和重构更具活力和效益的微观市场主体，提升企业防范风险的能力，进而推进企业成长与发展。

第三，发展混合所有制经济有利于提高国有企业效率效益，增强国有经济的控制力。国有企业混合所有制改革，引入多元投资者，企业的产权结构发生变化，各种投资者依法参加企业的决策管理，国有资产监督管理者相应地改变原来的管理方式，从管人、管企业、管资产向主要管资本转变，形成新的国有资产管理架构，从而以国有资产改革带动国有企业改革，使企业更好地适应市场变化，提升企业运营成效，强化利润创造力。

第四，发展混合所有制经济有利于放大国有企业主导能力，增强国有经济影响力。推进混合所有制，允许非国有资本参股国有资本投资项目，通过推进产权多元化，撬动了数量可观的优质非国有资本，引入了产业链、价值链的协同力量和升级要素，不仅可以放大国有资本的功能，提升国有资本效益和劳动生产力，而且可以使国有资本在更广泛的范围内、以更直接的方式发挥影响力和带动力。通过优化国有企业产业布局，使国有资本能够吸引和驱动更多的社会资本为实现国家的主要战略目标、重要的关键项目服务，在提升国民经济的整体效益中发挥更加重要、更为关键的主导作用。

（三）混合所有制经济是基本经济制度与市场机制有机结合的有效形式

混合所有制经济符合社会主义市场经济发展的要求，能够使中国特色社会主义市场经济体制更加完善。寻求公有制和市场经济相适应的公有制实现形式，使国有企业成为合格且具有发展活力的市场主体，一直是社会主义市场经济体制改革的重点所在，也是完善基本经济制度的必然要求。鼓励国有企业依法有序推进混合所有制改革，引进非国有资本投资入股，通过股权结构多元化推动企业内部治理机制的变革，建立起完善的现代公司治理机制，实现资本“形混”和制度“神混”的统一。混合所有制企业中的国有股收益的增加也能够使国有资本不断扩大，公有制主体地位会更加稳固。

伴随着改革的持续推进和深化，我国的所有制已从过去纯粹的公有制变成了目前以公有制为主体的混合所有制结构。在宏观层次上，由单一的公有制经济发展为以公有制经济为主体，多种所有制经济相互共存、共同发展的基本格局；在微观层次上，多种经济成分之间相互渗透、相互融合，股权多元化的混合所有制企业正逐步创设和推行，基本经济制度的微观基础得以夯实。

但也必须认识到，尽管国有企业经过改革，其内部的管理体制和经营机制发生了重大变化，企业盈利状况有所改善，但是一些制约企业发展的深层次问题仍未彻底解决，单一的国有股权难以形成多元化的股权结构。对于合格的市场经济主体，必须建立现代企业制度，建立有效的公司治理结构。混合所有制具备单一所有制不具备的综合优势，它通过兼收并蓄，使不同经济成分通过混合，互相渗透，实现扬长避短的互补效益，既包括各种所有制的优势互补，也包括多种经营方式的优势互补，从而发挥综合优势。通过引入非国有资本等战略投资者，形成多元化的股权结构，使国有企业成为合格的市场主体。在市场经济条件下，混合所有制企业会吸收国有企业和民营企业的优点，摒弃两者的缺陷，更有利于在激烈的市场竞争中取得成功。

社会主义市场经济是市场在资源配置中起决定性作用的经济形式。混合所有制是以社会中存在多种所有制经济成分为前提，通过各类性质的产权在市场中以多种方式自主流动和重组，并适应竞争的需要不断变化所有制形式。混合所有制经济能够解决公有产权制度的运行机制问题，实现资源配置新的制度安排，提高资源配置效率，激发经济运行的活力，实现经济增长的速度与效益结合。混合所有制经济有助于打破各种所有制形式的身份界限，消除各种所有制形式之间孤立并存、相互封闭、区别对待等不合理体制机制和政策导向，终结不同所有制差别性的经济政策和管理体制，使资源配置和竞争环境更加公平合理。发展混合所有制经济，能够借助新的产权配置结构和企业运作形式，利用市场机制发展社会生产力，在社会主义混合所有制条件下取得经济发展的巨大成就，实现国民经济的更好发展；发展混合所有制经济，有利于形成规范的现代企业制度，实现企业运营的高效率。因此可以说，发展混合所有制是社会主义市场经济体制的必然要求。

我国现实中的国有企业与非国有企业共同形成社会主义市场经济主体体系结构，但毋庸置疑，国有企业仍是国民经济中的主导力量。国有企业拥有生产资料、自然资源、技术资源等优势，许多国有企业居于关系国家安全、国民经济命脉的关键领域和行业，涉及国家战略和经济安全，推进混合所有制改革，并不是"去国有化"，也不能借改革之名推行"国有企业私有化"，以行国有资产流失之实。国有企业的混合所有制改革，是要把国有企业的优势与市场经济更好地结合起来，更好地发挥国有企业的主导作用和影响力、带动力，提高国有企业效益和国民经济整体实力，促进社会主义市场经济持续健康发展。

二、混合所有制改革预期效应

积极稳妥发展混合所有制经济，将会产生以下良好效应：

第一，优化国有经济布局，进一步发挥国有资本带动力。国有企业可以通过兼并重组、产权转让、增资扩股等多种形式，逐步从不具有竞争优势或不需要保持国有资本发挥控制力的一般竞争性行业退出，推动国有资本进一步向支柱产业、优势产业和前瞻性战略性产业及龙头企业集中，通过资本有序流动优化国有经济布局。混合所有制经济对潜在投资主体没有身份限制，国有企业可以通过社会化融资，扩大资金来源，改善资本结构，加速发展壮大。因此，混合所有制的兼容性和统一性能大大扩展国有资本的带动范围，提高国有经济控制力，实现国有资本放大功能。同时，通过多种形式引进非公资本参与国企改革，既能调动多种所有制经济的积极性，共同为创新发展作出贡献，又可以使国有企业获得增量资本，引进更为灵活的经营机制，提高国有经济的活力。

第二，改善公司治理结构，实现政企分开。真正的政企分开是以产权结构的多元化为前提的，在国有企业改革中积极发展混合所有制经济，可以优化企业股权结构，通过投资主体和产权多元化，促进企业内部有效制衡的治理机制的变革，实现资本"形混"和制度"神混"的统一，为完善公司法人治理结构、建立市场化的选人用人机制创造条件。建立在混合所有制基础上的公司法人治理结构，可以使企业受到来自不同性质所有制投资主体的约束和监督，减少政府对企业经营的直接干预，加快培育和重构更具活力和效益的微观市场主体，能使建立了公司制的企业可以按照市场化原则决定发展战略和选择经营者，并使出资人和经理人各尽其能、各司其职，从而建立起科学、高效的现代企业制度。

第三，实现公有制经济与非公有制经济的良性互动，提高国家竞争力。公有制经济和非公有制经济都是社会主义市场经济的重要组成部分，都是关乎经济社会发展的重要基础，在国有企业改革中大力发展混合所有制经济，有助于破除“国进民退”和“国退民进”的争论，打破企业在所有者身份上的界限，实现“公平进入、公平竞争、共同发展”，打造更多具有国际竞争力的民族企业，提高国家竞争力。通过发展混合所有制经济，吸收非公有制资本参与国企改革，可以把国有企业资源集中优势和民营经济竞争活力有效结合起来，充分调动各种积极因素，提高企业发展的质量和效益，推动社会财富创造，同时也可以为非公有制经济发展腾出更大的空间，引导公有制经济和非公有制经济在产业分布和产业链分工上协调配合，实现各种所有制经济取长补短、良性互动。

第四，提高国有资本经营效益和控制力影响力。通过混合所有制改革，国有企业引入更先进的管理理念和更加灵活的经营机制，更加适应复杂多变的市场环境，遵照市场经济规律从事生产经营活动，使得国有资本经营效益得到显著提高。此外，实行混合所有制改革，实现了公有制经济和非公有制经济的优势互补，加快了资本积累和资本集中的速度，扩张了资本规模，产生了倍加的放大效应，更有利于促进国有资产保值增值和国有资本做强做优做大，使国有经济控制力影响力大大提高。

◇ 专栏 9－2

794 人出资近 18 亿元获股权激励或持股，广汽埃安混改欲入新势力阵营（节选）

当前，国内新能源车市场在政策、科技、市场、资本四大因素驱动下，正迎来最好的发展时机。其中，资本的聚焦不但推动着产业持续加速，更不断提升着消费者的认同感。比如 2020 年 11 月实现品牌独立运营的广汽埃安，其推进混改的进程就一直备受关注。

2022 年 3 月 17 日，广汽埃安混改再次放出劲爆消息，广汽集团对外发布《关于广汽埃安实施员工持股及相关事项的议案》公告，披露了广汽埃安将非公开协议增资的方式，对广汽埃安 679 名员工及广汽研究院 115 名科技人员实施股权激励，相关激励人员合共出资 17.82 亿元。计划完成实施后，将适时推进广汽埃安的股份制改造及开展A轮融资。

……

据了解，此次受到股权激励的794人均为埃安的经营管理人员和重要科技人员，且100%参股。而当前广汽埃安全部员工约4 800人，本次员工股权激励覆盖范围超过14%，覆盖范围之广可见一斑。“人才是第一生产力”，想必埃安也深明此道，希望通过股权激励，最大范围的绑定核心员工，留住关键人才以携手推进其新能源车事业的高速发展。

此外，这794位核心人员均以真金白银出资认购，这“表决心”的力度不可谓不大，近18亿元资金放在任何维度看都是个相当让人震撼的数字。此处还有个细节值得注意，就是埃安的股权激励与员工的绑定期长达5年，这数字远高于一般民企的3年。从另一角度看，也说明了埃安员工对公司未来发展的极度看好，愿与企业长期共成长。

自去年11月，广汽通过现金增资、资产注入、现金购买等方式已完成了对广汽埃安的内部资产重组，将纯电新能源领域的相关研发人员、无形资产、固定资产等注入广汽埃安，使其实现研产销一体化，拥有更为完整、高效的研发能力、业务及资产结构。而在不到3个月的时间里，广汽埃安又快速完成了员工股权激励，混改的各项关键工作正高速且有条不紊地推进，为其后续寻求适当时机上市打下坚实的基础，进一步说明了广汽集团对埃安混改的冲劲与决心。这不禁让我们看到本已蓄势待发的埃安，将在全面完成混改后的一跃腾飞。

总体而言，此次广汽埃安混改，将建立起更加市场化的公司治理结构、更具有市场竞争力的股东架构，不仅有助于实现员工与企业风险共担、利益共享，还能够助力广汽埃安更加充分地利用资本市场，搭建独立资本市场平台和市场化激励机制，促进广汽埃安的可持续发展。很显然，在全面提升体制机制活力后，埃安这艘新能源行业的“巨型航母”，已经从常规动力换装为超强的“核动力”，做好了“出海博弈”的充分准备。

……

如今，新能源战略已成为关乎中国国运的能源革命和产业革命，国资企业是“国家队”的天然首选。广汽作为国务院国有企业改革领导小组组织开展的国企改革专项行动企业之一，正以改革助推企业高质量发展。面对越发激烈的市场竞争，对于企业而言，打造先进体制的关键在于是否能最有效掌握政策、科技、资本、市场这四大因素。

经过混改，埃安将同时具备四大优势：第一，政策优势，埃安被列入国家新能源支持计划名单，是贯彻国家能源战略的首选，这是其国企身份所带来的天然优势；第二，科技创新的关键在于人才，埃安通过本轮员工持股建立稳定长效的激励机制，可以吸引更多人才加入；第三，背靠广汽的埃安，基础良好，随着战投引入和后续IPO，资本的力量将成为其更快发展的助推器；第四，埃安背靠集团全球化体系资源优势的同时，打造敏捷组织体系，以最高的效率响应市场的变化。可以说埃安在承继国资体制优势的同时，与集团形成了既共享又独立的协同，打造了独一无二的“埃安模式”混改，构建起最具竞争力的先进体制。

资料来源：新浪财经市场资讯网，2022 年 3 月 18 日，http://finance.sina.com.cn/stock/relnews/cn/2022-03-18/doc-imcwiwss6725992.shtml。

第三节　推进国有企业混合所有制改革的策略

一、国有企业混合所有制改革目标确定

发展混合所有制经济的根本目的，是壮大而不是削弱国有经济的影响力、控制力和竞争力，是加强而不是破坏中国特色社会主义制度基础，是提升而不是降低国家竞争力，是促进国有经济提质增效、保值增值而不是降质减效、贬值流失。这是实行混合所有制经济必须坚持的基本原则，也是判断实行混合所有制经济成效的基本标准。推进国有企业混合所有制改革的出发点和落脚点在于，国有资本、集体资本、非公有资本等交叉持股、相互融合的混合所有制经济，是基本经济制度的主要实现形式。

当前，应对日益激烈的国际竞争和挑战，推动我国经济保持中高速增长、迈向中高端水平，需要通过深化国有企业混合所有制改革，推动完善现代企业制度，健全法人治理结构；提高国有资本配置和运行效率，优化国有资本布局，增强国有资本活力、控制力、影响力和抗风险能力，主动适应和引领经济发展新常态；促进国有企业转换经营机制，放大国有资本功能，实现国有资产保值增值，实现各种所有制资本取长补短、相互促进、共同发展，夯实社会主义基本经济制度的微观基础。在国有企业混合所有制改革中，要在加强党的领导的前提下，因地施策、因业施策、因企施策、分类推进，在公有制经济和市场化中间寻找均衡点，既要发挥国有企业的经济主体作用和引导作用，又要充分释放国有企业作为企业的市场化属性。通过发展混合所有制经济，实现国有企业短期发展与长远发展的有机统一，实现预算硬约束，降低系统性风险。在国有企业混合所有制改革中要切实强化过程监管，防止暗箱操作、低价贱卖、利益输送、化公为私、逃废债务，必须坚决防止因监管不到位、改革不彻底导致国有资产流失和“去国有化”偏差。

二、国有企业混合所有制改革重点

混合所有制改革是深化国有企业改革的“必然选项”，在现阶段，要把深化混合所有制改革工作的重心放到建体制、转机制上，着力推进以下重点改革：

第一，加快完善国有资产管理体制。改革国有资产管理体制和国有资本授权经营体制是深化国有企业改革的体制保障，尤其是改组组建国有资本投资运营公司是完善国有资产管理体制、改革国有资本授权经营体制、以管资本为主加强国有资产监管的关键环节，对深入推进政企分开、政资分开、所有权与经营权分离具有重要意义。今后，深化国有资产管理体制改革，创建国有资本监管新模式，形成以管资本为主的国有资本监督管理新机制，推动建立国有资本投资运营公司，加强分类管理、分类考核、分类推进各方面的改革，推动国有资本做强做优做大，是混合所有制改革的重点之一。

第二，建立有效的公司治理制度。在实行混合所有制改革以后，企业的股东成分比之以往变得复杂多了，其中既有国家代理人，又有私人利益的代表者。有效处理各方关系，就成为一个重要的问题。在企业中建立现代公司治理制度，形成规范合理的治理结构，是处理好各方面利益关系的组织及运营体系保障。为此，就要在企业内部确立和形成一个在合理的公司治理体系之上的利益共同体。具体来说，一是要妥善处理企业的剩余索取权，兼顾各方面的合法合理权益。二是要妥善安排企业的决策权，在保证国有股权（通过董事会）在重大问题上的决定权和决策权前提下，应充分调动非国有投资者参与决策的积极性，允许他们的企业家精神得到充分的发挥。三是要处理好混合所有制企业领导者的选择和任免问题，针对实行混改以后企业股权多元化的状况，赋予董事会以选择干部的权力，并实施经理层成员任期制和契约化管理。只有这样，才能让具有企业家精神的人能够有机会成为企业的领导，并克服决策目标短期化的问题。

第三，推进集团层面的股权多元化和混合所有制改革。从某种意义上说，股权多元化下的分散股权结构，以及混合所有制企业里实际控制人的缺少，一定程度上更有利于公司治理结构的完善。因此，要推进更多符合条件的企业实行集团层面的股权多元化，积极探索有别于国有独资公司的治理机制和监管模式；积极推进主业处于充分竞争行业和领域的商业类国有企业混合所有制改革，进一步推动重点领域混合所有制改革试点和经验推广；健全混合所有制企业治理机制，探索优先股、特殊管理股制度；系统总结国有控股混合所有制企业经理层和员工持股试点经验，扩大试点范围，推行股权激励，建立激励约束长效机制。

三、推进国有企业混合所有制改革的基本策略

发展混合所有制经济，应秉持开放包容的理念和市场化改革的方向。这是因为，多种所有制经济的并存和发展是混合所有制经济发展的基本条件，市场经济的发展则是混合所有制经济发展的重要条件。在持续推进的改革进程中，要特别强调坚持市场化改革方向和充分发挥市场机制作用的重要性，一方面，混合所有制经济的形成和发展有赖于市场中非国有经济的发展和深入参与；另一方面，只有通过健全的市场经济，生产要素才能实现自由流动和重新组合，发挥混合所有制的优势。因此，形成平等、开放、竞争、有序的市场环境和更加充分利用好市场化手段，有利于不同所有制经济之间实现相互投资、相互渗透和相互融合，加速混合所有制经济的形成和发展，并不断创新混合所有制经济的实现形式。

在改革实践中，对国有资本参股的企业，即混合所有制企业，应赋予其真正的市场主体地位，严格按照市场规则经营，政府只通过国有资本投资运营公司的股权来参与。在这个前提下，国有资本与外资、民营等经济组织具有同等地位，即股东权益中只有部分属于国有。因此，国有资本参股的企业不再是传统意义上的国有企业，只有国有独资企业才是国有企业。基于此，必须坚持以资本为纽带完善混合所有制企业治理结构和管理方式，国有资本出资人和各类非国有资本出资人均应以股东身份履行权利和职责，使其成为真正的市场主体，以达成通过股权层面的“混”实现机制层面的“改”的效果，“混”为前提，“改”见真章，通过“引资本”的“形混”，实现“转机制”的“神混”，以达到提高企业活力与经济效益的目的。

混合所有制改革，近期应按照分类推进、完善治理、强化激励、突出主业、提高效率的要求，积极推进股权多元化，进一步优化股权结构，首先在国民经济的重点领域迈出实质性步伐。改革的基本策略主要是：

（一）引入社会资本参与国有企业改革

鼓励非国有资本投资主体、非公有制企业通过出资入股、收购股权、认购可转债、股权置换等多种方式参与国企改制重组或国有控股上市公司增资扩股以及企业经营管理，实行同股同权，维护各类股东合法权益；支持非国有资本参股国有资本投资项目，以及国有资本参股非公有资本等方式，大力培育龙头骨干混合所有制企业，围绕国家重大战略，在重点产业领域开展增量混改，培育更多产权多元、治理现代、激励有效、充满活力的混合所有制企业。混改后的混合所有制企业，国有资本出资人和各类非国有资本出资人以股东身份履行权利和职责，以

资本为纽带改进企业治理结构和管理方式，将其培育成为真正的市场主体。从近年来实行混合所有制改革的实际情况看，截至目前，国有企业实施混改户数占比已经很高，但须特别指出，混改户数占比的“形式表征”不能替代股权结构优化和股权多元化混改的“实质特征”。据考察，目前已经混改的大都是在国有企业与国有企业、国有资本与国有资本之间进行的，真正跨所有制的混改企业还比较少，因此，解决国有“一股独大”和机制不活问题仍是混合所有制改革中有待破解的课题。

（二）分类分层推进混合所有制改革

国有企业混改是混合所有制改革的突破口，但也不是所有的企业都适合混改，应准确把握混合所有制改革的方向，因地施策、因业施策、因企施策，指导具备条件的企业“一企一策”制订混改方案，成熟一个推进一个，应混尽混、宜混则混，不搞“拉郎配”。既要混资本，更要转机制，通过深化混合所有制改革，使各类市场主体取长补短、相互促进、共同发展，使企业产权结构得以优化、治理水平得以提升、效益和竞争力得以增强。特别要指出不应混改的三种情况：政府下达指令计划和指定任务及目标的不混改，财政专项扶持的项目不混改，存在明显利益输送的不混改。

国有资本兼具社会属性和经济属性，有的国有企业同时提供公共产品和市场产品，国有企业既有国有的社会属性又有企业的市场属性，因此，应区分企业类型分类实施混改：第一类是处于完全竞争市场领域的国有企业，原则上都可混改，按照市场化、国际化要求，以增强国有经济活力、放大国有资本功能、实现国有资本保值增值为主要目标，以提高经济效益和创新商业模式为导向，通过相对控股、设置优先股、整体上市等多种形式，统筹国有、集体、非公各类资本，国内、国外各类资源，实现股权结构的充分多元化，推动强强联合，提升资本运营效率，聚集打造具有全球竞争力的世界一流企业和国内一流企业。此类国企混改的重点是产权流转，并积极推动此类企业率先推行充分的和灵活高效的市场化经营机制。第二类是涉及国家安全、国民经济重要命脉和关键领域的承担重大任务的国有企业，发展重点是提升国有资本投入，可保持国有资本的控股地位，但支持非国有资本参股，优化股权结构，关键是把控好国企持股比例。第三类是处于自然垄断行业的企业，应实行政企分开、政资分开、特许经营、政府监管等改革，根据不同行业特点实行网运分开、放开经营性业务，促进公共资源配置市场化，同时加强分类依法监管、规范营利模式，其发展重点是实施人事改革，消除发展弊端。第四类是具有特殊功能的公益类国有企业，发展重点是优化服务水平、提升服务质量和效率，原则上实行国有独资，但也可以通过购买服务、特许经营、委托代理等方式，鼓励非国有企业参与经营，并根据不同业务特点加强分类指导，推进具备条件的企业实现投资主体多元化。

分层推进混合所有制改革主要在两个层面展开：一是国有企业集团层面的混改，通过改制上市、整体上市、主营业务上市、并购重组、发行可转债等方式，逐步调整国有股权比例，引入各类投资者，优化股权结构，推动公司从单一股东行政式管控模式向多元化股东的现代企业治理模式转变，形成股权结构多元、股东行为规范、内部约束有效、运行高效灵活的经营机制；二是引导在国有企业子公司层面有序推进混改，对国有企业集团公司二级及以下企业，以研发创新、生产服务等实体企业为重点，更多地引入非国有资本，引入民营机制，加快技术创新、管理创新、经营创新、商业模式创新，合理限定法人层级，有效压缩管理层级，尽快完善企业内部法人治理结构。

（三）鼓励国有资本以多种方式入股非国有企业

以公共服务、高新技术、生态环保、战略性产业为重点领域，以市场选择为前提，以资本为纽带，发挥国有资本投资、运营公司的资本运作平台作用，对发展潜力大、成长性强的非国有企业进行股权投资。鼓励国企通过投资入股、联合投资、并购重组等多种方式，与非国企进行股权融合、战略合作、资源整合，尤其要按照高质量发展的要求和新旧动能转换重大工程的需要，引导更多国有企业市场化并购重组具有技术创新性、产业成长性和市场拓展性的民营、外资等多种所有制高新技术企业，形成具备较强竞争力的混合所有制企业。要大力支持国有资本与非国有资本共同设立股权投资基金，参与企业改制重组。制定和完善国有资本参股非国有企业的相关法律法规和公司章程规定，必要时国有股可行使特定事项否决权，以保证国有资本在特定领域的控制力和影响力。

◇ 专栏 9－3

国有企业混合所有制改革：中粮资本投资有限公司

一、公司简介

中粮集团所属中粮资本投资有限公司（以下简称“中粮资本”）混合所有制改革自 2017 年 1 月启动以来，根据国务院国资委有关国有企业发展混合所有制经济的相关规定和要求，以“完善治理、强化激励、突出主业、提高效率”方针为指引，稳步推进。2017 年 8 月 24 日顺利完成公司工商变更登记，标志着中粮资本实施混合所有制改革工作圆满完成。

二、主要做法

（一）严格筛选战略投资者，助力公司治理更加完善

中粮资本综合战略协同、优势互补、财务实力、品牌影响力等因素确定战

略投资人选择标准。公司摒弃传统的投资人对挂牌标的尽调惯例，主动由中粮资本相关业务单位组队考察有意向的潜在投资人。通过洽谈未来业务合作的可能性与协同性、交流公司治理经验及未来业务发展方向等方式，寻找真正对公司发展有积极影响的战略投资人。最终，中粮资本经过北京产权交易所公开挂牌及竞争性谈判，择优引进不同领域排名靠前或有独特优势的战略投资者，包括弘毅弘量、温氏投资、首农食品集团、结构调整基金、宁波雾繁、航发资产和上海国际资管等，并于2017年8月7日与投资人签署了协议。

（二）以较高溢价引入战略投资者

本次引进战略投资人，在定价方面，通过中粮资本增资项目评估基准日为2016年12月31日，合并口径归属于母公司的净资产为99.5亿元。在市场法显著高于收益法的情况下，采用市场法评估，资产评估值为143.94亿元，增值率为44.66%。经与投资人竞争性谈判，确定的交易价格为145.4亿元，较合并口径归属母公司的净资产增值46.13%，较评估值增值1.01%。

（三）扩大融资规模，优化资本结构

本次交易实现融资额69亿元。交易完成后，中粮集团持有中粮资本64.51%的股权、弘毅弘量、温氏投资、首农食品集团、结构调整基金、宁波雾繁、航发资产和上海国际资管等投资者共持有中粮资本35.49%的股权，中粮集团仍处于绝对控股地位，实现了国有资产保值增值目标。

（四）积极推动构建企业核心竞争力

面对复杂的金融服务环境及监管政策变化，中粮资本始终坚持立足于集团产业提供金融服务，深耕现有优势业务，深入推进产融结合，努力将自身打造成具有核心竞争力、行业领先的金融服务公司。中粮资本深刻意识到，在当前竞争态势下，若想持续发展，必须不断适应市场变化，培育自己的核心竞争力，并创造出比竞争对手更强大的核心竞争力。

资料来源：国务院国资委改革办 国务院国资委新闻中心编：《改革实践：国资国企改革试点案例集》，机械工业出版社2019年11月版，第191—192页。

参考文献

1.《中共中央国务院关于深化国有企业改革的指导意见》(中发〔2015〕22号),2015年8月24日。

2. 中共中央办公厅:《关于在深化国有企业改革中坚持党的领导加强党的建设的若干意见》,2015年9月20日。

3. 国务院:《关于国有企业发展混合所有制经济的意见》(国发〔2015〕54号),2015年9月23日。

4. 国务院:《关于改革和完善国有资产管理体制的若干意见》(国发〔2015〕63号),2015年10月25日。

5. 国务院办公厅:《关于加强和改进企业国有资产监督防止国有资产流失的意见》(国办发〔2015〕79号),2015年10月31日。

6.《中共中央国务院关于完善产权保护制度依法保护产权的意见》,2016年11月4日。

7.《中共中央关于建立国务院向全国人大常委会报告国有资产管理情况制度的意见》(中发〔2017〕33号),2017年12月30日。

8. 国务院办公厅:《关于进一步完善国有企业法人治理结构的指导意见》(国办发〔2017〕36号),2017年4月24日。

9. 国务院:《关于推进国有资本投资、运营公司改革试点的实施意见》(国发〔2018〕23号),2018年7月14日。

10. 国资委 财政部 发展改革委:《关于国有企业功能界定与分类的指导意见》(国资发研究〔2015〕170号),2015年12月7日。

11. 国务院国资委宣传工作局、国务院国资委新闻中心编:《国企热点面对面8》,中国经济出版社2019年版。

12. 国务院国资委改革办 国务院国资委新闻中心编:《改革实践:国资国企改革试点案例集》,机械工业出版社2019年版。

13. 国务院国资委改革办编:《国企改革探索与实践——中央企业集团15例》,中国经济出版社2020年版。

14. 国务院国资委改革办编:《国企改革探索与实践——地方国有企业100例》(上、下),中国经济出版社2020年版。

15. 本书编写组编:《国企改革若干问题研究》,中国经济出版社2019年版。

16. 罗虎著:《中国特色现代国有企业制度创新研究》,社会科学文献出版社2016年版。

17. 王仲兵著：《深化国有企业改革与国有资本出资人制度研究》，经济科学出版社 2019 年版。

18. 兰有金著：《国企混改新时代》，中信出版集团 2019 年版。

19. 王勇，邓峰，金鹏剑著：《混改下一步：新时代混合所有制改革的新思路》，清华大学出版社 2018 年版。

20. 王国平等：《现代国有企业治理研究》，化学工业出版社 2011 年版。

21. 王悦著：《混改：资本视角的观察与思考》，中信出版集团 2019 年版。

22. 季晓南著：《坚持和完善基本经济制度十论》，社会科学文献出版社 2014 年版。

23. 马立行著：《中国国有企业产权制度改革研究》，上海社会科学院出版社 2010 年版。

24. 张思平著：《国企改革——深圳实践与未来方向》，中信出版集团 2021 年版。

25. 周淑莲："二十年来中国国有企业改革的回顾与展望"，《中国社会科学》1998 年第 6 期。

26. 郭复初著：《完善国有资产管理体制问题研究》，西南财经大学出版社 2008 年版。

27. 汪立鑫著：《国有资产管理：理论、体制与实务》，上海人民出版社、格致出版社 2011 年版。

28. 刘玉平著：《国有资产管理》（第二版），中国人民大学出版社 2012 年版。

29. 张维迎著：《产权、激励与公司治理》，经济科学出版社 2005 年版。

30. 李楠著：《中国现阶段所有制结构及其演变的理论与实证研究》，武汉大学出版社 2008 年版。

31. 张春霖："改善国企公司治理关键何在——'OECD 国有企业公司治理指引'解读"，《财经》2005 年第 5 期。

32. 金碚："论国有企业改革再定位"，《中国工业经济》2010 年第 4 期。

33. 张宇："国有企业新改革论"，《求是》2014 年第 2 期。

34. 刘伟："发展混合所有制经济是建设社会主义市场经济的根本性制度创新"，《经济理论与经济管理》2015 年第 1 期。

35. 人民日报评论员："坚持党对国有企业的领导不动摇——一论贯彻习近平总书记国企党建工作会议讲话精神"，《人民日报》2016 年 10 月 12 日。

36. 〔英〕R. K. 米什勒、S. 雷维森卡：《世界各国的公有企业》，吴柏均译，东北财经大学出版社 1991 年版。

37. 刘汉民著：《企业理论、公司治理与制度分析》，上海人民出版社 2007 年版。

38. 张文魁等：《混合所有制与现代企业制度：政策分析及中外实例》，人民出版社 2017 年版。

39. 马骏、张文魁、张永伟、袁东明等：《国企改革路线图探析》，中国发展出版社 2016 年版。

40. 李正图著：《混合所有制经济研究》，上海社会科学出版社 2016 年版。
41. 蒋铁柱：“论企业党建与公司治理和谐发展的制度创新”，《社会科学》2007 年第 7 期。
42. 陈友海：“探索建立党领导下的混合所有制企业现代公司治理体系”，《现代国企研究》2016 年第 1 期。
43. 闵乐著：《中国国有资产管理体制改革研究——基于国有资本性质和特点的视角》，经济科学出版社 2017 年版。
44. 马骏、张文魁等：《国有资本管理体制改革研究》，中国发展出版社 2015 年版。
45. 文宗瑜、谭静：“国有资产报告制度的若干问题”，《财政科学》2018 年第 4 期。
46. 张穹：“公有制经济的科学内涵与实践探究”，《行政管理改革》2013 年第 12 期。
47. 杜坤：“国有资本经营预算衔接法律机制的构建——以功能定位再思考为主线”，武汉大学学报（哲学社会科学版），2017 年第 1 期。
48. 樊丽明、李一花、汤玉刚、石绍宾等：《中国政府预算改革发展年度报告 2019——聚焦中国人大预算监督改革》，中国财政经济出版社 2020 年版。
49. 张蕊：“完善预算体系 加快建立现代预算制度”，《中国财政》2015 年第 1 期。
50. 孙宗鹤：“国务院办公厅印发《科技领域中央与地方财政事权和支出责任划分改革方案》”，《光明日报》，2019 年 6 月 1 日。
51. 王希：“放活与管好相统一——国务院国资委有关负责人详解《改革国有资本授权经营体制方案》”，2019 年 4 月 29 日。
52. 于树一：“经济新常态下发挥‘四本预算’整体功能的探讨”，《财贸经济》2016 年第 10 期。
53. 岳红举、单飞跃：“政府性基金预算与一般公共预算统筹衔接的法治化路径”，《财政研究》2018 年第 1 期。
54. 杨超、谢志华：《国有资本经营预算衔接模式与选择》，《中央财经大学学报》2020 年第 1 期。
55. 中国指数研究院：《2019 年中国 300 城市土地市场交易情报》，2020 年 1 月 2 日。
56. 高培勇：“中国财税改革 40 年：基本轨迹、基本经验和基本规律”，《经济研究》2018 年第 3 期。
57. 赵虹君：“北京市属国有企业分类监管意见”，《北京行政学院学报》2009 年第 6 期。
58. 刘震伟、洪梅初：“国有资产监管体制和国有企业治理结构的演变——以上海国有企业为例”，《华东经济管理》2008 年第 1 期。
59. 高明华著：《公司治理与国有企业改革》，东方出版中心 2017 年版。

附　录

中共中央关于建立国务院向全国人大常委会报告国有资产管理情况制度的意见

（中发〔2017〕33 号　2017 年 12 月 30 日）

为贯彻落实党的十八届三中全会关于加强人大国有资产监督职能的部署要求，加强国有资产管理和治理，根据宪法和法律有关规定，现就建立国务院向全国人大常委会报告国有资产管理情况制度提出以下意见。

一、重要意义

国有资产属于国家所有即全民所有，是全体人民共同的宝贵财富，国有企业是中国特色社会主义的重要物质基础和政治基础，在推动经济社会发展、保障和改善民生、保护生态环境等方面发挥着重要作用。依据宪法和法律，国务院代表国家行使国有资产所有权并负有管理职责，全国人大及其常委会负有国有资产监督职责。向全国人大常委会报告国有资产管理情况是国务院的一项重要工作，也是全国人大常委会依法履行监督职责的重要手段。

在党中央集中统一领导下，国务院向全国人大常委会报告国有资产管理情况工作取得积极进展。全国人大常委会加强国有资产立法和监督，企业国有资产法颁布实施，国有资本经营预算制度、国有自然资源保护和利用制度初步建立，全国人大常委会多次就国有资产管理听取国务院专项工作报告，人大国有资产监督职能有所加强。国务院不断加强国有资产管理，国有资产产权日益明晰，国有资产管理机制逐步理顺，会计统计等基础工作显著加强。但也要看到，这项工作程序不够规范，内容覆盖不够完整，人大国有资产监督职能发挥还不够充分，有待从制度上加以完善。

建立国务院向全国人大常委会报告国有资产管理情况制度，是党中央加强人大国有资产监督职能的重要决策部署，是党和国家加强国有资产管理和治理的重要基础工作，符合宪法和法律有关规定，符合人民群众期待，对于增加国有资产管理公开透明度、提升国有资产管理公信力，对于巩固和发展中国特色社会主义基本经济制度、管好人民共同财富、加强人大依法履职等，具有重要意义。

二、指导思想和基本原则

（一）指导思想。全面贯彻党的十九大精神，以邓小平理论、“三个代表”重要思想、科学发展观、习近平新时代中国特色社会主义思想为指导，紧紧围绕统筹推进“五位一体”总体布局和协调推进“四个全面”战略布局，牢固树立和贯彻落实新发展理念，坚持党的领导、人民当家作主、依法治国有机统一，建立健全全面规范的国务院报告国有资产管理情况制度，加强人大和全社会对国有资产的监督，推进国有资产管理公开透明，为加强国有资产管理和治理体系建设奠定坚实基础，使国有资产更好服务发展、造福人民。

（二）基本原则

——坚持党的领导。坚持党中央集中统一领导，坚持坚定正确的政治方向，紧紧围绕党和国家工作大局，全面贯彻党的理论和路线方针政策，认真落实党中央关于国有资产的重大决策部署。

——坚持依法治国。贯彻实施宪法和监督法、预算法、企业国有资产法等法律法规，坚持依法报告、依法监督，严格依照法定权限，遵循法定程序，实现正确监督、有效监督。

——坚持问题导向。从制度建设和技术创新入手，着力解决国有资产底数不够清楚、管理不够公开透明、人大监督所需信息不够充分和监督不够有力等突出问题。

——坚持稳步推进。以全面规范、公开透明、监督有力为目标，坚持从实际出发，先易后难，分类施策，区分各类国有资产管理不同情况，逐步扩大报告范围、充实报告内容，实现全口径、全覆盖，不断提高监督实效，确保国有资产安全。

三、报告方式和重点

国务院每年向全国人大常委会报告国有资产管理情况，依法由国务院负责同志进行报告，也可以委托有关部门负责同志报告。

（一）明确报告方式。国务院关于国有资产管理情况的年度报告采取综合报告和专项报告相结合的方式。综合报告全面反映各类国有资产基本情况，专项报告分别反映企业国有资产（不含金融企业）、金融企业国有资产、行政事业性国有资产、国有自然资源等国有资产管理情况。各类国有资产报告要汇总反映全国情况。企业国有资产（不含金融企业）、金融企业国有资产报告以中央本级情况为重点。在每届全国人大常委会任期内，届末年份国务院向全国人大常委会提交书面综合报告并口头报告；其他年份在提交书面综合报告的同时就 1 个专项情况进行口头报告。

（二）突出报告重点。根据各类国有资产性质和管理目标，确定各类国有资产管理情况报告重点。企业国有资产（不含金融企业）、金融企业国有资产报告重点是：总体资产负债，国有资本投向、布局和风险控制，国有企业改革，国有资产监管，国有资产处置和收益分配，境外投资形成的资产，企业高级管理人员薪酬等情况。行政事业性国有资产报告重点是：资产负债总量，相关管理制度建立和实施，资产配置、使用、处置和效益，推进管理体制机制改革等情况。国有自然资源报告重点是：自然资源总量，优化国土空间开发格局、改善生态环境质量、推进生态文明建设等相关重大制度建设，自然资源保护与利用等情况。

（三）提高报告质量。国务院要采取有力措施，科学、准确、及时掌握境内外国有资产基本情况，切实摸清家底。要建立健全全国各类国有资产管理报告制度，依法明确和规范报告范围、分类、标准。省、自治区、直辖市政府应按照国务院规定的时间、要求，将本地区国有资产管理情况报国务院汇总，国务院编写并向全国人大常委会报告中央和地方国有资产管理情况。按照国家统一的会计制度规范国有资产会计处理，制定完善相关统计制度，确保各级政府、各部门各单位的国有资产报告结果完整、真实、可靠、可核查。加快编制政府综合财务报告和自然资源资产负债表。组织开展国有资产清查核实和评估确认，统一方法、统一要求，建立全口径国有资产数据库。建立全口径国有资产信息共享平台，实现相关部门单位互联互通，全面完整反映各类国有资产配置、使用、处置和效益等基本情况。

四、审议程序和重点

全国人大常委会依照监督法、预算法、企业国有资产法等有关法律规定，把国务院关于国有资产管理情况报告纳入年度监督工作计划，精心组织审议，推进公开透明，实行全方位监督。

（一）审议程序。全国人大常委会审议报告前，组织开展视察或者专题调研，并由全国人大有关专门委员会或者全国人大常委会有关工作机构收集整理各方面意见和建议，交由国务院研究并在报告中作出回应。国务院的报告应按规定在全国人大常委会会议举行20日前提交全国人大有关专门委员会或者全国人大常委会有关工作机构征求意见，在会议举行10日前将修改后报告送交全国人大常委会。审议报告时，国务院相关部门负责人到会听取意见、回答询问。审议报告后，全国人大常委会组织将审议意见送国务院研究处理。国务院要坚持问题导向，将审议意见分解细化到相关部门研究处理和整改，要健全问责机制，加大问责力度，对涉嫌违纪违法的依法依规严肃处理，并在6个月内向全国人大常委会报告研究处理情况以及存在问题整改和问责情况。全国人大常委会视情况需要可以综合运用专题询问、质询和特定问题调查等方式，必要时可依法作出决议。国务院应当在决议规定期限内，将执行决议情况向全国人大常委会报告。

（二）审议重点。全国人大常委会在审议国务院关于国有资产管理情况报告，开展国有资产监督时，应侧重以下方面：（1）贯彻落实党中央有关国有资产重大决策部署和方针政策情况；（2）有关法律实施情况；（3）全国人大常委会有关审议意见和决议落实情况；（4）完善国有资产管理体制，落实党中央有关国有资产和国有企业改革方案情况；（5）国有资本服务国家战略目标，提供公共服务、发展重要前瞻性战略性产业、保护生态环境、支撑科技进步、保障国家安全等情况；（6）国有资本保值增值，防止国有资产流失制度的建立和完善，国有企业兼并重组、破产清算等国有资产处置以及国有资产收益分配情况；（7）推进绿色发展和生态文明建设情况；（8）有关审计查出问题整改情况；（9）其他与国有资产管理有关的重要情况。

（三）推进公开透明。全国人大常委会按照监督法等法律规定，及时将国有资产管理情况报告及审议意见，国务院对审议意见研究处理情况或者执行决议情况的报告，向全国人大代表通报并向社会公布（保密法律法规规定不宜公开的内容除外）。审议报告和有关视察、调研等活动，可以邀请部分全国人大代表参加，并广泛听取各方面意见，回应社会关切。

（四）建立健全人大国有资产报告监督机制。全国人大常委会加强国有资产监督，听取和审议国务院关于国有资产管理情况报告工作，要与预算决算审查监督紧密衔接，特别是要与对国有资本经营预算决算、部门预算决算审查监督相结合，条件具备时与对政府综合财务报告监督工作相结合，建立起多层次多角度、既相互分工又有机衔接的人大国有资产报告和监督机制。全国人大常委会要加强对地方人大国有资产监督工作的指导。县级以上地方要根据本地实际情况，建立政府向本级人大常委会报告国有资产管理情况制度。

五、组织保障

全国人大常委会和国务院要明确分工，建立健全工作机制，不断推进国有资产管理情况报告的规范化程序化。

（一）明确分工、落实责任。国务院根据报告需要确定年度综合报告和专项报告起草负责部门。其他相关部门单位按照有关要求及时、准确、完整提供其管理的国有资产现状及管理情况。全国人大常委会要健全组织制度和工作制度，加强队伍能力建设，依照法定程序组织全国人大有关专门委员会和全国人大常委会有关工作机构做好相关工作。

（二）建立沟通协调机制。全国人大有关专门委员会和全国人大常委会有关工作机构按职责分工，负责与国务院相关部门就国有资产管理情况报告的具体工作进行沟通协调，为全国人大常委会加强国有资产监督提供服务保障。国务院相关部门及时向全国人大常委会相关工作机构提供有关文件和资料。

（三）及时总结完善。在认真总结实践经验基础上，结合国有资产管理体制改革进展情况，不断健全国务院向全国人大常委会报告国有资产管理情况制度。

十三届全国人大常委会贯彻落实《中共中央关于建立国务院向全国人大常委会报告国有资产管理情况制度的意见》五年规划（2018—2022）

十三届全国人大常委会任期的五年是贯彻落实《中共中央关于建立国务院向全国人大常委会报告国有资产管理情况制度的意见》（以下简称《意见》）第一个五年，为全面落实《意见》要求，稳步有序推进国有资产管理情况报告和审议监督工作，增强工作的规范性和引导性，制定本规划。

一、总体目标

以习近平新时代中国特色社会主义思想为指导，聚焦对标《意见》提出的各项要求，紧扣“全面规范、公开透明、监督有力”目标，从实际出发，积极稳妥、分类施策、依法有序推进，经过5年努力，全面摸清国有资产家底，理清国有资产管理体制机制，建立健全国有资产管理情况报告和监督制度，为向全国人民交出国有资产“明白账”“放心账”奠定坚实基础。到2022年，基本建立起报告范围全口径、全覆盖，分类、标准明确规范，报告与报表相辅相成的报告体系；基本建立起符合国有资产类别特点、以联网数据库为依托、以评价指标体系为重点、以常委会审议意见处理和整改问责为重要抓手的人大国有资产监督制度；基本建立起横向协作与纵向联动顺畅有序、规范高效的工作机制。

二、听取和审议国有资产管理情况报告年度议题安排

根据《意见》确定的国有资产管理情况年度报告采取综合报告和专项报告相结合的方式，不断完善年度国有资产管理情况综合报告，统筹安排好年度专项报告。综合考虑四类国有资产管理和改革进展等情况，确定年度专项报告议题，明确本届全国人大常委会任期内听取和审议国有资产管理情况报告年度议题安排如下：

（一）2018—2021年，每年在书面报告和审议国务院关于国有资产管理情况综合报告的同时，听取和审议一个专项报告，年度专项报告议题安排依次分别为：

——金融企业国有资产管理情况专项报告（2018年，已完成）；

——行政事业性国有资产管理情况专项报告（2019年）；

——企业国有资产（不含金融企业）管理情况专项报告（2020年）；

——国有自然资源（资产）管理情况专项报告（2021年）。

（二）2022年，听取和审议国务院关于国有资产管理情况综合报告。

三、推动健全报告制度

加强沟通协调，积极推动政府部门不断规范和完善国有资产管理情况报告，提高报告质量。

（一）规范报告基本内容

各类国有资产专项报告要紧扣《意见》要求的报告重点和党中央关于国有资产管理、国有企业改革的决策部署，呼应《意见》确定的人大常委会审议和监督重点，反映国有资产的规模、结构、分布、表现形式，配置、使用、处置、收益等情况；说明国有资产管理情况，包括制度建设、投向布局、改革进展、绩效监管、保值增值、支撑社会事业发展和生态文明建设等情况；查找国有资产管理中存在的突出问题，进行原因分析；提出具体可行的推进改革、改进工作的安排和建议。

（二）扩大报告范围

加强研究论证，积极稳妥扩大报告范围，逐步将储备土地、公路等基础设施、在建工程、社保基金（2019 年），外汇储备、政府投资基金、政府和社会资本合作（PPP）项目中的政府资本，以及部分金融基础设施等国有资产（2020 年）纳入报告范围，研究探索国防资产的报告方式，逐步增加纳入报告范围的国有自然资源（资产）的种类。结合全国人大常委会审议国有资产管理情况综合报告和各类国有资产管理情况专项报告的意见，到 2022 年，各类国有资产的报告范围、分类和标准基本规范和健全。

（三）完善报表和评价指标体系

1. 研究建立全口径国有资产报表体系。根据年度专项报告议题安排，建立和完善相应类别国有资产报表，作为专项报告的内容。2019 年，完善金融企业国有资产报表，提交行政事业性国有资产报表，行政事业性国有资产报表包括行政性国有资产和教育、医疗、科研、文化等分类别事业性国有资产报表；2020 年，提交企业国有资产（不含金融企业）报表；2021 年，提交国有自然资源（资产）报表。争取 2022 年形成比较健全的全口径国有资产报表体系。

2. 健全完善政府国有资产管理评价指标体系。企业国有资产（包括金融企业和非金融企业）的评价指标主要包括国有资本保值增值、国有资本做强做优做大、国有资本布局结构优化、国有资本服务于国家战略目标等。行政事业性国有资产的评价指标主要包括科学规范配置、推进基本公共服务均等化、支持科技进步、节约高效使用等。国有自然资源（资产）的评价指标主要包括保护生态环境、保障国家安全等。到 2022 年，基本建立起比较完善的全口径评价指标体系。

（四）夯实报告基础

1. 完善相关国有资产会计制度。加快推进政府会计制度改革，完善政府会计准则体系，统一核算口径，准确完整反映政府资产家底和科学评价政府运营绩效。尽快出台公路、保障性住房等国有资产的会计制度，纳入相关部门的报表体系。

2. 制定完善相关统计制度。加快建立统一、规范、高效的各类国有资产统计制度，确保各级政府、各部门各单位的国有资产报告结果完整、真实、可靠、可核查。根据评价评估需要，完善机关办公用房、公务用车、学校校舍、医院床位、设备仪器等相关实物统计制度，做到账实相符。

3. 加强国有资产报告支撑。落实党中央改革部署，积极推进编制以权责发生制为基础的政府综合财务报告、自然资源资产负债表等工作，为不断提高国有资产管理情况综合报告质量提供有效支撑。

4. 建立全口径国有资产信息共享平台。按照实现相关部门单位互联互通，全面完整反映各类国有资产配置、使用、处置和效益等基本情况的要求，积极推进全口径国有资产信息共享平台建设，充分利用大数据等现代信息技术，加强分析研究，提升国有资产管理水平。

四、持续加强人大监督

紧紧围绕贯彻落实党中央重大决策部署，积极回应人民群众重大关切，坚持依法监督、正确监督，创新方式方法，实行全方位监督，不断增强监督实效。

（一）研究建立人大国有资产监督评价指标体系

紧扣《意见》规定的人大常委会审议和监督重点，在国有资产管理评价指标体系的基础上，研究建立体现不同种类国有资产性质、功能和人大监督特点的评价指标体系，突出贯彻落实党中央决策部署情况、依法管理国有资产情况、人民群众获得感及满意情况。兼顾经济效益与社会效益、价值管理与实物管理，全面、客观、科学、准确评估国有资产管理情况。

（二）建立与预算决算审查监督有效衔接机制

1. 适应国有资产管理情况报告和监督工作要求，完善一般公共预算决算、政府性基金预算决算、部门预算决算编制和审查，研究完善决算报告报表，拓展相关预算决算对预算投资、政府投资基金、政府和社会资本合作（PPP）等形成、配置国有资本和资产情况的反映。

2. 改进国有资本经营预算决算，加快扩围提标，逐步将全部国有资本包括金融企业国有资本纳入，落实党的十八届三中全会关于国有资本收益上缴公共财政比例 2020 年提到 30% 的要求。规范国有资本经营预算与一般公共预算收入支出范围的划分，逐步使国有资本经营预算成为加强国有资本治理、战略布局、优化配置的基本平台。

3. 结合预算决算审查监督情况，对相应国有资产情况进行研究分析，提出国有资产管理监督的意见建议；结合国有资产管理报告和监督情况，提出对相关预算决算审查监督的意见建议。

（三）坚持问题导向，督促整改问责

1. 找准突出问题。深入实际开展调查研究，广泛听取各方面意见，全面梳理人大代表议案建议意见、审计查出、巡视发现和纪检监察处理有关案件反映的问题，研究提出和分析国有资产管理方面的突出问题。

2. 强化审议意见的研究处理。对全国人大常委会关于国有资产管理情况报告的审议意见进行梳理，提出分类整改问题清单，制定整改时间表，严格对标对表，督促落实整改和问责要求。

3. 加强跟踪监督和日常监督。对常委会审议意见、国务院报告以及监督调研报告等提出或者反映的重大问题、报告期内无法完成整改的问题，依照法定程序，可以组织常委会工作机构开展跟踪监督、持续监督，推动问题切实解决。逐步建立国务院有关部门定期向全国人大常委会有关工作机构报送国有资产管理情况的机制。全国人大常委会有关工作机构及时将有关情况向全国人大常委会报告、向有关专门委员会通报。

4. 综合运用各种法定监督方式。根据监督工作需要，研究开展询问、质询，组织特定问题调查，及时作出决议决定等，用足用好法定监督方式，增强监督实效。本届内，可以适时安排对国有资产管理情况报告开展专题询问。同时，有效发挥专项审计对人大国有资产监督的支持作用。

（四）加强对地方人大工作指导

1. 推动县级以上地方建立报告制度。2018 年、2019 年、2020 年，分别实现省级、设区的市级、县级地方建立政府向本级人大常委会报告国有资产管理情况的制度全覆盖。

2. 推进各级人大常委会国有资产管理信息联网。有计划、有步骤地将各类国有资产管理信息纳入人大预算联网监督系统。2019 年，争取实现全国人大常委会与各省级人大常委会联网；2020 年，实现省级人大常委会与其所辖设区的市级人大常委会联网；2022 年，实现设区的市级人大常委会与其所辖县级人大常委会联网。

3. 探索人大国有资产监督工作联动机制。根据发现的突出问题，全国人大常委会可以组织各省级人大常委会同步开展专项调研、执法检查，也可以委托部分省级人大常委会开展监督活动。

4. 及时总结有益经验，引导地方探索创新。加强工作信息交流，及时总结推广地方创新性做法和有益经验。通过召开座谈会、研讨会、培训班等方式，共同研究解决工作中普遍存在的困难和问题。

5. 加强人大国有资产监督机构和人才队伍建设。适应加强人大国有资产监督职能需要，落实《意见》“加强队伍能力建设”要求，健全人大国有资产监督工作机构，打造专业化工作队伍。

五、推进国有资产管理与监督立法

坚持全面依法治国，实现国有资产管理与监督的制度化、法治化。

（一）修改完善相关法律。研究修改各级人民代表大会常务委员会监督法，修改全国人民代表大会常务委员会议事规则、地方各级人民代表大会和地方各级人民政府组织法等相关法律，体现《意见》要求，实现政府向同级人大常委会报告国有资产管理情况、加强人大国有资产监督职能的法定化。

（二）制定全国人大常委会关于加强国有资产监督的决定。在总结国有资产管理情况报告制度实施情况，归纳人大国有资产监督工作实践创新做法和有益经验的基础上，到 2020 年，制定全国人大常委会关于加强国有资产监督的决定，实现国有资产监督工作和程序的进一步规范化、制度化。

（三）研究制定行政事业性国有资产管理法。落实十三届全国人大常委会五年立法规划安排，加快行政事业性国有资产管理立法的研究论证工作。

（四）组织开展制定综合性国有资产（资本）管理法的可行性研究。总结梳理各类国有资产（资本）管理、监督中遵循的共同原则和面临的共性问题，从必要性和可行性、理论基础和实践基础等方面开展研究论证，争取 2022 年提出可行性研究报告。

全国人民代表大会常务委员会关于加强国有资产管理情况监督的决定

（2020年12月26日第十三届全国人民代表大会常务委员会第二十四次会议通过）

为贯彻落实党中央关于建立国务院向全国人大常委会报告国有资产管理情况制度的决策部署，加强人大国有资产监督职能，促进国有资产治理体系和治理能力现代化，更好地发挥国有资产在服务经济社会发展、保障和改善民生、保护生态环境、保障国家机关和事业单位节约高效履职等方面的作用，根据宪法和有关法律，作如下决定：

一、全国人大常委会围绕党中央关于国有资产管理和治理决策部署，聚焦监督政府管理国有资产的情况，坚持依法监督、正确监督，坚持全口径、全覆盖，坚持问题导向，依法、全面、有效履行国有资产监督职责。

全国人大常委会以每年听取和审议国务院关于国有资产管理情况的报告作为履行人大国有资产监督职责的基本方式，并综合运用执法检查、询问、质询、特定问题调查等法定监督方式。全国人大常委会通过制定国有资产监督工作五年规划对届内国有资产监督工作做出统筹安排，通过制定年度监督工作计划具体实施。

二、国务院按照综合报告与专项报告相结合的方式，做好年度国有资产管理情况报告工作。国有资产管理情况综合报告要全面、准确反映各类国有资产和管理的基本情况，重点报告国有经济布局和结构、深化国有企业改革、行政事业性国有资产的配置和分布、国有自然资源资产禀赋和保护利用，国有资产安全和使用效率，国有资产管理中的突出问题，加强国有资产管理、防止国有资产流失等情况；专项报告要根据各类国有资产性质和管理目标，结合全国人大常委会审议的重点内容突出报告重点，分别反映企业国有资产（不含金融企业）、金融企业国有资产、行政事业性国有资产、国有自然资源资产等国有资产管理情况、管理成效、相关问题和改进工作安排。

完善各类国有资产报表体系，作为报告的重要组成部分。根据国有资产性质和特点，从价值和实物等方面，反映国有资产存量情况和变动情况。企业国有资产（不含金融企业）、金融企业国有资产和行政事业性国有资产报表应当细化到行业，中央国有资产相关报表应当分企业、部门和单位编列。建立健全反映不同类别国有资产管理特点的评价指标体系，全面、客观、精准反映管理情况和管理成效。

适应国有资产管理改革需要，按照国家统一的会计制度规范国有资产会计处理，制定完善相关统计调查制度。加快编制政府资产负债表等会计报表和自然资源资产负债表。加强以权责发生制为基础的政府综合财务报告备案工作，与国有资产管理情况报告有机衔接。

国务院审计部门按照党中央要求，深入推进审计全覆盖，按照真实、合法、效益原则，依据法定职责，加大对国有资产的审计力度，形成审计情况专项报告，作为国务院向全国人大常委会提交的年度中央预算执行和其他财政收支的审计工作报告的子报告。

三、全国人大常委会围绕年度国有资产管理情况报告议题组织开展专题调查研究，可以邀请全国人大代表参与。专题调研情况向全国人大常委会报告。

围绕各类国有资产管理目标和全国人大常委会审议重点，建立健全人大国有资产监督评价指标体系，运用有关评价指标开展国有资产管理绩效评价，并探索建立第三方评估机制。

全国人大有关专门委员会承担对国务院国有资产管理情况报告的初步审议职责。在全国人大常委会会议举行三十日前，由全国人大财政经济委员会或者会同其他有关专门委员会开展初步审议，提出初步审议意见。

全国人大常委会预算工作委员会承担人大国有资产监督的具体工作，协助财政经济委员会等有关专门委员会承担初步审议相关工作。在全国人大常委会会议举行四十五日前，预算工作委员会应当组织听取全国人大代表的意见建议，听取国务院有关部门介绍报告的主要内容并提出分析意见。

四、全国人大常委会审议国有资产管理情况报告，开展国有资产监督，应当重点关注下列内容：

（一）贯彻落实党中央关于国有资产管理和国有企业改革发展方针政策和重大决策部署情况；

（二）有关法律实施情况；

（三）落实全国人大常委会有关审议意见和决议情况；

（四）改革完善各类国有资产管理体制情况；

（五）企业国有资产（不含金融企业）和金融企业国有资产服务国家战略，提升国有经济竞争力、创新力、控制力、影响力、抗风险能力等情况；

（六）行政事业性国有资产保障国家机关和事业单位节约高效履职，增强基本公共服务的可及性和公平性等情况；

（七）国有自然资源资产支持经济社会发展和改善生态环境质量，落实自然资源保护与有效利用、保护生态环境、节能减排等约束性指标等情况；

（八）国有资本保值增值、防止国有资产流失和收益管理等情况；

（九）审计查出问题整改情况；

（十）其他与国有资产管理有关的重要情况。

全国人大常委会在任期届满前一年内听取和审议国有资产管理情况综合报告时开展专题询问，其他年份在听取和审议专项报告时也可以根据需要开展专题询问。全国人大常委会针对国有资产管理存在的问题，可以依法进行质询和特定问题调查，可以根据审议和监督情况依法作出决议。

五、国务院应当建立健全整改与问责机制。根据审议意见、专题调研报告、审计报告等提出整改与问责清单，分类推进问题整改，依法对违法违规行为追责问责。整改与问责情况同对全国人大常委会审议意见的研究处理情况一并向全国人大常委会报告。全国人大常委会可以听取报告并进行审议。对审计查出问题的整改和报告按照有关法律规定进行。

按照稳步推进的原则，建立健全整改与问责情况跟踪监督机制。全国人大常委会对突出问题、典型案件建立督办清单制度，由有关专门委员会、预算工作委员会等开展跟踪监督具体工作，督促整改落实。建立人大国有资产监督与国家监察监督相衔接的有效机制，加强相关信息共享和工作联系，推动整改问责。

六、健全国有资本经营预算管理制度，强化国有资本经营预算对国有资本的总体布局、投资运作、收益管理等的统筹约束和支撑保障作用。健全资产管理和预算管理相衔接的工作机制，全面反映预算资金形成基础设施、政府投资基金、政府和社会资本合作项目等相关国有资产情况。

国有资产管理情况报告和监督中反映的问题及提出的意见，应当作为下一年度预算审查的重要依据和审查结果报告的重要参考。

七、全国人大常委会办事机构按照《中华人民共和国各级人民代表大会常务委员会监督法》等法律规定，及时将国有资产监督工作五年规划，国有资产管理情况报告及审议意见，专题调研报告和有关专门委员会初步审议意见，国务院研究处理审议意见及整改与问责情况、执行决议情况的报告，向全国人大代表通报并向社会公布。国务院及其部门按照规定及时公开国家、部门、单位的国有资产报表。依法不予公开的除外。

八、国务院有关部门应当建立全口径国有资产信息共享平台，实现相关部门、单位互联互通，并通过人大预算与国资联网监督系统定期向预算工作委员会报送相关国有资产数据和信息。根据监督工作需要，及时提供联网数据信息之外的其他国有资产管理等信息资料。

预算工作委员会应当健全与国务院有关部门之间的工作联系机制，加强督促协调，及时汇总相关信息向有关专门委员会通报、向全国人大常委会报告。

预算工作委员会根据全国人大常委会监督发现、社会普遍反映的典型问题和案例提出建议，经全国人大常委会委员长会议专项批准，可以对相关部门、单位国有资产管理情况进行调查，各级政府和有关部门、单位应当积极协助、配合。

九、县级以上地方人大常委会结合本地实际，参照本决定建立健全国有资产管理情况监督制度，加强监督力量，依法履行人大国有资产监督职责。

中共中央　国务院关于深化国有企业改革的指导意见

（中发〔2015〕22 号　2015 年 8 月 24 日）

国有企业属于全民所有，是推进国家现代化、保障人民共同利益的重要力量，是我们党和国家事业发展的重要物质基础和政治基础。改革开放以来，国有企业改革发展不断取得重大进展，总体上已经同市场经济相融合，运行质量和效益明显提升，在国际国内市场竞争中涌现出一批具有核心竞争力的骨干企业，为推动经济社会发展、保障和改善民生、开拓国际市场、增强我国综合实力作出了重大贡献，国有企业经营管理者队伍总体上是好的，广大职工付出了不懈努力，成就是突出的。但也要看到，国有企业仍然存在一些亟待解决的突出矛盾和问题，一些企业市场主体地位尚未真正确立，现代企业制度还不健全，国有资产监管体制有待完善，国有资本运行效率需进一步提高；一些企业管理混乱，内部人控制、利益输送、国有资产流失等问题突出，企业办社会职能和历史遗留问题还未完全解决；一些企业党组织管党治党责任不落实、作用被弱化。面向未来，国有企业面临日益激烈的国际竞争和转型升级的巨大挑战。在推动我国经济保持中高速增长和迈向中高端水平、完善和发展中国特色社会主义制度、实现中华民族伟大复兴中国梦的进程中，国有企业肩负着重大历史使命和责任。要认真贯彻落实党中央、国务院战略决策，按照“四个全面”战略布局的要求，以经济建设为中心，坚持问题导向，继续推进国有企业改革，切实破除体制机制障碍，坚定不移做强做优做大国有企业。为此，提出以下意见。

一、总体要求

（一）指导思想

高举中国特色社会主义伟大旗帜，认真贯彻落实党的十八大和十八届三中、四中全会精神，深入学习贯彻习近平总书记系列重要讲话精神，坚持和完善基本经济制度，坚持社会主义市场经济改革方向，适应市场化、现代化、国际化新形势，以解放和发展社会生产力为标准，以提高国有资本效率、增强国有企业活力为中心，完善产权清晰、权责明确、政企分开、管理科学的现代企业制度，完善国有资产监管体制，防止国有资产流失，全面推进依法治企，加强和改进党对国有企业的领导，做强做优做大国有企业，不断增强国有经济活力、控制力、影响力、抗风险能力，主动适应和引领经济发展新常态，为促进经济社会持续健康发展、实现中华民族伟大复兴中国梦作出积极贡献。

（二）基本原则

——坚持和完善基本经济制度。这是深化国有企业改革必须把握的根本要求。必须毫不动摇巩固和发展公有制经济，毫不动摇鼓励、支持、引导非公有制经济发展。坚持公有制主体地位，发挥国有经济主导作用，积极促进国有资本、集体资本、非公有资本等交叉持股、相互融合，推动各种所有制资本取长补短、相互促进、共同发展。

——坚持社会主义市场经济改革方向。这是深化国有企业改革必须遵循的基本规律。国有企业改革要遵循市场经济规律和企业发展规律，坚持政企分开、政资分开、所有权与经营权分离，坚持权利、义务、责任相统一，坚持激励机制和约束机制相结合，促使国有企业真正成为依法自主经营、自负盈亏、自担风险、自我约束、自我发展的独立市场主体。社会主义市场经济条件下的国有企业，要成为自觉履行社会责任的表率。

——坚持增强活力和强化监管相结合。这是深化国有企业改革必须把握的重要关系。增强活力是搞好国有企业的本质要求，加强监管是搞好国有企业的重要保障，要切实做到两者的有机统一。继续推进简政放权，依法落实企业法人财产权和经营自主权，进一步激发企业活力、创造力和市场竞争力。进一步完善国有企业监管制度，切实防止国有资产流失，确保国有资产保值增值。

——坚持党对国有企业的领导。这是深化国有企业改革必须坚守的政治方向、政治原则。要贯彻全面从严治党方针，充分发挥企业党组织政治核心作用，加强企业领导班子建设，创新基层党建工作，深入开展党风廉政建设，坚持全心全意依靠工人阶级，维护职工合法权益，为国有企业改革发展提供坚强有力的政治保证、组织保证和人才支撑。

——坚持积极稳妥统筹推进。这是深化国有企业改革必须采用的科学方法。要正确处理推进改革和坚持法治的关系，正确处理改革发展稳定关系，正确处理搞好顶层设计和尊重基层首创精神的关系，突出问题导向，坚持分类推进，把握好改革的次序、节奏、力度，确保改革扎实推进、务求实效。

（三）主要目标

到2020年，在国有企业改革重要领域和关键环节取得决定性成果，形成更加符合我国基本经济制度和社会主义市场经济发展要求的国有资产管理体制、现代企业制度、市场化经营机制，国有资本布局结构更趋合理，造就一大批德才兼备、善于经营、充满活力的优秀企业家，培育一大批具有创新能力和国际竞争力的国有骨干企业，国有经济活力、控制力、影响力、抗风险能力明显增强。

——国有企业公司制改革基本完成，发展混合所有制经济取得积极进展，法人治理结构更加健全，优胜劣汰、经营自主灵活、内部管理人员能上能下、员工能进能出、收入能增能减的市场化机制更加完善。

——国有资产监管制度更加成熟，相关法律法规更加健全，监管手段和方式不断优化，监管的科学性、针对性、有效性进一步提高，经营性国有资产实现集中统一监管，国有资产保值增值责任全面落实。

——国有资本配置效率显著提高，国有经济布局结构不断优化、主导作用有效发挥，国有企业在提升自主创新能力、保护资源环境、加快转型升级、履行社会责任中的引领和表率作用充分发挥。

——企业党的建设全面加强，反腐倡廉制度体系、工作体系更加完善，国有企业党组织在公司治理中的法定地位更加巩固，政治核心作用充分发挥。

二、分类推进国有企业改革

（四）划分国有企业不同类别。根据国有资本的战略定位和发展目标，结合不同国有企业在经济社会发展中的作用、现状和发展需要，将国有企业分为商业类和公益类。通过界定功能、划分类别，实行分类改革、分类发展、分类监管、分类定责、分类考核，提高改革的针对性、监管的有效性、考核评价的科学性，推动国有企业同市场经济深入融合，促进国有企业经济效益和社会效益有机统一。按照谁出资谁分类的原则，由履行出资人职责的机构负责制定所出资企业的功能界定和分类方案，报本级政府批准。各地区可结合实际，划分并动态调整本地区国有企业功能类别。

（五）推进商业类国有企业改革。商业类国有企业按照市场化要求实行商业化运作，以增强国有经济活力、放大国有资本功能、实现国有资产保值增值为主要目标，依法独立自主开展生产经营活动，实现优胜劣汰、有序进退。

主业处于充分竞争行业和领域的商业类国有企业，原则上都要实行公司制股份制改革，积极引入其他国有资本或各类非国有资本实现股权多元化，国有资本可以绝对控股、相对控股，也可以参股，并着力推进整体上市。对这些国有企业，重点考核经营业绩指标、国有资产保值增值和市场竞争能力。

主业处于关系国家安全、国民经济命脉的重要行业和关键领域、主要承担重大专项任务的商业类国有企业，要保持国有资本控股地位，支持非国有资本参股。对自然垄断行业，实行以政企分开、政资分开、特许经营、政府监管为主要内容的改革，根据不同行业特点实行网运分开、放开竞争性业务，促进公共资源配置市场化；对需要实行国有全资的企业，也要积极引入其他国有资本实行股权多元化；对特殊业务和竞争性业务实行业务板块有效分离，独立运作、独立核算。对这些国有企业，在考核经营业绩指标和国有资产保值增值情况的同时，加强对服务国家战略、保障国家安全和国民经济运行、发展前瞻性战略性产业以及完成特殊任务的考核。

（六）推进公益类国有企业改革。公益类国有企业以保障民生、服务社会、提供公共产品和服务为主要目标，引入市场机制，提高公共服务效率和能力。这类企业可以采取国有独资形式，具备条件的也可以推行投资主体多元化，还可以通过购买服务、特许经营、委托代理等方式，鼓励非国有企业参与经营。对公益类国有企业，重点考核成本控制、产品服务质量、营运效率和保障能力，根据企业不同特点有区别地考核经营业绩指标和国有资产保值增值情况，考核中要引入社会评价。

三、完善现代企业制度

（七）推进公司制股份制改革。加大集团层面公司制改革力度，积极引入各类投资者实现股权多元化，大力推动国有企业改制上市，创造条件实现集团公司整体上市。根据不同企业的功能定位，逐步调整国有股权比例，形成股权结构多元、股东行为规范、内部约束有效、运行高效灵活的经营机制。允许将部分国有资本转化为优先股，在少数特定领域探索建立国家特殊管理股制度。

（八）健全公司法人治理结构。重点是推进董事会建设，建立健全权责对等、运转协调、有效制衡的决策执行监督机制，规范董事长、总经理行权行为，充分发挥董事会的决策作用、监事会的监督作用、经理层的经营管理作用、党组织的政治核心作用，切实解决一些企业董事会形同虚设、“一把手”说了算的问题，实现规范的公司治理。要切实落实和维护董事会依法行使重大决策、选人用人、薪酬分配等权利，保障经理层经营自主权，法无授权任何政府部门和机构不得干预。加强董事会内部的制衡约束，国有独资、全资公司的董事会和监事会均应有职工代表，董事会外部董事应占多数，落实一人一票表决制度，董事对董事会决议承担责任。改进董事会和董事评价办法，强化对董事的考核评价和管理，对重大决策失误负有直接责任的要及时调整或解聘，并依法追究责任。进一步加强外部董事队伍建设，拓宽来源渠道。

（九）建立国有企业领导人员分类分层管理制度。坚持党管干部原则与董事会依法产生、董事会依法选择经营管理者、经营管理者依法行使用人权相结合，不断创新有效实现形式。上级党组织和国有资产监管机构按照管理权限加强对国有企业领导人员的管理，广开推荐渠道，依规考察提名，严格履行选用程序。根据不同企业类别和层级，实行选任制、委任制、聘任制等不同选人用人方式。推行职业经理人制度，实行内部培养和外部引进相结合，畅通现有经营管理者与职业经理人身份转换通道，董事会按市场化方式选聘和管理职业经理人，合理增加市场化选聘比例，加快建立退出机制。推行企业经理层成员任期制和契约化管理，明确责任、权利、义务，严格任期管理和目标考核。

（十）实行与社会主义市场经济相适应的企业薪酬分配制度。企业内部的薪酬分配权是企业的法定权利，由企业依法依规自主决定，完善既有激励又有约束、既讲效率又讲公平、既符合企业一般规律又体现国有企业特点的分配机制。建立健全与劳动力市场基本适应、与企业经济效益和劳动生产率挂钩的工资决定和正常增长机制。推进全员绩效考核，以业绩为导向，科学评价不同岗位员工的贡献，合理拉开收入分配差距，切实做到收入能增能减和奖惩分明，充分调动广大职工积极性。对国有企业领导人员实行与选任方式相匹配、与企业功能性质相适应、与经营业绩相挂钩的差异化薪酬分配办法。对党中央、国务院和地方党委、政府及其部门任命的国有企业领导人员，合理确定基本年薪、绩效年薪和任期激励收入。对市场化选聘的职业经理人实行市场化薪酬分配机制，可以采取多种方式探索完善中长期激励机制。健全与激励机制相对称的经济责任审计、信息披露、延期支付、追索扣回等约束机制。严格规范履职待遇、业务支出，严禁将公款用于个人支出。

（十一）深化企业内部用人制度改革。建立健全企业各类管理人员公开招聘、竞争上岗等制度，对特殊管理人员可以通过委托人才中介机构推荐等方式，拓宽选人用人视野和渠道。建立分级分类的企业员工市场化公开招聘制度，切实做到信息公开、过程公开、结果公开。构建和谐劳动关系，依法规范企业各类用工管理，建立健全以合同管理为核心、以岗位管理为基础的市场化用工制度，真正形成企业各类管理人员能上能下、员工能进能出的合理流动机制。

四、完善国有资产管理体制

（十二）以管资本为主推进国有资产监管机构职能转变。国有资产监管机构要准确把握依法履行出资人职责的定位，科学界定国有资产出资人监管的边界，建立监管权力清单和责任清单，实现以管企业为主向以管资本为主的转变。该管的要科学管理、决不缺位，重点管好国有资本布局、规范资本运作、提高资本回报、维护资本安全；不该管的要依法放权、决不越位，将依法应由企业自主经营决策的事项归位于企业，将延伸到子企业的管理事项原则上归位于一级企业，将配合承担的公共管理职能归位于相关政府部门和单位。大力推进依法监管，着力创新监管方式和手段，改变行政化管理方式，改进考核体系和办法，提高监管的科学性、有效性。

（十三）以管资本为主改革国有资本授权经营体制。改组组建国有资本投资、运营公司，探索有效的运营模式，通过开展投资融资、产业培育、资本整合，推动产业集聚和转型升级，优化国有资本布局结构；通过股权运作、价值管理、有序进退，促进国有资本合理流动，实现保值增值。科学界定国有资本所有权和经营权的边界，国有资产监管机构依法对国有资本投资、运营公司和其他直接监管的企业履行出资人职责，并授权国有资本投资、运营公司对授权范围内的国有资本履行出资人职责。国有资本投资、运营公司作为国有资本市场化运作的专业平台，依法自主开展国有资本运作，对所出资企业行使股东职责，按照责权对应原则切实承担起国有资产保值增值责任。开展政府直接授权国有资本投资、运营公司履行出资人职责的试点。

（十四）以管资本为主推动国有资本合理流动优化配置。坚持以市场为导向、以企业为主体，有进有退、有所为有所不为，优化国有资本布局结构，增强国有经济整体功能和效率。紧紧围绕服务国家战略，落实国家产业政策和重点产业布局调整总体要求，优化国有资本重点投资方向和领域，推动国有资本向关系国家安全、国民经济命脉和国计民生的重要行业和关键领域、重点基础设施集中，向前瞻性战略性产业集中，向具有核心竞争力的优势企业集中。发挥国有资本投资、运营公司的作用，清理退出一批、重组整合一批、创新发展一批国有企业。建立健全优胜劣汰市场化退出机制，充分发挥失业救济和再就业培训等的作用，解决好职工安置问题，切实保障退出企业依法实现关闭或破产，加快处置低效无效资产，淘汰落后产能。支持企业依法合规通过证券交易、产权交易等资本市场，以市场公允价格处置企业资产，实现国有资本形态转换，变现的国有资本用于更需要的领域和行业。推动国有企业加快管理创新、商业模式创新，合理限定法人层级，有效压缩管理层级。发挥国有企业在实施创新驱动发展战略和制造强国战略中的骨干和表率作用，强化企业在技术创新中的主体地位，重视培养科研人才和高技能人才。支持国有企业开展国际化经营，鼓励国有企业之间以及与其他所有制企业以资本为纽带，强强联合、优势互补，加快培育一批具有世界一流水平的跨国公司。

（十五）以管资本为主推进经营性国有资产集中统一监管。稳步将党政机关、事业单位所属企业的国有资本纳入经营性国有资产集中统一监管体系，具备条件的进入国有资本投资、运营公司。加强国有资产基础管理，按照统一制度规范、统一工作体系的原则，抓紧制定企业国有资产基础管理条例。建立覆盖全部国有企业、分级管理的国有资本经营预算管理制度，提高国有资本收益上缴公共财政比例，2020 年提高到 30%，更多用于保障和改善民生。划转部分国有资本充实社会保障基金。

五、发展混合所有制经济

（十六）推进国有企业混合所有制改革。以促进国有企业转换经营机制，放大国有资本功能，提高国有资本配置和运行效率，实现各种所有制资本取长补短、相互促进、共同发展为目标，稳妥推动国有企业发展混合所有制经济。对通过实行股份制、上市等途径已经实行混合所有制的国有企业，要着力在完善现代企业制度、提高资本运行效率上下功夫；对于适宜继续推进混合所有制改革的国有企业，要充分发挥市场机制作用，坚持因地施策、因业施策、因企施策，宜独则独、宜控则控、宜参则参，不搞拉郎配，不搞全覆盖，不设时间表，成熟一个推进一个。改革要依法依规、严格程序、公开公正，切实保护混合所有制企业各类出资人的产权权益，杜绝国有资产流失。

（十七）引入非国有资本参与国有企业改革。鼓励非国有资本投资主体通过出资入股、收购股权、认购可转债、股权置换等多种方式，参与国有企业改制重组或国有控股上市公司增资扩股以及企业经营管理。实行同股同权，切实维护各类股东合法权益。在石油、天然气、电力、铁路、电信、资源开发、公用事业等领域，向非国有资本推出符合产业政策、有利于转型升级的项目。依照外商投资产业指导目录和相关安全审查规定，完善外资安全审查工作机制。开展多类型政府和社会资本合作试点，逐步推广政府和社会资本合作模式。

（十八）鼓励国有资本以多种方式入股非国有企业。充分发挥国有资本投资、运营公司的资本运作平台作用，通过市场化方式，以公共服务、高新技术、生态环保、战略性产业为重点领域，对发展潜力大、成长性强的非国有企业进行股权投资。鼓励国有企业通过投资入股、联合投资、重组等多种方式，与非国有企业进行股权融合、战略合作、资源整合。

（十九）探索实行混合所有制企业员工持股。坚持试点先行，在取得经验基础上稳妥有序推进，通过实行员工持股建立激励约束长效机制。优先支持人才资本和技术要素贡献占比较高的转制科研院所、高新技术企业、科技服务型企业开展员工持股试点，支持对企业经营业绩和持续发展有直接或较大影响的科研人员、经营管理人员和业务骨干等持股。员工持股主要采取增资扩股、出资新设等方式。完善相关政策，健全审核程序，规范操作流程，严格资产评估，建立健全股权流转和退出机制，确保员工持股公开透明，严禁暗箱操作，防止利益输送。

六、强化监督防止国有资产流失

（二十）强化企业内部监督。完善企业内部监督体系，明确监事会、审计、纪检监察、巡视以及法律、财务等部门的监督职责，完善监督制度，增强制度执行力。强化对权力集中、资金密集、资源富集、资产聚集的部门和岗位的监督，实行分事行权、分岗设权、分级授权，定期轮岗，强化内部流程控制，防止权力滥用。建立审计部门向董事会负责的工作机制。落实企业内部监事会对董事、经理和其他高级管理人员的监督。进一步发挥企业总法律顾问在经营管理中的法律审核把关作用，推进企业依法经营、合规管理。集团公司要依法依规、尽职尽责加强对子企业的管理和监督。大力推进厂务公开，健全以职工代表大会为基本形式的企业民主管理制度，加强企业职工民主监督。

（二十一）建立健全高效协同的外部监督机制。强化出资人监督，加快国有企业行为规范法律法规制度建设，加强对企业关键业务、改革重点领域、国有资本运营重要环节以及境外国有资产的监督，规范操作流程，强化专业检查，开展总会计师由履行出资人职责机构委派的试点。加强和改进外派监事会制度，明确职责定位，强化与有关专业监督机构的协作，加强当期和事中监督，强化监督成果运用，建立健全核查、移交和整改机制。健全国有资本审计监督体系和制度，实行企业国有资产审计监督全覆盖，建立对企业国有资本的经常性审计制度。加强纪检监察监督和巡视工作，强化对企业领导人员廉洁从业、行使权力等的监督，加大大案要案查处力度，狠抓对存在问题的整改落实。整合出资人监管、外派监事会监督和审计、纪检监察、巡视等监督力量，建立监督工作会商机制，加强统筹，创新方式，共享资源，减少重复检查，提高监督效能。建立健全监督意见反馈整改机制，形成监督工作的闭环。

（二十二）实施信息公开加强社会监督。完善国有资产和国有企业信息公开制度，设立统一的信息公开网络平台，依法依规、及时准确披露国有资本整体运营和监管、国有企业公司治理以及管理架构、经营情况、财务状况、关联交易、企业负责人薪酬等信息，建设阳光国企。认真处理人民群众关于国有资产流失等问题的来信、来访和检举，及时回应社会关切。充分发挥媒体舆论监督作用，有效保障社会公众对企业国有资产运营的知情权和监督权。

（二十三）严格责任追究。建立健全国有企业重大决策失误和失职、渎职责任追究倒查机制，建立和完善重大决策评估、决策事项履职记录、决策过错认定标准等配套制度，严厉查处侵吞、贪污、输送、挥霍国有资产和逃废金融债务的行为。建立健全企业国有资产的监督问责机制，对企业重大违法违纪问题敷衍不追、隐匿不报、查处不力的，严格追究有关人员失职渎职责任，视不同情形给予纪律处分或行政处分，构成犯罪的，由司法机关依法追究刑事责任。

七、加强和改进党对国有企业的领导

（二十四）充分发挥国有企业党组织政治核心作用。把加强党的领导和完善公司治理统一起来，将党建工作总体要求纳入国有企业章程，明确国有企业党组织在公司法人治理结构中的法定地位，创新国有企业党组织发挥政治核心作用的途径和方式。在国有企业改革中坚持党的建设同步谋划、党的组织及工作机构同步设置、党组织负责人及党务工作人员同步配备、党的工作同步开展，保证党组织工作机构健全、党务工作者队伍稳定、党组织和党员作用得到有效发挥。坚持和完善双向进入、交叉任职的领导体制，符合条件的党组织领导班子成员可以通过法定程序进入董事会、监事会、经理层，董事会、监事会、经理层成员中符合条件的党员可以依照有关规定和程序进入党组织领导班子；经理层成员与党组织领导班子成员适度交叉任职；董事长、总经理原则上分设，党组织书记、董事长一般由一人担任。

国有企业党组织要切实承担好、落实好从严管党治党责任。坚持从严治党、思想建党、制度治党，增强管党治党意识，建立健全党建工作责任制，聚精会神抓好党建工作，做到守土有责、守土负责、守土尽责。党组织书记要切实履行党建工作第一责任人职责，党组织班子其他成员要切实履行“一岗双责”，结合业务分工抓好党建工作。中央企业党组织书记同时担任企业其他主要领导职务的，应当设立1名专职抓企业党建工作的副书记。加强国有企业基层党组织建设和党员队伍建设，强化国有企业基层党建工作的基础保障，充分发挥基层党组织战斗堡垒作用、共产党员先锋模范作用。加强企业党组织对群众工作的领导，发挥好工会、共青团等群团组织的作用，深入细致做好职工群众的思想政治工作。把建立党的组织、开展党的工作，作为国有企业推进混合所有制改革的必要前提，根据不同类型混合所有制企业特点，科学确定党组织的设置方式、职责定位、管理模式。

（二十五）进一步加强国有企业领导班子建设和人才队伍建设。根据企业改革发展需要，明确选人用人标准和程序，创新选人用人方式。强化党组织在企业领导人员选拔任用、培养教育、管理监督中的责任，支持董事会依法选择经营管理者、经营管理者依法行使用人权，坚决防止和整治选人用人中的不正之风。加强对国有企业领导人员尤其是主要领导人员的日常监督管理和综合考核评价，及时调整不胜任、不称职的领导人员，切实解决企业领导人员能上不能下的问题。以强化忠诚意识、拓展世界眼光、提高战略思维、增强创新精神、锻造优秀品行为重点，加强企业家队伍建设，充分发挥企业家作用。大力实施人才强企战略，加快建立健全国有企业集聚人才的体制机制。

（二十六）切实落实国有企业反腐倡廉“两个责任”。国有企业党组织要切实履行好主体责任，纪检机构要履行好监督责任。加强党性教育、法治教育、警示教育，引导国有企业领导人员坚定理想信念，自觉践行“三严三实”要求，正确履职行权。建立切实可行的责任追究制度，与企业考核等挂钩，实行“一案双查”。推动国有企业纪律检查工作双重领导体制具体化、程序化、制度化，强化上级纪委对下级纪委的领导。加强和改进国有企业巡视工作，强化对权力运行的监督和制约。坚持运用法治思维和法治方式反腐败，完善反腐倡廉制度体系，严格落实反“四风”规定，努力构筑企业领导人员不敢腐、不能腐、不想腐的有效机制。

八、为国有企业改革创造良好环境条件

（二十七）完善相关法律法规和配套政策。加强国有企业相关法律法规立改废释工作，确保重大改革于法有据。切实转变政府职能，减少审批、优化制度、简化手续、提高效率。完善公共服务体系，推进政府购买服务，加快建立稳定可靠、补偿合理、公开透明的企业公共服务支出补偿机制。完善和落实国有企业重组整合涉及的资产评估增值、土地变更登记和国有资产无偿划转等方面税收优惠政策。完善国有企业退出的相关政策，依法妥善处理劳动关系调整、社会保险关系接续等问题。

（二十八）加快剥离企业办社会职能和解决历史遗留问题。完善相关政策，建立政府和国有企业合理分担成本的机制，多渠道筹措资金，采取分离移交、重组改制、关闭撤销等方式，剥离国有企业职工家属区“三供一业”和所办医院、学校、社区等公共服务机构，继续推进厂办大集体改革，对国有企业退休人员实施社会化管理，妥善解决国有企业历史遗留问题，为国有企业公平参与市场竞争创造条件。

（二十九）形成鼓励改革创新的氛围。坚持解放思想、实事求是，鼓励探索、实践、创新。全面准确评价国有企业，大力宣传中央关于全面深化国有企业改革的方针政策，

宣传改革的典型案例和经验，营造有利于国有企业改革的良好舆论环境。

（三十）加强对国有企业改革的组织领导。各级党委和政府要统一思想，以高度的政治责任感和历史使命感，切实履行对深化国有企业改革的领导责任。要根据本指导意见，结合实际制定实施意见，加强统筹协调、明确责任分工、细化目标任务、强化督促落实，确保深化国有企业改革顺利推进，取得实效。金融、文化等国有企业的改革，中央另有规定的依其规定执行。

国务院关于改革和完善国有资产管理体制的若干意见

（国发〔2015〕63号 2015年10月25日）

各省、自治区、直辖市人民政府，国务院各部委、各直属机构：

改革开放以来，我国国有资产管理体制改革稳步推进，国有资产出资人代表制度基本建立，保值增值责任初步得到落实，国有资产规模、利润水平、竞争能力得到较大提升。但必须看到，现行国有资产管理体制中政企不分、政资不分问题依然存在，国有资产监管还存在越位、缺位、错位现象；国有资产监督机制不健全，国有资产流失、违纪违法问题在一些领域和企业比较突出；国有经济布局结构有待进一步优化，国有资本配置效率不高等问题亟待解决。按照《中共中央关于全面深化改革若干重大问题的决定》和国务院有关部署，现就改革和完善国有资产管理体制提出以下意见。

一、总体要求

（一）指导思想。深入贯彻落实党的十八大和十八届二中、三中、四中全会精神，按照党中央、国务院决策部署，坚持和完善社会主义基本经济制度，坚持社会主义市场经济改革方向，尊重市场经济规律和企业发展规律，正确处理好政府与市场的关系，以管资本为主加强国有资产监管，改革国有资本授权经营体制，真正确立国有企业的市场主体地位，推进国有资产监管机构职能转变，适应市场化、现代化、国际化新形势和经济发展新常态，不断增强国有经济活力、控制力、影响力和抗风险能力。

（二）基本原则。

坚持权责明晰。实现政企分开、政资分开、所有权与经营权分离，依法理顺政府与国有企业的出资关系。切实转变政府职能，依法确立国有企业的市场主体地位，建立健全现代企业制度。坚持政府公共管理职能与国有资产出资人职能分开，确保国有企业依法自主经营，激发企业活力、创新力和内生动力。

坚持突出重点。按照市场经济规则和现代企业制度要求，以管资本为主，以资本为纽带，以产权为基础，重点管好国有资本布局、规范资本运作、提高资本回报、维护资本安全。注重通过公司法人治理结构依法行使国有股东权利。

坚持放管结合。按照权责明确、监管高效、规范透明的要求，推进国有资产监管机构职能和监管方式转变。该放的依法放开，切实增强企业活力，提高国有资本运营效率；该管的科学管好，严格防止国有资产流失，确保国有资产保值增值。

坚持稳妥有序。处理好改革、发展、稳定的关系，突出改革和完善国有资产管理体制的系统性、协调性，以重点领域为突破口，先行试点，分步实施，统筹谋划，协同推进相关配套改革。

二、推进国有资产监管机构职能转变

（三）准确把握国有资产监管机构的职责定位。国有资产监管机构作为政府直属特设机构，根据授权代表本级人民政府对监管企业依法履行出资人职责，科学界定国有资产出资人监管的边界，专司国有资产监管，不行使政府公共管理职能，不干预企业自主经营权。以管资本为主，重点管好国有资本布局、规范资本运作、提高资本回报、维护资本安全，更好服务于国家战略目标，实现保值增值。发挥国有资产监管机构专业化监管优势，逐步推进国有资产出资人监管全覆盖。

（四）进一步明确国有资产监管重点。加强战略规划引领，改进对监管企业主业界定和投资并购的管理方式，遵循市场机制，规范调整存量，科学配置增量，加快优化国有资本布局结构。加强对国有资本运营质量及监管企业财务状况的监测，强化国有产权流转环节监管，加大国有产权进场交易力度。按照国有企业的功能界定和类别实行分类监管。改进考核体系和办法，综合考核资本运营质量、效率和收益，以经济增加值为主，并将转型升级、创新驱动、合规经营、履行社会责任等纳入考核指标体系。着力完善激励约束机制，将国有企业领导人员考核结果与职务任免、薪酬待遇有机结合，严格规范国有企业领导人员薪酬分配。建立健全与劳动力市场基本适应，与企业经济效益、劳动生产率挂钩的工资决定和正常增长机制。推动监管企业不断优化公司法人治理结构，把加强党的领导和完善公司治理统一起来，建立国有企业领导人员分类分层管理制度。强化国有资产监督，加强和改进外派监事会制度，建立健全国有企业违法违规经营责任追究体系、国有企业重大决策失误和失职渎职责任追究倒查机制。

（五）推进国有资产监管机构职能转变。围绕增强监管企业活力和提高效率，聚焦监管内容，该管的要科学管理、决不缺位，不该管的要依法放权、决不越位。将国有资产监管机构行使的投资计划、部分产权管理和重大事项决策等出资人权利，授权国有资本投资、运营公司和其他直接监管的企业行使；将依法应由企业自主经营决策的事项归位于企业；加强对企业集团的整体监管，将延伸到子企业的管理事项原则上归位于一级企业，由一级企业依法依规决策；将国有资产监管机构配合承担的公共管理职能，归位于相关政府部门和单位。

（六）改进国有资产监管方式和手段。大力推进依法监管，着力创新监管方式和手段。按照事前规范制度、事中加强监控、事后强化问责的思路，更多运用法治化、市场化的监管方式，切实减少出资人审批核准事项，改变行政化管理方式。通过“一企一策”制定公司章程、规范董事会运作、严格选派和管理股东代表和董事监事，将国有出资人意志有效体现在公司治理结构中。针对企业不同功能定位，在战略规划制定、资本运作模式、人员选用机制、经营业绩考核等方面，实施更加精准有效的分类监管。调整国有资产监管机构内部组织设置和职能配置，建立监管权力清单和责任清单，优化监管流程，提高监管效率。建立出资人监管信息化工作平台，推进监管工作协同，实现信息共享和动态监管。完善国有资产和国有企业信息公开制度，设立统一的信息公开网络平台，在不涉及国家秘密和企业商业秘密的前提下，依法依规及时准确地披露国有资本整体运营情况、企业国有资产保值增值及经营业绩考核总体情况、国有资产监管制度和监督检查情况，以及国有企业公司治理和管理架构、财务状况、关联交易、企业负责人薪酬等信息，建设阳光国企。

三、改革国有资本授权经营体制

（七）改组组建国有资本投资、运营公司。主要通过划拨现有商业类国有企业的国有股权，以及国有资本经营预算注资组建，以提升国有资本运营效率、提高国有资本回报为主要目标，通过股权运作、价值管理、有序进退等方式，促进国有资本合理流动，实现保值增值；或选择具备一定条件的国有独资企业集团改组设立，以服务国家战略、提升产业竞争力为主要目标，在关系国家安全、国民经济命脉的重要行业和关键领域，通过开展投资融资、产业培育和资本整合等，推动产业集聚和转型升级，优化国有资本布局结构。

（八）明确国有资产监管机构与国有资本投资、运营公司关系。政府授权国有资产监管机构依法对国有资本投资、运营公司履行出资人职责。国有资产监管机构按照“一企一策”原则，明确对国有资本投资、运营公司授权的内容、范围和方式，依法落实国有资本投资、运营公司董事会职权。国有资本投资、运营公司对授权范围内的国有资本履行出资人职责，作为国有资本市场化运作的专业平台，依法自主开展国有资本运作，对所出资企业行使股东职责，维护股东合法权益，按照责权对应原则切实承担起国有资产保值增值责任。

（九）界定国有资本投资、运营公司与所出资企业关系。国有资本投资、运营公司依据公司法等相关法律法规，对所出资企业依法行使股东权利，以出资额为限承担有限责任。以财务性持股为主，建立财务管控模式，重点关注国有资本流动和增值状况；或以对战略性核心业务控股为主，建立以战略目标和财务效益为主的管控模式，重点关注所出资企业执行公司战略和资本回报状况。

（十）开展政府直接授权国有资本投资、运营公司履行出资人职责的试点工作。中央层面开展由国务院直接授权国有资本投资、运营公司试点等工作。地方政府可以根据实际情况，选择开展直接授权国有资本投资、运营公司试点工作。

四、提高国有资本配置和运营效率

（十一）建立国有资本布局和结构调整机制。政府有关部门制定完善经济社会发展规划、产业政策和国有资本收益管理规则。国有资产监管机构根据政府宏观政策和有关管理要求，建立健全国有资本进退机制，制定国有资本投资负面清单，推动国有资本更多投向关系国家安全、国民经济命脉和国计民生的重要行业和关键领域。

（十二）推进国有资本优化重组。坚持以市场为导向、以企业为主体，有进有退、有所为有所不为，优化国有资本布局结构，提高国有资本流动性，增强国有经济整体功能和提升效率。按照国有资本布局结构调整要求，加快推动国有资本向重要行业、关键领域、重点基础设施集中，向前瞻性战略性产业集中，向产业链关键环节和价值链高端领域集中，向具有核心竞争力的优势企业集中。清理退出一批、重组整合一批、创新发展一批国有企业，建立健全优胜劣汰市场化退出机制，加快淘汰落后产能和化解过剩产能，处置低效无效资产。推动国有企业加快技术创新、管理创新和商业模式创新。推进国有资本控股经营的自然垄断行业改革，根据不同行业特点放开竞争性业务，实现国有资本和社会资本更好融合。

（十三）建立健全国有资本收益管理制度。财政部门会同国有资产监管机构等部门建立覆盖全部国有企业、分级管理的国有资本经营预算管理制度，根据国家宏观调控和国有资本布局结构调整要求，提出国有资本收益上交比例建议，报国务院批准后执行。在改组组建国有资本投资、运营公司以及实施国有企业重组过程中，国家根据需要将部分国有股权划转社会保障基金管理机构持有，分红和转让收益用于弥补养老等社会保障资金缺口。

五、协同推进相关配套改革

（十四）完善有关法律法规。健全国有资产监管法律法规体系，做好相关法律法规的立改废释工作。按照立法程序，抓紧推动开展企业国有资产法修订工作，出台相关配套法规，为完善国有资产管理体制夯实法律基础。根据国有企业公司制改革进展情况，推动适时废止全民所有制工业企业法。研究起草企业国有资产基础管理条例，统一管理规则。

（十五）推进政府职能转变。进一步减少行政审批事项，大幅度削减政府通过国有企业行政性配置资源事项，区分政府公共管理职能与国有资产出资人管理职能，为国有资产管理体制改革完善提供环境条件。推进自然垄断行业改革，实行网运分开、特许经营。加快推进价格机制改革，严格规范政府定价行为，完善市场发现、形成价格的机制。推进行政性垄断行业成本公开、经营透明，发挥社会监督作用。

（十六）落实相关配套政策。落实和完善国有企业重组整合涉及的资产评估增值、土地变更登记和国有资产无偿划转等方面税收优惠政策，切实明确国有企业改制重组过程中涉及的债权债务承接主体和责任，完善国有企业退出的相关政策，依法妥善处理劳动关系调整和社会保险关系接续等相关问题。

（十七）妥善解决历史遗留问题。加快剥离企业办社会职能，针对“三供一业”（供水、供电、供热和物业管理）、离退休人员社会化管理、厂办大集体改革等问题，制定统筹规范、分类施策的措施，建立政府和国有企业合理分担成本的机制。国有资本经营预算支出优先用于解决国有企业历史遗留问题。

（十八）稳步推进经营性国有资产集中统一监管。按照依法依规、分类推进、规范程序、市场运作的原则，以管资本为主，稳步将党政机关、事业单位所属企业的国有资本纳入经营性国有资产集中统一监管体系，具备条件的进入国有资本投资、运营公司。

金融、文化等国有企业的改革，中央另有规定的依其规定执行。

各地区要结合本地实际，制定具体改革实施方案，确保国有资产管理体制改革顺利进行，全面完成各项改革任务。

国务院关于国有企业发展混合所有制经济的意见

（国发〔2015〕54 号　2015 年 9 月 23 日）

各省、自治区、直辖市人民政府，国务院各部委、各直属机构：

发展混合所有制经济，是深化国有企业改革的重要举措。为贯彻党的十八大和十八届三中、四中全会精神，按照“四个全面”战略布局要求，落实党中央、国务院决策部署，推进国有企业混合所有制改革，促进各种所有制经济共同发展，现提出以下意见。

一、总体要求

（一）改革出发点和落脚点。国有资本、集体资本、非公有资本等交叉持股、相互融合的混合所有制经济，是基本经济制度的重要实现形式。多年来，一批国有企业通过改制发展成为混合所有制企业，但治理机制和监管体制还需要进一步完善；还有许多国有企业为转换经营机制、提高运行效率，正在积极探索混合所有制改革。当前，应对日益激烈的国际竞争和挑战，推动我国经济保持中高速增长、迈向中高端水平，需要通过深化国有企业混合所有制改革，推动完善现代企业制度，健全企业法人治理结构；提高国有资本配置和运行效率，优化国有经济布局，增强国有经济活力、控制力、影响力和抗风险能力，主动适应和引领经济发展新常态；促进国有企业转换经营机制，放大国有资本功能，实现国有资产保值增值，实现各种所有制资本取长补短、相互促进、共同发展，夯实社会主义基本经济制度的微观基础。在国有企业混合所有制改革中，要坚决防止因监管不到位、改革不彻底导致国有资产流失。

（二）基本原则。

——政府引导，市场运作。尊重市场经济规律和企业发展规律，以企业为主体，充分发挥市场机制作用，把引资本与转机制结合起来，把产权多元化与完善企业法人治理结构结合起来，探索国有企业混合所有制改革的有效途径。

——完善制度，保护产权。以保护产权、维护契约、统一市场、平等交换、公平竞争、有效监管为基本导向，切实保护混合所有制企业各类出资人的产权权益，调动各类资本参与发展混合所有制经济的积极性。

——严格程序，规范操作。坚持依法依规，进一步健全国有资产交易规则，科学评估国有资产价值，完善市场定价机制，切实做到规则公开、过程公开、结果公开。强化交易主体和交易过程监管，防止暗箱操作、低价贱卖、利益输送、化公为私、逃废债务，杜绝国有资产流失。

——宜改则改，稳妥推进。对通过实行股份制、上市等途径已经实行混合所有制的国有企业，要着力在完善现代企业制度、提高资本运行效率上下功夫；对适宜继续推进混合所有制改革的国有企业，要充分发挥市场机制作用，坚持因地施策、因业施策、因企施策，宜独则独、宜控则控、宜参则参，不搞拉郎配，不搞全覆盖，不设时间表，一企一策，成熟一个推进一个，确保改革规范有序进行。尊重基层创新实践，形成一批可复制、可推广的成功做法。

二、分类推进国有企业混合所有制改革

（三）稳妥推进主业处于充分竞争行业和领域的商业类国有企业混合所有制改革。按照市场化、国际化要求，以增强国有经济活力、放大国有资本功能、实现国有资产保值增值为主要目标，以提高经济效益和创新商业模式为导向，充分运用整体上市等方式，积极引入其他国有资本或各类非国有资本实现股权多元化。坚持以资本为纽带完善混合所有制企业治理结构和管理方式，国有资本出资人和各类非国有资本出资人以股东身份履行权利和职责，使混合所有制企业成为真正的市场主体。

（四）有效探索主业处于重要行业和关键领域的商业类国有企业混合所有制改革。对主业处于关系国家安全、国民经济命脉的重要行业和关键领域、主要承担重大专项任务的商业类国有企业，要保持国有资本控股地位，支持非国有资本参股。对自然垄断行业，实行以政企分开、政资分开、特许经营、政府监管为主要内容的改革，根据不同行业特点实行网运分开、放开竞争性业务，促进公共资源配置市场化，同时加强分类依法监管，规范营利模式。

——重要通信基础设施、枢纽型交通基础设施、重要江河流域控制性水利水电航电枢纽、跨流域调水工程等领域，实行国有独资或控股，允许符合条件的非国有企业依法通过特许经营、政府购买服务等方式参与建设和运营。

——重要水资源、森林资源、战略性矿产资源等开发利用，实行国有独资或绝对控股，在强化环境、质量、安全监管的基础上，允许非国有资本进入，依法依规有序参与开发经营。

——江河主干渠道、石油天然气主干管网、电网等，根据不同行业领域特点实行网运分开、主辅分离，除对自然垄断环节的管网实行国有独资或绝对控股外，放开竞争性业务，允许非国有资本平等进入。

——核电、重要公共技术平台、气象测绘水文等基础数据采集利用等领域，实行国有独资或绝对控股，支持非国有企业投资参股以及参与特许经营和政府采购。粮食、石油、天然气等战略物资国家储备领域保持国有独资或控股。

——国防军工等特殊产业，从事战略武器装备科研生产、关系国家战略安全和涉及国家核心机密的核心军工能力领域，实行国有独资或绝对控股。其他军工领域，分类逐步放宽市场准入，建立竞争性采购体制机制，支持非国有企业参与武器装备科研生产、维修服务和竞争性采购。

——对其他服务国家战略目标、重要前瞻性战略性产业、生态环境保护、共用技术平台等重要行业和关键领域，加大国有资本投资力度，发挥国有资本引导和带动作用。

（五）引导公益类国有企业规范开展混合所有制改革。在水电气热、公共交通、公

共设施等提供公共产品和服务的行业和领域，根据不同业务特点，加强分类指导，推进具备条件的企业实现投资主体多元化。通过购买服务、特许经营、委托代理等方式，鼓励非国有企业参与经营。政府要加强对价格水平、成本控制、服务质量、安全标准、信息披露、营运效率、保障能力等方面的监管，根据企业不同特点有区别地考核其经营业绩指标和国有资产保值增值情况，考核中要引入社会评价。

三、分层推进国有企业混合所有制改革

（六）引导在子公司层面有序推进混合所有制改革。对国有企业集团公司二级及以下企业，以研发创新、生产服务等实体企业为重点，引入非国有资本，加快技术创新、管理创新、商业模式创新，合理限定法人层级，有效压缩管理层级。明确股东的法律地位和股东在资本收益、企业重大决策、选择管理者等方面的权利，股东依法按出资比例和公司章程规定行权履职。

（七）探索在集团公司层面推进混合所有制改革。在国家有明确规定的特定领域，坚持国有资本控股，形成合理的治理结构和市场化经营机制；在其他领域，鼓励通过整体上市、并购重组、发行可转债等方式，逐步调整国有股权比例，积极引入各类投资者，形成股权结构多元、股东行为规范、内部约束有效、运行高效灵活的经营机制。

（八）鼓励地方从实际出发推进混合所有制改革。各地区要认真贯彻落实中央要求，区分不同情况，制定完善改革方案和相关配套措施，指导国有企业稳妥开展混合所有制改革，确保改革依法合规、有序推进。

四、鼓励各类资本参与国有企业混合所有制改革

（九）鼓励非公有资本参与国有企业混合所有制改革。非公有资本投资主体可通过出资入股、收购股权、认购可转债、股权置换等多种方式，参与国有企业改制重组或国有控股上市公司增资扩股以及企业经营管理。非公有资本投资主体可以货币出资，或以实物、股权、土地使用权等法律法规允许的方式出资。企业国有产权或国有股权转让时，除国家另有规定外，一般不在意向受让人资质条件中对民间投资主体单独设置附加条件。

（十）支持集体资本参与国有企业混合所有制改革。明晰集体资产产权，发展股权多元化、经营产业化、管理规范化的经济实体。允许经确权认定的集体资本、资产和其他生产要素作价入股，参与国有企业混合所有制改革。研究制定股份合作经济（企业）管理办法。

（十一）有序吸收外资参与国有企业混合所有制改革。引入外资参与国有企业改制重组、合资合作，鼓励通过海外并购、投融资合作、离岸金融等方式，充分利用国际市场、技术、人才等资源和要素，发展混合所有制经济，深度参与国际竞争和全球产业分工，提高资源全球化配置能力。按照扩大开放与加强监管同步的要求，依照外商投资产业指导目录和相关安全审查规定，完善外资安全审查工作机制，切实加强风险防范。

（十二）推广政府和社会资本合作（PPP）模式。优化政府投资方式，通过投资补助、基金注资、担保补贴、贷款贴息等，优先支持引入社会资本的项目。以项目运营绩效评价结果为依据，适时对价格和补贴进行调整。组合引入保险资金、社保基金等长期

投资者参与国家重点工程投资。鼓励社会资本投资或参股基础设施、公用事业、公共服务等领域项目，使投资者在平等竞争中获取合理收益。加强信息公开和项目储备，建立综合信息服务平台。

（十三）鼓励国有资本以多种方式入股非国有企业。在公共服务、高新技术、生态环境保护和战略性产业等重点领域，以市场选择为前提，以资本为纽带，充分发挥国有资本投资、运营公司的资本运作平台作用，对发展潜力大、成长性强的非国有企业进行股权投资。鼓励国有企业通过投资入股、联合投资、并购重组等多种方式，与非国有企业进行股权融合、战略合作、资源整合，发展混合所有制经济。支持国有资本与非国有资本共同设立股权投资基金，参与企业改制重组。

（十四）探索完善优先股和国家特殊管理股方式。国有资本参股非国有企业或国有企业引入非国有资本时，允许将部分国有资本转化为优先股。在少数特定领域探索建立国家特殊管理股制度，依照相关法律法规和公司章程规定，行使特定事项否决权，保证国有资本在特定领域的控制力。

（十五）探索实行混合所有制企业员工持股。坚持激励和约束相结合的原则，通过试点稳妥推进员工持股。员工持股主要采取增资扩股、出资新设等方式，优先支持人才资本和技术要素贡献占比较高的转制科研院所、高新技术企业和科技服务型企业开展试点，支持对企业经营业绩和持续发展有直接或较大影响的科研人员、经营管理人员和业务骨干等持股。完善相关政策，健全审核程序，规范操作流程，严格资产评估，建立健全股权流转和退出机制，确保员工持股公开透明，严禁暗箱操作，防止利益输送。混合所有制企业实行员工持股，要按照混合所有制企业实行员工持股试点的有关工作要求组织实施。

五、建立健全混合所有制企业治理机制

（十六）进一步确立和落实企业市场主体地位。政府不得干预企业自主经营，股东不得干预企业日常运营，确保企业治理规范、激励约束机制到位。落实董事会对经理层成员等高级经营管理人员选聘、业绩考核和薪酬管理等职权，维护企业真正的市场主体地位。

（十七）健全混合所有制企业法人治理结构。混合所有制企业要建立健全现代企业制度，明晰产权，同股同权，依法保护各类股东权益。规范企业股东（大）会、董事会、经理层、监事会和党组织的权责关系，按章程行权，对资本监管，靠市场选人，依规则运行，形成定位清晰、权责对等、运转协调、制衡有效的法人治理结构。

（十八）推行混合所有制企业职业经理人制度。按照现代企业制度要求，建立市场导向的选人用人和激励约束机制，通过市场化方式选聘职业经理人依法负责企业经营管理，畅通现有经营管理者与职业经理人的身份转换通道。职业经理人实行任期制和契约化管理，按照市场化原则决定薪酬，可以采取多种方式探索中长期激励机制。严格职业经理人任期管理和绩效考核，加快建立退出机制。

六、建立依法合规的操作规则

（十九）严格规范操作流程和审批程序。在组建和注册混合所有制企业时，要依据

相关法律法规，规范国有资产授权经营和产权交易等行为，健全清产核资、评估定价、转让交易、登记确权等国有产权流转程序。国有企业产权和股权转让、增资扩股、上市公司增发等，应在产权、股权、证券市场公开披露信息，公开择优确定投资人，达成交易意向后应及时公示交易对象、交易价格、关联交易等信息，防止利益输送。国有企业实施混合所有制改革前，应依据本意见制定方案，报同级国有资产监管机构批准；重要国有企业改制后国有资本不再控股的，报同级人民政府批准。国有资产监管机构要按照本意见要求，明确国有企业混合所有制改革的操作流程。方案审批时，应加强对社会资本质量、合作方诚信与操守、债权债务关系等内容的审核。要充分保障企业职工对国有企业混合所有制改革的知情权和参与权，涉及职工切身利益的要做好评估工作，职工安置方案要经过职工代表大会或者职工大会审议通过。

（二十）健全国有资产定价机制。按照公开公平公正原则，完善国有资产交易方式，严格规范国有资产登记、转让、清算、退出等程序和交易行为。通过产权、股权、证券市场发现和合理确定资产价格，发挥专业化中介机构作用，借助多种市场化定价手段，完善资产定价机制，实施信息公开，加强社会监督，防止出现内部人控制、利益输送造成国有资产流失。

（二十一）切实加强监管。政府有关部门要加强对国有企业混合所有制改革的监管，完善国有产权交易规则和监管制度。国有资产监管机构对改革中出现的违法转让和侵吞国有资产、化公为私、利益输送、暗箱操作、逃废债务等行为，要依法严肃处理。审计部门要依法履行审计监督职能，加强对改制企业原国有企业法定代表人的离任审计。充分发挥第三方机构在清产核资、财务审计、资产定价、股权托管等方面的作用。加强企业职工内部监督。进一步做好信息公开，自觉接受社会监督。

七、营造国有企业混合所有制改革的良好环境

（二十二）加强产权保护。健全严格的产权占有、使用、收益、处分等完整保护制度，依法保护混合所有制企业各类出资人的产权和知识产权权益。在立法、司法和行政执法过程中，坚持对各种所有制经济产权和合法利益给予同等法律保护。

（二十三）健全多层次资本市场。加快建立规则统一、交易规范的场外市场，促进非上市股份公司股权交易，完善股权、债权、物权、知识产权及信托、融资租赁、产业投资基金等产品交易机制。建立规范的区域性股权市场，为企业提供融资服务，促进资产证券化和资本流动，健全股权登记、托管、做市商等第三方服务体系。以具备条件的区域性股权、产权市场为载体，探索建立统一结算制度，完善股权公开转让和报价机制。制定场外市场交易规则和规范监管制度，明确监管主体，实行属地化、专业化监管。

（二十四）完善支持国有企业混合所有制改革的政策。进一步简政放权，最大限度取消涉及企业依法自主经营的行政许可审批事项。凡是市场主体基于自愿的投资经营和民事行为，只要不属于法律法规禁止进入的领域，且不危害国家安全、社会公共利益和第三方合法权益，不得限制进入。完善工商登记、财税管理、土地管理、金融服务等政策。依法妥善解决混合所有制改革涉及的国有企业职工劳动关系调整、社会保险关系接续等问题，确保企业职工队伍稳定。加快剥离国有企业办社会职能，妥善解决历史遗留问题。完善统计制度，加强监测分析。

（二十五）加快建立健全法律法规制度。健全混合所有制经济相关法律法规和规章，加大法律法规立、改、废、释工作力度，确保改革于法有据。根据改革需要抓紧对合同法、物权法、公司法、企业国有资产法、企业破产法中有关法律制度进行研究，依照法定程序及时提请修改。推动加快制定有关产权保护、市场准入和退出、交易规则、公平竞争等方面法律法规。

八、组织实施

（二十六）建立工作协调机制。国有企业混合所有制改革涉及面广、政策性强、社会关注度高。各地区、各有关部门和单位要高度重视，精心组织，严守规范，明确责任。各级政府及相关职能部门要加强对国有企业混合所有制改革的组织领导，做好把关定向、配套落实、审核批准、纠偏提醒等工作。各级国有资产监管机构要及时跟踪改革进展，加强改革协调，评估改革成效，推广改革经验，重大问题及时向同级人民政府报告。各级工商联要充分发挥广泛联系非公有制企业的组织优势，参与做好沟通政企、凝聚共识、决策咨询、政策评估、典型宣传等方面工作。

（二十七）加强混合所有制企业党建工作。坚持党的建设与企业改革同步谋划、同步开展，根据企业组织形式变化，同步设置或调整党的组织，理顺党组织隶属关系，同步选配好党组织负责人，健全党的工作机构，配强党务工作者队伍，保障党组织工作经费，有效开展党的工作，发挥好党组织政治核心作用和党员先锋模范作用。

（二十八）开展不同领域混合所有制改革试点示范。结合电力、石油、天然气、铁路、民航、电信、军工等领域改革，开展放开竞争性业务、推进混合所有制改革试点示范。在基础设施和公共服务领域选择有代表性的政府投融资项目，开展多种形式的政府和社会资本合作试点，加快形成可复制、可推广的模式和经验。

（二十九）营造良好的舆论氛围。以坚持“两个毫不动摇”（毫不动摇巩固和发展公有制经济，毫不动摇鼓励、支持、引导非公有制经济发展）为导向，加强国有企业混合所有制改革舆论宣传，做好政策解读，阐释目标方向和重要意义，宣传成功经验，正确引导舆论，回应社会关切，使广大人民群众了解和支持改革。

各级政府要加强对国有企业混合所有制改革的领导，根据本意见，结合实际推动改革。

金融、文化等国有企业的改革，中央另有规定的依其规定执行。

关于国有企业功能界定与分类的指导意见

（国资发研究〔2015〕170 号　2015 年 12 月 7 日）

国有企业功能界定与分类是新形势下深化国有企业改革的重要内容，是因企施策推进改革的基本前提，对推动完善国有企业法人治理结构、优化国有资本布局、加强国有资产监管具有重要作用。为贯彻落实党的十八大和十八届二中、三中、四中、五中全会精神以及国务院决策部署，根据《中共中央国务院关于深化国有企业改革的指导意见》（中发〔2015〕22 号）有关要求，准确界定不同国有企业功能，有针对性地推进国有企业改革，经国务院同意，现提出以下意见。

一、划分类别

立足国有资本的战略定位和发展目标，结合不同国有企业在经济社会发展中的作用、现状和需要，根据主营业务和核心业务范围，将国有企业界定为商业类和公益类。

商业类国有企业以增强国有经济活力、放大国有资本功能、实现国有资产保值增值为主要目标，按照市场化要求实行商业化运作，依法独立自主开展生产经营活动，实现优胜劣汰、有序进退。其中，主业处于关系国家安全、国民经济命脉的重要行业和关键领域、主要承担重大专项任务的商业类国有企业，要以保障国家安全和国民经济运行为目标，重点发展前瞻性战略性产业，实现经济效益、社会效益与安全效益的有机统一。

公益类国有企业以保障民生、服务社会、提供公共产品和服务为主要目标，必要的产品或服务价格可以由政府调控；要积极引入市场机制，不断提高公共服务效率和能力。

商业类国有企业和公益类国有企业作为独立的市场主体，经营机制必须适应市场经济要求；作为社会主义市场经济条件下的国有企业，必须自觉服务国家战略，主动履行社会责任。

二、分类施策

（一）分类推进改革

商业类国有企业要按照市场决定资源配置的要求，加大公司制股份制改革力度，加快完善现代企业制度，成为充满生机活力的市场主体。其中，主业处于充分竞争行业和领域的商业类国有企业，原则上都要实行公司制股份制改革，积极引入其他资本实现股权多元化，国有资本可以绝对控股、相对控股或参股，加大改制上市力度，着力推进整体上市。主业处于关系国家安全、国民经济命脉的重要行业和关键领域、主要承担重大专项任务的商业类国有企业，要保持国有资本控股地位，支持非国有资本参股。处于自然垄断行业的商业类国有企业，要以“政企分开、政资分开、特许经营、政府监管”为原则积极推进改革，根据不同行业特点实行网运分开、放开竞争性业务，促进公共资源配置市场化。对需要实行国有全资的企业，要积极引入其他国有资本实行股权多元化。

公益类国有企业可以采取国有独资形式，具备条件的也可以推行投资主体多元化，还可以通过购买服务、特许经营、委托代理等方式，鼓励非国有企业参与经营。

（二）分类促进发展

商业类国有企业要优化资源配置，加大重组整合力度和研发投入，加快科技和管理创新步伐，持续推动转型升级，培育一批具有创新能力和国际竞争力的国有骨干企业。其中，对主业处于充分竞争行业和领域的商业类国有企业，要支持和鼓励发展有竞争优势的产业，优化国有资本投向，推动国有产权流转，及时处置低效、无效及不良资产，提高市场竞争能力。对主业处于关系国家安全、国民经济命脉的重要行业和关键领域、主要承担重大专项任务的商业类国有企业，要合理确定主业范围，根据不同行业特点，加大国有资本投入，在服务国家宏观调控、保障国家安全和国民经济运行、完成特殊任务等方面发挥更大作用。

公益类国有企业要根据承担的任务和社会发展要求，加大国有资本投入，提高公共服务的质量和效率。严格限定主业范围，加强主业管理，重点在提供公共产品和服务方面作出更大贡献。

（三）分类实施监管

对商业类国有企业要坚持以管资本为主加强国有资产监管，重点管好国有资本布局、提高国有资本回报、规范国有资本运作、维护国有资本安全。建立健全监督体制机制，依法依规实施信息公开，严格责任追究，在改革发展中防止国有资产流失。其中，对主业处于充分竞争行业和领域的商业类国有企业，重点加强对集团公司层面的监管，落实和维护董事会依法行使重大决策、选人用人、薪酬分配等权利，保障经理层经营自主权，积极推行职业经理人制度。对主业处于关系国家安全、国民经济命脉的重要行业和关键领域、主要承担重大专项任务的商业类国有企业，重点加强对国有资本布局的监管，引导企业突出主业，更好地服务国家重大战略和宏观调控政策。

对公益类国有企业，要把提供公共产品、公共服务的质量和效率作为重要监管内容，加大信息公开力度，接受社会监督。

（四）分类定责考核

对商业类国有企业，要根据企业功能定位、发展目标和责任使命，兼顾行业特点和企业经营性质，明确不同企业的经济效益和社会效益指标要求，制定差异化考核标准，建立年度考核和任期考核相结合、结果考核与过程评价相统一、考核结果与奖惩措施相挂钩的考核制度。其中，对主业处于充分竞争行业和领域的商业类国有企业，重点考核经营业绩指标、国有资产保值增值和市场竞争能力。对主业处于关系国家安全、国民经济命脉的重要行业和关键领域、主要承担重大专项任务的商业类国有企业，要合理确定经营业绩和国有资产保值增值指标的考核权重，加强对服务国家战略、保障国家安全和国民经济运行、发展前瞻性战略性产业以及完成特殊任务情况的考核。

对公益类国有企业，重点考核成本控制、产品质量、服务水平、营运效率和保障能力，根据企业不同特点有区别地考核经营业绩和国有资产保值增值情况，考核中要引入社会评价。

有关方面在研究制定国有企业业绩考核、领导人员管理、工资收入分配制度改革等具体方案时，要根据国有企业功能界定与分类，提出有针对性、差异化的政策措施。

三、组织实施

按照谁出资谁分类的原则，履行出资人职责机构负责制定所出资企业的功能界定与分类方案，报本级人民政府批准；履行出资人职责机构直接监管的企业，根据需要对所出资企业进行功能界定和分类。根据经济社会发展和国家战略需要，结合企业不同发展阶段承担的任务和发挥的作用，在保持相对稳定的基础上，适时对国有企业功能定位和类别进行动态调整。

各地要结合实际合理界定本地国有企业功能类别，实施分类改革、发展和监管。

金融、文化等国有企业的分类改革，中央另有规定的依其规定执行。

中共中央　国务院关于完善产权保护制度依法保护产权的意见

（2016 年 11 月 4 日）

产权制度是社会主义市场经济的基石，保护产权是坚持社会主义基本经济制度的必然要求。有恒产者有恒心，经济主体财产权的有效保障和实现是经济社会持续健康发展的基础。改革开放以来，通过大力推进产权制度改革，我国基本形成了归属清晰、权责明确、保护严格、流转顺畅的现代产权制度和产权保护法律框架，全社会产权保护意识不断增强，保护力度不断加大。同时也要看到，我国产权保护仍然存在一些薄弱环节和问题：国有产权由于所有者和代理人关系不够清晰，存在内部人控制、关联交易等导致国有资产流失的问题；利用公权力侵害私有产权、违法查封扣押冻结民营企业财产等现象时有发生；知识产权保护不力，侵权易发多发。解决这些问题，必须加快完善产权保护制度，依法有效保护各种所有制经济组织和公民财产权，增强人民群众财产财富安全感，增强社会信心，形成良好预期，增强各类经济主体创业创新动力，维护社会公平正义，保持经济社会持续健康发展和国家长治久安。现就完善产权保护制度、依法保护产权提出以下意见。

一、总体要求

加强产权保护，根本之策是全面推进依法治国。要全面贯彻党的十八大和十八届三中、四中、五中、六中全会精神，深入学习贯彻习近平总书记系列重要讲话精神，按照党中央、国务院决策部署，紧紧围绕统筹推进“五位一体”总体布局和协调推进“四个全面”战略布局，牢固树立和贯彻落实新发展理念，着力推进供给侧结构性改革，进一步完善现代产权制度，推进产权保护法治化，在事关产权保护的立法、执法、司法、守法等各方面各环节体现法治理念。要坚持以下原则：

——坚持平等保护。健全以公平为核心原则的产权保护制度，毫不动摇巩固和发展公有制经济，毫不动摇鼓励、支持、引导非公有制经济发展，公有制经济财产权不可侵犯，非公有制经济财产权同样不可侵犯。

——坚持全面保护。保护产权不仅包括保护物权、债权、股权，也包括保护知识产权及其他各种无形财产权。

——坚持依法保护。不断完善社会主义市场经济法律制度，强化法律实施，确保有法可依、有法必依。

——坚持共同参与。做到政府诚信和公众参与相结合，建设法治政府、责任政府、诚信政府，增强公民产权保护观念和契约意识，强化社会监督。

——坚持标本兼治。着眼长远，着力当下，抓紧解决产权保护方面存在的突出问题，提高产权保护精准度，加快建立产权保护长效机制，激发各类经济主体的活力和创造力。

二、加强各种所有制经济产权保护

深化国有企业和国有资产监督管理体制改革，进一步明晰国有产权所有者和代理人关系，推动实现国有企业股权多元化和公司治理现代化，健全涉及财务、采购、营销、投资等方面的内部监督制度和内控机制，强化董事会规范运作和对经理层的监督，完善国有资产交易方式，严格规范国有资产登记、转让、清算、退出等程序和交易行为，以制度化保障促进国有产权保护，防止内部人任意支配国有资产，切实防止国有资产流失。建立健全归属清晰、权责明确、监管有效的自然资源资产产权制度，完善自然资源有偿使用制度，逐步实现各类市场主体按照市场规则和市场价格依法平等使用土地等自然资源。完善农村集体产权确权和保护制度，分类建立健全集体资产清产核资、登记、保管、使用、处置制度和财务管理监督制度，规范农村产权流转交易，切实防止集体经济组织内部少数人侵占、非法处置集体资产，防止外部资本侵吞、非法控制集体资产。坚持权利平等、机会平等、规则平等，废除对非公有制经济各种形式的不合理规定，消除各种隐性壁垒，保证各种所有制经济依法平等使用生产要素、公开公平公正参与市场竞争、同等受到法律保护、共同履行社会责任。

三、完善平等保护产权的法律制度

加快推进民法典编纂工作，完善物权、合同、知识产权相关法律制度，清理有违公平的法律法规条款，将平等保护作为规范财产关系的基本原则。健全以企业组织形式和出资人承担责任方式为主的市场主体法律制度，统筹研究清理、废止按照所有制不同类型制定的市场主体法律和行政法规，开展部门规章和规范性文件专项清理，平等保护各类市场主体。加大对非公有财产的刑法保护力度。

四、妥善处理历史形成的产权案件

坚持有错必纠，抓紧甄别纠正一批社会反映强烈的产权纠纷申诉案件，剖析一批侵害产权的案例。对涉及重大财产处置的产权纠纷申诉案件、民营企业和投资人违法申诉案件依法甄别，确属事实不清、证据不足、适用法律错误的错案冤案，要依法予以纠正并赔偿当事人的损失。完善办案质量终身负责制和错案责任倒查问责制，从源头上有效预防错案冤案的发生。严格遵循法不溯及既往、罪刑法定、在新旧法之间从旧兼从轻等原则，以发展眼光客观看待和依法妥善处理改革开放以来各类企业特别是民营企业经营过程中存在的不规范问题。

五、严格规范涉案财产处置的法律程序

进一步细化涉嫌违法的企业和人员财产处置规则，依法慎重决定是否采取相关强制措施。确需采取查封、扣押、冻结等措施的，要严格按照法定程序进行，除依法需责令

关闭企业的情形外，在条件允许情况下可以为企业预留必要的流动资金和往来账户，最大限度降低对企业正常生产经营活动的不利影响。采取查封、扣押、冻结措施和处置涉案财物时，要依法严格区分个人财产和企业法人财产。对股东、企业经营管理者等自然人违法，在处置其个人财产时不任意牵连企业法人财产；对企业违法，在处置企业法人财产时不任意牵连股东、企业经营管理者个人合法财产。严格区分违法所得和合法财产，区分涉案人员个人财产和家庭成员财产，在处置违法所得时不牵连合法财产。完善涉案财物保管、鉴定、估价、拍卖、变卖制度，做到公开公正和规范高效，充分尊重和依法保护当事人及其近亲属、股东、债权人等相关方的合法权益。

六、审慎把握处理产权和经济纠纷的司法政策

充分考虑非公有制经济特点，严格区分经济纠纷与经济犯罪的界限、企业正当融资与非法集资的界限、民营企业参与国有企业兼并重组中涉及的经济纠纷与恶意侵占国有资产的界限，准确把握经济违法行为入刑标准，准确认定经济纠纷和经济犯罪的性质，防范刑事执法介入经济纠纷，防止选择性司法。对于法律界限不明、罪与非罪不清的，司法机关应严格遵循罪刑法定、疑罪从无、严禁有罪推定的原则，防止把经济纠纷当作犯罪处理。严禁党政干部干预司法活动、介入司法纠纷、插手具体案件处理。对民营企业在生产、经营、融资活动中的经济行为，除法律、行政法规明确禁止外，不以违法犯罪对待。对涉及犯罪的民营企业投资人，在当事人服刑期间依法保障其行使财产权利等民事权利。

七、完善政府守信践诺机制

大力推进法治政府和政务诚信建设，地方各级政府及有关部门要严格兑现向社会及行政相对人依法作出的政策承诺，认真履行在招商引资、政府与社会资本合作等活动中与投资主体依法签订的各类合同，不得以政府换届、领导人员更替等理由违约毁约，因违约毁约侵犯合法权益的，要承担法律和经济责任。因国家利益、公共利益或者其他法定事由需要改变政府承诺和合同约定的，要严格依照法定权限和程序进行，并对企业和投资人因此而受到的财产损失依法予以补偿。对因政府违约等导致企业和公民财产权受到损害等情形，进一步完善赔偿、投诉和救济机制，畅通投诉和救济渠道。将政务履约和守诺服务纳入政府绩效评价体系，建立政务失信记录，建立健全政府失信责任追究制度及责任倒查机制，加大对政务失信行为惩戒力度。

八、完善财产征收征用制度

完善土地、房屋等财产征收征用法律制度，合理界定征收征用适用的公共利益范围，不将公共利益扩大化，细化规范征收征用法定权限和程序。遵循及时合理补偿原则，完善国家补偿制度，进一步明确补偿的范围、形式和标准，给予被征收征用者公平合理补偿。

九、加大知识产权保护力度

加大知识产权侵权行为惩治力度，提高知识产权侵权法定赔偿上限，探索建立对专

利权、著作权等知识产权侵权惩罚性赔偿制度，对情节严重的恶意侵权行为实施惩罚性赔偿，并由侵权人承担权利人为制止侵权行为所支付的合理开支，提高知识产权侵权成本。建立收集假冒产品来源地信息工作机制，将故意侵犯知识产权行为情况纳入企业和个人信用记录，进一步推进侵犯知识产权行政处罚案件信息公开。完善知识产权审判工作机制，积极发挥知识产权法院作用，推进知识产权民事、刑事、行政案件审判“三审合一”，加强知识产权行政执法与刑事司法的衔接，加大知识产权司法保护力度。完善涉外知识产权执法机制，加强刑事执法国际合作，加大涉外知识产权犯罪案件侦办力度。严厉打击不正当竞争行为，加强品牌商誉保护。将知识产权保护和运用相结合，加强机制和平台建设，加快知识产权转移转化。

十、健全增加城乡居民财产性收入的各项制度

研究住宅建设用地等土地使用权到期后续期的法律安排，推动形成全社会对公民财产长久受保护的良好和稳定预期。在国有企业混合所有制改革中，依照相关规定支持有条件的混合所有制企业实行员工持股，坚持同股同权、同股同利，着力避免大股东凭借优势地位侵害中小股东权益的行为，建立员工利益和企业利益、国家利益激励相容机制。深化金融改革，推动金融创新，鼓励创造更多支持实体经济发展、使民众分享增值收益的金融产品，增加民众投资渠道。深化农村土地制度改革，坚持土地公有制性质不改变、耕地红线不突破、粮食生产能力不减弱、农民利益不受损的底线，从实际出发，因地制宜，落实承包地、宅基地、集体经营性建设用地的用益物权，赋予农民更多财产权利，增加农民财产收益。

十一、营造全社会重视和支持产权保护的良好环境

大力宣传党和国家平等保护各种所有制经济产权的方针政策和法律法规，使平等保护、全面保护、依法保护观念深入人心，营造公平、公正、透明、稳定的法治环境。在坚持以经济建设为中心、提倡勤劳致富、保护产权、弘扬企业家精神等方面加强舆论引导，总结宣传一批依法有效保护产权的好做法、好经验、好案例，推动形成保护产权的良好社会氛围。完善法律援助制度，健全司法救助体系，确保人民群众在产权受到侵害时获得及时有效的法律帮助。有效发挥工商业联合会、行业协会商会在保护非公有制经济和民营企业产权、维护企业合法权益方面的作用，建立对涉及产权纠纷的中小企业维权援助机制。更好发挥调解、仲裁的积极作用，完善产权纠纷多元化解机制。

各地区各部门要充分认识完善产权保护制度、依法保护产权的重要性和紧迫性，统一思想，形成共识和合力，狠抓工作落实。各地区要建立党委牵头，人大、政府、司法机关共同参加的产权保护协调工作机制，加强对产权保护工作的组织领导和统筹协调。各有关部门和单位要按照本意见要求，抓紧制定具体实施方案，启动基础性、标志性、关键性工作，加强协调配合，确保各项举措落到实处、见到实效。

国务院办公厅关于进一步完善国有企业法人治理结构的指导意见

（国办发〔2017〕36 号 2017 年 4 月 24 日）

各省、自治区、直辖市人民政府，国务院各部委、各直属机构：

完善国有企业法人治理结构是全面推进依法治企、推进国家治理体系和治理能力现代化的内在要求，是新一轮国有企业改革的重要任务。当前，多数国有企业已初步建立现代企业制度，但从实践情况看，现代企业制度仍不完善，部分企业尚未形成有效的法人治理结构，权责不清、约束不够、缺乏制衡等问题较为突出，一些董事会形同虚设，未能发挥应有作用。根据《中共中央 国务院关于深化国有企业改革的指导意见》等文件精神，为改进国有企业法人治理结构，完善国有企业现代企业制度，经国务院同意，现提出以下意见：

一、总体要求

（一）指导思想

全面贯彻党的十八大和十八届三中、四中、五中、六中全会精神，深入贯彻习近平总书记系列重要讲话精神和治国理政新理念新思想新战略，认真落实党中央、国务院决策部署，统筹推进“五位一体”总体布局和协调推进“四个全面”战略布局，牢固树立和贯彻落实创新、协调、绿色、开放、共享的发展理念，从国有企业实际情况出发，以建立健全产权清晰、权责明确、政企分开、管理科学的现代企业制度为方向，积极适应国有企业改革的新形势新要求，坚持党的领导、加强党的建设，完善体制机制，依法规范权责，根据功能分类，把握重点，进一步健全各司其职、各负其责、协调运转、有效制衡的国有企业法人治理结构。

（二）基本原则

1. 坚持深化改革。尊重企业市场主体地位，遵循市场经济规律和企业发展规律，以规范决策机制和完善制衡机制为重点，坚持激励机制与约束机制相结合，体现效率原则与公平原则，充分调动企业家积极性，提升企业的市场化、现代化经营水平。

2. 坚持党的领导。落实全面从严治党战略部署，把加强党的领导和完善公司治理统一起来，明确国有企业党组织在法人治理结构中的法定地位，发挥国有企业党组织的领导核心和政治核心作用，保证党组织把方向、管大局、保落实。坚持党管干部原则与董事会依法选择经营管理者、经营管理者依法行使用人权相结合，积极探索有效实现形式，完善反腐倡廉制度体系。

3. 坚持依法治企。依据《中华人民共和国公司法》《中华人民共和国企业国有资产法》等法律法规，以公司章程为行为准则，规范权责定位和行权方式；法无授权，任何政府部门和机构不得干预企业正常生产经营活动，实现深化改革与依法治企的有机统一。

4. 坚持权责对等。坚持权利义务责任相统一，规范权力运行、强化权利责任对等，改革国有资本授权经营体制，深化权力运行和监督机制改革，构建符合国情的监管体系，完善履职评价和责任追究机制，对失职、渎职行为严格追责，建立决策、执行和监督环节的终身责任追究制度。

（三）主要目标

2017 年年底前，国有企业公司制改革基本完成。到 2020 年，党组织在国有企业法人治理结构中的法定地位更加牢固，充分发挥公司章程在企业治理中的基础作用，国有独资、全资公司全面建立外部董事占多数的董事会，国有控股企业实行外部董事派出制度，完成外派监事会改革；充分发挥企业家作用，造就一大批政治坚定、善于经营、充满活力的董事长和职业经理人，培育一支德才兼备、业务精通、勇于担当的董事、监事队伍；党风廉政建设主体责任和监督责任全面落实，企业民主监督和管理明显改善；遵循市场经济规律和企业发展规律，使国有企业成为依法自主经营、自负盈亏、自担风险、自我约束、自我发展的市场主体。

二、规范主体权责

健全以公司章程为核心的企业制度体系，充分发挥公司章程在企业治理中的基础作用，依照法律法规和公司章程，严格规范履行出资人职责的机构（以下简称出资人机构）、股东会（包括股东大会，下同）、董事会、经理层、监事会、党组织和职工代表大会的权责，强化权利责任对等，保障有效履职，完善符合市场经济规律和我国国情的国有企业法人治理结构，进一步提升国有企业运行效率。

（一）理顺出资人职责，转变监管方式

1. 股东会是公司的权力机构。股东会主要依据法律法规和公司章程，通过委派或更换董事、监事（不含职工代表），审核批准董事会、监事会年度工作报告，批准公司财务预决算、利润分配方案等方式，对董事会、监事会以及董事、监事的履职情况进行评价和监督。出资人机构根据本级人民政府授权对国家出资企业依法享有股东权利。

2. 国有独资公司不设股东会，由出资人机构依法行使股东会职权。以管资本为主改革国有资本授权经营体制，对直接出资的国有独资公司，出资人机构重点管好国有资本布局、规范资本运作、强化资本约束、提高资本回报、维护资本安全。对国有全资公司、国有控股企业，出资人机构主要依据股权份额通过参加股东会议、审核需由股东决定的事项、与其他股东协商作出决议等方式履行职责，除法律法规或公司章程另有规定外，不得干预企业自主经营活动。

3. 出资人机构依据法律法规和公司章程规定行使股东权利、履行股东义务，有关监管内容应依法纳入公司章程。按照以管资本为主的要求，出资人机构要转变工作职能、改进工作方式，加强公司章程管理，清理有关规章、规范性文件，研究提出出资人机构审批事项清单，建立对董事会重大决策的合规性审查机制，制定监事会建设、责任追究等具体措施，适时制定国有资本优先股和国家特殊管理股管理办法。

（二）加强董事会建设，落实董事会职权

1. 董事会是公司的决策机构，要对股东会负责，执行股东会决定，依照法定程序和公司章程授权决定公司重大事项，接受股东会、监事会监督，认真履行决策把关、内部管理、防范风险、深化改革等职责。国有独资公司要依法落实和维护董事会行使重大决策、选人用人、薪酬分配等权利，增强董事会的独立性和权威性，落实董事会年度工作报告制度；董事会应与党组织充分沟通，有序开展国有独资公司董事会选聘经理层试点，加强对经理层的管理和监督。

2. 优化董事会组成结构。国有独资、全资公司的董事长、总经理原则上分设，应均为内部执行董事，定期向董事会报告工作。国有独资公司的董事长作为企业法定代表人，对企业改革发展负首要责任，要及时向董事会和国有股东报告重大经营问题和经营风险。国有独资公司的董事对出资人机构负责，接受出资人机构指导，其中外部董事人选由出资人机构商有关部门提名，并按照法定程序任命。国有全资公司、国有控股企业的董事由相关股东依据股权份额推荐派出，由股东会选举或更换，国有股东派出的董事要积极维护国有资本权益；国有全资公司的外部董事人选由控股股东商其他股东推荐，由股东会选举或更换；国有控股企业应有一定比例的外部董事，由股东会选举或更换。

3. 规范董事会议事规则。董事会要严格实行集体审议、独立表决、个人负责的决策制度，平等充分发表意见，一人一票表决，建立规范透明的重大事项信息公开和对外披露制度，保障董事会会议记录和提案资料的完整性，建立董事会决议跟踪落实以及后评估制度，做好与其他治理主体的联系沟通。董事会应当设立提名委员会、薪酬与考核委员会、审计委员会等专门委员会，为董事会决策提供咨询，其中薪酬与考核委员会、审计委员会应由外部董事组成。改进董事会和董事评价办法，完善年度和任期考核制度，逐步形成符合企业特点的考核评价体系及激励机制。

4. 加强董事队伍建设。开展董事任前和任期培训，做好董事派出和任期管理工作。建立完善外部董事选聘和管理制度，严格资格认定和考试考察程序，拓宽外部董事来源渠道，扩大专职外部董事队伍，选聘一批现职国有企业负责人转任专职外部董事，定期报告外部董事履职情况。国有独资公司要健全外部董事召集人制度，召集人由外部董事定期推选产生。外部董事要与出资人机构加强沟通。

（三）维护经营自主权，激发经理层活力

1. 经理层是公司的执行机构，依法由董事会聘任或解聘，接受董事会管理和监事会监督。总经理对董事会负责，依法行使管理生产经营、组织实施董事会决议等职权，向董事会报告工作，董事会闭会期间向董事长报告工作。

2. 建立规范的经理层授权管理制度，对经理层成员实行与选任方式相匹配、与企业功能性质相适应、与经营业绩相挂钩的差异化薪酬分配制度，国有独资公司经理层逐步实行任期制和契约化管理。根据企业产权结构、市场化程度等不同情况，有序推进职业经理人制度建设，逐步扩大职业经理人队伍，有序实行市场化薪酬，探索完善中长期激励机制，研究出台相关指导意见。国有独资公司要积极探索推行职业经理人制度，实行内部培养和外部引进相结合，畅通企业经理层成员与职业经理人的身份转换通道。开展出资人机构委派国有独资公司总会计师试点。

（四）发挥监督作用，完善问责机制

1. 监事会是公司的监督机构，依照有关法律法规和公司章程设立，对董事会、经理层成员的职务行为进行监督。要提高专职监事比例，增强监事会的独立性和权威性。对国有资产监管机构所出资企业依法实行外派监事会制度。外派监事会由政府派出，负责检查企业财务，监督企业重大决策和关键环节以及董事会、经理层履职情况，不参与、不干预企业经营管理活动。

2. 健全以职工代表大会为基本形式的企业民主管理制度，支持和保证职工代表大会依法行使职权，加强职工民主管理与监督，维护职工合法权益。国有独资、全资公司的董事会、监事会中须有职工董事和职工监事。建立国有企业重大事项信息公开和对外披露制度。

3. 强化责任意识，明确权责边界，建立与治理主体履职相适应的责任追究制度。董事、监事、经理层成员应当遵守法律法规和公司章程，对公司负有忠实义务和勤勉义务；要将其信用记录纳入全国信用信息共享平台，违约失信的按规定在“信用中国”网站公开。董事应当出席董事会会议，对董事会决议承担责任；董事会决议违反法律法规或公司章程、股东会决议，致使公司遭受严重损失的，应依法追究有关董事责任。经理层成员违反法律法规或公司章程，致使公司遭受损失的，应依法追究有关经理层成员责任。执行董事和经理层成员未及时向董事会或国有股东报告重大经营问题和经营风险的，应依法追究相关人员责任。企业党组织成员履职过程中有重大失误和失职、渎职行为的，应按照党组织有关规定严格追究责任。按照“三个区分开来”的要求，建立必要的改革容错纠错机制，激励企业领导人员干事创业。

（五）坚持党的领导，发挥政治优势

1. 坚持党的领导、加强党的建设是国有企业的独特优势。要明确党组织在国有企业法人治理结构中的法定地位，将党建工作总体要求纳入国有企业章程，明确党组织在企业决策、执行、监督各环节的权责和工作方式，使党组织成为企业法人治理结构的有机组成部分。要充分发挥党组织的领导核心和政治核心作用，领导企业思想政治工作，支持董事会、监事会、经理层依法履行职责，保证党和国家方针政策的贯彻执行。

2. 充分发挥纪检监察、巡视、审计等监督作用，国有企业董事、监事、经理层中的党员每年要定期向党组（党委）报告个人履职和廉洁自律情况。上级党组织对国有企业纪检组组长（纪委书记）实行委派制度和定期轮岗制度，纪检组组长（纪委书记）要坚持原则、强化监督。纪检组组长（纪委书记）可列席董事会和董事会专门委员会的会议。

3. 积极探索党管干部原则与董事会选聘经营管理人员有机结合的途径和方法。坚持和完善双向进入、交叉任职的领导体制，符合条件的国有企业党组（党委）领导班子成员可以通过法定程序进入董事会、监事会、经理层，董事会、监事会、经理层成员中符合条件的党员可以依照有关规定和程序进入党组（党委）；党组（党委）书记、董事长一般由一人担任，推进中央企业党组（党委）专职副书记进入董事会。在董事会选聘经理层成员工作中，上级党组织及其组织部门、国有资产监管机构党委应当发挥确定标准、规范程序、参与考察、推荐人选等作用。积极探索董事会通过差额方式选聘经理层成员。

三、做好组织实施

（一）及时总结经验，分层有序实施。在国有企业建设规范董事会试点基础上，总结经验、完善制度，国务院国资委监管的中央企业要依法改制为国有独资公司或国有控股公司，全面建立规范的董事会。国有资本投资、运营公司法人治理结构要“一企一策”地在公司章程中予以细化。其他中央企业和地方国有企业要根据自身实际，由出资人机构负责完善国有企业法人治理结构。

（二）精心规范运作，做好相互衔接。国有企业要按照完善法人治理结构的要求，全面推进依法治企，完善公司章程，明确内部组织机构的权利、义务、责任，实现各负其责、规范运作、相互衔接、有效制衡。国务院国资委要会同有关部门和单位抓紧制定国有企业公司章程审核和批准管理办法。

金融、文化等国有企业的改革，中央另有规定的依其规定执行。

国务院关于推进国有资本投资、运营公司改革试点的实施意见

（国发〔2018〕23号　2018年7月14日）

各省、自治区、直辖市人民政府，国务院各部委、各直属机构：

改组组建国有资本投资、运营公司，是以管资本为主改革国有资本授权经营体制的重要举措。按照《中共中央 国务院关于深化国有企业改革的指导意见》《国务院关于改革和完善国有资产管理体制的若干意见》有关要求和党中央、国务院工作部署，为加快推进国有资本投资、运营公司改革试点工作，现提出以下实施意见。

一、总体要求

（一）指导思想

全面贯彻党的十九大和十九届二中、三中全会精神，以习近平新时代中国特色社会主义思想为指导，坚持社会主义市场经济改革方向，坚定不移加强党对国有企业的领导，着力创新体制机制，完善国有资产管理体制，深化国有企业改革，促进国有资产保值增值，推动国有资本做强做优做大，有效防止国有资产流失，切实发挥国有企业在深化供给侧结构性改革和推动经济高质量发展中的带动作用。

（二）试点目标

通过改组组建国有资本投资、运营公司，构建国有资本投资、运营主体，改革国有资本授权经营体制，完善国有资产管理体制，实现国有资本所有权与企业经营权分离，实行国有资本市场化运作。发挥国有资本投资、运营公司平台作用，促进国有资本合理流动，优化国有资本投向，向重点行业、关键领域和优势企业集中，推动国有经济布局优化和结构调整，提高国有资本配置和运营效率，更好服务国家战略需要。试点先行，大胆探索，及时研究解决改革中的重点难点问题，尽快形成可复制、可推广的经验和模式。

（三）基本原则

坚持党的领导。建立健全中国特色现代国有企业制度，把党的领导融入公司治理各环节，把企业党组织内嵌到公司治理结构之中，明确和落实党组织在公司法人治理结构中的法定地位，充分发挥党组织的领导作用，确保党和国家方针政策、重大决策部署的贯彻执行。

坚持体制创新。以管资本为主加强国有资产监管，完善国有资本投资运营的市场化机制。科学合理界定政府及国有资产监管机构，国有资本投资、运营公司和所持股企业

的权利边界，健全权责利相统一的授权链条，进一步落实企业市场主体地位，培育具有创新能力和国际竞争力的国有骨干企业。

坚持优化布局。通过授权国有资本投资、运营公司履行出资人职责，促进国有资本合理流动，优化国有资本布局，使国有资本投资、运营更好地服务于国家战略目标。

坚持强化监督。正确处理好授权经营和加强监督的关系，明确监管职责，构建并强化政府监督、纪检监察监督、出资人监督和社会监督的监督体系，增强监督的协同性、针对性和有效性，防止国有资产流失。

二、试点内容

（一）功能定位

国有资本投资、运营公司均为在国家授权范围内履行国有资本出资人职责的国有独资公司，是国有资本市场化运作的专业平台。公司以资本为纽带、以产权为基础依法自主开展国有资本运作，不从事具体生产经营活动。国有资本投资、运营公司对所持股企业行使股东职责，维护股东合法权益，以出资额为限承担有限责任，按照责权对应原则切实承担优化国有资本布局、提升国有资本运营效率、实现国有资产保值增值等责任。

国有资本投资公司主要以服务国家战略、优化国有资本布局、提升产业竞争力为目标，在关系国家安全、国民经济命脉的重要行业和关键领域，按照政府确定的国有资本布局和结构优化要求，以对战略性核心业务控股为主，通过开展投资融资、产业培育和资本运作等，发挥投资引导和结构调整作用，推动产业集聚、化解过剩产能和转型升级，培育核心竞争力和创新能力，积极参与国际竞争，着力提升国有资本控制力、影响力。

国有资本运营公司主要以提升国有资本运营效率、提高国有资本回报为目标，以财务性持股为主，通过股权运作、基金投资、培育孵化、价值管理、有序进退等方式，盘活国有资产存量，引导和带动社会资本共同发展，实现国有资本合理流动和保值增值。

（二）组建方式

按照国家确定的目标任务和布局领域，国有资本投资、运营公司可采取改组和新设两种方式设立。根据国有资本投资、运营公司的具体定位和发展需要，通过无偿划转或市场化方式重组整合相关国有资本。

划入国有资本投资、运营公司的资产，为现有企业整体股权（资产）或部分股权。股权划入后，按现行政策加快剥离国有企业办社会职能和解决历史遗留问题，采取市场化方式处置不良资产和业务等。股权划入涉及上市公司的，应符合证券监管相关规定。

（三）授权机制

按照国有资产监管机构授予出资人职责和政府直接授予出资人职责两种模式开展国有资本投资、运营公司试点。

1. 国有资产监管机构授权模式。政府授权国有资产监管机构依法对国有资本投资、运营公司履行出资人职责；国有资产监管机构根据国有资本投资、运营公司具体定位和实际情况，按照“一企一策”原则，授权国有资本投资、运营公司履行出资人职责，制定监管清单和责任清单，明确对国有资本投资、运营公司的监管内容和方式，依法落实国有资本投资、运营公司董事会职权。国有资本投资、运营公司对授权范围内的国有资本履行出资人职责。国有资产监管机构负责对国有资本投资、运营公司进行考核和评价，并定期向本级人民政府报告，重点说明所监管国有资本投资、运营公司贯彻国家战略目标、国有资产保值增值等情况。

2. 政府直接授权模式。政府直接授权国有资本投资、运营公司对授权范围内的国有资本履行出资人职责。国有资本投资、运营公司根据授权自主开展国有资本运作，贯彻落实国家战略和政策目标，定期向政府报告年度工作情况，重大事项及时报告。政府直接对国有资本投资、运营公司进行考核和评价等。

（四）治理结构

国有资本投资、运营公司不设股东会，由政府或国有资产监管机构行使股东会职权，政府或国有资产监管机构可以授权国有资本投资、运营公司董事会行使股东会部分职权。按照中国特色现代国有企业制度的要求，国有资本投资、运营公司设立党组织、董事会、经理层，规范公司治理结构，建立健全权责对等、运转协调、有效制衡的决策执行监督机制，充分发挥党组织的领导作用、董事会的决策作用、经理层的经营管理作用。

1. 党组织。把加强党的领导和完善公司治理统一起来，充分发挥党组织把方向、管大局、保落实的作用。坚持党管干部原则与董事会依法产生、董事会依法选择经营管理者、经营管理者依法行使用人权相结合。按照“双向进入、交叉任职”的原则，符合条件的党组织领导班子成员可以通过法定程序进入董事会、经理层，董事会、经理层成员中符合条件的党员可以依照有关规定和程序进入党组织领导班子。党组织书记、董事长一般由同一人担任。对于重大经营管理事项，党组织研究讨论是董事会、经理层决策的前置程序。国务院直接授权的国有资本投资、运营公司，应当设立党组。纪检监察机关向国有资本投资、运营公司派驻纪检监察机构。

2. 董事会。国有资本投资、运营公司设立董事会，根据授权，负责公司发展战略和对外投资，经理层选聘、业绩考核、薪酬管理，向所持股企业派出董事等事项。董事会成员原则上不少于 9 人，由执行董事、外部董事、职工董事组成。保障国有资本投资、运营公司按市场化方式选择外部董事等权利，外部董事应在董事会中占多数，职工董事由职工代表大会选举产生。董事会设董事长 1 名，可设副董事长。董事会下设战略与投资委员会、提名委员会、薪酬与考核委员会、审计委员会、风险控制委员会等专门委员会。专门委员会在董事会授权范围内开展相关工作，协助董事会履行职责。

国有资产监管机构授权的国有资本投资、运营公司的执行董事、外部董事由国有资产监管机构委派。其中，外部董事由国有资产监管机构根据国有资本投资、运营公司董事会结构需求，从专职外部董事中选择合适人员担任。董事长、副董事长由国有资产监管机构从董事会成员中指定。

政府直接授权的国有资本投资、运营公司执行董事、外部董事（股权董事）由国务院或地方人民政府委派，董事长、副董事长由国务院或地方人民政府从董事会成员中指定。其中，依据国有资本投资、运营公司职能定位，外部董事主要由政府综合管理部门和相关行业主管部门提名，选择专业人士担任，由政府委派。外部董事可兼任董事会下属专门委员会主席，按照公司治理结构的议事规则对国有资本投资、运营公司的重大事项发表相关领域专业意见。

政府或国有资产监管机构委派外部董事要注重拓宽外部董事来源，人员选择要符合国有资本投资、运营公司定位和专业要求，建立外部董事评价机制，确保充分发挥外部董事作用。

3. 经理层。国有资本投资、运营公司的经理层根据董事会授权负责国有资本日常投资运营。董事长与总经理原则上不得由同一人担任。

国有资产监管机构授权的国有资本投资、运营公司党组织隶属中央、地方党委或国有资产监管机构党组织管理，领导班子及其成员的管理，以改组的企业集团为基础，根据具体情况区别对待。其中，由中管企业改组组建的国有资本投资、运营公司，领导班子及其成员由中央管理；由非中管的中央企业改组组建或新设的国有资本投资、运营公司，领导班子及其成员的管理按照干部管理权限确定。

政府直接授权的国有资本投资、运营公司党组织隶属中央或地方党委管理，领导班子及其成员由中央或地方党委管理。

国有资本投资、运营公司董事长、董事（外部董事除外）、高级经理人员，原则上不得在其他有限责任公司、股份有限公司或者其他经济组织兼职。

（五）运行模式

1. 组织架构。国有资本投资、运营公司要按照市场化、规范化、专业化的管理导向，建立职责清晰、精简高效、运行专业的管控模式，分别结合职能定位具体负责战略规划、制度建设、资源配置、资本运营、财务监管、风险管控、绩效评价等事项。

2. 履职行权。国有资本投资、运营公司应积极推动所持股企业建立规范、完善的法人治理结构，并通过股东大会表决、委派董事和监事等方式行使股东权利，形成以资本为纽带的投资与被投资关系，协调和引导所持股企业发展，实现有关战略意图。国有资本投资、运营公司委派的董事、监事要依法履职行权，对企业负有忠实义务和勤勉义务，切实维护股东权益，不干预所持股企业日常经营。

3. 选人用人机制。国有资本投资、运营公司要建立派出董事、监事候选人员库，由董事会下设的提名委员会根据拟任职公司情况提出差额适任人选，报董事会审议、任命。同时，要加强对派出董事、监事的业务培训、管理和考核评价。

4. 财务监管。国有资本投资、运营公司应当严格按照国家有关财务制度规定，加强公司财务管理，防范财务风险。督促所持股企业加强财务管理，落实风险管控责任，提高运营效率。

5. 收益管理。国有资本投资、运营公司以出资人身份，按照有关法律法规和公司章程，对所持股企业的利润分配进行审议表决，及时收取分红，并依规上交国有资本收益和使用管理留存收益。

6. 考核机制。国有资本投资公司建立以战略目标和财务效益为主的管控模式，对所持股企业考核侧重于执行公司战略和资本回报状况。国有资本运营公司建立财务管控模式，对所持股企业考核侧重于国有资本流动和保值增值状况。

（六）监督与约束机制

1. 完善监督体系。整合出资人监管和审计、纪检监察、巡视等监督力量，建立监督工作会商机制，按照事前规范制度、事中加强监控、事后强化问责的原则，加强对国有资本投资、运营公司的统筹监督，提高监督效能。纪检监察机构加强对国有资本投资、运营公司党组织、董事会、经理层的监督，强化对国有资本投资、运营公司领导人员廉洁从业、行使权力等的监督。国有资本投资、运营公司要建立内部常态化监督审计机制和信息公开制度，加强对权力集中、资金密集、资源富集、资产聚集等重点部门和岗位的监管，在不涉及国家秘密和企业商业秘密的前提下，依法依规、及时准确地披露公司治理以及管理架构、国有资本整体运营状况、关联交易、企业负责人薪酬等信息，建设阳光国企，主动接受社会监督。

2. 实施绩效评价。国有资本投资、运营公司要接受政府或国有资产监管机构的综合考核评价。考核评价内容主要包括贯彻国家战略、落实国有资本布局和结构优化目标、执行各项法律法规制度和公司章程，重大问题决策和重要干部任免，国有资本运营效率、保值增值、财务效益等方面。

三、实施步骤

国有资本投资、运营公司试点工作应分级组织、分类推进、稳妥开展，并根据试点进展情况及时总结推广有关经验。中央层面，继续推进国有资产监管机构授权的国有资本投资、运营公司深化试点，并结合本实施意见要求不断完善试点工作。同时推进国务院直接授权的国有资本投资、运营公司试点，选择由财政部履行国有资产监管职责的中央企业以及中央党政机关和事业单位经营性国有资产集中统一监管改革范围内的企业稳步开展。地方层面，试点工作由各省级人民政府结合实际情况组织实施。

四、配套政策

（一）推进简政放权。围绕落实出资人职责的定位，有序推进对国有资本投资、运营公司的放权。将包括国有产权流转等决策事项的审批权、经营班子业绩考核和薪酬管理权等授予国有资本投资、运营公司，相关管理要求和运行规则通过公司组建方案和公司章程予以明确。

（二）综合改革试点。国有资本投资、运营公司所持股国有控股企业中，符合条件的可优先支持同时开展混合所有制改革、混合所有制企业员工持股、推行职业经理人制度、薪酬分配差异化改革等其他改革试点，充分发挥各项改革工作的综合效应。

（三）完善支持政策。严格落实国有企业重组整合涉及的资产评估增值、土地变更登记和国有资产无偿划转等方面税收优惠政策。简化工商税务登记、变更程序。鼓励国有资本投资、运营公司妥善解决历史遗留问题、处置低效无效资产。制定国有资本投资、运营公司的国有资本经营预算收支管理政策。

五、组织实施

加快推进国有资本投资、运营公司改革试点，是深化国有企业改革的重要组成部分，是改革和完善国有资产管理体制的重要举措。国务院国有企业改革领导小组负责国有资本投资、运营公司试点工作的组织协调和督促落实。中央组织部、国家发展改革委、财政部、人力资源社会保障部、国务院国资委等部门按照职责分工制定落实相关配套措施，密切配合、协同推进试点工作。中央层面的国有资本投资、运营公司试点方案，按程序报党中央、国务院批准后实施。

各省级人民政府对本地区国有资本投资、运营公司试点工作负总责，要紧密结合本地区实际情况，制定本地区国有资本投资、运营公司改革试点实施方案，积极稳妥组织开展试点工作。各省级人民政府要将本地区改革试点实施方案报国务院国有企业改革领导小组备案。

后记

最美人间四月天，不负春光与时行。在这个春光明媚、生机盎然的美好时节，《中国政府预算改革发展年度报告2021：聚焦新时代国资监管与国企改革》行将付梓。

这本年度报告聚焦于新时代国有资产监管和国有企业改革。国有资产和国有企业是中国特色社会主义经济制度的重要内容。我国实行社会主义市场经济，坚持公有制经济为主体、多种所有制经济共同发展的基本经济制度。国有经济是国民经济中的主导力量，国有资产和国有企业是中国特色社会主义的重要物质基础和政治基础，是我们党执政兴国的重要支柱和依靠力量。国资国企改革始终是我国社会主义市场经济体制改革的重要内容。党的十八大以来，习近平总书记的一系列重要指示明确了新时代国资国企改革发展的总体方向和重点任务，为推动国资国企改革发展发生全局性、历史性重大变化提供了总遵循。党的十八大尤其是十八届三中全会以来，我国国有资产管理监督和国企改革进入了系统谋划、全面深化的新阶段。因此，研究分析国有资产监管和国有企业改革的中国实践、中国模式、中国道路，创新发展中国特色经济学理论，很有意义，非常必要。

本年度报告依然由两个部分组成。上篇是对上年宏观经济形势和预算执行情况的分析，下篇集中于国有资产监管与国有企业改革专题。一方面，作者研究分析了中国国有资产管理体制的变迁、中国特色现代国有企业制度构建等宏观问题；另一方面，我国国有资产规模大、种类多，管理监督也各有特点和规律，本书不求面面俱到，仅选取近年来国资监管和国企改革的部分重点难点问题，如构建全方位国资监督体系、国有资产收入管理、国有企业的分类改革、国有企业的混合所有制改革等进行专题研究。

本书是山东大学财政学研究团队合作完成的成果。研究提纲由樊丽明、李齐云负责设计，集体研究讨论后确定。各章执笔分工如下：第一章，汤玉刚；第二章，石绍宾；第三章，李一花；第四、七、八、九章及附录，李齐云；第五章、后记，樊丽明；第六章，石绍宾、汤玉刚、李齐云。研究生周慧敏、邢瑞、王梦溪、李鹏飞、张均秒、张秋莹、程凯月、孙超、史晓琴、丁文文和本科生王维妙等帮助收集部分资料。研究团队就书稿修改进行多次研讨，樊丽明、李齐云负责终稿总纂。

特别感谢全国人大常委会预算工作委员会史耀斌主任，他在百忙之中一直关心鼓励研究团队的工作，阅读书稿，亲自作序。非常感谢全国人大常委会预算工委、广东省、山东省、青岛市、厦门市和临沂市等各级人大常委会的有关领导和同志们提供的相关资料，在疫情防控形势下与你们的多次远程交流让我们更加深入细致地了解国有资产监督管理和国有企业改革，受益良多。衷心感谢山东省委宣传部和山东省哲学社会科学工作办公室的充分信任，山东省社科重大委托课题“中国特色预算管理制度研究”（19AWTJ01）对本研究报告的问世提供了积极支持。

国有资产监管和国有企业改革是事关完善中国特色社会主义经济制度乃至政治制度的重大问题之一，是实现国家治理体系和治理能力现代化的重要组成部分。理论创新和实践发展都在路上。本书围绕这一主题开展了一些阶段性研究，但还有很大的深化细化空间。敬请学界和实务界朋友批评指教。

樊丽明

2022 年 4 月 3 日于山东大学